Karl Marx
Kritik des Kapitalismus

Schriften zu Philosophie, Ökonomie, Politik und Soziologie

Herausgegeben von Florian Butollo
und Oliver Nachtwey

Suhrkamp

3. Auflage 2025

Erste Auflage 2018
suhrkamp taschenbuch wissenschaft 2254

Umschlag nach Entwürfen
von Willy Fleckhaus und Rolf Staudt
Druck und Bindung: C. H. Beck, Nördlingen
Printed in Germany
ISBN 978-3-518-29854-1

Suhrkamp Verlag GmbH
Torstraße 44, 10119 Berlin
info@suhrkamp.de
www.suhrkamp.de

suhrkamp taschenbuch
wissenschaft 2254

Die Ideen und Thesen von Karl Marx haben in den letzten Jahren sowohl in der öffentlichen Debatte als auch in der Wissenschaft eine Renaissance erfahren – weil der Kapitalismus sich global entfaltet hat, sein Versprechen sozialer Stabilität jedoch kaum noch einzulösen vermag.

Einflussreich, kontrovers und wortmächtig wie vor und nach ihm nur wenige, schrieb Marx zugleich über Philosophie, Ökonomie, Politik und Soziologie. Die vorliegende Anthologie führt seine wichtigsten Texte zusammen, kommentiert sie einleitend und zeigt so, wie wichtig Marx für die Analyse auch des gegenwärtigen Kapitalismus ist.

Florian Butollo ist wissenschaftlicher Mitarbeiter im Verbundprojekt »Weizenbaum-Institut für die vernetzte Gesellschaft« am Wissenschaftszentrum Berlin für Sozialforschung.

Oliver Nachtwey ist Professor für Sozialstrukturanalyse am Institut für Soziologie der Universität Basel. Letzte Veröffentlichung im Suhrkamp Verlag: *Die Abstiegsgesellschaft. Über das Aufbegehren in der regressiven Moderne* (es 2682).

Inhalt

Teil 6: Politische Schriften

Florian Butollo und Oliver Nachtwey

Einleitung: Marx und die Kritik des Kapitalismus[1]

1. Marx' erneute Renaissance

In diesem Jahr, 2018, hätte Karl Marx seinen 200. Geburtstag gefeiert. Nur wenige Denker des 19. Jahrhunderts sind auch heute in der Öffentlichkeit so präsent wie er – ob er trotz seiner Inthronisierung als Klassiker für die Gesellschaftsanalyse relevant ist, bleibt jedoch auch mit zunehmender zeitlicher Distanz zum Epochenbruch 1989 umstritten. Die Forschungsvorhaben an wirtschaftswissenschaftlichen Fakultäten ignorieren den Ökonomen Marx jedenfalls geflissentlich, und in den allermeisten Lehrplänen firmiert er als musealisierte Fußnote der Geschichte ökonomischer Ideen. Eine von prominenten Historikern vorgebrachte Perspektive auf die Theorien von Marx lautet, dass es sich um die Auffassungen eines Denkers des 19. Jahrhunderts handelt, der über die Verhältnisse dieses Jahrhunderts geschrieben habe. Über unsere moderne Welt habe er aber nur wenig zu sagen.[2]

Aber ist das wirklich so, bzw. ist es nicht genau umgekehrt? Folgt man Eric Hobsbawm, dann hatte die Welt zu dem Zeitpunkt, als Marx und sein Ko-Autor Friedrich Engels 1848 das *Manifest der kommunistischen Partei* verfassten, wenig mit jenen gesellschaftlichen Realitäten zu tun, wie sie unserem Bild von Industrialisierung und Moderne entsprechen.[3] Im Grunde gab es in den meisten Teilen der Welt noch keine Fabriken, die Landwirtschaft war der zentrale Ort der Produktion. Die Welt zu Marx' Zeit befand sich erst in der zaghaften Anfangsphase der sich entfaltenden Moderne – nicht mehr als ein bescheidener Vorbote dessen, was noch kommen sollte. Jene Ordnung, die im *Kommunistischen Manifest* beschrieben

1 Die Herausgeber danken Flurin Dummermuth und Farah Grütter für ihre unschätzbare Hilfe bei der Erstellung des Manuskripts.

2 Vgl. zuletzt Gareth Steedman Jones, *Karl Marx. Die Biografie*, Frankfurt/M. 2017 und Jonathan Sperber, *Karl Marx: Sein Leben und sein Jahrhundert*, München 2013.

3 Eric Hobsbawm, »Einleitung«, in: Karl Marx, Friedrich Engels, *Manifest der Kommunistischen Partei. Eine moderne Edition*, Hamburg 1999, S. 7-40.

werde, so Hobsbawm vor zwanzig Jahren, gleiche allerdings viel eher der Gesellschaft an der Schwelle zum 21. Jahrhundert. Man mag diese Einschätzung für plakativ und übertrieben halten, aber Hobsbawm trifft einen Punkt: Indem sie versuchen, das Grundprinzip zu entschlüsseln, das die kapitalistische Produktionsweise ausmacht, greifen Marx' Schriften weit über ihre Entstehungszeit hinaus. Die Relevanz seines Werks bemisst sich mithin daran, inwieweit die damals formulierten Gedanken aussagekräftig für die Analyse heutiger Zusammenhänge sein können.

Das marxsche Œuvre enthält, vor allem wenn man den Blick auf den vollen Umfang seiner thematisch sehr breit gestreuten Schriften richtet, eine Fülle von aktuell anmutenden Bezügen. Die gegenwärtige populistische Konstellation beispielsweise entstand im Kontext der sozialen, ökonomischen und kulturellen Auswirkungen der Globalisierung, ganz so wie es bereits der junge Marx und der junge Engels mit 28 bzw. 30 Jahren schrieben: »Die Bourgeoisie hat durch ihre Exploitation des Weltmarkts die Produktion und Konsumtion aller Länder kosmopolitisch gestaltet. Sie hat zum großen Bedauern der Reaktionäre den nationalen Boden der Industrie unter den Füßen weggezogen.«[4] Diese Beschreibung erinnert an die aktuelle Debatte über die neuen politischen Spannungen, die als Konflikt zwischen kosmopolitisch orientierten Globalisierungsbefürwortern und regressiven Modernisierungsgegnern interpretiert werden.[5] Auch in der *Rede über die Frage des Freihandels* von 1848 problematisiert Marx diese Frontstellung: »[D]ie Ausbeutung in ihrer kosmopolitischen Gestaltung mit dem Namen der allgemeinen Brüderlichkeit zu bezeichnen ist eine Idee, die nur dem Schoß der Bourgeoisie entspringen konnte.«[6]

4 Karl Marx, Friedrich Engels, »Manifest der Kommunistischen Partei«, in: *Marx-Engels-Werke* (MEW), Bd. 4, Berlin 1977, S. 459-493, hier S. 466.

5 In der politikwissenschaftlichen Debatte wird u. a. auf einen Konflikt zwischen Modernisierungsgewinnern und -verlierern hingewiesen, z. B. Wolfgang Merkel, »Kosmopolitismus versus Kommunitarismus: Ein neuer Konflikt in der Demokratie«, in: Philipp Harfst u. a. (Hg.), *Parties and Democracy in Comparative Perspective*, Wiesbaden 2017, S. 9-23. Allerdings stellt sich die heutige Konstellation anders dar, da zu den Modernisierungsverlierern auch Teile der alten Industriearbeiterschaft gehören, die zuvor Anhänger der Linken waren.

6 Karl Marx, »Rede über die Frage des Freihandels«, in: MEW, Bd. 4, Berlin 1977, S. 444-458, hier S. 456.

Es gibt also Gründe, weshalb Marx immer noch oder erneut aktuell erscheint – auch jenseits seines Jubiläums. Mit seinem Buch *Warum Marx recht hat* konnte der britische Literaturwissenschaftler (und Altmarxist) Terry Eagleton sogar einen internationalen Bestseller landen.[7] Und es sind längst nicht mehr nur die Periodika der Linken, die Marx auf den Titel setzen. Im 21. Jahrhundert haben des Marxismus unverdächtige Zeitschriften wie der britische *Economist* (das Hausblatt der – wie Marx sie genannt hätte – internationalen Bourgeoise) ihm Titelgeschichten gewidmet. »Vielleicht hat Karl Marx recht«,[8] twittert *Bloomberg*, einer der zentralen Informationsdienste der Wall Street, und die *Neue Züricher Zeitung* widmete dem Comeback des marxschen Ideologiebegriffs eine ganze Seite.[9]

Marx' Renaissance begann bereits in den 1990er Jahren. Zuvor hatte er eher einem erloschenen Stern geglichen: Man konnte ihn noch am Firmament der Politik und wissenschaftlicher Debatten erkennen, aber seine Strahlkraft war längst verglüht. Nach den Ereignissen von 1967/68 war Marx zunächst neu aufgeblüht. Vor allem die Studierenden stürzten sich in eine erneuerte Marx-Lektüre,[10] die sich gleichermaßen gegen die »marxistisch-leninistische« Scholastik wie gegen die sozialdemokratische Domestizierung wandte. Zu diesem Zeitpunkt beeinflusste Marx die Welt wie kaum ein anderer Intellektueller. Aber die Niederschlagung des Prager Frühlings säte Zweifel in den Boden fast aller sich auf Marx beziehenden politischen und akademischen Strömungen. Der Zyklus der emphatischen Marx-Rezeption neigte sich seinem Ende zu. Noch 1976 konnte der griechische Marxist Nicos Poulantzas mit gewissem Recht behaupten: »Seit Max Weber ist jede politische Theorie entweder ein Dialog mit dem Marxismus, oder sie greift

7 Terry Eagleton, *Warum Marx recht hat*, Berlin 2012.

8 ⟨https://twitter.com/BV/status/912818948885958657⟩, abgerufen am 07.11.2017.

9 Urs Hafner, »Du Ideologe!«, in: *Neue Zürcher Zeitung* vom 09.11.2017, S. 37.

10 Zur Entwicklung der Marx-Rezeption und des Marxismus nach 1968 vgl. Perry Anderson, *Considerations on Western Marxism*, London 1976; Perry Anderson, *In the Tracks of Historical Materialism*, London 1976; Göran Therborn, *From Marxism to Post-Marxism*, London 2008. Für Deutschland: Ingo Elbe, *Marx im Westen. Die neue Marx-Lektüre in der Bundesrepublik seit 1965*, Berlin 2010; Lothar Peter, *Marx an die Uni. Die »Marburger Schule« – Geschichte, Probleme, Akteure*, Köln 2014.

ihn offen an.«[11] Dies sollte bald nur noch eingeschränkt gelten. In den 1980er Jahren trat die Frage nach der sozialen Ungleichheit zunehmend in den Hintergrund, und es schien so, als hätten die von Marx behandelten Themen an Aktualität eingebüßt. Poststrukturalistische und postmoderne Theorien, ursprünglich durchaus in Reibung mit dem marxschen Theorieprogramm entstanden, etablierten sich als die neuen Zentren kritischer Gesellschaftstheorie, während der Anspruch der Gesellschaftskritik selbst einer absteigenden Konjunktur unterworfen war. Mit dem Zusammenbruch des Ostblocks nach 1989 wurde Marx endgültig für tot erklärt, und seine Anhängerschaft zerfiel mit großer Geschwindigkeit.

Seither sind immer wieder Bewegungen entstanden, die Elemente von Marx' Denken aufnahmen. In der globalisierungskritischen Bewegung, die nach den Protesten gegen die Welthandelsorganisation 1999 in Seattle zu einem weltweiten Phänomen wurde, zählte das Buch *Empire* von Antonio Negri und Michael Hardt zu den Bestsellern, nicht obwohl, sondern weil es die von ihren Ontologien her so verschiedenen Denkweisen des Marxismus und des Poststrukturalismus zusammenwebte.[12] Seit der Finanzkrise 2008 nun erlebt Marx sogar eine kleine Hochkonjunktur. In der Öffentlichkeit und an den Universitäten war der Begriff des *Kapitalismus* (zuvor sprach man in der Regel nur von *Marktwirtschaft*) bereits wieder zu einer legitimen analytischen Kategorie geworden. Eine Referenz auf Marx erntete nunmehr ein vorsichtig zustimmendes Nicken statt des obligatorischen Kopfschüttelns. Eine geschichtsmächtige, sich auf Marx beziehende soziale Bewegung ist bisher jedoch nicht wieder entstanden, und wahrscheinlich erscheint die Bezugnahme auf dessen Ideen genau aus diesem Grund kaum mehr subversiv. Marx schafft es mittlerweile regelmäßig in die Debatten jener Kreise, die historisch gesehen zu seinen Gegnern zählen. In seinem Denken sehen diese keine Gefahr mehr.

11 Nicos Poulantzas, *Staatstheorie. Politischer Überbau, Ideologie, Autoritärer Etatismus*, Hamburg [1976] 2002, S. 39. Allerdings ist das ein selektiver Blick. In der Perspektive der Anhänger von Talcott Parsons stellt sich die Sozialtheorie der Nachkriegszeit vor allem als Auseinandersetzung mit dem Doyen der amerikanischen Soziologie dar. Vgl. hierzu die vorzügliche Darstellung bei Hans Joas, Wolfgang Knöbl, *Sozialtheorie. Zwanzig einführende Vorlesungen*, Frankfurt/M. 2004.

12 Michael Hardt, Antonio Negri, *Empire. Die neue Weltordnung*, Frankfurt/M., New York 2002.

Damit geht ein gewisses Filetieren des marxschen Denkens einher. Jene Wirtschaftsliberalen, die nun positiv auf Marx Bezug nehmen,[13] fokussieren auf seine Ökonomie, seine im Grunde prophetische Antizipation der Globalisierung. In den Sozialwissenschaften wird Marx hingegen in erster Linie als Philosoph und als Theoretiker der Entfremdung behandelt. Hier glauben viele, einen »unschuldigen«, humanistischen Marx zu entdecken. Wenn Bezug auf Marx genommen wird, dann wird er also häufig bloß als Steinbruch behandelt oder bestenfalls noch als Klassiker, der als Ressource für eine immanente Kritik der liberalen Gesellschaft dient.[14]

2. Ein Klassiker für die Gegenwart

Marx ist gewiss ein Klassiker, aber dieser Status stellt zugleich ein Hindernis für eine produktive Auseinandersetzung mit ihm dar. Denn er wird als Klassiker vor allem in Schlagworten aufgegriffen, und dies leider zum Teil auch an den Universitäten. Marx wird nicht mehr im Original rezipiert, sondern über die Sekundärliteratur, manchmal auch nur übers Hörensagen. Einige Schlagworte bringen Marx jedoch nicht auf den Punkt, sondern um die Ecke. Diese lauten beispielsweise Zusammenbruch des Kapitalismus, Diktatur des Proletariats oder Zweiklassentheorie. Marx habe ein ökonomistisches, unterkomplexes Klassenschema entwickelt, so die häufig geäußerte Kritik. Textgrundlage für diese Deutung ist in der Regel das *Manifest der Kommunistischen Partei*, das allein aufgrund seines Charakters als programmatische Schrift Zuspitzungen enthält und somit eine derartige Interpretation tatsächlich ermöglicht. Eine genauere Lektüre des marxschen Werks offenbart allerdings, dass Marx in den 35 Jahren nach der Veröffentlichung

13 Sogar Hans-Werner Sinn, des Marxismus wirklich unverdächtig, nahm jüngst positiv auf Marx' Theorem der fallenden Profitraten Bezug – ausgerechnet einen jener ökonomischen Ansätze von Marx, die neoklassische Ökonomen für gewöhnlich am heftigsten bekämpfen. Hans-Werner Sinn, »300 Milliarden Euro Verluste durch Niedrigzinsen (Interview)«, in: *Frankfurter Allgemeine Zeitung* vom 05.12.2014, S. 5.

14 Rahel Jaeggi, Daniel Loick (Hg.), *Nach Marx. Philosophie, Kritik, Praxis*, Berlin 2013, S. 12 f.

des Manifestes – obgleich nie systematisch, sondern über sein Werk verstreut – vielfältige Aspekte einer Klassenanalyse entwickelt hat, die über das Zweiklassenmodell hinausgehen und dieses bezüglich der unterschiedlichen Klassenlagen, -interessen und -handlungen revidieren (im vorliegenden Band wird dies vor allem in den Schriften über Frankreich deutlich, siehe Teil 6).[15]

Zu diesem unterkomplexen Marx-Bild haben aber nicht nur Marx' Feinde, sondern auch seine Freunde beigetragen. Marx hat den Historischen Materialismus immer als *Philosophie der Praxis* (so die Formulierung des italienischen Marxisten Antonio Gramsci) begriffen. Allerdings waren einige seiner Texte, vor allem *Das Kapital*, für viele Praktikerinnen und Praktiker nur schwer zugänglich. Deshalb flossen Marx' Ideen über mehrere Stationen, von denen die erste sein Freund und wissenschaftlicher Gefährte Friedrich Engels war, in eine popularisierte Form ein. Die Komplexität von Marx' Denken wurde dabei zugunsten einer deterministischen Vorstellung der gesellschaftlichen Entwicklung als Grundlage für einen historischen Optimismus – der Auffassung der historischen Notwendigkeit des Sieges des Proletariats – aufgelöst. Dieser Duktus ist Marx' Schriften nicht vollkommen fremd. Er hat seinen Teil zu dieser Interpretation beigetragen, vor allem in den frühen Ausarbeitungen vor der Revolution von 1848. Doch für ihn und andere Akteure dieser Bewegung zeitigte diese ernüchternde Ergebnisse und unterstrich damit, dass der Fortschritt nicht zwangsläufig, sondern kontingent ist.[16] Dazu erfuhr Marx' Werk in der Auslegung gerade derjenigen, die den Kommunismus unmittelbar herbeisehnten, eine sukzessive Verflachung. Viele der Gegenbewegungen und intervenierenden Faktoren, die Marx noch mit großer Rigorosität aufgenommen und diskutiert hatte, gingen dabei unter. Marx, der Bewunderer (und Kritiker) der kapitalistischen Dynamik, wurde schließlich zu einem teleologischen Zusammenbruchstheoretiker, der der Arbeiterbewegung das nötige argumentative Selbstbewusstsein geben sollte, um im Alltagskampf zu bestehen, weil man sich auf der richtigen Seite der Geschichte wähnte.[17]

15 Eine der besten Diskussionen zu diesem Thema ist immer noch Hal Draper, *Karl Marx's Theory of Revolution*, Bd. II: *The Politics of Social Classes*, New York 1978.

16 Hauke Brunkhorst, »Kommentar«, in: *Karl Marx. Der achtzehnte Brumaire des Louis Bonaparte*, Frankfurt/M. 2007, S. 133-328.

17 Vgl. Rudolf Walther, *»... aber nach der Sündflut kommen wir und nur wir«. »Zu-*

Eine ganz andere Bearbeitung als Klassiker findet in jenen Kreisen statt, die sich dem Projekt verschrieben haben, den »wirklichen« Marx zu rekonstruieren und gleichzeitig zu dekonstruieren. Die neuere Marx-Forschung, die sich auf die Edition der *Marx-Engels-Gesamtausgabe* stützt (die 42 Bände der *Marx-Engels-Werke* sind, es klingt verrückt, nur ein Ausschnitt aus einem insgesamt viel größeren Textkorpus), hat eine Vielfalt von Bedeutungsebenen freigelegt, die den meisten Marxistinnen und Marxisten des 20. Jahrhunderts verborgen geblieben ist. Allerdings ist dieser Forschungsstrang nicht nur schwer zugänglich, sondern es wird auch zu selten die Frage gestellt, inwieweit die Auswertung bislang nicht beachteter Fragmente – so man davon ausgeht, dass Marx sie nicht begründet verworfen hat[18] – Relevanz für die Deutung der Gegenwart hat. Viele der behandelten Aspekte bleiben »Marxologie«, eine Betrachtung philologisch-theoretischer Natur, die dazu beiträgt, die Genese und Veränderung von Marx' Denken zu rekonstruieren. Gesellschaftsanalyse wird damit nur sehr indirekt betrieben.

Der vorliegende Band hat ein anderes Ansinnen: Er will zentrale Texte des marxschen Œuvres bereitstellen und dabei den Text selbst sprechen lassen. Es gibt eine unendlich lange Geschichte der Debatten, Schulen und Interpretationen; notwendig ist es jedoch auch und immer wieder, auf die Texte selbst zurückzukommen.[19] Das gilt für jene, die sich bereits mit Marx beschäftigt haben und ihr Wissen vertiefen oder verbreitern möchten. Vor allem gilt es aber unserer Ansicht nach für Leserinnen und Leser, die erst damit beginnen, sich mit Marx auseinanderzusetzen.

Die Auseinandersetzung mit den ausgewählten Texten ist unserer

sammenbruchstheorie«, Marxismus und politisches Defizit in der SPD, 1890-1914, Frankfurt/M. 1981.

18 Kontroversen gibt es diesbezüglich beispielsweise in Bezug auf das *»Maschinenfragment«* aus den fragmentarischen *Grundrissen der Kritik der Politischen Ökonomie* von 1857, einer Vorarbeit für *Das Kapital*. Für einige ist diese Passage eine quasi prophetische Vorwegnahme der politischen Ökonomie eines hochautomatisierten Kapitalismus, aufgrund deren Marx' Analyse des Kapitalismus wie auch sein Transformationsmodell grundsätzlich revidiert werden müssten. Anderen gelten diese Notizen als Gedankenspiele, die er bewusst verworfen hatte und die es somit begründet nicht in die Endfassung von *Das Kapital* geschafft hätten (siehe die Diskussion in Teil 4).

19 Zum Zweck der Zugänglichkeit haben wir sie mit kurzen Einführungen in die jeweilige Thematik versehen.

Erfahrung nach ein lohnendes intellektuelles Unterfangen – gerade wenn die Lektüre vor dem Hintergrund aktueller Problemstellungen stattfindet. Marx bleibt aktuell, weil der Text an sich, jenseits der Deutungskämpfe des 20. Jahrhunderts, immer noch zu uns zu sprechen vermag. Dies hängt nicht nur mit der Virulenz einiger zentraler Fragestellungen von damals zusammen – der sozialen Ungleichheit, der Existenz ökonomischer und politischer Krisen usw. –, sondern auch mit der bemerkenswerten Vielschichtigkeit eines Werks, das eben mehr ist als bloße ökonomische Theorie oder Philosophie. Denn Marx schrieb auch über Anthropologie, Soziologie und Politik in der bürgerlich-kapitalistischen Gesellschaft. Er bietet eine Perspektive auf die Gesamtheit gesellschaftlicher Entwicklung, die bis heute nichts an Faszination für die Deutung von Zusammenhängen in einer komplexen, hochgradig differenzierten Gesellschaftsordnung eingebüßt hat. Dabei war Marx' Methode, die Dialektik und der Historische Materialismus (vgl. Teil 1 und 2 im vorliegenden Band), nicht nur eine paradigmatische Philosophie, sie war auch immer ein empirisches Forschungsprogramm. Marx gründete seine Philosophie und insbesondere seine ökonomischen Studien auf die Materialität der Verhältnisse; er verband soziale Tatbestände mit historischen Strukturdimensionen. Er lieferte eine Fülle von Betrachtungen von Politik, Arbeitswelt, sozialen Bewegungen und politischen Akteuren seiner Zeit, die, selbst wenn sie bisweilen offensichtlich antiquiert oder zumindest nicht immer unmittelbar aktuell sind, interessante Ausgangspunkte für die Deutung zeitgenössischer Entwicklungen liefern können. Diese Relevanz und Reichhaltigkeit in der Zusammenschau der Beiträge (nicht nur die Bedeutung für das marxsche Werk an sich) waren ausschlaggebend für die Auswahl der Texte in diesem Band. Wir hoffen, dass die Leserinnen und Leser dadurch ähnliche Resonanzerfahrungen machen, wie sie sich bei den Herausgebern immer wieder aufs Neue einstellen.

Doch muss sich jede Relektüre von Marx stets der Frage stellen, ob eine solche überhaupt sinnvoll ist. Hat die Geschichte nicht gezeigt, dass Marx falschlag, und sind die Verbrechen der realsozialistischen Diktaturen nicht doch in dem chiliastisch unterfütterten Willen zum Umsturz begründet, der Marx' gesamtes Werk durchzieht? Wir halten es für falsch, die Rezeption von Marx im Schatten des Verdiktes zu führen, dieser sei für die stalinistischen Diktaturen verantwortlich. Wie auch immer die vermeintlichen Fundstücke für eine solche Wertung aussehen mögen: Man kann Nordkorea nicht als Produkt des marxschen Denkens sehen, genauso wenig wie Jesus für die Inquisition verantwortlich ist oder Donald Trump als geistiger Ziehsohn von Thomas Jefferson gelten kann. Marx hatte natürlich großen Einfluss auf die sozialistischen Bewegungen des 20. Jahrhunderts. Aber jenem Denker, für den eine »Assoziation, worin die freie Entwicklung eines jeden die Bedingung für die freie Entwicklung aller ist«,[20] das Telos in Denken und Handeln war, die Verantwortung für die Verbrechen des Stalinismus zuzuschieben zeugt vor allem davon, wie stark der Antikommunismus des Kalten Krieges noch immer im liberalen Denken verankert ist.

Wir halten es jedenfalls für legitim, den Text auch jenseits der geschichtspolitischen Kontroversen zu rezipieren. Noch zum hundertsten Todestag 1983 lautete der Titel eines von Ossip Flechtheim herausgegebenen Bandes *Marx heute. Pro und Contra*, und die Beiträge unterteilten sich dementsprechend gemäß der Gegnerschaft oder Unterstützung von Marx, was mehr oder weniger eine Chiffre für den eigenen politischen Standpunkt war.[21] Die Lektüre in der heutigen Zeit kann diesbezüglich wesentlich gelassener vorgehen, auch wenn sie möglicherweise dazu beitragen wird, eigene politische Urteile zu überdenken. Sie steht somit nicht unter dem Druck, das marxsche Werk in seiner Gesamtheit verherrlichen oder verdammen zu müssen. Eine zeitgemäße Rezeption von Marx kann sich heute mit weniger historischem Ballast und weltanschaulichen Konflikten auf dessen Gehalt beziehen, ohne die Augen zu verschließen vor Unzulänglichkeiten und Fehleinschätzungen.

Dies wird dem fragmentarischen Charakter des Werks auch viel eher gerecht als die Versuche, es zu einem einheitlichen Gedankengebäude zu kanonisieren. Vor allem Marx' Hauptwerk, die Arbeiten zur Politischen Ökonomie, ist unvollendet geblieben. Es existiert kein Nachlass, der den entwickelten Kapitalismus in jener Komplexität auf den Begriff bringt, die Marx vorschwebte, als er sich auf den langen Weg begab, dies ausgehend vom Grundbegriff der Ware zu tun. Und Marx war nicht besonders gut darin, etwas fertigzubekommen. Bei aller Tendenz, den Kapitalismus in seiner Gesamtheit zu deuten, war er auch ein detailversessener Perfektio-

20 Marx, Engels, »Manifest der Kommunistischen Partei«, S. 482.

21 Ossip K. Flechtheim (Hg.), *Marx heute. Pro und Contra*, Hamburg 1983.

nist, der den ersten Band von *Das Kapital* überhaupt nur fertigstellen konnte, weil seine Freunde, vor allem Friedrich Engels, erheblichen Druck auf ihn ausübten. Sein Werk ist daher vor allem ein *work in progress*. Für *Das Kapital* hatte er mehrere Pläne entwickelt und wieder verworfen, und vor der Endfassung entstanden mehrere Vorarbeiten (allein *Das Kapital* umfasst mit Überarbeitungen und Vorarbeiten 20 Teilbände in der *Marx-Engels-Gesamtausgabe*!). Marx dienten die einzelnen Manuskripte zur Weiterentwicklung seiner Analysen.

Das alles bedeutet nicht, dass die Auseinandersetzung um die sachliche Richtigkeit einzelner Theoreme oder Einschätzungen wissenschaftshistorisch keinen Wert hätten. Die berüchtigten Dauerbrenner der Marx-Rezeption wie etwa die Diskussion um das sogenannte Transformationsproblem oder den Fall der Profitrate haben Hunderte, eher sogar Tausende Publikationen hervorgebracht.[22] Diese Diskussionsfreudigkeit ist nur so zu erklären, dass sich hinter der fast schon esoterisch anmutenden Debatte um die Deutung und Bedeutung des Textes Fragen von enormer Gegenwartsrelevanz verbergen, in diesen Fällen jene nach den Quellen des Reichtums und der Zukunftsfähigkeit des Kapitalismus. Doch ist es für den Erkenntnisprozess unerlässlich, dass solche Fragen als offener Forschungsprozess angegangen werden, wie es dem Status eines in weiten Teilen unvollendeten und streckenweise erratischen Werks entspricht – und nicht als Glaubenskampf um die richtige Darlegung der unfehlbaren Lehre.

In diesem Sinn befreit eine unbefangene Relektüre vielleicht auch von einigen Engführungen, die Marx im Namen seiner späteren Anhängerschaft erfahren hat. Der Marxismus des späten 20. Jahrhunderts befand sich, wie wir bereits angedeutet haben, in einem nicht enden wollenden Stellungskrieg gegen die ideologisch aufgeladene Kritik und geriet darin mehr und mehr in die Defensi-

22 Nicht mehr ganz aktuelle, aber nach wie vor nützliche Überblicksdarstellungen sind Karl Kühne, *Ökonomie und Marxismus. Zur Renaissance des Marxschen Systems*, 2 Bde., Neuwied 1972; Michael C. Howard, John E. King, *A History of Marxian Economics*, Bd. I: *1883-1929*, Basingstoke 1989; Michael C. Howard, John E. King, *A History of Marxian Economics*, Bd. II: *1929-1990*, Basingstoke 1992. Eine unverzichtbare Quelle ist zudem das *Historisch-Kritische Wörterbuch des Marxismus* (HKWM), hg. vom Berliner Institut für kritische Theorie (InkriT), 15 Bde. (bislang 8 Bde. erschienen), Hamburg 1994 ff.

ve. Viele der Schriften über Marx waren zu sehr damit beschäftigt, Marx gegen jede bessere Einsicht zu verteidigen – und ließen dabei selbst zu wenig Zwischentöne zu.[23] Die Marx-Rezeption der letzten Jahrzehnte konnte sich kaum von jenem Rechtfertigungsdruck befreien, was einer offenen Interpretation von Marx' Ideen nicht zuträglich war.

Wenn die Frage also nicht lautet, ob Marx recht hatte oder nicht, sondern, noch grundlegender, ob Marx' Methode und seine Begriffe hilfreich sein könnten, um die gegenwärtige Gesellschaft, ihre Dynamik und ihre Konflikte besser zu verstehen, ja vielleicht sogar verändern zu können, kurzum: ob Marx ein wichtiger Ausgangspunkt für eine kritische Theorie der Gesellschaft ist, so glauben wir, diese Frage immer noch mit Ja beantworten zu können.

3. Kritik des Kapitalismus

Der Ausgangspunkt dafür ist Marx' Kritik des Kapitalismus, den er als sich stets selbst umwälzende Ordnung beschreibt. Da diese Interpretation auf die Bewegung, die Dynamik jener Gesellschaftsordnung abzielt, sind ihre Kategorien relativ resistent dagegen, jener Verjährung anheimzufallen, die eine bloß deskriptive Darstellung von gesellschaftlichen Erscheinungen einer bestimmten Periode ereilt. Den Begriff Kapitalismus gebrauchte Marx in seiner umfassenden Bedeutung erst spät und auch nicht systematisch. Gleichwohl gilt Marx unbestritten als jener Theoretiker, der den Kapitalismus als ökonomische wie auch als gesellschaftliche Ordnung untersucht und theoretisch bestimmt hat. Er spricht dagegen von der *kapitalistischen Produktionsweise*, sowohl in historischer als auch in analytischer Perspektive.[24] Der Begriff der kapitalistischen

23 Es gab natürlich auch häretische Marx-Rezeptionen, die Marx mehr oder weniger liberal, radikaldemokratisch und spieltheoretisch rekonzeptualisierten. Ein Beispiel hierfür wäre die Schule des analytischen Marxismus, vgl. etwa John Roemer (Hg.), *Analytical Marxism*, Cambridge 1986.

24 Die Auffassung *des Kapitalismus* als einer einheitlichen Produktionsweise ist aber nicht unproblematisch, da konkrete Gesellschaftsordnungen immer eine Mischung aus verschiedenen Produktionsverhältnissen darstellen, also auch nichtkapitalistische Verhältnisse umfassen (z. B. Subsistenzproduktion, Sklaverei, neofeudale Formen der Aneignung oder den Tausch jenseits des Marktes). Autoren

Produktionsweise nimmt den Zusammenhang von Produktivkräften (Technologie und Organisation der Produktion) und Produktionsverhältnissen (Eigentumsverhältnisse und Herrschaft) in den Blick. In allen historischen Produktionsweisen haben Produktivkräfte und Produktionsverhältnisse jeweils spezifische Ausprägungen gefunden: »Die Handmühle ergibt eine Gesellschaft mit Feudalherren, die Dampfmühle eine Gesellschaft mit industriellen Kapitalisten«,[25] so schreibt Marx plakativ. Ungeachtet des hier enthaltenen Reduktionismus inspiriert das Postulat eines Zusammenhangs zwischen technologischer Entwicklung, Organisation der gesamtgesellschaftlichen Wertschöpfung und Sozialstruktur das Denken in systemischen Zusammenhängen.

Im Unterschied zu den vorkapitalistischen Produktionsweisen ist die kapitalistische durch das strukturell verankerte Motiv der Profitmaximierung gekennzeichnet, deren Allgegenwärtigkeit sich niemand entziehen kann. Der Kapitalist unterliegt dem Zwang der beständigen Akkumulation, sonst ist er dem Untergang geweiht. Aus diesem Grund ging Marx mit dem individuellen Kapitalisten mitunter milder ins Gericht – dieser ist dazu verdammt, seine Rolle auszufüllen – als mit seinen politischen Gegnern.

Die kapitalistische Produktionsweise sieht Marx in einer Einheit mit der *bürgerlichen Gesellschaft*: Sie verkoppelt freie Lohnarbeit, rechtliche Gleichstellung, Vertragsfreiheit und Konkurrenz.[26] Der freie Arbeiter ist in der bürgerlichen Gesellschaft, wie Marx formulierte, doppelt frei. Er sei frei »von den alten Klientel- oder Hörigkeitsverhältnissen und Dienstverhältnissen und zweitens frei von allem Hab und Gut und jeder objektiven, sachlichen Daseinsform,

wie z. B. Christian Fuchs präzisieren die Begrifflichkeit daher, indem sie von der *kapitalistisch dominierten Produktionsweise* sprechen. Christian Fuchs, »Capitalism, Patriarchy, Slavery, and Racism in the Age of Digital Capitalism and Digital Labour«, in: *Critical Sociology* 2017 ⟨https://doi.org/10.1177/0896920517691108⟩, abgerufen am 26. 11. 2017.

25 Karl Marx, »Das Elend der Philosophie«, in: MEW, Bd. 4, Berlin 1977, S. 63-182, hier S. 130. Mit solch plakativen Formulierungen legte Marx allerdings auch ein evolutorisches Geschichtsverständnis vor, das nicht immer hilfreich bei der Analyse der kapitalistischen Entwicklung war, da viele sich in seiner Tradition sehenden Autoren später einer teleologischen Geschichtsauffassung das Wort redeten.

26 Karl Marx, »Zur Kritik der Politischen Ökonomie. Vorwort«, in: MEW, Bd. 13, Berlin 1961, S. 1-11, hier S. 8.

frei von allem Eigentum«.[27] Um zu überleben, ist der Arbeiter daher gezwungen, seine Arbeitskraft wie eine Ware zu verkaufen. In der Arbeit sieht er ein anthropologisches Grundelement des Menschen. Arbeit heißt Bearbeitung der Natur, Austausch, Kooperation und Sozialität. In der Arbeit kristallisiert sich aber auch ein entscheidender Teil gesellschaftlicher Herrschaftsbeziehungen: Sie ist eine Quelle der Ungleichheit.

Der Doppelcharakter der Arbeit, gleichzeitig Gebrauchs- und Tauschwerte herzustellen, ist für Marx der »Springpunkt« der politischen Ökonomie.[28] Der Gebrauchswert der Arbeitskraft ist die Arbeit, die Marx als die Quelle der Wertschöpfung ansieht. Durch seine Arbeit schafft der Arbeiter jedoch mehr Wert als jene Summe, die er vom Kapitalisten als Lohn für seine Arbeitskraft erhält. Der Kapitalist kann sich diesen Mehrwert aneignen und ihn in Profit verwandeln. In diesem Tauschverhältnis, das formal auf Gleichheit der Vertragsparteien basiert, real aber die Quelle von Ungleichheit ist, liegt die – wie Marx es nannte – »differentia specifica«[29] des Kapitalismus.

Die Figur des doppelt freien Arbeiters ist für Marx die Gelenkstelle, an der sich die kapitalistische Klassengesellschaft immer wieder reproduziert, auch wenn sie im Laufe der Zeit andere Formen annehmen mag. Denn während die einen ihre Arbeitskraft verkaufen müssen, um für ihren Lebensunterhalt aufzukommen, verfügen die anderen über ein Monopol an Produktionsmitteln und ausreichend Geld, um Arbeitskraft zu kaufen. Natürlich gibt es immer wieder Aufsteiger aus den Reihen der Subalternen und (allerdings viel seltener) Absteiger unter den Privilegierten. Insgesamt aber reproduziert sich das Verhältnis einer Polarisierung zwischen Kapitaleignern und Arbeitenden über die Zeit.

27 Karl Marx, »Grundrisse der Kritik der politischen Ökonomie«, in: MEW, Bd. 42, Berlin 1983, S. 47-768, hier S. 414; vgl. auch ders., *Das Kapital. Erster Band*, MEW, Bd. 23, Berlin 1962, S. 183. Eine fundamentale Kritik an dieser Auffassung formuliert Silvia Federici. Sie kritisiert den männlichen Bias in dieser Betrachtung und analysiert, dass die Entstehung des Kapitalismus für Frauen nicht die rechtliche Gleichstellung, sondern neue Abhängigkeiten bedeutete: eine neue autoritär hergestellte geschlechtliche Arbeitsteilung, den Ausschluss aus der Lohnarbeit und die Funktionalisierung ihrer reproduktiven Rolle. Silvia Federici, *Caliban und die Hexe. Frauen, der Körper und die ursprüngliche Akkumulation*, Wien 2012, S. 13 f.

28 Marx, *Das Kapital. Erster Band*, S. 56.

29 Ebd., S. 647.

An der Frage der Arbeit lässt sich auch gut verdeutlichen, dass die marxsche Kritik am Kapitalismus mehr beinhaltet als eine bloße Aussage darüber, dass es *nicht sozial gerecht* zugeht. Marx gebrauchte für den Prozess der Aneignung von Mehrwert den Begriff der Ausbeutung, benutzte ihn aber nicht (nur) in einem moralischen Sinne. Er ereiferte sich zwar über die Arbeitsbedingungen in den frühkapitalistischen Fabriken, die Kinderarbeit und generell die bedrückende Lage der Arbeiter. Marx' Kritik am Kapitalismus ist aber viel nüchterner und zugleich grundsätzlicher, als es diese Brandreden nahelegen: Ausbeutung fungiert als analytischer Begriff. Für Marx wird der Arbeiter vom Kapitalisten weder übervorteilt noch betrogen. Im Gegenteil, dieser zahlt ihm jene Summe, die er für die Reproduktion seiner Arbeitskraft und seiner Familie benötigt. Es handelt sich beim Kauf und Verkauf der Ware Arbeitskraft um einen Äquivalententausch. Ausbeutung folgt insofern der Logik der kapitalistischen Tauschgesellschaft, in der sich formell freie Bürger gegenübertreten. Marx kritisiert den Kapitalismus deshalb, so ist es beispielsweise in der *Kritik des Gothaer Parteiprogramms* nachzulesen, auch nicht nur seiner ungerechten Verteilung wegen, sondern weil jener systematisch die Interessen der Arbeiter auf ein würdevolles Leben negiert und schließlich auch seine eigenen Bestandsvoraussetzungen untergräbt. Die bürgerliche Gesellschaft erfüllt ihre eigenen Normen nicht. Neben die humanistische Kritik des Kapitalismus, die vor allem sein Frühwerk prägt, tritt insofern auch eine immanente Kritik am Kapitalismus, die herausstellt, dass dieser seine eigenen Versprechen auf Freiheit und Fortschritt nicht zu erfüllen vermag.[30]

4. Marx in our times, Marx for our times

Marx' Denken fasziniert jedoch nicht nur ob der Aussagen zu seinem zentralen Gegenstand, der politischen Ökonomie und der Deutung des Kapitalverhältnisses. Vielmehr lässt sich anhand exemplarischer Felder zeigen, wie dieses Denken ein Impuls für die Analyse vielfältiger Erscheinungen der Gegenwart sein kann. Es

30 Georg Lohmann, »Gesellschaftskritik und normativer Maßstab. Überlegungen zu Marx«, in: Axel Honneth, Urs Jaeggi (Hg.), *Arbeit, Handlung, Normativität*, Frankfurt/M. 1980, S. 234-299.

soll hier nicht darum gehen, stets herauszustreichen, dass Marx dies und jenes schon bewiesen hätte, sondern darum, zu zeigen, dass es sich lohnen kann, Marx als einen *Ausgangspunkt* für verschiedene aktuelle Problemstellungen zu konsultieren. Marx kann auch insofern eine gute Basis sein, weil er das, was heute immer wieder für wissenschaftliches Arbeiten eingefordert wird, wie kaum ein anderer verkörperte: Er war interdisziplinär.

Marx' Renaissance lässt sich in diesem Kontext gut anhand seiner eigenen Theorie erläutern. Zu deren interessantesten Elementen gehört seine Ideologietheorie, die ein Verständnis der Entstehung und Artikulation von handlungsrelevanten Interessen und Ideen vermittelt. In einer berühmten Formulierung weist Marx auf den Zusammenhang von ökonomischer Entwicklung und gesellschaftlichen Denkweisen hin:

> In der gesellschaftlichen Produktion ihres Lebens gehen die Menschen bestimmte, notwendige, von ihrem Willen unabhängige Verhältnisse ein, Produktionsverhältnisse, die einer bestimmten Entwicklungsstufe ihrer materiellen Produktivkräfte entsprechen. Die Gesamtheit dieser Produktionsverhältnisse bildet die ökonomische Struktur der Gesellschaft die reale Basis, worauf sich ein juristischer und politischer Überbau erhebt und welcher bestimmte gesellschaftliche Bewußtseinsformen entsprechen.[31]

Diese Passage lässt mehrere Lesarten zu, je nachdem, ob das hierin benannte Entsprechungsverhältnis deterministisch, im Sinne einer Ableitung, oder als ein komplexeres Verhältnis eines sich wechselseitig bestimmenden Zusammenhangs gedeutet wird.[32] Doch wie auch immer die Interpretation ausfällt, das Postulat eines Zusammenhangs zwischen ökonomischer Struktur und Bewusstseinsformen liefert einen wichtigen Schlüssel zum Verständnis der Gegenwart. Dies lässt sich an einer Skizze der Ideengeschichte der Nachkriegszeit exemplifizieren.

Drei miteinander zusammenhängende Faktoren trugen zunächst erheblich dazu bei, dass Marx an Bedeutung verlor: die ökonomische Prosperität, die soziale Aufwärtsmobilität und die politische Integration der Arbeiterparteien. Nach dem Zweiten

31 Marx, »Zur Kritik der Politischen Ökonomie. Vorwort«, S. 8.

32 Zum marxschen Ideologiebegriff und seinen Weiterentwicklungen vgl. Jan Rehmann, *Einführung in die Ideologietheorie*, Hamburg 2008; Carolin Amlinger, *Die verkehrte Wahrheit*, Hamburg 2014.

Weltkrieg schien es im Lichte lang anhaltender hoher Wachstumsraten und erfolgreicher staatlicher Interventionen in die Konjunktur so, als sei die strukturelle Krisenneigung des Kapitalismus ein Merkmal der Vergangenheit. Die Nachkriegsprosperität trug auch erheblich dazu bei, dass für die Arbeiterschaft in den westlichen Kapitalismen ein signifikanter sozialer Aufstieg möglich wurde. Auch wenn die Früchte des Wohlstandes höchst ungleich zwischen den Klassen verteilt waren und die Ungleichheitsverhältnisse von Geschlecht und ethnischer Abstammung virulent blieben, konnte von einer Tendenz zur sozialen Polarisierung und Proletarisierung keine Rede sein – eher im Gegenteil. Eine solche Konstellation ökonomischer Prosperität hatte Marx nicht vorausgesehen, war er doch von einer Abfolge von Krisen und sich verschärfenden Klassengegensätzen ausgegangen. Ökonomen wie Simon Kuznet konnten während dieser Zeit eine andere Erzählung starkmachen: Wirtschaftliches Wachstum erhöhe im Anfangsstadium der kapitalistischen Entwicklung zwar die Ungleichheit, trage später aber zu ihrer Verringerung bei.[33] Statt einer allgemeinen Proletarisierung entstanden tatsächlich auch breite Mittelklassen, die mit der Marktwirtschaft buchstäblich gut leben konnten. Im Zuge dieser Veränderungen waren die alten Arbeiterparteien schon längst keine Feinde des kapitalistischen Staates mehr. Sie sahen im Lichte erfolgreicher Verteilungskämpfe den Sozialstaat als das adäquate Mittel an, Kapitalismus und Demokratie in Einklang zu bringen sowie die Risiken des Marktes für die Arbeiterschaft einzuhegen. So wurde Marx selbst in der Arbeiterbewegung als Prophet vergangener Zustände eingeordnet. Er blieb prominent als nostalgische Erinnerung an kämpferische Zeiten. Die Klassenkonflikte selbst wurden während dieser Zeit sukzessive institutionalisiert,[34] und die sozialen Konflikte verschoben sich auf andere Konfliktlinien: hin zur Ökologie- oder Friedensbewegung oder zu den Kämpfen um Gleichberechtigung. Mithin erfolgte eine Orientierung an Theorien, die jene Entwicklungen adäquater beschrieben als Marx, dessen Schriften zwar mehr als nichts, aber wenig Systematisches hierzu aussagen.

Doch bereits Anfang der 1970er Jahre bekam dieser – aus heuti-

33 Simon Kuznet, »Economic Growth and Income Inequality«, in: *American Economic Review* 45/1 (1955), S. 1-28.

34 Ralf Dahrendorf, *Class and Class Conflict in Industrial Society*, London 1959.

ger Sicht verfrühte – Abschied von der marxschen Erzählung erste Risse. Im Jahr 1973 begann für die westlichen Kapitalismen, wie es der marxistische Historiker Robert Brenner nannte, der *lange Abschwung*.[35] Konjunktur- und Finanzkrisen nahmen wieder zu, während die Wachstumsraten nicht mehr das Niveau der Nachkriegszeit erreichten. Nicht nur in den Augen marxistischer Theoretiker erschien es plötzlich so, als sei der Kapitalismus damit wieder zu seiner normalen Funktionsweise zurückgekehrt, wie beispielsweise der Historiker Werner Plumpe lakonisch bemerkte.[36] Man könnte hinzufügen: in einer globalen Ausprägung, die Marx' analytischer Tragweite weit näherkommt als jene Ausprägung des Frühkapitalismus, die er zu seinen Lebzeiten vor Augen hatte.

Denn Anfang der 1970er zerbrach im Zuge der ökonomischen Turbulenzen und der damit einhergehenden geopolitischen Reibungen auch das Bretton-Woods-System der festen Wechselkurse, das ein Hauptpfeiler der bis dahin (trotz lebendigen Außenhandels) vor allem nationalstaatlich organisierten Kapitalismen war. Rasant veränderten sich in der Folge die Beziehungen zwischen Unternehmen, Nationalstaaten und den internationalen Finanzmärkten.[37] Der britische Ökonom Meghnad Desai wollte darin sogar eine späte Rache von Marx erkennen, der ein evolutionäres Modell sozialer Reformen abgelehnt habe.[38]

Die Globalisierung, die zunehmende Internationalisierung und Integration der Weltwirtschaft, hatte zwar längst begonnen, aber nun nahm sie Fahrt auf. Marx' Begriff des Weltmarkts bietet einen Zugang zu jenen Phänomenen, die wir heute mit dem Begriff der Globalisierung bezeichnen. Schon im *Manifest der Kommunistischen Partei* befindet sich eine Antizipation dieser Entwicklung, wenn Marx schreibt, dass das »Bedürfnis nach einem stets ausgedehnteren Absatz für ihre Produkte […] die Bourgeoisie über die ganze Erdkugel [jagt]. Überall muß sie sich einnisten, überall anbauen, überall Verbindungen herstellen.«[39] Der »Weltmarkt« bil-

35 Robert Brenner, *The Economics of Global Turbulence*, London 2006.

36 Werner Plumpe, *Wirtschaftskrisen. Geschichte und Gegenwart*, München 2010.

37 David Held u.a., *Global Transformations. Politics, Economics and Culture*, Cambridge 1999.

38 Meghnad Desai, *Marx's Revenge. The Resurgence of Capitalism and the Death of Statist Socialism*, London 2002.

39 Marx, Engels, »Manifest der Kommunistischen Partei«, S. 465.

dete für Marx eine Schlüsselkategorie der Analyse des entfalteten Kapitalismus. Er verstand die räumliche Expansion des Kapitals als Konsequenz der Steigerungslogik des Kapitalismus, dessen Entstehung er umgekehrt vor dem Hintergrund der Aneignung von Kapital im Zuge der Kolonialisierung interpretierte.

Diese wahrhaft internationale Perspektive, aus der gesehen der Weltmarkt zugleich Folge und Voraussetzung kapitalistischer Akkumulation ist, löste Marx jedoch nicht konsequent ein. Eine systematische Untersuchung über den Weltmarkt hat er nicht hinterlassen, obwohl diese Frage zentral für sein Verständnis des Kapitalismus in seiner ganzen Komplexität ist. In einer der Vorarbeiten zu *Das Kapital*, den sogenannten *Grundrissen der Kritik der politischen Ökonomie*, deren Einleitung wir in diesem Band dokumentieren, hatte Marx sein Hauptwerk noch auf sechs Bücher konzipiert, wovon der letzte Band vom Weltmarkt und den Krisen handeln sollte.[40] Er verwarf diesen Plan später, weil er ihm zu umfangreich erschien und er *Das Kapital* anders organisierte. Aus diesem Grund klammerte er die Frage der »Konkurrenz auf dem Weltmarkt« aus mit der wie so häufig nicht eingehaltenen Ankündigung, sie später zu behandeln.[41] So blieben seine Abhandlungen zum Weltmarkt fragmentarisch. Seine sporadischen Einlassungen sind gleichwohl äußerst erhellend. So schreibt er zum Beispiel in den *Grundrissen*: »Die Tendenz, den Weltmarkt zu schaffen, ist unmittelbar im Begriff des Kapitals selbst gegeben. Jede Grenze erscheint als zu überwindende Schranke.«[42] All diese Schranken werden schließlich auch durch die Entwicklung der Produktivkräfte überschritten, und die Herstellung des Weltmarkts wird zu einer der »Haupttatsachen der kapitalistischen Produktion«.[43] Zu den Haupttatsachen des Gegenwartskapitalismus gehört auch die zentrale Bedeutung der Finanzmärkte. In der spezifischen Tauschform der Finanzsphäre werden keine Waren, sondern nur noch fiktive Geldtitel gehandelt. Aus Geld wird darin mehr Geld, in Marx' Formel als eine Reduktion des regulären Akkumulationsschemas G – W – G' zur vervollkommneten Selbstvermehrung des Kapitals im Rahmen der (fiktiven) Gleichung G – G' ausgedrückt. Der von Marx entwickel-

40 Marx, »Grundrisse«, S. 42.

41 Karl Marx, *Das Kapital. Dritter Band*, MEW, Bd. 25, Berlin 1964, S. 120.

42 Marx, »Grundrisse«, S. 321.

43 Marx, *Das Kapital. Dritter Band*, S. 126 f.

te Begriff des »fiktiven Kapitals«[44] und seine Einlassungen über das Kreditwesen sind in eine Reihe substanzieller Beiträge zur Analyse der Finanzkrise 2008 eingeflossen.[45]

4.1 Phänomenologie vs. Ursachen der Ungleichheit

Seit der Finanzkrise von 2008 und der folgenden Jahre ist auch die Frage der Ungleichheit wieder in die öffentliche Debatte zurückgekehrt. 2011 schrieb der amerikanische Nobelpreisträger Joseph Stiglitz einen folgenreichen Artikel im (weder für Linkslastigkeit noch Wissenschaftlichkeit bekannten) Magazin *Vanity Fair*.[46] Stiglitz ist ein liberaler Ökonom, deshalb gebrauchte er eine andere Terminologie als Marx. Aber in seinem Text »Of the 1 %, by the 1 %, for the 1 %« beschreibt er nichts anderes als die obszönen Ungleichheitsverhältnisse in der amerikanischen Klassengesellschaft. Das eine Prozent der Superreichen eigne sich Wohlstand und Privilegien an und kontrolliere das politische Geschehen. Dieser Text hatte einen großen Einfluss auf die Entstehung der amerikanischen Occupy-Bewegung, die mit dem Slogan »We're the 99 %« den Gegenpol der Ungleichheit für sich in Anspruch nahm. Occupy währte nicht lange, und die Bewegung war gewiss nicht mit jenen Klassenkämpfen gleichzusetzen, die Marx vorgeschwebt hatten, zumal die Anatomie der 99 % mit ihrer heterogenen Interessenlage soziologisch unterbestimmt blieb. Dennoch ist Occupy ein lebendiger Beweis dafür, dass soziale Verteilungskonflikte nicht der Vergangenheit angehören.[47]

44 Vgl. ebd., S. 413 ff., 484 f.

45 Ein Beispiel wäre Paul Windolf, »Eigentümer ohne Risiko. Die Dienstklasse des Finanzmarkt-Kapitalismus«, in: *Zeitschrift für Soziologie* 37/6 (2008), S. 516-535; Costas Lapavitsas, *Profiting without Producing. How Finance Exploits Us All*, London 2013; Elmar Altvater, *Der große Krach – oder die Jahrhundertkrise von Wirtschaft und Finanzen, von Politik und Natur*, Münster 2010; John Bellamy Foster, Fred Magdoff, *The Great Financial Crisis. Causes and Consequences*, New York 2009; David Harvey, *The Enigma of Capital – and the Crisis of Capitalism*, Oxford 2010.

46 Joseph Stiglitz, »Of the 1 %, by the 1 %, for the 1 %«, in: *Vanity Fair*, online unter ⟨https://www.vanityfair.com/news/2011/05/top-one-percent-201105⟩, abgerufen am 30. 10. 2017.

47 Oliver Nachtwey, »Gibt es einen neuen sozialen Konflikt? Einige sozialtheoretische Anmerkungen«, in: Heinz Bude, Philipp Staab (Hg.), *Kapitalismus und Ungleichheit. Die neuen Verwerfungen*, Frankfurt/M., New York 2016, S. 239-260.

Doch die Wahl Donald Trumps zum amerikanischen Präsidenten wenige Jahre nach den Occupy-Protesten unterstrich, dass (Reaktion auf) Ungleichheit und politische Krisen nicht zwangsläufig in Richtung progressiver politischer Bewegungen ausschlagen müssen. Gerade die defizitäre Repräsentation von Bevölkerungsteilen, die sich selbst als Verlierer der gesellschaftlichen Modernisierung betrachten, hat für Trumps Wahlerfolg ebenso sehr eine Rolle gespielt wie beim Aufschwung des rechten Populismus in Europa. Obwohl man Marx zu Recht vorwerfen kann, dass seinem Modell gesellschaftlicher Transformation eine zu einfache Gleichsetzung von Ungleichheit und progressiver Politisierung unterliegt, war er sich vor allem in seinen politischen Schriften der Widersprüchlichkeit gesellschaftlicher Konfliktkonstellationen doch bewusst. In seiner Analyse *Der achtzehnte Brumaire des Louis Bonaparte*, die wir im 6. Teil des vorliegenden Bandes wiedergeben, schlüsselt Marx soziologisch und gesellschaftstheoretisch die Machtergreifung Napoleons III. auf, der wie ein moderner Populist gesellschaftliche Missstände politisch instrumentalisieren konnte, indem er passive Elemente der unteren Klassen an sich band. Gleichwohl bleibt es aus einer an Marx angelehnten Perspektive erklärungsbedürftig, weshalb die Eskalation der Ungleichheit – trotz bedeutsamer Ansätze gewerkschaftlicher Erneuerung in Deutschland und anderswo[48] – nicht mit einer verallgemeinerten Wiederbelebung dynamischer Klassenbewegungen einhergegangen ist, zumal der nach wie vor starke Neoliberalismus David Harvey zufolge als eine Ideologie und Praxis der Klassenauseinandersetzung seitens der Eliten zu verstehen ist.[49] Einer der Gründe könnte in der spezifischen Materialität und Gouvernementalität des Neoliberalismus zu suchen sein, den man als einen Mechanismus interpretieren kann, der den Menschen Mittel an die Hand gibt, sich als gänzlich klassenunabhängige, wettbewerbliche Individuen zu begreifen, womit sie in den Markt verstrickt werden.[50] Margaret Thatcher ließ beispielsweise Sozialwohnungen in Großbritannien in großem Stil privatisieren, um aus den klassenbewussten Arbeitern Besitzindividualisten zu

48 Klaus Dörre, Stefan Schmalz (Hg.), *Comeback der Gewerkschaften? Neue Machtressourcen, innovative Praktiken, internationale Perspektiven*, Frankfurt/M. 2013.

49 David Harvey, *Kleine Geschichte des Neoliberalismus*, Zürich 2007.

50 Pierre Dardot, Christian Laval, *The New Way of the World. On Neoliberal Society*, London, New York 2013.

machen. Der Neoliberalismus ist aber auch eine Ideologie, die auf das individuelle Handeln der meisten modernen Menschen, auf ihr Sein zurückwirkt, indem er sie stets dazu anhält, produktiv und wettbewerblich zu handeln. Insofern könnte man sagen, dass Ideologie als *Überbauphänomen* durchaus eine Materialität entfaltet bzw. auf die ökonomische Basis einwirkt. Ein einseitiges Ableitungsverhältnis zwischen Basis und Überbau missdeutet also die Materialität von Ideologien in der Gegenwart. Allerdings bleibt es in der Interpretation umstritten, ob man Marx überhaupt eine solche Eindimensionalität unterstellen kann.

In der neueren Debatte über soziale Ungleichheit wurden vor allem die Arbeiten von Branco Milanovic und Thomas Piketty breit rezipiert. Deren internationale Bestseller beschreiben auf je eigene Art und Weise die wachsende Ungleichheit und insbesondere die exponentielle Steigerung von Einkommen und Vermögen bei den Superreichen. Milanovic, ehemaliger Chefökonom der Weltbank, zeigt in *Die ungleiche Welt*, dass die Mittelklassen global betrachtet zwar gewachsen sind, aber gerade in den OECD-Ländern vom Wohlstandszuwachs der Superreichen abgehängt wurden. Mehr noch: Bedeutende Teile von ihnen haben sogar einen relativen Abstieg erfahren.[51]

Thomas Pikettys Buch *Das Kapital im 21. Jahrhundert* ist wie Milanovics Ansatz eine großangelegte historische Untersuchung der Entwicklung von Ungleichheit.[52] Auch er zeigt, dass das von Simon Kuznet aufgestellte Postulat eines verallgemeinerten Wohlstandszuwachses im reifen Kapitalismus nicht mehr gilt: Seit den 1970er Jahren wächst die Ungleichheit wieder, bei den Einkommen wie auch bei den Vermögen. Pikettys Studie ragt vor allem durch ihre breite Datenbasis heraus. Die empirisch fundierte Betrachtung der Sozialstruktur über einen langen Zeitraum und über Ländergrenzen hinweg ist eine große wissenschaftliche Leistung. *Das Kapital im 21. Jahrhundert* fällt allerdings bezüglich des Erklärungsanspruchs hinter den Vorläufer aus dem 19. Jahrhundert (der obendrein nur recht oberflächlich rezipiert wird) zurück, obgleich der Titel eine Aktualisierung desselben suggeriert. Piketty beschränkt sich weitgehend auf die Deskription der Ungleichheit

51 Branco Milanovic, *Die ungleiche Welt. Migration, das Eine Prozent und die Zukunft der Mittelschicht*, Berlin 2016.

52 Thomas Piketty, *Das Kapital im 21. Jahrhundert*, München 2014.

und verzichtet auf die präzise Analyse ihrer Mechanismen und Kausalitäten.[53]

Für die Analyse von sozialer Ungleichheit bleibt Marx' Werk eben gerade deswegen ein interessanter Ausgangspunkt, weil er sich vor allem den Kausalitäten hinter der Phänomenologie widmet. Es geht ihm um die Analyse ebender Mechanismen, die eine Polarisierung von Einkommen und Vermögen mit sich bringen. Durchaus haftet ihm bisweilen die Tendenz zu einer Verelendungstheorie an, die im Lichte der weiteren historischen Entwicklung nicht haltbar ist. In *Das Kapital* argumentiert er hingegen ambivalenter. Er betrachtet den Kapitalismus als System kompetitiver Akkumulation, das die dazugehörigen Methoden und Mechanismen beständig modernisierte und verbesserte. Dazu gehörte auch, dass bei wachsender Produktivität der allgemeine Lebensstandard steigt. Doch richtete sich der Blick stets auf die sozialen Gegensätze, die sich im entwickelten Kapitalismus vergrößern. Das Moment, dass Gesellschaften wohlhabender werden, aber gleichzeitig ein Teil der Bevölkerung nach unten (bei Marx: ins Proletariat) gedrückt wird, gehört zu den zentralen Denkfiguren bei Marx.

Das politökonomische Postulat einer zunehmenden sozialen Spaltung wird ergänzt durch einen überraschend konkreten Blick auf die Mikrodynamiken der Ungleichheit, der aktuell anmutet. Im 23. Kapitel von *Das Kapital* schreibt er:

> Je größer der gesellschaftliche Reichtum, das funktionierende Kapital, Umfang und Energie seines Wachstums, also auch die absolute Größe des Proletariats und die Produktivkraft seiner Arbeit, desto größer die industrielle Reservearmee. Die disponible Arbeitskraft wird durch dieselben Ursachen entwickelt wie die Expansivkraft des Kapitals. Die verhältnismäßige Größe der industriellen Reservearmee wächst also mit den Potenzen des Reichtums [...]. [J]e höher die Produktivkraft der Arbeit, desto größer der Druck der Arbeiter auf ihre Beschäftigungsmittel, desto prekärer also ihre Existenzbedingung: Verkauf der eignen Kraft zur Vermehrung des fremden Reichtums oder zur Selbstverwertung des Kapitals.[54]

53 Stefan Kaufmann, Ingo Stützle, *Kapitalismus: Die ersten 200 Jahre. Thomas Pikettys »Das Kapital im 21. Jahrhundert« – Einführung, Debatte, Kritik*, Berlin 2014.

54 Marx, *Das Kapital. Erster Band*, S. 673 f.

Was Marx als *industrielle Reservearmee* bezeichnet, umfasst nicht nur die formal Arbeitslosen, sondern kann auch auf die prekär Beschäftigten der Gegenwart angewendet werden.[55] Die Aktualität seiner Auffassung liegt nicht nur in der Terminologie begründet, sondern auch in der Zusammenschau von Rationalisierungstendenzen der Arbeit, Entwicklungen auf dem Arbeitsmarkt und der Marktmacht bestimmter Segmente der Arbeitenden. Insofern hat seine Sichtweise einen aktuellen Widerhall, auch wenn das Phänomen der prekären Arbeit gemeinhin als neues Phänomen gilt, das auf die allgemeine Einschränkung des Warencharakters der Arbeitskraft in der Phase des sozialstaatlich regulierten Kapitalismus folgte. Marx unterschied drei Formen von Prekarität oder, wie er es nennt, relativer Überbevölkerung: »flüssige, latente und stockende«.[56] Die flüssige oder fließende Überbevölkerung sind jene Arbeiter, die sich im Zentrum der industriellen Produktion befinden; sie werden »bald repelliert, bald in größerem Umfang wieder attrahiert [...]. Sie bildet ein Element der fließenden Übervölkerung, das mit dem Umfang der Industrie wächst«.[57] Die latente Form entsteht aus jenem Teil der Landbevölkerung, der auf dem Sprung ist, »in städtisches oder Manufakturproletariat überzugehen«.[58] Der stockende Teil der relativen Überbevölkerung ist ein Segment der »aktiven Arbeiterarmee, aber mit durchaus unregelmäßiger Beschäftigung [...]. Ihre Lebenslage sinkt unter das durchschnittliche Normalniveau der arbeitenden Klasse, und grade dies macht sie zur breiten Grundlage eigner Exploitationszweige des Kapitals«.[59] Mithin

55 Zur Debatte über Prekarität und den Reservearmeemechanismus vgl. u. a.: Robert Castel, Klaus Dörre (Hg.), *Prekarität, Abstieg, Ausgrenzung. Die soziale Frage am Beginn des 21. Jahrhunderts*, Frankfurt/M., New York 2009; Florian Butollo, »Die große Mobilmachung: Die globale Landnahme von Arbeit und die Reservearmeemechanismen der Gegenwart«, in: Heinz Bude, Philipp Staab (Hg.), *Kapitalismus und Ungleichheit. Die neuen Verwerfungen*, Frankfurt/M., New York 2016, S. 215-238; Hajo Holst, Oliver Nachtwey, »Die Internalisierung des Reservearmeemechanismus. Grenztransformationen am Beispiel der strategischen Nutzung von Leiharbeit«, in: Karina Becker u. a. (Hg.), *Grenzverschiebungen des Kapitalismus*, Frankfurt/M. 2010, S. 280-299; Guy Standing sieht im Prekariat gar eine neue Klasse heraufziehen: Guy Standing, *The Precariat: The New Dangerous Class*, London 2011.

56 Marx, *Das Kapital. Erster Band*, S. 670.

57 Ebd.

58 Ebd., S. 671.

59 Ebd., S. 672.

zwingt der Druck einer großen Zahl von Unbeschäftigten »die Beschäftigten zur Flüssigmachung von mehr Arbeit«.[60]

4.2 Digitaler Sozialismus?

Marx wollte die Anatomie des Kapitalismus analysieren – und in seiner Kritik des Kapitalismus auch die Möglichkeit einer anderen Welt skizzieren. Während dieser Strang seines Œuvres durch die leidvolle Erfahrung staatssozialistischer Ordnungen diskreditiert zu sein schien, erfreut er sich im digitalen Zeitalter erneuter Beliebtheit. Eine neue Welt zeichnet sich derzeit – zumindest diskursiv – am Horizont ab. So unterschiedliche Autoren wie Paul Mason[61] oder Jeremy Rifkin[62] sehen in der Digitalisierung eine neue technologische Revolution. Der rasante technologische Wandel kommt heute unter dem Label der *Disruption* daher. Tatsächlich verändert kaum eine soziotechnische Entwicklung den Kapitalismus derzeit so sehr wie die Digitalisierung. Zu den aktuellen apokalyptischen Szenarien (denen gegenüber Marx selbst in seinen düstersten Projektionen noch moderat und räsonierend erscheint) gehört die Vorstellung, dass Maschinen und Roboter menschliche Arbeitskraft in bisher nicht gekanntem Ausmaß verdrängen könnten.[63] Diesem Gedanken ging Marx im ebenfalls in diesen Band aufgenommenen sogenannten *Maschinenfragment* nach. In diesem spekulativen Text, dessen Thesen er vielleicht genau aus diesem Grund später nicht in *Das Kapital* aufnahm, widmet sich Marx ebender Frage, welche ökonomischen und sozialen Folgen ein »automatisches System der Maschinerie«[64] im Zusammenhang mit der Ausweitung und Vergesellschaftung der Wissensproduktion hat (Mason nimmt explizit Bezug auf diesen Text). Nicht nur Mason und Rifkin, sondern auch Autoren wie David Harvey,[65] Immanuel Wallerstein und

60 Ebd., S. 669.

61 Paul Mason, *Postkapitalismus. Auf dem Weg zu einer kommenden Ökonomie*, Berlin 2016.

62 Jeremy Rifkin, *Die Null-Grenzkosten-Gesellschaft. Das Internet der Dinge, kollaboratives Gemeingut und der Rückzug des Kapitalismus*, Frankfurt/M., New York 2014.

63 Siehe dazu als ein Beispiel Carl Benedict Frey, Michael Osborne, *The Future of Employment. How Susceptible are Jobs to Computerization*, Oxford 2013.

64 Marx, »Grundrisse«, S. 592.

65 David Harvey, *Siebzehn Widersprüche und das Ende des Kapitalismus*, Berlin 2014.

Randall Collins, der wie Rifkin nicht zum Lager der Marx-Anhänger gezählt werden kann, sehen das Ende des Kapitalismus *as we know it* kommen.[66] In dieser Diskussion kommen Debattenstränge zusammen, die sich teilweise überlappen und ergänzen. Zum einen wird Bezug genommen auf die lange Krise des Kapitalismus, zum anderen auf die digitale Transformation und die Verdrängung lebendiger Arbeit. Vor allem die Entwicklung der neuen Technologien erfordere, so die Sicht vieler der genannten Autoren, eine soziale Transformation, die über den Kapitalismus hinausgehen müsse. Erneut prägt also die Auffassung eines Widerspruchs von technologischer und gesellschaftlicher Entwicklung die zeitdiagnostische Debatte. Marx hatte dieses Dilemma seinerzeit so gefasst:

> Auf einer gewissen Stufe ihrer Entwicklung geraten die materiellen Produktivkräfte der Gesellschaft in Widerspruch mit den vorhandenen Produktionsverhältnissen oder, was nur ein juristischer Ausdruck dafür ist, mit den Eigentumsverhältnissen, innerhalb deren sie sich bisher bewegt hatten. Aus Entwicklungsformen der Produktivkräfte schlagen diese Verhältnisse in Fesseln derselben um. Es tritt dann eine Epoche sozialer Revolution ein.[67]

Auch wenn man skeptisch hinsichtlich des Ausmaßes und der (sozialrevolutionären) Auswirkungen der Digitalisierung sein darf, so ist die Frage berechtigt, welche Eigentumsverhältnisse dem digitalen Zeitalter angemessen sind: Wenn Marx die Dampfmühle als Voraussetzung für die Gesellschaft mit industriellen Kapitalisten sieht, welche Produktionsverhältnisse sind dann für die Epoche von 3D-Druckern und Big Data adäquat? Glaubt man Rifkin und Mason, sind solche Technologien Treiber und Voraussetzung für demokratische und dezentralisierte Produktion und Kommunikation. Technologien sind allerdings offene Systeme, die von Menschen in vielen Richtungen genutzt werden können. Das gilt ebenso für digitale Technologien. Sie können zur demokratischen Planung wie zur lückenlosen Überwachung eingesetzt werden, als Instrument der Arbeitserleichterung und der Arbeitsverdichtung fungieren. Roboter können einerseits menschliche Arbeit verdrängen (und Arbeitslosigkeit produzieren), sie können den Menschen aber auch – beispielsweise durch eine radikale Arbeitszeitverkür-

66 Immanuel Wallerstein u.a., *Stirbt der Kapitalismus? Fünf Szenarien für das 21. Jahrhundert*, Frankfurt/M., New York 2014.

67 Marx, »Zur Kritik der Politischen Ökonomie. Vorwort«, S. 9.

zung – jene Freiheitsräume verschaffen, die für eine demokratische oder gar sozialistische Gestaltung der Gesellschaft nötig wären: Zumindest wäre Oscar Wildes kritischer Seufzer, dass der Sozialismus so viele freie Abende koste, nicht mehr ganz so tief.

5. Leerstellen als Anknüpfungspunkte?

Zu vielen bedeutenden Fragen unserer Zeit hat Marx allerdings wenig beizutragen, zumindest in jenen Schriften, die einen gewissen Grad an Kohärenz aufweisen. Bei einigen dieser Fragen ist es aber gelungen, aus den marxschen Vorarbeiten, Exzerpten und Manuskripten eine bisher nicht gekannte Sichtweise von Marx zu rekonstruieren. In anderen Fällen konnte man zumindest eine Perspektive destillieren, die man zwar nicht unbedingt als *die* marxsche Perspektive auf dieses Problem ansehen kann, die aber einige Fundstücke aufgreift, um Perspektiven im Anschluss an Marx zu entwickeln. Zur ersten Kategorie, der Rekonstruktion einer bisher nicht gekannten Sichtweise, gehören, zumindest halten wir diese Interpretation für plausibel, Marx' Aussagen zur Frage der Ökologie. Vielen gilt Marx als prometheischer Autor, der vor allem die industrielle Entwicklung der Produktivkräfte im Blick hat und für den die Naturbeherrschung stets positiv, im Sinne zunehmender Wohlstandsgewinnung, konnotiert ist. Dabei hat Alfred Schmidt die wechselseitige Beziehung von Mensch und Natur im marxschen Werk schon in den 1960er Jahren untersucht und dabei ein komplexeres Bild zutage gefördert.[68] Jüngere Arbeiten haben zudem gezeigt, dass Marx' Verständnis der kapitalistischen Gesellschaft systematisch von einer Perspektive der Nachhaltigkeit in Bezug auf Natur und Ökologie durchzogen ist.[69] Diese Haltung war schon vorher offenbar, sie wurde nur wenig rezipiert. Am Ende des dritten Bandes von *Das Kapital* schreibt Marx: »Selbst eine ganze Gesellschaft, eine Nation, ja alle gleichzeitigen Gesellschaften zusammengenommen, sind nicht Eigentümer der Erde. Sie sind nur

68 Alfred Schmidt, *Der Begriff der Natur in der Lehre von Marx*, Frankfurt/M. [1962] 1971.

69 Kohei Saito, *Natur gegen das Kapital*, Frankfurt/M., New York 2016; John Bellamy Foster, *Marx's Ecology. Materialism and Nature*, New York 2000; Paul Burkett, *Marx and Nature. A Red and Green Perspective*, Houndsmills 1999.

ihre Besitzer, ihre Nutznießer, und haben sie als boni patres familias [gute Familienväter] den nachfolgenden Generationen verbessert zu hinterlassen.«[70]

Zur zweiten Kategorie gehört die Geschlechterfrage. In der zweiten Frauenbewegung seit den 1960er Jahren wurde Marx' Werk umfassend diskutiert und zugleich scharf kritisiert. Autorinnen wie Mariarosa Dalla Costa, Heidi Hartmann oder Ursula Beer[71] – und in ihrer Folge viele andere – kritisierten den männlichen Bias in Marx' Werk, aufgrund dessen er der Stellung der Frauen in der Gesellschaft im Allgemeinen und der Reproduktionsarbeit im Besonderen keine Beachtung geschenkt habe. Theorien der Hausarbeit bzw. des Patriarchats konzipierten die Stellung der Frau entsprechend meist in Abgrenzung zu Marx und in Analogie zum Verhältnis zwischen Kapital und Arbeit als gesondertes Ungleichheitsverhältnis. Eine systematische Behandlung der Ungleichheit zwischen den Geschlechtern im Kapitalismus findet sich bei Marx tatsächlich ebenso wenig wie eine eingehende Betrachtung der Rolle von Sorgearbeiten, die ohne Zweifel zumindest Voraussetzung jeglicher Kapitalakkumulation sind.[72] Während die feministische Kritik an Marx also einen richtigen Punkt trifft, existieren auch Ansätze, die nicht im Gegensatz, sondern komplementär zu Marx' Grundbegriffen argumentieren und damit die Frage der Reproduktionsarbeit im Rahmen einer einheitlichen theoretischen Auffassung integrieren wollen.[73] In jüngerer Zeit hat sich interna-

70 Marx, *Das Kapital. Dritter Band*, S. 784.

71 Mariarosa Dalla Costa, »Die Frauen und der Umsturz der Gesellschaft«, in: Mariarosa Dalla Costa, Selma James, *Die Macht der Frauen und der Umsturz der Gesellschaft*, Berlin 1978, S. 27-67; Heidi Hartmann, »The Unhappy Marriage of Marxism and Feminism: Towards a More Progressive Union«, in: *Capital & Class* 3/2 (1979), S. 1-33; Ursula Beer, *Theorien geschlechtlicher Arbeitsteilung*, Frankfurt/M., New York 1984.

72 Friedrich Engels allerdings widmet sich in seiner Schrift »Der Ursprung der Familie, des Privateigentums und des Staats« eindringlich der Frage der Frauenunterdrückung, deren Ursache er mit der Entstehung des Privateigentums in Verbindung bringt. Diese Analyse liefert jedoch, so die Kritik vieler Feministinnen, keine schlüssige Erklärung dafür, warum die Ungleichheit zwischen den Geschlechtern sich im Kapitalismus stets reproduziert hat. Siehe: Friedrich Engels, »Der Ursprung der Familie, des Privateigentums und des Staats«, in: MEW; Bd. 21, S. 25-173.

73 Zu einer systematischen Untersuchung von Genderaspekten in Marx' Werk vgl. Heather Brown, *Marx on Gender and the Family*, Leiden 2012.

tional eine interessante Debatte zu diesem Thema entfaltet, deren Anliegen es ist, gewissermaßen mit Marx über Marx hinaus eine Theorie sozialer Reproduktion zu entwickeln. Der Ausgangspunkt dafür ist der lange Zeit nahezu unbekannt gebliebene Ansatz der amerikanischen Feministin Lise Vogel, die eine solche theoretische Perspektive ausgehend von der Passage »Über die Reproduktion der Arbeitskraft« in *Das Kapital* entfaltet, die in Teil 3 dieses Bandes abgedruckt ist. Über Vogels Versuch, die Bedingungen dieser Reproduktion im marxschen Sinne zu deuten, hat sich eine Diskussion entsponnen, die, nachdem die unglückliche Ehe zwischen Marxismus und Feminismus zwischenzeitlich geschieden war, wieder zu einer produktiven Annäherung geführt hat.[74]

6. Zu diesem Band

Karl Marx war ein universell Gelehrter, den nicht nur seine Freunde zu den wichtigsten Geistesgrößen seit der Aufklärung zählen. Aber sein Werk war nicht das eines solitären Intellektuellen, der seine Vorstellungen aus der puren Kontemplation heraus entwarf. Viele Begriffe und Einsichten hatten bereits andere vor ihm gewonnen. Marx selbst sah sich auf den Schultern von Riesen, vor allem jenen des deutschen Philosophen Georg Wilhelm Friedrich Hegel und der britischen Ökonomen Adam Smith und David Ricardo. Dazu stand ihm stets sein intellektueller Gefährte und Freund Friedrich Engels als Co-Autor zur Seite, weshalb man viele Schriften als ein gemeinsames Werk betrachten kann. In diesem Band fokussieren wir allerdings vor allem auf Marx. Soweit gemeinsame Schriften aufgenommen wurden, haben wir das kenntlich gemacht.[75]

Wie bereits ausgeführt, haben wir in dieser Anthologie eine Auswahl der wichtigsten und bekanntesten Schriften von Marx vorgenommen. Ein paar weniger bekannte Abhandlungen sind

74 Lise Vogel, *Marxism and the Oppression of Women. Toward a Unitary Theory*, Chicago 2014. Tithi Bhattacharya (Hg.), *Social Reproduction Theory. Remapping Class, Recentering Oppression*, London 2017.

75 Eine nützliche Einführung zum spezifischen Beitrag von Engels findet sich in: Elmar Altvater, *Engels neu entdecken. Das hellblaue Bändchen zur Einführung in die »Dialektik der Natur« und die Kritik von Akkumulation und Wachstum*, Hamburg 2015.

ebenfalls enthalten – sie alle zusammen sollen in Marx einführen und nicht zuletzt Anschlüsse an die Gegenwart liefern. Wir haben uns in der Regel auf jene Texte beschränkt, die einigermaßen kohärent und verständlich hinterlassen wurden.[76] Es gibt zwar viele Exzerpte und Notizen (beispielsweise über James Mill, Geologie oder den Selbstmord), die Interessantes enthüllen, dies aber nur in einem umfassenderen Kontext der Marx-Forschung und des jeweils behandelten Gegenstandes zu tun vermögen.

Bei einem solch produktiven Autor, wie Marx es war, bedeutet auswählen aber auch notwendigerweise auslassen. Viele Schriften konnten wir aus Platzgründen nicht einbeziehen; Marx' Hauptwerk *Das Kapital* konnten wir naturgemäß nur in Ausschnitten aufnehmen. Auch viele andere der in diesem Band versammelten Texte geben wir nur auszugsweise wieder. Wir haben sie behutsam bearbeitet, sodass die Texte zwar gekürzt, die zentralen Gedanken aber hoffentlich unverändert und vollständig dargestellt sind. Textgrundlage für unsere Auswahl sind bis auf eine Ausnahme die *Marx-Engels-Werke* (MEW), die in ihrer editierten Ausgabe die am weitesten verbreitete Fassung der Schriften von Marx darstellen.[77] Wir haben die Texte dahingehend bearbeitet, dass wir auf zahlreiche Fußnoten und Abschnittsnummerierungen verzichtet haben, sowohl solche von Marx selbst wie auch von späteren Editoren in den MEW gesetzten, da es sich bei der vorliegenden Ausgabe um eine Anthologie handelt. Vor allem auf den größten Teil der editorischen Endnoten aus den MEW haben wir verzichtet. Wo diese jedoch wesentliche Kontextinformationen enthielten, haben wir sie in überarbeiteter Fassung am Ende der jeweiligen Abschnitte als Endnoten eingefügt. Einige Überschriften der Textabschnitte

76 Eine Ausnahme davon stellt das »Maschinenfragment« dar. Die bewegte Rezeptionsgeschichte des Textes rechtfertigt aber seine Aufnahme in den vorliegenden Band.

77 Die Texte entsprechen einer bereits von Marx und Engels editierten Fassung, die nicht immer identisch mit der ersten Fassung des Originaltextes ist. Nur bei den »Thesen zu Feuerbach« haben wir uns aufgrund der einschlägigen Diskussionen darüber, ob die nachträgliche Glättung des Textes durch Friedrich Engels nicht den Sinn verändert habe, dazu entschlossen, die Originalfassung von 1845 zu geben. Die zahlreichen Anmerkungen dazu, welche Wörter früherer Fassungen verändert wurden, haben wir gestrichen, da dieser Band keine Grundlage für die Exegese, sondern eine Einführung in Marx' Werk darstellen soll – ein, wenn man so will, Lesebuch.

sind außerdem in eckige Klammern gesetzt, weil es Titel sind, die wir formuliert haben oder die allgemein gebräuchlich sind, aber nicht von Marx selbst stammen. Knappe Erläuterungen wie die Übersetzung fremdsprachiger Begriffe haben wir im Text in eckigen Klammern eingefügt. Einige offenkundige Fehler wurden stillschweigend korrigiert, wenige Schreibweisen wurden sinnerhaltend angepasst. Da die Originalzählung der Fußnoten in den Marx-Texten in vielen Fällen nicht beibehalten werden konnte, wurde hier einheitlich die seitenweise Zählung gewählt.

Zuletzt: Gründe, Marx im Original zu lesen, gibt es viele. Ein nicht ganz unwesentlicher lautet, dass Marx einfach ein ausgezeichneter Schriftsteller ist. Das *Manifest der Kommunistischen Partei*, ungeachtet dessen, was man politisch davon halten mag, sei getragen von einer »fast biblischen Sprachgewalt«, so Eric Hobsbawm.[78] Marx' Texte sind häufig zweierlei: große Literatur, aber auch eine große Literaturrezeption – von Aischylos über Goethe bis zu Balzac und Shakespeare. Die Zutaten für seine scharfen Sprachbilder fand er sowohl in der antiken wie auch in der zeitgenössischen Literatur.[79] Die sozialen Verhältnisse versuchte Marx nicht nur zu enthüllen, sondern ihnen auch eine sprachliche Bühne zu geben: Kapital ist in Marx' Analyse geronnene tote Arbeit. An zahlreichen Stellen beschrieb er es deshalb als Monster, Vampir und Zombie.[80] Die Untoten sind unter uns. Marx ist es auch – solange unsere Gesellschaft eine kapitalistische ist.

78 Hobsbawm, »Einleitung«, S. 22.

79 Siegbert S. Prawer, *Karl Marx and World Literature*, London [1976] 2011. In seiner rekonstruktiven Studie, die *Das Kapital* als Intervention in die politische Theorie der Arbeiterbewegung liest, argumentiert William Clare Roberts, dass Marx sein Hauptwerk mit Blick auf Dantes *Göttliche Komödie* konstruiert habe, siehe *Marx's Inferno. The Political Theory of Capital, Princeton 2016.*

80 David McNally, *Monsters of the Market. Zombies, Vampires and Global Capitalism*, Chicago 2011.

Teil 1: Philosophie der Praxis

Philosophie der Praxis: Die Verweltlichung der Kritik

(Einführung der Herausgeber)

Theorie dürfe »kein Selbstzweck« sein.[1] Mit dieser Mahnung läutet Marx in der Einleitung seiner Schrift *Zur Kritik der Hegelschen Rechtsphilosophie* seine Loslösung von der Hauptströmung der radikalen deutschen Philosophie und damit auch ein neues Kapitel der Ideengeschichte ein. Die Religionskritik gehörte damals zum guten Ton unter den radikalen Philosophen, doch bei Marx erfährt dieser Gemeinplatz eine weltliche Wendung: »Die Kritik des Himmels verwandelt sich damit in die Kritik der Erde«,[2] schreibt er, denn sie muss auf jene Unmündigkeit gerichtet sein, die ursächlich für die Anziehungskraft der Religion sei. Die Kritik der Ideen verweise unmittelbar auf die Kritik der Zustände, die diese hervorbrachten.

Mit dieser materialistischen Wendung ändert sich die Mission der Philosophie grundlegend. Dies ist die tiefere Bedeutung des berühmten Diktums, dass die Philosophen die Welt »nur verschieden *interpretiert*« hätten, während es doch (auch) darauf ankäme, sie zu verändern.[3] Diese Auffassung über die Aufgabe der Philosophie hat Auswirkungen auf den Stil der Kritik. Sie gilt Marx als »Waffe«, und »ihr wesentliches Pathos ist die *Indignation*, ihre wesentliche Arbeit die *Denunziation*«.[4] Vor allem verändert sich jedoch der Adressat der Kritik. Theorie könne zu einer »materiellen Gewalt« werden, die »die Massen ergreift«.[5] Sie findet im Proletariat ihren natürlichen Verbündeten, dessen Emanzipation mit der Emanzipation der Menschheit schlechthin gleichgesetzt wird, weil sie der Abschaffung jeglichen Eigentums gleichkäme, das als Grundlage der Herrschaft des Menschen über den Menschen verstanden wird.

Die hier ausgewählten Textstellen umreißen diese besondere ge-

1 Karl Marx, »Zur Kritik der Hegelschen Rechtsphilosophie«, in: *Marx-Engels-Werke* (MEW), Bd. 1, Berlin 1981, S. 378-391, hier S. 380.

2 Ebd., S. 379.

3 Karl Marx, »Thesen über Feuerbach«, in: MEW, Bd. 3, Berlin 1978, S. 1-7, hier S. 5, Hervorhebung im Original.

4 Marx, »Zur Kritik der Hegelschen Rechtsphilosophie«, S. 380.

5 Ebd., S. 385.

danklich-praktische Mission, die zugleich eine neue Rolle des Philosophen begründet: die eines eingreifenden Intellektuellen, dessen Erfolg sich daran bemisst, inwieweit er (oder sie) Stichwortgeber für emanzipatorische Bewegungen wird. Wir haben uns entschlossen, diese Passagen an den Anfang dieser Anthologie zu stellen, da sie einen programmatischen Charakter aufweisen, der das gesamte marxsche Werk durchzieht. Denn dieses zielt nicht auf die Beschäftigung mit Theorie um der Sache willen, sondern es führt immer wieder auf den Punkt zurück, die kritisierten Verhältnisse umzustürzen. In dieser Hinsicht existiert auch eine innere Einheit der ausgewählten Schriften, denn der alte Marx steht dem jungen in nichts nach, wenn es darum geht, seine Theorie auf die praktische Veränderung der Verhältnisse auszurichten.

Die Einleitung der Schrift *Zur Kritik der Hegelschen Rechtsphilosophie* begründet dieses Theorieprogramm in Abgrenzung zur bisherigen deutschen Philosophiegeschichte. Fernab davon, Theorie als sekundär gegenüber revolutionärer Praxis zu erklären, weist Marx ihr ihren Platz im Prozess der gesellschaftlichen Veränderung zu. Sie stehe im Dienste des »kategorischen Imperativs«, »alle Verhältnisse umzuwerfen, in denen der Mensch ein erniedrigtes, ein geknechtetes, ein verlassenes, ein verächtliches Wesen ist«.[6] Diese Schrift ist in ihrer Dezidiertheit ein schönes Beispiel für den zur Tat drängenden Humanismus des jungen Marx.

Diese Auffassungen werden in den *Thesen über Feuerbach* von 1845 verdichtet, die als Ergebnis der frühen Selbstverständigung von Marx und Engels über ihren grundlegenden philosophischen Standpunkt gelesen werden können. Dreh- und Angelpunkt ist auch hier die Praxis, die »menschliche sinnliche Tätigkeit«, die im Materialismus Ludwig Feuerbachs nicht sinnvoll verortet werden kann, vor allem weil menschliche Handlungen als bloße Reflexe auf materielle Bedingungen erscheinen. Der Versuch, ein materialistisches Verständnis menschlichen Handelns zu entwickeln, führt Marx zu politischen Schlussfolgerungen. Er fragt rhetorisch, wer eigentlich die »Erzieher« erziehe,[7] um sich von idealistischen Ansätzen abzugrenzen, für welche die Veränderung der Gesellschaft eine Frage der Aufklärung sei. Im Gegensatz dazu postuliert er, dass die Veränderung der Umstände und der Subjekte selbst in der »um-

6 Ebd.

7 Marx, »Thesen über Feuerbach«, S. 5f.

wälzenden Praxis« zusammenfalle.[8] Diesen Gedanken der Selbstveränderung der Subjekte im Akt der Revolution greift Marx in *Die deutsche Ideologie* auf, wenn er schreibt, dass eine solche auch deswegen notwendig sei, um sich »den ganzen alten Dreck vom Halse zu schaffen und zu einer neuen Begründung der Gesellschaft befähigt zu werden«.[9]

Im *Manifest der kommunistischen Partei* werden diese Gedanken erstmals in allgemeinverständlicher Sprache formuliert und operationalisiert. Die Arbeit entstand im Auftrag des »Bundes der Kommunisten«, einer Vereinigung von rund 500 Mitgliedern, die nach der Revolution von 1848 mehrheitlich aus Deutschland fliehen mussten. Nicht die Auseinandersetzung mit der bisherigen Ideengeschichte steht hier im Vordergrund, sondern eine Skizze der entstehenden Widersprüche im Kapitalismus und der Ansatzpunkt seiner Überwindung durch eine Bewegung des Proletariats. Ein wichtiges Bindeglied zwischen der Rolle der Philosophen und der »Bewegung der ungeheuren Mehrzahl im Interesse der ungeheuren Mehrzahl«[10] wird hier erstmals theoretisiert: die Rolle einer kommunistischen Organisation. Die Kommunisten seien Teil des Proletariats, hätten keine von ihm getrennten Interessen und würden keine besonderen Prinzipien aufstellen, »wonach sie die proletarische Bewegung modeln wollen«.[11] Wohl aber würden sie versuchen, Einfluss auf die proletarische Bewegung zu gewinnen, indem sie »stets das Interesse der Gesamtbewegung« des Proletariats verträten.[12] In diesen spärlichen Formulierungen erscheint die marxsche Theorie nicht als das Werk eines Philosophen, sondern als Ausgeburt des verallgemeinerten Klasseninteresses, was paradox anmutet, aber mit seiner Entthronung des Philosophen als einer über den Dingen stehenden Instanz konform geht. Zugleich beginnt eine lange und mitunter verhängnisvolle Linie des Nachdenkens darüber, wie die Motivation des Eingreifens in die gesellschaftlichen Verhältnisse (wie von Marx vehement eingefordert)

8 Ebd., S. 6.

9 Karl Marx, Friedrich Engels, »Die deutsche Ideologie«, in: MEW, Bd. 3, Berlin 1978, S. 9-530, hier S. 70.

10 Karl Marx, Friedrich Engels, »Manifest der Kommunistischen Partei«, in: MEW, Bd. 4, Berlin 1977, S. 459-493, hier S. 472.

11 Ebd., S. 474.

12 Ebd.

und das ebenfalls von ihm proklamierte Ziel der Selbstemanzipation vereinbar sein könnten, das heißt, welche Organisationsform adäquat im Sinne der Befreiung sein könnte, ohne neue Formen der Bevormundung zu erzeugen.

Die Primärtexte in diesem Teil

Zur Kritik der Hegelschen Rechtsphilosophie. Einleitung (MEW, Bd. 1, S. 378-391), verfasst zur Jahreswende 1843/44, veröffentlicht 1844 in den *Deutsch-Französischen Jahrbüchern*.

[*Thesen über Feuerbach*] (MEW, Bd. 3, S. 5-7), verfasst in der ersten Jahreshälfte 1845, erst posthum 1888 durch Engels veröffentlicht unter dem Titel »Marx über Feuerbach« als Teil seiner eigenen Schrift *Ludwig Feuerbach und der Ausgang der klassischen deutschen Philosophie*. Bei der hier abgedruckten Version handelt es sich um die Originalfassung von 1845.

Das *Manifest der kommunistischen Partei* (Auszug; MEW, Bd. 4, S. 459-493) wurde von Marx und Engels zur Jahreswende 1847/48 für den *Bund der Kommunisten* verfasst. Es ist seitdem in über hundert Sprachen übersetzt worden und seit 2013 Unesco-Weltdokumentenerbe.

Zur Kritik der Hegelschen Rechtsphilosophie. Einleitung

Für Deutschland ist die *Kritik der Religion* im wesentlichen beendigt, und die Kritik der Religion ist die Voraussetzung aller Kritik.

Die *profane* Existenz des Irrtums ist kompromittiert, nachdem seine *himmlische oratio pro aris et focis* [*Rede für Altar und Herd*] widerlegt ist. Der Mensch, der in der phantastischen Wirklichkeit des Himmels, wo er einen Übermenschen suchte, nur den *Widerschein* seiner selbst gefunden hat, wird nicht mehr geneigt sein, nur den *Schein* seiner selbst, nur den Unmenschen zu finden, wo er seine wahre Wirklichkeit sucht und suchen muß.

Das Fundament der irreligiösen Kritik ist: Der *Mensch macht die Religion*, die Religion macht nicht den Menschen. Und zwar ist die Religion das Selbstbewußtsein und das Selbstgefühl des Menschen, der sich selbst entweder noch nicht erworben oder schon wieder verloren hat. Aber *der Mensch*, das ist kein abstraktes, außer der Welt hockendes Wesen. Der Mensch, das ist *die Welt des Menschen*, Staat, Sozietät. Dieser Staat, diese Sozietät produzieren die Religion, ein *verkehrtes Weltbewußtsein*, weil sie eine *verkehrte Welt* sind. Die Religion ist die allgemeine Theorie dieser Welt, ihr enzyklopädisches Kompendium, ihre Logik in populärer Form, ihr spiritualistischer Point-d'honneur, ihr Enthusiasmus, ihre moralische Sanktion, ihre feierliche Ergänzung, ihr allgemeiner Trost- und Rechtfertigungsgrund. Sie ist die *phantastische Verwirklichung* des menschlichen Wesens, weil das *menschliche Wesen* keine wahre Wirklichkeit besitzt. Der Kampf gegen die Religion ist also mittelbar der Kampf gegen *jene Welt*, deren geistiges *Aroma* die Religion ist.

Das *religiöse* Elend ist in einem der *Ausdruck* des wirklichen Elendes und in einem die *Protestation* gegen das wirkliche Elend. Die Religion ist der Seufzer der bedrängten Kreatur, das Gemüt einer herzlosen Welt, wie sie der Geist geistloser Zustände ist. Sie ist das *Opium* des Volks.

Die Aufhebung der Religion als des *illusorischen* Glücks des Volkes ist die Forderung seines *wirklichen* Glücks. Die Forderung, die Illusionen über seinen Zustand aufzugeben, ist die *Forderung, einen Zustand aufzugeben, der der Illusionen bedarf.* Die Kritik der Religion ist also im *Keim die Kritik des Jammertales*, dessen *Heiligenschein* die Religion ist.

Die Kritik hat die imaginären Blumen an der Kette zerpflückt, nicht damit der Mensch die phantasielose, trostlose Kette trage, sondern damit er die Kette abwerfe und die lebendige Blume breche. Die Kritik der Religion enttäuscht den Menschen, damit er denke, handle, seine Wirklichkeit gestalte wie ein enttäuschter, zu Verstand gekommener Mensch, damit er sich um sich selbst und damit um seine wirkliche Sonne bewege. Die Religion ist nur die illusorische Sonne, die sich um den Menschen bewegt, solange er sich nicht um sich selbst bewegt.

Es ist also die *Aufgabe der Geschichte*, nachdem das *Jenseits der Wahrheit* verschwunden ist, die *Wahrheit des Diesseits* zu etablieren. Es ist zunächst die *Aufgabe der Philosophie*, die im Dienste der Geschichte steht, nachdem die *Heiligengestalt* der menschlichen Selbstentfremdung entlarvt ist, die Selbstentfremdung in ihren *unheiligen Gestalten* zu entlarven. Die Kritik des Himmels verwandelt sich damit in die Kritik der Erde, die *Kritik der Religion* in die *Kritik des Rechts*, die *Kritik der Theologie* in die *Kritik der Politik.*

Die nachfolgende Ausführung – ein Beitrag zu dieser Arbeit – schließt sich zunächst nicht an das Original, sondern an eine Kopie, an die deutsche Staats- und Rechts-*Philosophie* an, aus keinem andern Grunde, als weil sie sich an *Deutschland* anschließt.

Wollte man an den deutschen *status quo* selbst anknüpfen, wenn auch in einzig angemessener Weise, d. h. negativ, immer bliebe das Resultat ein *Anachronismus.* Selbst die Verneinung unserer politischen Gegenwart findet sich schon als bestaubte Tatsache in der historischen Rumpelkammer der modernen Völker. Wenn ich die gepuderten Zöpfe verneine, habe ich immer noch die ungepuderten Zöpfe. Wenn ich die deutschen Zustände von 1843 verneine, stehe ich, nach französischer Zeitrechnung, kaum im Jahre 1789, noch weniger im Brennpunkt der Gegenwart.

Ja, die deutsche Geschichte schmeichelt sich einer Bewegung, welche ihr kein Volk am historischen Himmel weder vorgemacht hat noch nachmachen wird. Wir haben nämlich die Restaurationen der modernen Völker geteilt, ohne ihre Revolutionen zu teilen. Wir wurden restauriert, erstens, weil andere Völker eine Revolution wagten, und zweitens, weil andere Völker eine Konterrevolution litten, das eine Mal, weil unsere Herren Furcht hatten, und das andere Mal, weil unsere Herren keine Furcht hatten. Wir, unsere Hirten an der Spitze, befanden uns immer nur einmal in der Gesellschaft der Freiheit, am *Tag ihrer Beerdigung.*

Eine Schule, welche die Niederträchtigkeit von heute durch die Niederträchtigkeit von gestern legitimiert, eine Schule, die jeden Schrei des Leibeigenen gegen die Knute für rebellisch erklärt, sobald die Knute eine bejahrte, eine angestammte, eine historische Knute ist, eine Schule, der die Geschichte, wie der Gott Israels seinem Diener Moses, nur ihr *a posteriori* zeigt, die *historische Rechtsschule,*[1] sie hätte daher die deutsche Geschichte erfunden, wäre sie nicht eine Erfindung der deutschen Geschichte. [...]

Gutmütige Enthusiasten dagegen, Deutschtümler von Blut und Freisinnige von Reflexion, suchen unsere Geschichte der Freiheit jenseits unserer Geschichte in den teutonischen Urwäldern. Wodurch unterscheidet sich aber unsere Freiheitsgeschichte von der Freiheitsgeschichte des Ebers, wenn sie nur in den Wäldern zu finden ist? Zudem ist es bekannt: Wie man hineinschreit in den Wald, schallt es heraus aus dem Wald. Also Friede den teutonischen Urwäldern!

Krieg den deutschen Zuständen! Allerdings! Sie stehn *unter dem Niveau der Geschichte*, sie sind *unter aller Kritik*, aber sie bleiben ein Gegenstand der Kritik, wie der Verbrecher, der unter dem Niveau der Humanität steht, ein Gegenstand des *Scharfrichters* bleibt. Mit ihnen im Kampf ist die Kritik keine Leidenschaft des Kopfs, sie ist der Kopf der Leidenschaft. Sie ist kein anatomisches Messer, sie ist eine Waffe. Ihr Gegenstand ist ihr *Feind*, den sie nicht widerlegen, sondern *vernichten* will. Denn der Geist jener Zustände ist widerlegt. An und für sich sind sie keine *denkwürdigen* Objekte, sondern ebenso verächtliche als verachtete *Existenzen.* Die Kritik für sich bedarf nicht der Selbstverständigung mit diesem Gegenstand, denn sie ist mit ihm im reinen. Sie gibt sich nicht mehr als *Selbstzweck*, sondern nur noch als *Mittel.* Ihr wesentliches Pathos ist die *Indignation*, ihre wesentliche Arbeit die *Denunziation.*

Es gilt die Schilderung eines wechselseitigen dumpfen Drucks aller sozialen Sphären aufeinander, einer allgemeinen, tatlosen Verstimmung, einer sich ebensosehr anerkennenden als verkennenden Beschränktheit, eingefaßt in den Rahmen eines Regierungssystems, welches, von der Konservation aller Erbärmlichkeiten lebend, selbst nichts ist als die *Erbärmlichkeit an der Regierung.*

Welch ein Schauspiel! Die ins unendliche fortgehende Teilung der Gesellschaft in die mannigfaltigsten Rassen, welche mit kleinen Antipathien, schlechten Gewissen und brutaler Mittelmäßigkeit sich gegenüberstehn, welche eben um ihrer wechselseitigen zweideutigen und argwöhnischen Stellung willen alle ohne Unterschied, wenn auch mit verschiedenen Formalitäten, als *konzessionierte Existenzen* von ihren *Herren* behandelt werden. Und selbst dies, daß sie *beherrscht, regiert, besessen* sind, müssen sie als eine *Konzession des Himmels* anerkennen und bekennen! Andrerseits jene Herrscher selbst, deren Größe in umgekehrtem Verhältnisse zu ihrer Zahl steht!

Die Kritik, die sich mit diesem Inhalt befaßt, ist die Kritik im *Handgemenge*, und im Handgemenge handelt es sich nicht darum, ob der Gegner ein edler, ebenbürtiger, ein *interessanter* Gegner ist, es handelt sich darum, ihn zu *treffen.* Es handelt sich darum, den Deutschen keinen Augenblick der Selbsttäuschung und Resignation zu gönnen. Man muß den wirklichen Druck noch drückender machen, indem man ihm das Bewußtsein des Drucks hinzufügt, die Schmach noch schmachvoller, indem man sie publiziert. Man muß jede Sphäre der deutschen Gesellschaft als die *partie honteuse* [*den Schandfleck*] der deutschen Gesellschaft schildern, man muß diese versteinerten Verhältnisse dadurch zum Tanzen zwingen, daß man ihnen ihre eigne Melodie vorsingt! Man muß das Volk vor sich selbst *erschrecken* lehren, um ihm *Courage* zu machen. Man erfüllt damit ein unabweisbares Bedürfnis des deutschen Volks, und die Bedürfnisse der Völker sind in eigener Person die letzten Gründe ihrer Befriedigung.

Und selbst für die *modernen* Völker kann dieser Kampf gegen den bornierten Inhalt des deutschen *status quo* nicht ohne Interesse sein, denn der deutsche *status quo* ist die *offenherzige Vollendung des ancien régime*, und das *ancien régime* ist der *versteckte Mangel des modernen Staates.* Der Kampf gegen die deutsche politische Gegenwart ist der Kampf gegen die Vergangenheit der modernen Völker, und von den Reminiszenzen dieser Vergangenheit werden sie noch immer belästigt. Es ist lehrreich für sie, das *ancien régime*, das bei ihnen seine *Tragödie* erlebte, als deutschen Revenant seine *Komödie* spielen zu sehen. *Tragisch* war seine Geschichte, solange es die präexistierende Gewalt der Welt, die Freiheit dagegen ein persönlicher Einfall war, mit einem Wort, solange es selbst an seine Berechtigung glaubte und glauben mußte. Solange das *ancien régime* als vorhandene Weltordnung mit einer erst werdenden Welt kämpfte, stand auf seiner Seite ein weltgeschichtlicher Irrtum, aber kein persönlicher. Sein Untergang war daher tragisch.

Das jetzige deutsche Regime dagegen, ein Anachronismus, ein flagranter Widerspruch gegen allgemein anerkannte Axiome, die zur Weltschau ausgestellte Nichtigkeit des *ancien régime*, bildet sich nur noch ein, an sich selbst zu glauben, und verlangt von der Welt dieselbe Einbildung. Wenn es an sein eignes *Wesen* glaubte, würde es dasselbe unter dem *Schein* eines fremden Wesens zu verstecken und seine Rettung in der Heuchelei und dem Sophisma suchen? Das moderne *ancien régime* ist nur mehr der *Komödiant* einer Weltordnung, deren *wirkliche Helden* gestorben sind. Die Geschichte ist gründlich und macht viele Phasen durch, wenn sie eine alte Gestalt zu Grabe trägt. Die letzte Phase einer weltgeschichtlichen Gestalt ist ihre *Komödie.* Die Götter Griechenlands, die schon einmal tragisch zu Tode verwundet waren im gefesselten Prometheus des Äschylus, mußten noch einmal komisch sterben in den Gesprächen Lucians. Warum dieser Gang der Geschichte? Damit die Menschheit *heiter* von ihrer Vergangenheit scheide. Diese *heitere* geschichtliche Bestimmung vindizieren wir den politischen Mächten Deutschlands.

Sobald indes die *moderne* politisch-soziale Wirklichkeit selbst der Kritik unterworfen wird, sobald also die Kritik zu wahrhaft menschlichen Problemen sich erhebt, befindet sie sich außerhalb des deutschen *status quo*, oder sie würde ihren Gegenstand *unter* ihrem Gegenstand greifen. Ein Beispiel! Das Verhältnis der Industrie, überhaupt der Welt des Reichtums, zu der politischen Welt ist ein Hauptproblem der modernen Zeit. Unter welcher Form fängt dies Problem an, die Deutschen zu beschäftigen? Unter der Form der *Schutzzölle*, des *Prohibitivsystems*, der *Nationalökonomie.* Die Deutschtümelei ist aus dem Menschen in die Materie gefahren, und so sahen sich eines Morgens unsere Baumwollritter und Eisenhelden in Patrioten verwandelt. Man beginnt also in Deutschland die Souveränität des Monopols nach innen anzuerkennen dadurch, daß man ihm die *Souveränität nach außen* verleiht. Man beginnt also jetzt in Deutschland anzufangen, womit man in Frankreich und England zu enden beginnt. Der alte faule Zustand, gegen den diese Länder theoretisch im Aufruhr sind und den sie nur noch ertragen, wie man die Ketten erträgt, wird in Deutschland als die aufgehende Morgenröte einer schönen Zukunft begrüßt, die kaum noch wagt, aus der *listigen*[2] Theorie in die schonungsloseste Praxis überzugehn. Während das Problem in Frankreich und England lautet: *Politische Ökonomie* oder *Herrschaft der Sozietät über den Reichtum*, lautet es in Deutschland: *National-Ökonomie* oder *Herrschaft des Privateigentums über die Nationalität.* Es gilt also in Frankreich und England, das Monopol, das bis zu seinen letzten Konsequenzen fortgegangen ist, aufzuheben; es gilt in Deutschland, bis zu den letzten Konsequenzen des Monopols fortzugehen. Dort handelt es sich um die Lösung, und hier handelt es sich erst um die Kollision. Ein zureichendes Beispiel von der *deutschen* Form der modernen Probleme, ein Beispiel, wie unsere Geschichte, gleich einem ungeschickten Rekruten, bisher nur die Aufgabe hatte, abgedroschene Geschichten nachzuexerzieren.

Ginge also die *gesamte* deutsche Entwicklung nicht über die *politische* deutsche Entwicklung hinaus, ein Deutscher könnte sich höchstens an den Problemen der Gegenwart beteiligen, wie sich ein *Russe* daran beteiligen kann. Allein wenn das einzelne Individuum nicht gebunden ist durch die Schranken der Nation, ist die gesamte Nation noch weniger befreit durch die Befreiung eines Individuums. [...]

Wie die alten Völker ihre Vorgeschichte in der Imagination erlebten, in der *Mythologie*, so haben wir Deutsche unsre Nachgeschichte im Gedanken erlebt, in der *Philosophie.* Wir sind *philosophische* Zeitgenossen der Gegenwart, ohne ihre *historischen* Zeitgenossen zu sein. Die deutsche Philosophie ist die *ideale Verlängerung* der deutschen Geschichte. Wenn wir also statt die *œuvres incomplètes* [*unvollendeten Werke]* unsrer reellen Geschichte die *œuvres posthumes* [*nachgelassenen Werke*] unserer ideellen Geschichte, die *Philosophie*, kritisieren, so steht unsere Kritik mitten unter den Fragen, von denen die Gegenwart sagt: *That is the question.* Was bei den fortgeschrittenen Völkern *praktischer* Zerfall mit den modernen Staatszuständen ist, das ist in Deutschland, wo diese Zustände selbst noch nicht einmal existieren, zunächst *kritischer* Zerfall mit der philosophischen Spiegelung dieser Zustände.

Die *deutsche Rechts- und Staatsphilosophie* ist die einzige mit der *offiziellen* modernen Gegenwart *al pari* stehende *deutsche Geschichte.* Das deutsche Volk muß daher diese seine Traumgeschichte mit zu seinen bestehenden Zuständen schlagen und nicht nur diese bestehenden Zustände, sondern zugleich ihre abstrakte Fortsetzung der Kritik unterwerfen. Seine Zukunft kann sich weder auf die unmittelbare Verneinung seiner reellen noch auf die unmittelbare Vollziehung seiner ideellen Staats- und Rechtszustände *beschränken*, denn die unmittelbare Verneinung seiner reellen Zustände besitzt es in seinen ideellen Zuständen, und die unmittelbare Vollziehung seiner ideellen Zustände hat es in der Anschauung der Nachbarvölker beinahe schon wieder *überlebt.* Mit Recht fordert daher die *praktische* politische Partei in Deutschland die *Negation der Philosophie.* Ihr Unrecht besteht nicht in der Forderung, sondern in dem Stehnbleiben bei der Forderung, die sie ernstlich weder vollzieht noch vollziehen kann. Sie glaubt, jene Negation dadurch zu vollbringen, daß sie der Philosophie den Rücken kehrt und abgewandten Hauptes – einige ärgerliche und banale Phrasen über sie hermurmelt. Die Beschränktheit ihres Gesichtskreises zählt die Philosophie nicht ebenfalls in den Bering [Umkreis] der *deutschen* Wirklichkeit oder wähnt sie gar *unter* der deutschen Praxis und den ihr dienenden Theorien. Ihr verlangt, daß man an *wirkliche Lebenskeime* anknüpfen soll, aber ihr vergeßt, daß der wirkliche Lebenskeim des deutschen Volkes bisher nur unter seinem *Hirnschädel* gewuchert hat. Mit einem Worte: *Ihr könnt die Philosophie nicht aufheben, ohne sie zu verwirklichen.*

Dasselbe Unrecht, nur mit *umgekehrten* Faktoren, beging die *theoretische*, von der Philosophie her datierende politische Partei.

Sie erblickte in dem jetzigen Kampf *nur* den *kritischen Kampf der Philosophie mit der deutschen Welt*, sie bedachte nicht, daß die *seitherige Philosophie* selbst zu dieser Welt gehört und ihre, wenn auch ideelle, *Ergänzung* ist. Kritisch gegen ihren Widerpart, verhielt sie sich unkritisch zu sich selbst, indem sie von den *Voraussetzungen* der Philosophie ausging und bei ihren gegebenen Resultaten entweder stehenblieb oder anderweitig hergeholte Forderungen und Resultate für unmittelbare Forderungen und Resultate der Philosophie ausgab, obgleich dieselben – ihre Berechtigung vorausgesetzt – im Gegenteil nur durch die *Negation der seitherigen Philosophie*, der Philosophie als Philosophie, zu erhalten sind. Eine näher eingehende Schilderung dieser Partei behalten wir uns vor. Ihr Grundmangel läßt sich dahin reduzieren: *Sie glaubte, die Philosophie verwirklichen zu können, ohne sie aufzuheben.*

Die Kritik der *deutschen Staats- und Rechtsphilosophie*, welche durch *Hegel* ihre konsequenteste, reichste und letzte Fassung erhalten hat, ist beides, sowohl die kritische Analyse des modernen Staats und der mit ihm zusammenhängenden Wirklichkeit als auch die entschiedene Verneinung der ganzen bisherigen *Weise* des *deutschen politischen und rechtlichen Bewußtseins*, dessen vornehmster, universellster, zur *Wissenschaft* erhobener Ausdruck eben die *spekulative Rechtsphilosophie* selbst ist. War nur in Deutschland die spekulative Rechtsphilosophie möglich, dies abstrakte überschwengliche *Denken* des modernen Staats, dessen Wirklichkeit ein Jenseits bleibt, mag dies Jenseits auch nur jenseits des Rheins liegen: so war ebensosehr umgekehrt das *deutsche*, vom *wirklichen Menschen* abstrahierende Gedankenbild des modernen Staats nur möglich, weil und insofern der moderne Staat selbst vom *wirklichen Menschen* abstrahiert oder den *ganzen* Menschen auf eine nur imaginäre Weise befriedigt. Die Deutschen haben in der Politik *gedacht*, was die andern Völker *getan* haben. Deutschland war ihr *theoretisches Gewissen*. Die Abstraktion und Überhebung seines Denkens hielt immer gleichen Schritt mit der Einseitigkeit und Untersetztheit ihrer Wirklichkeit. Wenn also der *status quo* des *deutschen Staatswesens* die *Vollendung des ancien régime* ausdrückt, die Vollendung des Pfahls im Fleische des modernen Staats, so drückt der *status quo* des *deutschen Staatswissens* die *Unvollendung des modernen Staats* aus, die Schadhaftigkeit seines Fleisches selbst.

Schon als entschiedner Widerpart der bisherigen Weise des *deutschen* politischen Bewußtseins verläuft sich die Kritik der spekulativen Rechtsphilosophie nicht in sich selbst, sondern in *Aufgaben*, für deren Lösung es nur ein Mittel gibt: die *Praxis*.

Es fragt sich: Kann Deutschland zu einer Praxis *à la hauteur des principes [auf der Höhe der Prinzipien]* gelangen, d. h. zu einer *Revolution*, die es nicht nur auf das *offizielle Niveau* der modernen Völker erhebt, sondern auf die *menschliche Höhe*, welche die nächste Zukunft dieser Völker sein wird?

Die Waffe der Kritik kann allerdings die Kritik der Waffen nicht ersetzen, die materielle Gewalt muß gestürzt werden durch materielle Gewalt, allein auch die Theorie wird zur materiellen Gewalt, sobald sie die Massen ergreift. Die Theorie ist fähig, die Massen zu ergreifen, sobald sie *ad hominem* demonstriert, und sie demonstriert *ad hominem*, sobald sie radikal wird. Radikal sein ist die Sache an der Wurzel fassen. Die Wurzel für den Menschen ist aber der Mensch selbst. Der evidente Beweis für den Radikalismus der deutschen Theorie, also für ihre praktische Energie, ist ihr Ausgang von der entschiedenen *positiven* Aufhebung der Religion. Die Kritik der Religion endet mit der Lehre, daß der *Mensch das höchste Wesen für den Menschen* sei, also mit dem *kategorischen Imperativ, alle Verhältnisse umzuwerfen*, in denen der Mensch ein erniedrigtes, ein geknechtetes, ein verlassenes, ein verächtliches Wesen ist, Verhältnisse, die man nicht besser schildern kann als durch den Ausruf eines Franzosen bei einer projektierten Hundesteuer: Arme Hunde! Man will euch wie Menschen behandeln!

Selbst historisch hat die theoretische Emanzipation eine spezifisch praktische Bedeutung für Deutschland. Deutschlands *revolutionäre* Vergangenheit ist nämlich theoretisch, es ist die *Reformation*. Wie damals der *Mönch*, so ist es jetzt der *Philosoph*, in dessen Hirn die Revolution beginnt.

Luther hat allerdings die Knechtschaft aus *Devotion* besiegt, weil er die Knechtschaft aus *Überzeugung* an ihre Stelle gesetzt hat. Er hat den Glauben an die Autorität gebrochen, weil er die Autorität des Glaubens restauriert hat. Er hat die Pfaffen in Laien verwandelt, weil er die Laien in Pfaffen verwandelt hat. Er hat den Menschen von der äußern Religiosität befreit, weil er die Religiosität zum innern Menschen gemacht hat. Er hat den Leib von der Kette emanzipiert, weil er das Herz in Ketten gelegt.

Aber, wenn der Protestantismus nicht die wahre Lösung, so war er die wahre Stellung der Aufgabe. Es galt nun nicht mehr den Kampf des Laien mit dem *Pfaffen außer ihm*, es galt den Kampf mit seinem *eigenen innern Pfaffen*, seiner *pfäffischen Natur*. Und wenn die protestantische Verwandlung der deutschen Laien in Pfaffen die Laienpäpste, die *Fürsten* samt ihrer Klerisei, den Privilegierten und den Philistern, emanzipierte, so wird die philosophische Verwandlung der pfäffischen Deutschen in Menschen das *Volk* emanzipieren. Sowenig aber die Emanzipation bei den Fürsten, sowenig wird die *Säkularisation* der Güter bei dem *Kirchenraub* stehenbleiben, den vor allen das heuchlerische Preußen ins Werk setzte. Damals scheiterte der Bauernkrieg, die radikalste Tatsache der deutschen Geschichte, an der Theologie. Heute, wo die Theologie selbst gescheitert ist, wird die unfreiste Tatsache der deutschen Geschichte, unser *status quo*, an der Philosophie zerschellen. Den Tag vor der Reformation war das offizielle Deutschland der unbedingteste Knecht von Rom. Den Tag vor seiner Revolution ist es der unbedingte Knecht von weniger als Rom, von Preußen und Österreich, von Krautjunkern und Philistern.

Einer *radikalen* deutschen Revolution scheint indessen eine Hauptschwierigkeit entgegenzustehn. Die Revolutionen bedürfen nämlich eines *passiven* Elementes, einer *materiellen* Grundlage. Die Theorie wird in einem Volke immer nur so weit verwirklicht, als sie die Verwirklichung seiner Bedürfnisse ist. Wird nun dem ungeheuern Zwiespalt zwischen den Forderungen des deutschen Gedankens und den Antworten der deutschen Wirklichkeit derselbe Zwiespalt der bürgerlichen Gesellschaft mit dem Staat und mit sich selbst entsprechen? Werden die theoretischen Bedürfnisse unmittelbar praktische Bedürfnisse sein? Es genügt nicht, daß der Gedanke zur Verwirklichung drängt, die Wirklichkeit muß sich selbst zum Gedanken drängen.

Aber Deutschland hat die Mittelstufen der politischen Emanzipation nicht gleichzeitig mit den modernen Völkern erklettert. Selbst die Stufen, die es theoretisch überwunden, hat es praktisch noch nicht erreicht. Wie sollte es mit einem *salto mortale* nicht nur über seine eignen Schranken hinwegsetzen, sondern zugleich über die Schranken der modernen Völker, über Schranken, die es in der Wirklichkeit als Befreiung von seinen wirklichen Schranken empfinden und erstreben muß? Eine radikale Revolution kann nur die Revolution radikaler Bedürfnisse sein, deren Voraussetzungen und Geburtsstätten eben zu fehlen scheinen.

Allein wenn Deutschland nur mit der abstrakten Tätigkeit des Denkens die Entwicklung der modernen Völker begleitet hat, ohne werktätige Partei an den wirklichen Kämpfen dieser Entwicklung zu ergreifen, so hat es andrerseits die *Leiden* dieser Entwicklung geteilt, ohne ihre Genüsse, ohne ihre partielle Befriedigung zu teilen. Der abstrakten Tätigkeit einerseits entspricht das abstrakte Leiden andrerseits. Deutschland wird sich daher eines Morgens auf dem Niveau des europäischen Verfalls befinden, bevor es jemals auf dem Niveau der europäischen Emanzipation gestanden hat. Man wird es einem *Fetischdiener* vergleichen können, der an den Krankheiten des Christentums siecht.

Betrachtet man zunächst die *deutschen Regierungen*, und man findet sie durch die Zeitverhältnisse, durch die Lage Deutschlands, durch den Standpunkt der deutschen Bildung, endlich durch eignen glücklichen Instinkt getrieben, die *zivilisierten Mängel* der *modernen Staatswelt*, deren Vorteile wir nicht besitzen, zu kombinieren mit den *barbarischen Mängeln* des *ancien régime*, dessen wir uns in vollem Maße erfreuen, so daß Deutschland, wenn nicht am Verstand, wenigstens am Unverstand auch der über seinen *status quo* hinausliegenden Staatsbildungen immer mehr partizipieren muß. Gibt es z. B. ein Land in der Welt, welches so naiv alle Illusionen des konstitutionellen Staatswesens teilt, ohne seine Realitäten zu teilen, als das sogenannte konstitutionelle Deutschland? Oder war es nicht notwendig ein deutscher Regierungseinfall, die Qualen der Zensur mit den Qualen der französischen Septembergesetze,[3] welche die Preßfreiheit voraussetzen, zu verbinden! Wie man im römischen Pantheon die *Götter* aller Nationen fand, so wird man im heiligen römischen deutschen Reich die *Sünden* aller Staatsformen finden. Daß dieser Eklektizismus eine bisher nicht geahnte Höhe erreichen wird, dafür bürgt namentlich die *politisch-ästhetische Gourmanderie* eines deutschen Königs, der alle Rollen des Königtums, des feudalen wie des bürokratischen, des absoluten wie des konstitutionellen, des autokratischen wie des demokratischen, wenn nicht durch die Person des Volkes, so doch in *eigner* Person, wenn nicht für das Volk, so doch für *sich selbst* zu spielen gedenkt. *Deutschland als der zu einer eignen Welt konstituierte Mangel der politischen Gegenwart* wird die spezifisch deutschen Schranken nicht niederwerfen können, ohne die allgemeine Schranke der politischen Gegenwart niederzuwerfen.

Nicht die *radikale* Revolution ist utopischer Traum für Deutschland, nicht die *allgemein menschliche* Emanzipation, sondern vielmehr die teilweise, die *nur* politische Revolution, die Revolution, welche die Pfeiler des Hauses stehenläßt. Worauf beruht eine teilweise, eine nur politische Revolution? Darauf, daß ein *Teil der bürgerlichen Gesellschaft* sich emanzipiert und zur *allgemeinen* Herrschaft gelangt, darauf, daß eine bestimmte Klasse von ihrer *besondern Situation* aus die allgemeine Emanzipation der Gesellschaft unternimmt. Diese Klasse befreit die ganze Gesellschaft, aber nur unter der Voraussetzung, daß die ganze Gesellschaft sich in der Situation dieser Klasse befindet, also z. B. Geld und Bildung besitzt oder beliebig erwerben kann.

Keine Klasse der bürgerlichen Gesellschaft kann diese Rolle spielen, ohne ein Moment des Enthusiasmus in sich und in der Masse hervorzurufen, ein Moment, worin sie mit der Gesellschaft im allgemeinen fraternisiert und zusammenfließt, mit ihr verwechselt und als deren *allgemeiner Repräsentant* empfunden und anerkannt wird, ein Moment, worin ihre Ansprüche und Rechte in Wahrheit die Rechte und Ansprüche der Gesellschaft selbst sind, worin sie wirklich der soziale Kopf und das soziale Herz ist. Nur im Namen der allgemeinen Rechte der Gesellschaft kann eine besondere Klasse sich die allgemeine Herrschaft vindizieren. Zur Erstürmung dieser emanzipatorischen Stellung und damit zur politischen Ausbeutung aller Sphären der Gesellschaft im Interesse der eignen Sphäre reichen revolutionäre Energie und geistiges Selbstgefühl allein nicht aus. Damit die *Revolution eines Volkes* und die *Emanzipation einer besondern Klasse* der bürgerlichen Gesellschaft zusammenfallen, damit *ein* Stand für den Stand der ganzen Gesellschaft gelte, dazu müssen umgekehrt alle Mängel der Gesellschaft in einer andern Klasse konzentriert, dazu muß ein bestimmter Stand der Stand des allgemeinen Anstoßes, die Inkorporation der allgemeinen Schranke sein, dazu muß eine besondre soziale Sphäre für das *notorische Verbrechen* der ganzen Sozietät gelten, so daß die Befreiung von dieser Sphäre als die allgemeine Selbstbefreiung erscheint. Damit *ein* Stand *par excellence* der Stand der Befreiung, dazu muß umgekehrt ein andrer Stand der offenbare Stand der Unterjochung sein. Die negativ-allgemeine Bedeutung des französischen Adels und der französischen Klerisei bedingte die positiv-allgemeine Bedeutung der zunächst angrenzenden und entgegenstehenden Klasse der *Bourgeoisie.*

Es fehlt aber jeder besondern Klasse in Deutschland nicht nur die Konsequenz, die Schärfe, der Mut, die Rücksichtslosigkeit, die sie zum negativen Repräsentanten der Gesellschaft stempeln könnte. Es fehlt ebensosehr jedem Stande jene Breite der Seele, die sich mit der Volksseele, wenn auch nur momentan, identifiziert, jene Genialität, welche die materielle Macht zur politischen Gewalt begeistert, jene revolutionäre Kühnheit, welche dem Gegner die trotzige Parole zuschleudert: *Ich bin nichts, und ich müßte alles sein.* Den Hauptstock deutscher Moral und Ehrlichkeit, nicht nur der Individuen, sondern auch der Klassen, bildet vielmehr jener *bescheidene Egoismus*, welcher seine Beschränktheit geltend macht und gegen sich geltend machen läßt. Das Verhältnis der verschiedenen Sphären der deutschen Gesellschaft ist daher nicht dramatisch, sondern episch. Jede derselben beginnt sich zu empfinden und neben die andern mit ihren besondern Ansprüchen hinzulagern, nicht sobald sie gedrückt wird, sondern sobald ohne ihr Zutun die Zeitverhältnisse eine gesellige Unterlage schaffen, auf die sie ihrerseits den Druck ausüben kann. Sogar das *moralische Selbstgefühl der deutschen Mittelklasse* beruht nur auf dem Bewußtsein, die allgemeine Repräsentantin von der philisterhaften Mittelmäßigkeit aller übrigen Klassen zu sein. Es sind daher nicht nur die deutschen Könige, die *mal-à-propos* [*zur Unzeit*] auf den Thron gelangen, es ist jede Sphäre der bürgerlichen Gesellschaft, die ihre Niederlage erlebt, bevor sie ihren Sieg gefeiert, ihre eigne Schranke entwikkelt, bevor sie die ihr gegenüberstehende Schranke überwunden, ihr engherziges Wesen geltend macht, bevor sie ihr großmütiges Wesen geltend machen konnte, so daß selbst die Gelegenheit einer großen Rolle immer vorüber ist, bevor sie vorhanden war, so daß jede Klasse, sobald sie den Kampf mit der über ihr stehenden Klasse beginnt, in den Kampf mit der unter ihr stehenden verwickelt ist. Daher befindet sich das Fürstentum im Kampf gegen das Königtum, der Bürokrat im Kampf gegen den Adel, der Bourgeois im Kampf gegen sie alle, während der Proletarier schon beginnt, sich im Kampf gegen den Bourgeois zu befinden. Die Mittelklasse wagt kaum von ihrem Standpunkt aus den Gedanken der Emanzipation zu fassen, und schon erklärt die Entwickelung der sozialen Zustände wie der Fortschritt der politischen Theorie diesen Standpunkt selbst für antiquiert oder wenigstens für problematisch.

In Frankreich genügt es, daß einer etwas sei, damit er alles sein wolle. In Deutschland darf einer nichts sein, wenn er nicht auf alles verzichten soll. In Frankreich ist die partielle Emanzipation der Grund der universellen. In Deutschland ist die universelle Emanzipation *conditio sine qua non* jeder partiellen. In Frankreich muß die Wirklichkeit, in Deutschland muß die Unmöglichkeit der stufenweisen Befreiung die ganze Freiheit gebären. In Frankreich ist jede Volksklasse *politischer Idealist* und empfindet sich zunächst nicht als besondere Klasse, sondern als Repräsentant der sozialen Bedürfnisse überhaupt. Die Rolle des *Emanzipators* geht also der Reihe nach in dramatischer Bewegung an die verschiedenen Klassen des französischen Volkes über, bis sie endlich bei der Klasse anlangt, welche die soziale Freiheit nicht mehr unter der Voraussetzung gewisser, außerhalb des Menschen liegender und doch von der menschlichen Gesellschaft geschaffener Bedingungen verwirklicht, sondern vielmehr alle Bedingungen der menschlichen Existenz unter der Voraussetzung der sozialen Freiheit organisiert. In Deutschland dagegen, wo das praktische Leben ebenso geistlos als das geistige Leben unpraktisch ist, hat keine Klasse der bürgerlichen Gesellschaft das Bedürfnis und die Fähigkeit der allgemeinen Emanzipation, bis sie nicht durch ihre *unmittelbare* Lage, durch die *materielle* Notwendigkeit, durch ihre *Ketten selbst* dazu gezwungen wird.

Wo also die *positive* Möglichkeit der deutschen Emanzipation?

Antwort: In der Bildung einer Klasse mit *radikalen Ketten*, einer Klasse der bürgerlichen Gesellschaft, welche keine Klasse der bürgerlichen Gesellschaft ist, eines Standes, welcher die Auflösung aller Stände ist, einer Sphäre, welche einen universellen Charakter durch ihre universellen Leiden besitzt und kein *besondres Recht* in Anspruch nimmt, weil kein *besondres Unrecht*, sondern das *Unrecht schlechthin* an ihr verübt wird, welche nicht mehr auf einen *historischen*, sondern nur noch auf den *menschlichen* Titel provozieren kann, welche in keinem einseitigen Gegensatz zu den Konsequenzen, sondern in einem allseitigen Gegensatz zu den Voraussetzungen des deutschen Staatswesens steht, einer Sphäre endlich, welche sich nicht emanzipieren kann, ohne sich von allen übrigen Sphären der Gesellschaft und damit alle übrigen Sphären der Gesellschaft zu emanzipieren, welche mit einem Wort der *völlige Verlust* des Menschen ist, also nur durch die *völlige Wiedergewinnung des Menschen* sich selbst gewinnen kann. Diese Auflösung der Gesellschaft als ein besonderer Stand ist das *Proletariat.*

Das Proletariat beginnt erst durch die hereinbrechende *industrielle* Bewegung für Deutschland zu werden, denn nicht die *naturwüchsig entstandne*, sondern *die künstlich produzierte* Armut, nicht die mechanisch durch die Schwere der Gesellschaft niedergedrückte, sondern die aus ihrer *akuten Auflösung*, vorzugsweise aus der Auflösung des Mittelstandes, hervorgehende Menschenmasse bildet das Proletariat, obgleich allmählich, wie sich von selbst versteht, auch die naturwüchsige Armut und die christlich-germanische Leibeigenschaft in seine Reihen treten.

Wenn das Proletariat die *Auflösung der bisherigen Weltordnung* verkündet, so spricht es nur das *Geheimnis seines eignen Daseins aus*, denn es *ist* die *faktische* Auflösung dieser Weltordnung. Wenn das Proletariat die *Negation des Privateigentums* verlangt, so erhebt es nur zum *Prinzip der Gesellschaft*, was die Gesellschaft zu *seinem*

Prinzip erhoben hat, was in *ihm* als negatives Resultat der Gesellschaft schon ohne sein Zutun verkörpert ist. Der Proletarier befindet sich dann in bezug auf die werdende Welt in demselben Recht, in welchem der *deutsche König* in bezug auf die gewordene Welt sich befindet, wenn er das Volk *sein* Volk wie das Pferd *sein* Pferd nennt. Der König, indem er das Volk für sein Privateigentum erklärt, spricht es nur aus, daß der Privateigentümer König ist.

Wie die Philosophie im Proletariat ihre *materiellen*, so findet das Proletariat in der Philosophie seine *geistigen* Waffen, und sobald der Blitz des Gedankens gründlich in diesen naiven Volksboden eingeschlagen ist, wird sich die Emanzipation der *Deutschen* zu *Menschen* vollziehn.

Resümieren wir das Resultat:

Die einzig *praktisch* mögliche Befreiung Deutschlands ist die Befreiung auf dem Standpunkt *der* Theorie, welche den Menschen für das höchste Wesen des Menschen erklärt. In Deutschland ist die Emanzipation von dem *Mittelalter* nur möglich als die Emanzipation zugleich von den *teilweisen* Überwindungen des Mittelalters. In Deutschland kann *keine* Art der Knechtschaft gebrochen werden, ohne *jede* Art der Knechtschaft zu brechen. Das *gründliche* Deutschland kann nicht revolutionieren, ohne *von Grund aus* zu revolutionieren. Die *Emanzipation des Deutschen* ist die *Emanzipation des Menschen.* Der *Kopf* dieser Emanzipation ist die *Philosophie*, ihr *Herz* das *Proletariat.* Die Philosophie kann sich nicht verwirklichen ohne die Aufhebung des Proletariats, das Proletariat kann sich nicht aufheben ohne die Verwirklichung der Philosophie.

Wenn alle innern Bedingungen erfüllt sind, wird der *deutsche Auferstehungstag* verkündet werden durch das *Schmettern des gallischen Hahns.*

[1] Gemeint ist die historische Rechtsschule, eine Richtung in der Geschichts- und Rechtswissenschaft, die am Ende des 18. Jahrhunderts in Deutschland entstanden war. Ihre Vertreter rechtfertigten die Privilegien des Adels und die Existenz feudaler Institutionen durch ewige historische Traditionen.

[2] Anspielung auf die Schutzzollagitation Friedrich Lists.

[3] Die *Septembergesetze* von 1835 beschränkten die Tätigkeit der Geschworenengerichte und führten strenge Maßnahmen gegen die Presse ein.

[Thesen über Feuerbach]

1

Der Hauptmangel alles bisherigen Materialismus (den Feuerbachschen mit eingerechnet) ist, daß der Gegenstand, die Wirklichkeit, Sinnlichkeit nur unter der Form des *Objekts oder der Anschauung* gefaßt wird; nicht aber als *sinnlich menschliche Tätigkeit, Praxis*; nicht subjektiv. Daher die *tätige* Seite abstrakt im Gegensatz zu dem Materialismus von dem Idealismus – der natürlich die wirkliche, sinnliche Tätigkeit als solche nicht kennt – entwickelt. Feuerbach will sinnliche – von den Gedankenobjekten wirklich unterschiedne Objekte: aber er faßt die menschliche Tätigkeit selbst nicht als *gegenständliche* Tätigkeit. Er betrachtet daher im »Wesen des Christenthums« nur das theoretische Verhalten als das echt menschliche, während die Praxis nur in ihrer schmutzig jüdischen Erscheinungsform gefaßt und fixiert wird. Er begreift daher nicht die Bedeutung der »revolutionären«, der »praktisch-kritischen« Tätigkeit.

2

Die Frage, ob dem menschlichen Denken gegenständliche Wahrheit zukomme – ist keine Frage der Theorie, sondern eine *praktische* Frage. In der Praxis muß der Mensch die Wahrheit, i. e. Wirklichkeit und Macht, Diesseitigkeit seines Denkens beweisen. Der Streit über die Wirklichkeit oder Nichtwirklichkeit des Denkens – das von der Praxis isoliert ist – ist eine rein *scholastische* Frage.

3

Die materialistische Lehre von der Veränderung der Umstände und der Erziehung vergißt, daß die Umstände von den Menschen verändert und der Erzieher selbst erzogen werden muß. Sie muß daher die Gesellschaft in zwei Teile – von denen der eine über ihr erhaben ist – sondieren.

Das Zusammenfallen des Ändern[s] der Umstände und der

menschlichen Tätigkeit oder Selbstveränderung kann nur als *revolutionäre Praxis* gefaßt und rationell verstanden werden.

4

Feuerbach geht von dem Faktum der religiösen Selbstentfremdung, der Verdopplung der Welt in eine religiöse und eine weltliche aus. Seine Arbeit besteht darin, die religiöse Welt in ihre weltliche Grundlage aufzulösen. Aber daß die weltliche Grundlage sich von sich selbst abhebt und sich ein selbständiges Reich in den Wolken fixiert, ist nur aus der Selbstzerrissenheit und Sichselbstwidersprechen dieser weltlichen Grundlage zu erklären. Diese selbst muß also in sich selbst sowohl in ihrem Widerspruch verstanden als praktisch revolutioniert werden. Also nachdem z. B. die irdische Familie als das Geheimnis der heiligen Familie entdeckt ist, muß nun erstere selbst theoretisch und praktisch vernichtet werden.

5

Feuerbach, mit dem *abstrakten Denken* nicht zufrieden, will die *Anschauung*; aber er faßt die Sinnlichkeit nicht als *praktische* menschlich-sinnliche Tätigkeit.

6

Feuerbach löst das religiöse Wesen in das *menschliche* Wesen auf. Aber das menschliche Wesen ist kein dem einzelnen Individuum inwohnendes Abstraktum. In seiner Wirklichkeit ist es das ensemble der gesellschaftlichen Verhältnisse.

Feuerbach, der auf die Kritik dieses wirklichen Wesens nicht eingeht, ist daher gezwungen:

1. von dem geschichtlichen Verlauf zu abstrahieren und das religiöse Gemüt für sich zu fixieren, und ein abstrakt – *isoliert* – menschliches Individuum vorauszusetzen.

2. Das Wesen kann daher nur als »Gattung«, als innere, stumme, die vielen Individuen *natürlich* verbindende Allgemeinheit gefaßt werden.

7

Feuerbach sieht daher nicht, daß das »religiöse Gemüt« selbst ein gesellschaftliches Produkt ist und daß das abstrakte Individuum, das er analysiert, einer bestimmten Gesellschaftsform angehört.

8

Alles gesellschaftliche Leben ist wesentlich *praktisch.* Alle Mysterien, welche die Theorie zum Mystizism[us] veranlassen, finden ihre rationelle Lösung in der menschlichen Praxis und in dem Begreifen dieser Praxis.

9

Das Höchste, wozu der anschauende Materialismus kommt, d. h. der Materialismus, der die Sinnlichkeit nicht als praktische Tätigkeit begreift, ist die Anschauung der einzelnen Individuen und der bürgerlichen Gesellschaft.

10

Der Standpunkt des alten Materialismus ist die bürgerliche Gesellschaft, der Standpunkt des neuen die menschliche Gesellschaft oder die gesellschaftliche Menschheit.

11

Die Philosophen haben die Welt nur verschieden *interpretiert,* es kömmt drauf an, sie zu *verändern.*

Manifest der kommunistischen Partei

Ein Gespenst geht um in Europa – das Gespenst des Kommunismus. Alle Mächte des alten Europa haben sich zu einer heiligen Hetzjagd gegen dies Gespenst verbündet, der Papst und der Zar, Metternich und Guizot, französische Radikale und deutsche Polizisten.

Wo ist die Oppositionspartei, die nicht von ihren regierenden Gegnern als kommunistisch verschrien worden wäre, wo die Oppositionspartei, die den fortgeschritteneren Oppositionsleuten sowohl wie ihren reaktionären Gegnern den brandmarkenden Vorwurf des Kommunismus nicht zurückgeschleudert hätte?

Zweierlei geht aus dieser Tatsache hervor. Der Kommunismus wird bereits von allen europäischen Mächten als eine Macht anerkannt.

Es ist hohe Zeit, daß die Kommunisten ihre Anschauungsweise, ihre Zwecke, ihre Tendenzen vor der ganzen Welt offen darlegen und dem Märchen vom Gespenst des Kommunismus ein Manifest der Partei selbst entgegenstellen. Zu diesem Zweck haben sich Kommunisten der verschiedensten Nationalität in London versammelt und das folgende Manifest entworfen, das in englischer, französischer, deutscher, italienischer, flämischer und dänischer Sprache veröffentlicht wird.

I Bourgeois und Proletarier

Die Geschichte aller bisherigen Gesellschaft ist die Geschichte von Klassenkämpfen.

Freier und Sklave, Patrizier und Plebejer, Baron und Leibeigener, Zunftbürger und Gesell, kurz, Unterdrücker und Unterdrückte standen in stetem Gegensatz zueinander, führten einen ununterbrochenen, bald versteckten, bald offenen Kampf, einen Kampf, der jedesmal mit einer revolutionären Umgestaltung der ganzen Gesellschaft endete oder mit dem gemeinsamen Untergang der kämpfenden Klassen.

In den früheren Epochen der Geschichte finden wir fast überall eine vollständige Gliederung der Gesellschaft in verschiedene Stände, eine mannigfaltige Abstufung der gesellschaftlichen Stellungen. Im alten Rom haben wir Patrizier, Ritter, Plebejer, Sklaven; im Mittelalter Feudalherren, Vasallen, Zunftbürger, Gesellen, Leibeigene, und noch dazu in fast jeder dieser Klassen wieder besondere Abstufungen.

Die aus dem Untergang der feudalen Gesellschaft hervorgegangene moderne bürgerliche Gesellschaft hat die Klassengegensätze nicht aufgehoben. Sie hat nur neue Klassen, neue Bedingungen der Unterdrückung, neue Gestaltungen des Kampfes an die Stelle der alten gesetzt.

Unsere Epoche, die Epoche der Bourgeoisie, zeichnet sich jedoch dadurch aus, daß sie die Klassengegensätze vereinfacht hat. Die ganze Gesellschaft spaltet sich mehr und mehr in zwei große feindliche Lager, in zwei große, einander direkt gegenüberstehende Klassen: Bourgeoisie und Proletariat.

Aus den Leibeigenen des Mittelalters gingen die Pfahlbürger der ersten Städte hervor; aus dieser Pfahlbürgerschaft entwickelten sich die ersten Elemente der Bourgeoisie.

Die Entdeckung Amerikas, die Umschiffung Afrikas schufen der aufkommenden Bourgeoisie ein neues Terrain. Der ostindische und chinesische Markt, die Kolonisierung von Amerika, der Austausch mit den Kolonien, die Vermehrung der Tauschmittel und der Waren überhaupt gaben dem Handel, der Schiffahrt, der Industrie einen nie gekannten Aufschwung und damit dem revolutionären Element in der zerfallenden feudalen Gesellschaft eine rasche Entwicklung.

Die bisherige feudale oder zünftige Betriebsweise der Industrie reichte nicht mehr aus für den mit neuen Märkten anwachsenden Bedarf. Die Manufaktur trat an ihre Stelle. Die Zunftmeister wurden verdrängt durch den industriellen Mittelstand; die Teilung der Arbeit zwischen den verschiedenen Korporationen verschwand vor der Teilung der Arbeit in der einzelnen Werkstatt selbst.

Aber immer wuchsen die Märkte, immer stieg der Bedarf. Auch die Manufaktur reichte nicht mehr aus. Da revolutionierte der Dampf und die Maschinerie die industrielle Produktion. An die Stelle der Manufaktur trat die moderne große Industrie, an die Stelle des industriellen Mittelstandes traten die industriellen Millionäre, die Chefs ganzer industrieller Armeen, die modernen Bourgeois.

Die große Industrie hat den Weltmarkt hergestellt, den die Entdeckung Amerikas vorbereitete. Der Weltmarkt hat dem Handel, der Schiffahrt, den Landkommunikationen eine unermeßliche Entwicklung gegeben. Diese hat wieder auf die Ausdehnung der Industrie zurückgewirkt, und in demselben Maße, worin Industrie, Handel, Schiffahrt, Eisenbahnen sich ausdehnten, in demselben Maße entwickelte sich die Bourgeoisie, vermehrte sie ihre Kapitalien, drängte sie alle vom Mittelalter her überlieferten Klassen in den Hintergrund.

Wir sehen also, wie die moderne Bourgeoisie selbst das Produkt eines langen Entwicklungsganges, einer Reihe von Umwälzungen in der Produktions- und Verkehrsweise ist.

Jede dieser Entwicklungsstufen der Bourgeoisie war begleitet von einem entsprechenden politischen Fortschritt. Unterdrückter Stand unter der Herrschaft der Feudalherren, bewaffnete und sich selbst verwaltende Assoziation in der Kommune,[1] hier unabhängige städtische Republik, dort dritter steuerpflichtiger Stand der Monarchie, dann zur Zeit der Manufaktur Gegengewicht gegen den Adel in der ständischen oder in der absoluten Monarchie, Hauptgrundlage der großen Monarchien überhaupt, erkämpfte sie sich endlich seit der Herstellung der großen Industrie und des Weltmarktes im modernen Repräsentativstaat die ausschließliche politische Herrschaft. Die moderne Staatsgewalt ist nur ein Ausschuß, der die gemeinschaftlichen Geschäfte der ganzen Bourgeoisklasse verwaltet.

Die Bourgeoisie hat in der Geschichte eine höchst revolutionäre Rolle gespielt.

Die Bourgeoisie, wo sie zur Herrschaft gekommen, hat alle feudalen, patriarchalischen, idyllischen Verhältnisse zerstört. Sie hat die buntscheckigen Feudalbande, die den Menschen an seinen natürlichen Vorgesetzten knüpften, unbarmherzig zerrissen und kein anderes Band zwischen Mensch und Mensch übriggelassen als das nackte Interesse, als die gefühllose »bare Zahlung«. Sie hat die heiligen Schauer der frommen Schwärmerei, der ritterlichen Begeisterung, der spießbürgerlichen Wehmut in dem eiskalten Wasser egoistischer Berechnung ertränkt. Sie hat die persönliche Würde in den Tauschwert aufgelöst und an die Stelle der zahllosen verbrieften und wohlerworbenen Freiheiten die *eine* gewissenlose Handelsfreiheit gesetzt. Sie hat, mit einem Wort, an die Stelle der mit religiösen und politischen Illusionen verhüllten Ausbeutung die offene, unverschämte, direkte, dürre Ausbeutung gesetzt.

Die Bourgeoisie hat alle bisher ehrwürdigen und mit frommer Scheu betrachteten Tätigkeiten ihres Heiligenscheins entkleidet. Sie hat den Arzt, den Juristen, den Pfaffen, den Poeten, den Mann der Wissenschaft in ihre bezahlten Lohnarbeiter verwandelt.

Die Bourgeoisie hat dem Familienverhältnis seinen rührend-sentimentalen Schleier abgerissen und es auf ein reines Geldverhältnis zurückgeführt.

Die Bourgeoisie hat enthüllt, wie die brutale Kraftäußerung, die die Reaktion so sehr am Mittelalter bewundert, in der trägsten Bärenhäuterei ihre passende Ergänzung fand. Erst sie hat bewiesen, was die Tätigkeit der Menschen zustande bringen kann. Sie hat ganz andere Wunderwerke vollbracht als ägyptische Pyramiden, römische Wasserleitungen und gotische Kathedralen, sie hat ganz andere Züge ausgeführt als Völkerwanderungen und Kreuzzüge.

Die Bourgeoisie kann nicht existieren, ohne die Produktionsinstrumente, also die Produktionsverhältnisse, also sämtliche gesellschaftlichen Verhältnisse fortwährend zu revolutionieren. Unveränderte Beibehaltung der alten Produktionsweise war dagegen die erste Existenzbedingung aller früheren industriellen Klassen. Die fortwährende Umwälzung der Produktion, die ununterbrochene Erschütterung aller gesellschaftlichen Zustände, die ewige Unsicherheit und Bewegung zeichnet die Bourgeoisepoche vor allen anderen aus. Alle festen eingerosteten Verhältnisse mit ihrem Gefolge von altehrwürdigen Vorstellungen und Anschauungen werden aufgelöst, alle neugebildeten veralten, ehe sie verknöchern können. Alles Ständische und Stehende verdampft, alles Heilige wird entweiht, und die Menschen sind endlich gezwungen, ihre Lebensstellung, ihre gegenseitigen Beziehungen mit nüchternen Augen anzusehen.

Das Bedürfnis nach einem stets ausgedehnteren Absatz für ihre Produkte jagt die Bourgeoisie über die ganze Erdkugel. Überall muß sie sich einnisten, überall anbauen, überall Verbindungen herstellen.

Die Bourgeoisie hat durch ihre Exploitation des Weltmarkts die Produktion und Konsumtion aller Länder kosmopolitisch gestaltet. Sie hat zum großen Bedauern der Reaktionäre den nationalen Boden der Industrie unter den Füßen weggezogen. Die uralten nationalen Industrien sind vernichtet worden und werden noch täglich vernichtet. Sie werden verdrängt durch neue Industrien, deren Einführung eine Lebensfrage für alle zivilisierten Nationen wird, durch Industrien, die nicht mehr einheimische Rohstoffe, sondern den entlegensten Zonen angehörige Rohstoffe verarbeiten und deren Fabrikate nicht nur im Lande selbst, sondern in allen Weltteilen zugleich verbraucht werden. An die Stelle der alten, durch Landeserzeugnisse befriedigten Bedürfnisse treten neue, welche die Produkte der entferntesten Länder und Klimate zu ihrer Befriedigung erheischen. An die Stelle der alten lokalen und nationalen Selbstgenügsamkeit und Abgeschlossenheit tritt ein allseitiger Verkehr, eine allseitige Abhängigkeit der Nationen voneinander. Und wie in der materiellen, so auch in der geistigen Produktion. Die geistigen Erzeugnisse der einzelnen Nationen werden Gemeingut. Die nationale Einseitigkeit und Beschränktheit wird mehr und mehr unmöglich, und aus den vielen nationalen und lokalen Literaturen bildet sich eine Weltliteratur.

Die Bourgeoisie reißt durch die rasche Verbesserung aller Produktionsinstrumente, durch die unendlich erleichterten Kommunikationen alle, auch die barbarischsten Nationen in die Zivilisation. Die wohlfeilen Preise ihrer Waren sind die schwere Artillerie, mit der sie alle chinesischen Mauern in den Grund schießt, mit der sie den hartnäckigsten Fremdenhaß der Barbaren zur Kapitulation zwingt. Sie zwingt alle Nationen, die Produktionsweise der Bourgeoisie sich anzueignen, wenn sie nicht zugrunde gehn wollen; sie zwingt sie, die sogenannte Zivilisation bei sich selbst einzuführen, d. h. Bourgeois zu werden. Mit einem Wort, sie schafft sich eine Welt nach ihrem eigenen Bilde.

Die Bourgeoisie hat das Land der Herrschaft der Stadt unterworfen. Sie hat enorme Städte geschaffen, sie hat die Zahl der städtischen Bevölkerung gegenüber der ländlichen in hohem Grade vermehrt und so einen bedeutenden Teil der Bevölkerung dem Idiotismus des Landlebens entrissen. Wie sie das Land von der Stadt, hat sie die barbarischen und halbbarbarischen Länder von den zivilisierten, die Bauernvölker von den Bourgeoisvölkern, den Orient vom Okzident abhängig gemacht.

Die Bourgeoisie hebt mehr und mehr die Zersplitterung der Produktionsmittel, des Besitzes und der Bevölkerung auf. Sie hat die Bevölkerung agglomeriert, die Produktionsmittel zentralisiert und das Eigentum in wenigen Händen konzentriert. Die notwendige Folge hiervon war die politische Zentralisation. Unabhängige, fast nur verbündete Provinzen mit verschiedenen Interessen, Gesetzen, Regierungen und Zöllen wurden zusammengedrängt in *eine* Nation, *eine* Regierung, *ein* Gesetz, *ein* nationales Klasseninteresse, *eine* Douanenlinie.

Die Bourgeoisie hat in ihrer kaum hundertjährigen Klassenherrschaft massenhaftere und kolossalere Produktionskräfte geschaffen als alle vergangenen Generationen zusammen. Unterjochung der Naturkräfte, Maschinerie, Anwendung der Chemie auf Industrie und Ackerbau, Dampfschifffahrt, Eisenbahnen, elektrische Telegraphen, Urbarmachung ganzer Weltteile, Schiffbarmachung der Flüsse, ganze aus dem Boden hervorgestampfte Bevölkerungen – welches frühere Jahrhundert ahnte, daß solche Produktionskräfte im Schoß der gesellschaftlichen Arbeit schlummerten.

Wir haben also gesehn: Die Produktions- und Verkehrsmittel, auf deren Grundlage sich die Bourgeoisie heranbildete, wurden in der feudalen Gesellschaft erzeugt. Auf einer gewissen Stufe der Entwicklung dieser Produktions- und Verkehrsmittel entsprachen die Verhältnisse, worin die feudale Gesellschaft produzierte und austauschte, die feudale Organisation der Agrikultur und Manufaktur, mit einem Wort die feudalen Eigentumsverhältnisse den schon entwickelten Produktivkräften nicht mehr. Sie hemmten die Produktion, statt sie zu fördern. Sie verwandelten sich in ebenso viele Fesseln. Sie mußten gesprengt werden, sie wurden gesprengt.

An ihre Stelle trat die freie Konkurrenz mit der ihr angemessenen gesellschaftlichen und politischen Konstitution, mit der ökonomischen und politischen Herrschaft der Bourgeoisklasse.

Unter unsern Augen geht eine ähnliche Bewegung vor. Die bürgerlichen Produktions- und Verkehrsverhältnisse, die bürgerlichen Eigentumsverhältnisse, die moderne bürgerliche Gesellschaft, die so gewaltige Produktions- und Verkehrsmittel hervorgezaubert hat, gleicht dem Hexenmeister, der die unterirdischen Gewalten nicht mehr zu beherrschen vermag, die er heraufbeschwor. Seit Dezennien ist die Geschichte der Industrie und des Handels nur die Geschichte der Empörung der modernen Produktivkräfte gegen die modernen Produktionsverhältnisse, gegen die Eigentumsverhältnisse, welche die Lebensbedingungen der Bourgeoisie und ihrer Herrschaft sind. Es genügt, die Handelskrisen zu nennen, welche in ihrer periodischen Wiederkehr immer drohender die Existenz der ganzen bürgerlichen Gesellschaft in Frage stellen. In den Handelskrisen wird ein großer Teil nicht nur der erzeugten Produkte, sondern der bereits geschaffenen Produktivkräfte regelmäßig vernichtet. In den Krisen bricht eine gesellschaftliche Epidemie aus, welche allen früheren Epochen als ein Widersinn erschienen wäre – die Epidemie der Überproduktion. Die Gesellschaft findet sich plötzlich in einen Zustand momentaner Barbarei zurückversetzt; eine Hungersnot, ein allgemeiner Vernichtungskrieg scheinen ihr alle Lebensmittel abgeschnitten zu haben; die Industrie, der Handel scheinen vernichtet, und warum? Weil sie zuviel Zivilisation, zuviel Lebensmittel, zuviel Industrie, zuviel Handel besitzt. Die Produktivkräfte, die ihr zur Verfügung stehen, dienen nicht mehr zur Beförderung der bürgerlichen Eigentumsverhältnisse; im Gegenteil, sie sind zu gewaltig für diese Verhältnisse geworden, sie werden von ihnen gehemmt; und sobald sie dies Hemmnis überwinden, bringen sie die ganze bürgerliche Gesellschaft in Unordnung, gefährden sie die Existenz des bürgerlichen Eigentums. Die bürgerlichen Verhältnisse sind zu eng geworden, um den von ihnen erzeugten Reichtum zu fassen. – Wodurch überwindet die Bourgeoisie die Krisen? Einerseits durch die erzwungene Vernichtung einer Masse von Produktivkräften; anderseits durch die Eroberung neuer Märkte und die gründlichere Ausbeutung alter Märkte. Wodurch also? Dadurch, daß sie allseitigere und gewaltigere Krisen vorbereitet und die Mittel, den Krisen vorzubeugen, vermindert.

Die Waffen, womit die Bourgeoisie den Feudalismus zu Boden geschlagen hat, richten sich jetzt gegen die Bourgeoisie selbst.

Aber die Bourgeoisie hat nicht nur die Waffen geschmiedet, die ihr den Tod bringen; sie hat auch die Männer gezeugt, die diese Waffen führen werden – die modernen Arbeiter, die *Proletarier.*

In demselben Maße, worin sich die Bourgeoisie, d. h. das Kapital, entwickelt, in demselben Maße entwickelt sich das Proletariat, die Klasse der modernen Arbeiter, die nur so lange leben, als sie Arbeit finden, und die nur so lange Arbeit finden, als ihre Arbeit das Kapital vermehrt. Diese Arbeiter, die sich stückweis verkaufen müssen, sind eine Ware wie jeder andere Handelsartikel und daher gleichmäßig allen Wechselfällen der Konkurrenz, allen Schwankungen des Marktes ausgesetzt.

Die Arbeit der Proletarier hat durch die Ausdehnung der Maschinerie und die Teilung der Arbeit allen selbständigen Charakter und damit allen Reiz für die Arbeiter verloren. Er wird ein bloßes Zubehör der Maschine, von dem nur der einfachste, eintönigste, am leichtesten erlernbare Handgriff verlangt wird. Die Kosten, die der Arbeiter verursacht, beschränken sich daher fast nur auf die Lebensmittel, die er zu seinem Unterhalt und zur Fortpflanzung seiner Race bedarf. Der Preis einer Ware, also auch der Arbeit, ist aber gleich ihren Produktionskosten. In demselben Maße, in dem die Widerwärtigkeit der Arbeit wächst, nimmt daher der Lohn ab. Noch mehr, in demselben Maße, wie Maschinerie und Teilung der Arbeit zunehmen, in demselben Maße nimmt auch die Masse der Arbeit zu, sei es durch Vermehrung der Arbeitsstunden, sei es durch Vermehrung der in einer gegebenen Zeit geforderten Arbeit, beschleunigten Lauf der Maschinen usw.

Die moderne Industrie hat die kleine Werkstube des patriarchalischen Meisters in die große Fabrik des industriellen Kapitalisten verwandelt. Arbeitermassen, in der Fabrik zusammengedrängt, werden soldatisch organisiert. Sie werden als gemeine Industriesoldaten unter die Aufsicht einer vollständigen Hierarchie von Unteroffizieren und Offizieren gestellt. Sie sind nicht nur Knechte der Bourgeoisklasse, des Bourgeoisstaates, sie sind täglich und stündlich geknechtet von der Maschine, von dem Aufseher und vor allem von den einzelnen fabrizierenden Bourgeois selbst. Diese Despotie ist um so kleinlicher, gehässiger, erbitternder, je offener sie den Erwerb als ihren Zweck proklamiert.

Je weniger die Handarbeit Geschicklichkeit und Kraftäußerung erheischt, d. h., je mehr die moderne Industrie sich entwickelt, desto mehr wird die Arbeit der Männer durch die der Weiber verdrängt. Geschlechts- und Altersunterschiede haben keine gesellschaftliche Geltung mehr für die Arbeiterklasse. Es gibt nur noch Arbeitsinstrumente, die je nach Alter und Geschlecht verschiedene Kosten machen.

Ist die Ausbeutung des Arbeiters durch den Fabrikanten so weit beendigt, daß er seinen Arbeitslohn bar ausgezahlt erhält, so fallen die andern Teile der Bourgeoisie über ihn her, der Hausbesitzer, der Krämer, der Pfandleiher usw.

Die bisherigen kleinen Mittelstände, die kleinen Industriellen, Kaufleute und Rentiers, die Handwerker und Bauern, alle diese Klassen fallen ins Proletariat hinab, teils dadurch, daß ihr kleines

Kapital für den Betrieb der großen Industrie nicht ausreicht und der Konkurrenz mit den größeren Kapitalisten erliegt, teils dadurch, daß ihre Geschicklichkeit von neuen Produktionsweisen entwertet wird. So rekrutiert sich das Proletariat aus allen Klassen der Bevölkerung.

Das Proletariat macht verschiedene Entwicklungsstufen durch. Sein Kampf gegen die Bourgeoisie beginnt mit seiner Existenz.

Im Anfang kämpfen die einzelnen Arbeiter, dann die Arbeiter einer Fabrik, dann die Arbeiter eines Arbeitszweiges an einem Ort gegen den einzelnen Bourgeois, der sie direkt ausbeutet. Sie richten ihre Angriffe nicht nur gegen die bürgerlichen Produktionsverhältnisse, sie richten sie gegen die Produktionsinstrumente selbst; sie vernichten die fremden konkurrierenden Waren, sie zerschlagen die Maschinen, sie stecken die Fabriken in Brand, sie suchen die untergegangene Stellung des mittelalterlichen Arbeiters wiederzuerringen.

Auf dieser Stufe bilden die Arbeiter eine über das ganze Land zerstreute und durch die Konkurrenz zersplitterte Masse. Massenhaftes Zusammenhalten der Arbeiter ist noch nicht die Folge ihrer eigenen Vereinigung, sondern die Folge der Vereinigung der Bourgeoisie, die zur Erreichung ihrer eigenen politischen Zwecke das ganze Proletariat in Bewegung setzen muß und es einstweilen noch kann. Auf dieser Stufe bekämpfen die Proletarier also nicht ihre Feinde, sondern die Feinde ihrer Feinde, die Reste der absoluten Monarchie, die Grundeigentümer, die nichtindustriellen Bourgeois, die Kleinbürger. Die ganze geschichtliche Bewegung ist so in den Händen der Bourgeoisie konzentriert; jeder Sieg, der so errungen wird, ist ein Sieg der Bourgeoisie.

Aber mit der Entwicklung der Industrie vermehrt sich nicht nur das Proletariat; es wird in größeren Massen zusammengedrängt, seine Kraft wächst, und es fühlt sie mehr. Die Interessen, die Lebenslagen innerhalb des Proletariats gleichen sich immer mehr aus, indem die Maschinerie mehr und mehr die Unterschiede der Arbeit verwischt und den Lohn fast überall auf ein gleich niedriges Niveau herabdrückt. Die wachsende Konkurrenz der Bourgeois unter sich und die daraus hervorgehenden Handelskrisen machen den Lohn der Arbeiter immer schwankender; die immer rascher sich entwickelnde, unaufhörliche Verbesserung der Maschinerie macht ihre ganze Lebensstellung immer unsicherer; immer mehr nehmen die Kollisionen zwischen dem einzelnen Arbeiter und dem einzelnen Bourgeois den Charakter von Kollisionen zweier Klassen an. Die Arbeiter beginnen damit, Koalitionen gegen die Bourgeois zu bilden; sie treten zusammen zur Behauptung ihres Arbeitslohns. Sie stiften selbst dauernde Assoziationen, um sich für die gelegentlichen Empörungen zu verproviantieren. Stellenweis bricht der Kampf in Emeuten [Revolten] aus.

Von Zeit zu Zeit siegen die Arbeiter, aber nur vorübergehend. Das eigentliche Resultat ihrer Kämpfe ist nicht der unmittelbare Erfolg, sondern die immer weiter um sich greifende Vereinigung der Arbeiter. Sie wird befördert durch die wachsenden Kommunikationsmittel, die von der großen Industrie erzeugt werden und die Arbeiter der verschiedenen Lokalitäten miteinander in Verbindung setzen. Es bedarf aber bloß der Verbindung, um die vielen Lokalkämpfe von überall gleichem Charakter zu einem nationalen, zu einem Klassenkampf zu zentralisieren. Jeder Klassenkampf ist aber ein politischer Kampf. Und die Vereinigung, zu der die Bürger des Mittelalters mit ihren Vizinalwegen Jahrhunderte bedurften, bringen die modernen Proletarier mit den Eisenbahnen in wenigen Jahren zustande.

Diese Organisation der Proletarier zur Klasse, und damit zur politischen Partei, wird jeden Augenblick wieder gesprengt durch die Konkurrenz unter den Arbeitern selbst. Aber sie ersteht immer wieder, stärker, fester, mächtiger. Sie erzwingt die Anerkennung einzelner Interessen der Arbeiter in Gesetzesform, indem sie die Spaltungen der Bourgeoisie unter sich benutzt. So die Zehnstundenbill in England.

Die Kollisionen der alten Gesellschaft überhaupt fördern mannigfach den Entwicklungsgang des Proletariats. Die Bourgeoisie befindet sich in fortwährendem Kampfe: anfangs gegen die Aristokratie; später gegen die Teile der Bourgeoisie selbst, deren Interessen mit dem Fortschritt der Industrie in Widerspruch geraten; stets gegen die Bourgeoisie aller auswärtigen Länder. In allen diesen Kämpfen sieht sie sich genötigt, an das Proletariat zu appellieren, seine Hülfe in Anspruch zu nehmen und es so in die politische Bewegung hineinzureißen. Sie selbst führt also dem Proletariat ihre eigenen Bildungselemente, d. h. Waffen gegen sich selbst, zu.

Es werden ferner, wie wir sahen, durch den Fortschritt der Industrie ganze Bestandteile der herrschenden Klasse ins Proletariat hinabgeworfen oder wenigstens in ihren Lebensbedingungen bedroht. Auch sie führen dem Proletariat eine Masse Bildungselemente zu.

In Zeiten endlich, wo der Klassenkampf sich der Entscheidung nähert, nimmt der Auflösungsprozeß innerhalb der herrschenden Klasse, innerhalb der ganzen alten Gesellschaft, einen so heftigen, so grellen Charakter an, daß ein kleiner Teil der herrschenden Klasse sich von ihr lossagt und sich der revolutionären Klasse anschließt, der Klasse, welche die Zukunft in ihren Händen trägt. Wie daher früher ein Teil des Adels zur Bourgeoisie überging, so geht jetzt ein Teil der Bourgeoisie zum Proletariat über, und namentlich ein Teil der Bourgeoisideologen, welche zum theoretischen Verständnis der ganzen geschichtlichen Bewegung sich hinaufgearbeitet haben.

Von allen Klassen, welche heutzutage der Bourgeoisie gegenüberstehen, ist nur das Proletariat eine wirklich revolutionäre Klasse. Die übrigen Klassen verkommen und gehen unter mit der großen Industrie, das Proletariat ist ihr eigenstes Produkt.

Die Mittelstände, der kleine Industrielle, der kleine Kaufmann, der Handwerker, der Bauer, sie alle bekämpfen die Bourgeoisie, um ihre Existenz als Mittelstände vor dem Untergang zu sichern. Sie sind also nicht revolutionär, sondern konservativ. Noch mehr, sie sind reaktionär, sie suchen das Rad der Geschichte zurückzudrehen. Sind sie revolutionär, so sind sie es im Hinblick auf den ihnen bevorstehenden Übergang ins Proletariat, so verteidigen sie nicht ihre gegenwärtigen, sondern ihre zukünftigen Interessen, so verlassen sie ihren eigenen Standpunkt, um sich auf den des Proletariats zu stellen.

Das Lumpenproletariat, diese passive Verfaulung der untersten Schichten der alten Gesellschaft, wird durch eine proletarische Revolution stellenweise in die Bewegung hineingeschleudert, seiner ganzen Lebenslage nach wird es bereitwilliger sein, sich zu reaktionären Umtrieben erkaufen zu lassen.

Die Lebensbedingungen der alten Gesellschaft sind schon vernichtet in den Lebensbedingungen des Proletariats. Der Proletarier ist eigentumslos; sein Verhältnis zu Weib und Kindern hat nichts mehr gemein mit dem bürgerlichen Familienverhältnis; die moderne industrielle Arbeit, die moderne Unterjochung unter das Kapital, dieselbe in England wie in Frankreich, in Amerika wie in Deutschland, hat ihm allen nationalen Charakter abgestreift. Die

Gesetze, die Moral, die Religion sind für ihn ebenso viele bürgerliche Vorurteile, hinter denen sich ebenso viele bürgerliche Interessen verstecken.

Alle früheren Klassen, die sich die Herrschaft eroberten, suchten ihre schon erworbene Lebensstellung zu sichern, indem sie die ganze Gesellschaft den Bedingungen ihres Erwerbs unterwarfen. Die Proletarier können sich die gesellschaftlichen Produktivkräfte nur erobern, indem sie ihre eigene bisherige Aneignungsweise und damit die ganze bisherige Aneignungsweise abschaffen. Die Proletarier haben nichts von dem Ihrigen zu sichern, sie haben alle bisherigen Privatsicherheiten und Privatversicherungen zu zerstören.

Alle bisherigen Bewegungen waren Bewegungen von Minoritäten oder im Interesse von Minoritäten. Die proletarische Bewegung ist die selbständige Bewegung der ungeheuren Mehrzahl im Interesse der ungeheuren Mehrzahl. Das Proletariat, die unterste Schichte der jetzigen Gesellschaft, kann sich nicht erheben, nicht auflichten, ohne daß der ganze Überbau der Schichten, die die offizielle Gesellschaft bilden, in die Luft gesprengt wird.

Obgleich nicht dem Inhalt, ist der Form nach der Kampf des Proletariats gegen die Bourgeoisie zunächst ein nationaler. Das Proletariat eines jeden Landes muß natürlich zuerst mit seiner eigenen Bourgeoisie fertig werden.

Indem wir die allgemeinsten Phasen der Entwicklung des Proletariats zeichneten, verfolgten wir den mehr oder minder versteckten Bürgerkrieg innerhalb der bestehenden Gesellschaft bis zu dem Punkt, wo er in eine offene Revolution ausbricht und durch den gewaltsamen Sturz der Bourgeoisie das Proletariat seine Herrschaft begründet.

Alle bisherige Gesellschaft beruhte, wie wir gesehn haben, auf dem Gegensatz unterdrückender und unterdrückter Klassen. Um aber eine Klasse unterdrücken zu können, müssen ihr Bedingungen gesichert sein, innerhalb derer sie wenigstens ihre knechtische Existenz fristen kann. Der Leibeigene hat sich zum Mitglied der Kommune in der Leibeigenschaft herangearbeitet wie der Kleinbürger zum Bourgeois unter dem Joch des feudalistischen Absolutismus. Der moderne Arbeiter dagegen, statt sich mit dem Fortschritt der Industrie zu heben, sinkt immer tiefer unter die Bedingungen seiner eigenen Klasse herab. Der Arbeiter wird zum Pauper, und der Pauperismus entwickelt sich noch schneller als Bevölkerung und

Reichtum. Es tritt hiermit offen hervor, daß die Bourgeoisie unfähig ist, noch länger die herrschende Klasse der Gesellschaft zu bleiben und die Lebensbedingungen ihrer Klasse der Gesellschaft als regelndes Gesetz aufzuzwingen. Sie ist unfähig zu herrschen, weil sie unfähig ist, ihrem Sklaven die Existenz selbst innerhalb seiner Sklaverei zu sichern, weil sie gezwungen ist, ihn in eine Lage herabsinken zu lassen, wo sie ihn ernähren muß, statt von ihm ernährt zu werden. Die Gesellschaft kann nicht mehr unter ihr leben, d.h., ihr Leben ist nicht mehr verträglich mit der Gesellschaft.

Die wesentliche Bedingung für die Existenz und für die Herrschaft der Bourgeoisklasse ist die Anhäufung des Reichtums in den Händen von Privaten, die Bildung und Vermehrung des Kapitals; die Bedingung des Kapitals ist die Lohnarbeit. Die Lohnarbeit beruht ausschließlich auf der Konkurrenz der Arbeiter unter sich. Der Fortschritt der Industrie, dessen willenloser und widerstandsloser Träger die Bourgeoisie ist, setzt an die Stelle der Isolierung der Arbeiter durch die Konkurrenz ihre revolutionäre Vereinigung durch die Assoziation. Mit der Entwicklung der großen Industrie wird also unter den Füßen der Bourgeoisie die Grundlage selbst hinweggezogen, worauf sie produziert und die Produkte sich aneignet. Sie produziert vor allem ihren eigenen Totengräber. Ihr Untergang und der Sieg des Proletariats sind gleich unvermeidlich.

II Proletarier und Kommunisten

In welchem Verhältnis stehen die Kommunisten zu den Proletariern überhaupt?

Die Kommunisten sind keine besondere Partei gegenüber den andern Arbeiterparteien.

Sie haben keine von den Interessen des ganzen Proletariats getrennten Interessen.

Sie stellen keine besonderen Prinzipien auf, wonach sie die proletarische Bewegung modeln wollen.

Die Kommunisten unterscheiden sich von den übrigen proletarischen Parteien nur dadurch, daß sie einerseits in den verschiedenen nationalen Kämpfen der Proletarier die gemeinsamen, von der Nationalität unabhängigen Interessen des gesamten Proletariats hervorheben und zur Geltung bringen, andrerseits dadurch, daß sie in den verschiedenen Entwicklungsstufen, welche der Kampf zwischen Proletariat und Bourgeoisie durchläuft, stets das Interesse der Gesamtbewegung vertreten.

Die Kommunisten sind also praktisch der entschiedenste, immer weitertreibende Teil der Arbeiterparteien aller Länder; sie haben theoretisch vor der übrigen Masse des Proletariats die Einsicht in die Bedingungen, den Gang und die allgemeinen Resultate der proletarischen Bewegung voraus.

Der nächste Zweck der Kommunisten ist derselbe wie der aller übrigen proletarischen Parteien: Bildung des Proletariats zur Klasse, Sturz der Bourgeoisieherrschaft, Eroberung der politischen Macht durch das Proletariat.

Die theoretischen Sätze der Kommunisten beruhen keineswegs auf Ideen, auf Prinzipien, die von diesem oder jenem Weltverbesserer erfunden oder entdeckt sind.

Sie sind nur allgemeine Ausdrücke tatsächlicher Verhältnisse eines existierenden Klassenkampfes, einer unter unsern Augen vor sich gehenden geschichtlichen Bewegung. Die Abschaffung bisheriger Eigentumsverhältnisse ist nichts den Kommunismus eigentümlich Bezeichnendes.

Alle Eigentumsverhältnisse waren einem beständigen geschichtlichen Wechsel, einer beständigen geschichtlichen Veränderung unterworfen.

Die Französische Revolution z. B. schaffte das Feudaleigentum zugunsten des bürgerlichen ab.

Was den Kommunismus auszeichnet, ist nicht die Abschaffung des Eigentums überhaupt, sondern die Abschaffung des bürgerlichen Eigentums.

Aber das moderne bürgerliche Privateigentum ist der letzte und vollendetste Ausdruck der Erzeugung und Aneignung der Produkte, die auf Klassengegensätzen, auf der Ausbeutung der einen durch die andern beruht.

In diesem Sinn können die Kommunisten ihre Theorie in dem einen Ausdruck: Aufhebung des Privateigentums, zusammenfassen.

Man hat uns Kommunisten vorgeworfen, wir wollten das persönlich erworbene, selbsterarbeitete Eigentum abschaffen; das Eigentum, welches die Grundlage aller persönlichen Freiheit, Tätigkeit und Selbständigkeit bilde.

Erarbeitetes, erworbenes, selbstverdientes Eigentum! Sprecht ihr von dem kleinbürgerlichen, kleinbäuerlichen Eigentum, welches dem bürgerlichen Eigentum vorherging? Wir brauchen es nicht abzuschaffen, die Entwicklung der Industrie hat es abgeschafft und schafft es täglich ab.

Oder sprecht ihr vom modernen bürgerlichen Privateigentum?

Schafft aber die Lohnarbeit, die Arbeit des Proletariers ihm Eigentum? Keineswegs. Sie schafft das Kapital, d.h. das Eigentum, welches die Lohnarbeit ausbeutet, welches sich nur unter der Bedingung vermehren kann, daß es neue Lohnarbeit erzeugt, um sie von neuem auszubeuten. Das Eigentum in seiner heutigen Gestalt bewegt sich in dem Gegensatz von Kapital und Lohnarbeit. Betrachten wir die beiden Seiten dieses Gegensatzes.

Kapitalist sein, heißt nicht nur eine rein persönliche, sondern eine gesellschaftliche Stellung in der Produktion einnehmen. Das Kapital ist ein gemeinschaftliches Produkt und kann nur durch eine gemeinsame Tätigkeit vieler Mitglieder, ja in letzter Instanz nur durch die gemeinsame Tätigkeit aller Mitglieder der Gesellschaft in Bewegung gesetzt werden.

Das Kapital ist also keine persönliche, es ist eine gesellschaftliche Macht.

Wenn also das Kapital in gemeinschaftliches, allen Mitgliedern der Gesellschaft angehöriges Eigentum verwandelt wird, so verwandelt sich nicht persönliches Eigentum in gesellschaftliches. Nur der gesellschaftliche Charakter des Eigentums verwandelt sich. Er verliert seinen Klassencharakter.

Kommen wir zur Lohnarbeit:

Der Durchschnittspreis der Lohnarbeit ist das Minimum des Arbeitslohnes, d.h. die Summe der Lebensmittel, die notwendig sind, um den Arbeiter als Arbeiter am Leben zu erhalten. Was also der Lohnarbeiter durch seine Tätigkeit sich aneignet, reicht bloß dazu hin, um sein nacktes Leben wieder zu erzeugen. Wir wollen diese persönliche Aneignung der Arbeitsprodukte zur Wiedererzeugung des unmittelbaren Lebens keineswegs abschaffen, eine Aneignung, die keinen Reinertrag übrigläßt, der Macht über fremde Arbeit geben könnte. Wir wollen nur den elenden Charakter dieser Aneignung aufheben, worin der Arbeiter nur lebt, um das Kapital zu vermehren, nur so weit lebt, wie es das Interesse der herrschenden Klasse erheischt.

In der bürgerlichen Gesellschaft ist die lebendige Arbeit nur ein Mittel, die aufgehäufte Arbeit zu vermehren. In der kommunistischen Gesellschaft ist die aufgehäufte Arbeit nur ein Mittel, um den Lebensprozeß der Arbeiter zu erweitern, zu bereichern, zu befördern.

In der bürgerlichen Gesellschaft herrscht also die Vergangenheit über die Gegenwart, in der kommunistischen die Gegenwart über die Vergangenheit. In der bürgerlichen Gesellschaft ist das Kapital selbständig und persönlich, während das tätige Individuum unselbständig und unpersönlich ist.

Und die Aufhebung dieses Verhältnisses nennt die Bourgeoisie Aufhebung der Persönlichkeit und Freiheit! Und mit Recht. Es handelt sich allerdings um die Aufhebung der Bourgeois-Persönlichkeit, -Selbständigkeit und -Freiheit.

Unter Freiheit versteht man innerhalb der jetzigen bürgerlichen Produktionsverhältnisse den freien Handel, den freien Kauf und Verkauf.

Fällt aber der Schacher, so fällt auch der freie Schacher. Die Redensarten vom freien Schacher, wie alle übrigen Freiheitsbravaden unserer Bourgeoisie, haben überhaupt nur einen Sinn gegenüber dem gebundenen Schacher, gegenüber dem geknechteten Bürger des Mittelalters, nicht aber gegenüber der kommunistischen Aufhebung des Schachers, der bürgerlichen Produktionsverhältnisse und der Bourgeoisie selbst.

Ihr entsetzt euch darüber, daß wir das Privateigentum aufheben wollen. Aber in eurer bestehenden Gesellschaft ist das Privateigentum für neun Zehntel ihrer Mitglieder aufgehoben; es existiert gerade dadurch, daß es für neun Zehntel nicht existiert. Ihr werft uns also vor, daß wir ein Eigentum aufheben wollen, welches die Eigentumslosigkeit der ungeheuren Mehrzahl der Gesellschaft als notwendige Bedingung voraussetzt.

Ihr werft uns mit einem Worte vor, daß wir euer Eigentum aufheben wollen. Allerdings, das wollen wir.

Von dem Augenblick an, wo die Arbeit nicht mehr in Kapital, Geld, Grundrente, kurz, in eine monopolisierbare gesellschaftliche Macht verwandelt werden kann, d.h. von dem Augenblick, wo das persönliche Eigentum nicht mehr in bürgerliches umschlagen kann, von dem Augenblick an erklärt ihr, die Person sei aufgehoben.

Ihr gesteht also, daß ihr unter der Person niemanden anders versteht als den Bourgeois, den bürgerlichen Eigentümer. Und diese Person soll allerdings aufgehoben werden.

Der Kommunismus nimmt keinem die Macht, sich gesellschaftliche Produkte anzueignen, er nimmt nur die Macht, sich durch diese Aneignung fremde Arbeit zu unterjochen.

Man hat eingewendet, mit der Aufhebung des Privateigentums werde alle Tätigkeit aufhören und eine allgemeine Faulheit einreißen.

Hiernach müßte die bürgerliche Gesellschaft längst an der Trägheit zugrunde gegangen sein; denn *die* in ihr arbeiten, erwerben nicht, und *die* in ihr erwerben, arbeiten nicht. Das ganze Bedenken läuft auf die Tautologie hinaus, daß es keine Lohnarbeit mehr gibt, sobald es kein Kapital mehr gibt.

Alle Einwürfe, die gegen die kommunistische Aneignungs- und Produktionsweise der materiellen Produkte gerichtet werden, sind ebenso auf die Aneignung und Produktion der geistigen Produkte ausgedehnt worden. Wie für den Bourgeois das Aufhören des Klasseneigentums das Aufhören der Produktion selbst ist, so ist für ihn das Aufhören der Klassenbildung identisch mit dem Aufhören der Bildung überhaupt.

Die Bildung, deren Verlust er bedauert, ist für die enorme Mehrzahl die Heranbildung zur Maschine.

Aber streitet nicht mit uns, indem ihr an euren bürgerlichen Vorstellungen von Freiheit, Bildung, Recht usw. die Abschaffung des bürgerlichen Eigentums meßt. Eure Ideen selbst sind Erzeugnisse der bürgerlichen Produktions- und Eigentumsverhältnisse, wie euer Recht nur der zum Gesetz erhobene Wille eurer Klasse ist, ein Wille, dessen Inhalt gegeben ist in den materiellen Lebensbedingungen eurer Klasse.

Die interessierte Vorstellung, worin ihr eure Produktions- und Eigentumsverhältnisse aus geschichtlichen, in dem Lauf der Produktion vorübergehenden Verhältnissen in ewige Natur- und Vernunftgesetze verwandelt, teilt ihr mit allen untergegangenen herrschenden Klassen. Was ihr für das antike Eigentum begreift, was ihr für das feudale Eigentum begreift, dürft ihr nicht mehr begreifen für das bürgerliche Eigentum.–

Aufhebung der Familie! Selbst die Radikalsten ereifern sich über diese schändliche Absicht der Kommunisten.

Worauf beruht die gegenwärtige, die bürgerliche Familie? Auf dem Kapital, auf dem Privaterwerb. Vollständig entwickelt existiert sie nur für die Bourgeoisie; aber sie findet ihre Ergänzung in der erzwungenen Familienlosigkeit der Proletarier und der öffentlichen Prostitution.

Die Familie der Bourgeois fällt natürlich weg mit dem Wegfallen dieser ihrer Ergänzung, und beide verschwinden mit dem Verschwinden des Kapitals.

Werft ihr uns vor, daß wir die Ausbeutung der Kinder durch ihre Eltern aufheben wollen? Wir gestehen dieses Verbrechen ein.

Aber, sagt ihr, wir heben die trautesten Verhältnisse auf, indem wir an die Stelle der häuslichen Erziehung die gesellschaftliche setzen.

Und ist nicht auch eure Erziehung durch die Gesellschaft bestimmt? Durch die gesellschaftlichen Verhältnisse, innerhalb derer ihr erzieht, durch die direktere oder indirektere Einmischung der Gesellschaft, vermittelst der Schule usw.? Die Kommunisten erfinden nicht die Einwirkung der Gesellschaft auf die Erziehung; sie verändern nur ihren Charakter, sie entreißen die Erziehung dem Einfluß der herrschenden Klasse.

Die bürgerlichen Redensarten über Familie und Erziehung, über das traute Verhältnis von Eltern und Kindern werden um so ekelhafter, je mehr infolge der großen Industrie alle Familienbande für die Proletarier zerrissen und die Kinder in einfache Handelsartikel und Arbeitsinstrumente verwandelt werden.

Aber ihr Kommunisten wollt die Weibergemeinschaft einführen, schreit uns die ganze Bourgeoisie im Chor entgegen.

Der Bourgeois sieht in seiner Frau ein bloßes Produktionsinstrument. Er hört, daß die Produktionsinstrumente gemeinschaftlich ausgebeutet werden sollen, und kann sich natürlich nichts anderes denken, als daß das Los der Gemeinschaftlichkeit die Weiber gleichfalls treffen wird.

Er ahnt nicht, daß es sich eben darum handelt, die Stellung der Weiber als bloßer Produktionsinstrumente aufzuheben.

Übrigens ist nichts lächerlicher als das hochmoralische Entsetzen unsrer Bourgeois über die angebliche offizielle Weibergemeinschaft der Kommunisten. Die Kommunisten brauchen die Weibergemeinschaft nicht einzuführen, sie hat fast immer existiert.

Unsre Bourgeois, nicht zufrieden damit, daß ihnen die Weiber und Töchter ihrer Proletarier zur Verfügung stehen, von der offiziellen Prostitution gar nicht zu sprechen, finden ein Hauptvergnügen darin, ihre Ehefrauen wechselseitig zu verführen.

Die bürgerliche Ehe ist in Wirklichkeit die Gemeinschaft der Ehefrauen. Man könnte höchstens den Kommunisten vorwerfen, daß sie an Stelle einer heuchlerisch versteckten eine offizielle, offenherzige Weibergemeinschaft einführen wollten. Es versteht sich übrigens von selbst, daß mit Aufhebung der jetzigen Produktionsverhältnisse auch die aus ihnen hervorgehende Weibergemeinschaft, d. h. die offizielle und nichtoffizielle Prostitution, verschwindet.

Den Kommunisten ist ferner vorgeworfen worden, sie wollten das Vaterland, die Nationalität abschaffen.

Die Arbeiter haben kein Vaterland. Man kann ihnen nicht nehmen, was sie nicht haben. Indem das Proletariat zunächst sich die politische Herrschaft erobern, sich zur nationalen Klasse erheben, sich selbst als Nation konstituieren muß, ist es selbst noch national, wenn auch keineswegs im Sinne der Bourgeoisie.

Die nationalen Absonderungen und Gegensätze der Völker verschwinden mehr und mehr schon mit der Entwicklung der Bourgeoisie, mit der Handelsfreiheit, dem Weltmarkt, der Gleichförmigkeit der industriellen Produktion und der ihr entsprechenden Lebensverhältnisse.

Die Herrschaft des Proletariats wird sie noch mehr verschwinden machen. Vereinigte Aktion, wenigstens der zivilisierten Länder, ist eine der ersten Bedingungen seiner Befreiung.

In dem Maße, wie die Exploitation des einen Individuums durch das andere aufgehoben wird, wird die Exploitation einer Nation durch die andere aufgehoben.

Mit dem Gegensatz der Klassen im Innern der Nation fällt die feindliche Stellung der Nationen gegeneinander.

Die Anklagen gegen den Kommunismus, die von religiösen, philosophischen und ideologischen Gesichtspunkten überhaupt erhoben werden, verdienen keine ausführlichere Erörterung.

Bedarf es tiefer Einsicht, um zu begreifen, daß mit den Lebensverhältnissen der Menschen, mit ihren gesellschaftlichen Beziehungen, mit ihrem gesellschaftlichen Dasein, auch ihre Vorstellungen, Anschauungen und Begriffe, mit einem Worte auch ihr Bewußtsein sich ändert?

Was beweist die Geschichte der Ideen anders, als daß die geistige Produktion sich mit der materiellen umgestaltet? Die herrschenden Ideen einer Zeit waren stets nur die Ideen der herrschenden Klasse.

Man spricht von Ideen, welche eine ganze Gesellschaft revolutionieren; man spricht damit nur die Tatsache aus, daß sich innerhalb der alten Gesellschaft die Elemente einer neuen gebildet haben, daß mit der Auflösung der alten Lebensverhältnisse die Auflösung der alten Ideen gleichen Schritt hält.

Als die alte Welt im Untergehen begriffen war, wurden die alten Religionen von der christlichen Religion besiegt. Als die christlichen Ideen im 18. Jahrhundert den Aufklärungsideen unterlagen, rang die feudale Gesellschaft ihren Todeskampf mit der damals revolutionären Bourgeoisie. Die Ideen der Gewissens- und Religionsfreiheit sprachen nur die Herrschaft der freien Konkurrenz auf dem Gebiete des Wissens aus.

»Aber«, wird man sagen, »religiöse, moralische, philosophische, politische, rechtliche Ideen usw. modifizierten sich allerdings im Lauf der geschichtlichen Entwicklung. Die Religion, die Moral, die Philosophie, die Politik, das Recht erhielten sich stets in diesem Wechsel.

Es gibt zudem ewige Wahrheiten, wie Freiheit, Gerechtigkeit usw., die allen gesellschaftlichen Zuständen gemeinsam sind. Der Kommunismus aber schafft die ewigen Wahrheiten ab, er schafft die Religion ab, die Moral, statt sie neu zu gestalten, er widerspricht also allen bisherigen geschichtlichen Entwicklungen.«

Worauf reduziert sich diese Anklage? Die Geschichte der ganzen bisherigen Gesellschaft bewegte sich in Klassengegensätzen, die in den verschiedenen Epochen verschieden gestaltet waren.

Welche Form sie aber auch immer angenommen, die Ausbeutung des einen Teils der Gesellschaft durch den andern ist eine allen vergangenen Jahrhunderten gemeinsame Tatsache. Kein Wunder daher, daß das gesellschaftliche Bewußtsein aller Jahrhunderte, aller Mannigfaltigkeit und Verschiedenheit zum Trotz, in gewissen gemeinsamen Formen sich bewegt, in Bewußtseinsformen, die nur mit dem gänzlichen Verschwinden des Klassengegensatzes sich vollständig auflösen.

Die kommunistische Revolution ist das radikalste Brechen mit den überlieferten Eigentumsverhältnissen; kein Wunder, daß in ihrem Entwicklungsgange am radikalsten mit den überlieferten Ideen gebrochen wird.

Doch lassen wir die Einwürfe der Bourgeoisie gegen den Kommunismus.

Wir sahen schon oben, daß der erste Schritt in der Arbeiterrevolution die Erhebung des Proletariats zur herrschenden Klasse, die Erkämpfung der Demokratie ist.

Das Proletariat wird seine politische Herrschaft dazu benutzen, der Bourgeoisie nach und nach alles Kapital zu entreißen, alle Produktionsinstrumente in den Händen des Staats, d.h. des als herrschende Klasse organisierten Proletariats, zu zentralisieren und die Masse der Produktionskräfte möglichst rasch zu vermehren.

Es kann dies natürlich zunächst nur geschehn vermittelst despotischer Eingriffe in das Eigentumsrecht und in die bürgerlichen Produktionsverhältnisse, durch Maßregeln also, die ökonomisch unzureichend und unhaltbar erscheinen, die aber im Lauf der Bewegung über sich selbst hinaustreiben und als Mittel zur Umwälzung der ganzen Produktionsweise unvermeidlich sind.

Diese Maßregeln werden natürlich je nach den verschiedenen Ländern verschieden sein.

Für die fortgeschrittensten Länder werden jedoch die folgenden ziemlich allgemein in Anwendung kommen können:

1. Expropriation des Grundeigentums und Verwendung der Grundrente zu Staatsausgaben.

2. Starke Progressivsteuer.

3. Abschaffung des Erbrechts.

4. Konfiskation des Eigentums aller Emigranten und Rebellen.

5. Zentralisation des Kredits in den Händen des Staats durch eine Nationalbank mit Staatskapital und ausschließlichem Monopol.

6. Zentralisation des Transportwesens in den Händen des Staats.

7. Vermehrung der Nationalfabriken, Produktionsinstrumente, Urbarmachung und Verbesserung der Ländereien nach einem gemeinschaftlichen Plan.

8. Gleicher Arbeitszwang für alle, Errichtung industrieller Armeen, besonders für den Ackerbau.

9. Vereinigung des Betriebs von Ackerbau und Industrie, Hinwirken auf die allmähliche Beseitigung des Unterschieds von Stadt und Land.

10. Öffentliche und unentgeltliche Erziehung aller Kinder. Beseitigung der Fabrikarbeit der Kinder in ihrer heutigen Form. Verei-

nigung der Erziehung mit der materiellen Produktion usw. Sind im Laufe der Entwicklung die Klassenunterschiede verschwunden und ist alle Produktion in den Händen der assoziierten Individuen konzentriert, so verliert die öffentliche Gewalt den politischen Charakter. Die politische Gewalt im eigentlichen Sinne ist die organisierte Gewalt einer Klasse zur Unterdrückung einer andern. Wenn das Proletariat im Kampfe gegen die Bourgeoisie sich notwendig zur Klasse vereint, durch eine Revolution sich zur herrschenden Klasse macht und als herrschende Klasse gewaltsam die alten Produktionsverhältnisse aufhebt, so hebt es mit diesen Produktionsverhältnissen die Existenzbedingungen des Klassengegensatzes, die Klassen überhaupt, und damit seine eigene Herrschaft als Klasse auf.

An die Stelle der alten bürgerlichen Gesellschaft mit ihren Klassen und Klassengegensätzen tritt eine Assoziation, worin die freie Entwicklung eines jeden die Bedingung für die freie Entwicklung aller ist. [...]

IV Stellung der Kommunisten zu den verschiedenen oppositionellen Parteien

Nach Abschnitt II versteht sich das Verhältnis der Kommunisten zu den bereits konstituierten Arbeiterparteien von selbst, also ihr Verhältnis zu den Chartisten in England und den agrarischen Reformern in Nordamerika.

Sie kämpfen für die Erreichung der unmittelbar vorliegenden Zwecke und Interessen der Arbeiterklasse, aber sie vertreten in der gegenwärtigen Bewegung zugleich die Zukunft der Bewegung. In Frankreich schließen sich die Kommunisten an die sozialistisch-demokratische Partei[2] an gegen die konservative und radikale Bourgeoisie, ohne darum das Recht aufzugeben, sich kritisch zu den aus der revolutionären Überlieferung herrührenden Phrasen und Illusionen zu verhalten.

In der Schweiz unterstützen sie die Radikalen, ohne zu verkennen, daß diese Partei aus widersprechenden Elementen besteht, teils aus demokratischen Sozialisten im französischen Sinn, teils aus radikalen Bourgeois.

Unter den Polen unterstützen die Kommunisten die Partei, welche eine agrarische Revolution zur Bedingung der nationalen

Befreiung macht, dieselbe Partei, welche die Krakauer Insurrektion von 1846[3] ins Leben rief.

In Deutschland kämpft die Kommunistische Partei, sobald die Bourgeoisie revolutionär auftritt, gemeinsam mit der Bourgeoisie gegen die absolute Monarchie, das feudale Grundeigentum und die Kleinbürgerei.

Sie unterläßt aber keinen Augenblick, bei den Arbeitern ein möglichst klares Bewußtsein über den feindlichen Gegensatz zwischen Bourgeoisie und Proletariat herauszuarbeiten, damit die deutschen Arbeiter sogleich die gesellschaftlichen und politischen Bedingungen, welche die Bourgeoisie mit ihrer Herrschaft herbeiführen muß, als ebenso viele Waffen gegen die Bourgeoisie kehren können, damit, nach dem Sturz der reaktionären Klassen in Deutschland, sofort der Kampf gegen die Bourgeoisie selbst beginnt.

Auf Deutschland richten die Kommunisten ihre Hauptaufmerksamkeit, weil Deutschland am Vorabend einer bürgerlichen Revolution steht und weil es diese Umwälzung unter fortgeschrittneren Bedingungen der europäischen Zivilisation überhaupt und mit einem viel weiter entwickelten Proletariat vollbringt als England im 17. und Frankreich im 18. Jahrhundert, die deutsche bürgerliche Revolution also nur das unmittelbare Vorspiel einer proletarischen Revolution sein kann.

Mit einem Wort, die Kommunisten unterstützen überall jede revolutionäre Bewegung gegen die bestehenden gesellschaftlichen und politischen Zustände.

In allen diesen Bewegungen heben sie die Eigentumsfrage, welche mehr oder minder entwickelte Form sie auch angenommen haben möge, als die Grundfrage der Bewegung hervor.

Die Kommunisten arbeiten endlich überall an der Verbindung und Verständigung der demokratischen Parteien aller Länder.

Die Kommunisten verschmähen es, ihre Ansichten und Absichten zu verheimlichen. Sie erklären es offen, daß ihre Zwecke nur erreicht werden können durch den gewaltsamen Umsturz aller bisherigen Gesellschaftsordnung. Mögen die herrschenden Klassen vor einer kommunistischen Revolution zittern. Die Proletarier haben nichts in ihr zu verlieren als ihre Ketten. Sie haben eine Welt zu gewinnen.

Proletarier aller Länder, vereinigt euch!

[1] So nannten die Städtebürger Italiens und Frankreichs ihr städtisches Gemeinwesen, nachdem sie die ersten Selbstverwaltungsrechte ihren Feudalherren abgekauft oder abgezwungen hatten. [Anmerkung von Engels zur deutschen Ausgabe von 1890, nach MEW]

[2] Die damals sich sozialistisch-demokratisch nennende Partei in Frankreich war die durch Ledru-Rollin politisch und durch Louis Blanc literarisch vertretene; sie war also himmelweit verschieden von der heutigen deutschen Sozialdemokratie. [Anmerkung von Engels zur deutschen Ausgabe von 1890]

[3] Aufstand revolutionärer Demokraten, der in Krakau vorübergehend erfolgreich war, aber binnen eines Monats niedergeschlagen wurde.

Teil 2: Historischer Materialismus

Historischer Materialismus: Das Forschungsprogramm hinter der Geschichtsphilosophie

(Einführung der Herausgeber)

Marx' Nachdenken über Geschichte beginnt mit einem radikalen Realismus. Im Unterschied zu Hegel und anderen klassischen deutschen Philosophen begreift er Geschichte nicht im Sinne eines Fortschreitens der Ideen, die, einem göttlichen Plan gleich, zur Vervollkommnung streben. Ihm geht es um die Entzauberung dieser ideellen Bewegung. Für ihn ist, wie er zusammen mit Friedrich Engels in *Die deutsche Ideologie* herausstellte, die »Produktion der Ideen, Vorstellungen, des Bewußtseins [...] zunächst unmittelbar verflochten in die materielle Tätigkeit und den materiellen Verkehr der Menschen, Sprache des wirklichen Lebens«.[1]

Dieser materialistische Grundsatz begründet ein radikal gesellschaftliches Denken. Die Beziehungen, die die Menschen untereinander zum Zwecke der eigenen Reproduktion eingehen, sind ursächlich für ihre Vorstellungen. Dies gilt, diese Pointe lässt Marx sich nicht nehmen, auch für das Denken der Philosophen selbst, deren Vorstellungen für ihn ebenso Ausdruck ihrer eigentümlichen sozialen Stellung sind. Als Intellektuelle, die in einer arbeitsteiligen Gesellschaft fernab der Notwendigkeit stehen, ihren Lebensunterhalt selbst zu verdienen, überhöhen sie die Gedankenwelt zur eigentlichen Triebkraft der Geschichte.

Die Kritik an der klassischen deutschen Philosophie begründet ein eigenes Forschungsprogramm:

> [E]s wird nicht ausgegangen von dem, was die Menschen sagen, sich einbilden, sich vorstellen, auch nicht von den gesagten, gedachten, eingebildeten, vorgestellten Menschen, um davon aus bei den leibhaftigen Menschen anzukommen; es wird von den wirklich tätigen Menschen ausgegangen und aus ihrem wirklichen Lebensprozeß auch die Entwicklung der ideologischen Reflexe und Echos dieses Lebensprozesses dargestellt,[2]

1 Karl Marx, Friedrich Engels, »Die deutsche Ideologie«, in: *Marx-Engels-Werke* (MEW), Bd. 3, Berlin 1978, S. 9-530, hier S. 26.

2 Ebd.

heißt es in der *Deutschen Ideologie*. Und: »Die empirische Beobachtung muß in jedem einzelnen Fall den Zusammenhang der gesellschaftlichen und politischen Gliederung mit der Produktion empirisch und ohne alle Mystifikation und Spekulation aufweisen.«[3] Die Denkbewegung ist hier wohlgemerkt eine, die von der konkreten empirischen Bestandsaufnahme aus versucht, die Zusammenhänge mit der Form der Produktion zu rekonstruieren und nicht umgekehrt (wie etwa bei der *Darstellungs*form in *Das Kapital*, in der die abstrakten Grundbegriffe den Ausgangspunkt bilden). Gesellschaftliche Phänomene sind also, zumindest drängt sich uns diese Interpretation auf, keine schlichte Ableitung der Art und Weise, wie die Menschen ihre materielle Reproduktion organisieren.

Wie steht diese Offenheit des skizzierten Forschungsprogramms nun zur Geschichtsphilosophie im marxschen Werk, die, zumindest in ihrer stilisierten Auslegung, eine nahezu zwangsläufige Abfolge gesellschaftlicher Entwicklungsstufen nahelegt? Auch in der *Deutschen Ideologie* findet sich dieser evolutionistisch-revolutionäre Vierklang aus Sklavenhaltergesellschaft, Feudalismus, Kapitalismus und Kommunismus, und es wirkt so, als sei dies Marx' Standardformel für gesellschaftliche Entwicklung, und zwar unabhängig davon, wo diese sich entfalte. In programmatischen Schriften wie dem *Kommunistischen Manifest* wirkt es außerdem, als strebe die Wirklichkeit selbst in hegelianischer Manier nach einer Aufhebung der gesellschaftlichen Widersprüche in einer höheren Gesellschaftsform. »Der Sieg des Proletariats ist unvermeidlich«,[4] heißt es dort, und dieser Determinismus prägte über lange Zeit das politische Handeln der sozialdemokratischen und sozialistischen Parteien in den Jahrzehnten nach Marx' Tod. Es scheint also, als halte die teleologische Grundhaltung des philosophischen Idealismus durch die Hintertür wieder Einzug in das marxsche Denken.

Doch vollzieht sich Geschichte für Marx immer auch in Form von Krisen und Brüchen, und der Erfolg des Sozialismus bleibt kontingent – schließlich handelt es sich doch um einen *Kampf* mit offenem Ausgang. Der »gemeinsame Untergang der kämpfenden Klassen«,[5] so die Formulierung im *Kommunistischen Manifest*, wird

3 Ebd., S. 25.

4 Karl Marx, Friedrich Engels, »Manifest der Kommunistischen Partei«, in: MEW, Bd. 4, Berlin 1977, S. 459-493, hier S. 474.

5 Ebd., S. 462.

als Negativszenario immer mitgedacht. So ist Marx' gesamtes Werk doch auf die Intervention, die Einflussnahme auf die gesellschaftlichen Verhältnisse gerichtet. Wenn der Fortschritt unvermeidlich wäre, so könnte man in Umkehr der berühmten Feuerbach-These fragen, wozu dann die Welt verändern und nicht in philosophierender Manier auf die Erlösung warten?

Den Ideen kommt somit doch eine aktivere Rolle zu, als es die obige Formulierung nahelegt, in der es heißt, sie seien nur »ideologische Reflexe und Echos«[6] des Lebensprozesses. Sie haben einen Einfluss auf die Geschwindigkeit und die Entwicklungsrichtung der Geschichte. »Die Menschen machen ihre Geschichte nicht aus freien Stücken, aber sie machen sie selbst«,[7] schrieb Rosa Luxemburg später in Anlehnung an Marx' Schrift *Der achtzehnte Brumaire des Louis Bonaparte*. Eine Revolution könne niemals erfolgreich sein, »wenn aus all dem von der Entwicklung zusammengetragenen Stoff der materiellen Vorbedingungen nicht der zündende Funke des bewußten Willens der großen Volksmasse aufspringt«.[8]

Vor allem in den *Thesen zu Feuerbach* (siehe Teil 1) sowie in Marx' politischen Schriften lässt sich dieser Geist wiederfinden. Die Darstellung ist sensibel für fortschrittliche Potenziale und die Gefahr gesellschaftlicher Rückschritte; sie verweist auf die Notwendigkeit, Partei zu ergreifen, eben weil der Fortschritt nicht vorgezeichnet ist. In dieser Konkretisierung gewinnen die theoretischen Begriffe Konturen. Dass das Axiom des Sieges des Sozialismus sich bewahrheitet, muss noch bewiesen werden, und auch die oftmals nur schematisch vorgetragene Klassentheorie wird zu einer vielschichtigen soziologischen Analyse von Klassenfraktionen und deren politischem Handeln (siehe auch Teil 6).

Die für diesen Teil ausgewählten Texte beschreiben das grundlegende Geschichtsverständnis bei Marx. Die Schrift *Die deutsche Ideologie* bewerkstelligt das in Form einer Abgrenzung zur klassischen deutschen Philosophie, während sich Karl Marx im *Elend der Philosophie* an den Vorstellungen des frühen Anarchisten Pierre-Joseph Proudhon abarbeitet. In beiden Schriften besteht Marx auf der angesprochenen Erdung politischer Philosophien

6 Marx, Engels, »Die deutsche Ideologie«, S. 25.

7 Rosa Luxemburg, »Die Krise der Sozialdemokratie«, in: dies., *Gesammelte Werke*, Bd. 4, Berlin 1974, S. 49-164, hier S. 61.

8 Ebd.

und der daraus hervorgehenden Strategieentwürfe. Das Vorwort zur *Kritik der Politischen Ökonomie* enthält, neben einer aufschlussreichen autobiographischen Skizze über Marx' intellektuellen Werdegang, eine prägnante Zusammenfassung der marxschen Geschichtsauffassung – *Marx in a nutshell* sozusagen. Er bestimmt darin den Zusammenhang zwischen den Produktionsverhältnissen und dem juristischen und politischen »Überbau« als ein Entsprechungsverhältnis: »Die Produktionsweise des materiellen Lebens bedingt den sozialen, politischen und geistigen Lebensprozeß überhaupt.«[9] Diese Auffassung inspirierte nicht nur Generationen von materialistisch orientierten Kulturwissenschaftlerinnen und Kulturwissenschaftlern, sondern ist aufgrund ihrer vorsichtigen und doch dezidierten Wortwahl Bezugspunkt von Debatten darüber, inwieweit Marx jenen »sozialen, politischen und geistigen Lebensprozeß« strikt nachrangig einschätzt oder eben davon ausgeht, dass der Überbau doch entscheidend auf die Produktionsweise zurückwirkt.[10] Letztere Interpretation wird implizit durch die direkt daran anschließende Passage nahegelegt, in der Marx beschreibt, wie die Widersprüche zwischen Produktivkräften und Produktionsverhältnissen ab einem bestimmten Punkt zu Fesseln der weiteren Entwicklung werden, was die Voraussetzung für eine »Epoche sozialer Revolution« sei.[11] Marx war Realist genug, um diese Fesseln nicht nur im Abstraktum der Produktionsverhältnisse zu verorten, sondern auch in jenen Phänomenen des »Überbaus«, welche die Arena für politische Auseinandersetzungen bilden: im Staatsapparat, in den politischen Parteien und der Ideologie.

Wie dem auch sei, der Gedanke, dass die Produktionsverhältnisse zu Fesseln für die weitere Entfaltung der Produktivkräfte werden könnten, hat in den Debatten um »Cyber-Kommunismus« erneut Auftrieb erhalten:[12] Besitzansprüche auf Informationen gelten im

9 Karl Marx, »Zur Kritik der Politischen Ökonomie«, in: MEW, Bd. 13, Berlin 1961, S. 1-160, hier S. 9 f.

10 Eine der besten Darstellungen der Debatten zum historischen Materialismus bietet Alex Callinicos, *Making History. Agency, Structure and Change in Social Theory*, Chicago [1987] 2009.

11 Ebd., S. 10.

12 Paul Mason, *Postkapitalismus. Umrisse einer kommenden Ökonomie*, Frankfurt/M. 2016; Nick Srnicek, Alex Williams, *Inventing the Future. Postcapitalism and a World without Work*, London, New York 2016.

digitalen Zeitalter als antiquiert, und geistige Eigentumsrechte bremsen dieser Auffassung zufolge die gesellschaftliche Entwicklung. Ob dieser Widerspruch zum Aufstand eines »Cybertariats« führen wird, bleibt abzuwarten.

Die Primärtexte in diesem Teil

Die deutsche Ideologie (Auszüge; MEW, Bd. 3, S. 9-530), eine Serie von Manuskripten, die von Marx und Engels 1845/46 verfasst wurden. Ein vergleichsweise kurzer Abschnitt (Kapitel IV, »Karl Grün«) wurde bereits 1847 veröffentlicht. Weitere Abschnitte erschienen posthum Anfang des 20. Jahrhunderts, bevor der gesamte Text 1932 in Berlin herausgegeben wurde.

Das Elend der Philosophie (Auszüge; MEW, Bd. 4, S. 63-182), geschrieben 1847 als Antwort auf Pierre-Joseph Proudhons Werk *Die Philosophie des Elends*, auf das der Titel auch anspielt. Im selben Jahr auf Französisch veröffentlicht.

Zur Kritik der Politischen Ökonomie. Vorwort (MEW, Bd. 13, S. 7-11), veröffentlicht 1859.

Die deutsche Ideologie

A. Die Ideologie überhaupt, namentlich die deutsche

[...] Die Voraussetzungen, mit denen wir beginnen, sind keine willkürlichen, keine Dogmen, es sind wirkliche Voraussetzungen, von denen man nur in der Einbildung abstrahieren kann. Es sind die wirklichen Individuen, ihre Aktion und ihre materiellen Lebensbedingungen, sowohl die vorgefundenen wie die durch ihre eigne Aktion erzeugten. Diese Voraussetzungen sind also auf rein empirischem Wege konstatierbar.

Die erste Voraussetzung aller Menschengeschichte ist natürlich die Existenz lebendiger menschlicher Individuen. Der erste zu konstatierende Tatbestand ist also die körperliche Organisation dieser Individuen und ihr dadurch gegebenes Verhältnis zur übrigen Natur. Wir können hier natürlich weder auf die physische Beschaffenheit der Menschen selbst noch auf die von den Menschen vorgefundenen Naturbedingungen, die geologischen, orohydrographischen, klimatischen und andern Verhältnisse, eingehen. Alle Geschichtschreibung muß von diesen natürlichen Grundlagen und ihrer Modifikation im Lauf der Geschichte durch die Aktion der Menschen ausgehen.

Man kann die Menschen durch das Bewußtsein, durch die Religion, durch was man sonst will, von den Tieren unterscheiden. Sie selbst fangen an, sich von den Tieren zu unterscheiden, sobald sie anfangen, ihre Lebensmittel *zu produzieren*, ein Schritt, der durch ihre körperliche Organisation bedingt ist. Indem die Menschen ihre Lebensmittel produzieren, produzieren sie indirekt ihr materielles Leben selbst.

Die Weise, in der die Menschen ihre Lebensmittel produzieren, hängt zunächst von der Beschaffenheit der vorgefundenen und zu reproduzierenden Lebensmittel selbst ab. Diese Weise der Produktion ist nicht bloß nach der Seite hin zu betrachten, daß sie die Reproduktion der physischen Existenz der Individuen ist. Sie ist vielmehr schon eine bestimmte Art der Tätigkeit dieser Individuen, eine bestimmte Art, ihr Leben zu äußern, eine bestimmte *Lebensweise* derselben. Wie die Individuen ihr Leben äußern, so sind sie. Was sie sind, fällt also zusammen mit ihrer Produktion, sowohl damit, *was* sie produzieren, als auch damit, *wie* sie produzieren. Was die Individuen also sind, das hängt ab von den materiellen Bedingungen ihrer Produktion.

Diese Produktion tritt erst ein mit der *Vermehrung der Bevölkerung.* Sie setzt selbst wieder einen *Verkehr* der Individuen untereinander voraus. Die Form dieses Verkehrs ist wieder durch die Produktion bedingt.[1]

Die Beziehungen verschiedener Nationen untereinander hängen davon ab, wie weit jede von ihnen ihre Produktivkräfte, die Teilung der Arbeit und den innern Verkehr entwickelt hat. Dieser Satz ist allgemein anerkannt. Aber nicht nur die Beziehung einer Nation zu anderen, sondern auch die ganze innere Gliederung dieser Nation selbst hängt von der Entwicklungsstufe ihrer Produktion und ihres innern und äußern Verkehrs ab. Wie weit die Produktionskräfte einer Nation entwickelt sind, zeigt am augenscheinlichsten der Grad, bis zu dem die Teilung der Arbeit entwickelt ist. Jede neue Produktivkraft, sofern sie nicht eine bloß quantitative Ausdehnung der bisher schon bekannten Produktivkräfte ist (z. B. Urbarmachung von Ländereien), hat eine neue Ausbildung der Teilung der Arbeit zur Folge.

Die Teilung der Arbeit innerhalb einer Nation führt zunächst die Trennung der industriellen und kommerziellen von der ackerbauenden Arbeit und damit die Trennung von *Stadt* und *Land* und den Gegensatz der Interessen Beider herbei. Ihre weitere Entwicklung führt zur Trennung der kommerziellen Arbeit von der industriellen. Zu gleicher Zeit entwickeln sich durch die Teilung der Arbeit innerhalb dieser verschiednen Branchen wieder verschiedene Abteilungen unter den zu bestimmten Arbeiten zusammenwirkenden Individuen. Die Stellung dieser einzelnen Abteilungen gegeneinander ist bedingt durch die Betriebsweise der ackerbauenden, industriellen und kommerziellen Arbeit (Patriarchalismus, Sklaverei, Stände, Klassen). Dieselben Verhältnisse zeigen sich bei entwickelterem Verkehr in den Beziehungen verschiedner Nationen zueinander.

Die verschiedenen Entwicklungsstufen der Teilung der Arbeit sind ebensoviel verschiedene Formen des Eigentums; d. h., die jedesmalige Stufe der Teilung der Arbeit bestimmt auch die Verhältnisse der Individuen zueinander in Beziehung auf das Material, Instrument und Produkt der Arbeit.

Die erste Form des Eigentums ist das Stammeigentum. Es entspricht der unentwickelten Stufe der Produktion, auf der ein Volk von Jagd und Fischfang, von Viehzucht oder höchstens vom Ackerbau sich nährt. Es setzt in diesem letzteren Falle eine große Masse unbebauter Ländereien voraus. Die Teilung der Arbeit ist auf dieser Stufe noch sehr wenig entwickelt und beschränkt sich auf eine weitere Ausdehnung der in der Familie gegebenen naturwüchsigen Teilung der Arbeit. Die gesellschaftliche Gliederung beschränkt sich daher auf eine Ausdehnung der Familie: patriarchalische Stammhäupter, unter ihnen die Stammitglieder, endlich Sklaven. Die in der Familie latente Sklaverei entwickelt sich erst allmählich mit der Vermehrung der Bevölkerung und der Bedürfnisse und mit der Ausdehnung des äußern Verkehrs, sowohl des Kriegs wie des Tauschhandels.

Die zweite Form ist das antike Gemeinde- und Staatseigentum, das namentlich aus der Vereinigung mehrerer Stämme zu einer *Stadt* durch Vertrag oder Eroberung hervorgeht und bei dem die Sklaverei fortbestehen bleibt. Neben dem Gemeindeeigentum entwickelt sich schon das mobile und später auch das immobile Privateigentum, aber als eine abnorme, dem Gemeindeeigentum untergeordnete Form. Die Staatsbürger besitzen nur in ihrer Gemeinschaft die Macht über ihre arbeitenden Sklaven und sind schon deshalb an die Form des Gemeindeeigentums gebunden. Es ist das gemeinschaftliche Privateigentum der aktiven Staatsbürger, die den Sklaven gegenüber gezwungen sind, in dieser naturwüchsigen Weise der Assoziation zu bleiben. Daher verfällt die ganze hierauf basierende Gliederung der Gesellschaft und mit ihr die Macht des Volks in demselben Grade, in dem namentlich das immobile Privateigentum sich entwickelt. Die Teilung der Arbeit ist schon entwickelter. Wir finden schon den Gegensatz von Stadt und Land, später den Gegensatz zwischen Staaten, die das städtische und die das Landinteresse repräsentieren, und innerhalb der Städte selbst den Gegensatz zwischen Industrie und Seehandel. Das Klassenverhältnis zwischen Bürgern und Sklaven ist vollständig ausgebildet.

Dieser ganzen Geschichtsauffassung scheint das Faktum der Eroberung zu widersprechen. Man hat bisher die Gewalt, den Krieg, Plünderung, Raubmord pp. zur treibenden Kraft der Geschichte gemacht. Wir können uns hier nur auf die Hauptpunkte beschränken und nehmen daher nur das frappanteste Beispiel, die Zerstörung einer alten Zivilisation durch ein barbarisches Volk und die sich daran anknüpfende, von vorn anfangende Bildung einer neuen Gliederung der Gesellschaft. (Rom und Barbaren, Feudalität und Gallien, oströmisches Reich und Türken.) Bei dem erobernden Barbarenvolke ist der Krieg selbst noch, wie schon oben angedeutet, eine regelmäßige Verkehrsform, die um so eifriger exploitiert wird, je mehr der Zuwachs der Bevölkerung bei der hergebrachten und für sie einzig möglichen rohen Produktionsweise das Bedürfnis neuer Produktionsmittel schafft. In Italien dagegen war durch die Konzentration des Grundeigentums (verursacht außer durch Aufkauf und Verschuldung auch noch durch Erbschaft, indem bei der großen Liederlichkeit und den seltnen Heiraten die alten Geschlechter allmählich ausstarben und ihr Besitz Wenigen zufiel) und Verwandlung desselben in Viehweiden (die außer durch die gewöhnlichen, noch heute gültigen ökonomischen Ursachen durch die Einfuhr geraubten und Tributgetreides und den hieraus folgenden Mangel an Konsumenten für italisches Korn verursacht wurde) die freie Bevölkerung fast verschwunden, die Sklaven selbst starben immer wieder aus und mußten stets durch neue ersetzt werden. Die Sklaverei blieb die Basis der gesamten Produktion. Die Plebejer, zwischen Freien und Sklaven stehend, brachten es nie über ein Lumpenproletariat hinaus. Überhaupt kam Rom nie über die Stadt hinaus und stand mit den Provinzen in einem fast nur politischen Zusammenhange, der natürlich auch wieder durch politische Ereignisse unterbrochen werden konnte.

Mit der Entwicklung des Privateigentums treten hier zuerst dieselben Verhältnisse ein, die wir beim modernen Privateigentum, nur in ausgedehnterem Maßstabe, wiederfinden werden. Einerseits die Konzentration des Privateigentums, die in Rom sehr früh anfing [...], seit den Bürgerkriegen und namentlich unter den Kaisern sehr rasch vor sich ging; andrerseits im Zusammenhange hiermit die Verwandlung der plebejischen kleinen Bauern in ein Proletariat, das aber bei seiner halben Stellung zwischen besitzenden Bürgern und Sklaven zu keiner selbständigen Entwicklung kam.

Die dritte Form ist das feudale oder ständische Eigentum. Wenn das Altertum von der *Stadt* und ihrem kleinen Gebiet ausging, so ging das Mittelalter vom *Lande* aus. Die vorgefundene dünne, über eine große Bodenfläche zersplitterte Bevölkerung, die durch die Eroberer keinen großen Zuwachs erhielt, bedingte diesen veränderten Ausgangspunkt. Im Gegensatz zu Griechenland und Rom beginnt die feudale Entwicklung daher auf einem viel ausgedehnteren, durch die römischen Eroberungen und die anfangs damit verknüpfte Ausbreitung der Agrikultur vorbereiteten Terrain. Die letzten Jahrhunderte des verfallenden römischen Reichs und die Eroberung durch die Barbaren selbst zerstörten eine Masse von Produktivkräften; der Ackerbau war gesunken, die Industrie aus Mangel an Absatz verfallen, der Handel eingeschlafen oder gewaltsam unterbrochen, die ländliche und städtische Bevölkerung hatte abgenommen. Diese vorgefundenen Verhältnisse und die dadurch bedingte Weise der Organisation der Eroberung entwickelten unter dem Einflusse der germanischen Heerverfassung das feudale Eigentum. Es beruht, wie das Stamm- und Gemeindeeigentum, wieder auf einem Gemeinwesen, dem aber nicht wie dem antiken die Sklaven, sondern die leibeignen kleinen Bauern als unmittelbar produzierende Klasse gegenüberstehen. Zugleich mit der vollständigen Ausbildung des Feudalismus tritt noch der Gegensatz gegen die Städte hinzu. Die hierarchische Gliederung des Grundbesitzes und die damit zusammenhängenden bewaffneten Gefolgschaften gaben dem Adel die Macht über die Leibeignen. Diese feudale Gliederung war ebensogut wie das antike Gemeindeeigentum eine Assoziation gegenüber der beherrschten produzierenden Klasse; nur war die Form der Assoziation und das Verhältnis zu den unmittelbaren Produzenten verschieden, weil verschiedene Produktionsbedingungen vorlagen.

Dieser feudalen Gliederung des Grundbesitzes entsprach in den *Städten* das korporative Eigentum, die feudale Organisation des Handwerks. Das Eigentum bestand hier hauptsächlich in der Arbeit jedes Einzelnen. Die Notwendigkeit der Assoziation gegen den assoziierten Raubadel, das Bedürfnis gemeinsamer Markthallen in einer Zeit, wo der Industrielle zugleich Kaufmann war, die wachsende Konkurrenz der den aufblühenden Städten zuströmenden entlaufnen Leibeignen, die feudale Gliederung des ganzen Landes führten die *Zünfte* herbei; die allmählich ersparten kleinen Kapitalien einzelner Handwerker und ihre stabile Zahl bei der wachsenden Bevölkerung entwickelten das Gesellen- und Lehrlingsverhältnis, das in den Städten eine ähnliche Hierarchie zustande brachte wie die auf dem Lande.

Das Haupteigentum bestand während der Feudalepoche also in

Grundeigentum mit daran gekettteter Leibeignenarbeit einerseits und eigner Arbeit mit kleinem, die Arbeit von Gesellen beherrschendem Kapital andrerseits. Die Gliederung von Beiden war durch die bornierten Produktionsverhältnisse – die geringe und rohe Bodenkultur und die handwerksmäßige Industrie – bedingt. Teilung der Arbeit fand in der Blüte des Feudalismus wenig statt. Jedes Land hatte den Gegensatz von Stadt und Land in sich; die Ständegliederung war allerdings sehr scharf ausgeprägt, aber außer der Scheidung von Fürsten, Adel, Geistlichkeit und Bauern auf dem Lande und Meistern, Gesellen, Lehrlingen und bald auch Taglöhnerpöbel in den Städten fand keine bedeutende Teilung statt. Im Ackerbau war sie durch die parzellierte Bebauung erschwert, neben der die Hausindustrie der Bauern selbst aufkam, in der Industrie war die Arbeit in den einzelnen Handwerken selbst gar nicht, unter ihnen sehr wenig geteilt. Die Teilung von Industrie und Handel wurde in älteren Städten vorgefunden, entwickelte sich in den neueren erst später, als die Städte unter sich in Beziehung traten.

Die Zusammenfassung größerer Länder zu feudalen Königreichen war für den Grundadel wie für die Städte ein Bedürfnis. Die Organisation der herrschenden Klasse, des Adels, hatte daher überall einen Monarchen an der Spitze.

Die Tatsache ist also die: bestimmte Individuen, die auf bestimmte Weise produktiv tätig sind, gehen diese bestimmten gesellschaftlichen und politischen Verhältnisse ein. Die empirische Beobachtung muß in jedem einzelnen Fall den Zusammenhang der gesellschaftlichen und politischen Gliederung mit der Produktion empirisch und ohne alle Mystifikation und Spekulation aufweisen. Die gesellschaftliche Gliederung und der Staat gehen beständig aus dem Lebensprozeß bestimmter Individuen hervor; aber dieser Individuen, nicht wie sie in der eignen oder fremden Vorstellung erscheinen mögen, sondern wie sie *wirklich* sind, d. h. wie sie wirken, materiell produzieren, also wie sie unter bestimmten materiellen und von ihrer Willkür unabhängigen Schranken, Voraussetzungen und Bedingungen tätig sind.[2]

Die Produktion der Ideen, Vorstellungen, des Bewußtseins ist zunächst unmittelbar verflochten in die materielle Tätigkeit und den materiellen Verkehr der Menschen, Sprache des wirklichen Lebens. Das Vorstellen, Denken, der geistige Verkehr der Menschen erscheinen hier noch als direkter Ausfluß ihres materiellen

Verhaltens. Von der geistigen Produktion, wie sie in der Sprache der Politik, der Gesetze, der Moral, der Religion, Metaphysik usw. eines Volkes sich darstellt, gilt dasselbe. Die Menschen sind die Produzenten ihrer Vorstellungen, Ideen pp., aber die wirklichen, wirkenden Menschen, wie sie bedingt sind durch eine bestimmte Entwicklung ihrer Produktivkräfte und des denselben entsprechenden Verkehrs bis zu seinen weitesten Formationen hinauf. Das Bewußtsein kann nie etwas Andres sein als das bewußte Sein, und das Sein der Menschen ist ihr wirklicher Lebensprozeß. Wenn in der ganzen Ideologie die Menschen und ihre Verhältnisse wie in einer Camera obscura auf den Kopf gestellt erscheinen, so geht dies Phänomen ebensosehr aus ihrem historischen Lebensprozeß hervor, wie die Umdrehung der Gegenstände auf der Netzhaut aus ihrem unmittelbar physischen.

Ganz im Gegensatz zur deutschen Philosophie, welche vom Himmel auf die Erde herabsteigt, wird hier von der Erde zum Himmel gestiegen. D.h., es wird nicht ausgegangen von dem, was die Menschen sagen, sich einbilden, sich vorstellen, auch nicht von den gesagten, gedachten, eingebildeten, vorgestellten Menschen, um davon aus bei den leibhaftigen Menschen anzukommen; es wird von den wirklich tätigen Menschen ausgegangen und aus ihrem wirklichen Lebensprozeß auch die Entwicklung der ideologischen Reflexe und Echos dieses Lebensprozesses dargestellt. Auch die Nebelbildungen im Gehirn der Menschen sind notwendige Sublimate ihres materiellen, empirisch konstatierbaren und an materielle Voraussetzungen geknüpften Lebensprozesses. Die Moral, Religion, Metaphysik und sonstige Ideologie und die ihnen entsprechenden Bewußtseinsformen behalten hiermit nicht länger den Schein der Selbständigkeit. Sie haben keine Geschichte, sie haben keine Entwicklung, sondern die ihre materielle Produktion und ihren materiellen Verkehr entwickelnden Menschen ändern mit dieser ihrer Wirklichkeit auch ihr Denken und die Produkte ihres Denkens. Nicht das Bewußtsein bestimmt das Leben, sondern das Leben bestimmt das Bewußtsein. In der ersten Betrachtungsweise geht man von dem Bewußtsein als dem lebendigen Individuum aus, in der zweiten, dem wirklichen Leben entsprechenden, von den wirklichen lebendigen Individuen selbst und betrachtet das Bewußtsein nur als *ihr* Bewußtsein.

Diese Betrachtungsweise ist nicht voraussetzungslos. Sie geht von den wirklichen Voraussetzungen aus, sie verläßt sie keinen Augenblick. Ihre Voraussetzungen sind die Menschen nicht in irgendeiner phantastischen Abgeschlossenheit und Fixierung, sondern in ihrem wirklichen, empirisch anschaulichen Entwicklungsprozeß unter bestimmten Bedingungen. Sobald dieser tätige Lebensprozeß dargestellt wird, hört die Geschichte auf, eine Sammlung toter Fakta zu sein, wie bei den selbst noch abstrakten Empirikern, oder eine eingebildete Aktion eingebildeter Subjekte, wie bei den Idealisten.

Da, wo die Spekulation aufhört, beim wirklichen Leben, beginnt also die wirkliche, positive Wissenschaft, die Darstellung der praktischen Betätigung, des praktischen Entwicklungsprozesses der Menschen. Die Phrasen vom Bewußtsein hören auf, wirkliches Wissen muß an ihre Stelle treten. Die selbständige Philosophie verliert mit der Darstellung der Wirklichkeit ihr Existenzmedium. An ihre Stelle kann höchstens eine Zusammenfassung der allgemeinsten Resultate treten, die sich aus der Betrachtung der historischen Entwicklung der Menschen abstrahieren lassen. Diese Abstraktionen haben für sich, getrennt von der wirklichen Geschichte, durchaus keinen Wert. Sie können nur dazu dienen, die Ordnung des geschichtlichen Materials zu erleichtern, die Reihenfolge seiner einzelnen Schichten anzudeuten. Sie geben aber keineswegs, wie die Philosophie, ein Rezept oder Schema, wonach die geschichtlichen Epochen zurechtgestutzt werden können. Die Schwierigkeit beginnt im Gegenteil erst da, wo man sich an die Betrachtung und Ordnung des Materials, sei es einer vergangnen Epoche oder der Gegenwart, an die wirkliche Darstellung gibt. Die Beseitigung dieser Schwierigkeiten ist durch Voraussetzungen bedingt, die keineswegs hier gegeben werden können, sondern die erst aus dem Studium des wirklichen Lebensprozesses und der Aktion der Individuen jeder Epoche sich ergeben. Wir nehmen hier einige dieser Abstraktionen heraus, die wir gegenüber der Ideologie gebrauchen, und werden sie an historischen Beispielen erläutern.

[1.] Geschichte

Wir müssen bei den voraussetzungslosen Deutschen damit anfangen, daß wir die erste Voraussetzung aller menschlichen Existenz, also auch aller Geschichte konstatieren, nämlich die Voraussetzung, daß die Menschen imstande sein müssen zu leben, um »Geschichte machen« zu können. Zum Leben aber gehört vor Allem Essen und Trinken, Wohnung, Kleidung und noch einiges Andere. Die erste geschichtliche Tat ist also die Erzeugung der Mittel zur Befriedigung dieser Bedürfnisse, die Produktion des materiellen Lebens selbst, und zwar ist dies eine geschichtliche Tat, eine Grundbedingung aller Geschichte, die noch heute, wie vor Jahrtausenden, täglich und stündlich erfüllt werden muß, um die Menschen nur am Leben zu erhalten. Selbst wenn die Sinnlichkeit, wie beim heiligen Bruno, auf einen Stock, auf das Minimum reduziert ist, setzt sie die Tätigkeit der Produktion dieses Stockes voraus. Das Erste also bei aller geschichtlichen Auffassung ist, daß man diese Grundtatsache in ihrer ganzen Bedeutung und ihrer ganzen Ausdehnung beobachtet und zu ihrem Rechte kommen läßt. Dies haben die Deutschen bekanntlich nie getan, daher nie eine *irdische* Basis für die Geschichte und folglich nie einen Historiker gehabt. Die Franzosen und Engländer, wenn sie auch den Zusammenhang dieser Tatsache mit der sogenannten Geschichte nur höchst einseitig auffaßten, namentlich solange sie in der politischen Ideologie befangen waren, so haben sie doch immerhin die ersten Versuche gemacht, der Geschichtschreibung eine materialistische Basis zu geben, indem sie zuerst Geschichten der bürgerlichen Gesellschaft, des Handels und der Industrie schrieben.

Das Zweite ist, daß das befriedigte erste Bedürfnis selbst, die Aktion der Befriedigung und das schon erworbene Instrument der Befriedigung zu neuen Bedürfnissen führt – und diese Erzeugung neuer Bedürfnisse ist die erste geschichtliche Tat. Hieran zeigt sich sogleich, wes Geistes Kind die große historische Weisheit der Deutschen ist, die da, wo ihnen das positive Material ausgeht und wo weder theologischer noch politischer noch literarischer Unsinn verhandelt wird, gar keine Geschichte, sondern die »vorgeschichtliche Zeit« sich ereignen lassen, ohne uns indes darüber aufzuklären, wie man aus diesem Unsinn der »Vorgeschichte« in die eigentliche Geschichte kommt – obwohl auf der andern Seite ihre historische Spekulation sich ganz besonders auf diese »Vorgeschichte« wirft, weil sie da sicher zu sein glaubt vor den Eingriffen des »rohen Faktums« und zugleich, weil sie hier ihrem spekulierenden Triebe alle Zügel schießen lassen und Hypothesen zu Tausenden erzeugen und umstoßen kann.

Das dritte Verhältnis, was hier gleich von vornherein in die geschichtliche Entwicklung eintritt, ist das, daß die Menschen, die ihr eignes Leben täglich neu machen, anfangen, andre Menschen zu machen, sich fortzupflanzen – das Verhältnis zwischen Mann und Weib, Eltern und Kindern, die *Familie*. Diese Familie, die im Anfange das einzige soziale Verhältnis ist, wird späterhin, wo die vermehrten Bedürfnisse neue gesellschaftliche Verhältnisse, und die vermehrte Menschenzahl neue Bedürfnisse erzeugen, zu einem untergeordneten (ausgenommen in Deutschland) und muß alsdann nach den existierenden empirischen Daten, nicht nach dem »Begriff der Familie«, wie man in Deutschland zu tun pflegt, behandelt und entwickelt werden. Übrigens sind diese drei Seiten der sozialen Tätigkeit nicht als drei verschiedene Stufen zu fassen, sondern eben nur als drei Seiten, oder um für die Deutschen klar zu schreiben, drei »Momente«, die vom Anbeginn der Geschichte an und seit den ersten Menschen zugleich existiert haben und sich noch heute in der Geschichte geltend machen.

Die Produktion des Lebens, sowohl des eignen in der Arbeit wie des fremden in der Zeugung, erscheint nun schon sogleich als ein doppeltes Verhältnis – einerseits als natürliches, andrerseits als gesellschaftliches Verhältnis –, gesellschaftlich in dem Sinne, als hierunter das Zusammenwirken mehrerer Individuen, gleichviel unter welchen Bedingungen, auf welche Weise und zu welchem Zweck, verstanden wird. Hieraus geht hervor, daß eine bestimmte Produktionsweise oder industrielle Stufe stets mit einer bestimmten Weise des Zusammenwirkens oder gesellschaftlichen Stufe vereinigt ist, und diese Weise des Zusammenwirkens ist selbst eine »Produktivkraft«, daß die Menge der den Menschen zugänglichen Produktivkräfte den gesellschaftlichen Zustand bedingt und also die »Geschichte der Menschheit« stets im Zusammenhange mit der Geschichte der Industrie und des Austausches studiert und bearbeitet werden muß. Es ist aber auch klar, wie es in Deutschland unmöglich ist, solche Geschichte zu schreiben, da den Deutschen dazu nicht nur die Auffassungsfähigkeit und das Material, sondern auch die »sinnliche Gewißheit« abgeht und man jenseits des Rheins über diese Dinge keine Erfahrungen machen kann, weil dort keine Geschichte mehr vorgeht. Es zeigt sich also schon von vornherein ein materialistischer Zusammenhang der Menschen untereinander, der durch die Bedürfnisse und die Weise der Produktion bedingt und so alt ist wie die Menschen selbst – ein Zusammenhang, der stets neue Formen annimmt und also eine »Geschichte« darbietet, auch ohne daß irgendein politischer oder religiöser Nonsens existiert, der die Menschen noch extra zusammenhalte.

Jetzt erst, nachdem wir bereits vier Momente, vier Seiten der ursprünglichen, geschichtlichen Verhältnisse betrachtet haben, finden wir, daß der Mensch auch »Bewußtsein« hat. Aber auch dies nicht von vornherein, als »reines« Bewußtsein. Der »Geist« hat von vornherein den Fluch an sich, mit der Materie »behaftet« zu sein, die hier in der Form von bewegten Luftschichten, Tönen, kurz der Sprache auftritt. Die Sprache ist so alt wie das Bewußtsein – die Sprache *ist* das praktische, auch für andre Menschen existierende, also auch für mich selbst erst existierende wirkliche Bewußtsein, und die Sprache entsteht, wie das Bewußtsein, erst aus dem Bedürfnis, der Notdurft des Verkehrs mit andern Menschen. Wo ein Verhältnis existiert, da existiert es für mich, das Tier *»verhält«* sich zu Nichts und überhaupt nicht. Für das Tier existiert sein Verhältnis zu andern nicht als Verhältnis. Das Bewußtsein ist also von vornherein schon ein gesellschaftliches Produkt und bleibt es, solange überhaupt Menschen existieren. Das Bewußtsein ist natürlich zuerst bloß Bewußtsein über die *nächste* sinnliche Umgebung und Bewußtsein des bornierten Zusammenhanges mit andern Personen und Dingen außer dem sich bewußt werdenden Individuum; es ist zu gleicher Zeit Bewußtsein der Natur, die den Menschen anfangs als eine durchaus fremde, allmächtige und unangreifbare Macht gegenübertritt, zu der sich die Menschen rein tierisch verhalten, von der sie sich imponieren lassen wie das Vieh; und also ein rein tierisches Bewußtsein der Natur (Naturreligion).

Man sieht hier sogleich: Diese Naturreligion oder dies bestimmte Verhalten zur Natur ist bedingt durch die Gesellschaftsform und umgekehrt. Hier wie überall tritt die Identität von Natur und Mensch auch so hervor, daß das bornierte Verhalten der Menschen zur Natur ihr borniertes Verhalten zueinander, und ihr borniertes Verhalten zueinander ihr borniertes Verhältnis zur Natur bedingt, eben weil die Natur noch kaum geschichtlich modifiziert ist, und andrerseits Bewußtsein der Notwendigkeit, mit den umgebenden Individuen in Verbindung zu treten, der Anfang des Bewußtseins darüber, daß er überhaupt in einer Gesellschaft lebt. Dieser Anfang ist so tierisch wie das gesellschaftliche Leben dieser Stufe selbst, er ist bloßes Herdenbewußtsein, und der Mensch unterscheidet sich hier vom Hammel nur dadurch, daß sein Bewußtsein ihm die Stelle des Instinkts vertritt, oder daß sein Instinkt ein bewußter ist. Dieses Hammel- oder Stammbewußtsein erhält seine weitere Entwicklung und Ausbildung durch die gesteigerte Produktivität, die Vermehrung der Bedürfnisse und die Beiden zum Grunde liegende Vermehrung der Bevölkerung. Damit entwickelt sich die Teilung der Arbeit, die ursprünglich nichts war als die Teilung der Arbeit im Geschlechtsakt, dann Teilung der Arbeit, die sich vermöge der natürlichen Anlage (z. B. Körperkraft), Bedürfnisse, Zufälle etc. etc. von selbst oder »naturwüchsig« macht. Die Teilung der Arbeit wird erst wirklich Teilung von dem Augenblicke an, wo eine Teilung der materiellen und geistigen Arbeit eintritt. Von diesem Augenblicke an *kann* sich das Bewußtsein wirklich einbilden, etwas Andres als das Bewußtsein der bestehenden Praxis zu sein, *wirklich* etwas vorzustellen, ohne etwas Wirkliches vorzustellen – von diesem Augenblicke an ist das Bewußtsein imstande, sich von der Welt zu emanzipieren und zur Bildung der »reinen« Theorie, Theologie, Philosophie, Moral etc. überzugehen. Aber selbst wenn diese Theorie, Theologie, Philosophie, Moral etc. in Widerspruch mit den bestehenden Verhältnissen treten, so kann dies nur dadurch geschehen, daß die bestehenden gesellschaftlichen Verhältnisse mit der bestehenden Produktionskraft in Widerspruch getreten sind – was übrigens in einem bestimmten nationalen Kreise von Verhältnissen auch dadurch geschehen kann, daß der Widerspruch nicht in diesem nationalen Umkreis, sondern zwischen diesem nationalen Bewußtsein und der Praxis der anderen Nationen, d. h. zwischen dem nationalen und allgemeinen Bewußtsein einer Nation sich einstellt.

Übrigens ist es ganz einerlei, was das Bewußtsein alleene anfängt, wir erhalten aus diesem ganzen Dreck nur das eine Resultat, daß diese drei Momente, die Produktionskraft, der gesellschaftliche Zustand und das Bewußtsein, in Widerspruch untereinander geraten können und müssen, weil mit der *Teilung der Arbeit* die Möglichkeit, ja die Wirklichkeit gegeben ist, daß die geistige und materielle Tätigkeit – daß der Genuß und die Arbeit, Produktion und Konsumtion, verschiedenen Individuen zufallen, und die Möglichkeit, daß sie nicht in Widerspruch geraten, nur darin liegt, daß die Teilung der Arbeit wieder aufgehoben wird. Es versteht sich übrigens von selbst, daß die »Gespenster«, »Bande«, »höheres Wesen«, »Begriff«, »Bedenklichkeit« bloß der idealistische geistliche

Ausdruck, die Vorstellung scheinbar des vereinzelten Individuums sind, die Vorstellung von sehr empirischen Fesseln und Schranken, innerhalb deren sich die Produktionsweise des Lebens und die damit zusammenhängende Verkehrsform bewegt.

Mit der Teilung der Arbeit, in welcher alle diese Widersprüche gegeben sind und welche ihrerseits wieder auf der naturwüchsigen Teilung der Arbeit in der Familie und der Trennung der Gesellschaft in einzelne, einander entgegengesetzte Familien beruht, ist zu gleicher Zeit auch die Verteilung, und zwar die *ungleiche*, sowohl quantitative wie qualitative Verteilung der Arbeit und ihrer Produkte gegeben, also das Eigentum, das in der Familie, wo die Frau und die Kinder die Sklaven des Mannes sind, schon seinen Keim, seine erste Form hat. Die freilich noch sehr rohe, latente Sklaverei in der Familie ist das erste Eigentum, das übrigens hier schon vollkommen der Definition der modernen Ökonomen entspricht, nach der es die Verfügung über fremde Arbeitskraft ist. Übrigens sind Teilung der Arbeit und Privateigentum identische Ausdrücke – in dem Einen wird in Beziehung auf die Tätigkeit dasselbe ausgesagt, was in dem Andern in bezug auf das Produkt der Tätigkeit ausgesagt wird.

Ferner ist mit der Teilung der Arbeit zugleich der Widerspruch zwischen dem Interesse des einzelnen Individuums oder der einzelnen Familie und dem gemeinschaftlichen Interesse aller Individuen, die miteinander verkehren, gegeben; und zwar existiert dies gemeinschaftliche Interesse nicht bloß in der Vorstellung, als »Allgemeines«, sondern zuerst in der Wirklichkeit als gegenseitige Abhängigkeit der Individuen, unter denen die Arbeit geteilt ist. Und endlich bietet uns die Teilung der Arbeit gleich das erste Beispiel davon dar, daß, solange die Menschen sich in der naturwüchsigen Gesellschaft befinden, solange also die Spaltung zwischen dem besondern und gemeinsamen Interesse existiert, solange die Tätigkeit also nicht freiwillig, sondern naturwüchsig geteilt ist, die eigne Tat des Menschen ihm zu einer fremden, gegenüberstehenden Macht wird, die ihn unterjocht, statt daß er sie beherrscht. Sowie nämlich die Arbeit verteilt zu werden anfängt, hat Jeder einen bestimmten ausschließlichen Kreis der Tätigkeit, der ihm aufgedrängt wird, aus dem er nicht heraus kann; er ist Jäger, Fischer oder Hirt oder kritischer Kritiker und muß es bleiben, wenn er nicht die Mittel zum Leben verlieren will – während in der kommunistischen Gesellschaft, wo Jeder nicht einen ausschließlichen Kreis der Tätigkeit hat, sondern sich in jedem beliebigen Zweige ausbilden kann, die Gesellschaft die allgemeine Produktion regelt und mir eben dadurch möglich macht, heute dies, morgen jenes zu tun, morgens zu jagen, nachmittags zu fischen, abends Viehzucht zu treiben, nach dem Essen zu kritisieren, wie ich gerade Lust habe, ohne je Jäger, Fischer, Hirt oder Kritiker zu werden. Dieses Sichfestsetzen der sozialen Tätigkeit, diese Konsolidation unsres eignen Produkts zu einer sachlichen Gewalt über uns, die unsrer Kontrolle entwächst, unsre Erwartungen durchkreuzt, unsre Berechnungen zunichte macht, ist eines der Hauptmomente in der bisherigen geschichtlichen Entwicklung, und eben aus diesem Widerspruch des besondern und gemeinschaftlichen Interesses nimmt das gemeinschaftliche Interesse als *Staat* eine selbständige Gestaltung, getrennt von den wirklichen Einzel- und Gesamtinteressen, an, und zugleich als illusorische Gemeinschaftlichkeit, aber stets auf der realen Basis der in jedem Familien- und Stamm-Konglomerat vorhandenen Bänder, wie Fleisch und Blut, Sprache, Teilung der Arbeit im größeren Maßstabe und sonstigen Interessen – und besonders, wie wir später entwickeln werden, der durch die Teilung der Arbeit bereits bedingten Klassen, die in jedem derartigen Menschenhaufen sich absondern und von denen eine alle andern beherrscht. Hieraus folgt, daß alle Kämpfe innerhalb des Staats, der Kampf zwischen Demokratie, Aristokratie und Monarchie, der Kampf um das Wahlrecht etc. etc., nichts als die illusorischen Formen sind, in denen die wirklichen Kämpfe der verschiednen Klassen untereinander geführt werden (wovon die deutschen Theoretiker nicht eine Silbe ahnen, trotzdem daß man ihnen in den »Deutsch-Französischen Jahrbüchern« und der »Heiligen Familie« dazu Anleitung genug gegeben hatte), und ferner, daß jede nach der Herrschaft strebende Klasse, wenn ihre Herrschaft auch, wie dies beim Proletariat der Fall ist, die Aufhebung der ganzen alten Gesellschaftsform und der Herrschaft überhaupt bedingt, sich zuerst die politische Macht erobern muß, um ihr Interesse wieder als das Allgemeine, wozu sie im ersten Augenblick gezwungen ist, darzustellen. Eben weil die Individuen *nur* ihr besondres, für sie nicht mit ihrem gemeinschaftlichen Interesse zusammenfallendes suchen, überhaupt das Allgemeine illusorische Form der Gemeinschaftlichkeit, wird dies als ein ihnen »fremdes« und von ihnen »unabhängiges«, als ein selbst wieder besonderes und eigentümliches »Allgemein«-Interesse geltend gemacht, oder sie selbst müssen sich in diesem Zwiespalt bewegen, wie in der Demokratie. Andrerseits macht denn auch der *praktische* Kampf dieser beständig *wirklich* den gemeinschaftlichen und illusorischen gemeinschaftlichen Interessen entgegentretenden Sonderinteressen die *praktische* Dazwischenkunft und Zügelung durch das illusorische »Allgemein«-Interesse als Staat nötig. Die soziale Macht, d.h. die vervielfachte Produktionskraft, die durch das in der Teilung der Arbeit bedingte Zusammenwirken der verschiedenen Individuen entsteht, erscheint diesen Individuen, weil das Zusammenwirken selbst nicht freiwillig, sondern naturwüchsig ist, nicht als ihre eigne, vereinte Macht, sondern als eine fremde, außer ihnen stehende Gewalt, von der sie nicht wissen woher und wohin, die sie also nicht mehr beherrschen können, die im Gegenteil nun eine eigentümliche, vom Wollen und Laufen der Menschen unabhängige, ja dies Wollen und Laufen erst dirigierende Reihenfolge von Phasen und Entwicklungsstufen durchläuft.

Diese *»Entfremdung«*, um den Philosophen verständlich zu bleiben, kann natürlich nur unter zwei *praktischen* Voraussetzungen aufgehoben werden. Damit sie eine »unerträgliche« Macht werde, d.h. eine Macht, gegen die man revolutioniert, dazu gehört, daß sie die Masse der Menschheit als durchaus »Eigentumslos« erzeugt hat und zugleich im Widerspruch zu einer vorhandnen Welt des Reichtums und der Bildung, was beides eine große Steigerung der Produktivkraft, einen hohen Grad ihrer Entwicklung voraussetzt – und andrerseits ist diese Entwicklung der Produktivkräfte (womit zugleich schon die in *weltgeschichtlichem*, statt der in lokalem Dasein der Menschen vorhandne empirische Existenz gegeben ist) auch deswegen eine absolut notwendige praktische Voraussetzung, weil ohne sie nur der *Mangel* verallgemeinert, also mit der *Notdurft* auch der Streit um das Notwendige wieder beginnen und die ganze alte Scheiße sich herstellen müßte, weil ferner nur mit dieser universellen Entwicklung der Produktivkräfte ein *universeller* Verkehr der Menschen gesetzt ist, daher einerseits das Phänomen der »Eigentumslosen« Masse in Allen Völkern gleichzeitig erzeugt (allgemeine Konkurrenz), jedes derselben von den Umwälzungen der andern abhängig macht, und endlich *weltgeschichtliche*, empirisch universelle Individuen an die Stelle der lokalen gesetzt hat. Ohne dies könnte 1. der Kommunismus nur als eine Lokalität existieren, 2. die *Mächte* des Verkehrs selbst hätten sich als *universelle*, drum unerträgliche Mächte nicht entwickeln können, sie wären heimisch-abergläubige »Umstände« geblieben, und 3. würde jede Erweiterung des Verkehrs den lokalen Kommunismus aufheben. Der Kommunismus ist empirisch nur als die Tat der herrschenden Völker »auf einmal« und gleichzeitig möglich, was die universelle Entwicklung der Produktivkraft und den mit ihm zusammenhängenden Weltverkehr voraussetzt. Wie hätte sonst z. B. das Eigentum überhaupt eine Geschichte haben, verschiedene Gestalten annehmen und etwa das Grundeigentum je nach der verschiedenen vorliegenden Voraussetzung in Frankreich aus der Parzellierung zur Zentralisation in wenigen Händen, in England aus der Zentralisation in wenigen Händen zur Parzellierung drängen können, wie dies heute wirklich der Fall ist? Oder wie kommt es, daß der Handel, der doch weiter nichts ist als der Austausch der Produkte verschiedner Individuen und Länder, durch das Verhältnis von Nachfrage und Zufuhr die ganze Welt beherrscht – ein Verhältnis, das, wie ein englischer Ökonom sagt, gleich dem antiken Schicksal über der Erde schwebt und mit unsichtbarer Hand Glück und Unglück an die Menschen verteilt, Reiche stiftet und Reiche zertrümmert, Völker entstehen und verschwinden macht –, während mit der Aufhebung der Basis, des Privateigentums, mit der kommunistischen Regelung der Produktion und der darin liegenden Vernichtung der Fremdheit, mit der sich die Menschen zu ihrem eignen Produkt verhalten, die Macht des Verhältnisses von Nachfrage und Zufuhr sich in Nichts auflöst und die Menschen den Austausch, die Produktion, die Weise ihres gegenseitigen Verhaltens wieder in ihre Gewalt bekommen?

Der Kommunismus ist für uns nicht ein *Zustand*, der hergestellt werden soll, ein *Ideal*, wonach die Wirklichkeit sich zu richten haben [wird]. Wir nennen Kommunismus die *wirkliche* Bewegung, welche den jetzigen Zustand aufhebt. Die Bedingungen dieser Bewegung ergeben sich aus der jetzt bestehenden Voraussetzung. Übrigens setzt die Masse von *bloßen* Arbeitern – massenhafte von Kapital oder von irgendeiner bornierten Befriedigung abgeschnittne Arbeiterkraft – und darum auch der nicht mehr temporäre Verlust dieser Arbeit selbst als einer gesicherten Lebensquelle durch die Konkurrenz den *Weltmarkt* voraus. Das Proletariat kann also nur *weltgeschichtlich* existieren, wie der Kommunismus, seine Aktion, nur als »weltgeschichtliche« Existenz überhaupt vorhanden sein kann; weltgeschichtliche Existenz der Individuen, d. h. Existenz der Individuen, die unmittelbar mit der Weltgeschichte verknüpft ist.

Die durch die auf allen bisherigen geschichtlichen Stufen vorhandenen Produktionskräfte bedingte und sie wiederum bedingende Verkehrsform ist die *bürgerliche Gesellschaft*, die, wie schon aus dem Vorhergehenden hervorgeht, die einfache Familie und die zusammengesetzte Familie, das sogenannte Stammwesen zu ihrer Voraussetzung und Grundlage hat und deren nähere Bestimmungen im Vorhergehenden enthalten sind. Es zeigt sich schon hier, daß diese bürgerliche Gesellschaft der wahre Herd und Schauplatz aller Geschichte ist, und wie widersinnig die bisherige, die wirklichen Verhältnisse vernachlässigende Geschichtsauffassung mit ihrer Beschränkung auf hochtönende Haupt- und Staatsaktionen ist.

Die bürgerliche Gesellschaft umfaßt den gesamten materiellen Verkehr der Individuen innerhalb einer bestimmten Entwicklungsstufe der Produktivkräfte. Sie umfaßt das gesamte kommerzielle und industrielle Leben einer Stufe und geht insofern über den Staat und die Nation hinaus, obwohl sie andrerseits wieder nach Außen hin als Nationalität sich geltend machen, nach Innen als Staat sich gliedern muß. Das Wort bürgerliche Gesellschaft kam auf im achtzehnten Jahrhundert, als die Eigentumsverhältnisse bereits aus dem antiken und mittelalterlichen Gemeinwesen sich herausgearbeitet hatten. Die bürgerliche Gesellschaft als solche entwickelt sich erst mit der Bourgeoisie; die unmittelbar aus der Produktion und dem Verkehr sich entwickelnde gesellschaftliche Organisation, die zu allen Zeiten die Basis des Staats und der sonstigen idealistischen Superstruktur bildet, ist indes fortwährend mit demselben Namen bezeichnet worden.

[2.] Über die Produktion des Bewußtseins

In der bisherigen Geschichte ist es allerdings ebensosehr eine empirische Tatsache, daß die einzelnen Individuen mit der Ausdehnung der Tätigkeit zur weltgeschichtlichen immer mehr unter einer ihnen fremden Macht geknechtet worden sind (welchen Druck sie sich denn auch als Schikane des sogenannten Weltgeistes etc. vorstellten), einer Macht, die immer massenhafter geworden ist und sich in letzter Instanz als *Weltmarkt* ausweist. Aber ebenso empirisch begründet ist es, daß durch den Umsturz des bestehenden gesellschaftlichen Zustandes durch die kommunistische Revolution (wovon weiter unten) und die damit identische Aufhebung des Privateigentums diese den deutschen Theoretikern so mysteriöse Macht aufgelöst wird und alsdann die Befreiung jedes einzelnen Individuums in demselben Maße durchgesetzt wird, in dem die Geschichte sich vollständig in Weltgeschichte verwandelt. Daß der wirkliche geistige Reichtum des Individuums ganz von dem Reichtum seiner wirklichen Beziehungen abhängt, ist nach dem Obigen klar. Die einzelnen Individuen werden erst hierdurch von den verschiedenen nationalen und lokalen Schranken befreit, mit der Produktion (auch mit der geistigen) der ganzen Welt in praktische Beziehung gesetzt und in den Stand gesetzt, sich die Genußfähigkeit für diese allseitige Produktion der ganzen Erde (Schöpfungen der Menschen) zu erwerben. Die *allseitige* Abhängigkeit, diese naturwüchsige Form des *weltgeschichtlichen* Zusammenwirkens der Individuen, wird durch diese kommunistische Revolution verwandelt in die Kontrolle und bewußte Beherrschung dieser Mächte, die, aus dem Aufeinander-Wirken der Menschen erzeugt, ihnen bisher als durchaus fremde Mächte imponiert und sie beherrscht haben. Diese Anschauung kann nun wieder spekulativ-idealistisch, d. h. phantastisch als »Selbsterzeugung der Gattung« (die »Gesellschaft als Subjekt«) gefaßt und dadurch die aufeinanderfolgende Reihe von im Zusammenhange stehenden Individuen als ein einziges Individuum vorgestellt werden, das das Mysterium vollzieht, sich selbst zu erzeugen. Es zeigt sich hier, daß die Individuen allerdings *einander* machen, physisch und geistig, aber nicht sich machen, weder im Unsinn des heiligen Bruno, noch im Sinne des »Einzigen«, des »gemachten« Mannes.

Diese Geschichtsauffassung beruht also darauf, den wirklichen Produktionsprozeß, und zwar von der materiellen Produktion des unmittelbaren Lebens ausgehend, zu entwickeln und die mit dieser Produktionsweise zusammenhängende und von ihr erzeugte Verkehrsform, also die bürgerliche Gesellschaft in ihren verschiedenen Stufen, als Grundlage der ganzen Geschichte aufzufassen und sie sowohl in ihrer Aktion als Staat darzustellen wie die sämtlichen verschiedenen theoretischen Erzeugnisse und Formen des Bewußtseins, Religion, Philosophie, Moral etc. etc., aus ihr zu erklären und ihren Entstehungsprozeß aus ihnen zu verfolgen, wo dann natürlich auch die Sache in ihrer Totalität (und darum auch die Wechselwirkung dieser verschiednen Seiten aufeinander) dargestellt werden kann. Sie hat in jeder Periode nicht, wie die idealistische Geschichtsanschauung, nach einer Kategorie zu suchen, sondern bleibt fortwährend auf dem wirklichen Geschichts*boden* stehen, erklärt nicht die Praxis aus der Idee, erklärt die Ideenformationen aus der materiellen Praxis und kommt demgemäß auch zu dem Resultat, daß alle Formen und Produkte des Bewußtseins nicht durch geistige Kritik, durch Auflösung ins »Selbstbewußtsein« oder Verwandlung in »Spuk«, »Gespenster«, »Sparren« etc., sondern nur durch den praktischen Umsturz der realen gesellschaftlichen Verhältnisse, aus denen diese idealistischen Flausen hervorgegangen sind, aufgelöst werden können – daß nicht die Kritik, sondern die Revolution die treibende Kraft der Geschichte auch der Religion, Philosophie und sonstigen Theorie ist. Sie zeigt, daß die Geschichte nicht damit endigt, sich ins »Selbstbewußtsein« als »Geist vom Geist« aufzulösen, sondern daß in ihr auf jeder Stufe ein materielles Resultat, eine Summe von Produktionskräften, ein historisch geschaffnes Verhältnis zur Natur und der Individuen zueinander sich vorfindet, die jeder Generation von ihrer Vorgängerin überliefert wird, eine Masse von Produktivkräften, Kapitalien und Umständen, die zwar einerseits von der neuen Generation modifiziert wird, ihr aber auch andrerseits ihre eignen Lebensbedingungen vorschreibt und ihr eine bestimmte Entwicklung, einen speziellen Charakter gibt – daß also die Umstände ebensosehr die Menschen, wie die Menschen die Umstände machen. Diese Summe von Produktionskräften, Kapitalien und sozialen Verkehrsformen, die jedes Individuum und jede Generation als etwas Gegebenes vorfindet, ist der reale Grund dessen, was sich die Philosophen als »Substanz« und »Wesen des Menschen« vorgestellt, was sie apotheosiert und bekämpft haben, ein realer Grund, der dadurch nicht im Mindesten in seinen Wirkungen und Einflüssen auf die Entwicklung der Menschen gestört wird, daß diese Philosophen als »Selbstbewußtsein« und »Einzige« dagegen rebellieren. Diese vorgefundenen Lebensbedingungen der verschiedenen Generationen entscheiden auch, ob die periodisch in der Geschichte wiederkehrende revolutionäre Erschütterung stark genug sein wird oder nicht, die Basis alles Bestehenden umzuwerfen, und wenn diese materiellen Elemente einer totalen Umwälzung, nämlich einerseits die vorhandnen Produktivkräfte, andrerseits die Bildung einer revolutionären Masse, die nicht nur gegen einzelne Bedingungen der bisherigen Gesellschaft, sondern gegen die bisherige »Lebensproduktion« selbst, die »Gesamttätigkeit«, worauf sie basierte, revolutioniert – nicht vorhanden sind, so ist es ganz gleichgültig für die praktische Entwicklung, ob die *Idee* dieser Umwälzung schon hundertmal ausgesprochen ist – wie die Geschichte des Kommunismus dies beweist.

Die ganze bisherige Geschichtsauffassung hat diese wirkliche Basis der Geschichte entweder ganz und gar unberücksichtigt gelassen oder sie nur als eine Nebensache betrachtet, die mit dem geschichtlichen Verlauf außer allem Zusammenhang steht. Die Geschichte muß daher immer nach einem außer ihr liegenden Maßstab geschrieben werden; die wirkliche Lebensproduktion erscheint als Urgeschichtlich, während das Geschichtliche als das vom gemeinen Leben Getrennte, Extra-Überweltliche erscheint. Das Verhältnis der Menschen zur Natur ist hiermit von der Geschichte ausgeschlossen, wodurch der Gegensatz von Natur und Geschichte erzeugt wird. Sie hat daher in der Geschichte nur politische Haupt- und Staatsaktionen und religiöse und überhaupt theoretische Kämpfe sehen können und speziell bei jeder geschichtlichen Epoche *die Illusion dieser Epoche teilen* müssen. Z. B. bildet sich eine Epoche ein, durch rein »politische« oder »religiöse« Motive bestimmt zu werden, obgleich »Religion« und »Politik« nur Formen ihrer wirklichen Motive sind, so akzeptiert ihr Geschichtschreiber diese Meinung. Die »Einbildung«, die »Vorstellung« dieser bestimmten Menschen über ihre wirkliche Praxis wird in die einzig bestimmende und aktive Macht verwandelt, welche die Praxis dieser Menschen beherrscht und bestimmt. Wenn die rohe Form, in der die Teilung der Arbeit bei den Indern und Ägyptern vorkommt, das Kastenwesen bei diesen Völkern in ihrem Staat und ihrer Religion hervorruft, so glaubt der Historiker, das Kastenwesen sei die Macht, welche diese rohe gesellschaftliche Form erzeugt habe. [...]

Die Geschichte ist nichts als die Aufeinanderfolge der einzelnen Generationen, von denen Jede die ihr von allen vorhergegangenen übermachten Materiale, Kapitalien, Produktionskräfte exploitiert, daher also einerseits unter ganz veränderten Umständen die überkommene Tätigkeit fortsetzt und andrerseits mit einer ganz veränderten Tätigkeit die alten Umstände modifiziert, was sich nun spekulativ so verdrehen läßt, daß die spätere Geschichte zum Zweck der früheren gemacht wird, z. B., daß der Entdeckung Amerikas der Zweck zugrunde gelegt wird, der französischen Revolution zum Durchbruch zu verhelfen, wodurch dann die Geschichte ihre aparten Zwecke erhält und eine »Person neben anderen Personen« (als da sind: »Selbstbewußtsein, Kritik, Einziger« etc.) wird, während das, was man mit den Worten »Bestimmung«, »Zweck«, »Keim«, »Idee« der früheren Geschichte bezeichnet, weiter nichts ist als eine Abstraktion von der späteren Geschichte, eine Abstraktion von dem aktiven Einfluß, den die frühere Geschichte auf die spätere ausübt.

Je weiter sich im Laufe dieser Entwicklung nun die einzelnen Kreise, die aufeinander einwirken, ausdehnen, je mehr die ursprüngliche Abgeschlossenheit der einzelnen Nationalitäten durch die ausgebildete Produktionsweise, Verkehr und dadurch naturwüchsig hervorgebrachte Teilung der Arbeit zwischen verschiednen Nationen vernichtet wird, desto mehr wird die Geschichte zur Weltgeschichte, so daß z. B., wenn in England eine Maschine erfunden wird, die in Indien und China zahllose Arbeiter außer Brot setzt und die ganze Existenzform dieser Reiche umwälzt, diese Erfindung zu einem weltgeschichtlichen Faktum wird; oder daß der Zucker und Kaffee ihre weltgeschichtliche Bedeutung im neunzehnten Jahrhundert dadurch bewiesen, daß der durch das napoleonische Kontinentalsystem erzeugte Mangel an diesen Produkten die Deutschen zum Aufstande gegen Napoleon brachte und so die reale Basis der glorreichen Befreiungskriege von 1813 wurde. Hieraus folgt, daß diese Umwandlung der Geschichte in Weltgeschichte nicht etwa eine bloße abstrakte Tat des »Selbstbewußtseins«, Weltgeistes oder sonst eines metaphysischen Gespenstes ist, sondern eine ganz materielle, empirisch nachweisbare Tat, eine Tat, zu der jedes Individuum, wie es geht und steht, ißt, trinkt und sich kleidet, den Beweis liefert.

Die Gedanken der herrschenden Klasse sind in jeder Epoche die herrschenden Gedanken, d. h. die Klasse, welche die herrschende *materielle* Macht der Gesellschaft ist, ist zugleich ihre herrschende *geistige* Macht. Die Klasse, die die Mittel zur materiellen Produktion zu ihrer Verfügung hat, disponiert damit zugleich über die Mittel zur geistigen Produktion, so daß ihr damit zugleich im Durchschnitt die Gedanken derer, denen die Mittel zur geistigen

Produktion abgehen, unterworfen sind. Die herrschenden Gedanken sind weiter Nichts als der ideelle Ausdruck der herrschenden materiellen Verhältnisse, die als Gedanken gefaßten herrschenden materiellen Verhältnisse; also der Verhältnisse, die eben die eine Klasse zur herrschenden machen, also die Gedanken ihrer Herrschaft. Die Individuen, welche die herrschende Klasse ausmachen, haben unter Anderm auch Bewußtsein und denken daher; insofern sie also als Klasse herrschen und den ganzen Umfang einer Geschichtsepoche bestimmen, versteht es sich von selbst, daß sie dies in ihrer ganzen Ausdehnung tun, also unter Andern auch als Denkende, als Produzenten von Gedanken herrschen, die Produktion und Distribution der Gedanken ihrer Zeit regeln; daß also ihre Gedanken die herrschenden Gedanken der Epoche sind. Zu einer Zeit z. B. und in einem Lande, wo königliche Macht, Aristokratie und Bourgeoisie sich um die Herrschaft streiten, wo also die Herrschaft geteilt ist, zeigt sich als herrschender Gedanke die Doktrin von der Teilung der Gewalten, die nun als ein »ewiges Gesetz« ausgeprochen wird.

Die Teilung der Arbeit, die wir schon oben als eine der Hauptmächte der bisherigen Geschichte vorfanden, äußert sich nun auch in der herrschenden Klasse als Teilung der geistigen und materiellen Arbeit, so daß innerhalb dieser Klasse der eine Teil als die Denker dieser Klasse auftritt (die aktiven konzeptiven Ideologen derselben, welche die Ausbildung der Illusion dieser Klasse über sich selbst zu ihrem Hauptnahrungszweige machen), während die Andern sich zu diesen Gedanken und Illusionen mehr passiv und rezeptiv verhalten, weil sie in der Wirklichkeit die aktiven Mitglieder dieser Klasse sind und weniger Zeit dazu haben, sich Illusionen und Gedanken über sich selbst zu machen. Innerhalb dieser Klasse kann diese Spaltung derselben sich sogar zu einer gewissen Entgegensetzung und Feindschaft beider Teile entwickeln, die aber bei jeder praktischen Kollision, wo die Klasse selbst gefährdet ist, von selbst wegfällt, wo denn auch der Schein verschwindet, als wenn die herrschenden Gedanken nicht die Gedanken der herrschenden Klasse wären und eine von der Macht dieser Klasse unterschiedene Macht hätten. Die Existenz revolutionärer Gedanken in einer bestimmten Epoche setzt bereits die Existenz einer revolutionären Klasse voraus, über deren Voraussetzungen bereits oben das Nötige gesagt ist.

Löst man nun bei der Auffassung des geschichtlichen Verlaufs die Gedanken der herrschenden Klasse von der herrschenden Klasse los, verselbständigt man sie, bleibt dabei stehen, daß in einer Epoche diese und jene Gedanken geherrscht haben, ohne sich um die Bedingungen der Produktion und um die Produzenten dieser Gedanken zu bekümmern, läßt man also die den Gedanken zugrunde liegenden Individuen und Weltzustände weg, so kann man z. B. sagen, daß während der Zeit, in der die Aristokratie herrschte, die Begriffe Ehre, Treue etc., während der Herrschaft der Bourgeoisie die Begriffe Freiheit, Gleichheit etc. herrschten. Die herrschende Klasse selbst bildet sich dies im Durchschnitt ein. Diese Geschichtsauffassung, die allen Geschichtschreibern vorzugsweise seit dem achtzehnten Jahrhundert gemeinsam ist, wird notwendig auf das Phänomen stoßen, daß immer abstraktere Gedanken herrschen, d.h. Gedanken, die immer mehr die Form der Allgemeinheit annehmen. Jede neue Klasse nämlich, die sich an die Stelle einer vor ihr herrschenden setzt, ist genötigt, schon um ihren Zweck durchzuführen, ihr Interesse als das gemeinschaftliche Interesse aller Mitglieder der Gesellschaft darzustellen, d.h. ideell ausgedrückt: ihren Gedanken die Form der Allgemeinheit zu geben, sie als die einzig vernünftigen, allgemein gültigen darzustellen. Die revolutionierende Klasse tritt von vornherein, schon weil sie einer *Klasse* gegenübersteht, nicht als Klasse, sondern als Vertreterin der ganzen Gesellschaft auf, sie erscheint als die ganze Masse der Gesellschaft gegenüber der einzigen, herrschenden Klasse. Sie kann dies, weil im Anfange ihr Interesse wirklich noch mehr mit dem gemeinschaftlichen Interesse aller übrigen nichtherrschenden Klassen zusammenhängt, sich unter dem Druck der bisherigen Verhältnisse noch nicht als besonderes Interesse einer besonderen Klasse entwickeln konnte. Ihr Sieg nutzt daher auch vielen Individuen der übrigen, nicht zur Herrschaft kommenden Klassen, aber nur insofern, als er diese Individuen jetzt in den Stand setzt, sich in die herrschende Klasse zu erheben. Als die französische Bourgeoisie die Herrschaft der Aristokratie stürzte, machte sie es dadurch vielen Proletariern möglich, sich über das Proletariat zu erheben, aber nur, insofern sie Bourgeois wurden. Jede neue Klasse bringt daher nur auf einer breiteren Basis als die der bisher herrschenden ihre Herrschaft zustande, wogegen sich dann später auch der Gegensatz der nichtherrschenden gegen die nun herrschende Klasse um so schärfer und tiefer entwickelt. Durch Beides ist bedingt, daß der gegen diese neue herrschende Klasse zu führende Kampf wiederum auf eine entschiedenere, radikalere Negation der bisherigen Gesellschaftszustände hinarbeitet, als alle bisherigen die Herrschaft anstrebenden Klassen dies tun konnten.

Dieser ganze Schein, als ob die Herrschaft einer bestimmten Klasse nur die Herrschaft gewisser Gedanken sei, hört natürlich von selbst auf, sobald die Herrschaft von Klassen überhaupt aufhört, die Form der gesellschaftlichen Ordnung zu sein, sobald es also nicht mehr nötig ist, ein besonderes Interesse als allgemeines oder »das Allgemeine« als herrschend darzustellen.

Nachdem einmal die herrschenden Gedanken von den herrschenden Individuen und vor allem von den Verhältnissen, die aus einer gegebnen Stufe der Produktionsweise hervorgehn, getrennt sind und dadurch das Resultat zustande gekommen ist, daß in der Geschichte stets Gedanken herrschen, ist es sehr leicht, aus diesen verschiedenen Gedanken sich »*den* Gedanken«, die Idee etc. als das in der Geschichte Herrschende zu abstrahieren und damit alle diese einzelnen Gedanken und Begriffe als »Selbstbestimmungen« *des* sich in der Geschichte entwickelnden Begriffs zu fassen. Es ist dann auch natürlich, daß alle Verhältnisse der Menschen aus dem Begriff des Menschen, dem vorgestellten Menschen, dem Wesen des Menschen, *dem* Menschen abgeleitet werden können. Dies hat die spekulative Philosophie getan. Hegel gesteht selbst am Ende der »Geschichtsphilosophie«, daß er »den Fortgang *des Begriffs* allein betrachtet« und in der Geschichte die »wahrhafte *Theodizee*« dargestellt habe (p. 446). Man kann nun wieder auf die Produzenten »des Begriffs« zurückgehen, auf die Theoretiker, Ideologen und Philosophen, und kommt dann zu dem Resultate, daß die Philosophen, die Denkenden als solche, von jeher in der Geschichte geherrscht haben – ein Resultat, was, wie wir sehen, auch schon von Hegel ausgesprochen wurde. Das ganze Kunststück also, in der Geschichte die Oberherrlichkeit des Geistes (Hierarchie bei Stirner) nachzuweisen, beschränkt sich auf folgende drei Efforts.

Nr. 1. Man muß die Gedanken der aus empirischen Gründen, unter empirischen Bedingungen und als materielle Individuen Herrschenden von diesen Herrschenden trennen und somit die Herrschaft von Gedanken oder Illusionen in der Geschichte anerkennen.

Nr. 2. Man muß in diese Gedankenherrschaft eine Ordnung bringen, einen mystischen Zusammenhang unter den aufeinanderfolgenden herrschenden Gedanken nachweisen, was dadurch zustande gebracht wird, daß man sie als »Selbstbestimmungen des Begriffs« faßt (dies ist deshalb möglich, weil diese Gedanken vermittelst ihrer empirischen Grundlage wirklich miteinander zusammenhängen und weil sie als *bloße* Gedanken gefaßt zu Selbstunterscheidungen, vom Denken gemachten Unterschieden, werden).

Nr. 3. Um das mystische Aussehen dieses »sich selbst bestimmenden Begriffs« zu beseitigen, verwandelt man ihn in eine Person – »das Selbstbewußtsein« – oder, um recht materialistisch zu erscheinen, in eine Reihe von Personen, die »den Begriff« in der Geschichte repräsentieren, in »die Denkenden«, die »Philosophen«, die Ideologen, die nun wieder als die Fabrikanten der Geschichte, als »der Rat der Wächter«, als die Herrschenden gefaßt werden. Hiermit hat man sämtliche materialistischen Elemente aus der Geschichte beseitigt und kann nun seinem spekulativen Roß ruhig die Zügel schießen lassen.

Während im gewöhnlichen Leben jeder Shopkeeper sehr wohl zwischen Dem zu unterscheiden weiß, was Jemand zu sein vorgibt, und dem, was er wirklich ist, so ist unsre Geschichtschreibung noch nicht zu dieser trivialen Erkenntnis gekommen. Sie glaubt jeder Epoche aufs Wort, was sie von sich selbst sagt und sich einbildet.

Es muß diese Geschichtsmethode, die in Deutschland, und warum vorzüglich, herrschte, entwickelt werden aus dem Zusammenhang mit der Illusion der Ideologen überhaupt, z. B. den Illusionen der Juristen, Politiker (auch der praktischen Staatsmänner darunter), aus den dogmatischen Träumereien und Verdrehungen dieser Kerls, die sich ganz einfach erklärt aus ihrer praktischen Lebensstellung, ihrem Geschäft und der Teilung der Arbeit.

[B. Die wirkliche Basis der Ideologie]

[1.] Verkehr und Produktivkraft

Die größte Teilung der materiellen und geistigen Arbeit ist die Trennung von Stadt und Land. Der Gegensatz zwischen Stadt und Land fängt an mit dem Übergange aus der Barbarei in die Zivilisation, aus dem Stammwesen in den Staat, aus der Lokalität in die Nation, und zieht sich durch die ganze Geschichte der Zivilisation bis auf den heutigen Tag [...] hindurch. – Mit der Stadt ist zugleich die Notwendigkeit der Administration, der Polizei, der Steuern usw., kurz des Gemeindewesens und damit der Politik überhaupt gegeben. Hier zeigte sich zuerst die Teilung der Bevölkerung in zwei große Klassen, die direkt auf der Teilung der Arbeit und den Produktionsinstrumenten beruht. Die Stadt ist bereits die Tatsache der Konzentration der Bevölkerung, der Produktionsinstrumente, des Kapitals, der Genüsse, der Bedürfnisse, während das Land gerade die entgegengesetzte Tatsache, die Isolierung und Vereinzelung, zur Anschauung bringt. Der Gegensatz zwischen Stadt und Land kann nur innerhalb des Privateigentums existieren. Er ist der krasseste Ausdruck der Subsumtion des Individuums unter die Teilung der Arbeit, unter eine bestimmte, ihm aufgezwungene Tätigkeit, eine Subsumtion, die den Einen zum bornierten Stadttier, den Andern zum bornierten Landtier macht und den Gegensatz der Interessen Beider täglich neu erzeugt. Die Arbeit ist hier wieder die Hauptsache, die Macht *über* den Individuen, und solange diese existiert, so lange muß das Privateigentum existieren. Die Aufhebung des Gegensatzes von Stadt und Land ist eine der ersten Bedingungen der Gemeinschaft, eine Bedingung, die wieder von einer Masse materieller Voraussetzungen abhängt und die der bloße Wille nicht erfüllen kann, wie Jeder auf den ersten Blick sieht. (Diese Bedingungen müssen noch entwickelt werden.) Die Trennung von Stadt und Land kann auch gefaßt werden als die Trennung von Kapital und Grundeigentum, als der Anfang einer vom Grundeigentum unabhängigen Existenz und Entwicklung des Kapitals, eines Eigentums, das bloß in der Arbeit und im Austausch seine Basis hat.

In den Städten, welche im Mittelalter nicht aus der früheren Geschichte fertig überliefert waren, sondern sich neu aus den freigewordnen Leibeignen bildeten, war die besondre Arbeit eines Jeden sein einziges Eigentum außer dem kleinen, fast nur im nötigsten Handwerkszeug bestehenden Kapital, das er mitbrachte. Die Konkurrenz der fortwährend in die Stadt kommenden entlaufenen Leibeigenen, der fortwährende Krieg des Landes gegen die Städte und damit die Notwendigkeit einer organisierten städtischen Kriegsmacht, das Band des gemeinsamen Eigentums an einer bestimmten Arbeit, die Notwendigkeit gemeinsamer Gebäude zum

Verkauf ihrer Waren zu einer Zeit, wo die Handwerker zugleich commerçants [Kaufleute], und die damit gegebene Ausschließung Unberufener von diesen Gebäuden, der Gegensatz der Interessen der einzelnen Handwerke unter sich, die Notwendigkeit eines Schutzes der mit Mühe erlernten Arbeit und die feudale Organisation des ganzen Landes waren die Ursachen der Vereinigung der Arbeiter eines jeden Handwerks in Zünften. Wir haben hier auf die vielfachen Modifikationen des Zunftwesens, die durch spätere historische Entwicklungen hereinkommen, nicht weiter einzugehen. Die Flucht der Leibeignen in die Städte fand während des ganzen Mittelalters ununterbrochen statt. Diese Leibeignen, auf dem Lande von ihren Herren verfolgt, kamen einzeln in die Städte, wo sie eine organisierte Gemeinde vorfanden, gegen die sie machtlos waren und worin sie sich der Stellung unterwerfen mußten, die ihnen das Bedürfnis nach ihrer Arbeit und das Interesse ihrer organisierten städtischen Konkurrenten anwies. Diese einzeln hereinkommenden Arbeiter konnten es nie zu einer Macht bringen, da, wenn ihre Arbeit eine zunftmäßige war, die erlernt werden mußte, die Zunftmeister sie sich unterwarfen und nach ihrem Interesse organisierten, oder, wenn ihre Arbeit nicht erlernt werden mußte, daher keine zunftmäßige, sondern Taglöhnerarbeit war, nie zu einer Organisation kamen, sondern unorganisierter Pöbel blieben. Die Notwendigkeit der Taglöhnerarbeit in den Städten schuf den Pöbel.

Diese Städte waren wahre »Vereine«, hervorgerufen durch das unmittelbare Bedürfnis, die Sorge um den Schutz des Eigentums, und um die Produktionsmittel und Verteidigungsmittel der einzelnen Mitglieder zu multiplizieren. Der Pöbel dieser Städte war dadurch, daß er aus einander fremden, vereinzelt hereingekommenen Individuen bestand, die einer organisierten, kriegsmäßig gerüsteten, sie eifersüchtig überwachenden Macht unorganisiert gegenüberstanden, aller Macht beraubt. Die Gesellen und Lehrlinge waren in jedem Handwerk so organisiert, wie es dem Interesse der Meister am besten entsprach; das patriarchalische Verhältnis, in dem sie zu ihren Meistern standen, gab diesen eine doppelte Macht, einerseits in ihrem direkten Einfluß auf das ganze Leben der Gesellen und dann, weil es für die Gesellen, die bei demselben Meister arbeiteten, ein wirkliches Band war, das sie gegenüber den Gesellen der übrigen Meister zusammenhielt und sie von diesen trennte – und endlich waren die Gesellen schon durch das Interesse, das sie hatten, selbst Meister zu werden, an die bestehende Ordnung geknüpft. Während daher der Pöbel es wenigstens zu Emeuten gegen die ganze städtische Ordnung brachte, die indes bei seiner Machtlosigkeit ohne alle Wirkung blieben, kamen die Gesellen nur zu kleinen Widersetzlichkeiten innerhalb einzelner Zünfte, wie sie zur Existenz des Zunftwesens selbst gehören. Die großen Aufstände des Mittelalters gingen alle vom Lande aus, blieben aber ebenfalls wegen der Zersplitterung und der daraus folgenden Roheit der Bauern total erfolglos.

Die Teilung der Arbeit war in den Städten zwischen den einzelnen Zünften noch [ganz naturwüchsig] und in den Zünften selbst zwischen den einzelnen Arbeitern gar nicht durchgeführt. Jeder Arbeiter mußte in einem ganzen Kreise von Arbeiten bewandert sein, mußte Alles machen können, was mit seinen Werkzeugen zu machen war; der beschränkte Verkehr und die geringe Verbindung der einzelnen Städte unter sich, der Mangel an Bevölkerung und die Beschränktheit der Bedürfnisse ließen keine weitere Teilung der Arbeit aufkommen, und daher mußte Jeder, der Meister werden wollte, seines ganzen Handwerks mächtig sein. Daher findet sich bei den mittelalterlichen Handwerkern noch ein Interesse an ihrer speziellen Arbeit und an der Geschicklichkeit darin, das sich bis zu einem gewissen bornierten Kunstsinn steigern konnte. Daher ging aber auch jeder mittelalterliche Handwerker ganz in seiner Arbeit auf, hatte ein gemütliches Knechtschaftsverhältnis zu ihr und war viel mehr als der moderne Arbeiter, dem seine Arbeit gleichgültig ist, unter sie subsumiert.

Das Kapital in diesen Städten war ein naturwüchsiges Kapital, das in der Wohnung, den Handwerkszeugen und der naturwüchsigen, erblichen Kundschaft bestand und sich wegen des unentwikkelten Verkehrs und der mangelnden Zirkulation als unrealisierbar vom Vater auf den Sohn forterben mußte. Dies Kapital war nicht, wie das moderne, ein in Geld abzuschätzendes, bei dem es gleichgültig ist, ob es in dieser oder jener Sache steckt, sondern ein unmittelbar mit der bestimmten Arbeit des Besitzers zusammenhängendes, von ihr gar nicht zu trennendes, und insofern *ständisches* Kapital.

Die nächste Ausdehnung der Teilung der Arbeit war die Trennung von Produktion und Verkehr, die Bildung einer besondern Klasse von Kaufleuten, eine Trennung, die in den historisch überlieferten Städten (u. a. mit den Juden) mit überkommen war und in den neugebildeten sehr bald eintrat. Hiermit war die Möglichkeit einer über den nächsten Umkreis hinausgehenden Handelsverbindung gegeben, eine Möglichkeit, deren Ausführung von den bestehenden Kommunikationsmitteln, dem durch die politischen Verhältnisse bedingten Stande der öffentlichen Sicherheit auf dem Lande (im ganzen Mittelalter zogen bekanntlich die Kaufleute in bewaffneten Karawanen herum) und von den durch die jedesmalige Kulturstufe bedingten roheren oder entwickelteren Bedürfnissen des dem Verkehr zugänglichen Gebietes abhing.

Mit dem in einer besonderen Klasse konstituierten Verkehr, mit der Ausdehnung des Handels durch die Kaufleute über die nächste Umgebung der Stadt hinaus, tritt sogleich eine Wechselwirkung zwischen der Produktion und dem Verkehr ein. Die Städte treten *miteinander* in Verbindung, es werden neue Werkzeuge aus einer Stadt in die andre gebracht, und die Teilung zwischen Produktion und Verkehr ruft bald eine neue Teilung der Produktion zwischen den einzelnen Städten hervor, deren Jede bald einen vorherrschenden Industriezweig exploitiert. Die anfängliche Beschränkung auf die Lokalität fängt an, allmählich aufgelöst zu werden.

Die Bürger in jeder Stadt waren im Mittelalter gezwungen, sich gegen den Landadel zu vereinigen, um sich ihrer Haut zu wehren; die Ausdehnung des Handels, die Herstellung der Kommunikationen führte die einzelnen Städte dazu, andere Städte kennenzulernen, die dieselben Interessen im Kampfe mit demselben Gegensatz durchgesetzt hatten. Aus den vielen lokalen Bürgerschaften der einzelnen Städte entstand erst sehr allmählich die Bürger*klasse*. Die Lebensbedingungen der einzelnen Bürger wurden durch den Gegensatz gegen die bestehenden Verhältnisse und durch die davon bedingte Art der Arbeit zugleich zu Bedingungen, welche ihnen allen gemeinsam und von jedem einzelnen unabhängig waren. Die Bürger hatten diese Bedingungen geschaffen, insofern sie sich von dem feudalen Verbande losgerissen hatten, und waren von ihnen geschaffen, insofern sie durch ihren Gegensatz gegen die Feudalität, die sie vorfanden, bedingt waren. Mit dem Eintreten der Verbindung zwischen den einzelnen Städten entwickelten sich diese gemeinsamen Bedingungen zu Klassenbedingungen. Dieselben Bedingungen, derselbe Gegensatz, dieselben Interessen mußten im Ganzen und Großen auch überall gleiche Sitten hervorrufen.

Die Bourgeoisie selbst entwickelt sich erst mit ihren Bedingungen allmählich, spaltet sich nach der Teilung der Arbeit wieder in verschiedene Fraktionen und absorbiert endlich alle vorgefundenen besitzenden Klassen in sich (während sie die Majorität der vorgefundenen besitzlosen und einen Teil der bisher besitzenden Klassen zu einer neuen Klasse, dem Proletariat, entwickelt), in dem Maße, als alles vorgefundene Eigentum in industrielles oder kommerzielles Kapital umgewandelt wird. Die einzelnen Individuen bilden nur insofern eine Klasse, als sie einen gemeinsamen Kampf gegen eine andre Klasse zu führen haben; im übrigen stehen sie einander selbst in der Konkurrenz wieder feindlich gegenüber. Auf der andern Seite verselbständigt sich die Klasse wieder gegen die Individuen, so daß diese ihre Lebensbedingungen prädestiniert vorfinden, von der Klasse ihre Lebensstellung und damit ihre persönliche Entwicklung angewiesen bekommen, unter sie subsumiert werden. Dies ist dieselbe Erscheinung wie die Subsumtion der einzelnen Individuen unter die Teilung der Arbeit und kann nur durch die Aufhebung des Privateigentums und der Arbeit selbst beseitigt werden. Wie diese Subsumtion der Individuen unter die Klasse sich zugleich zu einer Subsumtion unter allerlei Vorstellungen pp. entwickelt, haben wir bereits mehrere Male angedeutet.

Es hängt lediglich von der Ausdehnung des Verkehrs ab, ob die in einer Lokalität gewonnenen Produktivkräfte, namentlich Erfindungen, für die spätere Entwicklung verlorengehen oder nicht. Solange noch kein über die unmittelbare Nachbarschaft hinausgehender Verkehr existiert, muß jede Erfindung in jeder Lokalität besonders gemacht werden, und bloße Zufälle, wie Irruptionen barbarischer Völker, selbst gewöhnliche Kriege, reichen hin, ein Land mit entwickelten Produktivkräften und Bedürfnissen dahin zu bringen, daß es wieder von vorne anfangen muß. In der anfänglichen Geschichte mußte jede Erfindung täglich neu und in jeder Lokalität unabhängig gemacht werden. Wie wenig ausgebildete Produktivkräfte selbst bei einem verhältnismäßig sehr ausgedehnten Handel vor dem gänzlichen Untergange sicher sind, beweisen die Phönizier, deren Erfindungen zum größten Teil durch die Verdrängung dieser Nation aus dem Handel, die Eroberung Alexanders und den daraus folgenden Verfall auf lange Zeit verlorengingen. Ebenso im Mittelalter die Glasmalerei z. B. Erst wenn der Verkehr zum Weltverkehr geworden ist und die große Industrie zur Basis hat, alle Nationen in den Konkurrenzkampf hereingezogen sind, ist die Dauer der gewonnenen Produktivkräfte gesichert.

Die Teilung der Arbeit zwischen den verschiedenen Städten hatte zur nächsten Folge das Entstehen der Manufakturen, der dem Zunftwesen entwachsenen Produktionszweige. Das erste Aufblühen der Manufakturen – in Italien und später in Flandern – hatte den Verkehr mit auswärtigen Nationen zu seiner historischen Voraussetzung. In andern Ländern – England und Frankreich z. B. – beschränkten die Manufakturen sich anfangs auf den inländischen Markt. Die Manufakturen haben außer den angegebenen Voraussetzungen noch eine schon fortgeschrittene Konzentration der Bevölkerung – namentlich auf dem Lande – und des Kapitals, das sich teils in den Zünften trotz der Zunftgesetze, teils bei den Kaufleuten in einzelnen Händen zu sammeln anfing, zur Voraussetzung.

Diejenige Arbeit, die von vornherein eine Maschine, wenn auch noch in der rohsten Gestalt, voraussetzte, zeigte sich sehr bald als die entwicklungsfähigste. Die Weberei, bisher auf dem Lande von den Bauern nebenbei betrieben, um sich ihre nötige Kleidung zu verschaffen, war die erste Arbeit, welche durch die Ausdehnung des Verkehrs einen Anstoß und eine weitere Ausbildung erhielt. Die Weberei war die erste und blieb die hauptsächlichste Manufaktur. Die mit der steigenden Bevölkerung steigende Nachfrage nach Kleidungsstoffen, die beginnende Akkumulation und Mobilisation des naturwüchsigen Kapitals durch die beschleunigte Zirkulation, das hierdurch hervorgerufene und durch die allmähliche Ausdehnung des Verkehrs überhaupt begünstigte Luxusbedürfnis gaben der Weberei quantitativ und qualitativ einen Anstoß, der sie aus der bisherigen Produktionsform herausriß. Neben den zum Selbstgebrauch webenden Bauern, die fortbestehen blieben und noch fortbestehen, kam eine neue Klasse von Webern in den Städten auf, deren Gewebe für den ganzen heimischen Markt und meist auch für auswärtige Märkte bestimmt waren.

Die Weberei, eine in den meisten Fällen wenig Geschicklichkeit erfordernde und bald in unendlich viele Zweige zerfallende Arbeit, widerstrebte ihrer ganzen Beschaffenheit nach den Fesseln der Zunft. Die Weberei wurde daher auch meist in Dörfern und Marktflecken ohne zünftige Organisation betrieben, die allmählich zu Städten, und zwar bald zu den blühendsten Städten jedes Landes wurden.

Mit der zunftfreien Manufaktur veränderten sich sogleich auch die Eigentumsverhältnisse. Der erste Fortschritt über das naturwüchsig-ständische Kapital hinaus war durch das Aufkommen der Kaufleute gegeben, deren Kapital von vornherein mobil, Kapital im modernen Sinne war, soweit davon unter den damaligen Verhältnissen die Rede sein kann. Der zweite Fortschritt kam mit der Manufaktur, die wieder eine Masse des naturwüchsigen Kapitals mobilisierte und überhaupt die Masse des mobilen Kapitals gegenüber der des naturwüchsigen vermehrte.

Die Manufaktur wurde zugleich eine Zuflucht der Bauern gegen die sie ausschließenden oder schlecht bezahlenden Zünfte, wie früher die Zunftstädte den Bauern als Zuflucht gegen [den sie bedrückenden Landadel gedient] hatten.

Mit dem Anfange der Manufakturen gleichzeitig war eine Periode des Vagabundentums, veranlaßt durch das Aufhören der feudalen Gefolgschaften, die Entlassung der zusammengelaufenen Armeen, die den Königen gegen die Vasallen gedient hatten, durch verbesserten Ackerbau und Verwandlung von großen Streifen Ackerlandes in Viehweiden. Schon hieraus geht hervor, wie dies Vagabundentum genau mit der Auflösung der Feudalität zusammenhängt. Schon im dreizehnten Jahrhundert kommen einzelne Epochen dieser Art vor, allgemein und dauernd tritt dies Vagabundentum erst mit dem Ende des 15. und Anfang des 16. Jahrhunderts hervor. Diese Vagabunden, die so zahlreich waren, daß u. a. Heinrich VIII. von England ihrer 72 000 hängen ließ, wurden nur mit den größten Schwierigkeiten und durch die äußerste Not und erst nach langem Widerstreben dahin gebracht, daß sie arbeiteten. Das rasche Aufblühen der Manufakturen, namentlich in England, absorbierte sie allmählich.

Mit der Manufaktur traten die verschiedenen Nationen in ein Konkurrenzverhältnis, in den Handelskampf, der in Kriegen, Schutzzöllen und Prohibitionen durchgekämpft wurde, während früher die Nationen, soweit sie in Verbindung waren, einen harmlosen Austausch miteinander verführt [MEGA: vollführt] hatten. Der Handel hat von nun an politische Bedeutung.

Mit der Manufaktur war zugleich ein verändertes Verhältnis des Arbeiters zum Arbeitgeber gegeben. In den Zünften existierte das patriarchalische Verhältnis zwischen Gesellen und Meister fort; in der Manufaktur trat an seine Stelle das Geldverhältnis zwischen

Arbeiter und Kapitalist; ein Verhältnis, das auf dem Lande und in kleinen Städten patriarchalisch tingiert blieb, in den größeren, eigentlichen Manufakturstädten jedoch schon früh fast alle patriarchalische Färbung verlor.

Die Manufaktur und überhaupt die Bewegung der Produktion erhielt einen enormen Aufschwung durch die Ausdehnung des Verkehrs, welche mit der Entdeckung Amerikas und des Seeweges nach Ostindien eintrat. Die neuen, von dort importierten Produkte, namentlich die Massen von Gold und Silber, die in Zirkulation kamen, die Stellung der Klassen gegeneinander total veränderten und dem feudalen Grundeigentum und den Arbeitern einen harten Stoß gaben, die Abenteurerzüge, Kolonisation und vor Allem die jetzt möglich gewordene und täglich sich mehr und mehr herstellende Ausdehnung der Märkte zum Weltmarkt riefen eine neue Phase der geschichtlichen Entwicklung hervor, auf welche im Allgemeinen hier nicht weiter einzugehen ist. Durch die Kolonisation der neuentdeckten Länder erhielt der Handelskampf der Nationen gegeneinander neue Nahrung und demgemäß größere Ausdehnung und Erbitterung.

Die Ausdehnung des Handels und der Manufaktur beschleunigten die Akkumulation des mobilen Kapitals, während in den Zünften, die keinen Stimulus zur erweiterten Produktion erfuhren, das naturwüchsige Kapital stabil blieb oder gar abnahm. Handel und Manufaktur schufen die große Bourgeoisie, in den Zünften konzentrierte sich die Kleinbürgerschaft, die nun nicht mehr wie früher in den Städten herrschte, sondern der Herrschaft der großen Kaufleute und Manufacturiers sich beugen mußte. Daher der Verfall der Zünfte, sobald sie mit der Manufaktur in Berührung kam[en].

Das Verhältnis der Nationen untereinander in ihrem Verkehr nahm während der Epoche, von der wir gesprochen haben, zwei verschiedene Gestalten an. Im Anfange bedingte die geringe zirkulierende Quantität des Goldes und Silbers das Verbot der Ausfuhr dieser Metalle; und die durch die Notwendigkeit der Beschäftigung für die wachsende städtische Bevölkerung nötig gewordene, meist vom Auslande importierte Industrie konnte der Privilegien nicht entbehren, die natürlich nicht nur gegen inländische, sondern hauptsächlich gegen auswärtige Konkurrenz gegeben werden konnten. Das lokale Zunftprivilegium wurde in diesen ursprünglichen Prohibitionen auf die ganze Nation erweitert. Die Zölle entstanden aus den Abgaben, die die Feudalherren den ihr Gebiet durchziehenden Kaufleuten als Abkauf der Plünderung auflegten, Abgaben, die später von den Städten ebenfalls auferlegt wurden und die beim Aufkommen der modernen Staaten das zunächstliegende Mittel für den Fiskus waren, um Geld zu bekommen.

Die Erscheinung des amerikanischen Goldes und Silbers auf den europäischen Märkten, die allmähliche Entwicklung der Industrie, der rasche Aufschwung des Handels und das hierdurch hervorgerufene Aufblühen der nichtzünftigen Bourgeoisie und des Geldes gab diesen Maßregeln eine andre Bedeutung. Der Staat, der des Geldes täglich weniger entbehren konnte, behielt nun das Verbot der Gold- und Silberausfuhr aus fiskalischen Rücksichten bei; die Bourgeois, für die diese neu auf den Markt geschleuderten Geldmassen der Hauptgegenstand des Akkaparements [wucherischen Aufkaufs] war, waren damit vollständig zufrieden; die bisherigen Privilegien wurden eine Einkommenquelle für die Regierung und für Geld verkauft; in der Zollgesetzgebung kamen die Ausfuhrzölle auf, die, der Industrie nur ein Hindernis in den Weg [legend], einen rein fiskalischen Zweck hatten.

Die zweite Periode trat mit der Mitte des siebzehnten Jahrhunderts ein und dauerte fast bis zum Ende des achtzehnten. Der Handel und die Schiffahrt hatten sich rascher ausgedehnt als die Manufaktur, die eine sekundäre Rolle spielte; die Kolonien fingen an, starke Konsumenten zu werden, die einzelnen Nationen teilten sich durch lange Kämpfe in den sich öffnenden Weltmarkt. Diese Periode beginnt mit den Navigationsgesetzen[3] und Kolonialmonopolen. Die Konkurrenz der Nationen untereinander wurde durch Tarife, Prohibitionen, Traktate möglichst ausgeschlossen; und in letzter Instanz wurde der Konkurrenzkampf durch Kriege (besonders Seekriege) geführt und entschieden. Die zur See mächtigste Nation, die Engländer, behielten das Übergewicht im Handel und der Manufaktur. Schon hier die Konzentration auf Ein Land.

Die Manufaktur war fortwährend durch Schutzzölle im heimischen Markte, im Kolonialmarkte durch Monopole und im auswärtigen möglichst viel durch Differentialzölle[4] geschützt. Die Bearbeitung des im Lande selbst erzeugten Materials wurde begünstigt (Wolle und Leinen in England, Seide in Frankreich), die Ausfuhr des im Inlande erzeugten Rohmaterials verboten (Wolle in

England) und die [Bearbeitung] des importierten vernachlässigt oder unterdrückt (Baumwolle in England). Die im Seehandel und der Kolonialmacht vorherrschende Nation sicherte sich natürlich auch die größte quantitative und qualitative Ausdehnung der Manufaktur. Die Manufaktur konnte überhaupt des Schutzes nicht entbehren, da sie durch die geringste Veränderung, die in andern Ländern vorgeht, ihren Markt verlieren und ruiniert werden kann; sie ist leicht in einem Lande unter einigermaßen günstigen Bedingungen eingeführt und ebendeshalb leicht zerstört. Sie ist zugleich durch die Art, wie sie, namentlich im 18. Jahrhundert auf dem Lande, betrieben wurde, mit den Lebensverhältnissen einer großen Masse von Individuen so verwachsen, daß kein Land wagen darf, ihre Existenz durch Zulassung der freien Konkurrenz aufs Spiel zu setzen. Sie hängt daher, insofern sie es bis zum Export bringt, ganz von der Ausdehnung oder Beschränkung des Handels ab und übt eine verhältnis[mäßig] sehr geringe Rückwirkung [auf ihn] aus. Daher ihre sekundäre [Bedeutung] und daher der Einfluß [der Kauf]leute im achtzehnten Jahrhundert. Die Kaufleute und besonders die Reeder waren es, die vor allen Andern auf Staatsschutz und Monopolien drangen; die Manufacturiers verlangten und erhielten zwar auch Schutz, standen aber fortwährend hinter den Kaufleuten an politischer Bedeutung zurück. Die Handelsstädte, speziell die Seestädte, wurden einigermaßen zivilisiert und großbürgerlich, während in den Fabrikstädten die größte Kleinbürgerei bestehen blieb. Vgl. Aikin pp. Das achtzehnte Jahrhundert war das des Handels. Pinto sagt dies ausdrücklich: »Le commerce fait la marotte du siècle« [Der Handel ist das Steckenpferd des Jahrhunderts], und: »Depuis quelque temps il n'est plus question que de commerce, de navigation et de marine.« [Seit einiger Zeit ist nur noch von Handel, Seefahrt und Marine die Rede][1]

1 Die Bewegung des Kapitals, obwohl bedeutend beschleunigt, blieb doch noch stets verhältnismäßig langsam. Die Zersplitterung des Weltmarktes in einzelne Teile, deren Jeder von einer besondern Nation ausgebeutet wurde, die Ausschließung der Konkurrenz der Nationen unter sich, die Unbehülflichkeit der Produktion selbst und das aus den ersten Stufen sich erst entwickelnde Geldwesen hielten die Zirkulation sehr auf. Die Folge davon war ein krämerhafter, schmutzig-kleinlicher Geist, der allen Kaufleuten und der ganzen Weise des Handelsbetriebs noch anhaftete. Im Vergleich mit den Manufacturiers und vollends den Handwerkern waren sie allerdings Großbürger, Bourgeois, im Vergleich zu den Kaufleuten und Industriellen der nächsten Periode bleiben sie Kleinbürger. Vgl. A. Smith.

Diese Periode ist auch bezeichnet durch das Aufhören der Gold- und Silberausfuhrverbote, das Entstehen des Geldhandels, der Banken, der Staatsschulden, des Papiergeldes, der Aktien- und Fondsspekulation, der Agiotage in allen Artikeln und der Ausbildung des Geldwesens überhaupt. Das Kapital verlor wieder einen großen Teil der ihm noch anklebenden Naturwüchsigkeit.

Die im siebzehnten Jahrhundert unaufhaltsam sich entwikkelnde Konzentration des Handels und der Manufaktur auf ein Land, England, schuf für dieses Land allmählich einen relativen Weltmarkt und damit eine Nachfrage für die Manufakturprodukte dieses Landes, die durch die bisherigen industriellen Produktivkräfte nicht mehr befriedigt werden konnte. Diese den Produktionskräften über den Kopf wachsende Nachfrage war die treibende Kraft, welche die dritte Periode des Privateigentums seit dem Mittelalter hervorrief, indem sie die große Industrie – die Anwendung von Elementarkräften zu industriellen Zwecken, die Maschinerie und die ausgedehnteste Teilung der Arbeit – erzeugte. Die übrigen Bedingungen dieser neuen Phase – die Freiheit der Konkurrenz innerhalb der Nation, die Ausbildung der theoretischen Mechanik (die durch Newton vollendete Mechanik war überhaupt im 18. Jahrhundert in Frankreich und England die populärste Wissenschaft) pp. – existierten in England bereits. (Die freie Konkurrenz in der Nation selbst mußte überall durch eine Revolution erobert werden – 1640 und 1688 in England, 1789 in Frankreich.) Die Konkurrenz zwang bald jedes Land, das seine historische Rolle behalten wollte, seine Manufakturen durch erneuerte Zollmaßregeln zu schützen (die alten Zölle halfen gegen die große Industrie nicht mehr) und bald darauf die große Industrie unter Schutzzöllen einzuführen. Die große Industrie universalisierte trotz dieser Schutzmittel die Konkurrenz (sie ist die praktische Handelsfreiheit, der Schutzzoll ist in ihr nur ein Palliativ, eine Gegenwehr *in* der Handelsfreiheit), stellte die Kommunikationsmittel und den modernen Weltmarkt her, unterwarf sich den Handel, verwandelte alles Kapital in industrielles Kapital und erzeugte damit die rasche Zirkulation (die Ausbildung des Geldwesens) und Zentralisation der Kapitalien. Sie zwang durch die universelle Konkurrenz alle Individuen zur äußersten Anspannung ihrer Energie. Sie vernichtete möglichst die Ideologie, Religion, Moral etc., und wo sie dies nicht konnte, machte sie sie zur handgreiflichen Lüge. Sie erzeugte insoweit erst die Weltgeschichte, als sie jede zivilisierte Nation und jedes Individuum darin in der Befriedigung seiner Bedürfnisse von der ganzen Welt abhängig machte und die bisherige naturwüchsige Ausschließlichkeit einzelner Nationen vernichtete. Sie subsumierte die Naturwissenschaft unter das Kapital und nahm der Teilung der Arbeit den letzten Schein der Naturwüchsigkeit. Sie vernichtete überhaupt die Naturwüchsigkeit, soweit dies innerhalb der Arbeit möglich ist, und löste alle naturwüchsigen Verhältnisse in Geldverhältnisse auf. Sie schuf an der Stelle der naturwüchsigen Städte die modernen, großen Industriestädte, die über Nacht entstanden sind. Sie zerstörte, wo sie durchdrang, das Handwerk und überhaupt alle früheren Stufen der Industrie. Sie vollendete den Sieg [der] Handelsstadt über das Land. [Ihre erste Voraussetzung] ist das automatische System. [Ihre Entwicklung er]zeugte eine Masse von Pro[duktivkr]äften, für die das Privat[eigentum] ebensosehr eine Fessel wurde wie die Zunft für die Manufaktur und der kleine, ländliche Betrieb für das sich ausbildende Handwerk. Diese Produktivkräfte erhalten unter dem Privateigentum eine nur einseitige Entwicklung, werden für die Mehrzahl zu Destruktivkräften, und eine Menge solcher Kräfte können im Privateigentum gar nicht zur Anwendung kommen. Sie erzeugte im Allgemeinen überall dieselben Verhältnisse zwischen den Klassen der Gesellschaft und vernichtete dadurch die Besonderheit der einzelnen Nationalitäten. Und endlich, während die Bourgeoisie jeder Nation noch aparte nationale Interessen behält, schuf die große Industrie eine Klasse, die bei allen Nationen dasselbe Interesse hat und bei der die Nationalität schon vernichtet ist, eine Klasse, die wirklich die ganze alte Welt los ist und zugleich ihr gegenübersteht. Sie macht dem Arbeiter nicht bloß das Verhältnis zum Kapitalisten, sondern die Arbeit selbst unerträglich.

Es versteht sich, daß die große Industrie nicht in jeder Lokalität eines Landes zu derselben Höhe der Ausbildung kommt. Dies hält indes die Klassenbewegung des Proletariats nicht auf, da die durch die große Industrie erzeugten Proletarier an die Spitze dieser Bewegung treten und die ganze Masse mit sich fortreißen und da die von der großen Industrie ausgeschlossenen Arbeiter durch diese große Industrie in eine noch schlechtere Lebenslage versetzt werden als die Arbeiter der großen Industrie selbst. Ebenso wirken die Länder, in denen eine große Industrie entwickelt ist, auf die plus ou moins [mehr oder weniger] nichtindustriellen Länder, sofern diese durch den Weltverkehr in den universellen Konkurrenzkampf hereingerissen sind.[1]

Diese verschiedenen Formen sind ebensoviel Formen der Organisation der Arbeit und damit des Eigentums. In jeder Periode fand eine Vereinigung der existierenden Produktivkräfte statt, soweit sie durch die Bedürfnisse notwendig geworden war.

[2.] Verhältnis von Staat und Recht zum Eigentum

Die erste Form des Eigentums ist sowohl in der antiken Welt wie im Mittelalter das Stammeigentum, bedingt bei den Römern hauptsächlich durch den Krieg, bei den Germanen durch die Viehzucht. Bei den antiken Völkern erscheint, weil in einer Stadt mehrere Stämme zusammenwohnen, das Stammeigentum als Staatseigentum und das Recht des Einzelnen daran als bloße Possessio [Besitz], die sich indes, wie das Stammeigentum überhaupt, nur auf das Grundeigentum beschränkt. Das eigentliche Privateigentum fängt bei den Alten, wie bei den modernen Völkern, mit dem Mobiliareigentum an. – (Sklaverei und Gemeinwesen) (dominium ex jure Quiritum [Eigentum eines altrömischen Vollbürgers]). Bei den aus dem Mittelalter hervorgehenden Völkern entwickelt sich das Stammeigentum so durch verschiedene Stufen – feudales Grundeigentum, korporatives Mobiliareigentum, Manufakturkapital – bis zum modernen, durch die große Industrie und universelle Konkurrenz bedingten Kapital, dem reinen Privateigentum, das allen Schein des Gemeinwesens abgestreift und alle Einwirkung des

1 Die Konkurrenz isoliert die Individuen, nicht nur die Bourgeois, sondern noch mehr die Proletarier gegeneinander, trotzdem daß sie sie zusammenbringt. Daher dauert es eine lange Zeit, bis diese Individuen sich vereinigen können, abgesehn davon, daß zu dieser Vereinigung – wenn sie nicht bloß lokal sein soll – die nötigen Mittel, die großen Industriestädte und die wohlfeilen und schnellen Kommunikationen durch die große Industrie erst hergestellt sein müssen, und daher ist jede organisierte Macht gegenüber diesen isolierten und in Verhältnissen, die die Isolierung täglich reproduzieren, lebenden Individuen erst nach langen Kämpfen zu besiegen. Das Gegenteil verlangen, hieße ebensoviel wie zu verlangen, daß die Konkurrenz in dieser bestimmten Geschichtsepoche nicht existieren soll oder daß die Individuen Verhältnisse, über die sie als Isolierte keine Kontrolle haben, sich aus dem Kopf schlagen sollen.

Staats auf die Entwicklung des Eigentums ausgeschlossen hat. Diesem modernen Privateigentum entspricht der moderne Staat, der durch die Steuern allmählich von den Privateigentümern an sich gekauft, durch das Staatsschuldenwesen ihnen vollständig verfallen und dessen Existenz in dem Steigen und Fallen der Staatspapiere auf der Börse gänzlich von dem kommerziellen Kredit abhängig geworden ist, den ihm die Privateigentümer, die Bourgeois, geben. Die Bourgeoisie ist schon, weil sie eine *Klasse*, nicht mehr ein *Stand* ist, dazu gezwungen, sich national, nicht mehr lokal zu organisieren und ihrem Durchschnittsinteresse eine allgemeine Form zu geben. Durch die Emanzipation des Privateigentums vom Gemeinwesen ist der Staat zu einer besonderen Existenz neben und außer der bürgerlichen Gesellschaft geworden; er ist aber weiter Nichts als die Form der Organisation, welche sich die Bourgeois sowohl nach außen als auch nach innen hin zur gegenseitigen Garantie ihres Eigentums und ihrer Interessen notwendig geben. Die Selbständigkeit des Staats kommt heutzutage nur noch in solchen Ländern vor, wo die Stände sich nicht vollständig zu Klassen entwickelt haben, wo die in den fortgeschrittneren Ländern beseitigten Stände noch eine Rolle spielen und ein Gemisch existiert, in denen daher kein Teil der Bevölkerung es zur Herrschaft über die übrigen bringen kann. Dies ist namentlich in Deutschland der Fall. Das vollendetste Beispiel des modernen Staats ist Nordamerika. Die neueren französischen, englischen und amerikanischen Schriftsteller sprechen sich Alle dahin aus, daß der Staat nur um des Privateigentums willen existiere, so daß dies auch in das gewöhnliche Bewußtsein übergegangen ist.

Da der Staat die Form ist, in welcher die Individuen einer herrschenden Klasse ihre gemeinsamen Interessen geltend machen und die ganze bürgerliche Gesellschaft einer Epoche sich zusammenfaßt, so folgt, daß alle gemeinsamen Institutionen durch den Staat vermittelt werden, eine politische Form erhalten. Daher die Illusion, als ob das Gesetz auf dem Willen, und zwar auf dem von seiner realen Basis losgerissenen, dem *freien* Willen beruhe. Ebenso wird das Recht dann wieder auf das Gesetz reduziert.

Das Privatrecht entwickelt sich zu gleicher Zeit mit dem Privateigentum aus der Auflösung des naturwüchsigen Gemeinwesens. Bei den Römern blieb die Entwicklung des Privateigentums und Privatrechts ohne weitere industrielle und kommerzielle Folgen, weil ihre ganze Produktionsweise dieselbe blieb. Bei den modernen Völkern, wo das feudale Gemeinwesen durch die Industrie und den Handel aufgelöst wurde, begann mit dem Entstehen des Privateigentums und Privatrechts eine neue Phase, die einer weiteren Entwicklung fähig war. Gleich die erste Stadt, die im Mittelalter einen ausgedehnten Seehandel führte, Amalfi, bildete auch das Seerecht aus. Sobald, zuerst in Italien und später in anderen Ländern, die Industrie und der Handel das Privateigentum weiterentwickelten, wurde gleich das ausgebildete römische Privatrecht wieder aufgenommen und zur Autorität erhoben. Als später die Bourgeoisie so viel Macht erlangt hatte, daß die Fürsten sich ihrer Interessen annahmen, um vermittelst der Bourgeoisie den Feudaladel zu stürzen, begann in allen Ländern – in Frankreich im 16. Jahrhundert – die eigentliche Entwicklung des Rechts, die in allen Ländern, ausgenommen England, auf der Basis des römischen Kodex vor sich ging. Auch in England mußten römische Rechtsgrundsätze zur weiteren Ausbildung des Privatrechts (besonders beim Mobiliareigentum) hereingenommen werden. (Nicht zu vergessen, daß das Recht ebensowenig eine eigene Geschichte hat wie die Religion.)

Im Privatrecht werden die bestehenden Eigentumsverhältnisse als Resultat des allgemeinen Willens ausgesprochen. Das jus utendi et abutendi [das Recht, das Seinige zu gebrauchen und zu verbrauchen (auch: mißbrauchen)] selbst spricht einerseits die Tatsache aus, daß das Privateigentum vom Gemeinwesen durchaus unabhängig geworden ist, und andererseits die Illusion, als ob das Privateigentum selbst auf dem bloßen Privatwillen, der willkürlichen Disposition über die Sache beruhe. In der Praxis hat das abuti [verbrauchen (auch: mißbrauchen)] sehr bestimmte ökonomische Grenzen für den Privateigentümer, wenn er nicht sein Eigentum und damit sein jus abutendi in andre Hände übergehn sehen will, da überhaupt die Sache, bloß in Beziehung auf seinen Willen betrachtet, gar keine Sache ist, sondern erst im Verkehr und unabhängig vom Recht zu einer Sache, zu wirklichem Eigentum wird (ein *Verhältnis*, was die Philosophen eine Idee nennen).

Diese juristische Illusion, die das Recht auf den bloßen Willen reduziert, führt in der weiteren Entwicklung der Eigentumsverhältnisse notwendig dahin, daß Jemand einen juristischen Titel auf eine Sache haben kann, ohne die Sache wirklich zu haben. Wird z.B. durch die Konkurrenz die Rente eines Grundstückes beseitigt, so hat der Eigentümer desselben zwar seinen juristischen Titel daran, samt dem jus utendi et abutendi. Aber er kann nichts damit anfangen, er besitzt nichts als Grundeigentümer, falls er nicht sonst noch Kapital genug besitzt, um seinen Boden zu bebauen. Aus derselben Illusion der Juristen erklärt es sich, daß es für sie und für jeden Kodex überhaupt zufällig ist, daß Individuen in Verhältnisse untereinander treten, z. B. Verträge, und daß ihm diese Verhältnisse für solche gelten, die man nach Belieben eingehen oder nicht eingehen [kann] und deren Inhalt ganz auf der individuellen [Will]kür der Kontrahenten [ber]uht.

Sooft sich durch die Entwick[lung] der Industrie und des Handels neue [Ve]rkehrsformen gebildet haben, [z.] B. Assekuranz-etc.-Kompanien, war das Recht jedesmal genötigt, sie unter die Eigentumserwerbsarten aufzunehmen.

Es ist nichts gewöhnlicher als die Vorstellung, in der Geschichte sei es bisher nur auf das *Nehmen* angekommen. Die Barbaren *nehmen* das römische Reich, und mit der Tatsache dieses Nehmens erklärt man den Übergang aus der alten Welt in die Feudalität. Bei dem Nehmen durch Barbaren kommt es aber darauf an, ob die Nation, die eingenommen wird, industrielle Produktivkräfte entwickelt hat, wie dies bei den modernen Völkern der Fall ist, oder ob ihre Produktivkräfte hauptsächlich bloß auf ihrer Vereinigung und dem Gemeinwesen beruhen. Das Nehmen ist ferner bedingt durch den Gegenstand, der genommen wird. Das in Papier bestehende Vermögen eines Bankiers kann gar nicht genommen werden, ohne daß der Nehmende sich den Produktions- und Verkehrsbedingungen des genommenen Landes unterwirft. Ebenso das gesamte industrielle Kapital eines modernen Industrielandes. Und endlich hat das Nehmen überall sehr bald ein Ende, und wenn nichts mehr zu nehmen ist, muß man anfangen zu produzieren. Aus dieser sehr bald eintretenden Notwendigkeit des Produzierens folgt, daß die von den sich niederlassenden Eroberern angenommene Form des Gemeinwesens der Entwicklungsstufe der vorgefundnen Produktivkräfte entsprechen, oder, wenn dies nicht von vornherein der Fall ist, sich nach den Produktivkräften ändern muß. Hieraus erklärt sich auch das Faktum, das man in der Zeit nach der Völkerwanderung überall bemerkt haben will, daß nämlich der Knecht der Herr war, und die Eroberer von den Eroberten Sprache, Bildung und Sitten sehr bald annahmen.

Die Feudalität wurde keineswegs aus Deutschland fertig mitgebracht, sondern sie hatte ihren Ursprung von seiten der Eroberer in der kriegerischen Organisation des Heerwesens während der Eroberung selbst, und diese entwickelte sich nach derselben durch die Einwirkung der in den eroberten Ländern vorgefundnen Produktivkräfte erst zur eigentlichen Feudalität. Wie sehr diese Form durch die Produktivkräfte bedingt war, zeigen die gescheiterten Versuche, andre aus altrömischen Reminiszenzen entspringende Formen durchzusetzen (Karl der Große pp.).

[3.] Naturwüchsige und zivilisierte Produktionsinstrumente und Eigentumsformen

[Hier fehlen in der Handschrift vier Seiten] [...]funden wird. Aus dem ersteren ergibt sich die Voraussetzung einer ausgebildeten Teilung der Arbeit und eines ausgedehnten Handels, aus dem zweiten die Lokalität. Bei dem ersten müssen die Individuen zusammengebracht sein, bei dem zweiten finden sie sich neben dem gegebenen Produktionsinstrument selbst als Produktionsinstrumente vor. Hier tritt also der Unterschied zwischen den naturwüchsigen und den durch die Zivilisation geschaffenen Produktionsinstrumenten hervor. Der Acker (das Wasser etc.) kann als naturwüchsiges Produktionsinstrument betrachtet werden. Im ersten Fall, beim naturwüchsigen Produktionsinstrument, werden die Individuen unter die Natur subsumiert, im zweiten Falle unter ein Produkt der Arbeit. Im ersten Falle erscheint daher auch das Eigentum (Grundeigentum) als unmittelbare, naturwüchsige Herrschaft, im zweiten als Herrschaft der Arbeit, speziell der akkumulierten Arbeit, des Kapitals. Der erste Fall setzt voraus, daß die Individuen durch irgendein Band, sei es Familie, Stamm, der Boden selbst pp. zusammengehören, der zweite Fall, daß sie unabhängig voneinander sind und nur durch den Austausch zusammengehalten werden. Im ersten Fall ist der Austausch hauptsächlich ein Austausch zwischen den Menschen und der Natur, ein Austausch, in dem die Arbeit der Einen gegen die Produkte der Andern eingetauscht wird; im zweiten Falle ist er vorherrschend Austausch der Menschen unter sich. Im ersten Falle reicht der durchschnittliche Menschenverstand hin, körperliche und geistige Tätigkeit sind noch gar nicht getrennt; im zweiten Falle muß bereits die Teilung zwischen geistiger und körperlicher Arbeit praktisch vollzogen sein. Im ersten Falle kann die Herrschaft des Eigentümers über die Nichteigentümer auf persönlichen Verhältnissen, auf einer Art von Gemeinwesen beruhen, im zweiten Falle muß sie in einem Dritten, dem Geld, eine dingliche Gestalt angenommen haben. Im ersten Falle existiert die kleine Industrie, aber subsumiert unter die Benutzung des naturwüchsigen Produktionsinstruments, und daher ohne Verteilung der Arbeit an verschiedene Individuen; im zweiten Falle besteht die Industrie nur in und durch die Teilung der Arbeit.

Wir gingen bisher von den Produktionsinstrumenten aus, und schon hier zeigte sich die Notwendigkeit des Privateigentums für gewisse industrielle Stufen. In der industrie extractive fällt das Privateigentum mit der Arbeit noch ganz zusammen; in der kleinen Industrie und aller bisherigen Agrikultur ist das Eigentum notwendige Konsequenz der vorhandenen Produktionsinstrumente; in der großen Industrie ist der Widerspruch zwischen dem Produktionsinstrument und Privateigentum erst ihr Produkt, zu dessen Erzeugung sie bereits sehr entwickelt sein muß. Mit ihr ist also auch die Aufhebung des Privateigentums erst möglich.

In der großen Industrie und Konkurrenz sind die sämtlichen Existenzbedingungen, Bedingtheiten, Einseitigkeiten der Individuen zusammengeschmolzen in die beiden einfachsten Formen: Privateigentum und Arbeit. Mit dem Gelde ist jede Verkehrsform und der Verkehr selbst für die Individuen als zufällig gesetzt. Also liegt schon im Gelde, daß aller bisherige Verkehr nur Verkehr der Individuen unter bestimmten Bedingungen, nicht der Individuen als Individuen war. Diese Bedingungen sind auf zwei – akkumulierte Arbeit oder Privateigentum, oder wirkliche Arbeit – reduziert. Hört diese oder eine von ihnen auf, so stockt der Verkehr. Die modernen Ökonomen selbst, z. B. Sismondi, Cherbuliez etc., stellen die association des individus [Vereinigung der Individuen] der association des capitaux [Vereinigung der Kapitale] entgegen. Andererseits sind die Individuen selbst vollständig unter die Teilung der Arbeit subsumiert und dadurch in die vollständigste Abhängigkeit voneinander gebracht. Das Privateigentum, soweit es, innerhalb der Arbeit, der Arbeit gegenübertritt, entwickelt sich aus der Notwendigkeit der Akkumulation und hat im Anfange immer noch mehr die Form des Gemeinwesens, nähert sich aber in der weiteren Entwicklung immer mehr der modernen Form des Privateigentums. Durch die Teilung der Arbeit ist schon von vornherein die Teilung auch der Arbeits*bedingungen*, Werkzeuge und Materialien gegeben und damit die Zersplitterung des akkumulierten Kapitals an verschiedne Eigentümer, und damit die Zersplitterung zwischen Kapital und Arbeit, und die verschiedenen Formen des Eigentums selbst. Je mehr sich die Teilung der Arbeit ausbildet und je mehr die Akkumulation wächst, desto schärfer bildet sich auch diese Zersplitterung aus. Die Arbeit selbst kann nur bestehen unter der Voraussetzung dieser Zersplitterung.

Es zeigen sich hier also zwei Fakta. Erstens erscheinen die Produktivkräfte als ganz unabhängig und losgerissen von den Individuen, als eine eigne Welt neben den Individuen, was darin seinen Grund hat, daß die Individuen, deren Kräfte sie sind, zersplittert und im Gegensatz gegeneinander existieren, während diese Kräfte andererseits nur im Verkehr und Zusammenhang dieser Individuen wirkliche Kräfte sind. Also auf der einen Seite eine Totalität von Produktivkräften, die gleichsam eine sachliche Gestalt angenommen haben und für die Individuen selbst nicht mehr die Kräfte der Individuen, sondern des Privateigentums [sind], und daher der Individuen nur, insofern sie Privateigentümer sind. In keiner früheren Periode hatten die Produktivkräfte diese gleichgültige Gestalt für den Verkehr der Individuen *als* Individuen angenommen, weil ihr Verkehr selbst noch ein bornierter war. Auf der andern Seite steht diesen Produktivkräften die Majorität der Individuen gegenüber, von denen diese Kräfte losgerissen sind und die daher alles wirklichen Lebensinhalts beraubt, abstrakte Individuen geworden sind, die aber dadurch erst in den Stand gesetzt werden, *als Individuen* miteinander in Verbindung zu treten.

Der einzige Zusammenhang, in dem sie noch mit den Produktivkräften und mit ihrer eignen Existenz stehen, die Arbeit, hat bei ihnen allen Schein der Selbstbetätigung verloren und erhält ihr Leben nur, indem sie es verkümmert. Während in den früheren Perioden Selbstbetätigung und Erzeugung des materiellen Lebens dadurch getrennt waren, daß sie an verschiedene Personen fielen und die Erzeugung des materiellen Lebens wegen der Borniertheit der Individuen selbst noch als eine untergeordnete Art der Selbstbetätigung galt, fallen sie jetzt so auseinander, daß überhaupt das materielle Leben als Zweck, die Erzeugung dieses materiellen Lebens, die Arbeit (welche die jetzt einzig mögliche, aber wie wir sehn, negative Form der Selbstbetätigung ist), als Mittel erscheint.

Es ist also jetzt so weit gekommen, daß die Individuen sich die vorhandene Totalität von Produktivkräften aneignen müssen, nicht nur um zu ihrer Selbstbetätigung zu kommen, sondern schon überhaupt um ihre Existenz sicherzustellen. Diese Aneignung ist zuerst bedingt durch den anzueignenden Gegenstand – die zu einer Totalität entwickelten und nur innerhalb eines universellen Verkehrs existierenden Produktivkräfte. Diese Aneignung muß also schon von dieser Seite her einen den Produktivkräften und dem Verkehr entsprechenden universellen Charakter haben. Die Aneignung dieser Kräfte ist selbst weiter nichts als die Entwicklung der den materiellen Produktionsinstrumenten entsprechenden individuellen Fähigkeiten. Die Aneignung einer Totalität von Produktionsinstrumenten ist schon deshalb die Entwicklung einer Totalität von Fähigkeiten in den Individuen selbst. Diese Aneignung ist ferner bedingt durch die aneignenden Individuen. Nur die von aller Selbstbetätigung vollständig ausgeschlossenen Proletarier der Gegenwart sind imstande, ihre vollständige, nicht mehr bornierte Selbstbetätigung, die in der Aneignung einer Totalität von Produktivkräften und der damit gesetzten Entwicklung einer Totalität von Fähigkeiten besteht, durchzusetzen. Alle früheren revolutionären Aneignungen waren borniert; Individuen, deren Selbstbetätigung durch ein beschränktes Produktionsinstrument und einen beschränkten Verkehr borniert war, eigneten sich dies beschränkte Produktionsinstrument an und brachten es daher nur zu einer neuen Beschränktheit. Ihr Produktionsinstrument wurde ihr Eigentum, aber sie selbst blieben unter die Teilung der Arbeit und unter ihr eignes Produktionsinstrument subsumiert. Bei allen bisherigen Aneignungen blieb eine Masse von Individuen unter ein einziges Produktionsinstrument subsumiert; bei der Aneignung der Proletarier müssen eine Masse von Produktionsinstrumenten unter jedes Individuum und das Eigentum unter Alle subsumiert werden. Der moderne universelle Verkehr kann nicht anders unter die Individuen subsumiert werden, als dadurch, daß er unter Alle subsumiert wird.

Die Aneignung ist ferner bedingt durch die Art und Weise, wie sie vollzogen werden muß. Sie kann nur vollzogen werden durch eine Vereinigung, die durch den Charakter des Proletariats selbst wieder nur eine universelle sein kann, und durch eine Revolution, in der einerseits die Macht der bisherigen Produktions- und Verkehrsweise und gesellschaftlichen Gliederung gestürzt wird und andererseits der universelle Charakter und die zur Durchführung der Aneignung nötige Energie des Proletariats sich entwickelt, ferner das Proletariat alles abstreift, was ihm noch aus seiner bisherigen Gesellschaftsstellung geblieben ist.

Erst auf dieser Stufe fällt die Selbstbetätigung mit dem materiellen Leben zusammen, was der Entwicklung der Individuen zu totalen Individuen und der Abstreifung aller Naturwüchsigkeit entspricht; und dann entspricht sich die Verwandlung der Arbeit in Selbstbetätigung und die Verwandlung des bisherigen bedingten Verkehrs in den Verkehr der Individuen als solcher. Mit der Aneignung der totalen Produktivkräfte durch die vereinigten Individuen hört das Privateigentum auf. Während in der bisherigen Geschichte immer eine besondere Bedingung als zufällig erschien, ist jetzt die Absonderung der Individuen selbst, der besondre Privaterwerb eines Jeden selbst zufällig geworden.

Die Individuen, die nicht mehr unter die Teilung der Arbeit subsumiert werden, haben die Philosophen sich als Ideal unter dem Namen »der Mensch« vorgestellt, und den ganzen, von uns entwickelten Prozeß als den Entwicklungsprozeß »des Menschen« gefaßt, so daß den bisherigen Individuen auf jeder geschichtlichen Stufe »der Mensch« untergeschoben und als die treibende Kraft der Geschichte dargestellt wurde. Der ganze Prozeß wurde so als Selbstentfremdungsprozeß »des Menschen« gefaßt, und dies kommt wesentlich daher, daß das Durchschnittsindividuum der späteren Stufe immer der früheren und das spätere Bewußtsein den früheren Individuen untergeschoben [wurde]. Durch diese Umkehrung, die von vornherein von den wirklichen Bedingungen abstrahiert, war es möglich, die ganze Geschichte in einen Entwicklungsprozeß des Bewußtseins zu verwandeln.

Schließlich erhalten wir noch folgende Resultate aus der entwickelten Geschichtsauffassung: 1. In der Entwicklung der Produktivkräfte tritt eine Stufe ein, auf welcher Produktionskräfte und Verkehrsmittel hervorgerufen werden, welche unter den bestehenden Verhältnissen nur Unheil anrichten, welche keine Produktionskräfte mehr sind, sondern Destruktionskräfte (Maschinerie und Geld) – und was damit zusammenhängt, daß eine Klasse hervorgerufen wird, welche alle Lasten der Gesellschaft zu tragen hat, ohne ihre Vorteile zu genießen, welche aus der Gesellschaft herausgedrängt, in den entschiedensten Gegensatz zu allen andern Klassen forciert wird; eine Klasse, die die Majorität aller Gesellschaftsmitglieder bildet und von der das Bewußtsein über die Notwendigkeit einer gründlichen Revolution, das kommunistische Bewußtsein, ausgeht, das sich natürlich auch unter den andern Klassen vermöge der Anschauung der Stellung dieser Klasse bilden kann; 2. daß die Bedingungen, innerhalb deren bestimmte Produktionskräfte angewandt werden können, die Bedingungen der Herrschaft einer bestimmten Klasse der Gesellschaft sind, deren soziale, aus ihrem Besitz hervorgehende Macht in der jedesmaligen Staatsform ihren *praktisch*-idealistischen Ausdruck hat, und deshalb jeder revolutionäre Kampf gegen eine Klasse, die bisher geherrscht hat, sich richtet; 3. daß in allen bisherigen Revolutionen die Art der Tätigkeit stets unangetastet blieb und es sich nur um eine andre Distribution dieser Tätigkeit, um eine neue Verteilung der Arbeit an andre Personen handelte, während die kommunistische Revolution sich gegen die bisherige *Art* der Tätigkeit richtet, die *Arbeit* beseitigt und die Herrschaft aller Klassen mit den Klassen selbst aufhebt, weil sie durch die Klasse bewirkt wird, die in der Gesellschaft für keine Klasse mehr gilt, nicht als Klasse anerkannt wird, schon der Ausdruck der Auflösung aller Klassen, Nationalitäten etc. innerhalb der jetzigen Gesellschaft ist; und 4. daß sowohl zur massenhaften Erzeugung dieses kommunistischen Bewußtseins wie zur Durchsetzung der Sache selbst eine massenhafte Veränderung der Menschen nötig ist, die nur in einer praktischen Bewegung, in einer *Revolution* vor sich gehen kann; daß also die Revolution nicht nur nötig ist, weil die *herrschende* Klasse auf keine andre Weise gestürzt werden kann, sondern auch, weil die *stürzende* Klasse nur in einer Revolution dahin kommen kann, sich den ganzen alten Dreck vom Halse zu schaffen und zu einer neuen Begründung der Gesellschaft befähigt zu werden.

[C.] Kommunismus. – Produktion der Verkehrsform selbst

Der Kommunismus unterscheidet sich von allen bisherigen Bewegungen dadurch, daß er die Grundlage aller bisherigen Produktions- und Verkehrsverhältnisse umwälzt und alle naturwüchsigen Voraussetzungen zum ersten Mal mit Bewußtsein als Geschöpfe der bisherigen Menschen behandelt, ihrer Naturwüchsigkeit entkleidet und der Macht der vereinigten Individuen unterwirft. Seine Einrichtung ist daher wesentlich ökonomisch, die materielle Herstellung der Bedingungen dieser Vereinigung; sie macht die vorhandenen Bedingungen zu Bedingungen der Vereinigung. Das Bestehende, was der Kommunismus schafft, ist eben die wirkliche Basis zur Unmöglichmachung alles von den Individuen unabhängig Bestehenden, sofern dies Bestehende dennoch nichts als ein Produkt des bisherigen Verkehrs der Individuen selbst ist. Die Kommunisten behandeln also praktisch die durch die bisherige Produktion und Verkehr erzeugten Bedingungen als unorganische, ohne indes sich einzubilden, es sei der Plan oder die Bestimmung der bisherigen Generationen gewesen, ihnen Material zu liefern, und ohne zu glauben, daß diese Bedingungen für die sie schaffenden Individuen unorganisch waren. Der Unterschied zwischen persönlichem Individuum und zufälligem Individuum ist keine Begriffsunterscheidung, sondern ein historisches Faktum. Diese Unterscheidung hat zu verschiedenen Zeiten einen verschiedenen Sinn, z. B. der Stand als etwas dem Individuum Zufälliges im 18. Jahrhundert, plus ou moins [mehr oder weniger] auch die Familie. Es ist eine Unterscheidung, die nicht wir für jede Zeit zu machen haben, sondern die jede Zeit unter den verschiedenen Elementen, die sie vorfindet, selbst macht, und zwar nicht nach dem Begriff, sondern durch materielle Lebenskollisionen gezwungen. Was als zufällig der späteren Zeit im Gegensatz zur früheren erscheint, also auch unter den ihr von der früheren überkommenen Elementen, ist eine Verkehrsform, die einer bestimmten Entwicklung der Produktivkräfte entsprach. Das Verhältnis der Produktionskräfte zur Verkehrsform ist das Verhältnis der Verkehrsform zur Tätigkeit oder Betätigung der Individuen. (Die Grundform dieser Betätigung ist natürlich die materielle, von der alle andre geistige, politische, religiöse etc. abhängt. Die verschiedene Gestaltung des materiellen Lebens ist natürlich jedesmal abhängig von den schon entwickelten Bedürfnissen, und sowohl die Erzeugung wie die Befriedigung dieser Bedürfnisse ist selbst ein historischer Prozeß, der sich bei keinem Schafe oder Hunde findet (widerhaariges Hauptargument Stirners *adversus* hominem [*gegen* den Menschen]), obwohl Schafe und Hunde in ihrer jetzigen Gestalt allerdings, aber malgré eux [gegen ihren Willen], Produkte eines historischen Prozesses sind.) Die Bedingungen, unter denen die Individuen, solange der Widerspruch noch nicht eingetreten ist, miteinander verkehren, sind zu ihrer Individualität gehörige Bedingungen, nichts Äußerliches für sie, Bedingungen, unter denen diese bestimmten, unter bestimmten Verhältnissen existierenden Individuen allein ihr materielles Leben und was damit zusammenhängt produzieren können, sind also die Bedingungen ihrer Selbstbetätigung und werden von dieser Selbstbetätigung produziert. Die bestimmte Bedingung, unter der sie produzieren, entspricht also, solange der Widerspruch noch nicht eingetreten ist, ihrer wirklichen Bedingtheit, ihrem einseitigen Dasein, dessen Einseitigkeit sich erst durch den Eintritt des Widerspruchs zeigt und also für die Späteren existiert. Dann erscheint diese Bedingung als eine zufällige Fessel, und dann wird das Bewußtsein, daß sie eine Fessel sei, auch der früheren Zeit untergeschoben.

Diese verschiedenen Bedingungen, die zuerst als Bedingungen der Selbstbetätigung, später als Fesseln derselben erschienen, bilden in der ganzen geschichtlichen Entwicklung eine zusammenhängende Reihe von Verkehrsformen, deren Zusammenhang darin besteht, daß an die Stelle der früheren, zur Fessel gewordenen Verkehrsform eine neue, den entwickelteren Produktivkräften und damit der fortgeschrittenen Art der Selbstbetätigung der Individuen entsprechende gesetzt wird, die à son tour [ihrerseits] wieder zur Fessel und dann durch eine andre ersetzt wird. Da diese Bedingungen auf jeder Stufe der gleichzeitigen Entwicklung der Produktivkräfte entsprechen, so ist ihre Geschichte zugleich die Geschichte der sich entwickelnden und von jeder neuen Generation übernommenen Produktivkräfte und damit die Geschichte der Entwicklung der Kräfte der Individuen selbst.

Da diese Entwicklung naturwüchsig vor sich geht, d. h. nicht einem Gesamtplan frei vereinigter Individuen subordiniert ist, so geht sie von verschiedenen Lokalitäten, Stämmen, Nationen, Arbeitszweigen etc. aus, deren Jede anfangs sich unabhängig von den anderen entwickelt und erst nach und nach mit den andern in Verbindung tritt. Sie geht ferner nur sehr langsam vor sich; die verschiedenen Stufen und Interessen werden nie vollständig überwunden, sondern nur dem siegenden Interesse untergeordnet und schleppen sich noch jahrhundertelang neben diesem fort. Hieraus folgt, daß selbst innerhalb einer Nation die Individuen auch abgesehen von ihren Vermögensverhältnissen ganz verschiedene Entwicklungen haben, und daß ein früheres Interesse, dessen eigentümliche Verkehrsform schon durch die einem späteren angehörige verdrängt ist, noch lange im Besitz einer traditionellen Macht in der den Individuen gegenüber verselbständigten scheinbaren Gemeinschaft (Staat, Recht) bleibt, einer Macht, die in letzter Instanz nur durch eine Revolution zu brechen ist. Hieraus erklärt sich auch, warum in Beziehung auf einzelne Punkte, die eine allgemeinere Zusammenfassung erlauben, das Bewußtsein zuweilen weiter vorgerückt scheinen kann als die gleichzeitigen empirischen Verhältnisse, so daß man in den Kämpfen einer späteren Epoche sich auf frühere Theoretiker als auf Autoritäten stützen kann.

Dagegen geht die Entwicklung in Ländern, die, wie Nordamerika, in einer schon entwickelten Geschichtsepoche von vorn anfangen, sehr rasch vor sich. Solche Länder haben keine andern naturwüchsigen Voraussetzungen außer den Individuen, die sich dort ansiedeln und die hierzu durch die ihren Bedürfnissen nicht entsprechenden Verkehrsformen der alten Länder veranlaßt wurden. Sie fangen also mit den fortgeschrittensten Individuen der alten Länder und daher mit der diesen Individuen entsprechenden entwickeltsten Verkehrsform an, noch ehe diese Verkehrsform in den alten Ländern sich durchsetzen kann. Dies ist der Fall mit allen Kolonien, sofern sie nicht bloße Militär- oder Handelsstationen sind. Karthago, die griechischen Kolonien und Island im 11. und 12. Jahrhundert liefern Beispiele dazu. Ein ähnliches Verhältnis findet statt bei der Eroberung, wenn dem eroberten Lande die auf einem andern Boden entwickelte Verkehrsform fertig herübergebracht wird; während sie in ihrer Heimat noch mit Interessen und Verhältnissen aus früheren Epochen behaftet war, kann und muß sie hier vollständig und ohne Hindernis durchgesetzt werden, schon um den Eroberern dauernde Macht zu sichern. (England und Neapel nach der normännischen Eroberung, wo sie die vollendetste Form der feudalen Organisation erhielten.)

Alle Kollisionen der Geschichte haben also nach unsrer Auffassung ihren Ursprung in dem Widerspruch zwischen den Produktivkräften und der Verkehrsform. Es ist übrigens nicht nötig, daß dieser Widerspruch, um zu Kollisionen in einem Lande zu führen, in diesem Lande selbst auf die Spitze getrieben ist. Die durch einen erweiterten internationalen Verkehr hervorgerufene Konkurrenz mit industriell entwickelteren Ländern ist hinreichend, um auch in den Ländern mit weniger entwickelter Industrie einen ähnlichen Widerspruch zu erzeugen (z. B. das latente Proletariat in Deutschland, durch die Konkurrenz der englischen Industrie zur Erscheinung gebracht).

Dieser Widerspruch zwischen den Produktivkräften und der Verkehrsform, der, wie wir sahen, schon mehreremal in der bisherigen Geschichte vorkam, ohne jedoch die Grundlage derselben zu gefährden, mußte jedesmal in einer Revolution eklatieren, wobei er zugleich verschiedene Nebengestalten annahm, als Totalität von Kollisionen, als Kollisionen verschiedener Klassen, als Widerspruch des Bewußtseins, Gedankenkampf etc., politischer Kampf etc. Von einem bornierten Gesichtspunkte aus kann man nun eine dieser Nebengestalten herausnehmen und sie als die Basis dieser Revolutionen betrachten, was um so leichter ist, als die Individuen, von denen die Revolutionen ausgingen, sich je nach ihrem Bildungsgrad und der Stufe der historischen Entwicklung über ihre eigne Tätigkeit selbst Illusionen machten.

Die Verwandlung der persönlichen Mächte (Verhältnisse) in sachliche durch die Teilung der Arbeit kann nicht dadurch wieder aufgehoben werden, daß man sich die allgemeine Vorstellung davon aus dem Kopfe schlägt, sondern nur dadurch, daß die Individuen diese sachlichen Mächte wieder unter sich subsumieren und die Teilung der Arbeit aufheben. Dies ist ohne die Gemeinschaft nicht möglich. Erst in der Gemeinschaft [mit Andern hat jedes] Individuum die Mittel, seine Anlagen nach allen Seiten hin auszubilden; erst in der Gemeinschaft wird also die persönliche Freiheit möglich. In den bisherigen Surrogaten der Gemeinschaft, im Staat usw. existierte die persönliche Freiheit nur für die in den Verhältnissen der herrschenden Klasse entwickelten Individuen und nur, insofern sie Individuen dieser Klasse waren. Die scheinbare Gemeinschaft, zu der sich bisher die Individuen vereinigten, verselbständigte sich stets ihnen gegenüber und war zugleich, da sie eine Vereinigung einer Klasse gegenüber einer andern war, für die beherrschte Klasse nicht nur eine ganz illusorische Gemeinschaft, sondern auch eine neue Fessel. In der wirklichen Gemeinschaft erlangen die Individuen in und durch ihre Assoziation zugleich ihre Freiheit.

Es geht aus der ganzen bisherigen Entwicklung hervor, daß das gemeinschaftliche Verhältnis, in das die Individuen einer Klasse traten und das durch ihre gemeinschaftlichen Interessen gegenüber einem Dritten bedingt war, stets eine Gemeinschaft war, der diese Individuen nur als Durchschnittsindividuen angehörten, nur soweit sie in den Existenzbedingungen ihrer Klasse lebten, ein Verhältnis, an dem sie nicht als Individuen, sondern als Klassenmitglieder teilhatten. Bei der Gemeinschaft der revolutionären Proletarier dagegen, die ihre und aller Gesellschaftsmitglieder Existenzbedingungen unter ihre Kontrolle nehmen, ist es gerade umgekehrt; an ihr nehmen die Individuen als Individuen Anteil. Es ist eben die Vereinigung der Individuen (innerhalb der Voraussetzung der jetzt entwickelten Produktivkräfte natürlich), die die Bedingungen der freien Entwicklung und Bewegung der Individuen unter ihre Kontrolle gibt, Bedingungen, die bisher dem Zufall überlassen waren und sich gegen die einzelnen Individuen eben durch ihre Trennung als Individuen, durch ihre notwendige Vereinigung, die mit der Teilung der Arbeit gegeben, und durch ihre Trennung zu einem ihnen fremden Bande geworden war, verselbständigt hatten. Die bisherige Vereinigung war nur eine (keineswegs willkürliche, wie sie z. B. im »Contrat social« dargestellt wird, sondern notwendige) Vereinigung (vergleiche z. B. die Bildung des nordamerikanischen Staats und die südamerikanischen Republiken) über diese Bedingungen, innerhalb deren dann die Individuen den Genuß der Zufälligkeit hatten. Dieses Recht, innerhalb gewisser Bedingungen ungestört der Zufälligkeit sich erfreuen zu dürfen, nannte man bisher persönliche Freiheit. – Diese Existenzbedingungen sind natürlich nur die jedesmaligen Produktionskräfte und Verkehrsformen.

Wenn man diese Entwicklung der Individuen in den gemeinsamen Existenzbedingungen der geschichtlich aufeinanderfolgenden Stände und Klassen und den ihnen damit aufgedrängten allgemeinen Vorstellungen *philosophisch* betrachtet, so kann man sich allerdings leicht einbilden, in diesen Individuen habe sich die Gattung oder der Mensch, oder sie haben den Menschen entwickelt; eine Einbildung, womit der Geschichte einige starke Ohrfeigen gegeben werden. Man kann dann diese verschiedenen Stände und Klassen als Spezifikationen des allgemeinen Ausdrucks, als Unterarten der Gattung, als Entwicklungsphasen des Menschen fassen.

Diese Subsumtion der Individuen unter bestimmte Klassen kann nicht eher aufgehoben werden, als bis sich eine Klasse gebildet hat, die gegen die herrschende Klasse kein besonderes Klasseninteresse mehr durchzusetzen hat.

Die Individuen gingen immer von sich aus, natürlich aber von sich innerhalb ihrer gegebenen historischen Bedingungen und Verhältnisse, nicht vom »reinen« Individuum im Sinne der Ideologen. Aber im Lauf der historischen Entwicklung und gerade durch die innerhalb der Teilung der Arbeit unvermeidliche Verselbständigung der gesellschaftlichen Verhältnisse tritt ein Unterschied heraus zwischen dem Leben jedes Individuums, soweit es persönlich ist und insofern es unter irgendeinen Zweig der Arbeit und die dazugehörigen Bedingungen subsumiert ist. (Dies ist nicht so zu verstehen, als ob z. B. der Rentier, der Kapitalist pp. aufhörten, Personen zu sein; sondern ihre Persönlichkeit ist durch ganz bestimmte Klassenverhältnisse bedingt und bestimmt, und der Unterschied tritt erst im Gegensatz zu einer andern Klasse und für sie selbst erst dann hervor, wenn sie Bankerott machen.) Im Stand (mehr noch im Stamm) ist dies noch verdeckt, z. B. ein Adliger bleibt stets ein Adliger, ein Roturier [Nichtadliger, Bürgerlicher] stets ein Roturier, abgesehn von seinen sonstigen Verhältnissen, eine von seiner Individualität unzertrennliche Qualität. Der Unterschied des persönlichen Individuums gegen das Klassenindividuum, die Zufälligkeit der Lebensbedingungen für das In[dividuum] tritt erst mit dem Auftreten der Klasse [ein], die selbst ein Produkt der Bourgeoisie ist. Die Konkurrenz und der Kampf [der] Individuen untereinander erz[eugt und en]twickelt erst diese Zufälligkeit als solche. In der Vorstellung sind daher die Individuen unter der Bourgeoisieherrschaft freier als früher, weil ihnen ihre Lebensbedingungen zufällig sind; in der Wirklichkeit sind sie natürlich unfreier, weil mehr unter sachliche Gewalt subsumiert. Der Unterschied vom Stand tritt namentlich heraus im Gegensatz der Bourgeoisie gegen das Proletariat. Als der Stand der städtischen Bürger, die Korporationen pp. gegenüber dem Landadel aufkamen, erschien ihre Existenzbedingung, das Mobileigentum und die Handwerksarbeit, die schon vor ihrer Trennung vom Feudalverbande latent existiert hatten, als etwas Positives, das gegen das feudale Grundeigentum geltend gemacht wurde, und nahm daher auch zunächst wieder die feudale Form in ihrer Weise an. Allerdings behandelten die entlaufenden Leibeignen ihre bisherige Leibeigenschaft als etwas ihrer Persönlichkeit Zufälliges. Hierin aber taten sie nur dasselbe, was jede sich von einer Fessel befreiende Klasse tut, und dann befreiten sie sich nicht als Klasse, sondern vereinzelt. Sie traten ferner nicht aus dem Bereich des Ständewesens heraus, sondern bildeten nur einen neuen Stand und behielten ihre bisherige Arbeitsweise auch in der neuen Stellung bei und bildeten sie weiter aus, indem sie sie von ihren bisherigen, ihrer schon erreichten Entwicklung nicht [mehr] entsprechenden Fesseln befreiten.

Bei den Proletariern dagegen ist ihre eigne Lebensbedingung, die Arbeit, und damit sämtliche Existenzbedingungen der heutigen Gesellschaft, für sie zu etwas Zufälligem geworden, worüber die einzelner Proletarier keine Kontrolle haben und worüber ihnen keine *gesellschaftliche* Organisation eine Kontrolle geben kann, und der Widerspruch zwischen der Persönlichkeit des einzelnen Proletariers und seiner ihm aufgedrängten Lebensbedingung, der Arbeit, tritt für ihn selbst hervor, namentlich da er schon von Jugend auf geopfert wird und da ihm die Chance fehlt, innerhalb seiner Klasse zu den Bedingungen zu kommen, die ihn in die andre stellen.

Während also die entlaufenden Leibeignen nur ihre bereits vorhandenen Existenzbedingungen frei entwickeln und zur Geltung bringen wollten und daher in letzter Instanz nur bis zur freien Arbeit kamen, müssen die Proletarier, um persönlich zur Geltung zu kommen, ihre eigne bisherige Existenzbedingung, die zugleich die der ganzen bisherigen Gesellschaft ist, die Arbeit, aufheben. Sie befinden sich daher auch im direkten Gegensatz zu der Form, in der die Individuen der Gesellschaft sich bisher einen Gesamtausdruck gaben, zum Staat, und müssen den Staat stürzen, um ihre Persönlichkeit durchzusetzen.

[...]

[1] Der Terminus »Verkehr« hat in der *Deutschen Ideologie* einen sehr umfassenden Inhalt. Er schließt den materiellen und geistigen Verkehr einzelner Individuen, sozialer Gruppen und ganzer Länder ein.

[2] Im Manuskript gestrichene Passage: »Die Vorstellungen, die sich diese Individuen machen, sind Vorstellungen entweder über ihr Verhältnis zur Natur oder über ihr Verhältnis untereinander oder über ihre eigne Beschaffenheit. Es ist einleuchtend, daß in allen diesen Fällen diese Vorstellungen der – wirkliche oder illusorische – bewußte Ausdruck ihrer wirklichen Verhältnisse und Betätigung, ihrer Produktion, ihres Verkehrs, ihrer gesellschaftlichen und politischen Organisation sind. Die entgegengesetzte Annahme ist nur dann möglich, wenn man außer dem Geist der wirklichen, materiell bedingten Individuen noch einen aparten Geist voraussetzt. Ist der bewußte Ausdruck der wirklichen Verhältnisse dieser Individuen illusorisch, stellen sie in ihren Vorstellungen ihre Wirklichkeit auf den Kopf, so ist dies wiederum eine Folge ihrer bornierten materiellen Betätigungsweise und ihrer daraus entspringenden bornierten gesellschaftlichen Verhältnisse.«

[3] Navigationsgesetze – von Cromwell 1651 erlassene und später mehrmals erneuerte bzw. ergänzte Schiffahrtsgesetze, die sich besonders gegen den holländischen Zwischenhandel richteten und das Ziel verfolgten, die englische Kolonialherrschaft zu festigen.

[4] Differentialzölle belasteten die Waren derselben Gattung unterschiedlich nach ihren Herkunftsländern; sie dienten dazu, die Schiffahrt, die Industrie und den Handel des eigenen Landes zu begünstigen.

Das Elend der Philosophie

[...] Auch der Feudalismus hatte sein Proletariat – die Leibeigenschaft, welche alle Keime des Bürgertums enthielt. Auch die feudale Produktion hatte zwei antagonistische Elemente, die man gleichfalls als *gute* und *schlechte Seite* des Feudalismus bezeichnet, ohne zu berücksichtigen, daß es stets die schlechte Seite ist, welche schließlich den Sieg über die gute Seite davonträgt. Die schlechte Seite ist es, welche die Bewegung ins Leben ruft, welche die Geschichte macht, dadurch, daß sie den Kampf zeitigt. Hätten zur Zeit der Herrschaft des Feudalismus die Ökonomen, begeistert von den ritterlichen Tugenden, von der schönen Harmonie zwischen Rechten und Pflichten, von dem patriarchalischen Leben der Städte, von dem Blühen der Hausindustrie auf dem Lande, von der Entwicklung der in Korporationen, Zünften, Innungen organisierten Industrie, mit einem Wort von allem, was die schöne Seite des Feudalismus bildet, sich das Problem gestellt, alles auszumerzen, was einen Schatten auf dies Bild wirft – Leibeigenschaft, Privilegien, Anarchie –, wohin wären sie damit gekommen? Man hätte alle Elemente vernichtet, welche den Kampf hervorriefen, man hätte die Entwicklung der Bourgeoisie im Keim erstickt. Man hätte sich das absurde Problem gestellt, die Geschichte auszustreichen.

Als die Bourgeoisie obenauf gekommen war, fragte man weder nach der guten noch nach der schlechten Seite des Feudalismus. Die Produktivkräfte, welche sich durch sie unter dem Feudalismus entwickelt hatten, fielen ihr zu. Alle alten ökonomischen Formen, die privatrechtlichen Beziehungen, welche ihnen entsprachen, der politische Zustand, welcher der offizielle Ausdruck der alten Gesellschaft war, wurden zerbrochen.

Will man somit die feudale Produktion richtig beurteilen, so muß man sie als eine auf dem Gegensatz basierte Produktionsweise betrachten. Man muß zeigen, wie der Reichtum innerhalb dieses Gegensatzes produziert wurde, wie die Produktivkräfte sich gleichzeitig mit dem Widerstreit der Klassen entwickelten, wie die eine dieser Klassen, die schlechte Seite, das gesellschaftliche Übel, stets anwuchs, bis die materiellen Bedingungen ihrer Emanzipation zur Reife gediehen waren. Sagt das nicht deutlich genug, daß die Produktionsweise, die Verhältnisse, in denen die Produktivkräfte sich entwickeln, nichts weniger als ewige Gesetze sind, sondern einem bestimmten Entwicklungszustande der Menschen und ihrer Produktivkräfte entsprechen und daß eine in den Produktivkräften der Menschen eingetretene Veränderung notwendigerweise eine Veränderung in ihren Produktionsverhältnissen herbeiführt? Da es vor allen Dingen darauf ankommt, nicht von den Früchten der Zivilisation, den erworbenen Produktivkräften ausgeschlossen zu sein, so wird es notwendig, die überkommenen Formen, in welchen sie geschaffen worden, zu zerbrechen. Von diesem Augenblick an wird die revolutionäre Klasse konservativ.

Die Bourgeoisie beginnt mit einem Proletariat, das selbst wiederum ein Überbleibsel des Proletariats des Feudalismus ist. In dem Verlauf ihrer historischen Entwicklung entwickelt die Bourgeoisie notwendigerweise ihren antagonistischen Charakter, der sich bei ihrem ersten Auftreten mehr oder minder verhüllt vorfindet, nur im latenten Zustande existiert. In dem Maße, wie die Bourgeoisie sich entwickelt, entwickelt sich in ihrem Schoße ein neues Proletariat, ein modernes Proletariat: Es entwickelt sich ein Kampf zwischen der Proletarierklasse und der Bourgeoisklasse, ein Kampf, der, bevor er auf beiden Seiten empfunden, bemerkt, gewürdigt, begriffen, eingestanden und endlich laut proklamiert wird, sich vorläufig nur in teilweisen und vorübergehenden Konflikten, in Zerstörungswerken äußert. Anderseits, wenn alle Angehörigen der modernen Bourgeoisie das gleiche Interesse haben, insoweit sie eine Klasse gegenüber einer anderen Klasse bilden, so haben sie entgegengesetzte, widerstreitende Interessen, sobald sie selbst einander gegenüberstehen. Dieser Interessengegensatz geht aus den ökonomischen Bedingungen ihres bürgerlichen Lebens hervor. Von Tag zu Tag wird es somit klarer, daß die Produktionsverhältnisse, in denen sich die Bourgeoisie bewegt, nicht einen einheitlichen, einfachen Charakter haben, sondern einen zwieschlächtigen; daß in denselben Verhältnissen, in denen der Reichtum produziert wird, auch das Elend produziert wird; daß in denselben Verhältnissen, in denen die Entwicklung der Produktivkräfte vor sich geht, sich eine Repressionskraft entwickelt; daß diese Verhältnisse den *bürgerlichen Reichtum*, d. h. den Reichtum der Bourgeoisklasse, nur erzeugen unter fortgesetzter Vernichtung des Reichtums einzelner Glieder dieser Klasse und unter Schaffung eines stets wachsenden Proletariats. [...]

Trotz beider, trotz Handbücher und Utopien, haben die Arbeiterkoalitionen keinen Augenblick aufgehört, mit der Entwicklung und der Zunahme der modernen Industrie sich zu entwickeln und zu wachsen. Das ist heute so sehr der Fall, daß der Entwicklungsgrad der Koalitionen in einem Lande genau den Rang bezeichnet, den dasselbe in der Hierarchie des Weltmarktes einnimmt. England, wo die Industrie am höchsten entwickelt ist, besitzt die umfangreichsten und bestorganisierten Koalitionen.

In England hat man sich nicht auf partielle Koalitionen beschränkt, die keinen anderen Zweck hatten als einen augenblicklichen Strike und mit demselben wieder verschwanden. Man hat dauernde Koalitionen geschaffen, *trades unions*, die den Arbeitern in ihren Kämpfen mit den Unternehmern als Schutzwehr dienen. Und gegenwärtig finden alle diese lokalen *trades unions* einen Sammelpunkt in der *National Association of United Trades*, deren Zentralkomitee in London sitzt und die bereits 80 000 Mitglieder zählt. Diese Strikes, Koalitionen und *trades unions* traten ins Leben gleichzeitig mit den politischen Kämpfen der Arbeiter, die gegenwärtig unter dem Namen der *Chartisten*[1] eine große politische Partei bilden.

Die ersten Versuche der Arbeiter, *sich* untereinander *zu assoziieren*, nehmen stets die Form von Koalitionen an.

Die Großindustrie bringt eine Menge einander unbekannter Leute an einem Ort zusammen. Die Konkurrenz spaltet sie in ihren Interessen; aber die Aufrechterhaltung des Lohnes, dieses gemeinsame Interesse gegenüber ihrem Meister, vereinigt sie in einem gemeinsamen Gedanken des Widerstandes – *Koalition.* So hat die Koalition stets einen doppelten Zweck, den, die Konkurrenz der Arbeiter unter sich aufzuheben, um dem Kapitalisten eine allgemeine Konkurrenz machen zu können. Wenn der erste Zweck des Widerstandes nur die Aufrechterhaltung der Löhne war, so formieren sich die anfangs isolierten Koalitionen in dem Maß, wie die Kapitalisten ihrerseits sich behufs der Repression vereinigen zu Gruppen, und gegenüber dem stets vereinigten Kapital wird die Aufrechterhaltung der Assoziationen notwendiger für sie als die des Lohnes. Das ist so wahr, daß die englischen Ökonomen ganz erstaunt sind zu sehen, wie die Arbeiter einen großen Teil ihres Lohnes zugunsten von Assoziationen opfern, die in den Augen der Ökonomen nur zugunsten des Lohnes errichtet wurden. In diesem Kampfe – ein veritabler Bürgerkrieg – vereinigen und entwickeln sich alle Elemente für eine kommende Schlacht. Einmal auf diesem Punkte angelangt, nimmt die Koalition einen politischen Charakter an.

Die ökonomischen Verhältnisse haben zuerst die Masse der Bevölkerung in Arbeiter verwandelt. Die Herrschaft des Kapitals hat für diese Masse eine gemeinsame Situation, gemeinsame Interessen geschaffen. So ist diese Masse bereits eine Klasse gegenüber dem Kapital, aber noch nicht für sich selbst. In dem Kampf, den wir nur in einigen Phasen gekennzeichnet haben, findet sich diese Masse zusammen, konstituiert sie sich als Klasse für sich selbst. Die Interessen, welche sie verteidigt, werden Klasseninteressen. Aber der Kampf von Klasse gegen Klasse ist ein politischer Kampf.

Mit Bezug auf die Bourgeoisie haben wir zwei Phasen zu unterscheiden: die, während derer sie sich unter der Herrschaft des Feudalismus und der absoluten Monarchie als Klasse konstituierte, und die, wo sie, bereits als Klasse konstituiert, die Feudalherrschaft und die Monarchie umstürzte, um die Gesellschaft zu einer Bourgeoisgesellschaft zu gestalten. Die erste dieser Phasen war die längere und erforderte die größeren Anstrengungen. Auch das Bürgertum hatte mit partiellen Koalitionen gegen die Feudalherrn begonnen.

Man hat viel Untersuchungen angestellt, um den verschiedenen historischen Phasen nachzuspüren, welche die Bourgeoisie von der Stadtgemeinde an bis zu ihrer Konstituierung als Klasse durchlaufen hat.

Aber wenn es sich darum handelt, sich genau Rechenschaft abzulegen über die Strikes, Koalitionen und die anderen Formen, unter welchen die Proletarier vor unseren Augen ihre Organisation als Klasse vollziehen, so werden die einen von einer wirklichen Furcht befallen, während die anderen eine *transzendentale* Geringschätzung an den Tag legen.

Eine unterdrückte Klasse ist die Lebensbedingung jeder auf den Klassengegensatz begründeten Gesellschaft. Die Befreiung der unterdrückten Klasse schließt also notwendigerweise die Schaffung einer neuen Gesellschaft ein. Soll die unterdrückte Klasse sich befreien können, so muß eine Stufe erreicht sein, auf der die bereits erworbenen Produktivkräfte und die geltenden gesellschaftlichen Einrichtungen nicht mehr nebeneinander bestehen können. Von allen Produktionsinstrumenten ist die größte Produktivkraft die revolutionäre Klasse selbst. Die Organisation der revolutionären Elemente als Klasse setzt die fertige Existenz aller Produktivkräfte voraus, die sich überhaupt im Schoß der alten Gesellschaft entfalten konnten.

Heißt dies, daß es nach dem Sturz der alten Gesellschaft eine neue Klassenherrschaft geben wird, die in einer neuen politischen Gewalt gipfelt? Nein.

Die Bedingung der Befreiung der arbeitenden Klasse ist die Abschaffung jeder Klasse, wie die Bedingung der Befreiung des dritten Standes, der bürgerlichen Ordnung, die Abschaffung aller Stände war.

Die arbeitende Klasse wird im Laufe der Entwicklung an die Stelle der alten bürgerlichen Gesellschaft eine Assoziation setzen, welche die Klassen und ihren Gegensatz ausschließt, und es wird keine eigentliche politische Gewalt mehr geben, weil gerade die politische Gewalt der offizielle Ausdruck des Klassengegensatzes innerhalb der bürgerlichen Gesellschaft ist.

Inzwischen ist der Gegensatz zwischen Proletariat und Bourgeoisie ein Kampf von Klasse gegen Klasse, ein Kampf, der, auf seinen höchsten Ausdruck gebracht, eine totale Revolution bedeutet. Braucht man sich übrigens zu wundern, daß eine auf den Klassen*gegensatz* begründete Gesellschaft auf den brutalen *Widerspruch* hinausläuft, auf den Zusammenstoß Mann gegen Mann als letzte Lösung?

Man sage nicht, daß die gesellschaftliche Bewegung die politische ausschließt. Es gibt keine politische Bewegung, die nicht gleichzeitig auch eine gesellschaftliche wäre.

Nur bei einer Ordnung der Dinge, wo es keine Klassen und keinen Klassengegensatz gibt, werden die *gesellschaftlichen Evolutionen* aufhören, *politische Revolutionen* zu sein. Bis dahin wird am Vorabend jeder allgemeinen Neugestaltung der Gesellschaft das letzte Wort der sozialen Wissenschaft stets lauten:

»Kampf oder Tod; blutiger Krieg oder das Nichts. So ist die Frage unerbittlich gestellt.« George Sand

[1] Chartisten – Vertreter der revolutionären, aber nicht sozialistischen Bewegung der englischen Arbeiter in den Jahren von 1836 bis 1848, die für die Verwirklichung der Volks-Charta (People's Charter) kämpften, deren Forderungen auf die Demokratisierung der staatlichen Ordnung Englands gerichtet waren.

Zur Kritik der Politischen Ökonomie. Vorwort

Ich betrachte das System der bürgerlichen Ökonomie in dieser Reihenfolge: *Kapital, Grundeigentum, Lohnarbeit; Staat, auswärtiger Handel, Weltmarkt.* Unter den drei ersten Rubriken untersuche ich die ökonomischen Lebensbedingungen der drei großen Klassen, worin die moderne bürgerliche Gesellschaft zerfällt; der Zusammenhang der drei andern Rubriken springt in die Augen. Die erste Abteilung des ersten Buchs, das vom Kapital handelt, besteht aus folgenden Kapiteln: 1. die Ware; 2. das Geld oder die einfache Zirkulation; 3. das Kapital im allgemeinen. Die zwei ersten Kapitel bilden den Inhalt des vorliegenden Heftes. Das Gesamtmaterial liegt vor mir in Form von Monographien, die in weit auseinanderliegenden Perioden zu eigner Selbstverständigung, nicht für den Druck niedergeschrieben wurden und deren zusammenhängende Verarbeitung nach dem angegebenen Plan von äußern Umständen abhängen wird.

Eine allgemeine Einleitung, die ich hingeworfen hatte, unterdrücke ich, weil mir bei näherem Nachdenken jede Vorwegnahme erst zu beweisender Resultate störend scheint, und der Leser, der mir überhaupt folgen will, sich entschließen muß, von dem einzelnen zum allgemeinen aufzusteigen. Einige Andeutungen über den Gang meiner eignen politisch-ökonomischen Studien mögen dagegen hier am Platz scheinen.

Mein Fachstudium war das der Jurisprudenz, die ich jedoch nur als untergeordnete Disziplin neben Philosophie und Geschichte betrieb. Im Jahr 1842/43, als Redakteur der »Rheinischen Zeitung«, kam ich zuerst in die Verlegenheit, über sogenannte materielle Interessen mitsprechen zu müssen. Die Verhandlungen des Rheinischen Landtags über Holzdiebstahl und Parzellierung des Grundeigentums, die amtliche Polemik, die Herr von Schaper, damals Oberpräsident der Rheinprovinz, mit der »Rheinischen Zeitung« über die Zustände der Moselbauern eröffnete, Debatten endlich über Freihandel und Schutzzoll gaben die ersten Anlässe zu meiner Beschäftigung mit ökonomischen Fragen. Andererseits hatte zu jener Zeit, wo der gute Wille »weiterzugehen« Sachkenntnis vielfach aufwog, ein schwach philosophisch gefärbtes Echo des französischen Sozialismus und Kommunismus sich in der »Rheinischen Zeitung« hörbar gemacht. Ich erklärte mich gegen diese Stümperei, gestand aber zugleich in einer Kontroverse mit der »Allgemeinen Augsburger Zeitung« rund heraus, daß meine bisherigen Studien mir nicht erlaubten, irgendein Urteil über den Inhalt der französischen Richtungen selbst zu wagen. Ich ergriff vielmehr begierig die Illusion der Geranten der »Rheinischen Zeitung«, die durch schwächere Haltung des Blattes das über es gefällte Todesurteil rückgängig machen zu können glaubten, um mich von der öffentlichen Bühne in die Studierstube zurückzuziehn.

Die erste Arbeit, unternommen zur Lösung der Zweifel, die mich bestürmten, war eine kritische Revision der Hegelschen Rechtsphilosophie, eine Arbeit, wovon die Einleitung in den 1844 in Paris herausgegebenen »Deutsch-Französischen Jahrbüchern« erschien. Meine Untersuchung mündete in dem Ergebnis, daß Rechtsverhältnisse wie Staatsformen weder aus sich selbst zu begreifen sind noch aus der sogenannten allgemeinen Entwicklung des menschlichen Geistes, sondern vielmehr in den materiellen Lebensverhältnissen wurzeln, deren Gesamtheit Hegel, nach dem Vorgang der Engländer und Franzosen des 18. Jahrhunderts, unter dem Namen »bürgerliche Gesellschaft« zusammenfaßt, daß aber die Anatomie der bürgerlichen Gesellschaft in der politischen Ökonomie zu suchen sei. Die Erforschung der letztern, die ich in Paris begann, setzte ich fort zu Brüssel, wohin ich infolge eines Ausweisungsbefehls des Herrn Guizot übergewandert war. Das allgemeine Resultat, das sich mir ergab und, einmal gewonnen, meinen Studien zum Leitfaden diente, kann kurz so formuliert werden: In der gesellschaftlichen Produktion ihres Lebens gehen die Menschen bestimmte, notwendige, von ihrem Willen unabhängige Verhältnisse ein, Produktionsverhältnisse, die einer bestimmten Entwicklungsstufe ihrer materiellen Produktivkräfte entsprechen. Die Gesamtheit dieser Produktionsverhältnisse bildet die ökonomische Struktur der Gesellschaft, die reale Basis, worauf sich ein juristischer und politischer Überbau erhebt, und welcher bestimmte gesellschaftliche Bewußtseinsformen entsprechen. Die Produktionsweise des materiellen Lebens bedingt den sozialen, politischen und geistigen Lebensprozeß überhaupt. Es ist nicht das Bewußtsein der Menschen, das ihr Sein, sondern umgekehrt ihr gesellschaftliches Sein, das ihr Bewußtsein bestimmt. Auf einer gewissen Stufe ihrer Entwicklung geraten die materiellen Produktivkräfte der Gesellschaft in Widerspruch mit den vorhandenen Produktionsverhältnissen oder, was nur ein juristischer Ausdruck dafür ist, mit den Eigentumsverhältnissen, innerhalb deren sie sich bisher bewegt hatten. Aus Entwicklungsformen der Produktivkräfte schlagen diese Verhältnisse in Fesseln derselben um. Es tritt dann eine Epoche sozialer Revolution ein. Mit der Veränderung der ökonomischen Grundlage wälzt sich der ganze ungeheure Überbau langsamer oder rascher um. In der Betrachtung solcher Umwälzungen muß man stets unterscheiden zwischen der materiellen, naturwissenschaftlich treu zu konstatierenden Umwälzung in den ökonomischen Produktionsbedingungen und den juristischen, politischen, religiösen, künstlerischen oder philosophischen, kurz, ideologischen Formen, worin sich die Menschen dieses Konflikts bewußt werden und ihn ausfechten. Sowenig man das, was ein Individuum ist, nach dem beurteilt, was es sich selbst dünkt, ebensowenig kann man eine solche Umwälzungsepoche aus ihrem Bewußtsein beurteilen, sondern muß vielmehr dies Bewußtsein aus den Widersprüchen des materiellen Lebens, aus dem vorhandenen Konflikt zwischen gesellschaftlichen Produktivkräften und Produktionsverhältnissen erklären. Eine Gesellschaftsformation geht nie unter, bevor alle Produktivkräfte entwickelt sind, für die sie weit genug ist, und neue höhere Produktionsverhältnisse treten nie an die Stelle, bevor die materiellen Existenzbedingungen derselben im Schoß der alten Gesellschaft selbst ausgebrütet worden sind. Daher stellt sich die Menschheit immer nur Aufgaben, die sie lösen kann, denn genauer betrachtet wird sich stets finden, daß die Aufgabe selbst nur entspringt, wo die materiellen Bedingungen ihrer Lösung schon vorhanden oder wenigstens im Prozeß ihres Werdens begriffen sind. In großen Umrissen können asiatische, antike, feudale und modern bürgerliche Produktionsweisen als progressive Epochen der ökonomischen Gesellschaftsformation bezeichnet werden. Die bürgerlichen Produktionsverhältnisse sind die letzte antagonistische Form des gesellschaftlichen Produktionsprozesses, antagonistisch nicht im Sinn von individuellem Antagonismus, sondern eines aus den gesellschaftlichen Lebensbedingungen der Individuen hervorwachsenden Antagonismus, aber die im Schoß der bürgerlichen Gesellschaft sich entwickelnden Produktivkräfte schaffen zugleich die materiellen Bedingungen zur Lösung dieses Antagonismus. Mit dieser Gesellschaftsformation schließt daher die Vorgeschichte der menschlichen Gesellschaft ab.

Friedrich Engels, mit dem ich seit dem Erscheinen seiner genialen Skizze zur Kritik der ökonomischen Kategorien (in den »Deutsch-Französischen Jahrbüchern«) einen steten schriftlichen Ideenaustausch unterhielt, war auf anderm Wege (vergleiche seine »Lage der arbeitenden Klasse in England«) mit mir zu demselben Resultat gelangt, und als er sich im Frühling 1845 ebenfalls in Brüssel niederließ, beschlossen wir, den Gegensatz unsrer Ansicht gegen die ideologische der deutschen Philosophie gemeinschaftlich auszuarbeiten, in der Tat mit unserm ehemaligen philosophischen Gewissen abzurechnen. Der Vorsatz ward ausgeführt in der Form einer Kritik der nachhegelschen Philosophie. Das Manuskript, zwei starke Oktavbände, war längst an seinem Verlagsort in Westphalen angelangt, als wir die Nachricht erhielten, daß veränderte Umstände den Druck nicht erlaubten. Wir überließen das Manuskript der nagenden Kritik der Mäuse um so williger, als wir unsern Hauptzweck erreicht hatten – Selbstverständigung. Von den zerstreuten Arbeiten, worin wir damals nach der einen oder andern Seite hin unsre Ansichten dem Publikum vorlegten, erwähne ich nur das von Engels und mir gemeinschaftlich verfaßte »Manifest der Kommunistischen Partei« und einen von mir veröffentlichten »Discours sur le libre échange« [»Rede über die Frage des Freihandels«]. Die entscheidenden Punkte unsrer Ansicht wurden zuerst wissenschaftlich, wenn auch nur polemisch, angedeutet in meiner 1847 herausgegebenen und gegen Proudhon gerichteten Schrift »Misère de la philosophie etc.« Eine deutsch geschriebene Abhandlung über die »Lohnarbeit«, worin ich meine über diesen Gegenstand im Brüsseler Deutschen Arbeiterverein gehaltenen Vorträge zusammenflocht, wurde im Druck unterbrochen durch die Februarrevolution und meine infolge derselben stattfindende gewaltsame Entfernung aus Belgien.

Die Herausgabe der »Neuen Rheinischen Zeitung« 1848 und 1849 und die später erfolgten Ereignisse unterbrachen meine ökonomischen Studien, die erst im Jahr 1850 in London wiederaufgenommen werden konnten. Das ungeheure Material für Geschichte der politischen Ökonomie, das im British Museum aufgehäuft ist, der günstige Standpunkt, den London für die Beobachtung der bürgerlichen Gesellschaft gewährt, endlich das neue Entwicklungsstadium, worin letztere mit der Entdeckung des kalifornischen und australischen Goldes einzutreten schien, bestimmten mich, ganz von vorn wieder anzufangen und mich durch das neue Material kritisch durchzuarbeiten. Diese Studien führten teils von selbst in scheinbar ganz abliegende Disziplinen, in denen ich kürzer oder länger verweilen mußte. Namentlich aber wurde die mir zu Gebot stehende Zeit geschmälert durch die gebieterische Notwendigkeit einer Erwerbstätigkeit. Meine nun achtjährige Mitarbeit an der ersten englisch-amerikanischen Zeitung, der »New-York Tribune«, machte, da ich mit eigentlicher Zeitungskorrespondenz mich nur ausnahmsweise befasse, eine außerordentliche Zersplitterung der Studien nötig. Indes bildeten Artikel über auffallende ökonomische Ereignisse in England und auf dem Kontinent einen so bedeutenden Teil meiner Beiträge, daß ich genötigt ward, mich mit praktischen Details vertraut zu machen, die außerhalb des Bereichs der eigentlichen Wissenschaft der politischen Ökonomie liegen.

Diese Skizze über den Gang meiner Studien im Gebiet der politischen Ökonomie soll nur beweisen, daß meine Ansichten, wie man sie immer beurteilen mag und wie wenig sie mit den interessierten Vorurteilen der herrschenden Klassen übereinstimmen, das Ergebnis gewissenhafter und langjähriger Forschung sind. Bei dem Eingang in die Wissenschaft aber, wie beim Eingang in die Hölle, muß die Forderung gestellt werden:

Qui si convien lasciare ogni sospetto
Ogni viltà convien che qui sia morta.

[Hier mußt du allen Zweifelmut ertöten,
Hier ziemt sich keine Zagheit fürderhin.
Aus Dante, »Göttliche Komödie«]

Teil 3: Arbeit und Gesellschaft

Von der Entfremdung zur Befreiung: Philosophie und Soziologie der Arbeit bei Marx

(Einführung der Herausgeber)

Arbeit bedeutete für Marx stets mehr als jene auf den profanen Gelderwerb ausgerichtete Form der Lohnarbeit. Arbeit als zielgerichtete und gedanklich vorweggenommene Tätigkeit ist für ihn jene Eigenschaft, die den Menschen zum Menschen macht. Dies zeichnet den »schlechtesten Baumeister vor der besten Biene aus«,[1] wie er in *Das Kapital* schreibt, denn der Baumeister geht planmäßig vor, während die Biene zwar komplizierte Bewegungsakte vollzieht, dabei jedoch nur ihren Instinkten folgt.

Arbeit erzeugt damit auch Gesellschaft, denn Menschen sind von Beginn an auf Kooperation mit ihresgleichen angewiesen, ohne die sie nicht existieren könnten. Die komplexeren Formen der Arbeitsteilung strukturieren die menschliche Zusammenarbeit und prägen sogar die politischen Systeme der Menschen, ihre Denkstrukturen und ihre Kultur. Insofern erzeugt Arbeit auch den Menschen selbst; und zwar nicht nur in dem Sinne, dass die naturgeschichtliche Evolution für Marx (und Engels, der dies in einer Abhandlung über die »Menschwerdung des Affen« in der Schrift »Dialektik der Natur«[2] ausführte) untrennbar mit Arbeit verknüpft ist, weil die Notwendigkeit zur Arbeit jenen Mutationen, die eine höhere Denkfähigkeit ermöglichten, einen evolutionären Vorteil verschaffte. Nein, die Arbeit *erzeugt* den Menschen auch in dem Sinne, dass er per se nur als gesellschaftliches Wesen existieren kann. Durch die Bearbeitung der Natur entfaltet sich der Mensch »erst wirklich als Gattungswesen. Diese Produktion ist sein werktätiges Gattungsleben. Durch sie erscheint die Natur als sein Werk und seine Wirklichkeit.«[3] Der Mensch selbst sei, wie es in der sechsten These zu Ludwig Feuerbach heißt, ein »Ensemble« der – durch

1 Karl Marx, *Das Kapital. Erster Band*, *Marx-Engels-Werke* (MEW), Bd. 23, Berlin 1962, S. 193.

2 Friedrich Engels, »Dialektik der Natur«, in: MEW, Bd. 20, Berlin 1962, S. 307-620, hier S. 444-455.

3 Karl Marx, »Ökonomisch-philosophische Manuskripte«, in: MEW, Bd. 40, Berlin 1968, S. 465-588, hier S. 517.

seine Arbeit geschaffenen – gesellschaftlichen Verhältnisse.[4] Dieses radikal konstruktivistische Menschenbild ist der Grund, warum Marx mit solchem Eifer die »Robinsonaden« der politischen Ökonomen seiner Zeit aufs Korn nimmt, die immer das vereinzelte Individuum zum Ausgangspunkt ihrer Theorien machen. Für Marx existiert das Individuum nicht außerhalb der Gesellschaft.

Das kollektive, bewusste Einwirken auf die Welt, ihre Gestaltung gemäß den von Menschen definierten Zielsetzungen, in deren Rahmen die Grenzen von Bürde und Spiel bzw. von Arbeit und Freizeit verschwimmen, ist jedoch in Klassengesellschaften nachhaltig gestört. Die Formen der Aneignung von Mehrarbeit strukturieren schließlich Abhängigkeits- und Ungleichheitsverhältnisse, entziehen dem Menschen seine Fähigkeit, selbstbestimmt über den Zweck, die Inhalte und die Formen seiner Arbeit zu entscheiden. Im Kapitalismus ist diese »Entfremdung« der Arbeit auf die Spitze getrieben, denn Arbeit verkommt (zumindest im Rahmen der frühkapitalistischen Industrieproduktion) zum bloßen Mittel zum Zweck, dem kein weiterer Sinn innewohnt als der Gelderwerb, die Reproduktion der eigenen Lebensfähigkeit. Ansprüche auf selbstbestimmtes und befriedigendes Arbeiten, auf das Recht, sich in der Arbeit zu verwirklichen und die Lebenswelt zu gestalten, gerieten schon frühzeitig in Konflikt mit dieser Art der Zurichtung. Doch sie existierten, lange Zeit übersehen von Analysen, die auf ökonomische Verteilungskämpfe fixiert blieben,[5] als Unterströmung, als Quelle der Unzufriedenheit, aus der sich subversives Potenzial ebenso speiste wie die Utopie des befreiten, selbstbestimmten Arbeitens. »Autogestion«, die Forderung nach Selbstbestimmung, war beispielsweise ein Leitmotiv der streikenden Arbeiter im französischen Mai 1968. Die Unzufriedenheit über die materielle Not

4 Karl Marx »Thesen über Feuerbach«, in: MEW, Bd. 3, Berlin 1978, S. 533-535, hier S. 534.

5 Vgl. die Kritik in Michael Schumann u. a., *Rationalisierung, Krise, Arbeiter – Eine empirische Untersuchung der Industrialisierung auf der Werft*, Frankfurt/M. 1982. Die Autoren unterscheiden darin zwischen einer pragmatisch orientierten »Arbeitskraftperspektive«, die sich vor allem in quantitativen Forderungen in Bezug auf die Vergütung ausdrückt, und einer »Subjektperspektive«, bei der inhaltliche Ansprüche an die Arbeit im Vordergrund stehen. Diese Studie kann als Kritik am Ökonomismus der Arbeitspolitik gelesen werden, die das subversive Potenzial der »Subjektperspektive« nicht gebührend anerkennt.

und die Kritik an entfremdeter, also unmenschlicher Arbeit verschmolzen in dieser Zeit zu einer explosiven Gemengelage.

Die hier ausgewählten Textpassagen bieten reichlich Stoff, um über Arbeit in den vergangenen wie gegenwärtigen Gesellschaften nachzudenken. Den Ausgangspunkt bildet *Die entfremdete Arbeit*, eine Passage aus den ökonomisch-philosophischen Schriften, einem frühen Manuskript aus dem Jahre 1844 (den sogenannten Pariser Manuskripten). Darin entfaltet Marx in griffigen Worten seinen Begriff der Entfremdung, in deren Folge es dazu komme, »daß der Mensch (der Arbeiter) nur mehr in seinen tierischen Funktionen, Essen, Trinken und Zeugen, höchstens noch Wohnung, Schmuck etc., sich als freitätig fühlt und in seinen menschlichen Funktionen nur mehr als Tier«.[6] Mitgedacht ist darin stets die Auflösung dieses Zustandes in einer kommunistischen Gesellschaft, in der Arbeit, basierend auf einer gemeinschaftlichen Kontrolle der Produktionsmittel, wieder zu einem bewussten, kollektiven Akt der Gestaltung wird.

Zwei Stellen aus *Das Kapital* thematisieren im Anschluss, wie die Formen der Arbeitsteilung die Gesellschaft strukturieren. Im Abschnitt *Teilung der Arbeit innerhalb der Manufaktur und Teilung der Arbeit innerhalb der Gesellschaft* arbeitet Marx die Unterschiede zwischen der Arbeitsteilung in traditionalen Gesellschaften und jener im Kapitalismus heraus und liefert dabei eine eigene Lesart gesellschaftlicher Differenzierung. Diese verselbständige sich, weil sie in einer ökonomischen Eigendynamik durch Waren vermittelt sei und somit einander unbekannte Produzenten in Abhängigkeit zueinander setze. Da dieser Prozess nicht durch die Subjekte selbst, sondern durch die anonymen Kräfte des Marktes kontrolliert werde, handele es sich um einen Fall der »Verunselbständigung der früher Selbständigen«,[7] des Verlustes der kollektiven Fähigkeit zur bewussten Gestaltung der Welt.

In der zweiten Passage über *Kauf und Verkauf der Arbeitskraft* definiert Marx den Wert der Ware Arbeitskraft als Wert der »zur Produktion, also auch Reproduktion dieses spezifischen Artikels notwendige[n] Arbeitszeit«[8] und diskutiert kursorisch die Formen der Reproduktion und mögliche Gründe für Schwankungen dieses

6 Marx, »Ökonomisch-philosophische Manuskripte«, S. 514 f.

7 Marx, *Das Kapital. Erster Band*, S. 373.

8 Ebd., S. 184.

Werts. Wie bereits in der Einleitung zum vorliegenden Band diskutiert, ist dieser Abschnitt gewissermaßen die Scharnierstelle, an der verschiedene feministische Ansätze einhaken, die die Bedingungen der meist von Frauen verrichteten Reproduktionsarbeit untersuchen und theoretisch deuten.

Die marxsche Darstellung des kapitalistischen Arbeitsprozesses stellt trotz (womöglich sogar wegen) ihrer Limitierungen einen zentralen Ausgangspunkt für die Analyse der Arbeitsgesellschaften der Gegenwart dar. Sie bildet eine gedankliche Folie, die beispielsweise der modernen Arbeitssoziologie mal als expliziter, mal als impliziter Hintergrund dient. In den Darstellungen über *Betriebliche Herrschaft*, die sich aus mehreren Textstellen aus *Das Kapital* zusammensetzen, offenbart sich die eindrucksvolle Spannbreite zwischen abstrakten Grundbegriffen und einer sensiblen Konkretisierung der Analyse von betrieblicher Herrschaft, die charakteristisch für Marx' Hauptwerk ist. Die Darstellung basiert auf einem akribischen Studium wissenschaftlicher Abhandlungen, journalistischer Berichte und parlamentarischer Untersuchungen über die Formen von Kooperation, Arbeitsteilung und Kontrolle in der entstehenden Industrie. Obwohl die Produktion gesellschaftlich und damit notwendigerweise kooperativ sei, seien die Betriebe despotisch organisiert, sei der Befehl des Kapitalisten auf dem Produktionsfeld »so unentbehrlich wie der Befehl des Generals auf dem Schlachtfeld«.[9]

Diese Darstellung ist gewissermaßen die Ursuppe einer langen Linie arbeitssoziologischer Forschung, die sich, allgemein formuliert, der Frage widmet, wie sich das Potenzial zur Verausgabung von Arbeit, das Unternehmer mit dem Abschluss eines Arbeitsvertrages erwerben, in tatsächliche und in Umfang und Form den Anforderungen entsprechende Arbeitsleistung transformiert.[10] Die Beschreibung des despotischen Fabrikregimes, das zu Marx' Zeit wohl tatsächlich die dominante Form darstellte, wird mittlerweile als zu eindimensional betrachtet, um den späteren Formen betrieblicher Herrschaft gerecht zu werden. Zwar wird meist an der Annahme festgehalten, dass es einen Zusammenhang zwischen

9 Marx, »Das Kapital«, S. 350.

10 Siehe Christoph Deutschmann, *Postindustrielle Industriesoziologie. Theoretische Grundlagen, Arbeitsverhältnisse und soziale Identitäten*, Weinheim/München 2002, S. 95-101.

kapitalistischer Wirtschaftsweise und der »reellen Subsumtion« gibt, womit die Art und Weise gemeint ist, in der die Organisation, Formen und Inhalte der Arbeit sich den kapitalistischen Rahmenbedingungen anpassen. Marx selbst führte diese Begrifflichkeit in der ebenfalls für diese Sammlung ausgewählten Schrift *Resultate des unmittelbaren Produktionsprozesses* ein, in der er ausführt, wie sich Arbeitsorganisation und -prozess infolge fortschreitender Rationalisierung kontinuierlich verändern. Das Verhältnis zwischen kapitalistischer Wirtschaftsordnung und betrieblicher Herrschaft wird heute jedoch nicht im Sinne eines einfachen Ableitungs- oder Entsprechungsverhältnisses gedeutet. Wie Michael Burawoy und viele andere Autoren im Rahmen der sogenannten *labour process debate* herausarbeiteten, ist heute eher von einer Pluralität von Produktionsregimes auszugehen.[11]

Die von Marx aufgeworfene Frage nach der Form der betrieblichen Herrschaft bleibt jedoch als Forschungsprogramm aktuell und inspiriert Deutungen wie die eines »digitalen Despotismus«[12] oder des »digitalen Fließbandes«.[13] Gerade Formen der Arbeit, wie sie in der digitalen Plattformökonomie vorkommen, sei es bei *Uber*, *Amazon*, *Deliveroo*, *Helpling* oder anderen, erfordern eine Neubestimmung in Bezug auf die Form der Subsumtion, denn in ihnen vereinen sich Autonomie und Kontrolle auf neue Art und Weise. Entsprechend gibt es heute auch eine lebhafte Debatte darüber, wie Arbeitsverhältnisse zu deuten sind, in denen den Beschäftigten der Einsatz ihrer gesamten Kreativität und Gestaltungsfähigkeit abverlangt wird.[14] Kann unter diesen Umständen noch von Entfremdung gesprochen werden, oder ist dies gar eine Zuspitzung der Entfremdung, die bis in die Persönlichkeitsstrukturen der Menschen hineinreicht? Ergibt Marx' Konzeption einer kollektiven Klasse angesichts der Ausbreitung der Soloselbständigkeit noch

11 Michael Burawoy, *The Politics of Production. Factory Regimes under Capitalism and Socialism*, London 1985; Richard Edwards, *Herrschaft im modernen Produktionsprozeß*, Frankfurt/M. und New York 1981; Andrew Friedman, *Industry and Labour*, London 1979.

12 Sabine Pfeiffer, »Warum reden wir eigentlich über Industrie 4.0? Auf dem Weg zum digitalen Despotismus«, in: *Mittelweg 36* 6 (2015), S. 14-36.

13 Andreas Boes u. a., »Digitalisierung und ›Wissensarbeit‹«, in: *APuZ – Aus Politik und Zeitgeschichte* 18-19 (2016), S. 32-39.

14 Vgl. Manfred Moldaschl, Günter G. Voß (Hg.), *Subjektivierung von Arbeit*, München 2002.

Sinn? Und welche Rolle spielen eigentlich die Konflikte um Sorgearbeit, die bei Marx unterbelichtet bleiben, für gesellschaftliche Transformation?

Die restlichen Texte dieses Teils zeigen, dass Marx weit davon entfernt war, sich ausschließlich mit einem abstrakten Verständnis der Arbeit und ihrer Konfliktlinien zu beschäftigen. Er betätigte sich vielmehr als früher Soziologe, der sich stets für das Spezifische der Arbeitssituation interessierte, um dies wiederum in Zusammenhang mit seinen theoretischen Auffassungen zu bringen. Das beste Zeugnis dieses Ansatzes ist der *Fragebogen für Arbeiter*, der als Instrument für eine empirische Erhebung über die Arbeitsbedingungen in Frankreich eingesetzt werden sollte. Der Fragebogen zielte auf eine umfassende Bestandsaufnahme, u. a. der Zielmärkte der betreffenden Unternehmen, des Arbeits- und Gesundheitsschutzes, der Entlohnung, der Rolle von Gewerkschaften und vielem mehr. Dieser Fragebogen diente in den 1970er Jahren übrigens italienischen Aktivistinnen und Aktivisten der sogenannten *operaistischen* Orientierung als Vorlage für eigene Untersuchungen, die sie zu einer deutlichen Umorientierung in Bezug auf ihr Verständnis des Subjekts der angestrebten Veränderung brachte.

Die Anmerkungen zur *Streikwelle von 1853* dokumentieren exemplarisch, wie aufmerksam sich Marx der Entwicklung der Arbeitskämpfe seiner Zeit widmete. Entgegen den bisherigen Erfahrungen beobachtet er, wie die »unteren Schichten der ungelernten Arbeiter«[15] eine führende Rolle einnehmen, und führt dies auf die Wirkung der Migration zurück – eine bemerkenswerte Passage, scheint sie doch einen Zusammenhang aufzudecken, der vor allem während der migrantisch geprägten Arbeitskämpfe der 1970er Jahre zur Geltung kam.

Der Auszug über den *Kampf um den Normalarbeitstag* ist dem III. Abschnitt in *Das Kapital* entnommen, in dem es um die Produktion des absoluten Mehrwerts geht. Marx führt aus, wie der »Werwolfs-Heißhunger nach Mehrarbeit«,[16] seinerseits nicht durch schlechte Charaktereigenschaften, sondern durch das »äußerliche Zwangsgesetz der Konkurrenz«[17] bedingt, das Kapital dazu trei-

15 Karl Marx »Die russische Politik gegenüber der Türkei«, in: MEW, Bd. 9, Berlin 1960, S. 164-175, hier S. 170.

16 Marx, *Das Kapital. Erster Band*, S. 280.

17 Ebd., S. 286.

be, die Arbeiterklasse physisch zugrunde zu richten. Dies sei nicht nachhaltig: Wie »in jeder Aktienschwindelei weiß jeder, daß das Unwetter einmal einschlagen muß, aber jeder hofft, daß es das Haupt seines Nächsten trifft, nachdem er selbst den Goldregen aufgefangen und in Sicherheit gebracht hat«.[18] Insofern bedürfe es einer Bewegung gegen die zerstörerischen Kräfte des Marktes, die sich aber nur durch das Aufbegehren der Arbeiterklasse durchsetzen könne, da die Einzelkapitalien in ihrem Wettlauf untereinander entgegen jeder wirtschaftlichen und gesellschaftlichen Nachhaltigkeit handelten. Diese und andere Passagen bei Marx dienten Karl Polanyi als Vorlage seiner breit rezipierten Studie, die den Kapitalismus im Lichte der Zyklen von Freisetzungen und Wiedereinbettungen des Marktes beschreibt.[19]

18 Ebd., S. 285.

19 Karl Polanyi, *The Great Transformation. Politische und ökonomische Ursprünge von Gesellschaften und Wirtschaftssystemen*, Frankfurt/M. 1973 [Original 1944].

Die Primärtexte in diesem Teil

[*Die entfremdete Arbeit*] (MEW, Bd. 40, S. 510-522), Passage aus den *Ökonomisch-philosophischen Manuskripten*. Verfasst 1844, jedoch erst Ende der 1920er Jahre wiederentdeckt und 1932 erstmals veröffentlicht.

Teilung der Arbeit innerhalb der Manufaktur und Teilung der Arbeit innerhalb der Gesellschaft (MEW, Bd. 23, S. 371-380, leicht gekürzt), Passage aus dem Abschnitt »Die Produktion des absoluten Mehrwerts« in *Das Kapital. Erster Band*, veröffentlicht 1867.

Kauf und Verkauf der Arbeitskraft (MEW, Bd. 23, S. 181-188, leicht gekürzt), Passage aus dem Kapitel »Verwandlung von Geld in Kapital« in *Das Kapital. Erster Band.*

Die Aussagen zur [*Betrieblichen Herrschaft*] setzen sich zusammen aus den Abschnitten *Kooperation* (MEW, Bd. 23, S. 341-355), *Die Fabrik* (ebd., S. 441-450) und leicht gekürzten Auszügen aus dem Kapitel *Absoluter und relativer Mehrwert* (ebd., S. 531-538) in *Das Kapital. Erster Band.*

Bei der Schrift *Resultate des unmittelbaren Produktionsprozesses* (*Marx/Engels Gesamtausgabe* [MEGA], hg. von der Internationalen Marx-Engels-Stiftung, II. Abt, Bd. 4.1, Berlin 1988 [^{2}2011]) handelt es sich um eine Vorarbeit zu *Das Kapital* aus den 1860er Jahren. Sie wurde erst 1933 in Russland in der Zeitschrift *Marx-Engels-Archiv* veröffentlicht. Um die Lesbarkeit zu verbessern, wurde im hier vorliegenden Abdruck etwas stärker in die Kommasetzung eingegriffen.

Fragebogen für Arbeiter (MEW, Bd. 19, S. 230-237). Von Marx 1880 verfasst und über diverse Kanäle veröffentlicht. Über den Rücklauf der ausgefüllten Fragebögen und eine Auswertung ist nichts bekannt.

Die Anmerkungen zur [*Streikwelle von 1853*] entstammen dem Artikel *Die russische Politik gegenüber der Türkei – Die Arbeiterbewegung in England* aus der *New York Daily Tribune* vom 14. 07. 1853 (MEW, Bd. 9, S. 164-175, gekürzt).

Die Passage *Der Kampf um den Normalarbeitstag. Zwangsgesetze zur Verlängerung des Arbeitstags von der Mitte des 14. bis zu Ende des 17. Jahrhunderts* (MEW, Bd. 23, S. 279-286) ist einer längeren Abhandlung zu diesem Thema aus dem Abschnitt »Die Produktion des absoluten Mehrwerts« aus *Das Kapital. Erster Band* entnommen.

[Die entfremdete Arbeit]

Wir sind ausgegangen von den Voraussetzungen der Nationalökonomie. Wir haben ihre Sprache und ihre Gesetze akzeptiert. Wir unterstellten das Privateigentum, die Trennung von Arbeit, Kapital und Erde, ebenso von Arbeitslohn, Profit des Kapitals und Grundrente wie die Teilung der Arbeit, die Konkurrenz, den Begriff des Tauschwertes etc. Aus der Nationalökonomie selbst, mit ihren eignen Worten, haben wir gezeigt, daß der Arbeiter zur Ware und zur elendesten Ware herabsinkt, daß das Elend des Arbeiters im umgekehrten Verhältnis zur Macht und zur Größe seiner Produktion steht, daß das notwendige Resultat der Konkurrenz die Akkumulation des Kapitals in wenigen Händen, also die fürchterlichere Wiederherstellung des Monopols ist, daß endlich der Unterschied von Kapitalist und Grundrentner wie von Ackerbauer und Manufakturarbeiter verschwindet und die ganze Gesellschaft in die beiden Klassen der *Eigentümer* und eigentumslosen *Arbeiter* zerfallen muß.

Die Nationalökonomie geht vom Faktum des Privateigentums aus. Sie erklärt uns dasselbe nicht. Sie faßt den *materiellen* Prozeß des Privateigentums, den es in der Wirklichkeit durchmacht, in allgemeine, abstrakte Formeln, die ihr dann als *Gesetze* gelten. Sie *begreift* diese Gesetze nicht, d. h., sie zeigt nicht nach, wie sie aus dem Wesen des Privateigentums hervorgehn. Die Nationalökonomie gibt uns keinen Aufschluß über den Grund der Teilung von Arbeit und Kapital, von Kapital und Erde. Wenn sie z. B. das Verhältnis des Arbeitslohns zum Profit des Kapitals bestimmt, so gilt ihr als letzter Grund das Interesse der Kapitalisten; d. h., sie unterstellt, was sie entwickeln soll. Ebenso kömmt überall die Konkurrenz hinein. Sie wird aus äußeren Umständen erklärt. Inwiefern diese äußeren, scheinbar zufälligen Umstände nur der Ausdruck einer notwendigen Entwicklung sind, darüber lehrt uns die Nationalökonomie nichts. Wir haben gesehn, wie ihr der Austausch selbst als ein zufälliges Faktum erscheint. Die einzigen Räder, die der Nationalökonom in Bewegung setzt, sind die *Habsucht* und der *Krieg unter den Habsüchtigen, die Konkurrenz.*

Eben weil die Nationalökonomie den Zusammenhang der Bewegung nicht begreift, darum konnte sich z. B. die Lehre von der

Konkurrenz der Lehre vom Monopol, die Lehre von der Gewerbfreiheit der Lehre von der Korporation, die Lehre von der Teilung des Grundbesitzes der Lehre vom großen Grundeigentum wieder entgegenstellen, denn Konkurrenz, Gewerbfreiheit, Teilung des Grundbesitzes waren nur als zufällige, absichtliche, gewaltsame, nicht als notwendige, unvermeidliche, natürliche Konsequenzen des Monopols, der Korporation und des Feudaleigentums entwikkelt und begriffen.

Wir haben also jetzt den wesentlichen Zusammenhang zwischen dem Privateigentum, der Habsucht, der Trennung von Arbeit, Kapital und Grundeigentum, von Austausch und Konkurrenz, von Wert und Entwertung der Menschen, von Monopol und Konkurrenz etc., von dieser ganzen Entfremdung mit dem *Geld*system zu begreifen.

Versetzen wir uns nicht wie der Nationalökonom, wenn er erklären will, in einen nur erdichteten Urzustand. Ein solcher Urzustand erklärt nichts. Er schiebt bloß die Frage in eine graue, nebelhafte Ferne. Er unterstellt in der Form der Tatsache, des Ereignisses, was er deduzieren soll, nämlich das notwendige Verhältnis zwischen zwei Dingen, z. B. zwischen Teilung der Arbeit und Austausch. So erklärt die Theologie den Ursprung des Bösen durch den Sündenfall, d. h., er unterstellt als ein Faktum, in der Form der Geschichte, was er erklären soll.

Wir gehn von einem nationalökonomischen, *gegenwärtigen* Faktum aus.

Der Arbeiter wird um so ärmer, je mehr Reichtum er produziert, je mehr seine Produktion an Macht und Umfang zunimmt. Der Arbeiter wird eine um so wohlfeilere Ware, je mehr Waren er schafft. Mit der *Verwertung* der Sachenwelt nimmt die *Entwertung* der Menschenwelt in direktem Verhältnis zu. Die Arbeit produziert nicht nur Waren; sie produziert sich selbst und den Arbeiter als eine *Ware*, und zwar in dem Verhältnis, in welchem sie überhaupt Waren produziert.

Dies Faktum drückt weiter nichts aus als: Der Gegenstand, den die Arbeit produziert, ihr Produkt, tritt ihr als ein *fremdes Wesen*, als eine von dem Produzenten *unabhängige Macht* gegenüber. Das Produkt der Arbeit ist die Arbeit, die sich in einem Gegenstand fixiert, sachlich gemacht hat, es ist die *Vergegenständlichung* der Arbeit. Die Verwirklichung der Arbeit ist ihre Vergegenständlichung.

Diese Verwirklichung der Arbeit erscheint in dem nationalökonomischen Zustand als *Entwirklichung* des Arbeiters, die Vergegenständlichung als *Verlust und Knechtschaft des Gegenstandes*, die Aneignung als *Entfremdung*, als *Entäußerung.*

Die Verwirklichung der Arbeit erscheint so sehr als Entwirklichung, daß der Arbeiter bis zum Hungertod entwirklicht wird. Die Vergegenständlichung erscheint so sehr als Verlust des Gegenstandes, daß der Arbeiter der notwendigsten Gegenstände, nicht nur des Lebens, sondern auch der Arbeitsgegenstände, beraubt ist. Ja, die Arbeit selbst wird zu einem Gegenstand, dessen er nur mit der größten Anstrengung und mit den unregelmäßigsten Unterbrechungen sich bemächtigen kann. Die Aneignung des Gegenstandes erscheint so sehr als Entfremdung, daß, je mehr Gegenstände der Arbeiter produziert, er um so weniger besitzen kann und um so mehr unter die Herrschaft seines Produkts, des Kapitals, gerät.

In der Bestimmung, daß der Arbeiter zum *Produkt seiner Arbeit* als einem *fremden* Gegenstand sich verhält, liegen alle diese Konsequenzen. Denn es ist nach dieser Voraussetzung klar: Je mehr der Arbeiter sich ausarbeitet, um so mächtiger wird die fremde, gegenständliche Welt, die er sich gegenüber schafft, um so ärmer wird er selbst, seine innre Welt, um so weniger gehört ihm zu eigen. Es ist ebenso in der Religion. Je mehr der Mensch in Gott setzt, je weniger behält er in sich selbst. Der Arbeiter legt sein Leben in den Gegenstand; aber nun gehört es nicht mehr ihm, sondern dem Gegenstand. Je größer also diese Tätigkeit, um so gegenstandsloser ist der Arbeiter. Was das Produkt seiner Arbeit ist, ist er nicht. Je größer also dieses Produkt, je weniger ist er selbst. Die *Entäußrung* des Arbeiters in seinem Produkt hat die Bedeutung, nicht nur, daß seine Arbeit zu einem Gegenstand, zu einer *äußern* Existenz wird, sondern daß sie *außer ihm*, unabhängig, fremd von ihm existiert und eine selbständige Macht ihm gegenüber wird, daß das Leben, was er dem Gegenstand verliehn hat, ihm feindlich und fremd gegenübertritt.

Betrachten wir nun näher die *Vergegenständlichung*, die Produktion des Arbeiters und in ihr die *Entfremdung*, den *Verlust* des Gegenstandes, seines Produkts.

Der Arbeiter kann nichts schaffen ohne die *Natur*, ohne die *sinnliche Außenwelt.* Sie ist der Stoff, an welchem sich seine Arbeit verwirklicht, in welchem sie tätig ist, aus welchem und mittelst welchem sie produziert.

Wie aber die Natur [die] *Lebensmittel* der Arbeit darbietet, in dem Sinn, daß die Arbeit nicht *leben* kann ohne Gegenstände, an denen sie ausgeübt wird, so bietet sie andrerseits auch d[ie] *Lebensmittel* in dem engern Sinn dar, nämlich d[ie] Mittel der physischen Subsistenz des *Arbeiters* selbst.

Je mehr also der Arbeiter die Außenwelt, die sinnliche Natur, durch seine Arbeit sich *aneignet*, um so mehr entzieht er sich *Lebensmittel* nach der doppelten Seite hin, erstens, daß immer mehr die sinnliche Außenwelt aufhört, ein seiner Arbeit angehöriger Gegenstand, ein *Lebensmittel* seiner Arbeit zu sein; zweitens, daß sie immer mehr aufhört, *Lebensmittel* im unmittelbaren Sinn, Mittel für die physische Subsistenz des Arbeiters zu sein.

Nach dieser doppelten Seite hin wird der Arbeiter also ein Knecht seines Gegenstandes, erstens, daß er einen *Gegenstand der Arbeit*, d. h., daß er *Arbeit* erhält, und zweitens, daß er *Subsistenzmittel* erhält. Erstens also, daß er als *Arbeiter*, und zweitens, daß er als *physisches Subjekt* existieren kann. Die Spitze dieser Knechtschaft ist, daß er nur mehr als *Arbeiter* sich als *physisches Subjekt* erhalten [kann] und nur mehr als *physisches Subjekt* Arbeiter ist.

(Die Entfremdung des Arbeiters in seinem Gegenstand drückt sich nach nationalökonomischen Gesetzen so aus, daß, je mehr der Arbeiter produziert, er um so weniger zu konsumieren hat, daß, je mehr Werte er schafft, er um so wertloser, und so unwürdiger wird, daß, je geformter sein Produkt, um so mißförmiger der Arbeiter, daß, je zivilisierter sein Gegenstand, um so barbarischer der Arbeiter, daß, um so mächtiger die Arbeit, um so ohnmächtiger der Arbeiter wird, daß, je geistreicher die Arbeit, um so mehr geistloser und Naturknecht der Arbeiter wird.)

Die *Nationalökonomie verbirgt die Entfremdung in dem Wesen der Arbeit dadurch, daß sie nicht das* **unmittelbare** *Verhältnis zwischen dem* **Arbeiter** (der Arbeit) *und der Produktion betrachtet.* Allerdings. Die Arbeit produziert Wunderwerke für die Reichen, aber sie produziert Entblößung für den Arbeiter. Sie produziert Paläste, aber Höhlen für den Arbeiter. Sie produziert Schönheit, aber Verkrüppelung für den Arbeiter. Sie ersetzt die Arbeit durch Maschinen, aber sie wirft einen Teil der Arbeiter zu einer barbarischen Arbeit zurück und macht den andren Teil zur Maschine. Sie produziert

Geist, aber sie produziert Blödsinn, Kretinismus für den Arbeiter.

Das unmittelbare Verhältnis der Arbeit zu ihren Produkten ist das Verhältnis des Arbeiters zu den Gegenständen seiner Produktion. Das Verhältnis des Vermögenden zu den Gegenständen der Produktion und zu ihr selbst ist nur eine *Konsequenz* dieses ersten Verhältnisses. Und bestätigt es. Wir werden diese andre Seite später betrachten. Wenn wir also fragen: Welches ist das wesentliche Verhältnis der Arbeit, so fragen wir nach dem Verhältnis des *Arbeiters* zur Produktion.

Wir haben bisher die Entfremdung, die Entäußerung des Arbeiters nur nach der einen Seite hin betrachtet, nämlich sein *Verhältnis zu den Produkten seiner Arbeit.* Aber die Entfremdung zeigt sich nicht nur im Resultat, sondern im *Akt der Produktion,* innerhalb der *produzierenden Tätigkeit* selbst. Wie würde der Arbeiter dem Produkt seiner Tätigkeit fremd gegenübertreten können, wenn er im Akt der Produktion selbst sich nicht sich selbst entfremdete? Das Produkt ist ja nur das Resümee der Tätigkeit, der Produktion. Wenn also das Produkt der Arbeit die Entäußerung ist, so muß die Produktion selbst die tätige Entäußerung, die Entäußerung der Tätigkeit, die Tätigkeit der Entäußerung sein. In der Entfremdung des Gegenstandes der Arbeit resümiert sich nur die Entfremdung, die Entäußerung in der Tätigkeit der Arbeit selbst.

Worin besteht nun die Entäußerung der Arbeit?

Erstens, daß die Arbeit dem Arbeiter *äußerlich* ist, d.h. nicht zu seinem Wesen gehört, daß er sich daher in seiner Arbeit nicht bejaht, sondern verneint, nicht wohl, sondern unglücklich fühlt, keine freie physische und geistige Energie entwickelt, sondern seine Physis abkasteit und seinen Geist ruiniert. Der Arbeiter fühlt sich daher erst außer der Arbeit bei sich und in der Arbeit außer sich. Zu Hause ist er, wenn er nicht arbeitet, und wenn er arbeitet, ist er nicht zu Haus. Seine Arbeit ist daher nicht freiwillig, sondern gezwungen, *Zwangsarbeit.* Sie ist daher nicht die Befriedigung eines Bedürfnisses, sondern sie ist nur ein *Mittel,* um Bedürfnisse außer ihr zu befriedigen. Ihre Fremdheit tritt darin rein hervor, daß, sobald kein physischer oder sonstiger Zwang existiert, die Arbeit als eine Pest geflohen wird. Die äußerliche Arbeit, die Arbeit, in welcher der Mensch sich entäußert, ist eine Arbeit der Selbstaufopferung, der Kasteiung. Endlich erscheint die Äußerlichkeit der Arbeit für den Arbeiter darin, daß sie nicht sein eigen, sondern eines andern ist, daß sie ihm nicht gehört, daß er in ihr nicht sich selbst, sondern einem andern angehört. Wie in der Religion die Selbsttätigkeit der menschlichen Phantasie, des menschlichen Hirns und des menschlichen Herzens unabhängig vom Individuum, d. h. als eine fremde, göttliche oder teuflische Tätigkeit, auf es wirkt, so ist die Tätigkeit des Arbeiters nicht seine Selbsttätigkeit. Sie gehört einem andren, sie ist der Verlust seiner selbst.

Es kömmt daher zu dem Resultat, daß der Mensch (der Arbeiter) nur mehr in seinen tierischen Funktionen, Essen, Trinken und Zeugen, höchstens noch Wohnung, Schmuck etc., sich als freitätig fühlt und in seinen menschlichen Funktionen nur mehr als Tier. Das Tierische wird das Menschliche und das Menschliche das Tierische.

Essen, Trinken und Zeugen etc. sind zwar auch echt menschliche Funktionen. In der Abstraktion aber, die sie von dem übrigen Umkreis menschlicher Tätigkeit trennt und zu letzten und alleinigen Endzwecken macht, sind sie tierisch.

Wir haben den Akt der Entfremdung der praktischen menschlichen Tätigkeit, die Arbeit, nach zwei Seiten hin betrachtet. 1. Das Verhältnis des Arbeiters zum *Produkt der Arbeit* als fremden und über ihn mächtigen Gegenstand. Dies Verhältnis ist zugleich das Verhältnis zur sinnlichen Außenwelt, zu den Naturgegenständen als einer fremden, ihm feindlich gegenüberstehenden Welt. 2. Das Verhältnis der Arbeit zum *Akt der Produktion* innerhalb der *Arbeit.* Dies Verhältnis ist das Verhältnis des Arbeiters zu seiner eignen Tätigkeit als einer fremden, ihm nicht angehörigen, die Tätigkeit als Leiden, die Kraft als Ohnmacht, die Zeugung als Entmannung, die *eigne* physische und geistige Energie des Arbeiters, sein persönliches Leben – denn was ist Leben [anderes] als Tätigkeit – als eine wider ihn selbst gewendete, von ihm unabhängige, ihm nicht gehörige Tätigkeit. Die *Selbstentfremdung*, wie oben die Entfremdung der *Sache.*

Wir haben nun noch eine dritte Bestimmung der *entfremdeten Arbeit* aus den beiden bisherigen zu ziehn.

Der Mensch ist ein Gattungswesen, nicht nur indem er praktisch und theoretisch die Gattung, sowohl seine eigne als die der übrigen Dinge, zu seinem Gegenstand macht, sondern – und dies ist nur ein andrer Ausdruck für dieselbe Sache –, sondern auch indem er sich zu sich selbst als der gegenwärtigen, lebendigen Gattung verhält, indem er sich zu sich als einem *universellen*, darum freien Wesen verhält.

Das Gattungsleben, sowohl beim Menschen als beim Tier, besteht physisch einmal darin, daß der Mensch (wie das Tier) von der unorganischen Natur lebt, und um so universeller der Mensch als das Tier, um so universeller ist der Bereich der unorganischen Natur, von der er lebt. Wie Pflanzen, Tiere, Steine, Luft, Licht etc. theoretisch einen Teil des menschlichen Bewußtseins, teils als Gegenstände der Naturwissenschaft, teils als Gegenstände der Kunst bilden – seine geistige unorganische Natur, geistige Lebensmittel, die er erst zubereiten muß zum Genuß und zur Verdauung –, so bilden sie auch praktisch einen Teil des menschlichen Lebens und der menschlichen Tätigkeit. Physisch lebt der Mensch nur von diesen Naturprodukten, mögen sie nun in der Form der Nahrung, Heizung, Kleidung, Wohnung etc. erscheinen. Die Universalität des Menschen erscheint praktisch eben in der Universalität, die die ganze Natur zu seinem *unorganischen* Körper macht, sowohl insofern sie 1. ein unmittelbares Lebensmittel, als inwiefern sie [2.] die Materie, der Gegenstand und das Werkzeug seiner Lebenstätigkeit ist. Die Natur ist der *unorganische Leib* des Menschen, nämlich die Natur, soweit sie nicht selbst menschlicher Körper ist. Der Mensch *lebt* von der Natur, heißt: Die Natur ist sein *Leib*, mit dem er in beständigem Prozeß bleiben muß, um nicht zu sterben. Daß das physische und geistige Leben des Menschen mit der Natur zusammenhängt, hat keinen andren Sinn, als daß die Natur mit sich selbst zusammenhängt, denn der Mensch ist ein Teil der Natur.

Indem die entfremdete Arbeit dem Menschen 1. die Natur entfremdet, 2. sich selbst, seine eigne tätige Funktion, seine Lebenstätigkeit, so entfremdet sie dem Menschen die *Gattung*; sie macht ihm das *Gattungsleben* zum Mittel des individuellen Lebens. Erstens entfremdet sie das Gattungsleben und das individuelle Leben, und zweitens macht sie das letztere in seiner Abstraktion zum Zweck des ersten, ebenfalls in seiner abstrakten und entfremdeten Form.

Denn erstens erscheint dem Menschen die Arbeit, die *Lebenstätigkeit*, das *produktive Leben* selbst nur als ein *Mittel* zur Befriedigung eines Bedürfnisses, des Bedürfnisses der Erhaltung der physischen Existenz. Das produktive Leben ist aber das Gattungsleben.

Es ist das Leben erzeugende Leben. In der Art der Lebenstätigkeit liegt der ganze Charakter einer species, ihr Gattungscharakter, und die freie bewußte Tätigkeit ist der Gattungscharakter des Menschen. Das Leben selbst erscheint nur als *Lebensmittel.*

Das Tier ist unmittelbar eins mit seiner Lebenstätigkeit. Es unterscheidet sich nicht von ihr. Es ist *sie.* Der Mensch macht seine Lebenstätigkeit selbst zum Gegenstand seines Wollens und seines Bewußtseins. Er hat bewußte Lebenstätigkeit. Es ist nicht eine Bestimmtheit, mit der er unmittelbar zusammenfließt. Die bewußte Lebenstätigkeit unterscheidet den Menschen unmittelbar von der tierischen Lebenstätigkeit. Eben nur dadurch ist er ein Gattungswesen. Oder er ist nur ein bewußtes Wesen, d.h., sein eignes Leben ist ihm Gegenstand, eben weil er ein Gattungswesen ist. Nur darum ist seine Tätigkeit freie Tätigkeit. Die entfremdete Arbeit kehrt das Verhältnis dahin um, daß der Mensch eben, weil er ein bewußtes Wesen ist, seine Lebenstätigkeit, sein *Wesen* nur zu einem Mittel für seine *Existenz* macht.

Das praktische Erzeugen einer *gegenständlichen Welt,* die *Bearbeitung* der unorganischen Natur ist die Bewährung des Menschen als eines bewußten Gattungswesens, d.h. eines Wesens, das sich zu der Gattung als seinem eignen Wesen oder zu sich als Gattungswesen verhält. Zwar produziert auch das Tier. Es baut sich ein Nest, Wohnungen, wie die Biene, Biber, Ameise etc. Allein es produziert nur, was es unmittelbar für sich oder sein Junges bedarf; es produziert einseitig, während der Mensch universell produziert; es produziert nur unter der Herrschaft des unmittelbaren physischen Bedürfnisses, während der Mensch selbst frei vom physischen Bedürfnis produziert und erst wahrhaft produziert in der Freiheit von demselben; es produziert nur sich selbst, während der Mensch die ganze Natur reproduziert; sein Produkt gehört unmittelbar zu seinem physischen Leib, während der Mensch frei seinem Produkt gegenübertritt. Das Tier formiert nur nach dem Maß und dem Bedürfnis der species, der es angehört, während der Mensch nach dem Maß jeder species zu produzieren weiß und überall das inhärente Maß dem Gegenstand anzulegen weiß; der Mensch formiert daher auch nach den Gesetzen der Schönheit.

Eben in der Bearbeitung der gegenständlichen Welt bewährt sich der Mensch daher erst wirklich als ein *Gattungswesen.* Diese Produktion ist sein werktätiges Gattungsleben. Durch sie erscheint die Natur als *sein* Werk und seine Wirklichkeit. Der Gegenstand der Arbeit ist daher die *Vergegenständlichung des Gattungslebens des Menschen*: indem er sich nicht nur wie im Bewußtsein intellektuell, sondern werktätig, wirklich verdoppelt und sich selbst daher in einer von ihm geschaffnen Welt anschaut. Indem daher die entfremdete Arbeit dem Menschen den Gegenstand seiner Produktion entreißt, entreißt sie ihm sein *Gattungsleben*, seine wirkliche Gattungsgegenständlichkeit und verwandelt seinen Vorzug vor dem Tier in den Nachteil, daß sein unorganischer Leib, die Natur, ihm entzogen wird.

Ebenso indem die entfremdete Arbeit die Selbsttätigkeit, die freie Tätigkeit, zum Mittel herabsetzt, macht sie das Gattungsleben des Menschen zum Mittel seiner physischen Existenz.

Das Bewußtsein, welches der Mensch von seiner Gattung hat, verwandelt sich durch die Entfremdung also dahin, daß das Gattungs[leben] ihm zum Mittel wird.

Die entfremdete Arbeit macht also:

3. das *Gattungswesen des Menschen*, sowohl die Natur als sein geistiges Gattungsvermögen, zu einem ihm *fremden* Wesen, zum *Mittel* seiner *individuellen Existenz*. Sie entfremdet dem Menschen seinen eignen Leib, wie die Natur außer ihm, wie sein geistiges Wesen, sein *menschliches* Wesen.

4. Eine unmittelbare Konsequenz davon, daß der Mensch dem Produkt seiner Arbeit, seiner Lebenstätigkeit, seinem Gattungswesen entfremdet ist, ist die *Entfremdung des Menschen* von dem *Menschen.* Wenn der Mensch sich selbst gegenübersteht, so steht ihm der *andre* Mensch gegenüber. Was von dem Verhältnis des Menschen zu seiner Arbeit, zum Produkt seiner Arbeit und zu sich selbst, das gilt von dem Verhältnis des Menschen zum andren Menschen, wie zu der Arbeit und dem Gegenstand der Arbeit des andren Menschen.

Überhaupt, der Satz, daß der Mensch seinem Gattungswesen entfremdet ist, heißt, daß ein Mensch dem andern, wie jeder von ihnen dem menschlichen Wesen entfremdet ist.

Die Entfremdung des Menschen, überhaupt jedes Verhältnis, in dem der Mensch zu sich selbst [steht], ist erst verwirklicht, drückt sich aus in dem Verhältnis, in welchem der Mensch zu d[em] andren Menschen steht.

Also betrachtet in dem Verhältnis der entfremdeten Arbeit jeder

Mensch den andren nach dem Maßstab und dem Verhältnis, in welchem er selbst als Arbeiter sich befindet.

Wir gingen aus von einem nationalökonomischen Faktum, der Entfremdung des Arbeiters und seiner Produktion. Wir haben den Begriff dieses Faktums ausgesprochen: die *entfremdete, entäußerte* Arbeit. Wir haben diesen Begriff analysiert, also bloß ein nationalökonomisches Faktum analysiert.

Sehn wir nun weiter, wie sich der Begriff der entfremdeten, entäußerten Arbeit in der Wirklichkeit aussprechen und darstellen muß.

Wenn das Produkt der Arbeit mir fremd ist, mir als fremde Macht gegenübertritt, wem gehört es dann? Wenn meine eigne Tätigkeit nicht mir gehört, eine fremde, eine erzwungne Tätigkeit ist, wem gehört sie dann? Einem *andern* Wesen als mir. Wer ist dies Wesen?

Die *Götter?* Allerdings erscheint in den ersten Zeiten die Hauptproduktion, wie z. B. der Tempelbau etc. in Ägypten, Indien, Mexiko, sowohl im Dienst der Götter, wie auch das Produkt den Göttern gehört. Allein, die Götter allein waren nie die Arbeitsherrn. Ebensowenig die *Natur.* Und welcher Widerspruch wäre es auch, daß, je mehr der Mensch die Natur durch seine Arbeit sich unterwirft, je mehr die Wunder der Götter überflüssig werden durch die Wunder der Industrie, der Mensch diesen Mächten zulieb auf die Freude an der Produktion und auf den Genuß des Produktes verzichten sollte.

Das *fremde* Wesen, dem die Arbeit und das Produkt der Arbeit gehört, in dessen Dienst die Arbeit und zu dessen Genuß das Produkt der Arbeit steht, kann nur der *Mensch* selbst sein.

Wenn das Produkt der Arbeit nicht dem Arbeiter gehört, eine fremde Macht ihm gegenüber ist, so ist dies nur dadurch möglich, daß es einem *andern Menschen außer dem Arbeiter* gehört. Wenn seine Tätigkeit ihm Qual ist, so muß sie einem andern *Genuß* und die Lebensfreude eines andern sein. Nicht die Götter, nicht die Natur, nur der Mensch selbst kann diese fremde Macht über d[en] Menschen sein.

Man bedenke noch den vorher aufgestellten Satz, daß das Verhältnis des Menschen zu sich selbst ihm erst *gegenständlich, wirklich* ist durch sein Verhältnis zu dem andern Menschen. Wenn er sich also zu dem Produkt seiner Arbeit, zu seiner vergegenständlichten

Arbeit, als einem *fremden, feindlichen*, mächtigen, von ihm unabhängigen Gegenstand verhält, so verhält er sich zu ihm so, daß ein andrer, ihm fremder, feindlicher, mächtiger, von ihm unabhängiger Mensch der Herr dieses Gegenstandes ist. Wenn er sich zu seiner eignen Tätigkeit als einer unfreien verhält, so verhält er sich zu ihr als der Tätigkeit im Dienst, unter der Herrschaft, dem Zwang und dem Joch eines andern Menschen.

Jede Selbstentfremdung des Menschen von sich und der Natur erscheint in dem Verhältnis, welches er sich und der Natur zu andern, von ihm unterschiednen Menschen gibt. Daher die religiöse Selbstentfremdung notwendig in dem Verhältnis des Laien zum Priester erscheint, oder auch, da es sich hier von der intellektuellen Welt handelt, zu einem Mittler etc. In der praktischen wirklichen Welt kann die Selbstentfremdung nur durch das praktische, wirkliche Verhältnis zu andern Menschen erscheinen. Das Mittel, wodurch die Entfremdung vorgeht, ist selbst ein *praktisches.* Durch die entfremdete Arbeit erzeugt der Mensch also nicht nur sein Verhältnis zu dem Gegenstand und dem Akt der Produktion als fremden und ihm feindlichen Mächten; er erzeugt auch das Verhältnis, in welchem andre Menschen zu seiner Produktion und seinem Produkt stehn, und das Verhältnis, in welchem er zu diesen andern Menschen steht. Wie er seine eigne Produktion zu seiner Entwirklichung, zu seiner Strafe, wie er sein eignes Produkt zu dem Verlust, zu einem ihm nicht gehörigen Produkt, so erzeugt er die Herrschaft dessen, der nicht produziert, auf die Produktion und auf das Produkt. Wie er seine eigne Tätigkeit sich entfremdet, so eignet er dem Fremden die ihm nicht eigne Tätigkeit an.

Wir haben bis jetzt das Verhältnis nur von seiten des Arbeiters, und wir werden es später auch von seiten des Nichtarbeiters betrachten.

Also durch die *entfremdete, entäußerte Arbeit* erzeugt der Arbeiter das Verhältnis eines der Arbeit fremden und außer ihr stehenden Menschen zu dieser Arbeit. Das Verhältnis des Arbeiters zur Arbeit erzeugt das Verhältnis des Kapitalisten zu derselben, oder wie man sonst den Arbeitsherrn nennen will. Das *Privateigentum* ist also das Produkt, das Resultat, die notwendige Konsequenz der *entäußerten Arbeit*, des äußerlichen Verhältnisses des Arbeiters zu der Natur und zu sich selbst.

Das *Privateigentum* ergibt sich also durch Analyse aus dem

Begriff der *entäußerten Arbeit*, d.i. des *entäußerten Menschen*, der entfremdeten Arbeit, des entfremdeten Lebens, des *entfremdeten* Menschen.

Wir haben allerdings den Begriff der *entäußerten Arbeit* (des *entäußerten Lebens*) aus der Nationalökonomie als Resultat aus der *Bewegung des Privateigentums* gewonnen. Aber es zeigt sich bei Analyse dieses Begriffes, daß, wenn das Privateigentum als Grund, als Ursache der entäußerten Arbeit erscheint, es vielmehr eine Konsequenz derselben ist, wie auch die Götter *ursprünglich* nicht die Ursache, sondern die Wirkung der menschlichen Verstandesverirrung sind. Später schlägt dies Verhältnis in Wechselwirkung um.

Erst auf dem letzten Kulminationspunkt der Entwicklung des Privateigentums tritt dieses sein Geheimnis wieder hervor, nämlich einerseits, daß es das *Produkt* der entäußerten Arbeit, und zweitens, daß es das *Mittel* ist, durch welches sich die Arbeit entäußert, die *Realisation dieser Entäußerung.*

Diese Entwicklung gibt sogleich Licht über verschiedne bisher ungelöste Kollisionen.

1. Die Nationalökonomie geht von der Arbeit als der eigentlichen Seele der Produktion aus, und dennoch gibt sie der Arbeit nichts und dem Privateigentum alles. Proudhon hat aus diesem Widerspruch zugunsten der Arbeit wider das Privateigentum geschlossen. Wir aber sehn ein, daß dieser scheinbare Widerspruch der Widerpruch der *entfremdeten Arbeit* mit sich selbst ist und daß die Nationalökonomie nur die Gesetze der entfremdeten Arbeit ausgesprochen hat.

Wir sehn daher auch ein, daß *Arbeitslohn* und *Privateigentum* identisch sind: denn der Arbeitslohn, wo das Produkt, der Gegenstand der Arbeit, die Arbeit selbst besoldet, ist nur eine notwendige Konsequenz von der Entfremdung der Arbeit, wie denn im Arbeitslohn auch die Arbeit nicht als Selbstzweck, sondern als der Diener des Lohns erscheint. Wir werden dies später ausführen und ziehen jetzt nur noch einige Konsequenzen.

Eine gewaltsame *Erhöhung des Arbeitslohns* (von allen andren Schwierigkeiten abgesehn, abgesehn davon, daß sie als eine Anomalie auch nur gewaltsam aufrechtzuerhalten wäre) wäre also nichts als eine bessere *Salairierung der Sklaven* und hätte weder dem Arbeiter noch der Arbeit ihre menschliche Bestimmung und Würde erobert.

Ja selbst die *Gleichheit der Salaire*, wie sie Proudhon fordert, verwandelt nur das Verhältnis des jetzigen Arbeiters zu seiner Arbeit in das Verhältnis aller Menschen zur Arbeit. Die Gesellschaft wird dann als abstrakter Kapitalist gefaßt.

Arbeitslohn ist eine unmittelbare Folge der entfremdeten Arbeit, und die entfremdete Arbeit ist die unmittelbare Ursache des Privateigentums. Mit der einen muß daher auch die andere Seite fallen.

2. Aus dem Verhältnis der entfremdeten Arbeit zum Privateigentum folgt ferner, daß die Emanzipation der Gesellschaft vom Privateigentum etc., von der Knechtschaft, in der *politischen* Form der *Arbeiteremanzipation* sich ausspricht, nicht als wenn es sich nur um ihre Emanzipation handelte, sondern weil in ihrer Emanzipation die allgemein menschliche enthalten ist, diese ist aber darin enthalten, weil die ganze menschliche Knechtschaft in dem Verhältnis des Arbeiters zur Produktion involviert ist und alle Knechtschaftsverhältnisse nur Modifikationen und Konsequenzen dieses Verhältnisses sind.

Wie wir aus dem Begriff der *entfremdeten, entäußerten Arbeit* den Begriff des *Privateigentums* durch *Analyse* gefunden haben, so können mit Hülfe dieser beiden Faktoren alle nationalökonomischen *Kategorien* entwickelt werden, und wir werden in jeder Kategorie, wie z. B. dem Schacher, der Konkurrenz, dem Kapital, dem Geld, nur einen *bestimmten* und *entwickelten Ausdruck* dieser ersten Grundlagen wiederfinden.

Bevor wir jedoch diese Gestaltung betrachten, suchen wir noch zwei Aufgaben zu lösen.

1. Das allgemeine *Wesen* des *Privateigentums*, wie es sich als Resultat der entfremdeten Arbeit ergeben hat, in seinem Verhältnis zum *wahrhaft menschlichen* und *sozialen Eigentum* zu bestimmen.

2. Wir haben die *Entfremdung der Arbeit*, ihre *Entäußrung* als ein Faktum angenommen und dies Faktum analysiert. Wie, fragen wir nun, kömmt der *Mensch* dazu, seine *Arbeit zu entäußern*, zu entfremden? Wie ist diese Entfremdung im Wesen der menschlichen Entwicklung begründet? Wir haben schon viel für die Lösung der Aufgabe gewonnen, indem wir die Frage nach dem *Ursprung* des *Privateigentums* in die Frage nach dem Verhältnis der *entäußerten Arbeit* zum Entwicklungsgang der Menschheit *verwandelt* haben. Denn wenn man von *Privateigentum* spricht, so glaubt man es mit

einer Sache außer dem Menschen zu tun zu haben. Wenn man von der Arbeit spricht, so hat man es unmittelbar mit dem Menschen selbst zu tun. Diese neue Stellung der Frage ist inklusive schon ihre Lösung.

ad 1. Allgemeines Wesen des Privateigentums und sein Verhältnis zum wahrhaft menschlichen Eigentum.

In zwei Bestandteile, die sich wechselseitig bedingen oder die nur verschiedne Ausdrücke eines und desselben Verhältnisses sind, hat sich uns die entäußerte Arbeit aufgelöst, die *Aneignung* erscheint als *Entfremdung*, als *Entäußerung*, und die *Entäußerung als Aneignung*, die *Entfremdung* als die wahre *Einbürgerung*.

Wir haben die eine Seite betrachtet, die *entäußerte* Arbeit in bezug auf den *Arbeiter* selbst, d.h. das *Verhältnis der entäußerten Arbeit zu sich selbst.* Als Produkt, als notwendiges Resultat dieses Verhältnisses haben wir das *Eigentumsverhältnis des Nichtarbeiters* zum *Arbeiter und der Arbeit* gefunden. Das *Privateigentum*, als der materielle, resümierte Ausdruck der entäußerten Arbeit, umfaßt beide Verhältnisse, das *Verhältnis des Arbeiters zur Arbeit und zum Produkt seiner Arbeit* und zum *Nichtarbeiter* und das Verhältnis des *Nichtarbeiters zum Arbeiter* und *dem Produkt seiner Arbeit.*

Wenn wir nun gesehn haben, daß in bezug auf den Arbeiter, welcher sich durch die Arbeit die Natur *aneignet*, die Aneignung als Entfremdung erscheint, die Selbsttätigkeit als Tätigkeit für einen andern und als Tätigkeit eines andern, die Lebendigkeit als Aufopferung des Lebens, die Produktion des Gegenstandes als Verlust des Gegenstandes an eine fremde Macht, an einen *fremden* Menschen, so betrachten wir nun das Verhältnis dieses der Arbeit und dem Arbeiter *fremden* Menschen zum Arbeiter, zur Arbeit und ihrem Gegenstand.

Zunächst ist zu bemerken, daß alles, was bei dem Arbeiter als *Tätigkeit der Entäußerung, der Entfremdung*, bei dem Nichtarbeiter als *Zustand der Entäußerung, der Entfremdung*, erscheint.

Zweitens, daß das *wirkliche, praktische Verhalten* des Arbeiters in der Produktion und zum Produkt (als Gemütszustand) bei dem ihm gegenüberstehenden Nichtarbeiter als *theoretisches* Verhalten erscheint.

Drittens. Der Nichtarbeiter tut alles gegen den Arbeiter, was der Arbeiter gegen sich selbst tut, aber er tut nicht gegen sich selbst, was er gegen den Arbeiter tut.

Betrachten wir näher diese drei Verhältnisse. [Hier bricht der Text des unvollendet gebliebenen Manuskripts ab]

Teilung der Arbeit innerhalb der Manufaktur und Teilung der Arbeit innerhalb der Gesellschaft

Wir betrachteten erst den Ursprung der Manufaktur, dann ihre einfachen Elemente, den Teilarbeiter und sein Werkzeug, endlich ihren Gesamtmechanismus. Wir berühren jetzt kurz das Verhältnis zwischen der manufakturmäßigen Teilung der Arbeit und der gesellschaftlichen Teilung der Arbeit, welche die allgemeine Grundlage aller Warenproduktion bildet.

Hält man nur die Arbeit selbst im Auge, so kann man die Trennung der gesellschaftlichen Produktion in ihre großen Gattungen, wie Agrikultur, Industrie usw., als Teilung der Arbeit im allgemeinen, die Sonderung dieser Produktionsgattungen in Arten und Unterarten als Teilung der Arbeit im besondren, und die Teilung der Arbeit innerhalb einer Werkstatt als Teilung der Arbeit im einzelnen bezeichnen.[1]

»Die Teilung der Arbeit innerhalb der Gesellschaft und die entsprechende Beschränkung der Individuen auf besondre Berufssphären entwickelt sich, wie die Teilung der Arbeit innerhalb der Manufaktur, von entgegengesetzten Ausgangspunkten. Innerhalb einer Familie, weiter entwickelt eines Stammes, entspringt eine naturwüchsige Teilung der Arbeit aus den Geschlechts- und Altersverschiedenheiten, also auf rein physiologischer Grundlage, die mit der Ausdehnung des Gemeinwesens, der Zunahme der Bevölkerung und namentlich dem Konflikt zwischen verschiednen Stämmen und der Unterjochung eines Stamms durch den andren ihr Material ausweitet. Andrerseits, wie ich früher bemerkt, entspringt der Produktenaustausch an den Punkten, wo verschiedne Familien, Stämme, Gemeinwesen in Kontakt kommen, denn nicht Privatpersonen, sondern Familien, Stämme usw. treten sich in den Anfängen der Kultur selbständig gegenüber. Verschiedne Gemeinwesen finden verschiedne Produktionsmittel und verschiedne Lebensmittel in ihrer Naturumgebung vor. Ihre Produktionsweise, Lebensweise und Produkte sind daher verschieden. Es ist diese

1 »Jeder Handwerker, der … instand gesetzt wurde, sich durch die Praxis in einer Einzelverrichtung zu vervollkommnen … wurde ein billigerer Arbeiter.« (Ure, l. c. p. 19.).

naturwüchsige Verschiedenheit, die bei dem Kontakt der Gemeinwesen den Austausch der wechselseitigen Produkte und daher die allmähliche Verwandlung dieser Produkte in Waren hervorruft. Der Austausch schafft nicht den Unterschied der Produktionssphären, sondern setzt die unterschiednen in Beziehung und verwandelt sie so in mehr oder minder voneinander abhängige Zweige einer gesellschaftlichen Gesamtproduktion. Hier entsteht die gesellschaftliche Teilung der Arbeit durch den Austausch ursprünglich verschiedner, aber voneinander unabhängiger Produktionssphären. Dort, wo die physiologische Teilung der Arbeit den Ausgangspunkt bildet, lösen sich die besondren Organe eines unmittelbar zusammengehörigen Ganzen voneinander ab, zersetzen sich, zu welchem Zersetzungsprozeß der Warenaustausch mit fremden Gemeinwesen den Hauptanstoß gibt, und verselbständigen sich bis zu dem Punkt, wo der Zusammenhang der verschiednen Arbeiten durch den Austausch der Produkte als Waren vermittelt wird. Es ist in dem einen Fall Verunselbständigung der früher Selbständigen, in dem andren Verselbständigung der früher Unselbständigen.

Die Grundlage aller entwickelten und durch Warenaustausch vermittelten Teilung der Arbeit ist die Scheidung von Stadt und Land. Man kann sagen, daß die ganze ökonomische Geschichte der Gesellschaft sich in der Bewegung dieses Gegensatzes resümiert, auf den wir jedoch hier nicht weiter eingehn.

Wie für die Teilung der Arbeit innerhalb der Manufaktur eine gewisse Anzahl gleichzeitig angewandter Arbeiter die materielle Voraussetzung bildet, so für die Teilung der Arbeit innerhalb der Gesellschaft die Größe der Bevölkerung und ihre Dichtigkeit, die hier an die Stelle der Agglomeration in derselben Werkstatt tritt. Indes ist diese Dichtigkeit etwas Relatives. Ein relativ spärlich bevölkertes Land mit entwickelten Kommunikationsmitteln besitzt eine dichtere Bevölkerung als ein mehr bevölkertes Land mit unentwickelten Kommunikationsmitteln, und in dieser Art sind z. B. die nördlichen Staaten der amerikanischen Union dichter bevölkert als Indien.

Da Warenproduktion und Warenzirkulation die allgemeine Voraussetzung der kapitalistischen Produktionsweise, erheischt manufakturmäßige Teilung der Arbeit eine schon bis zu gewissem Entwicklungsgrad gereifte Teilung der Arbeit im Innern der Gesellschaft. Umgekehrt entwickelt und vervielfältigt die manufakturmäßige Teilung der Arbeit rückwirkend jene gesellschaftliche Teilung der Arbeit. Mit der Differenzierung der Arbeitsinstrumente differenzieren sich mehr und mehr die Gewerbe, welche diese Instrumente produzieren. Ergreift der manufakturmäßige Betrieb ein Gewerb, das bisher als Haupt- oder Nebengewerb mit andren zusammenhing und von demselben Produzenten ausgeführt wurde, so findet sofort Scheidung und gegenseitige Verselbständigung statt. Ergreift er eine besondre Produktionsstufe einer Ware, so verwandeln sich ihre verschiednen Produktionsstufen in verschiedne unabhängige Gewerbe. Es ward bereits angedeutet, daß, wo das Machwerk ein bloß mechanisch zusammengesetztes Ganze von Teilprodukten, die Teilarbeiten sich selbst wieder zu eignen Handwerken verselbständigen können. Um die Teilung der Arbeit vollkommner innerhalb einer Manufaktur auszuführen, wird derselbe Produktionszweig, je nach der Verschiedenheit seiner Rohstoffe oder der verschiednen Formen, die derselbe Rohstoff erhalten kann, in verschiedne, zum Teil ganz neue Manufakturen gespaltet. So wurden bereits in der ersten Hälfte des 18. Jahrhunderts in Frankreich allein über 100 verschiedenartige Seidenzeuge gewebt, und in Avignon z. B. war es Gesetz, daß »jeder Lehrling sich immer nur einer Fabrikationsart widmen und nicht die Verfertigung mehrerer Zeugarten zugleich lernen durfte«. Die territoriale Teilung der Arbeit, welche besondre Produktionszweige an besondre Distrikte eines Landes bannt, erhält neuen Anstoß durch den manufakturmäßigen Betrieb, der alle Besonderheiten ausbeutet. Reiches Material zur Teilung der Arbeit innerhalb der Gesellschaft liefert der Manufakturperiode die Erweiterung des Weltmarkts und das Kolonialsystem, die zum Umkreis ihrer allgemeinen Existenzbedingungen gehören. Es ist hier nicht der Ort, weiter nachzuweisen, wie sie neben der ökonomischen jede andre Sphäre der Gesellschaft ergreift und überall die Grundlage zu jener Ausbildung des Fachwesens, der Spezialitäten, und einer Parzellierung des Menschen legt, die schon A. Ferguson, den Lehrer A. Smiths, in den Ausruf ausbrechen ließ: »Wir machen eine Nation von Heloten, und es gibt keine Freien unter uns.«[1]

Trotz der zahlreichen Analogien jedoch und der Zusammenhänge zwischen der Teilung der Arbeit im Innern der Gesellschaft und

1 A. Ferguson, »History of Civil Society«, Edinb. 1767, part IV, sect. II, p. 285.

der Teilung innerhalb einer Werkstatt sind beide nicht nur graduell, sondern wesentlich unterschieden. Am schlagendsten scheint die Analogie unstreitig, wo ein innres Band verschiedne Geschäftszweige verschlingt. Der Viehzüchter z. B. produziert Häute, der Gerber verwandelt die Häute in Leder, der Schuster das Leder in Stiefel. Jeder produziert hier ein Stufenprodukt, und die letzte fertige Gestalt ist das kombinierte Produkt ihrer Sonderarbeiten. Es kommen hinzu die mannigfachen Arbeitszweige, die dem Viehzüchter, Gerber, Schuster Produktionsmittel liefern. Man kann sich nun mit A. Smith einbilden, diese gesellschaftliche Teilung der Arbeit unterscheide sich von der manufakturmäßigen nur subjektiv, nämlich für den Beobachter, der hier die mannigfachen Teilarbeiten auf einen Blick räumlich zusammensieht, während dort ihre Zerstreuung über große Flächen und die große Zahl der in jedem Sonderzweig Beschäftigten den Zusammenhang verdunklen.[1] Was aber stellt den Zusammenhang her zwischen den unabhängigen Arbeiten von Viehzüchter, Gerber, Schuster? Das Dasein ihrer respektiven Produkte als Waren. Was charakterisiert dagegen die manufakturmäßige Teilung der Arbeit? Daß der Teilarbeiter keine Ware produziert. Erst das gemeinsame Produkt der Teilarbeiter verwandelt sich in Ware. Die Teilung der Arbeit im Innern der Gesellschaft ist vermittelt durch den Kauf und Verkauf der Produkte verschiedner Arbeitszweige, der Zusammenhang der Teilarbeiten in der Manufaktur durch den Verkauf verschiedner Arbeitskräfte an denselben Kapitalisten, der sie als kombinierte Arbeitskraft ver-

1 In den eigentlichen Manufakturen, sagt er, scheint die Teilung der Arbeit größer, weil »die in jedem einzelnen Arbeitszweig Beschäftigten oft in einem Arbeitshaus zusammen sein und vom Beobachter mit einem Blick übersehen werden können. In jenen großen Manufakturen (!) dagegen, welche dazu bestimmt sind, die Hauptbedürfnisse der großen Masse der Bevölkerung zu befriedigen, sind in jedem einzelnen Arbeitszweig so viele Arbeiter beschäftigt, daß man sie unmöglich in einem Arbeitshaus zusammenbringen kann … die Teilung ist nicht annähernd so offensichtlich.« (A. Smith, »Wealth of Nations«, b. I, ch. I.) Der berühmte Passus in demselben Kapitel, der mit den Worten beginnt: »Man betrachte die Habe des gewöhnlichsten Handwerkers oder Tagelöhners in einem zivilisierten und blühenden Lande usw.« und dann weiter ausmalt, wie zahllos mannigfaltige Gewerbe zur Befriedigung der Bedürfnisse eines gewöhnlichen Arbeiters zusammenwirken, ist ziemlich wörtlich kopiert aus B. de Mandevilles Remarks zu seiner »Fable of the Bees, or, Private Vices, Publick Benefits.« (Erste Ausgabe ohne Remarks 1705, mit den Remarks 1714.)

wendet. Die manufakturmäßige Teilung der Arbeit unterstellt Konzentration der Produktionsmittel in der Hand eines Kapitalisten, die gesellschaftliche Teilung der Arbeit Zersplitterung der Produktionsmittel unter viele voneinander unabhängige Warenproduzenten. Statt daß in der Manufaktur das eherne Gesetz der Verhältniszahl oder Proportionalität bestimmte Arbeitermassen unter bestimmte Funktionen subsumiert, treiben Zufall und Willkür ihr buntes Spiel in der Verteilung der Warenproduzenten und ihrer Produktionsmittel unter die verschiednen gesellschaftlichen Arbeitszweige. Zwar suchen sich die verschiednen Produktionssphären beständig ins Gleichgewicht zu setzen, indem einerseits jeder Warenproduzent einen Gebrauchswert produzieren, also ein besondres gesellschaftliches Bedürfnis befriedigen muß, der Umfang dieser Bedürfnisse aber quantitativ verschieden ist und ein innres Band die verschiednen Bedürfnismassen zu einem naturwüchsigen System verkettet; indem andrerseits das Wertgesetz der Waren bestimmt, wieviel die Gesellschaft von ihrer ganzen disponiblen Arbeitszeit auf die Produktion jeder besondren Warenart verausgaben kann. Aber diese beständige Tendenz der verschiednen Produktionssphären, sich ins Gleichgewicht zu setzen, betätigt sich nur als Reaktion gegen die beständige Aufhebung dieses Gleichgewichts. Die bei der Teilung der Arbeit im Innern der Werkstatt a priori und planmäßig befolgte Regel wirkt bei der Teilung der Arbeit im Innern der Gesellschaft nur a posteriori als innre, stumme, im Barometerwechsel der Marktpreise wahrnehmbare, die regellose Willkür der Warenproduzenten überwältigende Naturnotwendigkeit. Die manufakturmäßige Teilung der Arbeit unterstellt die unbedingte Autorität des Kapitalisten über Menschen, die bloße Glieder eines ihm gehörigen Gesamtmechanismus bilden; die gesellschaftliche Teilung der Arbeit stellt unabhängige Warenproduzenten einander gegenüber, die keine andre Autorität anerkennen als die der Konkurrenz, den Zwang, den der Druck ihrer wechselseitigen Interessen auf sie ausübt, wie auch im Tierreich das bellum omnium contra omnes [Krieg aller gegen alle] die Existenzbedingungen aller Arten mehr oder minder erhält. Dasselbe bürgerliche Bewußtsein, das die manufakturmäßige Teilung der Arbeit, die lebenslängliche Annexation des Arbeiters an eine Detailverrichtung und die unbedingte Unterordnung der Teilarbeiter unter das Kapital als eine Organisation der Arbeit feiert, welche ihre Produktivkraft steigre, denunziert daher ebenso laut jede bewußte gesellschaftliche Kontrolle und Reglung des gesellschaftlichen Produktionsprozesses als einen Eingriff in die unverletzlichen Eigentumsrechte, Freiheit und sich selbst bestimmende »Genialität« des individuellen Kapitalisten. Es ist sehr charakteristisch, daß die begeisterten Apologeten des Fabriksystems nichts Ärgres gegen jede allgemeine Organisation der gesellschaftlichen Arbeit zu sagen wissen, als daß sie die ganze Gesellschaft in eine Fabrik verwandeln würde.

Wenn die Anarchie der gesellschaftlichen und die Despotie der manufakturmäßigen Arbeitsteilung einander in der Gesellschaft der kapitalistischen Produktionsweise bedingen, bieten dagegen frühere Gesellschaftsformen, worin die Besonderung der Gewerbe sich naturwüchsig entwickelt, dann kristallisiert und endlich gesetzlich befestigt hat, einerseits das Bild einer plan- und autoritätsmäßigen Organisation der gesellschaftlichen Arbeit, während sie anderseits die Teilung der Arbeit innerhalb der Werkstatt ganz ausschließen oder nur auf einem Zwergmaßstab oder nur sporadisch und zufällig entwickeln.[1]

Jene uraltertümlichen, kleinen indischen Gemeinwesen z. B., die zum Teil noch fortexistieren, beruhn auf gemeinschaftlichem Besitz des Grund und Bodens, auf unmittelbarer Verbindung von Agrikultur und Handwerk und auf einer festen Teilung der Arbeit, die bei Anlage neuer Gemeinwesen als gegebner Plan und Grundriß dient. Sie bilden sich selbst genügende Produktionsganze, deren Produktionsgebiet von 100 bis auf einige 1000 Acres wechselt. Die Hauptmasse der Produkte wird für den unmittelbaren Selbstbedarf der Gemeinde produziert, nicht als Ware, und die Produktion selbst ist daher unabhängig von der durch Warenaustausch vermittelten Teilung der Arbeit im großen und ganzen der indischen Gesellschaft. Nur der Überschuß der Produkte verwandelt sich in Ware, zum Teil selbst wieder erst in der Hand des Staats, dem ein bestimmtes Quantum seit undenklichen Zeiten als Naturalrente

1 »Man kann als allgemeine Regel aufstellen: Je weniger die Autorität der Teilung der Arbeit innerhalb der Gesellschaft vorsteht, desto mehr entwickelt sich die Arbeitsteilung im Innern der Werkstatt und um so mehr ist sie der Autorität eines einzelnen unterworfen. Danach steht die Autorität in der Werkstatt und die in der Gesellschaft, in bezug auf die Arbeitsteilung, im umgekehrten Verhältnis zueinander.« (Karl Marx, l. c. p. 130, 131. [Zitat aus »Das Elend der Philosophie«])

zufließt. Verschiedne Teile Indiens besitzen verschiedne Formen des Gemeinwesens. In der einfachsten Form bebaut die Gemeinde das Land gemeinschaftlich und verteilt seine Produkte unter ihre Glieder, während jede Familie Spinnen, Weben usw. als häusliches Nebengewerb treibt. Neben dieser gleichartig beschäftigten Masse finden wir den »Haupteinwohner«, Richter, Polizei und Steuereinnehmer in einer Person; den Buchhalter, der die Rechnung über den Ackerbau führt und alles darauf Bezügliche katastriert und registriert; einen dritten Beamten, der Verbrecher verfolgt und fremde Reisende beschützt und von einem Dorf zum andren geleitet; den Grenzmann, der die Grenzen der Gemeinde gegen die Nachbargemeinden bewacht; den Wasseraufseher, der das Wasser aus den gemeinschaftlichen Wasserbehältern zu Ackerbauzwecken verteilt; den Braminen, der die Funktionen des religiösen Kultus verrichtet; den Schulmeister, der die Gemeindekinder im Sand schreiben und lesen lehrt; den Kalenderbraminen, der als Astrolog die Zeiten für Saat, Ernte und die guten und bösen Stunden für alle besondren Ackerbauarbeiten angibt; einen Schmied und einen Zimmermann, welche alle Ackerbauwerkzeuge verfertigen und ausbessern; den Töpfer, der alle Gefäße für das Dorf macht; den Barbier, den Wäscher für die Reinigung der Kleider, den Silberschmied, hier und da den Poeten, der in einigen Gemeinden den Silberschmied, in andren den Schulmeister ersetzt. Dies Dutzend Personen wird auf Kosten der ganzen Gemeinde erhalten. Wächst die Bevölkerung, so wird eine neue Gemeinde nach dem Muster der alten auf unbebautem Boden angesiedelt. Der Gemeindemechanismus zeigt planmäßige Teilung der Arbeit, aber ihre manufakturmäßige Teilung ist unmöglich, indem der Markt für Schmied, Zimmermann usw. unverändert bleibt und höchstens, je nach dem Größenunterschied der Dörfer, statt eines Schmieds, Töpfers usw. ihrer zwei oder drei vorkommen. Das Gesetz, das die Teilung der Gemeindearbeit regelt, wirkt hier mit der unverbrüchlichen Autorität eines Naturgesetzes, während jeder besondre Handwerker, wie Schmied usw., nach überlieferter Art, aber selbständig und ohne Anerkennung irgendeiner Autorität in seiner Werkstatt, alle zu seinem Fach gehörigen Operationen verrichtet. Der einfache produktive Organismus dieser selbstgenügenden Gemeinwesen, die sich beständig in derselben Form reproduzieren und, wenn zufällig zerstört, an demselben Ort, mit demselben Namen, wieder aufbauen, liefert den Schlüssel zum Geheimnis der Unveränderlichkeit asiatischer Gesellschaften, so auffallend kontrastiert durch die beständige Auflösung und Neubildung asiatischer Staaten und rastlosen Dynastenwechsel. Die Struktur der ökonomischen Grundelemente der Gesellschaft bleibt von den Stürmen der politischen Wolkenregion unberührt.

Die Zunftgesetze, wie schon früher bemerkt, verhinderten planmäßig, durch äußerste Beschränkung der Gesellenzahl, die ein einzelner Zunftmeister beschäftigen durfte, seine Verwandlung in einen Kapitalisten. Ebenso konnte er Gesellen nur beschäftigen in dem ausschließlichen Handwerk, worin er selbst Meister war. Die Zunft wehrte eifersüchtig jeden Übergriff des Kaufmannskapitals ab, der einzig freien Form des Kapitals, die ihr gegenüberstand. Der Kaufmann konnte alle Waren kaufen, nur nicht die Arbeit als Ware. Er war nur geduldet als Verleger der Handwerksprodukte. Riefen äußere Umstände eine fortschreitende Teilung der Arbeit hervor, so zerspalteten sich bestehende Zünfte in Unterarten oder lagerten sich neue Zünfte neben die alten hin, jedoch ohne Zusammenfassung verschiedner Handwerke in einer Werkstatt. Die Zunftorganisation, sosehr ihre Besondrung, Isolierung und Ausbildung der Gewerbe zu den materiellen Existenzbedingungen der Manufakturperiode gehören, schloß daher die manufakturmäßige Teilung der Arbeit aus. Im großen und ganzen blieben der Arbeiter und seine Produktionsmittel miteinander verbunden wie die Schnecke mit dem Schneckenhaus, und so fehlte die erste Grundlage der Manufaktur, die Verselbständigung der Produktionsmittel als Kapital gegenüber dem Arbeiter.

Während die Teilung der Arbeit im Ganzen einer Gesellschaft, ob vermittelt oder unvermittelt durch den Warenaustausch, den verschiedenartigsten ökonomischen Gesellschaftsformationen angehört, ist die manufakturmäßige Teilung der Arbeit eine ganz spezifische Schöpfung der kapitalistischen Produktionsweise.

Kauf und Verkauf der Arbeitskraft

Die Wertveränderung des Geldes, das sich in Kapital verwandeln soll, kann nicht an diesem Geld selbst vorgehn, denn als Kaufmittel und als Zahlungsmittel realisiert es nur den Preis der Ware, die es kauft oder zahlt, während es, in seiner eignen Form verharrend, zum Petrefakt von gleichbleibender Wertgröße erstarrt.[1] Ebensowenig kann die Veränderung aus dem zweiten Zirkulationsakt, dem Wiederverkauf der Ware, entspringen, denn dieser Akt verwandelt die Ware bloß aus der Naturalform zurück in die Geldform. Die Veränderung muß sich also zutragen mit der Ware, die im ersten Akt G – W gekauft wird, aber nicht mit ihrem Wert, denn es werden Äquivalente ausgetauscht, die Ware wird zu ihrem Werte bezahlt. Die Veränderung kann also nur entspringen aus ihrem Gebrauchswert als solchem, d. h. aus ihrem Verbrauch. Um aus dem Verbrauch einer Ware Wert herauszuziehn, müßte unser Geldbesitzer so glücklich sein, innerhalb der Zirkulationssphäre, auf dem Markt, eine Ware zu entdecken, deren Gebrauchswert selbst die eigentümliche Beschaffenheit besäße, Quelle von Wert zu sein, deren wirklicher Verbrauch also selbst Vergegenständlichung von Arbeit wäre, daher Wertschöpfung. Und der Geldbesitzer findet auf dem Markt eine solche spezifische Ware vor – das Arbeitsvermögen oder die Arbeitskraft.

Unter Arbeitskraft oder Arbeitsvermögen verstehen wir den Inbegriff der physischen und geistigen Fähigkeiten, die in der Leiblichkeit, der lebendigen Persönlichkeit eines Menschen existieren und die er in Bewegung setzt, sooft er Gebrauchswerte irgendeiner Art produziert.

Damit jedoch der Geldbesitzer die Arbeitskraft als Ware auf dem Markt vorfinde, müssen verschiedne Bedingungen erfüllt sein. Der Warenaustausch schließt an und für sich keine andren Abhängigkeitsverhältnisse ein als die aus seiner eignen Natur entspringenden. Unter dieser Voraussetzung kann die Arbeitskraft als Ware nur auf dem Markt erscheinen, sofern und weil sie von ihrem eignen Besitzer, der Person, deren Arbeitskraft sie ist, als Ware feilgeboten

1 »In der Form von Geld … erzeugt das Kapital keinen Profit.« (Ricardo, »Princ. of Pol. Econ.«, p. 267.)

oder verkauft wird. Damit ihr Besitzer sie als Ware verkaufe, muß er über sie verfügen können, also freier Eigentümer seines Arbeitsvermögens, seiner Person sein.[1] Er und der Geldbesitzer begegnen sich auf dem Markt und treten in Verhältnis zueinander als ebenbürtige Warenbesitzer, nur dadurch unterschieden, daß der eine Käufer, der andre Verkäufer, beide also juristisch gleiche Personen sind. Die Fortdauer dieses Verhältnisses erheischt, daß der Eigentümer der Arbeitskraft sie stets nur für bestimmte Zeit verkaufe, denn verkauft er sie in Bausch und Bogen, ein für allemal, so verkauft er sich selbst, verwandelt sich aus einem Freien in einen Sklaven, aus einem Warenbesitzer in eine Ware. Er als Person muß sich beständig zu seiner Arbeitskraft als seinem Eigentum und daher seiner eignen Ware verhalten, und das kann er nur, soweit er sie dem Käufer stets nur vorübergehend, für einen bestimmten Zeittermin, zur Verfügung stellt, zum Verbrauch überläßt, also durch ihre Veräußerung nicht auf sein Eigentum an ihr verzichtet.[2]

Die zweite wesentliche Bedingung, damit der Geldbesitzer die Arbeitskraft auf dem Markt als Ware vorfinde, ist die, daß ihr Besitzer, statt Waren verkaufen zu können, worin sich seine Arbeit

1 In Realenzyklopädien des klassischen Altertums kann man den Unsinn lesen, daß in der antiken Welt das Kapital völlig entwickelt war, »außer daß der freie Arbeiter und das Kreditwesen fehlten«. Auch Herr Mommsen in seiner »Römischen Geschichte« begeht ein Quidproquo über das andre.

2 Verschiedne Gesetzgebungen setzen daher ein Maximum für den Arbeitskontrakt fest. Alle Gesetzbücher bei Völkern freier Arbeit regeln Kündigungsbedingungen des Kontrakts. In verschiednen Ländern, namentlich in Mexiko (vor dem Amerikanischen Bürgerkrieg auch in den von Mexiko losgerissenen Territorien, und der Sache nach bis zu Kusas Umwälzung in den Donauprovinzen), ist die Sklaverei unter der Form von Peonage versteckt. Durch Vorschüsse, die in Arbeit abzutragen und sich von Generation zu Generation fortwälzen, wird nicht nur der einzelne Arbeiter, sondern seine Familie tatsächlich das Eigentum andrer Personen und ihrer Familien. Juárez hatte die Peonage abgeschafft. Der sogenannte Kaiser Maximilian führte sie wieder ein durch ein Dekret, das im Repräsentantenhaus zu Washington treffend als Dekret zur Wiedereinführung der Sklaverei in Mexiko denunziert ward. »Von meinen besondren körperlichen und geistigen Geschicklichkeiten und Möglichkeiten der Tätigkeit kann ich ... einen in der Zeit beschränkten Gebrauch an einen andren veräußern, weil sie nach dieser Beschränkung ein äußerliches Verhältnis zu meiner Totalität und Allgemeinheit erhalten. Durch die Veräußerung meiner ganzen durch die Arbeit konkreten Zeit und der Totalität meiner Produktion würde ich das Substantielle derselben, meine allgemeine Tätigkeit und Wirklichkeit, meine Persönlichkeit zum Eigentum eines andren machen.« (Hegel, »Philosophie des Rechts«, Berlin 1840, p. 104, § 67.)

vergegenständlicht hat, vielmehr seine Arbeitskraft selbst, die nur in seiner lebendigen Leiblichkeit existiert, als Ware feilbieten muß.

Zur Verwandlung von Geld in Kapital muß der Geldbesitzer also den freien Arbeiter auf dem Warenmarkt vorfinden, frei in dem Doppelsinn, daß er als freie Person über seine Arbeitskraft als seine Ware verfügt, daß er andrerseits andre Waren nicht zu verkaufen hat, los und ledig, frei ist von allen zur Verwirklichung seiner Arbeitskraft nötigen Sachen.

Die Frage, warum dieser freie Arbeiter ihm in der Zirkulationssphäre gegenübertritt, interessiert den Geldbesitzer nicht, der den Arbeitsmarkt als eine besondre Abteilung des Warenmarkts vorfindet. Und einstweilen interessiert sie uns ebensowenig. Wir halten theoretisch an der Tatsache fest, wie der Geldbesitzer praktisch. Eins jedoch ist klar. Die Natur produziert nicht auf der einen Seite Geld- oder Warenbesitzer und auf der andren bloße Besitzer der eignen Arbeitskräfte. Dies Verhältnis ist kein naturgeschichtliches und ebensowenig ein gesellschaftliches, das allen Geschichtsperioden gemein wäre. Es ist offenbar selbst das Resultat einer vorhergegangenen historischen Entwicklung, das Produkt vieler ökonomischen Umwälzungen, des Untergangs einer ganzen Reihe älterer Formationen der gesellschaftlichen Produktion.

Diese eigentümliche Ware, die Arbeitskraft, ist nun näher zu betrachten. Gleich allen andren Waren besitzt sie einen Wert.[1] Wie wird er bestimmt?

Der Wert der Arbeitskraft, gleich dem jeder andren Ware, ist bestimmt durch die zur Produktion, also auch Reproduktion, dieses spezifischen Artikels notwendige Arbeitszeit. Soweit sie Wert, repräsentiert die Arbeitskraft selbst nur ein bestimmtes Quantum in ihr vergegenständlichter gesellschaftlicher Durchschnittsarbeit. Die Arbeitskraft existiert nur als Anlage des lebendigen Individuums. Ihre Produktion setzt also seine Existenz voraus. Die Existenz des Individuums gegeben, besteht die Produktion der Arbeitskraft in seiner eignen Reproduktion oder Erhaltung. Zu seiner Erhaltung bedarf das lebendige Individuum einer gewissen Summe von Lebensmitteln. Die zur Produktion der Arbeitskraft notwendige

1 »Der Wert eines Mannes ist wie der aller anderen Dinge gleich seinem Preis: das will besagen, so viel, wie für den Gebrauch seiner Kraft gezahlt wird.« (Th. Hobbes, »Leviathan«, in »Works«, edit. Molesworth, London 1839-1844, v. III, p. 76.)

Arbeitszeit löst sich also auf in die zur Produktion dieser Lebensmittel notwendige Arbeitszeit, oder der Wert der Arbeitskraft ist der Wert der zur Erhaltung ihres Besitzers notwendigen Lebensmittel. Die Arbeitskraft verwirklicht sich jedoch nur durch ihre Äußerung, betätigt sich nur in der Arbeit. Durch ihre Betätigung, die Arbeit, wird aber ein bestimmtes Quantum von menschlichem Muskel, Nerv, Hirn usw. verausgabt, das wieder ersetzt werden muß. Diese vermehrte Ausgabe bedingt eine vermehrte Einnahme.[1] Wenn der Eigentümer der Arbeitskraft heute gearbeitet hat, muß er denselben Prozeß morgen unter denselben Bedingungen von Kraft und Gesundheit wiederholen können. Die Summe der Lebensmittel muß also hinreichen, das arbeitende Individuum als arbeitendes Individuum in seinem normalen Lebenszustand zu erhalten. Die natürlichen Bedürfnisse selbst, wie Nahrung, Kleidung, Heizung, Wohnung usw., sind verschieden je nach den klimatischen und andren natürlichen Eigentümlichkeiten eines Landes. Andrerseits ist der Umfang sog. notwendiger Bedürfnisse, wie die Art ihrer Befriedigung, selbst ein historisches Produkt und hängt daher großenteils von der Kulturstufe eines Landes, unter andrem auch wesentlich davon ab, unter welchen Bedingungen und daher mit welchen Gewohnheiten und Lebensansprüchen die Klasse der freien Arbeiter sich gebildet hat.[2] Im Gegensatz zu den andren Waren enthält also die Wertbestimmung der Arbeitskraft ein historisches und moralisches Element. Für ein bestimmtes Land, zu einer bestimmten Periode jedoch, ist der Durchschnitts-Umkreis der notwendigen Lebensmittel gegeben.

Der Eigentümer der Arbeitskraft ist sterblich. Soll also seine Erscheinung auf dem Markt eine kontinuierliche sein, wie die kontinuierliche Verwandlung von Geld in Kapital voraussetzt, so muß der Verkäufer der Arbeitskraft sich verewigen, »wie jedes lebendige Individuum sich verewigt, durch Fortpflanzung«.[3] Die durch Abnutzung und Tod dem Markt entzogenen Arbeitskräfte müssen zum allermindesten durch eine gleiche Zahl neuer Arbeitskräfte

1 Der altrömische villicus, als Wirtschafter an der Spitze der Ackerbausklaven, empfing daher, »weil er leichtere Arbeit hat als die Knechte, knapperes Maß als diese«. (Th. Mommsen, »Röm. Geschichte«, 1856, p. 810.)

2 Vgl. »Over-Population and its Remedy«, London 1846, von W. Th. Thornton.

3 Petty.

beständig ersetzt werden. Die Summe der zur Produktion der Arbeitskraft notwendigen Lebensmittel schließt also die Lebensmittel der Ersatzmänner ein, d.h. der Kinder der Arbeiter, so daß sich diese Race eigentümlicher Warenbesitzer auf dem Warenmarkte verewigt.[1]

Um die allgemein menschliche Natur so zu modifizieren, daß sie Geschick und Fertigkeit in einem bestimmten Arbeitszweig erlangt, entwickelte und spezifische Arbeitskraft wird, bedarf es einer bestimmten Bildung oder Erziehung, welche ihrerseits eine größere oder geringere Summe von Warenäquivalenten kostet. Je nach dem mehr oder minder vermittelten Charakter der Arbeitskraft sind ihre Bildungskosten verschieden. Diese Erlernungskosten, verschwindend klein für die gewöhnliche Arbeitskraft, gehn also ein in den Umkreis der zu ihrer Produktion verausgabten Werte.

Der Wert der Arbeitskraft löst sich auf in den Wert einer bestimmten Summe von Lebensmitteln. Er wechselt daher auch mit dem Wert dieser Lebensmittel, d.h. der Größe der zu ihrer Produktion erheischten Arbeitszeit.

Ein Teil der Lebensmittel, z.B. Nahrungsmittel, Heizungsmittel usw., werden täglich neu verzehrt und müssen täglich neu ersetzt werden. Andre Lebensmittel, wie Kleider, Möbel usw., verbrauchen sich in längeren Zeiträumen und sind daher nur in längeren Zeiträumen zu ersetzen. Waren einer Art müssen täglich, andre wöchentlich, vierteljährlich usf. gekauft oder gezahlt werden. Wie sich die Summe dieser Ausgaben aber immer während eines Jahres z.B. verteilen möge, sie muß gedeckt sein durch die Durchschnittseinnahme tagein, tagaus. Wäre die Masse der täglich zur Produktion der Arbeitskraft erheischten Waren = A, die der wöchentlich erheischten = B, die der vierteljährlich erheischten = C usw., so wäre der tägliche Durchschnitt dieser Waren =

$$\frac{365\,A + 52\,B + 4\,C + \text{usw.}}{365}.$$

1 »Ihr« (der Arbeit) »natürlicher Preis … besteht in einer solchen Menge von Subsistenzmitteln und Dingen der Bequemlichkeit, wie sie entsprechend dem Klima und den Gewohnheiten eines Landes notwendig sind, um den Arbeiter zu erhalten und es ihm zu ermöglichen, eine Familie aufzuziehen, die auf dem Markt ein unvermindertes Angebot von Arbeit zu sichern vermag.« (R. Torrens, »An Essay on the external Corn Trade«, London 1815, p. 62.) Das Wort Arbeit steht hier fälschlich für Arbeitskraft.

Gesetzt, in dieser für den Durchschnittstag nötigen Warenmasse steckten 6 Stunden gesellschaftlicher Arbeit, so vergegenständlicht sich in der Arbeitskraft täglich ein halber Tag gesellschaftlicher Durchschnittsarbeit, oder ein halber Arbeitstag ist zur täglichen Produktion der Arbeitskraft erheischt. Dies zu ihrer täglichen Produktion erheischte Arbeitsquantum bildet den Tageswert der Arbeitskraft oder den Wert der täglich reproduzierten Arbeitskraft. Wenn sich ein halber Tag gesellschaftlicher Durchschnittsarbeit ebenfalls in einer Goldmasse von 3 sh. oder einem Taler darstellt, so ist ein Taler der dem Tageswert der Arbeitskraft entsprechende Preis. Bietet der Besitzer der Arbeitskraft sie feil für einen Taler täglich, so ist ihr Verkaufspreis gleich ihrem Wert und, nach unsrer Voraussetzung, zahlt der auf Verwandlung seiner Taler in Kapital erpichte Geldbesitzer diesen Wert.

Die letzte Grenze oder Minimalgrenze des Werts der Arbeitskraft wird gebildet durch den Wert einer Warenmasse, ohne deren tägliche Zufuhr der Träger der Arbeitskraft, der Mensch, seinen Lebensprozeß nicht erneuern kann, also durch den Wert der physisch unentbehrlichen Lebensmittel. Sinkt der Preis der Arbeitskraft auf dieses Minimum, so sinkt er unter ihren Wert, denn sie kann sich so nur in verkümmerter Form erhalten und entwickeln. Der Wert jeder Ware ist aber bestimmt durch die Arbeitszeit, erfordert, um sie in normaler Güte zu liefern.

Es ist eine außerordentlich wohlfeile Sentimentalität, diese aus der Natur der Sache fließende Wertbestimmung der Arbeitskraft grob zu finden und etwa mit Rossi zu jammern:

> Das Arbeitsvermögen (puissance de travail) begreifen, während man von den Subsistenzmitteln der Arbeit während des Produktionsprozesses abstrahiert, heißt ein Hirngespinst (être de raison) begreifen. Wer Arbeit sagt, wer Arbeitsvermögen sagt, sagt zugleich Arbeiter und Subsistenzmittel, Arbeiter und Arbeitslohn.[1]

Wer Arbeitsvermögen sagt, sagt nicht Arbeit, so wenig als wer Verdauungsvermögen sagt, Verdauen sagt. Zum letztren Prozeß ist bekanntlich mehr als ein guter Magen erfordert. Wer Arbeitsvermögen sagt, abstrahiert nicht von den zu seiner Subsistenz notwendigen Lebensmitteln. Ihr Wert ist vielmehr ausgedrückt in seinem Wert.

1 Rossi, »Cours d'Écon. Polit.«, Bruxelles 1843, p. 370, 371.

Wird es nicht verkauft, so nützt es dem Arbeiter nichts, so empfindet er es vielmehr als eine grausame Naturnotwendigkeit, daß sein Arbeitsvermögen ein bestimmtes Quantum Subsistenzmittel zu seiner Produktion erheischt hat und stets wieder von neuem zu seiner Reproduktion erheischt. Er entdeckt dann mit Sismondi: »Das Arbeitsvermögen … ist nichts, wenn es nicht verkauft wird.«[1]

Die eigentümliche Natur dieser spezifischen Ware, der Arbeitskraft, bringt es mit sich, daß mit der Abschließung des Kontrakts zwischen Käufer und Verkäufer ihr Gebrauchswert noch nicht wirklich in die Hand des Käufers übergegangen ist. Ihr Wert, gleich dem jeder andren Ware, war bestimmt, bevor sie in die Zirkulation trat, denn ein bestimmtes Quantum gesellschaftlicher Arbeit ward zur Produktion der Arbeitskraft verausgabt, aber ihr Gebrauchswert besteht erst in der nachträglichen Kraftäußerung. Die Veräußerung der Kraft und ihre wirkliche Äußerung, d. h. ihr Dasein als Gebrauchswert, fallen daher der Zeit nach auseinander. Bei solchen Waren aber,[2] wo die formelle Veräußerung des Gebrauchswerts durch den Verkauf und seine wirkliche Überlassung an den Käufer der Zeit nach auseinanderfallen, funktioniert das Geld des Käufers meist als Zahlungsmittel. In allen Ländern kapitalistischer Produktionsweise wird die Arbeitskraft erst gezahlt, nachdem sie bereits während des im Kaufkontrakt festgesetzten Termins funktioniert hat, z. B. am Ende jeder Woche. Überall schießt daher der Arbeiter dem Kapitalisten den Gebrauchswert der Arbeitskraft vor; er läßt sie vom Käufer konsumieren, bevor er ihren Preis bezahlt erhält, überall kreditiert daher der Arbeiter dem Kapitalisten. Daß dies Kreditieren kein leerer Wahn ist, zeigt nicht nur der gelegentliche Verlust des kreditierten Lohns beim Bankrott des Kapitalisten,[3]

1 Sismondi, »Nouv. Princ. etc.«, t. I, p. 113.

2 »Alle Arbeit wird bezahlt, nachdem sie beendet ist.« (»An Inquiry into those Principles, respecting the Nature of Demand etc.«, p. 104.) »Der kaufmännische Kredit mußte in dem Moment anfangen, in dem der Arbeiter, der erste Schöpfer der Produktion, auf Grund seiner Ersparnisse in der Lage war, auf den Lohn seiner Arbeit bis zum Ende von ein bis zwei Wochen, eines Monats, eines Vierteljahres usw. zu warten.« (Ch. Ganilh, »Des Systèmes d'Écon. Polit.«, 2ème édit., Paris 1821, t. II, p. 150.)

3 »Der Arbeiter leiht seinen Fleiß«, aber, setzt Storch schlau hinzu: er »riskiert nichts«, außer »seinen Lohn zu verlieren … der Arbeiter überträgt nichts Materielles«. (Storch, »Cours d'Écon. Polit.«, Pétersbourg 1815, t. II, p. 36, 37.)

sondern auch eine Reihe mehr nachhaltiger Wirkungen.[1] Indes ändert es an der Natur des Warenaustausches selbst nichts, ob das Geld als Kaufmittel oder als Zahlungsmittel funktioniert. Der Preis der Arbeitskraft ist kontraktlich festgesetzt, obgleich er erst hinterher realisiert wird, wie der Mietpreis eines Hauses. Die Arbeitskraft ist verkauft, obgleich sie erst hinterher bezahlt wird. Für die reine Auffassung des Verhältnisses ist es jedoch nützlich, einstweilen vorauszusetzen, daß der Besitzer der Arbeitskraft mit ihrem Verkauf jedesmal auch sogleich den kontraktlich stipulierten Preis erhält.

1 Ein Beispiel. In London existieren zweierlei Sorten von Bäckern, die »full priced«, die das Brot zu seinem vollen Werte verkaufen, und die »undersellers«, die es unter diesem Werte verkaufen. Letztere Klasse bildet über ¾ der Gesamtzahl der Bäcker (p. XXXII im »Report« des Regierungskommissärs H. S. Tremenheere über die »Grievances complained of by the journeymen bakers etc.«, London 1862). Diese undersellers verkaufen, fast ausnahmslos, Brot, das verfälscht ist durch Beimischung von Alaun, Seife, Perlasche, Kalk, Derbyshire-Steinmehl und ähnlichen angenehmen, nahrhaften und gesunden Ingredienzien. (Siehe das oben zitierte Blaubuch, ebenso den Bericht des »Committee of 1855 on the Adulteration of Bread« und Dr. Hassalls, »Adulterations Detected«, 2nd. edit., London 1861.) [...] Als Grund, warum »ein sehr großer Teil der Arbeiterklasse«, obgleich wohl unterrichtet über die Fälschungen, dennoch Alaun, Steinmehl etc. mit in den Kauf nimmt, führt Tremenheere (l. c. p. XLVIII) an, daß es für sie »ein Ding der Notwendigkeit ist, von ihrem Bäcker oder dem chandler's shop das Brot zu nehmen, wie man es ihnen zu geben beliebt«. Da sie erst Ende der Arbeitswoche bezahlt werden, können sie auch »das während der Woche von ihren Familien verzehrte Brot erst Ende der Woche zahlen«; und, fügt Tremenheere mit Anführung der Zeugenaussagen hinzu: »Es ist notorisch, daß mit solchen Mixturen bereitetes Brot expreß für diese Art Kunden gemacht wird.« (»It is notorious that bread composed of those mixtures, is made expressly for sale in this manner.«) »In vielen englischen Agrikulturdistrikten« (aber noch mehr in schottischen) »wird der Arbeitslohn vierzehntägig und selbst monatlich gezahlt. Mit diesen langen Zahlungsfristen muß der Agrikulturarbeiter seine Waren auf Kredit kaufen [...].«

[Betriebliche Herrschaft]

Kooperation

Die kapitalistische Produktion beginnt, wie wir sahen, in der Tat erst, wo dasselbe individuelle Kapital eine größere Anzahl Arbeiter gleichzeitig beschäftigt, der Arbeitsprozeß also seinen Umfang erweitert und Produkte auf größrer quantitativer Stufenleiter liefert. Das Wirken einer größern Arbeiteranzahl zur selben Zeit, in demselben Raum (oder, wenn man will, auf demselben Arbeitsfeld), zur Produktion derselben Warensorte, unter dem Kommando desselben Kapitalisten, bildet historisch und begrifflich den Ausgangspunkt der kapitalistischen Produktion. Mit Bezug auf die Produktionsweise selbst unterscheidet sich z. B. die Manufaktur in ihren Anfängen kaum anders von der zünftigen Handwerksindustrie als durch die größere Zahl der gleichzeitig von demselben Kapital beschäftigten Arbeiter. Die Werkstatt des Zunftmeisters ist nur erweitert.

Der Unterschied ist also zunächst bloß quantitativ. Man sah, daß die Masse des Mehrwerts, welche ein gegebnes Kapital produziert, gleich dem Mehrwert, den der einzelne Arbeiter liefert, multipliziert mit der Anzahl der gleichzeitig beschäftigten Arbeiter. Diese Anzahl ändert an und für sich nichts an der Rate des Mehrwerts oder dem Exploitationsgrad der Arbeitskraft, und mit Bezug auf die Produktion von Warenwert überhaupt scheint jede qualitative Verändrung des Arbeitsprozesses gleichgültig. Es folgt dies aus der Natur des Werts. Vergegenständlicht sich ein zwölfstündiger Arbeitstag in 6 sh., so 1200 solcher Arbeitstage in 6 sh. × 1200. In dem einen Fall haben sich 12 × 1200, in dem andren 12 Arbeitsstunden den Produkten einverleibt. In der Wertproduktion zählen viele immer nur als viele einzelne. Für die Wertproduktion macht es also keinen Unterschied, ob 1200 Arbeiter vereinzelt produzieren oder vereint unter dem Kommando desselben Kapitals.

Indes findet doch innerhalb gewisser Grenzen eine Modifikation statt. In Wert vergegenständlichte Arbeit ist Arbeit von gesellschaftlicher Durchschnittsqualität, also die Äußerung einer durchschnittlichen Arbeitskraft. Eine Durchschnittsgröße existiert aber immer nur als Durchschnitt vieler verschiedner Größenindividuen derselben Art. In jedem Industriezweig weicht der individuelle Arbeiter, Peter oder Paul, mehr oder minder vom Durchschnittsarbeiter ab. Diese individuellen Abweichungen, welche mathematisch »Fehler« heißen, kompensieren sich und verschwinden, sobald man eine größere Anzahl Arbeiter zusammennimmt. Der berühmte Sophist und Sykophant Edmund Burke will aus seinen praktischen Erfahrungen als Pächter sogar wissen, daß schon »für ein so geringes Peloton« wie 5 Ackerknechte aller individuelle Unterschied der Arbeit verschwindet, also die ersten besten im Mannesalter befindlichen fünf englischen Ackerknechte zusammengenommen in derselben Zeit grad soviel Arbeit verrichten als beliebige andre fünf englische Ackerknechte. Wie dem auch sei, es ist klar, daß der Gesamtarbeitstag einer größren Anzahl gleichzeitig beschäftigter Arbeiter, dividiert durch die Anzahl der Arbeiter, an und für sich ein Tag gesellschaftlicher Durchschnittsarbeit ist. Der Arbeitstag des einzelnen sei z. B. zwölfstündig. So bildet der Arbeitstag von 12 gleichzeitig beschäftigten Arbeitern einen Gesamtarbeitstag von 144 Stunden, und obgleich die Arbeit eines jeden des Dutzend mehr oder minder von der gesellschaftlichen Durchschnittsarbeit abweichen, der einzelne daher etwas mehr oder weniger Zeit zu derselben Verrichtung brauchen mag, besitzt der Arbeitstag jedes einzelnen als ein Zwölftel des Gesamtarbeitstags von 144 Stunden die gesellschaftliche Durchschnittsqualität. [...]

Werden dagegen von den 12 Arbeitern je zwei von einem kleinen Meister beschäftigt, so wird es zufällig, ob jeder einzelne Meister dieselbe Wertmasse produziert und daher die allgemeine Rate des Mehrwerts realisiert. Es fänden individuelle Abweichungen statt. [...]

Die Ungleichheiten würden sich für die Gesellschaft kompensieren, aber nicht für den einzelnen Meister. Das Gesetz der Verwertung überhaupt realisiert sich also für den einzelnen Produzenten erst vollständig, sobald er als Kapitalist produziert, viele Arbeiter gleichzeitig anwendet, also von vornherein gesellschaftliche Durchschnittsarbeit in Bewegung setzt.

Auch bei gleichbleibender Arbeitsweise bewirkt die gleichzeitige Anwendung einer größren Arbeiteranzahl eine Revolution in den gegenständlichen Bedingungen des Arbeitsprozesses. Baulichkeiten, worin viele arbeiten, Lager für Rohmaterial usw., Gefäße, Instrumente, Apparate usw., die vielen gleichzeitig oder abwechselnd dienen, kurz, ein Teil der Produktionsmittel wird jetzt gemeinsam im

Arbeitsprozeß konsumiert. Einerseits wird der Tauschwert von Waren, also auch von Produktionsmitteln, durchaus nicht erhöht durch irgendwelche erhöhte Ausbeutung ihres Gebrauchswerts. Andrerseits wächst der Maßstab der gemeinsam gebrauchten Produktionsmittel. Ein Zimmer, worin 20 Weber mit ihren 20 Webstühlen arbeiten, muß weiter gestreckt sein als das Zimmer eines unabhängigen Webers mit zwei Gesellen. Aber die Produktion einer Werkstatt für 20 Personen kostet weniger Arbeit als die von 10 Werkstätten für je zwei Personen, und so wächst überhaupt der Wert massenweise konzentrierter und gemeinsamer Produktionsmittel nicht verhältnismäßig mit ihrem Umfang und ihrem Nutzeffekt. Gemeinsam vernutzte Produktionsmittel geben geringren Wertbestandteil an das einzelne Produkt ab, teils weil der Gesamtwert, den sie abgeben, sich gleichzeitig auf eine größre Produktenmasse verteilt, teils weil sie, im Vergleich zu vereinzelten Produktionsmitteln, zwar mit absolut größrem, aber, ihren Wirkungskreis betrachtet, mit relativ kleinrem Wert in den Produktionsprozeß eintreten. Damit sinkt ein Wertbestandteil des konstanten Kapitals, also proportionell zu seiner Größe auch der Gesamtwert der Ware. Die Wirkung ist dieselbe, als ob die Produktionsmittel der Ware wohlfeiler produziert würden. Diese Ökonomie in der Anwendung der Produktionsmittel entspringt nur aus ihrem gemeinsamen Konsum im Arbeitsprozeß vieler. Und sie erhalten diesen Charakter als Bedingungen gesellschaftlicher Arbeit oder gesellschaftliche Bedingungen der Arbeit im Unterschied von den zersplitterten und relativ kostspieligen Produktionsmitteln vereinzelter selbständiger Arbeiter oder Kleinmeister, selbst wenn die vielen nur räumlich zusammen, nicht miteinander arbeiten. Ein Teil der Arbeitsmittel erwirbt diesen gesellschaftlichen Charakter, bevor ihn der Arbeitsprozeß selbst erwirbt.

Die Ökonomie der Produktionsmittel ist überhaupt von doppeltem Gesichtspunkt zu betrachten. Das eine Mal, soweit sie Waren verwohlfeilert und dadurch den Wert der Arbeitskraft senkt. Das andre Mal, soweit sie das Verhältnis des Mehrwerts zum vorgeschoßnen Gesamtkapital, d.h. zur Wertsumme seiner konstanten und variablen Bestandteile, verändert. [...]

Die Form der Arbeit vieler, die in demselben Produktionsprozeß oder in verschiednen, aber zusammenhängenden Produktionsprozessen planmäßig neben- und miteinander arbeiten, heißt Kooperation.

Wie die Angriffskraft einer Kavallerieschwadron oder die Widerstandskraft eines Infanterieregiments wesentlich verschieden ist von der Summe der von jedem Kavalleristen und Infanteristen vereinzelt entwickelten Angriffs- und Widerstandskräfte, so die mechanische Kraftsumme vereinzelter Arbeiter von der gesellschaftlichen Kraftpotenz, die sich entwickelt, wenn viele Hände gleichzeitig in derselben ungeteilten Operation zusammenwirken, z. B. wenn es gilt, eine Last zu heben, eine Kurbel zu drehn oder einen Widerstand aus dem Weg zu räumen. Die Wirkung der kombinierten Arbeit könnte hier von der vereinzelten gar nicht oder nur in viel längren Zeiträumen oder nur auf einem Zwergmaßstab hervorgebracht werden. Es handelt sich hier nicht nur um Erhöhung der individuellen Produktivkraft durch die Kooperation, sondern um die Schöpfung einer Produktivkraft, die an und für sich Massenkraft sein muß.

Abgesehn von der neuen Kraftpotenz, die aus der Verschmelzung vieler Kräfte in eine Gesamtkraft entspringt, erzeugt bei den meisten produktiven Arbeiten der bloße gesellschaftliche Kontakt einen Wetteifer und eine eigne Erregung der Lebensgeister (animal spirits), welche die individuelle Leistungsfähigkeit der einzelnen erhöhen, so daß ein Dutzend Personen zusammen in einem gleichzeitigen Arbeitstag von 144 Stunden ein viel größres Gesamtprodukt liefern als zwölf vereinzelte Arbeiter, von denen jeder 12 Stunden, oder als ein Arbeiter, der 12 Tage nacheinander arbeitet. Dies rührt daher, daß der Mensch von Natur, wenn nicht, wie Aristoteles meint, ein politisches, jedenfalls ein gesellschaftliches Tier ist.

Obgleich viele dasselbe oder Gleichartiges gleichzeitig miteinander verrichten, kann die individuelle Arbeit eines jeden dennoch als Teil der Gesamtarbeit verschiedne Phasen des Arbeitsprozesses selbst darstellen, die der Arbeitsgegenstand, infolge der Kooperation, rascher durchläuft. Z. B. wenn Maurer eine Reihe von Händen bilden, um Bausteine vom Fuß eines Gestells bis zu seiner Spitze zu befördern, tut jeder von ihnen dasselbe, aber dennoch bilden die einzelnen Verrichtungen kontinuierliche Teile einer Gesamtverrichtung, besondre Phasen, die jeder Baustein im Arbeitsprozeß durchlaufen muß und wodurch ihn etwa die 24 Hände des Gesamtarbeiters rascher fördern als die zwei Hände jedes einzelnen Arbeiters, der das Gerüst auf- und abstiege. Der Arbeitsgegenstand durchläuft denselben Raum in kürzerer Zeit. Andrerseits findet

Kombination der Arbeit statt, wenn ein Bau z. B. von verschiednen Seiten gleichzeitig angegriffen wird, obgleich die Kooperierenden dasselbe oder Gleichartiges tun. Der kombinierte Arbeitstag von 144 Stunden, der den Arbeitsgegenstand vielseitig im Raum angreift, weil der kombinierte Arbeiter oder Gesamtarbeiter vorn und hinten Augen und Hände hat und in gewissem Grad Allgegenwart besitzt, fördert das Gesamtprodukt rascher als 12 zwölfstündige Arbeitstage mehr oder minder vereinzelter Arbeiter, die ihr Werk einseitiger angreifen müssen. In derselben Zeit reifen verschiedne Raumteile des Produkts.

Wir betonten, daß die vielen, die einander ergänzen, dasselbe oder Gleichartiges tun, weil diese einfachste Form gemeinsamer Arbeit auch in der ausgebildetsten Gestalt der Kooperation eine große Rolle spielt. Ist der Arbeitsprozeß kompliziert, so erlaubt die bloße Masse der Zusammenarbeitenden, die verschiednen Operationen unter verschiedne Hände zu verteilen, daher gleichzeitig zu verrichten und dadurch die zur Herstellung des Gesamtprodukts nötige Arbeitszeit zu verkürzen.

In vielen Produktionszweigen gibt es kritische Momente, d. h. durch die Natur des Arbeitsprozesses selbst bestimmte Zeitepochen, während deren bestimmte Arbeitsresultate erzielt werden müssen. Soll z. B. eine Herde Schafe geschoren oder eine Morgenanzahl Kornland gemäht und geherbstet werden, so hängt Quantität und Qualität des Produkts davon ab, daß die Operation zu einer gewissen Zeit begonnen und zu einer gewissen Zeit beendet wird. Der Zeitraum, den der Arbeitsprozeß einnehmen darf, ist hier vorgeschrieben, wie etwa beim Heringsfang. Der einzelne kann aus einem Tag nur einen Arbeitstag herausschneiden, sage von 12 Stunden, aber die Kooperation von 100 z. B. erweitert einen zwölfstündigen Tag zu einem Arbeitstag von 1200 Stunden. Die Kürze der Arbeitsfrist wird kompensiert durch die Größe der Arbeitsmasse, die im entscheidenden Augenblick auf das Produktionsfeld geworfen wird. Die rechtzeitige Wirkung hängt hier ab von der gleichzeitigen Anwendung vieler kombinierten Arbeitstage, der Umfang des Nutzeffekts von der Arbeiteranzahl, die jedoch stets kleiner bleibt als die Anzahl der Arbeiter, die vereinzelt in demselben Zeitraum denselben Wirkungsraum ausfüllen würden. Es ist der Mangel dieser Kooperation, wodurch im Westen der Vereinigten Staaten eine Masse Korn und in den Teilen Ostindiens, wo englische Herrschaft das alte Gemeinwesen zerstört hat, eine Masse Baumwolle jährlich verwüstet wird.

Auf der einen Seite erlaubt die Kooperation, die Raumsphäre der Arbeit auszurecken, und wird daher für gewisse Arbeitsprozesse schon durch den räumlichen Zusammenhang des Arbeitsgegenstandes erheischt, wie bei Trockenlegung von Land, Eindämmung, Bewäßrung, Kanal-, Straßen-, Eisenbahnbauten usw. Andrerseits ermöglicht sie, verhältnismäßig zur Stufenleiter der Produktion, räumliche Verengung des Produktionsgebiets. Diese Beschränkung der Raumsphäre der Arbeit bei gleichzeitiger Ausdehnung ihrer Wirkungssphäre, wodurch eine Masse falscher Kosten erspart werden, entspringt aus der Konglomeration der Arbeiter, dem Zusammenrücken verschiedner Arbeitsprozesse und der Konzentration der Produktionsmittel.

Verglichen mit einer gleich großen Summe vereinzelter individueller Arbeitstage, produziert der kombinierte Arbeitstag größre Massen von Gebrauchswert und vermindert daher die zur Produktion eines bestimmten Nutzeffekts nötige Arbeitszeit. Ob er im gegebnen Fall diese gesteigerte Produktivkraft erhält, weil er die mechanische Kraftpotenz der Arbeit erhöht oder ihre räumliche Wirkungssphäre ausdehnt oder das räumliche Produktionsfeld im Verhältnis zur Stufenleiter der Produktion verengt oder im kritischen Moment viel Arbeit in wenig Zeit flüssig macht oder den Wetteifer der einzelnen erregt und ihre Lebensgeister spannt oder den gleichartigen Verrichtungen vieler den Stempel der Kontinuität und Vielseitigkeit aufdrückt, oder verschiedne Operationen gleichzeitig verrichtet oder die Produktionsmittel durch ihren gemeinschaftlichen Gebrauch ökonomisiert oder der individuellen Arbeit den Charakter gesellschaftlicher Durchschnittsarbeit verleiht, unter allen Umständen ist die spezifische Produktivkraft des kombinierten Arbeitstags gesellschaftliche Produktivkraft der Arbeit oder Produktivkraft gesellschaftlicher Arbeit. Sie entspringt aus der Kooperation selbst. Im planmäßigen Zusammenwirken mit andern streift der Arbeiter seine individuellen Schranken ab und entwickelt sein Gattungsvermögen.[1]

1 »Die Kraft des einzelnen Menschen ist ganz gering, aber die Vereinigung der ganz geringen Kräfte ergibt eine Gesamtkraft, die größer ist als die Summe aller Teilkräfte, so daß schon die bloße Vereinigung der Kräfte die Zeit verringern und den Raum ihrer Wirkung vergrößern kann.« (G. R. Carli, Note zu P. Verri, l. c., t. XV, p. 196.)

Wenn Arbeiter überhaupt nicht unmittelbar zusammenwirken können, ohne zusammen zu sein, ihre Konglomeration auf bestimmtem Raum daher Bedingung ihrer Kooperation ist, können Lohnarbeiter nicht kooperieren, ohne daß dasselbe Kapital, derselbe Kapitalist sie gleichzeitig anwendet, also ihre Arbeitskräfte gleichzeitig kauft. Der Gesamtwert dieser Arbeitskräfte oder die Lohnsumme der Arbeiter für den Tag, die Woche usw., muß daher in der Tasche des Kapitalisten vereint sein, bevor die Arbeitskräfte selbst im Produktionsprozeß vereint werden. Zahlung von 300 Arbeitern auf einmal, auch nur für einen Tag, bedingt mehr Kapitalauslage als Zahlung weniger Arbeiter Woche für Woche, während des ganzen Jahrs. Die Anzahl der kooperierenden Arbeiter, oder die Stufenleiter der Kooperation, hängt also zunächst ab von der Größe des Kapitals, das der einzelne Kapitalist im Ankauf von Arbeitskraft auslegen kann, d. h. von dem Umfang, worin je ein Kapitalist über die Lebensmittel vieler Arbeiter verfügt.

Und wie mit dem variablen, verhält es sich mit dem konstanten Kapital. Die Auslage für Rohmaterial z. B. ist 30mal größer für den einen Kapitalisten, der 300, als für jeden der 30 Kapitalisten, der je 10 Arbeiter beschäftigt. Wertumfang und Stoffmasse der gemeinsam benutzten Arbeitsmittel wachsen zwar nicht in demselben Grad wie die beschäftigte Arbeiteranzahl, aber sie wachsen beträchtlich. Konzentration größrer Massen von Produktionsmitteln in der Hand einzelner Kapitalisten ist also materielle Bedingung für die Kooperation von Lohnarbeitern, und der Umfang der Kooperation, oder die Stufenleiter der Produktion, hängt ab vom Umfang dieser Konzentration.

Ursprünglich erschien eine gewisse Minimalgröße des individuellen Kapitals notwendig, damit die Anzahl der gleichzeitig ausgebeuteten Arbeiter, daher die Masse des produzierten Mehrwerts hinreiche, den Arbeitsanwender selbst von der Handarbeit zu entbinden, aus einem Kleinmeister einen Kapitalisten zu machen und so das Kapitalverhältnis formell herzustellen. Sie erscheint jetzt als materielle Bedingung für die Verwandlung vieler zersplitterter und voneinander unabhängiger individueller Arbeitsprozesse in einen kombinierten gesellschaftlichen Arbeitsprozeß.

Ebenso erschien ursprünglich das Kommando des Kapitals über die Arbeit nur als formelle Folge davon, daß der Arbeiter statt für sich, für den Kapitalisten und daher unter dem Kapitalisten arbeitet. Mit der Kooperation vieler Lohnarbeiter entwickelt sich das Kommando des Kapitals zum Erheischnis für die Ausführung des Arbeitsprozesses selbst, zu einer wirklichen Produktionsbedingung. Der Befehl des Kapitalisten auf dem Produktionsfeld wird jetzt so unentbehrlich wie der Befehl des Generals auf dem Schlachtfeld.

Alle unmittelbar gesellschaftliche oder gemeinschaftliche Arbeit auf größrem Maßstab bedarf mehr oder minder einer Direktion, welche die Harmonie der individuellen Tätigkeiten vermittelt und die allgemeinen Funktionen vollzieht, die aus der Bewegung des produktiven Gesamtkörpers im Unterschied von der Bewegung seiner selbständigen Organe entspringen. Ein einzelner Violinspieler dirigiert sich selbst, ein Orchester bedarf des Musikdirektors. Diese Funktion der Leitung, Überwachung und Vermittlung, wird zur Funktion des Kapitals, sobald die ihm untergeordnete Arbeit kooperativ wird. Als spezifische Funktion des Kapitals erhält die Funktion der Leitung spezifische Charaktermale.

Zunächst ist das treibende Motiv und der bestimmende Zweck des kapitalistischen Produktionsprozesses möglichst große Selbstverwertung des Kapitals, d. h. möglichst große Produktion von Mehrwert, also möglichst große Ausbeutung der Arbeitskraft durch den Kapitalisten. Mit der Masse der gleichzeitig beschäftigten Arbeiter wächst ihr Widerstand und damit notwendig der Druck des Kapitals zur Bewältigung dieses Widerstands. Die Leitung des Kapitalisten ist nicht nur eine aus der Natur des gesellschaftlichen Arbeitsprozesses entspringende und ihm angehörige besondre Funktion, sie ist zugleich Funktion der Ausbeutung eines gesellschaftlichen Arbeitsprozesses und daher bedingt durch den unvermeidlichen Antagonismus zwischen dem Ausbeuter und dem Rohmaterial seiner Ausbeutung. Ebenso wächst mit dem Umfang der Produktionsmittel, die dem Lohnarbeiter als fremdes Eigentum gegenüberstehn, die Notwendigkeit der Kontrolle über deren sachgemäße Verwendung.[1] Die Kooperation der Lohnarbeiter ist ferner

1 Ein englisches Philisterblatt, der »Spectator« vom 26. Mai 1866, berichtet, daß nach Einführung einer Art von Kompagniegeschäft zwischen Kapitalist und Arbeitern in der »wirework company of Manchester«: »das erste Ergebnis eine plötzliche Abnahme der Materialverschwendung war, da die Arbeiter nicht einsahen, weshalb sie mit ihrem Eigentum verschwenderischer umgehen sollten als mit dem der Kapitalisten, und Materialverschwendung ist neben schlechten Außenständen vielleicht die größte Verlustquelle in den Fabriken«. Dasselbe Blatt

bloße Wirkung des Kapitals, das sie gleichzeitig anwendet. Der Zusammenhang ihrer Funktionen und ihre Einheit als produktiver Gesamtkörper liegen außer ihnen, im Kapital, das sie zusammenbringt und zusammenhält. Der Zusammenhang ihrer Arbeiten tritt ihnen daher ideell als Plan, praktisch als Autorität des Kapitalisten gegenüber, als Macht eines fremden Willens, der ihr Tun seinem Zweck unterwirft.

Wenn daher die kapitalistische Leitung dem Inhalt nach zwieschlächtig ist, wegen der Zwieschlächtigkeit des zu leitenden Produktionsprozesses selbst, welcher einerseits gesellschaftlicher Arbeitsprozeß zur Herstellung eines Produkts, andrerseits Verwertungsprozeß des Kapitals, so ist sie der Form nach despotisch. Mit der Entwicklung der Kooperation auf größrem Maßstab entwickelt dieser Despotismus seine eigentümlichen Formen. Wie der Kapitalist zunächst entbunden wird von der Handarbeit, sobald sein Kapital jene Minimalgröße erreicht hat, womit die eigentlich kapitalistische Produktion erst beginnt, so tritt er jetzt die Funktion unmittelbarer und fortwährender Beaufsichtigung der einzelnen Arbeiter und Arbeitergruppen selbst wieder ab an eine besondre Sorte von Lohnarbeitern. Wie eine Armee militärischer, bedarf eine unter dem Kommando desselben Kapitals zusammenwirkende Arbeitermasse industrieller Oberoffiziere (Dirigenten, managers) und Unteroffiziere (Arbeitsaufseher, foremen, overlookers, contre-maîtres), die während des Arbeitsprozesses im Namen des Kapitals kommandieren. Die Arbeit der Oberaufsicht befestigt sich zu ihrer ausschließlichen Funktion. Bei Vergleichung der Produktionsweise unabhängiger Bauern oder selbständiger Handwerker mit der auf Sklaverei beruhenden Plantagenwirtschaft zählt der politische Ökonom diese Arbeit der Oberaufsicht zu den faux frais de production.[1] Bei Betrachtung der kapitalistischen Produktionsweise

entdeckt als Grundmangel der Rochdale cooperative experiments: »They showed that associations of workmen could manage shops, mills, and almost all forms of industry with success, and they immensely improved the condition of the men, but then they did not leave a clear place for masters.« (»Sie bewiesen, daß Arbeiterassoziationen Boutiquen, Fabriken und beinahe alle Formen der Industrie mit Erfolg handhaben können, und sie verbesserten außerordentlich die Lage der Leute selbst, aber! aber, dann ließen sie keinen sichtbaren Platz für Kapitalisten offen.« Quelle horreur!)

1 Nachdem Professor Cairnes die »superintendence of labour« [Überwachung der Arbeit] als einen Hauptcharakter der Sklavenproduktion in den südlichen Staaten

identifiziert er dagegen die Funktion der Leitung, soweit sie aus der Natur des gemeinschaftlichen Arbeitsprozesses entspringt, mit derselben Funktion, soweit sie durch den kapitalistischen und daher antagonistischen Charakter dieses Prozesses bedingt wird.[1] Der Kapitalist ist nicht Kapitalist, weil er industrieller Leiter ist, sondern er wird industrieller Befehlshaber, weil er Kapitalist ist. Der Oberbefehl in der Industrie wird Attribut des Kapitals, wie zur Feudalzeit der Oberbefehl in Krieg und Gericht Attribut des Grundeigentums war.[2]

Eigentümer seiner Arbeitskraft ist der Arbeiter, solange er als Verkäufer derselben mit dem Kapitalist marktet, und er kann nur verkaufen, was er besitzt, seine individuelle, vereinzelte Arbeitskraft. Dies Verhältnis wird in keiner Weise dadurch verändert, daß der Kapitalist 100 Arbeitskräfte statt einer kauft oder mit 100 voneinander unabhängigen Arbeitern Kontrakte schließt statt mit einem einzelnen. Er kann die 100 Arbeiter anwenden, ohne sie kooperieren zu lassen. Der Kapitalist zahlt daher den Wert der 100 selbständigen Arbeitskräfte, aber er zahlt nicht die kombinierte Arbeitskraft der hundert. Als unabhängige Personen sind die Arbeiter Vereinzelte, die in ein Verhältnis zu demselben Kapital, aber nicht zueinander treten. Ihre Kooperation beginnt erst im Arbeitsprozeß, aber im Arbeitsprozeß haben sie bereits aufgehört, sich selbst zu gehören. Mit dem Eintritt in denselben sind sie dem Kapital einverleibt. Als Kooperierende, als Glieder eines werktätigen Organismus, sind sie selbst nur eine besondre Existenzweise des Kapitals. Die Produktivkraft, die der Arbeiter als gesellschaftlicher Arbeiter entwickelt, ist daher Produktivkraft des Kapitals. Die gesellschaftliche Produktivkraft der Arbeit entwickelt sich unentgeltlich, sobald die Arbeiter unter bestimmte Bedingungen gestellt sind, und das Kapital stellt sie unter diese Bedingungen. Weil die gesellschaftliche

von Nordamerika dargestellt hat, fährt er fort: »Da der bäuerliche Eigentümer« (des Nordens) »das ganze Produkt seines Bodens für sich behält, braucht er keinen besonderen Ansporn zur Anstrengung. Überwachung wird hier völlig unnötig.« (Cairnes, l. c. p. 48, 49.)

1 Sir James Steuart, überhaupt ausgezeichnet durch offnes Auge für die charakteristisch-gesellschaftlichen Unterschiede verschiedner Produktionsweisen, bemerkt: »Warum vernichten große Manufakturunternehmungen das Hausgewerbe, wenn nicht dadurch, daß sie der Einfachheit der Sklavenarbeit näher kommen?« (»Princ. of Pol. Econ.«, London 1767, v. I, p. 167, 168.)

2 Auguste Comte und seine Schule hätten daher in derselben Art die ewige Notwendigkeit von Feudalherrn beweisen können, wie sie dies für die Kapitalherrn getan.

Produktivkraft der Arbeit dem Kapital nichts kostet, weil sie andrerseits nicht von dem Arbeiter entwickelt wird, bevor seine Arbeit selbst dem Kapital gehört, erscheint sie als Produktivkraft, die das Kapital von Natur besitzt, als seine immanente Produktivkraft.

Kolossal zeigt sich die Wirkung der einfachen Kooperation in den Riesenwerken der alten Asiaten, Ägypter, Etrusker usw. [...]

Diese Macht asiatischer und ägyptischer Könige oder etruskischer Theokraten usw. ist in der modernen Gesellschaft auf den Kapitalisten übergegangen, ob er nun als vereinzelter Kapitalist auftritt oder, wie bei Aktiengesellschaften, als kombinierter Kapitalist.

Die Kooperation im Arbeitsprozeß, wie wir sie in den Kulturanfängen der Menschheit, bei Jägervölkern oder etwa in der Agrikultur indischer Gemeinwesen vorherrschend finden, beruht einerseits auf dem Gemeineigentum an den Produktionsbedingungen, andrerseits darauf, daß das einzelne Individuum sich von der Nabelschnur des Stammes oder des Gemeinwesens noch ebensowenig losgerissen hat wie das Bienenindividuum vom Bienenstock. Beides unterscheidet sie von der kapitalistischen Kooperation. Die sporadische Anwendung der Kooperation auf großem Maßstab in der antiken Welt, dem Mittelalter und den modernen Kolonien beruht auf unmittelbaren Herrschafts- und Knechtschaftsverhältnissen, zumeist auf der Sklaverei. Die kapitalistische Form setzt dagegen von vornherein den freien Lohnarbeiter voraus, der seine Arbeitskraft dem Kapital verkauft. Historisch jedoch entwickelt sie sich im Gegensatz zur Bauernwirtschaft und zum unabhängigen Handwerksbetrieb, ob dieser zünftige Form besitze oder nicht. Ihnen gegenüber erscheint die kapitalistische Kooperation nicht als eine besondre historische Form der Kooperation, sondern die Kooperation selbst als eine dem kapitalistischen Produktionsprozeß eigentümliche und ihn spezifisch unterscheidende historische Form.

Wie die durch die Kooperation entwickelte gesellschaftliche Produktivkraft der Arbeit als Produktivkraft des Kapitals erscheint, so die Kooperation selbst als eine spezifische Form des kapitalistischen Produktionsprozesses im Gegensatz zum Produktionsprozeß vereinzelter unabhängiger Arbeiter oder auch Kleinmeister. Es ist die erste Änderung, welche der wirkliche Arbeitsprozeß durch seine Subsumtion unter das Kapital erfährt. Diese Änderung geht naturwüchsig vor sich. Ihre Voraussetzung, gleichzeitige Beschäftigung einer größren Anzahl von Lohnarbeitern in demselben Arbeitsprozeß, bildet den Ausgangspunkt der kapitalistischen Produktion. Dieser fällt mit dem Dasein des Kapitals selbst zusammen. Wenn sich die kapitalistische Produktionsweise daher einerseits als historische Notwendigkeit für die Verwandlung des Arbeitsprozesses in einen gesellschaftlichen Prozeß darstellt, so andrerseits diese gesellschaftliche Form des Arbeitsprozesses als eine vom Kapital angewandte Methode, um ihn durch Steigerung seiner Produktivkraft profitlicher auszubeuten.

In ihrer bisher betrachteten einfachen Gestalt fällt die Kooperation zusammen mit der Produktion auf größrer Stufenleiter, bildet aber keine feste charakteristische Form einer besondren Entwicklungsepoche der kapitalistischen Produktionsweise. Höchstens erscheint sie annähernd so in den noch handwerksmäßigen Anfängen der Manufaktur und in jeder Art großer Agrikultur, welche der Manufakturperiode entspricht und sich wesentlich nur durch die Masse der gleichzeitig angewandten Arbeiter und den Umfang der konzentrierten Produktionsmittel von der Bauernwirtschaft unterscheidet. Die einfache Kooperation ist stets noch vorherrschende Form solcher Produktionszweige, worin das Kapital auf großer Stufenleiter operiert, ohne daß Teilung der Arbeit oder Maschinerie eine bedeutende Rolle spielte.

Die Kooperation bleibt die Grundform der kapitalistischen Produktionsweise, obgleich ihre einfache Gestalt selbst als besondre Form neben ihren weiterentwickelten Formen erscheint.

Die Fabrik

Wir betrachteten im Beginn dieses Kapitels den Leib der Fabrik, die Gliedrung des Maschinensystems. Wir sahen dann, wie die Maschinerie das menschliche Exploitationsmaterial des Kapitals vermehrt durch Aneignung der Weiber- und Kinderarbeit, wie sie die ganze Lebenszeit des Arbeiters konfisziert durch maßlose Ausdehnung des Arbeitstags und wie ihr Fortschritt, der ein ungeheuer wachsendes Produkt in stets kürzrer Zeit zu liefern erlaubt, endlich als systematisches Mittel dient, in jedem Zeitmoment mehr Arbeit flüssig zu machen oder die Arbeitskraft stets intensiver auszubeuten. Wir wenden uns nun zum Fabrikganzen, und zwar in seiner ausgebildetsten Gestalt.

Dr. Ure, der Pindar der automatischen Fabrik, beschreibt sie einerseits als

Kooperation verschiedner Klassen von Arbeitern, erwachsnen und nicht erwachsnen, die mit Gewandtheit und Fleiß ein System produktiver Maschinerie überwachen, das ununterbrochen durch eine Zentralkraft (den ersten Motor) in Tätigkeit gesetzt wird,

andrerseits als

einen ungeheuren Automaten, zusammengesetzt aus zahllosen mechanischen und selbstbewußten Organen, die im Einverständnis und ohne Unterbrechung wirken, um einen und denselben Gegenstand zu produzieren, so daß alle diese Organe einer Bewegungskraft untergeordnet sind, die sich von selbst bewegt.

Diese beiden Ausdrücke sind keineswegs identisch. In dem einen erscheint der kombinierte Gesamtarbeiter oder gesellschaftliche Arbeitskörper als übergreifendes Subjekt und der mechanische Automat als Objekt; in dem andren ist der Automat selbst das Subjekt, und die Arbeiter sind nur als bewußte Organe seinen bewußtlosen Organen beigeordnet und mit denselben der zentralen Bewegungskraft untergeordnet. Der erstere Ausdruck gilt von jeder möglichen Anwendung der Maschinerie im großen, der andre charakterisiert ihre kapitalistische Anwendung und daher das moderne Fabriksystem. Ure liebt es daher auch, die Zentralmaschine, von der die Bewegung ausgeht, nicht nur als Automat, sondern als Autokrat darzustellen.

In diesen großen Werkstätten versammelt die wohltätige Macht des Dampfes ihre Myriaden von Untertanen um sich.

Mit dem Arbeitswerkzeug geht auch die Virtuosität in seiner Führung vom Arbeiter auf die Maschine über. Die Leistungsfähigkeit des Werkzeugs ist emanzipiert von den persönlichen Schranken menschlicher Arbeitskraft. Damit ist die technische Grundlage aufgehoben, worauf die Teilung der Arbeit in der Manufaktur beruht. An die Stelle der sie charakterisierenden Hierarchie der spezialisierten Arbeiter tritt daher in der automatischen Fabrik die Tendenz der Gleichmachung oder Nivellierung der Arbeiten, welche die Gehilfen der Maschinerie zu verrichten haben, an die Stelle der künstlich erzeugten Unterschiede der Teilarbeiter treten vorwiegend die natürlichen Unterschiede des Alters und Geschlechts.

Soweit in der automatischen Fabrik die Teilung der Arbeit wiedererscheint, ist sie zunächst Verteilung von Arbeitern unter die spezialisierten Maschinen und von Arbeitermassen, die jedoch keine gegliederten Gruppen bilden, unter die verschiednen Departements der Fabrik, wo sie an nebeneinander gereihten gleichartigen Werkzeugmaschinen arbeiten, also nur einfache Kooperation unter ihnen stattfindet. Die gegliederte Gruppe der Manufaktur ist ersetzt durch den Zusammenhang des Hauptarbeiters mit wenigen Gehilfen. Die wesentliche Scheidung ist die von Arbeitern, die wirklich an den Werkzeugmaschinen beschäftigt sind (es kommen hiezu einige Arbeiter zur Bewachung, resp. Füttrung der Bewegungsmaschine), und von bloßen Handlangern (fast ausschließlich Kinder) dieser Maschinenarbeiter. Zu den Handlangern zählen mehr oder minder alle »Feeders« (die den Maschinen bloß Arbeitsstoff darreichen). Neben diese Hauptklassen tritt ein numerisch unbedeutendes Personal, das mit der Kontrolle der gesamten Maschinerie und ihrer beständigen Reparatur beschäftigt ist, wie Ingenieure, Mechaniker, Schreiner usw. Es ist eine höhere, teils wissenschaftlich gebildete, teils handwerksmäßige Arbeiterklasse, außerhalb des Kreises der Fabrikarbeiter und ihnen nur aggregiert. Diese Teilung der Arbeit ist rein technisch.

Alle Arbeit an der Maschine erfordert frühzeitige Anlernung des Arbeiters, damit er seine eigne Bewegung der gleichförmig kontinuierlichen Bewegung eines Automaten anpassen lerne. Soweit die Gesamtmaschinerie selbst ein System mannigfacher, gleichzeitig wirkender und kombinierter Maschinen bildet, erfordert auch die auf ihr beruhende Kooperation eine Verteilung verschiedenartiger Arbeitergruppen unter die verschiedenartigen Maschinen. Aber der Maschinenbetrieb hebt die Notwendigkeit auf, diese Verteilung manufakturmäßig zu befestigen durch fortwährende Aneignung derselben Arbeiter an dieselbe Funktion.[1] Da die Gesamtbewegung der Fabrik nicht vom Arbeiter ausgeht, sondern von der Maschine,

1 Ure gibt dies zu. Er sagt, daß die Arbeiter »im Notfall nach dem Willen des Dirigenten von einer Maschine zur andren versetzt werden können«, und ruft triumphierend aus: »Dergleichen Wechsel steht im offnen Widerspruch mit der alten Routine, die die Arbeit teilt und dem einen Arbeiter die Aufgabe zuweist, den Kopf einer Stecknadel zu fassonieren, dem andren, ihre Spitze zu schleifen.« Er hätte sich vielmehr fragen sollen, warum diese »alte Routine« in der automatischen Fabrik nur im »Notfall« verlassen wird.

kann fortwährender Personenwechsel stattfinden ohne Unterbrechung des Arbeitsprozesses. Den schlagendsten Beweis hierzu liefert das während der englischen Fabrikantenrevolte von 1848-1850 ins Werk gesetzte Relaissystem. Die Geschwindigkeit endlich, womit die Arbeit an der Maschine im jugendlichen Alter erlernt wird, beseitigt ebenso die Notwendigkeit, eine besondre Klasse Arbeiter ausschließlich zu Maschinenarbeitern heranzuziehn. Die Dienste der bloßen Handlanger aber sind in der Fabrik teils durch Maschinen ersetzbar,[1] teils erlauben sie wegen ihrer völligen Einfachheit raschen und beständigen Wechsel der mit dieser Plackerei belasteten Personen.

Obgleich nun die Maschinerie das alte System der Teilung der Arbeit technisch über den Haufen wirft, schleppt es sich zunächst als Tradition der Manufaktur gewohnheitsmäßig in der Fabrik fort, um dann systematisch vom Kapital als Exploitationsmittel der Arbeitskraft in noch ekelhaftrer Form reproduziert und befestigt zu werden. Aus der lebenslangen Spezialität, ein Teilwerkzeug zu führen, wird die lebenslange Spezialität, einer Teilmaschine zu dienen. Die Maschinerie wird mißbraucht, um den Arbeiter selbst von Kindesbeinen in den Teil einer Teilmaschine zu verwandeln. Nicht nur werden so die zu seiner eignen Reproduktion nötigen Kosten bedeutend vermindert, sondern zugleich seine hilflose Abhängigkeit vom Fabrikganzen, also vom Kapitalisten, vollendet. Hier wie überall muß man unterscheiden zwischen der größren Produktivität, die der Entwicklung des gesellschaftlichen Produktionspro-

1 Beispiel: Die verschiednen mechanischen Apparate, die zum Ersatz von Kinderarbeit seit dem Gesetz von 1844 in der Wollfabrik eingeführt wurden. Sobald die Kinder der Herren Fabrikanten selbst »ihre Schule« als Handlanger der Fabrik durchzumachen haben, wird dies fast noch unangebaute Gebiet der Mechanik bald einen merkwürdigen Aufschwung nehmen. »Die self-acting mules sind vielleicht eine so gefährliche Maschinerie als irgendeine andere. Die meisten Unglücksfälle begegnen kleinen Kindern, und zwar infolge ihres Kriechens unter die Mules, um den Boden zu fegen, während die Mules in Bewegung sind. Verschiedne ›minders‹« (Arbeiter an der Mule) »wurden« (von den Fabrikinspektoren) »gerichtlich verfolgt und zu Geldstrafen verurteilt wegen dieses Vergehns, aber ohne irgendwelchen allgemeinen Vorteil. Wenn Maschinenmacher nur einen Selbstfeger erfinden wollten, durch dessen Gebrauch die Notwendigkeit für diese kleinen Kinder, unter die Maschinerie zu kriechen, wegfiele, so wäre das ein glücklicher Beitrag zu unsren Protektionsmaßregeln.« (»Reports of Insp. of Factories for 31st October 1866«, p. 63.)

zesses, und der größren Produktivität, die seiner kapitalistischen Ausbeutung geschuldet ist.

In Manufaktur und Handwerk bedient sich der Arbeiter des Werkzeugs, in der Fabrik dient er der Maschine. Dort geht von ihm die Bewegung des Arbeitsmittels aus, dessen Bewegung er hier zu folgen hat. In der Manufaktur bilden die Arbeiter Glieder eines lebendigen Mechanismus. In der Fabrik existiert ein toter Mechanismus unabhängig von ihnen, und sie werden ihm als lebendige Anhängsel einverleibt.

Der trübselige Schlendrian einer endlosen Arbeitsqual, worin derselbe mechanische Prozeß immer wieder durchgemacht wird, gleicht der Arbeit des Sisyphus; die Last der Arbeit, gleich dem Felsen, fällt immer wieder auf den abgematteten Arbeiter zurück.[1]

Während die Maschinenarbeit das Nervensystem aufs äußerste angreift, unterdrückt sie das vielseitige Spiel der Muskeln und konfisziert alle freie körperliche und geistige Tätigkeit. Selbst die Erleichterung der Arbeit wird zum Mittel der Tortur, indem die Maschine nicht den Arbeiter von der Arbeit befreit, sondern seine Arbeit vom Inhalt. Aller kapitalistischen Produktion, soweit sie nicht nur Arbeitsprozeß, sondern zugleich Verwertungsprozeß des Kapitals, ist es gemeinsam, daß nicht der Arbeiter die Arbeitsbedingung, sondern umgekehrt die Arbeitsbedingung den Arbeiter anwendet, aber erst mit der Maschinerie erhält diese Verkehrung technisch handgreifliche Wirklichkeit. Durch seine Verwandlung in einen Automaten tritt das Arbeitsmittel während des Arbeitsprozesses selbst dem Arbeiter als Kapital gegenüber, als tote Arbeit, welche die lebendige Arbeitskraft beherrscht und aussaugt. Die Scheidung der geistigen Potenzen des Produktionsprozesses von der Handarbeit und die Verwandlung derselben in Mächte des Kapitals über die Arbeit vollendet sich, wie bereits früher angedeutet, in der auf

1 F. Engels, »Lage etc.«, p. 217. Selbst ein ganz ordinärer, optimistischer Freihändler, Herr Molinari, bemerkt: »Ein Mann verbraucht sich schneller, wenn er täglich fünfzehn Stunden die gleichförmige Bewegung eines Mechanismus überwacht, als wenn er in derselben Zeitspanne seine physische Kraft gebraucht. Diese Arbeit der Überwachung, die vielleicht als eine nützliche Gymnastik für den Geist dienen könnte, wenn sie nicht zu lange ausgedehnt würde, zerstört auf die Dauer, durch ihr Übermaß, Geist und Körper zugleich.« (G. de Molinari, »Études Économiques«, Paris 1846, [p. 49].)

Grundlage der Maschinerie aufgebauten großen Industrie. Das Detailgeschick des individuellen, entleerten Maschinenarbeiters verschwindet als ein winzig Nebending vor der Wissenschaft, den ungeheuren Naturkräften und der gesellschaftlichen Massenarbeit, die im Maschinensystem verkörpert sind und mit ihm die Macht des »Meisters« (master) bilden. Dieser Meister, in dessen Hirn die Maschinerie und sein Monopol an derselben unzertrennlich verwachsen sind, ruft daher in Kollisionsfällen den »Händen« verächtlich zu:

Die Fabrikarbeiter sollten in heilsamer Erinnrung halten, daß ihre Arbeit in der Tat eine sehr niedrige Sorte geschickter Arbeit ist; daß keine leichter aneigenbar und in Anbetracht ihrer Qualität besser belohnt ist, daß keine durch kurze Unterweisung des mindest Erfahrnen in so kurzer Zeit und in solchem Überfluß zugeführt werden kann. Des Meisters Maschinerie spielt in der Tat eine viel wichtigere Rolle in dem Geschäfte der Produktion als die Arbeit und das Geschick des Arbeiters, die eine Erziehung von 6 Monaten lehren und jeder Bauernknecht lernen kann.[1]

Die technische Unterordnung des Arbeiters unter den gleichförmigen Gang des Arbeitsmittels und die eigentümliche Zusammensetzung des Arbeitskörpers aus Individuen beider Geschlechter und verschiedenster Altersstufen schaffen eine kasernenmäßige Disziplin, die sich zum vollständigen Fabrikregime ausbildet und die schon früher erwähnte Arbeit der Oberaufsicht, also zugleich die Teilung der Arbeiter in Handarbeiter und Arbeitsaufseher, in gemeine Industriesoldaten und Industrieunteroffiziere, völlig entwikkelt.

Die Hauptschwierigkeit in der automatischen Fabrik bestand in der notwendigen Disziplin, um die Menschen auf ihre unregelmäßigen Gewohnheiten in der Arbeit verzichten zu machen und sie zu identifizieren mit der unveränderlichen Regelmäßigkeit des großen Automaten. Aber einen den Bedürfnissen und der Geschwindigkeit des automatischen Systems entsprechenden Disziplinarkodex zu erfinden und mit Erfolg auszuführen war ein Unternehmen, des Herkules würdig, das ist das edle Werk Arkwrights!

1 (»The Master Spinners' and Manufacturers' Defence Fund. Report of the Committee«, Manchester 1854, p. 17.) Man wird später sehn, daß der »Master« aus einem andern Loch pfeift, sobald er mit Verlust seiner »lebendigen« Automaten bedroht ist.

Selbst heutzutage, wo das System in seiner ganzen Vollendung organisiert ist, ist es fast unmöglich, unter den Arbeitern, die das Alter der Mannbarkeit zurückgelegt haben, nützliche Gehilfen für das automatische System zu finden.[1]

Der Fabrikkodex, worin das Kapital seine Autokratie über seine Arbeiter, ohne die sonst vom Bürgertum so beliebte Teilung der Gewalten und das noch beliebtere Repräsentativsystem, privatgesetzlich und eigenherrlich formuliert, ist nur die kapitalistische Karikatur der gesellschaftlichen Reglung des Arbeitsprozesses, welche nötig wird mit der Kooperation auf großer Stufenleiter und der Anwendung gemeinsamer Arbeitsmittel, namentlich der Maschinerie. An die Stelle der Peitsche des Sklaventreibers tritt das Strafbuch des Aufsehers. Alle Strafen lösen sich natürlich auf in Geldstrafen und Lohnabzüge, und der gesetzgeberische Scharfsinn der Fabrik-Lykurge macht ihnen die Verletzung ihrer Gesetze womöglich noch einbringlicher als deren Befolgung.[2]

Wir deuten nur hin auf die materiellen Bedingungen, unter denen die Fabrikarbeit verrichtet wird. Alle Sinnesorgane werden gleichmäßig verletzt durch die künstlich gesteigerte Temperatur, die mit Abfällen des Rohmaterials geschwängerte Atmosphäre, den betäubenden Lärm usw., abgesehn von der Lebensgefahr unter dicht gehäufter Maschinerie, die mit der Regelmäßigkeit der Jah-

1 Ure, l.c. p. 15. Wer Arkwrights Lebensgeschichte kennt, wird das Wort »edel« diesem genialen Barbier nie an den Kopf werfen. Von allen großen Erfindern des 18. Jahrhunderts war er unstreitig der größte Dieb fremder Erfindungen und der gemeinste Kerl.

2 »Die Sklaverei, in der die Bourgeoisie das Proletariat gefesselt hält, kommt nirgends deutlicher ans Tageslicht als im Fabriksystem. Hier hört alle Freiheit rechtlich und faktisch auf. Der Arbeiter muß morgens um halb 6 in der Fabrik sein; kommt er ein paar Minuten zu spät, so wird er gestraft, kommt er 10 Minuten zu spät, so wird er gar nicht hereingelassen, bis das Frühstück vorüber ist, und verliert einen Vierteltag am Lohn. Er muß auf Kommando essen, trinken und schlafen ... Die despotische Glocke ruft ihn vom Bette, ruft ihn vom Frühstück und Mittagstisch. Und wie geht es nun gar erst in der Fabrik? Hier ist der Fabrikant absoluter Gesetzgeber. Er erläßt Fabrikregulationen, wie er Lust hat; er ändert und macht Zusätze zu seinem Kodex, wie es ihm beliebt; und wenn er das tollste Zeug hineinsetzt, so sagen doch die Gerichte zum Arbeiter: Da ihr unter diesen Kontrakt euch freiwillig begeben habt, jetzt müßt ihr ihn auch befolgen ... Diese Arbeiter sind dazu verdammt, vom neunten Jahr bis zu ihrem Tode unter der geistigen und körperlichen Fuchtel zu leben.« (F. Engels, l.c. p. 217 sqq.)

reszeiten ihre industriellen Schlachtbulletins produziert.[1] Die Ökonomisierung der gesellschaftlichen Produktionsmittel, erst im Fabriksystem treibhausmäßig gereift, wird in der Hand des Kapitals zugleich zum systematischen Raub an den Lebensbedingungen des Arbeiters während der Arbeit, an Raum, Luft, Licht, und an persönlichen Schutzmitteln wider lebensgefährliche oder gesundheitswidrige Umstände des Produktionsprozesses, von Vorrichtungen zur Bequemlichkeit des Arbeiters gar nicht zu sprechen. Nennt Fourier mit Unrecht die Fabriken »gemilderte Bagnos«?

Absoluter und relativer Mehrwert

[...] Soweit der Arbeitsprozeß ein rein individueller, vereinigt derselbe Arbeiter alle Funktionen, die sich später trennen. In der individuellen Aneignung von Naturgegenständen zu seinen Lebenszwecken kontrolliert er sich selbst. Später wird er kontrolliert. Der einzelne Mensch kann nicht auf die Natur wirken ohne Betätigung seiner eignen Muskeln unter Kontrolle seines eignen Hirns. Wie im Natursystem Kopf und Hand zusammengehören, vereint der Arbeitsprozeß Kopfarbeit und Handarbeit. Später scheiden sie sich bis zum feindlichen Gegensatz. Das Produkt verwandelt sich überhaupt aus dem unmittelbaren Produkt des individuellen Produzenten in ein gesellschaftliches, in das gemeinsame Produkt eines

1 Die Gesetze zum Schutz gegen gefährliche Maschinerie haben wohltätig gewirkt. »Aber ... es existieren jetzt neue Quellen von Unglücksfällen, die vor 20 Jahren nicht existiert haben, namentlich die vermehrte Geschwindigkeit der Maschinerie. Räder, Walzen, Spindeln und Webstühle werden jetzt mit vermehrter und stets noch wachsender Gewalt getrieben; die Finger müssen rascher und sichrer den gebrochnen Faden anpacken, denn wenn mit Zaudern oder Unvorsicht angelegt, sind sie geopfert ... Eine große Anzahl Unglücksfälle wird verursacht durch den Eifer der Arbeiter, ihr Werk rasch auszuführen. Man muß sich erinnern, daß es für die Fabrikanten von der höchsten Wichtigkeit ist, ihre Maschinerie ununterbrochen in Bewegung zu halten, d. h. Garn und Geweb zu produzieren. Jeder Stillstand von einer Minute ist nicht nur ein Verlust an Triebkraft, sondern an Produktion. Die Arbeiter werden daher durch Arbeitsaufseher, interessiert in der Quantität des Machwerks, dazu gehetzt, die Maschinerie in Bewegung zu halten; und es ist dies nicht minder wichtig für Arbeiter, die nach Gewicht oder Stück gezahlt werden. Obgleich es daher in den meisten Fabriken formell verboten ist, Maschinerie während ihrer Bewegung zu reinigen, ist diese Praxis allgemein.« [...]

Gesamtarbeiters, d. h. eines kombinierten Arbeitspersonals, dessen Glieder der Handhabung des Arbeitsgegenstandes näher oder ferner stehn. Mit dem kooperativen Charakter des Arbeitsprozesses selbst erweitert sich daher notwendig der Begriff der produktiven Arbeit und ihres Trägers, des produktiven Arbeiters. Um produktiv zu arbeiten, ist es nun nicht mehr nötig, selbst Hand anzulegen; es genügt, Organ des Gesamtarbeiters zu sein, irgendeine seiner Unterfunktionen zu vollziehn. Die obige ursprüngliche Bestimmung der produktiven Arbeit, aus der Natur der materiellen Produktion selbst abgeleitet, bleibt immer wahr für den Gesamtarbeiter, als Gesamtheit betrachtet. Aber sie gilt nicht mehr für jedes seiner Glieder, einzeln genommen.

Andrerseits aber verengt sich der Begriff der produktiven Arbeit. Die kapitalistische Produktion ist nicht nur Produktion von Ware, sie ist wesentlich Produktion von Mehrwert. Der Arbeiter produziert nicht für sich, sondern für das Kapital. Es genügt daher nicht länger, daß er überhaupt produziert. Er muß Mehrwert produzieren. Nur der Arbeiter ist produktiv, der Mehrwert für den Kapitalisten produziert oder zur Selbstverwertung des Kapitals dient. Steht es frei, ein Beispiel außerhalb der Sphäre der materiellen Produktion zu wählen, so ist ein Schulmeister produktiver Arbeiter, wenn er nicht nur Kinderköpfe bearbeitet, sondern sich selbst abarbeitet zur Bereicherung des Unternehmers. Daß letztrer sein Kapital in einer Lehrfabrik angelegt hat, statt in einer Wurstfabrik, ändert nichts an dem Verhältnis. Der Begriff des produktiven Arbeiters schließt daher keineswegs bloß ein Verhältnis zwischen Tätigkeit und Nutzeffekt, zwischen Arbeiter und Arbeitsprodukt ein, sondern auch ein spezifisch gesellschaftliches, geschichtlich entstandnes Produktionsverhältnis, welches den Arbeiter zum unmittelbaren Verwertungsmittel des Kapitals stempelt. Produktiver Arbeiter zu sein ist daher kein Glück, sondern ein Pech. [...]

Die Verlängrung des Arbeitstags über den Punkt hinaus, wo der Arbeiter nur ein Äquivalent für den Wert seiner Arbeitskraft produziert hätte, und die Aneignung dieser Mehrarbeit durch das Kapital – das ist die Produktion des absoluten Mehrwerts. Sie bildet die allgemeine Grundlage des kapitalistischen Systems und den Ausgangspunkt der Produktion des relativen Mehrwerts. Bei dieser ist der Arbeitstag von vornherein in zwei Stücke geteilt: notwendige Arbeit und Mehrarbeit. Um die Mehrarbeit zu verlängern, wird die notwendige Arbeit verkürzt durch Methoden, vermittelst deren das Äquivalent des Arbeitslohns in weniger Zeit produziert wird. Die Produktion des absoluten Mehrwerts dreht sich nur um die Länge des Arbeitstags; die Produktion des relativen Mehrwerts revolutioniert durch und durch die technischen Prozesse der Arbeit und die gesellschaftlichen Gruppierungen.

Sie unterstellt also eine spezifisch kapitalistische Produktionsweise, die mit ihren Methoden, Mitteln und Bedingungen selbst erst auf Grundlage der formellen Subsumtion der Arbeit unter das Kapital naturwüchsig entsteht und ausgebildet wird. An die Stelle der formellen tritt die reelle Subsumtion der Arbeit unter das Kapital.

Es genügt bloßer Hinweis auf Zwitterformen, worin die Mehrarbeit weder durch direkten Zwang dem Produzenten ausgepumpt wird, noch auch dessen formelle Unterordnung unter das Kapital eingetreten ist. Das Kapital hat sich hier noch nicht unmittelbar des Arbeitsprozesses bemächtigt. Neben die selbständigen Produzenten, die in überlieferter, urväterlicher Betriebsweise handwerkern oder ackerbauen, tritt der Wucherer oder Kaufmann, das Wucherkapital oder das Handelskapital, das sie parasitenmäßig aussaugt. Vorherrschaft dieser Exploitationsform in einer Gesellschaft schließt die kapitalistische Produktionsweise aus, zu der sie andrerseits, wie im spätren Mittelalter, den Übergang bilden kann. Endlich, wie das Beispiel der modernen Hausarbeit zeigt, werden gewisse Zwitterformen auf dem Hintergrund der großen Industrie stellenweis reproduziert, wenn auch mit gänzlich veränderter Physiognomie.

Wenn zur Produktion des absoluten Mehrwerts die bloß formelle Subsumtion der Arbeit unter das Kapital genügt, z. B. daß Handwerker, die früher für sich selbst oder auch als Gesellen eines Zunftmeisters arbeiteten, nun als Lohnarbeiter unter die direkte Kontrolle des Kapitalisten treten, zeigte sich andrerseits, wie die Methoden zur Produktion des relativen Mehrwerts zugleich Methoden zur Produktion des absoluten Mehrwerts sind. Ja, die maßlose Verlängrung des Arbeitstags stellte sich als eigenstes Produkt der großen Industrie dar. Überhaupt hört die spezifisch kapitalistische Produktionsweise auf, bloßes Mittel zur Produktion des relativen Mehrwerts zu sein, sobald sie sich eines ganzen Produktionszweigs, und noch mehr, sobald sie sich aller entscheidenden

Produktionszweige bemächtigt hat. Sie wird jetzt allgemeine, gesellschaftlich herrschende Form des Produktionsprozesses. Als besondre Methode zur Produktion des relativen Mehrwerts wirkt sie nur noch, erstens soweit sie dem Kapital bisher nur formell untergeordnete Industrien ergreift, also in ihrer Propaganda. Zweitens, soweit ihr bereits anheimgefallne Industrien fortwährend revolutioniert werden durch Wechsel der Produktionsmethoden.

Von gewissem Gesichtspunkt scheint der Unterschied zwischen absolutem und relativem Mehrwert überhaupt illusorisch. Der relative Mehrwert ist absolut, denn er bedingt absolute Verlängrung des Arbeitstags über die zur Existenz des Arbeiters selbst notwendige Arbeitszeit. Der absolute Mehrwert ist relativ, denn er bedingt eine Entwicklung der Arbeitsproduktivität, welche erlaubt, die notwendige Arbeitszeit auf einen Teil des Arbeitstags zu beschränken. Faßt man aber die Bewegung des Mehrwerts ins Auge, so verschwindet dieser Schein der Einerleiheit. Sobald die kapitalistische Produktionsweise einmal hergestellt und allgemeine Produktionsweise geworden, macht sich der Unterschied zwischen absolutem und relativem Mehrwert fühlbar, sobald es gilt, die Rate des Mehrwerts überhaupt zu steigern. Vorausgesetzt, die Arbeitskraft werde zu ihrem Wert bezahlt, stehn wir dann vor dieser Alternative: Die Produktivkraft der Arbeit und ihren Normalgrad von Intensität gegeben, ist die Rate des Mehrwerts nur erhöhbar durch absolute Verlängrung des Arbeitstags; andrerseits, bei gegebner Grenze des Arbeitstags, ist die Rate des Mehrwerts nur erhöhbar durch relativen Größenwechsel seiner Bestandteile, der notwendigen Arbeit und der Mehrarbeit, was seinerseits, soll der Lohn nicht unter den Wert der Arbeitskraft sinken, Wechsel in der Produktivität oder Intensität der Arbeit voraussetzt.

Braucht der Arbeiter alle seine Zeit, um die zur Erhaltung seiner selbst und seiner Race nötigen Lebensmittel zu produzieren, so bleibt ihm keine Zeit, um unentgeltlich für dritte Personen zu arbeiten. Ohne einen gewissen Produktivitätsgrad der Arbeit keine solche disponible Zeit für den Arbeiter, ohne solche überschüssige Zeit keine Mehrarbeit und daher keine Kapitalisten, aber auch keine Sklavenhalter, keine Feudalbarone, in einem Wort keine Großbesitzerklasse.

So kann von einer Naturbasis des Mehrwerts gesprochen werden, aber nur in dem ganz allgemeinen Sinn, daß kein absolutes

Naturhindernis den einen abhält, die zu seiner eignen Existenz nötige Arbeit von sich selbst ab- und einem andern aufzuwälzen, z. B. ebensowenig wie absolute Naturhindernisse die einen abhalten, das Fleisch der andern als Nahrung zu verwenden.[1] Es sind durchaus nicht, wie es hier und da geschehn, mystische Vorstellungen mit dieser naturwüchsigen Produktivität der Arbeit zu verbinden. Nur sobald die Menschen sich aus ihren ersten Tierzuständen herausgearbeitet, ihre Arbeit selbst also schon in gewissem Grad vergesellschaftet ist, treten Verhältnisse ein, worin die Mehrarbeit des einen zur Existenzbedingung des andern wird. In den Kulturanfängen sind die erworbnen Produktivkräfte der Arbeit gering, aber so sind die Bedürfnisse, die sich mit und an den Mitteln ihrer Befriedigung entwickeln. Ferner ist in jenen Anfängen die Proportion der Gesellschaftsteile, die von fremder Arbeit leben, verschwindend klein gegen die Masse der unmittelbaren Produzenten. Mit dem Fortschritt der gesellschaftlichen Produktivkraft der Arbeit wächst diese Proportion absolut und relativ.[2] Das Kapitalverhältnis entspringt übrigens auf einem ökonomischen Boden, der das Produkt eines langen Entwicklungsprozesses ist. Die vorhandne Produktivität der Arbeit, wovon es als Grundlage ausgeht, ist nicht Gabe der Natur, sondern einer Geschichte, die Tausende von Jahrhunderten umfaßt.

Von der mehr oder minder entwickelten Gestalt der gesellschaftlichen Produktion abgesehn, bleibt die Produktivität der Arbeit an Naturbedingungen gebunden. Sie sind alle rückführbar auf die Natur des Menschen selbst, wie Race usw., und die ihn umgebende Natur. Die äußeren Naturbedingungen zerfallen ökonomisch in zwei große Klassen, natürlichen Reichtum an Lebensmitteln, also Bodenfruchtbarkeit, fischreiche Gewässer usw., und natürlichen Reichtum an Arbeitsmitteln, wie lebendige Wassergefälle, schiffbare Flüsse, Holz, Metalle, Kohle usw. In den Kulturanfängen gibt die erstere, auf höherer Entwicklungsstufe die zweite Art des natürlichen Reichtums den Ausschlag. Man vergleiche z. B. England mit Indien oder, in der antiken Welt, Athen und Korinth mit den Uferländern des Schwarzen Meeres.

1 Nach einer kürzlich gemachten Berechnung leben allein in den bereits erforschten Erdgegenden mindestens noch vier Millionen Kannibalen.

2 »Bei den wilden Indianern in Amerika gehört fast alles dem Arbeiter. 99 Teile von hundert sind dem Konto Arbeit zuzuschreiben. In England hat der Arbeiter vielleicht nicht einmal ⅔.« (»The Advantages of the East India Trade etc.«, p. 72, 73.)

Je geringer die Zahl der absolut zu befriedigenden Naturbedürfnisse und je größer die natürliche Bodenfruchtbarkeit und Gunst des Klimas, desto geringer die zur Erhaltung und Reproduktion des Produzenten notwendige Arbeitszeit. Desto größer kann also der Überschuß seiner Arbeit für andere über seine Arbeit für sich selbst sein. So bemerkt schon Diodor über die alten Ägypter:

Es ist ganz unglaublich, wie wenig Mühe und Kosten die Erziehung ihrer Kinder ihnen verursacht. Sie kochen ihnen die nächste beste einfache Speise; auch geben sie ihnen von der Papierstaude den untern Teil zu essen, soweit man ihn im Feuer rösten kann, und die Wurzeln und Stengel der Sumpfgewächse, teils roh, teils gesotten und gebraten. Die meisten Kinder gehn ohne Schuhe und unbekleidet, da die Luft so mild ist. Daher kostet ein Kind seinen Eltern, bis es erwachsen ist, im ganzen nicht über zwanzig Drachmen. Hieraus ist es hauptsächlich zu erklären, daß in Ägypten die Bevölkerung so zahlreich ist und darum so viele große Werke angelegt werden konnten.[1]

Indes sind die großen Bauwerke des alten Ägyptens dem Umfang seiner Bevölkerung weniger geschuldet als der großen Proportion, worin sie disponibel war. Wie der individuelle Arbeiter um so mehr Mehrarbeit liefern kann, je geringer seine notwendige Arbeitszeit, so, je geringer der zur Produktion der notwendigen Lebensmittel erheischte Teil der Arbeiterbevölkerung, desto größer ihr für andres Werk disponibler Teil.

Die kapitalistische Produktion einmal vorausgesetzt, wird, unter sonst gleichbleibenden Umständen und bei gegebner Länge des Arbeitstags, die Größe der Mehrarbeit mit den Naturbedingungen der Arbeit, namentlich auch der Bodenfruchtbarkeit, variieren. Es folgt aber keineswegs umgekehrt, daß der fruchtbarste Boden der geeignetste zum Wachstum der kapitalistischen Produktionsweise. Sie unterstellt Herrschaft des Menschen über die Natur. Eine zu verschwenderische Natur »hält ihn an ihrer Hand wie ein Kind am Gängelband«. Sie macht seine eigne Entwicklung nicht zu einer Naturnotwendigkeit.[2] Nicht das tropische Klima mit seiner über-

1 Diodor, l. c., l. I, c. 80.

2 Auch kann ich mir für die Gesamtheit eines Volkes keinen schlimmeren Fluch vorstellen, als auf einen Fleck Erde gesetzt zu sein, auf dem die Erzeugung von Subsistenz- und Nahrungsmitteln zum großen Teil selbsttätig erfolgt und das Klima wenig Sorge für Kleidung und Obdach erfordert oder zuläßt ... möglich ist allerdings auch ein Extrem nach der andren Seite. Ein Boden, der trotz Arbeit

wuchernden Vegetation, sondern die gemäßigte Zone ist das Mutterland des Kapitals. Es ist nicht die absolute Fruchtbarkeit des Bodens, sondern seine Differenzierung, die Mannigfaltigkeit seiner natürlichen Produkte, welche die Naturgrundlage der gesellschaftlichen Teilung der Arbeit bildet und den Menschen durch den Wechsel der Naturumstände, innerhalb deren er haust, zur Vermannigfachung seiner eignen Bedürfnisse, Fähigkeiten, Arbeitsmittel und Arbeitsweisen spornt. Die Notwendigkeit, eine Naturkraft gesellschaftlich zu kontrollieren, damit hauszuhalten, sie durch Werke von Menschenhand auf großem Maßstab erst anzueignen oder zu zähmen, spielt die entscheidendste Rolle in der Geschichte der Industrie. So z. B. die Wasserreglung in Ägypten, Lombardei, Holland usw. Oder in Indien, Persien usw., wo die Überrieslung durch künstliche Kanäle dem Boden nicht nur das unentbehrliche Wasser, sondern mit dessen Geschlämme zugleich den Mineraldünger von den Bergen zuführt. Das Geheimnis der Industrieblüte von Spanien und Sizilien unter arabischer Herrschaft war die Kanalisation.

Die Gunst der Naturbedingungen liefert immer nur die Möglichkeit, niemals die Wirklichkeit der Mehrarbeit, also des Mehrwerts oder des Mehrprodukts. Die verschiednen Naturbedingungen der Arbeit bewirken, daß dieselbe Quantität Arbeit in verschiednen Ländern verschiedne Bedürfnismassen befriedigt,[1] daß also, unter sonst analogen Umständen, die notwendige Ar-

keine Früchte hervorbringen kann, ist ebenso schlecht wie ein Boden, der ohne Arbeit reichlich Produkte erzeugt.« ([N. Forster,] »An Inquiry into the Present High Price of Provisions«. Lond. 1767, p. 10.)

1 Es gibt keine zwei Länder, die eine gleiche Zahl der notwendigen Lebensmittel in gleicher Fülle und mit gleichem Aufwand an Arbeit liefern. Die Bedürfnisse der Menschen wachsen oder vermindern sich mit der Strenge oder Milde des Klimas, in dem sie leben, und folglich kann das verhältnismäßige Ausmaß an Erwerbstätigkeit, das die Bewohner der verschiednen Länder notwendigerweise betreiben müssen, nicht gleich sein, noch läßt sich der Grad der Verschiedenheit anders als nach den Hitze- und Kältegraden ermitteln. Man kann daher allgemein schließen, daß die Menge der für den Unterhalt einer gewissen Menschenzahl erforderlichen Arbeit in kalten Klimaten am größten, in warmen am geringsten ist; in jenen brauchen die Menschen nicht nur mehr Kleidung, sondern der Boden muß auch besser bebaut werden als in diesen.« (»An Essay on the Governing Causes of the Natural Rate of Interest«, Lond. 1750, p. 59.) Der Verfasser dieser epochemachenden anonymen Schrift ist J. Massie. Hume nahm daraus seine Zinstheorie.

beitszeit verschieden ist. Auf die Mehrarbeit wirken sie nur als Naturschranke, d. h. durch die Bestimmung des Punkts, wo die Arbeit für andre beginnen kann. In demselben Maß, worin die Industrie vortritt, weicht diese Naturschranke zurück. Mitten in der westeuropäischen Gesellschaft, wo der Arbeiter die Erlaubnis, für seine eigne Existenz zu arbeiten, nur durch Mehrarbeit erkauft, wird sich leicht eingebildet, es sei eine der menschlichen Arbeit eingeborne Qualität, ein Surplusprodukt zu liefern. Man nehme aber z. B. den Einwohner der östlichen Inseln des asiatischen Archipelagus, wo der Sago wild im Walde wächst.

Wenn die Einwohner, indem sie ein Loch in den Baum bohren, sich davon überzeugt haben, daß das Mark reif ist, so wird der Stamm umgeschlagen und in mehrere Stücke geteilt, das Mark wird herausgekratzt, mit Wasser gemischt und geseiht, es ist dann vollkommen brauchbares Sagomehl. Ein Baum gibt gemeiniglich 300 Pfund und kann 500 bis 600 Pfund geben. Man geht dort also in den Wald und schneidet sich sein Brot, wie man bei uns sein Brennholz schlägt.[1]

Gesetzt, ein solcher ostasiatischer Brotschneider brauche 12 Arbeitsstunden in der Woche zur Befriedigung aller seiner Bedürfnisse. Was ihm die Gunst der Natur unmittelbar gibt, ist viel Mußezeit. Damit er diese produktiv für sich selbst verwende, ist eine ganze Reihe geschichtlicher Umstände, damit er sie in Mehrarbeit für fremde Personen verausgabe, ist äußrer Zwang erheischt. Würde kapitalistische Produktion eingeführt, so müßte der Brave vielleicht 6 Tage in der Woche arbeiten, um sich selbst das Produkt eines Arbeitstags anzueignen. Die Gunst der Natur erklärt nicht, warum er jetzt 6 Tage in der Woche arbeitet oder warum er 5 Tage Mehrarbeit liefert. Sie erklärt nur, warum seine notwendige Arbeitszeit auf einen Tag in der Woche beschränkt ist. In keinem Fall aber entspränge sein Mehrprodukt aus einer der menschlichen Arbeit eingebornen, okkulten Qualität.

Wie die geschichtlich entwickelten, gesellschaftlichen, so erscheinen die naturbedingten Produktivkräfte der Arbeit als Produktivkräfte des Kapitals, dem sie einverleibt wird. –

1 F. Schouw, »Die Erde, die Pflanze und der Mensch«, 2. Aufl., Leipzig 1854, p. 148.

[...] Die auf dem absoluten Surpluswert beruhende Form nenne ich *formelle Subsumtion der Arbeit unter das Kapital*, weil sie sich nur *formell* von den frühern Produktionsweisen unterscheidet, auf deren Grundlage sie unmittelbar entspringt (eingeführt wird), sei es nun, dass darin der Producer selfemploying, sei es, dass die unmittelbaren Produzenten Surplusarbeit für andre liefern müssen. Der *Zwang*, der ausgeübt wird, ist andrer Art, id est die Methode, wodurch die Surplusarbeit erzwungen wird. Das wesentliche bei der *formellen Subsumtion* ist:

1) das reine Geldverhältnis zwischen dem, der die Surplusarbeit aneignet, und dem, der sie liefert; soweit *Unterordnung* entspringt, entspringt sie aus dem *bestimmten Inhalt* des Verkaufs, nicht aus einer *ihm* vorausgesetzten *Unterordnung*, wodurch der Produzent in andres Verhältnis als das Geldverhältnis (Verhältnis von Warenbesitzer zu Warenbesitzer) gegen den Exploiteur seiner Arbeit infolge politischen etc. Verhältnisses gestellt wäre; es ist nur als Besitzer der Arbeitsbedingungen, dass hier der Käufer den Verkäufer in seine *ökonomische Abhängigkeit* bringt; kein politisches und sozial fixiertes Verhältnis von Ueber- und Unterordnung;

2) was in dem ersten Verhältnis eingeschlossen ist – denn sonst hätte der Arbeiter nicht sein Arbeitsvermögen zu verkaufen, dass seine *objektiven Arbeitsbedingungen* (Produktionsmittel) und *subjektiven Arbeitsbedingungen* (Lebensmittel) ihm als *Kapital*, als monopolisiert vom Käufer seines Arbeitsvermögens gegenüberstehn. Je vollständiger diese *Arbeitsbedingungen* ihm als fremdes Eigentum gegenüberstehn, umso vollständiger findet *formell* das *Verhältnis von Kapital und Lohnarbeit* statt, also formelle Subsumtion der Arbeit unter das Kapital, die Bedingung und Voraussetzung der *reellen* Subsumtion.

In der Produktionsweise selbst findet hier noch kein Unterschied statt. Der *Arbeitsprozess, technologisch* betrachtet, geht grad vor sich wie früher, nur jetzt als dem Kapital *untergeordneter* Arbeitsprozess. Es entwickelt sich jedoch im Produktionsprozess selbst, wie früher entwickelt, 1) ein *ökonomisches* Verhältnis der Ueber- und Unterordnung, indem der Konsum des Arbeitsvermögens vom Kapitalisten geschieht, daher von ihm überwacht und dirigiert wird; 2) es entwickelt sich grosse Kontinuität und Intensivität der Arbeit und grössere Oekonomie in der Anwendung der Arbeitsbedingungen, indem alles aufgeboten wird, damit das Produkt nur *gesellschaftlich notwendige* (oder rather noch weniger) *Arbeitszeit* darstellt, und dies sowohl mit Bezug auf die lebendige Arbeit, die zu seiner Produktion verwandt wird, als in Bezug auf die vergegenständlichte Arbeit, die als Wert der angewandten Produktionsmittel wertbildend in es eingeht.

Bei der *formellen Subsumtion* der Arbeit unter das Kapital erhält der *Zwang zur Surplusarbeit* – und damit einerseits zur Bildung von Bedürfnissen und von Befriedigungsmitteln dieser Bedürfnisse, wie der Produktionsmasse über das Maß der traditionellen Bedürfnisse des Arbeiters hinaus – und Schaffung *freier Zeit* zur Entwicklung, unabhängig von der materiellen Produktion, *nur* eine *andre* Form als in früheren Produktionsweisen, aber eine Form, die die Kontinuität und Intensivität der Arbeit steigert, die Produktion vermehrt, der Entwicklung der *Variationen der Arbeitsvermögen* günstiger ist, und damit der Differenzierung der Arbeits- und Erwerbsweisen, endlich das Verhältnis der Besitzer der Arbeitsbedingungen und der Arbeiter selbst in ein reines *Kauf- und Verkaufverhältnis* oder *Geldverhältnis* auflöst, und das Exploitationsverhältnis von allen patriarchalischen und politischen oder auch religiösen Verquickungen *ausscheidet.* Allerdings erzeugt das *Produktionsverhältnis* selbst ein neues Verhältnis der *Ueber- und Unterordnung* (das auch *politische* etc. Ausdrücke seiner selbst produziert). Je weniger die kapitalistische Produktion über das formelle Verhältnis herauskommt, um so weniger ist auch jenes Verhältnis entwickelt, da es nur kleine Kapitalisten voraussetzt, die in Bildungs- und Beschäftigungsweise nur wenig von den Arbeitern selbst verschieden sind.

Der Unterschied in der *Art des Verhältnisses der Ueber- und Unterordung*, ohne die Produktionsweise selbst noch zu berühren, zeigt sich am meisten, wo *ländliche* und *häusliche* Nebenarbeiten, die bloss für den Bedarf der Familie betrieben wurden, in selbständig kapitalistische Arbeitszweige verwandelt werden.

Der Unterschied der *formell* vom Kapital subsumierten Arbeit von früherer Anwendungsart der Arbeit tritt in demselben Umfang hervor, worin die *Grösse des Kapitals* wächst, das der einzelne Kapitalist anwendet, also die *Anzahl der gleichzeitig von ihm beschäftigten Arbeiter.* Erst mit einem gewissen Minimum von Kapital hört der Kapitalist auf selbst Arbeiter zu sein und [beginnt] sich nur die Direktion des Arbeitsprozesses und den Handel mit den produzierten Waren vorzubehalten. Auch tritt erst die *reelle* Subsumtion der Arbeit unter das Kapital ein, *die eigentlich kapitalistische Produktionsweise*, wo sich Kapitalien von gewisser Grösse unmittelbar der Produktion bemächtigt haben, sei es dass der Kaufmann industrieller Kapitalist wird, sei es dass sich auf Basis der *formellen Subsumtion* grössre industrielle Kapitalisten gebildet haben.

Tritt das Verhältnis der Ueber- und Unterordnung an die Stelle von Sklaverei, Leibeigenschaft, Vasallerei, patriarchalischen etc. Formen der Unterordnung, so findet nur eine *Verwandlung in seiner Form* statt. Die Form *wird freier*, weil sie nur noch *sachlicher* Natur, formell freiwillig, *rein ökonomisch.*

Oder das Verhältnis der *Ueber- und Unterordnung* im Produktionsprozess tritt an die Stelle früherer *Selbständigkeit* im Produktionsprozess, wie z. B. bei allen selfsustaining peasants, farmers, die nur eine Produktenrente, sei es an Staat, sei es an landlord zu zahlen hatten, ländlich-häuslicher Nebenindustrie oder *selbständigen Handwerks.* Hier ist also Verlust der frühern *Selbständigkeit* im Produktionsprozess vorhanden und das Verhältnis der Ueber- und Unterordnung ist selbst das Produkt der Einführung der kapitalistischen Produktionsweise.

Endlich kann das Verhältnis von Kapitalist und Lohnarbeiter an die Stelle des *zunftartigen Meisters*, seiner *Gesellen und Lehrlinge* treten, ein Uebergang, den zum Teil die städtische Manufaktur bei ihrer Entstehung durchmacht. Das *mittelaltrige Zunftverhältnis*, das sich in analoger Form auch in Athen und Rom in engen Kreisen entwickelt hat, und das so entscheidend wichtig war in Europa für Bildung der Kapitalisten einerseits, für Bildung eines freien Arbeiterstandes andrerseits, ist eine *beschränkte*, noch nicht adäquate Form des Kapital- und Lohnarbeitverhältnisses. Es existiert hier einerseits das Verhältnis von Käufer und Verkäufer. Es wird Lohn gezahlt und Meister, Gesell und Lehrling stehn sich als freie Personen gegenüber.

Die technologische Basis dieses Verhältnisses ist der *handwerksmässige Betrieb*, worin die mehr oder minder kunstmässige Handhabung des *Arbeitsinstruments* der entscheidende Faktor der Produktion ist, die selbständige persönliche Arbeit, und daher ihre professionelle Entwicklung, die grössere oder kürzere Lehrzeit erheischt, bestimmt hier das Resultat der Arbeit. Der Meister befindet sich hier zwar im Besitz der Produktionsbedingungen, Handwerkszeugs, Arbeitsmaterials (obgleich das Handwerkszeug auch dem Gesellen gehören kann), ihm gehört das Produkt. Insofern ist er *Kapitalist.* Aber als Kapitalist ist er nicht *Meister.* Er ist erstens zunächst selbst *Handwerker* und is supposed Meister zu sein in seinem Handwerk. Innerhalb des Produktionsprozesses selbst figuriert er ebensowohl als Handwerker wie seine Gesellen, und er weiht erst seine Lehrlinge in das Geheimnis des Handwerks ein. Er hat zu seinen Lehrlingen ganz dasselbe Verhältnis wie ein Professor zu seinen Schülern. Sein Verhältnis zu Lehrlingen und Gesellen ist daher nicht das des Kapitalisten als solchen, sondern des *Meisters* im Handwerk, der als solcher in der Korporation und daher ihnen gegenüber eine hierarchische Stellung einnimmt, die is supposed, auf seiner eigenen *Meisterschaft* im Handwerk zu beruhen. Sein Kapital ist daher auch sowohl seiner *stofflichen* Gestalt nach als seinem *Wertumfang* nach gebundenes Kapital, das keineswegs noch die freie Gestalt des Kapitals erhalten hat. Es ist nicht ein *bestimmtes Quantum vergegenständlichter Arbeit*, Wert überhaupt, die diese oder jene Form von Arbeitsbedingungen annehmen kann, beliebig annimmt, je nachdem es, um sich Surplusarbeit anzueignen, sich beliebig gegen diese oder jene Form der lebendigen Arbeit austauscht. Nur nachdem er die vorgeschriebenen Stufen von Lehrling, Gesell durchgemacht, usw., selbst sein Meisterstück geliefert hat, kann er Geld in *diesem bestimmten* Arbeitszweig, in seinem eignen Handwerk, teils in die objektiven Bedingungen des Handwerks umsetzen, teils Gesellen damit kaufen und Lehrlinge halten. Nur in seinem eignen Handwerk kann er sein Geld in Kapital verwandeln, d. h. nicht nur als Mittel seiner eignen Arbeit, sondern auch als Exploitationsmittel fremder Arbeit verwenden. Sein Kapital ist an eine bestimmte Form des *Gebrauchswerts* gebunden und tritt daher ebenso wenig als *Kapital* seinen Arbeitern gegenüber. Die Methoden der Arbeit, die er anwendet, sind nicht nur erfahrungsmässige, sondern zunftmässig vorgeschriebene – gelten als die notwendigen, und so erscheint auch nach dieser Seite nicht der Tauschwert, sondern der Gebrauchswert der Arbeit als der letzte Endzweck. Es hängt nicht von seinem Belieben ab, Arbeit von dieser oder jener Qualität zu liefern, sondern der ganze Zunftbetrieb darauf eingerichtet, dass *bestimmte Qualität* geliefert wird. So wenig wie die Arbeitsmethode, steht der Preis der Arbeit seinem Belieben anheim. Die *beschränkte* Form, die sein Vermögen hindert, als *Kapital* zu funktionieren, zeigt sich ferner darin, dass in der Tat ein *Maximum* für den Wertumfang seines Kapitals vorgeschrieben ist. Ueber eine *gewisse Zahl Gesellen* hinaus darf er nicht halten, da durch die Zunft sämtlichen Meistern eine Aliquote am Verdienst ihres Handwerks gesichert werden soll. Endlich das Verhältnis des Meisters zu andren Meistern als Mitglied derselben Zunft; als solcher gehörte er einer Korporation an, die gewisse gemeinschaftliche Produktionsbedingungen (Zunftbande etc.), politische Rechte, Anteil an der städtischen Verwaltung usw. [besass.] Er arbeitete auf Bestellung – mit Ausnahme seiner Arbeiten für Kaufleute – für den unmittelbaren Gebrauchswert, und demgemäss auch die Zahl der Meister geregelt. Er tritt nicht als *blosser Kaufmann* seinen Arbeitern gegenüber. Noch weniger kann der Kaufmann sein Geld in produktives Kapital verwandeln; er kann nur die Waren »verlegen«, nicht sie selbst produzieren. *Standesmässige Existenz* – nicht der Tauschwert als solcher, nicht Bereicherung als solche erscheint hier als Zweck und Resultat der Exploitation fremder Arbeit. Das Entscheidende ist hier das *Instrument.* Der Rohstoff wird hier in vielen Arbeitszweigen (z. B. der Schneiderei) dem Meister selbst von seinen Kunden geliefert. Die Schranke der Produktion innerhalb des Ganzen der vorgefundenen Konsumtion ist hier Gesetz. Sie ist also keineswegs geregelt durch die Schranken des Kapitals selbst. Im kapitalistischen Verhältnis verschwinden die Schranken mit den politisch-sozialen Banden, in denen hier noch das Kapital sich bewegt, daher noch nicht als *Kapital* erscheint.

Die bloss formelle Verwandlung des handwerksmässigen Betriebs in kapitalistischen, wo also zunächst der technologische Prozess noch derselbe bleibt, besteht im *Fortfallen aller dieser Schranken* – womit auch das Verhältnis der Ueber- und Unterordnung sich ändert. Der Meister ist nun nicht mehr als Meister Kapitalist, sondern als Kapitalist Meister. Die Schranke seiner Produktion ist nicht mehr bedingt durch die Schranke seines Kapitals. Das Kapital (Geld) kann sich beliebig gegen *jede Art* der Arbeit und daher der Arbeitsbedingungen austauschen. Er kann aufhören selbst Handwerker zu sein. Mit der plötzlichen Ausdehnung des Handels, und damit der Nachfrage nach Waren durch den Kaufmannsstand, musste der zunftmässige Betrieb von selbst über seine Schranken getrieben, sich formell in kapitalistischen Betrieb umwandeln.

Gegenüber dem selbständigen Handwerker, der für strange customers arbeitet, vermehrt sich natürlich die Kontinuität des Arbeiters, der für den Kapitalisten arbeitet, dessen Arbeit keine Grenze an dem zufälligen Bedürfnis einzelner customers, sondern nur an dem Exploitationsbedürfnis des ihn beschäftigenden Kapitals [hat]. Dem Sklaven gegenüber wird diese Arbeit produktiver, weil intensiver, indem der Sklave nur unter dem Antrieb äusserer Furcht, aber nicht für *seine Existenz* arbeitet, die ihm nicht gehört, und doch *garantiert* ist; der freie Arbeiter dagegen getrieben von seinen wants. Das Bewusstsein (oder vielmehr die *Vorstellung*) der freien Selbstbestimmung, der Freiheit, macht den einen zu einem viel besseren Arbeiter als den anderen, und das damit verbundene feeling (Bewusstsein) of *responsibility*; da er, wie jeder Warenverkäufer, responsibel ist für die Ware, die er liefert und sie in gewisser Qualität liefern muss, soll er nicht von andern Warenverkäufern derselben Species aus dem Feld geschlagen werden. Die *Kontinuität des Verhältnisses* von Sklave und Sklavenhalter ist ein Verhältnis, worin der Sklave durch direkten Zwang erhalten wird. Der freie Arbeiter selbst muss es dagegen erhalten, da seine Existenz und die seiner Familie davon abhängt, dass er fortwährend den Verkauf seines Arbeitsvermögens an den Kapitalisten erneuert.

Bei dem Sklaven erscheint das *Minimum des Salairs* als eine von seiner Arbeit unabhängige, konstante Grösse. Bei dem freien Arbeiter stellt sich dieser *Wert seines Arbeitsvermögens* und der ihm entsprechende *Durchschnittsarbeitslohn* nicht in dieser prädestinierten, von seiner eignen Arbeit unabhängigen, durch seine bloss physischen Bedürfnisse bestimmten Grenze dar. Es ist hier der *Durchschnitt* für die *Klasse* mehr oder minder *konstant*, wie der Wert aller Waren; aber er existiert nicht in dieser unmittelbaren Realität für den *einzelnen* Arbeiter, dessen Lohn über oder unter diesem Minimum stehn mag. *Der Preis der Arbeit* sinkt bald unter, bald steigt er über *den Wert des Arbeitsvermögens.* Ferner Spielraum (within narrow limits) für die *Individualität* des Arbeiters, wodurch Lohnverschiedenheit teils in *verschiedenen Arbeitszweigen*, teils in *demselben* Arbeitszweig, je nach Arbeitsamkeit, Geschick, Kraft etc. des Arbeiters, und zwar ist diese Verschiedenheit zum Teil bestimmt durch das Mass seiner eigenen persönlichen Leistung. So erscheint Lohngrösse wechselnd als Resultat seiner eigenen Arbeit und ihrer individuellen Qualität. Dies namentlich entwickelt, wo *Stücklohn* gezahlt. Obgleich dieser, wie gezeigt, am allgemeinen Verhältnis zwischen Kapital und Arbeit, zwischen Surplusarbeit und notwendiger Arbeit nichts ändert, so drückt sich dadurch doch das Verhältnis für den einzelnen Arbeiter verschieden aus, und zwar nach Mass seiner persönlichen Leistung. Bei dem Sklaven können besondere Kraft oder Geschicklichkeit den *Kaufwert* seiner Person erhöhen, aber das geht ihn selbst nichts an. Anders bei dem freien Arbeiter, der Selbsteigner *seines Arbeitsvermögens* ist.

Der höhre Wert dieses Arbeitsvermögens muss ihm selbst bezahlt werden und drückt sich in höherem Lohn aus. Es herrschen also grosse Lohnverschiedenheiten hier vor, je nachdem die besondere Arbeit höher entwickeltes, grössere Produktionskosten erheischendes Arbeitsvermögen erheischt oder nicht, und damit ist einerseits der individuellen Verschiedenheit Spielraum eröffnet, andrerseits Sporn gegeben zur Entwicklung des eignen Arbeitsvermögens. So sicher es auch ist, dass die Masse der Arbeit aus mehr oder minder unskilled labour bestehn muss und daher auch die Masse des Arbeitslohns durch den *Wert des einfachen Arbeitsvermögens* bestimmt sein muss, so bleibt es einzelnen Individuen möglich, durch besondre Energie, Talent etc. in höhre Arbeitssphären sich aufzuschwingen, ganz wie die abstrakte Möglichkeit bleibt, dass dieser oder jener Arbeiter selbst Kapitalist und Exploiteur fremder Arbeit wird. Der Sklave gehört einem bestimmten *Master*; der Arbeiter muss sich zwar an das Kapital verkaufen, aber nicht an einen bestimmten Kapitalisten, und so hat er innerhalb bestimmter Sphäre die Wahl, an wen er sich verkaufen will, und kann seinen master wechseln. Alle diese veränderten Beziehungen machen die Tätigkeit des freien Arbeiters intensiver, kontinuierlicher, beweglicher und geschickter als die des Sklaven, abgesehn davon, dass sie ihn selbst zu einer ganz andren historischen Aktion befähigen. Der Sklave erhält die für seinen Unterhalt nötigen Lebensmittel in *Naturalform*, die ebenso fixiert ist, der Art, wie dem Umfang nach – in *Gebrauchswerten.* Der freie Arbeiter erhält sie in der Form des *Gelds*, des *Tauschwerts*, der abstrakten sozialen Form des Reichtums. So sehr das Salair nun in der Tat nichts ist als *versilberte* oder *vergoldete* oder *verkupferte* oder *verpapierte* Form der notwendigen Lebensmittel, in die es sich beständig auflösen muss – das *Geld* hier als nur verschwindende Form des Tauschwerts, als blosses *Zirkulationsmittel* funktioniert, bleibt doch in der Vorstellung der *abstrakte Reichtum*, der *Tauschwert*, nicht ein bestimmter traditionell und lokal beschränkter Gebrauchswert für ihn Zweck und Resultat seiner Arbeit. Es ist der Arbeiter selbst, der das Geld in beliebige Gebrauchswerte umsetzt, mit ihm beliebige Waren kauft, und als *Geldbesitzer*, als Käufer von Waren steht er ganz in demselben Verhältnis zu den Verkäufern von Waren, wie alle andren Käufer. Die Bedingungen seiner Existenz zwingen ihn natürlich – ganz so wie der Wertumfang des von ihm erworbenen Geldes – es in einen ziemlich umschriebenen Kreis von Lebensmitteln aufzulösen. Indes ist hier einige Variation möglich, wie z. B. Zeitungen in die notwendigen Lebensmittel des englischen städtischen Arbeiters eingehn. Er kann etwas sparen, schatzbildnern. Er kann auch seinen Lohn vergeuden für Schnaps etc. Aber so agiert er als freier Agent, er muss selbst herhalten; er ist sich selbst verantwortlich für die Art, worin he spends his wages. *Er lernt sich selbst beherrschen im Gegensatz zum Sklaven*, der eines Meisters bedarf. Allerdings gilt dies nur, wenn man die Verwandlung von Leibeignen oder Sklaven in freie Lohnrarbeiter betrachtet. Das kapitalistische Verhältnis erscheint hier als eine Erhebung in der sozialen Staffel. Umgekehrt, wo der selbständige Bauer oder Handwerker in einen Lohnarbeiter verwandelt wird. Welcher Unterschied zwischen der proud yeomanry of England, von der Shakespeare spricht, und den englischen Agrikulturtaglöhnern! Da der Zweck der Arbeit bei dem Lohnarbeiter allein das Salair, Geld, ein bestimmtes Quantum Tauschwert ist, in dem jede Besonderheit des Gebrauchswerts ausgelöscht, so ist er völlig gleichgültig gegen den *Inhalt* seiner Arbeit und daher die besondere Art seiner Tätigkeit, während diese Tätigkeit im Zunft- oder Kastensystem als Berufstätigkeit gilt, bei dem Sklaven wie beim Arbeitsvieh nur eine bestimmte ihm aufgezwungene und überkommene Art der Tätigkeit, der Betätigung seines Arbeitsvermögens ist. Soweit daher nicht die Teilung der Arbeit das Arbeitsvermögen ganz vereinseitigt hat, *prinzipiell* ist der freie Arbeiter zu jeder Variation seines Arbeitsvermögens und seiner Arbeitstätigkeit empfänglich und bereit (wie sich ja bei der surpluspopulation des Landes zeigt, die beständig in die Städte übergeht), die besseren Lohn verspricht. Ist der entwickelte Arbeiter mehr oder minder dieser Variation unfähig, so betrachtet er sie als stets offen für den neuen Nachwuchs, und die neue aufwachsende Arbeitergeneration ist beständig verteilbar und verfügbar für neue Arbeitszweige oder die besonders florierenden Arbeitszweige. In Nordamerika, wo die Lohnarbeit am freiesten von den Rückerinnerungen an altes Zunftwesen etc. entwickelt ist, zeigt sich denn auch besonders diese *Variabilität*, die vollkommene Gleichgültigkeit gegen den bestimmten Inhalt der Arbeit, und den Uebergang aus einem Zweig in den andren. Der Gegensatz dieser *Variabilität* gegen den eintönigen, traditionellen Charakter der *Sklavenarbeit*, die nicht den Produktionsverhältnissen nach variiert, sondern umgekehrt erheischt, dass die Produktion der einmal eingeführten und traditionell vererbten Arbeitsweise angepasst wird, wird daher auch von allen Schriftstellern der Vereinigten Staaten als gewisses Charakteristikum der freien Lohnarbeit des Nordens gegen die Sklavenarbeit des Südens betont. (Sieh *Cairns.*) Die beständige Bildung *neuer Arten* der Arbeit, diese fortwährende Variation – die Mannigfaltigkeit der Gebrauchswerte entspricht und daher auch ist wirkliche Entwicklung des Tauschwerts – daher fortgehende Teilung der Arbeit im *Ganzen der Gesellschaft* erst mit der kapitalistischen Produktionsweise möglich. Sie beginnt mit dem freien handwerksmässig-zünftigen Betrieb, wo sie nicht an der Verknöcherung jedes bestimmten Geschäftszweige selbst eine Schranke findet.

Nach diesem Zusätzlichen über die *formelle Subsumtion der Arbeit unter das Kapital*, kommen wir also jetzt zur:

Reellen Subsumtion der Arbeit unter das Kapital

Das allgemein Charakteristische der *formellen Subsumtion* bleibt, id est die direkte *Unterordnung des Arbeitsprozesses*, in welcher Weise technologisch immer betrieben, *unter das Kapital.* Aber auf dieser Basis erhebt sich eine technologisch und sonstig *spezifische*, die *reale Natur des Arbeitsprozesses* und *seine realen Bedingungen umwandelnde Produktionsweise, – kapitalistische Produktionsweise.* Erst sobald diese eintritt, findet statt *reale Subsumtion der Arbeit unter das Kapital.*

Agriculture for subsistance … changed for *agriculture for trade* …, the *improvement of the national territory* … proportioned to this change. (49, Note. *A. Young. Political Arithmetic, London 1774.*)

Die reale Subsumtion der Arbeit unter das Kapital wird entwickelt in allen den Formen, die den relativen Mehrwert im Unterschied vom absoluten entwickeln.

Mit der realen Subsumtion der Arbeit unter das Kapital findet eine völlige (und sich beständig fortsetzende und wiederholende)[1] Revolution in der Produktionsweise selbst statt, in der Produktivität der Arbeit und im Verhältnis von Kapitalist und Arbeiter.

Bei der reellen Subsumtion der Arbeit unter das Kapital treten alle früher von uns entwickelten changes im Arbeitsprozess selbst ein. Es werden die *sozialen Produktivkräfte der Arbeit* entwickelt, und es wird mit der Arbeit auf grosser Stufenleiter die Anwendung von Wissenschaft und Maschinerie auf die unmittelbare Produktion [möglich]. Einerseits schafft die *kapitalistische Produktionsweise*, die sich jetzt als eine Produktionsweise sui generis gestaltet, eine veränderte Gestalt der materiellen Produktion. Andrerseits bildet diese Veränderung der materiellen Gestalt die Basis für die Entwicklung des Kapitalverhältnisses, dessen adäquate Gestalt daher einem bestimmten Entwicklungsgrad der Produktivkräfte der Arbeit entspricht.

Man hat bereits gesehn, dass ein bestimmtes und stets *wachsendes Minimum von Kapital* in der Hand der einzelnen Kapitalisten einerseits notwendige Voraussetzung, andrerseits beständiges Resultat der *spezifisch* kapitalistischen Produktionsweise. Der Kapitalist muss Eigentümer oder Besitzer von Produktionsmitteln auf einer *gesellschaftlichen Stufenleiter* sein, in einem Wertumfang, der alles Verhältnis zu der möglichen Produktion des Einzelnen oder seiner Familie verloren hat. Das *Minimum des Kapitals* ist um so grösser in einem Geschäftszweig, je mehr er kapitalistisch betrieben

1 Manifest der Kommunistischen Partei (1848).

wird, je höher die gesellschaftliche Produktivität der Arbeit in ihm entwickelt ist. In demselben Umfang muss das Kapital an Wertgrösse zunehmen und gesellschaftliche Dimensionen annehmen, also allen *individuellen* Charakter abstreifen. Eben die Produktivität der Arbeit, Masse der Produktion, Masse der Bevölkerung, Masse der Surplusbevölkerung, die diese Produktionsweise entwickelt, ruft mit freigesetzten Kapital und Arbeit beständig neue Geschäftszweige hervor, in denen das Kapital wieder auf kleiner Stufenleiter arbeiten kann und wieder die verschiedenen Entwicklungen durchlaufen, bis auch diese neuen Geschäftszweige auf gesellschaftlicher Stufenleiter betrieben werden. Dieser Prozess beständig. Gleichzeitig die *kapitalistische Produktion* tendierend sich alle ihrer bisher noch nicht bemächtigten *Industriezweige*, wo nur noch *formelle Subsumtion*, zu erobern. Sobald sie sich der Agrikultur, Minenindustrie, Manufaktur der Hauptkleidungsstoffe usw. bemächtigt hat, ergreift sie die andren Sphären, wo nur noch *formell* oder auch noch selbständige Handwerker. Schon bei Betrachtung der Maschinerei bemerkt worden, wie die Einführung der Maschinerie in einem Zweig, sie in andren Zweigen und zugleich in andern Arten desselben Zweiges mit sich führt. Z. B. die Maschinenspinnerei führt zur Maschinenweberei; die Maschinenspinnerei in der Baumwollindustrie zur Maschinenspinnerei in Wolle, Leinen, Seide usw. Die gehäufte Anwendung der Maschinerie in Kohlenbergwerken, Baumwollmanufactures usw. machte Einführung der grossen Produktionsweise im Maschinenbau selbst notwendig. Abgesehn von den gesteigerten Mitteln des Verkehrs, die diese Produktionsweise auf grosser Stufenleiter erheischte, ist es andrerseits nur durch Einführung der Maschinerie im Maschinenbau selbst – namentlich der zyklischen Prime Motors –, die die Einführung von Dampfschiffen und Eisenbahnen möglich machte, den ganzen Schiffsbau umwälzte. Die grosse Industrie wirft in die ihr noch nicht unterworfenen Zweige solche Menschenmassen, oder erzeugt in ihnen solche relative Surpluspopulation, wie zur Verwandlung des Handwerks oder des kleinen formell-kapitalistischen Betriebs in grosse Industrie erheischt ist. Hier folgende Toryjeremiade:

In the good old times, when »Live and let live« was the general motto, every man was contented with one avocation. In the cotton trade, there were weavers, cotton spinners, blanchers, dyers and several other independent branches, all living upon the profits of their respective trades, and all, as might be expected, contented and happy. By and by, however, when the downward course of trade bad proceeded to some extent, first one branch was adopted by the capitalist, and then another, till in time, the whole of the people were ousted, and thrown upon the market of labour, to find out a livelihood in the best manner they could. Thus, although *no charter* secures to these men the right to be cotton-spinners, manufacturers, printers etc., yet the course of events has invested them *with a monopoly of all* … They have become Jack-of-all trades, and as far as the country is concerned in the business, it is to be feared, they are masters of none. (56. *Public Economy Concentrated* etc. *Carlisle. 1833.*)[1]

Das materielle Resultat der kapitalistischen Produktion, ausser der Entwicklung der *gesellschaftlichen Produktivkräfte der Arbeit*, ist die *Steigerung der Masse der Produktion* und *Vermehrung* und *Vermannigfachung der Produktionssphären* und ihrer Abzweigungen, womit sich erst der *Tauschwert* der Produkte entsprechend entwickelt — *die Sphäre*, worin sie als *Tauschwert* wirken oder sich realisieren.

»Produktion um der Produktion« willen – Produktion als Selbstzweck – tritt zwar schon ein mit der *formellen Subsumtion der Arbeit unter das Kapital*, sobald es überhaupt unmittelbar Zweck der Produktion wird, *möglichst grossen und möglichst viel Mehrwert* zu produzieren, sobald überhaupt der Tauschwert des Produkts der entscheidende Zweck wird. Indes *realisiert* sich diese dem Kapitalverhältnis *immanente* Tendenz erst in *adäquater Weise* – und wird selbst eine *notwendige Bedingung*, auch *technologisch* – sobald sich die *spezifisch kapitalistische Produktionsweise* und mit ihr die *reelle Subsumtion der Arbeit unter das Kapital* entwickelt hat.

Dies Letztere schon früher der Sache nach ausführlich entwickelt, dass hier ganz kurz zu sein. Es ist Produktion, die sich nicht an vorausbestimmende und vorausbestimmte Schranke der Bedürfnisse bindet. (Ihr gegensätzlicher Charakter schliesst *Schranke der Produktion* ein, über die sie beständig hinauswill. Daher Krisen, Ueberproduktion usw.) Dies ist die eine Seite, im Unterschied von früherer Produktionsweise; if you like, die positive Seite. Andrerseits die negative, oder der gegensätzliche Charakter: *Produktion* im Gegensatz zu, und unbekümmert um, den *Produzenten*. Der wirkliche Produzent als blosses Produktionsmittel, der sachliche Reichtum als Selbstzweck. Und die Entwicklung dieses sachlichen Reichtums daher im Gegensatz zu dem, und auf Kosten des, menschlichen Individuums. *Produktivität der Arbeit* überhaupt = *Maximum von Produkt* mit *Minimum von Arbeit*, daher möglichst Verwohlfeilerung der Waren. Dies wird zum *Gesetz*, unabhängig vom Willen der einzelnen Kapitalisten, in der kapitalistischen Produktionsweise. Und dies Gesetz verwirklicht sich nur, involviert das andre, dass die Stufenleiter der Produktion nicht nach gegebenen Bedürfnissen, sondern umgekehrt die Masse des Produkts durch die durch die Produktionsweise selbst vorgeschriebene und stets wachsende Stufenleiter der Produktion bestimmt wird. Ihr Zweck, dass das einzelne Produkt etc. möglichst *viel unbezahlte Arbeit* enthalte, und dies nur erreicht durch die *Produktion um der Produktion* willen. Es tritt dies *einerseits* als *Gesetz* auf, soweit der Kapitalist, der auf zu kleiner Stufenleiter produziert, mehr als das gesellschaftlich notwendige Quantum Arbeit in den Produkten verkörpern würde. Es tritt also als adäquate Ausführung des *Wertgesetzes* auf, das sich erst vollständig entwickelt auf Grundlage der kapitalistischen Produktionsweise. Aber es tritt *andrerseits* als Trieb des einzelnen Kapitalisten auf, der, um dies Gesetz zu durchbrechen oder es zu seinem eignen Vorteil zu *überlisten*, den *individuellen Wert* seiner Ware *unter* ihren gesellschaftlich bestimmten Wert zu senken sucht.

Allen diesen Produktionsformen (des relativen Mehrwerts), ausser dem *wachsenden Minimum des zur Produktion erforderlichen Kapitals*, das gemeinsam, dass die *gemeinschaftlichen Bedingungen* für die Arbeit vieler unmittelbar kooperierenden Arbeiter als solche *Oekonomie* erlauben, im Gegensatz zur Zersplitterung dieser Bedingungen bei Produktion auf kleiner Stufenleiter, indem die *Wirksamkeit dieser gemeinsamen Produktionsbedingungen* nicht einen proportionell gleich grossen Zuwachs in ihrer Masse und ihrem *Wert* bedingt. Ihr *gemeinsamer, gleichzeitiger Gebrauch* lässt ihren *relativen* Wert (mit Bezug auf das Produkt) sinken, so sehr ihre absolute Wertmasse wächst.

Produktive und unproduktive Arbeit

Wir wollen dies hier kurz vorwegnehmen, bevor wir noch weiter die *veränderte Gestalt* des *Kapitals* betrachten, wie sich als Resultat der kapitalistischen Produktionsweise ergibt.

Da der unmittelbare Zweck und [das] *eigentliche Produkt* der kapitalistischen Produktion – *Mehrwert* ist, so ist nur *die Arbeit produktiv*, die, und nur der Ausüber von Arbeitsvermögen ein *produktiver Arbeiter*, der unmittelbar *Mehrwert produziert*, also nur die Arbeit, die direkt im Produktionsprozess zur Verwertung des Kapitals *konsumiert wird.*

Von einfachem Standpunkt des *Arbeitsprozesses* überhaupt aus erschien uns die Arbeit *produktiv*, die sich in einem *Produkt*, näher, einer *Ware*, realisiert. Vom Standpunkt des kapitalistischen Produktionsprozesses kommt die nähere Bestimmung hinzu, dass die Arbeit produktiv ist, die unmittelbar das Kapital verwertet, oder Mehrwert produziert, also sich ohne Equivalent für den Arbeiter, für ihren Verrichter *realisiert* in einer surplusvalue, dargestellt in einem surplusproduce, also einem *überschüsssigcn Increment von Ware* für den monopoliser der means of labour, für den *Kapitalisten*; nur die Arbeit, die das variable Kapital und daher das Gesamtkapitel setzt als $C + \Delta C = C + \Delta v$. Es ist also Arbeit, die dem Kapital unmittelbar als *agency* seiner *Selbstverwertung* dient, als Mittel zur Produktion von Mehrwert.

Der kapitalistische Arbeitsprozess hebt die allgemeinen Bestimmungen des Arbeitsprozesses nicht auf. Er produziert Produkt und Ware. Insofern bleibt die Arbeit produktiv, die sich in *Waren*, als Einheit von Gebrauchswert und Tauschwert, vergegenständlicht. Aber der Arbeitsprozess ist nur Mittel für den Verwertungsprozess des Kapitals. Die Arbeit ist also produktiv, die sich in *Waren* darstellt, aber, wenn wir die einzelne Ware betrachten, in einem aliquoten Teil derselben *unbezahlte* Arbeit darstellt, oder wenn wir das Gesamtprodukt betrachten, die in einem aliquoten Teil der *gesamten Warenmasse* bloss unbezahlte Arbeit darstellt, also ein *Produkt* darstellt, das den Kapitalisten nichts kostet.

Der *Arbeiter* ist *produktiv*, der *produktive Arbeit* verrichtet, und die *Arbeit ist produktiv*, die unmittelbar *Mehrwert* schafft, d. h. das Kapital *verwertet.*

Bloss die bürgerliche Borniertheit, die die kapitalistische Form der Produktion für die absolute Form derselben hält, daher für eine einzige Naturform der Produktion, kann die Frage, was *produktive*

Arbeit und *produktiver Arbeiter* vom Standpunkt des Kapitals sind, verwechseln mit der Frage, was überhaupt *produktive* Arbeit ist, und sich daher bei der tautologischen Antwort begnügen, dass alle Arbeit produktiv ist, die überhaupt produziert, in einem Produkt oder irgendeinem Gebrauchswert, überhaupt in einem Resultat resultiert.

Nur der Arbeiter ist produktiv, dessen Arbeitsprozess = dem *produktiven Konsumtionprozess* des Arbeitsvermögens – des Trägers dieser Arbeit – durch das Kapital oder den Kapitalisten ist.

Es ergibt sich hieraus sofort zweierlei:

Erstens: Da mit der Entwicklung der *reellen Subsumtion der Arbeit unter das Kapital* oder der *spezifisch kapitalistischen Produktionsweise* nicht der einzelne Arbeiter, sondern mehr und mehr ein *sozial kombiniertes Arbeitsvermögen* der *wirkliche Funktionär* des Gesamtarbeitsprozesses wird, und die verschiedenen Arbeitsvermögen, die konkurrieren und die gesamte produktive Maschine bilden, in sehr verschiedener Weise an dem unmittelbaren Prozess der Waren- oder besser hier Produktbildung teilnehmen, der eine mehr mit der Hand, der andre mehr mit dem Kopf arbeitet, der eine als manager, engineer, Technolog etc., der andre als overlooker, der dritte als direkter Handarbeiter, oder gar bloss Handlanger, so werden mehr und mehr *Funktionen von Arbeitsvermögen* unter den unmittelbaren Begriff der *produktiven Arbeit* und ihre Träger unter den Begriff der *produktiven Arbeiter*, direkt vom Kapital ausgebeuteter und seinem Verwertungs- und Produktionsprozess überhaupt *untergeordneter* Arbeiter einrangiert. Betrachtet man den *Gesamtarbeiter*, aus dem das Atelier besteht, so verwirklicht sich materialiter seine *kombinierte Tätigkeit* unmittelbar in einem *Gesamtprodukt*, das zugleich eine *Gesamtmasse von Waren* ist, wobei es ganz gleichgültig, ob die Funktion des einzelnen Arbeiters, der nur ein Glied dieses Gesamtarbeiters, ferner oder näher der unmittelbaren Handarbeit steht. Dann aber: Die Tätigkeit dieses Gesamtarbeitsvermögens ist seine *unmittelbare produktive Konsumtion durch das Kapital*, d. h. also Selbstverwertungsprozess des Kapitals, unmittelbare Produktion von Mehrwert, und daher, wie dies später noch weiter entwickelt werden soll, *unmittelbare Verwandlung desselben in Kapital.*

Zweitens: Die näheren Bestimmungen der produktiven Arbeit folgen von selbst aus den gegebenen charakteristischen Merkmalen des kapitalistischen Produktionsprozesses. *Erstens* tritt der Besitzer des Arbeitsvermögens als *Verkäufer* desselben, irrationell, wie wir gesehn haben ausgedrückt, als direkter Verkäufer von *lebendiger Arbeit, nicht von Ware*, dem Kapital oder dem Kapitalisten gegenüber. Er ist *Lohnarbeiter.* Dies ist die *erste Voraussetzung.* Zweitens aber, eingeleitet durch diesen vorläufigen, der Zirkulation angehörigen Prozess, wird sein Arbeitsvermögen und seine Arbeit als *lebendiger Faktor* dem Produktionsprozess des Kapitals unmittelbar einverleibt, wird selbst einer seiner *Bestandteile*, und zwar der *variierende*, der nicht nur die vorgeschossenen Kapitalwerte teils erhält, teils reproduziert, sondern zugleich *vermehrt* und daher erst durch Schöpfung des Mehrwerts, in sich verwertenden Wert, in Kapital verwandelt. Diese Arbeit *vergegenständlicht* sich unmittelbar während des Produktionsprozesses als *fliessender Wertgrösse.*

Es kann einerseits die *erste Bedingung stattfinden, ohne dass die zweite stattfindet.* Ein Arbeiter kann *Lohnarbeiter*, Taglöhner etc. sein. Es findet dies jedesmal statt, wenn das zweite Moment fehlt. Jeder produktive Arbeiter ist Lohnarbeiter, aber deswegen ist nicht jeder Lohnarbeiter produktiver Arbeiter. So oft die Arbeit gekauft wird, um als *Gebrauchswert* verzehrt zu werden, als *Dienst*, nicht um als *lebendiger Faktor* an die Stelle des Werts des variablen Kapitals zu treten, und dem kapitalistischen Produktionsprozess einverleibt zu werden, ist die Arbeit keine produktive Arbeit und der Lohnarbeiter kein produktiver Arbeiter. Seine Arbeit wird dann ihres *Gebrauchswerts* wegen, nicht als *Tauschwert setzend*, sie wird *unproduktiv*, nicht produktiv konsumiert. Der Kapitalist steht ihr daber nicht als Kapitalist, als Repräsentant des Kapitals gegenüber. Er tauscht sein Geld gegen sie als *Revenu*, nicht als *Kapital* aus. Ihre Konsumtion konstituiert nicht G-W-G', sondern W-G-W (letztres die *Arbeit* oder der *Dienst* selbst). Das Geld funktioniert hier nur als Zirkulationsmittel, nicht als Kapital.

So wenig die *Waren*, die der Kapitalist kauft zu seinem Privatkonsum, produktiv konsumiert werden, *Faktoren des Kapitals* werden, so wenig die *Dienste*, die er freiwillig oder gezwungen (beim Staat etc.) ihres *Gebrauchswerts* wegen, zu seiner Konsumtion kauft. Sie werden kein Faktor des Kapitals. Sie sind daher keine produktiven Arbeiten und ihre Träger keine *produktiven Arbeiter.*

Je mehr sich die Produktion überhaupt als Produktion von Waren entwickelt, um so mehr muss Jeder und will jeder *Warenhändler* werden, Geld machen, sei es aus seinem Produkt, sei es aus seinen *Diensten*, wenn sein Produkt seiner natürlichen Beschaffenheit gemäss nur in der Form des Diensts existiert, und dies *Geldmachen* erscheint als der letzte Zweck jeder Art von Tätigkeit. (Siehe *Aristoteles*). In der kapitalistischen Produktion wird nun einerseits die Produktion der Produkte als Waren, andrerseits die Form der Arbeit als Lohnarbeit absolut. Eine Masse von Funktionen und Tätigkeiten, die einen Heiligenschein um sich hatten, als Selbstzweck galten, gratis geschahen oder auf Umwegen bezahlt wurden (wie alle Professionals, Aerzte, barristers etc, in England, wo der barrister und der physician nicht auf Zahlung klagen konnten oder können), verwandeln sich einerseits direkt in *Lohnarbeiter*, so verschieden ihr Inhalt und ihre *Zahlung* sein mag [...]. Andrerseits verfallen sie – ihre Wertschätzung, der *Preis* dieser verschiedenen *Tätigkeit* von der Hure zum König – *den Gesetzen, die den Preis der Lohnarbeit* regeln. Die Entwicklung dieses letztren Punkts gehört in Spezialabhandlung über die Lohnarbeit und den Arbeitslohn, nicht hierher. Diese Erscheinung nun, dass mit der Entwicklung der kapitalistischen Produktion alle *Dienste* sich in *Lohnarbeit* verwandeln und alle ihre Verrichter sich in *Lohnarbeiter* verwandeln, sie also diesen *Charakter* mit dem produktiven Arbeiter gemein haben, gibt zur Verwechslung beider um so mehr Anlass, weil es eine die *kapitalistische Produktion* charakterisierende und durch sie selbst geschaffene Erscheinung ist. Andrerseits gibt es den Apologeten Anlass, den produktiven Arbeiter, weil er Lohnarbeiter ist, in einen Arbeiter zu verwandeln, der bloss seine *Dienste* (d. h. seine Arbeit als Gebrauchswert) gegen *Geld* austauschte. Damit wird dann glücklich über die differentia specifica dieses »produktiven Arbeiters« und der kapitalistischen Produktion – als einer Produktion von Mehrwert, als Selbstverwertungsprozess des Kapitals, dessen blosse sich einverleibte agency die lebendige Arbeit ist, hinweggeschlüpft. Ein Soldat ist ein Lohnarbeiter, Söldner, aber er ist deswegen kein produktiver Arbeiter.

Weiterer Irrtum entspringt aus zwei Quellen.

Erstens: innerhalb der kapitalistischen Produktion werden immer Teile der warenproduzierenden Arbeiten in einer Weise verrichtet, die *früheren Produktionsweisen* angehören, wo also das *Ver-*

hältnis von Kapital und Lohnarbeit faktisch noch nicht existiert und daher die dem kapitalistischen Standpunkt entsprechende Kategorie von *produktiver* und unproduktiver Arbeit garnicht anwendbar ist. Aber der herrschenden Produktionsweise entsprechend werden die auch wirklich von ihr noch nicht subsumierten Verhältnisse unter sie idealiter subsumiert. Z. B. der selfemploying labourer ist sein eigner Lohnarbeiter, seine eignen Produktionsmittel treten ihm als Kapital in der Vorstellung gegenüber. Als sein eigner Kapitalist wendet er sich selbst als Lohnarbeiter an. Derartige Anomalien bieten der Kannegiesserei über produktive und unproduktive Arbeit dann ein willkommenes Feld.

Zweitens: Gewisse *unproduktive Arbeiten* mögen incidentaliter mit dem Produktionsprozess verknüpft sein und mag selbst ihr *Preis* in den *Preis der Ware* eingehn, also das für sie ausgelegte Geld so far einen *Teil des vorgeschossenen Kapitals* bilden und ihre Arbeit daher als Arbeit erscheinen, die sich nicht mit *Revenu*, sondern direkt mit *Kapital* austauscht.

Nehmen wir gleich den letzten Fall, die *Steuern*, den Preis für die Regierungsdienste etc. Aber dies gehört zu den *faux frais de production* und ist eine dem kapitalistischen Produktionsprozess an und für sich *zufällige* und in keiner Art durch denselben *bedingte*, und ihm notwendige, immanente Form. Werden z. B. sämtliche *indirekte* Steuern in *direkte* verwandelt, so werden die Steuern nach wie vor gezahlt, aber bilden nicht mehr Kapitalvorschuss, sondern *Revenuverausgabung*. Die Möglichkeit dieser Formverwandlung zeigt ihre Aeusserlichkeit, Gleichgültigkeit und Zufälligkeit für den kapitalistischen Produktionsprozess. Mit einer Formverwandlung der produktiven Arbeit hörte dagegen die Revenu des Kapitals und das Kapital selbst auf.

Ferner z. B. Prozesse, materielle Akte etc. Alles dies bezieht sich auf Stipulationen zwischen den Warenbesitzern als Käufern und Verkäufern von Waren, und hat mit dem Verhältnis von Kapital und Arbeit nichts zu tun. Die Funktionäre mögen dadurch zu Lohnarbeitern des Kapitals werden; sie werden dadurch nicht zu produktiven Arbeitern.

Produktive Arbeit ist nur ein abkürzender Ausdruck für das ganze Verhältnis und Art und Weise, worin das Arbeitsvermögen und die

Arbeit im kapitalistischen Produktionsprozess figuriert. Sprechen wir also von *produktiver Arbeit*, so sprechen wir von *gesellschaftlich bestimmter Arbeit*, Arbeit, die ein ganz bestimmtes Verhältnis zwischen dem Käufer und Verkäufer von Arbeit einschliesst. Produktive Arbeit tauscht sich direkt mit *Geld als Kapital* aus, d.h. mit Geld, das an sich Kapital ist, die Bestimmung hat als Kapital zu funktionieren und dem Arbeitsvermögen als Kapital gegenübertritt. Produktive Arbeit ist also solche, die für den Arbeiter nur den vorherbestimmten Wert seines Arbeitsvermögens reproduziert, dagegen als wertschaffende Tätigkeit das Kapital verwertet, die von ihr geschaffenen Werte dem Arbeiter selbst als *Kapital gegenübersetzt.* Das spezifische Verhältnis zwischen der *vergegenständlichten* und *lebendigen Arbeit*, das die erste zu Kapital, macht die letztere zu *produktiver Arbeit.*

Das spezifische Produkt des kapitalistischen Produktionsprozesses, Mehrwert, wird nur durch Austausch mit der *produktiven Arbeit* geschaffen.

Was ihren *spezifischen Gebrauchswert* für das Kapital bildet, ist nicht ihr bestimmter nützlicher Charakter, so wenig wie die besonderen nützlichen Eigenschaften des Produkts, worin sie sich vergegenständlicht, sondern ihr Charakter als schöpferisches Element des Tauschwerts (Mehrwerts).

Der kapitalistische Produktionsprozess ist nicht bloss die Produktion von Waren. Er ist ein Prozess, der unbezahlte Arbeit absorbiert, die Produktionsmittel zu Mitteln der Einsaugung unbezahlter Arbeit macht.

Aus dem Bisherigen gebt hervor, dass *produktive Arbeit* zu sein eine Bestimmung der Arbeit ist, die an und für sich absolut nichts zu tun hat mit dem *bestimmten Inhalt* der Arbeit, ihrer besonderen Nützlichkeit oder dem eigentümlichen Gebrauchswert, worin sie sich darstellt.

Arbeit *desselben Inhalts* kann daher produktiv und unproduktiv sein.

Z.B. Milton, who did the paradise lost, war ein unproduktiver Arbeiter. Der Schriftsteller dagegen, der Fabrikarbeit für seinen Buchhändler liefert, ist ein produktiver Arbeiter. Milton produzierte das Paradise lost, wie ein Seidenwurm Seide produziert, als

Betätigung *seiner* Natur. Er verkaufte später das Produkt für 5 l. und wurde insofern Warenhändler. Aber der Leipziger Literaturproletarier, der auf Kommando seines Buchhandlers Bücher, z. B. Kompendien über Politische Oekonomie produziert, ist annähernd ein produktiver Arbeiter, soweit seine Produktion unter das Kapital subsumiert ist und nur zu dessen Verwertung stattfindet. Eine Sängerin, die wie der Vogel singt, ist ein unproduktiver Arbeiter. Wenn sie ihren Gesang für Geld verkauft, ist sie sofern Lohnarbeiter oder Warenhändler. Aber dieselbe Sängerin, von einem entrepreneur engagiert, der sie singen lässt um Geld zu machen, ist ein produktiver Arbeiter, denn sie *produziert* direkt Kapital. Ein Schulmeister, der andre unterrichtet, ist kein produktiver Arbeiter. Aber ein Schulmeister, der als Lohnarbeiter in einem Institut mit andern engagiert ist, um durch seine Arbeit das Geld des Entrepreneurs der knowledge mongering institution zu verwerten, ist ein produktiver Arbeiter. Doch sind die meisten dieser Arbeiten, der Form nach betrachtet, kaum formell unter das Kapital subsumiert, sondern gehören den Uebergangsformen an.

Im Ganzen sind die Arbeiten, die nur als Dienste genossen, nicht in von den Arbeitern trennbare und daher ausser ihnen als selbständige Ware existierende Produkte verwandelt, dennoch aber direkt *kapitalistisch* exploitiert werden können, verschwindende Grössen, verglichen mit der Masse der kapitalistischen Produktion. Sie sind deshalb ganz ausser Acht zu lassen und nur zu behandeln in der Lohnarbeit, unter der Kategorie der Lohnarbeit, die nicht zugleich produktive Arbeit ist.

Dieselbe Arbeit (z. B. gardening, tailoring etc.) kann von demselben workingman im Dienste eines industriellen Kapitalisten oder eines unmittelbaren Konsumenten verrichtet werden etc. In beiden Fällen ist er Lohnarbeiter oder Taglöhner, aber in dem einen Fall ist er *produktiver*, in dem andern *unproduktiver* Arbeiter, weil er in dem einen Fall Kapital produziert, in dem andern nicht; weil in dem einen Fall seine Arbeit ein Moment des Selbstverwertungsprozesses des Kapitals bildet, in dem andern nicht.

Ein grosser Teil des jährlichen Produkts, das als Revenu verzehrt wird und nicht mehr als Produktionsmittel von neuem in die Produktion eingeht, besteht aus den fatalsten, die jämmerlichsten

Gelüste, fancies usw. befriedigenden Produkten (Gebrauchswert). Dieser Inhalt ist für die Bestimmung der produktiven Arbeit ganz gleichgültig (obgleich natürlich, wenn ein unproportioneller Teil so reproduziert würde, statt in Produktionsmittel und Lebensmittel zurückverwandelt zu werden, die von neuem in die Reproduktion, sei es der Waren, sei es der Arbeitsvermögen selbst eingehn – kurz, die produktiv konsumiert werden, – die Entwicklung des Reichtums natürlich einen check erhielte). Diese Sorte produktiver Arbeit produziert Gebrauchswerte, vergegenständlicht sich in Produkten, die nur für die unproduktive Konsumtion bestimmt, in ihrer Realität, als Artikel, keinen *Gebrauchswert* für den Reproduktionsprozess haben (sie können dies nur bekommen durch *Stoffwechsel*, durch Austausch mit reproduktiven Gebrauchswerten; aber das ist nur ein Displacement. Somewhere müssen sie als unreproduktiv konsumiert werden. Andre solcher in den unproduktiven Konsumtionsprozess fallenden Artikel könnten nötigenfalls auch wieder als Kapital funktionieren. Das Nähere hierüber gehört in Ch. III Buch II über den Reproduktionsprozess. Es ist hier nur diese Bemerkung zu antizipieren: Es ist für die gewöhnliche Oekonomie unmöglich über die Schranken der Luxusproduktion, vom Standpunkt der kapitalistischen Produktion selbst ein vernünftiges Wort zu sagen. Die Sache ergibt sich aber sehr einfach, wenn die Momente des Reproduktionsprozesses ordentlich analysiert werden. Wird der Reproduktionsprozess gehemmt oder sein Fortschritt, soweit er schon durch den natürlichen Fortschritt der Population bedingt ist, aufgehalten durch unverhältnismässige Anwendung solcher *produktiven Arbeit*, die in unreproduktiven Artikeln sich darstellt, so ist also zu wenig notwendige Lebensmittel oder zu wenig Produktionsmittel etc. reproduziert worden, so ist der Luxus verdammlich vom Standpunkt der kapitalistischen Produktion. Im Übrigen ist er eine absolute Notwendigkeit für eine Produktionsweise, die den Reichtum für die Nicht-Produzenten produziert, also ihm notwendige Formen geben muss, worin er von dem bloss geniessenden Reichtum aneigenbar).

Für den Arbeiter selbst ist diese produktive Arbeit, wie jede andre, bloss Mittel zur Reproduktion seiner notwendigen Lebensmittel; für den Kapitalisten, dem die Natur des Gebrauchswerts, und der Charakter der angewandten konkreten Arbeit an und für sich ganz gleichgültig, bloss ein moyen de battre monnaie, de produire la survalue.

Die Sucht, die *produktive* und *unproduktive* Arbeit durch ihren *stofflichen* Inhalt zu bestimmen, rührt aus drei Quellen her.

1) Die der kapitalistischen Produktionsweise eigentümliche, und aus ihrem Wesen entspringende fetischistische Anschauung, welche *ökonomische* Formbestimmtheiten, wie *Ware* zu sein, *produktive* Arbeit zu sein etc., als den stofflichen Trägern dieser Formbestimmtheiten oder Kategorien an und für sich zukommende Eigenschaft betracht.

2) Dass den Arbeitsprozess als solchen betrachtet, die Arbeit nur *produktiv* ist, die in einem *Produkt* (materiellen Produkt, da es sich hier nur um materiellen Reichtum handelt) resultiert;

3) Dass im *wirklichen* Reproduktionsprozess – seine *realen* Momente betrachtet, ein grosser Unterschied mit Bezug auf die Bildung etc. des Reichtums, zwischen der Arbeit, die sich in reproduktiven Artikeln und andrer, die sich in blossen luxuries darstellt.

(*Beispiel*: Ob ich eine Hose kaufe oder ob ich Tuch kaufe und einen Schneidergesellen ins Haus nehme, dem ich seinen *Dienst* (id est seine Schneiderarbeit) zahle, ist für mich völlig gleichgültig. Ich kaufe sie vom merchant tailor, weil sie so wohlfeiler. In beiden Fällen verwandle ich das Geld, das ich ausgebe, in einen Gebrauchswert, der meiner individuellen Konsumtion anheimfallen, mein individuelles Bedürfnis befriedigen soll, nicht in Kapital. Der Schneidergeselle leistet mir denselben *Dienst*, ob er bei dem merchant tailor für mich arbeitet oder in meinem Hause. Dagegen besteht der Dienst, den derselbe Schneidergeselle, von einem merchant tailor verwandt, diesem Kapitalisten leistet, darin dass er 12 Stunden arbeitet und nur 6 etc. bezahlt erhält. Der Dienst, den er ihm leistet, besteht also darin, dass er 6 Stunden umsonst arbeitet. Dass dies in der Form von Hosenmacherei geschieht, versteckt nur die wirkliche Transaktion. Sobald der merchant tailor kann, sucht er die Hosen daher wieder in Geld zu verwandeln, d.h. in eine Form, worin der bestimmte Charakter der Schneiderarbeit völlig verschwunden ist, und der geleistete Dienst sich darin ausdrückt, dass aus einem Taler zwei geworden sind.

Dienst ist überhaupt nur Ausdruck für den *besonderen Gebrauchs-*

wert der Arbeit, soweit diese nicht als Sache, sondern als Tätigkeit nützlich ist. Do ut facias, facio ut facias, facio ut des, do ut des, sind hier ganz gleichgültige Formen desselben Verhältnisses, während in der kapitalistischen Produktion das do ut facias ein sehr spezifisches Verhältnis zwischen dem gegenständlichen Reichtum und der lebendigen Arbeit ausdrückt. Weil also in diesem *Kaufen von Diensten* das spezifische Verhältnis von Arbeit und Kapital garnicht enthalten, entweder völlig ausgelöscht, oder garnicht vorhanden ist, ist es natürlich die Lieblingsform von Say, Bastiat et Konsorten, um das *Verhältnis von Kapital und Arbeit* auszudrücken).

Auch der Arbeiter kauft mit Geld *Dienste*, was eine Art der Verausgabung, aber keine Manier ist das Geld in Kapital zu verwandeln.

Kein Mensch kauft ärztliche oder juristische »Dienstleistungen« als Mittel, das so ausgelegte Geld in Kapital zu verwandeln.

Ein grosser Teil der *Dienste* gehört in die Konsumtionskosten von Waren, wie Köchin etc.

Der Unterschied der *produktiven* und *unproduktiven Arbeit* besteht bloss darin, ob Arbeit gegen *Geld als Geld* oder gegen *Geld als Kapital* ausgetauscht wird. Wo z. B., wie beim selfemploying labourer, artisan etc., ich seine *Ware* kaufe, kommt die Kategorie überhaupt nicht in Frage, weil kein direkter Austausch zwischen Geld und Arbeit irgendeiner Art, sondern zwischen *Geld und Ware.*

(Bei der nicht materiellen Produktion, selbst wenn sie rein für den Austausch betrieben wird, Waren produziert, ist zweierlei möglich:

1) Sie resultiert in Waren, die getrennt vom Produzenten bestehn, also im Intervall zwischen Produktion und Konsumtion als Waren zirkulieren können, wie Bücher, Gemälde, alle Kunstprodukte, die von der Kunstleistung des exekutierenden Künstlers verschieden sind. Hier ist kapitalistische Produktion in sehr beschränktem Masse anwendbar. Diese Leute, soweit sie nicht als sculptors etc. Gesellen etc. halten, arbeiten meist (wenn nicht selbständig) für ein Kaufmannskapital, z. B. Buchhändler, ein Verhältnis, das nur Uebergangsfom selbst zur bloss *formell kapitalistischen Produktionsweise* bildet.

Dass in diesen Uebergangsformen gerade die Exploitation der Arbeit am grössten, ändert nichts an der Sache;

2) Das Produkt ist nicht trennbar vom Akt des Produzierens. Auch hier findet kapitalistische Produktionsweise nur beschränkt statt und kann der Natur der Sache nach nur in einigen Sphären stattfinden. (Ich will *den Arzt*, nicht seinen Laufburschen). Z.B. bei Unterrichtsanstalten können die Lehrer blosse Lohnarbeiter für den Unternehmer der Lernfabrik sein. Dergleichen nicht zu berücksichtigen für das Ganze der kapitalistischen Produktion).

Produktive labourer, der directly vermehrt *his master's wealth*. (*Malthus. Principles of Political Economy. 2-nd edition. London 1836.*)

Der Unterschied von *produktiver* und *unproduktiver Arbeit* wichtig mit Bezug auf die Akkumulation, da nur der Austausch gegen produktive Arbeit eine der Bedingungen der Rückverwandlung von Mehrwert in Kapital ist.

Der Kapitalist als Repräsentant des in seinem Verwertungsprozess begriffenen – des *produktiven Kapitals* – verrichtet eine *produktive* Funktion, die gerade darin besteht, produktive Arbeit zu dirigieren und zu exploitieren. Im Gegensatz gegen Mitzehrer der *Surplusvalue*, die in keinem solchen unmittelbaren und tätigen Verhältnis zu ihrer Produktion steh[en], ist seine Klasse die *produktive Klasse* par excellence. (Als Lenker des Arbeitsprozesses kann der Kapitalist *produktive Arbeit* verrichten im Sinne, dass seine Arbeit in den Gesamtarbeitsprozess einbegriffen, der sich im Produkt verkörpert). Wir kennen hier nur noch das Kapital innerhalb des unmittelbaren Produktionsprozesses. Wie es sich mit andern Funktionen des Kapitals verhält – und den Agenten, deren es sich innerhalb dieser Funktionen bedient – kann erst später entwickelt werden.

Die Bestimmung der *produktiven Arbeit* (und daher auch der *unproduktiven*, als ihres Gegenteils) beruht also darauf, dass die Produktion des Kapitals Produktion von Mehrwert und die von ihr angewandte Arbeit Mehrwert produzierende Arbeit ist.

[...]

[1] »In den guten alten Zeiten, als ›leben und leben lassen‹ der allgemeine Wahlspruch war, war jeder Mann mit einem Beruf zufrieden. Im Baumwollgeschäft gab es Weber, Baumwollspinner, Bleicher, Färber und verschiedene andere unabhängig Zweige, die alle von den Profiten ihrer entsprechenden Gewerbe lebten, und alle, wie zu erwarten war, zufrieden und glücklich. Nach und nach jedoch, als der Abwärtskurs der Geschäfte ein gewisses Ausmaß erreicht hatte, wurde erst der eine Gewerbezweig vom Kapitalisten übernommen, dann ein anderer, bis schließlich alle Leute aus ihrem Besitz verdrängt waren und auf den Arbeitsmarkt geworfen wurden und ein Auskommen, so gut sie konnten, finden mußten. Somit, obwohl *keine Charta* diesen Männern das Recht zusichert, Baumwollspinner, Gewerbetreibende, Drucker etc. zu sein, hat sie nun der Lauf der Ereignisse mit *einem Monopol von allem* bedacht ...: Sie wurden Hansdampf in allen Gassen, und soweit es das Land in der Angelegenheit betrifft, ist zu befürchten, daß sie Meister von nichts sind.« ([p.] 56, »*Public Economy Concentrated* etc.«, Carlisle 1833.)

Fragebogen für Arbeiter

I

1. In welchem Gewerbe arbeiten Sie?
2. Gehört das Unternehmen, in dem Sie arbeiten, Privatkapitalisten oder einer Aktiengesellschaft? Nennen Sie die Namen des privaten Unternehmers oder des Direktors der Gesellschaft.
3. Nennen Sie die Anzahl der Beschäftigten.
4. Nennen Sie deren Geschlecht und Alter.
5. Was ist das Mindestalter, zu dem Kinder – männlich oder weiblich – eingestellt werden?
6. Nennen Sie die Anzahl der Aufsichtspersonen und *anderen Angestellten*, die keine einfachen Lohnarbeiter sind.
7. Sind Lehrlinge beschäftigt? – Wieviele?
8. Gibt es außer den häufig und regelmäßig beschäftigten Arbeitern auch solche, die zu einer bestimmten Saison von außerhalb herbeigeholt werden?
9. Arbeitet der Betrieb Ihres Lohnherrn ausschließlich oder hauptsächlich für ortsansässige Kunden, für den allgemeinen Binnenmarkt oder für den Export in andere Länder?
10. Liegt die Arbeitsstätte auf dem Lande oder in der Stadt?
11. Falls Ihr Gewerbe auf dem Lande betrieben wird: bildet es Ihre hauptsächliche Erwerbsquelle oder betreiben Sie es zusätzlich zu oder gemeinsam mit der Landwirtschaft?
12. Beruht die Arbeit gänzlich oder in der Hauptsache auf Hand- oder Maschinenarbeit?
13. Berichten Sie über die Arbeitsteilung in dem Gewerbe, in dem Sie arbeiten.
14. Wird Dampf als Antriebskraft verwandt?
15. Berichten Sie über die Anzahl der Arbeitsräume, die den verschiedenen Zweigen des Gewerbes dienen, und beschreiben Sie jenen Teil des Arbeitsprozesses, an dem Sie mitwirken, nicht nur in technischer Hinsicht, sondern auch in bezug auf die Muskel- und Nervenanspannung, die die Arbeit erfordert, und die allgemeinen Auswirkungen auf die Gesundheit der Arbeiter.
16. Beschreiben Sie die hygienischen Bedingungen der Arbeitsstätte

in bezug auf Größe (des jedem Arbeiter zur Verfügung stehenden Platzes), Lüftung, Temperatur, ob die Wände geweißt sind, über Abortverhältnisse, allgemeine Reinlichkeit, Maschinenlärm, Staub, Feuchtigkeit etc.

17. Werden seitens der Regierung oder der Stadt die hygienischen Bedingungen der Arbeitsstätte überwacht?
18. Gibt es in Ihrem Gewerbe irgendwelche besondere schädliche Einwirkungen, die unter den Arbeitern bestimmte Krankheiten hervorrufen?
19. Ist die Arbeitsstätte mit Maschinen überfüllt?
20. Sind die Antriebskraft, die Transmissionsvorrichtungen und die laufenden Maschinen mit ausreichenden Schutzvorrichtungen gegen Unfälle versehen?
21. Berichten Sie aus eigener Erfahrung von Unfällen, die Verletzungen bzw. den Tod von Arbeitern verursachten.
22. Falls Sie in einem Bergwerk arbeiten, berichten Sie über Schutzmaßnahmen, die Ihr Unternehmer ergriffen hat, um für Lüftung zu sorgen und Explosionen sowie andere gefährliche Unfälle zu verhindern.
23. Falls Sie in einer Metallwaren- oder chemischen Fabrik, bei der Eisenbahn oder in einem anderen mit besonderen Gefahren verbundenen Gewerbe arbeiten, berichten Sie über die von Ihrem Unternehmer ergriffenen Schutzmaßnahmen.
24. Womit wird Ihr Arbeitsplatz beleuchtet, mit Gas, Petroleum etc.?
25. Sind im Falle eines Brandes genügend Fluchtmöglichkeiten innerhalb und außerhalb der Arbeitsgebäude vorhanden?
26. Ist der Unternehmer bei Unfällen *gesetzlich* verpflichtet, den Betroffenen oder seine Familie zu entschädigen?
27. Wenn das nicht der Fall ist, entschädigt er in irgendeiner Weise diejenigen, die Unfälle dabei erlitten, als sie durch ihre Arbeit zu seiner Bereicherung beitrugen?
28. Ist an Ihrer Arbeitsstätte für ärztliche Hilfe gesorgt?
29. Falls Sie Heimarbeit leisten, beschreiben Sie den Zustand Ihres Arbeitsraums; berichten Sie, ob Sie nur Werkzeuge oder auch kleine Maschinen benutzen; ob Sie sich von Ihrer Frau und den Kindern oder anderen Gehilfen, Erwachsenen oder Kindern, männlich oder weiblich, bei Ihrer Arbeit helfen lassen; ob Sie für Privatkunden oder für einen »entrepreneur« [»Unterneh-

mer«] arbeiten; ob Sie mit ihm direkt oder durch eine Zwischenperson verhandeln:

II

1. Wieviel Stunden arbeiten Sie täglich und wieviel Tage in der Woche?
2. Wieviel Feiertage haben Sie während des Jahres?
3. Welche Pausen treten während des Arbeitstages ein?
4. Sind für Mahlzeiten bestimmte regelmäßige Pausen festgesetzt oder werden sie unregelmäßig eingenommen?
5. Wird während der Mahlzeiten weitergearbeitet?
6. Falls Dampfkraft benutzt wird, nennen Sie die genauen Zeiten, wann sie an- und abgestellt wird.
7. Gibt es Nachtarbeit?
8. Wieviel Stunden arbeiten Kinder und Jugendliche unter 16 Jahren?
9. Lösen sich Kinder und Jugendliche schichtweise während des Arbeitstages ab?
10. Sorgt die Regierung für die Einhaltung *der gesetzlichen Bestimmungen* über Kinderarbeit, soweit es solche gibt, und werden sie von den Unternehmern genau befolgt?
11. Bestehen irgendwelche Schulen für Kinder und Jugendliche, die in Ihrem Gewerbe arbeiten? Wenn ja, zu welcher Tageszeit sind die Kinder in der Schule? Was lehrt man sie?
12. Falls Tag und Nacht gearbeitet wird, wie ist der Schichtwechsel geregelt? Erfolgt die Ablösung einer Gruppe Arbeiter durch eine andere Gruppe?
13. Wieviel Arbeitsstunden werden in Zeiten besonders starker Geschäftstätigkeit zusätzlich zu den üblichen geleistet?
14. Werden die Maschinen von einer besonderen Gruppe Arbeiter gereinigt, die für diese Arbeit angestellt sind, oder besorgen die an den Maschinen beschäftigten Arbeiter die Reinigung unentgeltlich während ihres gewöhnlichen Arbeitstages?
15. Welche Bestimmungen und Strafen gibt es, um pünktliches Erscheinen der Arbeiter bei Beginn des Tagewerks oder nach den Mahlzeiten zu sichern?
16. Wieviel Zeit verlieren Sie täglich für den Weg zur Arbeitsstätte und für den Rückweg zu Ihrer Wohnung?

III

1. Welcher Art ist das Arbeitsverhältnis mit Ihrem Lohnherrn? Sind Sie für den Tag, für die Woche oder für den Monat etc. eingestellt?
2. Welche Fristen sind für die Kündigung seitens des Unternehmers oder Ihrerseits festgesetzt?
3. Welche Strafen sieht Kontraktbruch vor, wenn der Lohnherr der schuldige Teil ist?
4. Welche Strafen erwarten den Arbeiter, wenn er der schuldige Teil ist?
5. Falls Lehrlinge beschäftigt sind, nennen Sie ihre Vertragsbedingungen.
6. Stehen Sie dauernd in Arbeit oder mit Unterbrechungen?
7. Wird in Ihrem Gewerbe hauptsächlich während einer bestimmten Saison gearbeitet, oder ist die Arbeit mehr oder weniger gleichmäßig über das ganze Jahr verteilt? Falls Ihre Arbeit an eine bestimmte Saison gebunden ist, wie leben Sie dann in der Zwischenzeit?
8. Erhalten Sie Zeit- oder Stücklohn?
9. Wenn Zeitlohn, wird er nach der Stunde oder nach dem ganzen Arbeitstag berechnet?
10. Erfolgt eine besondere Entlohnung – und welche – im Falle von *Überstunden*?
11. Wenn Sie Lohn *nach der Stückzahl* erhalten, berichten Sie, wie dieser festgesetzt wird. Falls Sie in Industriezweigen beschäftigt sind, wo die geleistete Arbeit nach Quantität oder Gewicht berechnet wird (wie z. B. in Kohlengruben), so berichten Sie, ob der Lohnherr und seine Kreaturen zu Prellereien greifen, um Sie um einen Teil des Verdienstes zu betrügen.
12. Falls Sie im Stücklohn bezahlt werden: wird die Qualität des Produkts zum Vorwand genommen, um Ihren Lohn auf betrügerische Weise zu kürzen?
13. Ob Sie nun im Zeit- oder im Stücklohn beschäftigt sind, *nach welcher Frist* erhalten Sie Ihren Lohn? Mit anderen Worten, wie lange müssen Sie warten, bis Ihr Lohnherr Ihnen den Lohn für bereits ausgeführte Arbeit auszahlt? Wird Ihr Lohn nach einer Woche, einem Monat etc. bezahlt?
14. Werden Sie durch solche Verzögerungen bei der Lohnzahlung

gezwungen, häufig das Pfandhaus in Anspruch zu nehmen, dort hohe Zinsen zu zahlen und obendrein Gegenstände zu entbehren, die sie nötig gebrauchen, oder müssen Sie bei den Kaufleuten Schulden machen und werden dadurch als Schuldner deren Opfer?

15. Werden die Löhne direkt vom »patron« [»Herrn«] oder durch eine Zwischenperson, einen »marchandeur« [»Zwischenmeister«] etc. bezahlt?
16. Wie sind die Bedingungen Ihres Kontrakts, falls die Löhne durch »marchandeurs« oder andere Zwischenpersonen ausgezahlt werden?
17. Wie hoch ist Ihr Geldlohn pro Tag oder pro Woche?
18. Wie hoch sind die entsprechenden Löhne der Frauen und Kinder, die mit Ihnen in der gleichen Werkstatt arbeiten?
19. Nennen Sie den höchsten und den niedrigsten Tagelohn im vergangenen Monat.
20. Nennen Sie den höchsten und den niedrigsten Stücklohn im vergangenen Monat.
21. Nennen Sie Ihr tatsächliches Einkommen während dieser Zeit, und, falls Sie Familie haben, auch das Ihrer Frau und der Kinder.
22. Werden die Löhne in Geld oder zum Teil auf andere Weise gezahlt?
23. Falls der Unternehmer Ihnen die Wohnung vermietet, unter welchen Bedingungen geschieht das? Zieht er die Miete von Ihrem Lohn ab?
24. Nennen Sie die Preise der notwendigen Dinge, wie zum Beispiel:

    a) Ihre Wohnungsmiete und dazu die Mietbedingungen; Zahl der Zimmer und der Personen, die darin wohnen; Reparaturen und Versicherung; Kauf und Unterhalt des Mobiliars; Schlafstelle; Feuerung; Beleuchtung; Wasser etc.

    b) Nahrung: Brot, Fleisch, Gemüse (Kartoffeln etc.), Milchprodukte, Eier, Fisch; Butter, Öl, Fett; Zucker, Salz, Gewürze; Kaffee, Tee, Zichorie; Bier, Apfelwein, Wein etc., Tabak.

    c) Kleidung (für Eltern und Kinder); Wäsche; Körperpflege, Bäder, Seife etc.

    d) verschiedene Ausgaben, wie Briefporto, Darlehen, Aufbewahrungskosten in den Pfandhäusern, Schulgeld für die Kinder, Lehrgeld, Erwerb von Zeitungen, Büchern etc.; Mitgliedsbeiträge, Beiträge für Gesellschaften zur gegenseitigen Hilfe, für Streikkassen, für verschiedene Vereinigungen, Gewerkschaften etc.

e) Kosten, sofern es solche gibt, die durch die Ausübung Ihres Berufs entstehen.

f) Steuern.

25. Versuchen Sie, Ihre wöchentlichen und jährlichen Einnahmen (und die Ihrer Familie, falls Sie eine haben) und die wöchentlichen und jährlichen Ausgaben in Form eines Budgets aufzuschreiben.
26. Haben Sie aus eigener Erfahrung ein stärkeres Ansteigen der Preise für die lebensnotwendigen Dinge (wie Wohnungsmiete, Nahrung etc.) als das der Löhne festgestellt?
27. Berichten Sie über die Lohnschwankungen, so weit Sie sich zurückerinnern können.
28. Berichten Sie über das Absinken der Löhne in Zeiten der Stagnation oder Krise.
29. Berichten Sie über das Steigen der Löhne in sogenannten Zeiten der Prosperität.
30. Berichten Sie über Arbeitsunterbrechungen infolge Veränderungen in der Mode und infolge von Teil- oder allumfassenden Krisen.
31. Berichten Sie über Veränderungen *im Preis der Waren*, die Sie produzieren, bzw. der Dienste, die Sie leisten, und berichten Sie zum Vergleich, ob Ihr Lohn sich *gleichzeitig verändert* hat oder ob er der alte geblieben ist.
32. Kennen Sie Fälle, daß Arbeiter infolge Einführung von Maschinen oder anderen Vervollkommnungen ihren Arbeitsplatz verloren haben?
33. Haben mit der Entwicklung der Maschinen und der Erhöhung der Arbeitsproduktivität die Intensität und die Dauer der Arbeit zu- oder abgenommen?
34. Sind Ihnen Lohnerhöhungen als Folge von erhöhter Produktion bekannt?
35. Sind Ihnen jemals Fälle bekannt geworden, daß ein einfacher Arbeiter mit dem Geld, das er als Lohnarbeiter verdient hatte, sich im Alter von 50 Jahren zur Ruhe setzen konnte?
36. Wieviel Jahre kann in Ihrem Gewerbe ein Arbeiter von durchschnittlicher Gesundheit seine Arbeit ausführen?

IV

1. Gibt es in Ihrem Gewerbe Gewerkschaften und wie werden sie geleitet?
2. Wieviel Streiks fanden nach Ihren persönlichen Erfahrungen statt?
3. Wie lange haben diese Streiks gedauert?
4. Waren es Teilstreiks oder allgemeine Streiks?
5. War das Ziel der Streiks eine Lohnerhöhung, oder wurde gestreikt, um gegen eine Lohnherabsetzung zu kämpfen; oder ging es bei den Streiks um die Länge des Arbeitstags; oder hatten sie andere Ursachen?
6. Welches waren ihre Ergebnisse?
7. Unterstützt man in Ihrem Gewerbe die Streiks von Arbeitern aus anderen Gewerben?
8. Nennen Sie die von Ihrem Lohnherrn zur Beherrschung seiner Arbeiter erlassenen Bestimmungen und die Strafen, wenn sie verletzt werden.
9. Bestehen Vereinigungen der Lohnherren, um Lohnkürzungen, Verlängerung des Arbeitstags zu erzwingen, um Streiks zu zerschlagen und um im allgemeinen der Arbeiterklasse ihren Willen aufzuzwingen?
10. Kennen Sie Fälle, wo die Regierung die bewaffnete Macht mißbrauchte und sie den Lohnherren gegen ihre Arbeiter zur Verfügung gestellt hat?
11. Haben Sie erlebt, daß die gleiche Regierung sich jemals im Interesse der Arbeiter eingeschaltet hat, wenn die Lohnherren Übergriffe begingen und sich ungesetzlich zusammenschlossen?
12. Verschafft die gleiche Regierung den Fabrikgesetzen, soweit welche bestehen, gegenüber den Lohnherren Geltung? Nehmen ihre Inspektoren – soweit es welche gibt – ihre Pflichten ernst?
13. Gibt es in Ihrem Betrieb oder in Ihrem Gewerbe Gesellschaften zur gegenseitigen Hilfe und Unterstützung bei Unfällen, Krankheiten, Todesfällen, vorübergehender Arbeitsunfähigkeit und im hohen Alter etc.?
14. Ist die Mitgliedschaft in solchen Gesellschaften freiwillig oder obligatorisch? Stehen ihre Mittel ausschließlich unter Kontrolle der Arbeiter?
15. Falls die Beiträge obligatorisch sind und unter der Kontrolle des

Lohnherrn stehen: zieht er die Beiträge vom Lohn ab; zahlt er Zinsen dafür? Werden die Beiträge den Arbeitern zurückerstattet, wenn sie kündigen oder entlassen werden?

16. Gibt es in Ihrem Industriezweig Arbeitergenossenschaften? Wie werden sie geleitet? Sind in ihnen auch andere Lohnarbeiter in derselben Weise wie bei den Kapitalisten beschäftigt?
17. Gibt es in Ihrem Gewerbe Betriebe, in denen ein Teil der Bezahlung der Arbeiter unter dem Namen Lohn, ein anderer Teil in Form angeblicher Gewinnbeteiligung am Profit Ihres Lohnherrn erfolgt? Vergleichen Sie das gesamte Einkommen dieser Arbeiter mit demjenigen, das andere Arbeiter erhalten, bei denen keine angebliche Gewinnbeteiligung besteht. Berichten Sie über die Verpflichtungen der Arbeiter, die unter diesen Bedingungen arbeiten. Können sie sich an Streiks beteiligen etc. oder dürfen sie nur die ergebenen »Diener« ihres Lohnherrn sein?
18. Wie ist der allgemeine körperliche, geistige und moralische Zustand der in Ihrem Beruf beschäftigten Arbeiter und Arbeiterinnen?

[Streikwelle von 1853]

[...]

Streiks und Koalitionen der Arbeiter entwickeln sich rapide und in einem beispiellosen Ausmaße. Ich habe jetzt Berichte vor mir liegen über die Streiks der Fabrikarbeiter aller Arten in Stockport; der Schmiede, Spinner, Weber usw. in Manchester; der Teppichweber in Kidderminster; der Bergleute aus den Ringwood-Kohlengruben in der Nähe von Bristol; der Weber in Blackburn und Darwen; der Tischler in Boston; der Bleicher, Appretierer, Färber und Maschinenstuhlweber von Bolton und Umgebung; der Weber von Barnsley; der Seidenweber von Spitalfields; der Spitzenwirker von Nottingham; aller Arten von Arbeitern des ganzen Birminghamer Distrikts und in verschiedenen anderen Orten. Jeder Posteingang bringt neue Nachrichten von Streiks. Die Arbeitseinstellungen nehmen epidemische Ausmaße an. Jeder größere Streik wie in Stockport, Liverpool etc. löst zwangsläufig eine ganze Serie kleinerer Streiks aus, da ein großer Teil der arbeitenden Menschen nur imstande ist, den Fabrikanten Widerstand zu leisten, wenn sie sich an ihre Arbeitsbrüder im Königreich um Unterstützung wenden, und da diese ihrerseits, um ihnen zu helfen, höhere Löhne fordern. Außerdem wird es gleichermaßen zu einer Sache der Ehre und des allgemeinen Interesses für jede Ortschaft, die Kämpfe der Arbeitsbrüder nicht dadurch zu isolieren, daß sie schlechteren Bedingungen nachgeben. So kommt es, daß Streiks in einer Ortschaft durch Streiks in entferntesten anderen Ortschaften ein Echo finden. In einigen Fällen sind die Forderungen um höhere Löhne nur eine Begleichung längst fälliger Rechnungen mit den Fabrikanten. Das trifft auf den großen Stockport-Streik zu.

Im Januar 1848 führten die Fabrikbesitzer von Stockport bei allen Kategorien von Fabrikarbeiterlöhnen eine allgemeine Herabsetzung der Löhne von 10% durch. Dieser wurde unter der Bedingung zugestimmt, daß bei Wiederbelebung des Geschäfts die 10% wieder aufgehoben werden. Angesichts dessen erinnerten Anfang März 1853 die Arbeiter ihre Unternehmer an die versprochene Erhöhung von 10%; da sie mit ihnen kein Übereinkommen erzielen konnten, traten bis zu 30000 Arbeiter in den Streik. In der Mehrzahl der Fälle bestanden die Fabrikarbeiter entschieden auf ihrem *Recht an dem Anteil* der Einnahmen, die das Land und besonders die Unternehmer infolge der Prosperität einstecken konnten.

Das wesentliche Merkmal der gegenwärtigen Streiks besteht darin, daß sie in den unteren Schichten der ungelernten Arbeiter (nicht Fabrikarbeiter) begannen, die jetzt unter dem unmittelbaren Einfluß der Emigration, deren Zusammensetzung verschiedenen Schichten der Handwerker entsprach, geschult worden waren; erst später wurden die Fabrikarbeiter der großen industriellen Zentren Großbritanniens von den Streiks erfaßt. Früher hingegen gingen die Streiks immer von den Spitzen der Fabrikarbeiter – den Mechanikern, den Spinnern usw. – aus, erfaßten dann die unteren Klassen dieses großen industriellen Ameisenhaufens und erst in letzter Instanz die Handwerker. Dieses Phänomen ist ausschließlich der Emigration zuzuschreiben.

Es gibt eine Kategorie von Philanthropen und sogar von Sozialisten, die Streiks als sehr schädlich für die Interessen des »Arbeiters selbst« erachten und die ihre Hauptaufgabe darin sehen, eine Methode zu finden, ständige Durchschnittslöhne zu sichern. Abgesehen davon, daß die Tatsache des industriellen Zyklus mit seinen verschiedenen Phasen alle solche Durchschnittslöhne unmöglich macht, bin ich ganz im Gegenteil davon überzeugt, daß das aufeinanderfolgende Steigen und Fallen der Löhne und die ständigen daraus resultierenden Konflikte zwischen Fabrikanten und Arbeitern in der gegenwärtigen Organisation der Produktion die unerläßlichen Mittel sind, den Kampfgeist der Arbeiterklasse lebendig zu halten, diese in einer einzigen großen Vereinigung gegen die Übergriffe der herrschenden Klasse zusammenzufassen und sie davon abzuhalten, zu Mitleid heischenden, gedankenlosen, mehr oder weniger gut genährten Produktionsinstrumenten zu werden. In einer Gesellschaftsordnung, die auf dem Antagonismus der Klassen beruht, müssen wir, wenn wir die Sklaverei nicht nur in Worten, sondern auch in Taten verhüten wollen, den Kampf aufnehmen. Um den Wert von Streiks und Koalitionen richtig zu würdigen, dürfen wir uns nicht durch die scheinbare Bedeutungslosigkeit ihrer ökonomischen Resultate täuschen lassen, sondern müssen vor allen Dingen ihre moralischen und politischen Auswirkungen im Auge behalten. Ohne die längeren aufeinanderfolgenden Phasen von Abspannung, Prosperität, Aufschwung, Krise und Elend, welche die moderne Industrie in periodisch wiederkehrenden Zyklen durchläuft, mit dem daraus resultierenden Auf und Ab der Löhne sowie dem ständigen Kampf zwischen Fabrikanten und Arbeitern, der in genauer Übereinstimmung mit jenen Schwankungen in den Löhnen und Profiten verläuft, würde die Arbeiterklasse Großbritanniens und ganz Europas eine niedergedrückte, charakterschwache, verbrauchte, unterwürfige Masse sein, deren Emanzipation aus eigner Kraft sich als ebenso unmöglich erweisen würde wie die der Sklaven des antiken Griechenlands und Roms. Wir dürfen nicht vergessen, daß Streiks und Koalitionen unter den Leibeigenen die Brutstätten der mittelalterlichen Gemeinwesen waren und diese Gemeinwesen wiederum die Quelle des Lebens der neuen herrschenden Bourgeoisie.

Ich äußerte in einem meiner letzten Artikel, welche Bedeutung der gegenwärtige Kampf der Arbeiter für die Chartistenbewegung in England haben wird. Meine Voraussage wird jetzt bestätigt durch die Ergebnisse der ersten beiden Wochen der von dem Chartistenführer Ernest Jones wiedereröffneten Kampagne. Wie Sie wissen, sollte auf dem Berge von Blackstone Edge die erste große Versammlung im Freien abgehalten werden. [...] Was die Massenversammlung betrifft, so glaubten auch die zuversichtlichsten Gemüter nicht an die Möglichkeit, sie durchzuführen, da ein furchtbares Wetter war; der Sturm nahm von Minute zu Minute an Heftigkeit zu, und es regnete in Strömen. Zuerst tauchten nur einige wenige verstreute Gruppen auf, die den Berg emporstiegen, aber bald kamen größere Trupps in Sicht, und von einer Anhöhe aus, die die Täler der Umgebung überragte, konnte man, so weit das Auge zu blicken vermochte, durch den fürchterlichen Platzregen dünne, aber unentwegte Ströme von Menschen erkennen, die auf den Straßen und Fußpfaden der umliegenden Gegend den Berg hinaufkamen. Zu dem Zeitpunkt, an dem die Versammlung eröffnet werden sollte, hatten sich etwa 3000 Menschen an der von einem Dorf oder Wohnsitz weit entfernten Stelle versammelt, und während der langen Reden blieben die Kundgebungsteilnehmer, ungeachtet des als Sturzflut niederkommenden Regens, unentwegt stehen.

[...]

Ernest Jones hatte auf der Versammlung von Blackstone Edge den Tod von Benjamin Ruston bekanntgegeben, eines Arbeiters, der sieben Jahre vorher an gleicher Stelle einem Chartistenmeeting präsidiert hatte. Er schlug vor, daß sein Begräbnis zu einer großen politischen Demonstration gemacht und mit der Versammlung von West Riding für die Annahme der Charte verbunden werde als eine Totenehrung, würdig des dahingeschiedenen Vorkämpfers der Sache der Arbeiter. Niemals zuvor hat es in den Annalen der britischen Demokratie eine solche Demonstration gegeben, wie die anläßlich der Auferstehung des Chartismus in West Riding und der Beerdigung von Benjamin Ruston in der vergangenen Woche; mehr als 200 000 Menschen waren in Halifax versammelt, eine Zahl, die sogar in den erregtesten Zeiten nicht erreicht worden ist. Allen, die nichts anderes von der englischen Gesellschaft kennen als ihre trostlose apoplektische Oberfläche, sollte man empfehlen, an diesen Arbeitermeetings teilzunehmen und in jene Tiefen zu blicken, wo die Totengräber der englischen Gesellschaft am Werke sind. [...]

Der Kampf um den Normalarbeitstag. Zwangsgesetze zur Verlängerung des Arbeitstags von der Mitte des 14. bis zu Ende des 17. Jahrhunderts

»Was ist ein Arbeitstag?« Wie groß ist die Zeit, während deren das Kapital die Arbeitskraft, deren Tageswert es zahlt, konsumieren darf? Wie weit kann der Arbeitstag verlängert werden über die zur Reproduktion der Arbeitskraft selbst notwendige Arbeitszeit? Auf diese Fragen, man hat es gesehn, antwortet das Kapital: Der Arbeitstag zählt täglich volle 24 Stunden nach Abzug der wenigen Ruhestunden, ohne welche die Arbeitskraft ihren erneuerten Dienst absolut versagt. Es versteht sich zunächst von selbst, daß der Arbeiter seinen ganzen Lebenstag durch nichts ist außer Arbeitskraft, daß daher alle seine disponible Zeit von Natur und Rechts wegen Arbeitszeit ist, also der Selbstverwertung des Kapitals angehört. Zeit zu menschlicher Bildung, zu geistiger Entwicklung, zur Erfüllung sozialer Funktionen, zu geselligem Verkehr, zum freien Spiel der physischen und geistigen Lebenskräfte, selbst die Feierzeit des Sonntags – und wäre es im Lande der Sabbatheiligen – reiner Firlefanz! Aber in seinem maßlos blinden Trieb, seinem Werwolfs-Heißhunger nach Mehrarbeit, überrennt das Kapital nicht nur die moralischen, sondern auch die rein physischen Maximalschranken des Arbeitstags. Es usurpiert die Zeit für Wachstum, Entwicklung und gesunde Erhaltung des Körpers. Es raubt die Zeit, erheischt zum Verzehr von freier Luft und Sonnenlicht. Es knickert ab an der Mahlzeit und einverleibt sie womöglich dem Produktionsprozeß selbst, so daß dem Arbeiter als bloßem Produktionsmittel Speisen zugesetzt werden wie dem Dampfkessel Kohle und der Maschinerie Talg oder Öl. Den gesunden Schlaf zur Sammlung, Erneurung und Erfrischung der Lebenskraft reduziert es auf so viel Stunden Erstarrung, als die Wiederbelebung eines absolut erschöpften Organismus unentbehrlich macht. Statt daß die normale Erhaltung der Arbeitskraft hier die Schranke des Arbeitstags, bestimmt umgekehrt die größte täglich mögliche Verausgabung der Arbeitskraft, wie krankhaft gewaltsam und peinlich auch immer, die Schranke für die Rastzeit des Arbeiters. Das Kapital fragt nicht nach der Lebensdauer der Arbeitskraft. Was es interessiert, ist einzig und allein das Maximum von Arbeitskraft, das in einem Arbeitstag flüssig gemacht werden kann. Es erreicht dies Ziel durch Verkürzung der Dauer der Arbeitskraft, wie ein habgieriger Landwirt gesteigerten Bodenertrag durch Beraubung der Bodenfruchtbarkeit erreicht.

Die kapitalistische Produktion, die wesentlich Produktion von Mehrwert, Einsaugung von Mehrarbeit ist, produziert also mit der Verlängrung des Arbeitstags nicht nur die Verkümmerung der menschlichen Arbeitskraft, welche ihrer normalen moralischen und physischen Entwicklungs- und Betätigungsbedingungen beraubt wird. Sie produziert die vorzeitige Erschöpfung und Abtötung der Arbeitskraft selbst. Sie verlängert die Produktionszeit des Arbeiters während eines gegebenen Termins durch Verkürzung seiner Lebenszeit.

Der Wert der Arbeitskraft schließt aber den Wert der Waren ein, welche zur Reproduktion des Arbeiters oder zur Fortpflanzung der Arbeiterklasse erheischt sind. Wenn also die naturwidrige Verlängrung des Arbeitstags, die das Kapital in seinem maßlosen Trieb nach Selbstverwertung notwendig anstrebt, die Lebensperiode der einzelnen Arbeiter und damit die Dauer ihrer Arbeitskraft verkürzt, wird rascherer Ersatz der verschlissenen nötig, also das Eingehen größerer Verschleißkosten in die Reproduktion der Arbeitskraft, ganz wie der täglich zu reproduzierende Wertteil einer Maschine um so größer ist, je rascher sie verschleißt. Das Kapital scheint daher durch sein eignes Interesse auf einen Normalarbeitstag hingewiesen.

Der Sklavenhalter kauft seinen Arbeiter, wie er sein Pferd kauft. Mit dem Sklaven verliert er ein Kapital, das durch neue Auslage auf dem Sklavenmarkt ersetzt werden muß. Aber

die Reisfelder von Georgien und die Sümpfe des Mississippi mögen fatalistisch zerstörend auf die menschliche Konstitution wirken; dennoch ist diese Verwüstung von menschlichem Leben nicht so groß, daß sie nicht gutgemacht werden könnte aus den strotzenden Gehegen von Virginien und Kentucky. Ökonomische Rücksichten, die eine Art Sicherheit für die menschliche Behandlung des Sklaven bieten könnten, sofern sie das Interesse des Herrn mit der Erhaltung des Sklaven identifizieren, verwandeln sich, nach Einführung des Sklavenhandels, umgekehrt in Gründe der extremsten Zugrunderichtung des Sklaven, denn sobald sein Platz einmal durch Zufuhr aus fremden Negergehegen ausgefüllt werden kann, wird die Dauer seines Lebens minder wichtig als dessen Produktivität, solange es dauert. Es ist daher eine Maxime der Sklavenwirtschaft in Ländern der Sklaveneinfuhr, daß die wirksamste Ökonomie darin besteht, die größtmöglichste Masse Leistung in möglichst kurzer Zeit dem Menschenvieh (human chattle) auszupressen. Grade in tropischer Kultur, wo die jährlichen Profite oft dem Gesamtkapital der Pflanzungen gleich sind, wird das Negerleben am rücksichtslosesten geopfert. Es ist die Agrikultur Westindiens, seit Jahrhunderten die Wiege fabelhaften Reichtums, die Millionen der afrikanischen Race verschlungen hat. Es ist heutzutage in Kuba, dessen Revenuen nach Millionen zählen, und dessen Pflanzer Fürsten sind, wo wir bei der Sklavenklasse außer der gröbsten Nahrung, der erschöpfendsten und unablässigsten Plackerei einen großen Teil durch die langsame Tortur von Überarbeit und Mangel an Schlaf und Erholung jährlich direkt zerstört sehn.[1]

Mutato nomine de te fabula narratur! [Unter anderem Namen wird hier über dich berichtet!] Lies statt Sklavenhandel Arbeitsmarkt, statt Kentucky und Virginien Irland und die Agrikulturdistrikte von England, Schottland und Wales, statt Afrika Deutschland! Wir hörten, wie die Überarbeit mit den Bäckern in London aufräumt, und dennoch ist der Londoner Arbeitsmarkt stets überfüllt mit deutschen und andren Todeskandidaten für die Bäckerei. Die Töpferei, wie wir sahen, ist einer der kurzlebigsten Industriezweige. Fehlt es deswegen an Töpfern? Josiah Wedgwood, der Erfinder der modernen Töpferei, von Haus selbst ein gewöhnlicher Arbeiter, erklärte 1785 vor dem Hause der Gemeinen, daß die ganze Manufaktur 15 000 bis 20 000 Personen beschäftige.[2] Im Jahr 1861 betrug die Bevölkerung allein der städtischen Sitze dieser Industrie in Großbritannien 101 302.

»Die Baumwollindustrie zählt 90 Jahre … In drei Generationen der englischen Race hat sie neun Generationen von Baumwollarbeitern verspeist.«[3]

Allerdings, in einzelnen Epochen fieberhaften Aufschwungs zeigte der Arbeitsmarkt bedenkliche Lücken. So z. B. 1834. Aber die Herren Fabrikanten schlugen nun den Poor Law Commissioners vor, die »Übervölkerung« der Ackerbaudistrikte nach dem Norden zu schicken, mit der Erklärung, daß »die Fabrikanten sie absor-

1 Cairnes, l. c. p. 110, 111.
3 Ferrands Rede im »House of Commons« vom 27. April 1863.
2 John Ward, »History of the Borough of Stoke-upon-Trent etc.«, London 1843, p. 42.

bieren und konsumieren würden«. Dies waren ihre eigensten Worte.[1]

Agenten wurden zu Manchester bestallt mit Einwilligung der Poor Law Commissioners. Agrikulturarbeiterlisten wurden ausgefertigt und diesen Agenten übermacht. Die Fabrikanten liefen in die Büros, und nachdem sie, was ihnen paßte, ausgewählt, wurden die Familien vom Süden Englands verschickt. Diese Menschenpakete wurden geliefert mit Etiketten gleich so viel Güterballen, auf Kanal und Lastwagen – einige strolchten zu Fuß nach, und viele irrten verloren und halb verhungert in den Manufakturdistrikten umher. Dies entwickelte sich zu einem wahren Handelszweig. Das Haus der Gemeinen wird es kaum glauben. Dieser regelmäßige Handel, dieser Schacher in Menschenfleisch dauerte fort, und diese Leute wurden gekauft und verkauft von den Manchester Agenten an die Manchester Fabrikanten, ganz so regelmäßig wie Neger an die Baumwollpflanzer der südlichen Staaten … Das Jahr 1860 bezeichnet das Zenit der Baumwollindustrie … Es fehlte wieder an Händen. Die Fabrikanten wandten sich wieder an die Fleischagenten … und diese durchstöberten die Dünen von Dorset, die Hügel von Devon und die Ebnen von Wilts, aber die Übervölkerung war bereits verspeist.

Was die Erfahrung dem Kapitalisten im allgemeinen zeigt, ist eine beständige Übervölkerung, d. h. Übervölkerung im Verhältnis zum augenblicklichen Verwertungsbedürfnis des Kapitals, obgleich sie aus verkümmerten, schnell hinlebenden, sich rasch verdrängenden, sozusagen unreif gepflückten Menschengenerationen ihren Strom bildet. Allerdings zeigt die Erfahrung dem verständigen Beobachter auf der andren Seite, wie rasch und tief die kapitalistische Produktion, die, geschichtlich gesprochen, kaum von gestern datiert, die Volkskraft an der Lebenswurzel ergriffen hat, wie die Degeneration der industriellen Bevölkrung nur durch beständige Absorption naturwüchsiger Lebenselemente vom Lande verlangsamt wird und wie selbst die ländlichen Arbeiter, trotz freier Luft und des unter ihnen so allmächtig waltenden principle of natural selection, das nur die kräftigsten Individuen aufkommen läßt, schon abzuleben beginnen. Das Kapital, das so »gute Gründe« hat, die Leiden der es umgebenden Arbeitergeneration zu leugnen, wird in seiner praktischen Bewegung durch die Aussicht auf zukünftige Verfaulung der Menschheit und schließlich doch unaufhaltsame Entvölkerung so

1 »That the manufacturers would absorb it and use it up. Those were the very words used by the cotton manufacturers.« (l. c.)

wenig und so viel bestimmt als durch den möglichen Fall der Erde in die Sonne. In jeder Aktienschwindelei weiß jeder, daß das Unwetter einmal einschlagen muß, aber jeder hofft, daß es das Haupt seines Nächsten trifft, nachdem er selbst den Goldregen aufgefangen und in Sicherheit gebracht hat. Après moi le déluge! [Nach mir die Sintflut!] ist der Wahlruf jedes Kapitalisten und jeder Kapitalistennation. Das Kapital ist daher rücksichtslos gegen Gesundheit und Lebensdauer des Arbeiters, wo es nicht durch die Gesellschaft zur Rücksicht gezwungen wird. Der Klage über physische und geistige Verkümmrung, vorzeitigen Tod, Tortur der Überarbeit, antwortet es: Sollte diese Qual uns quälen, da sie unsre Lust (den Profit) vermehrt?[1] Im großen und ganzen hängt dies aber auch nicht vom guten oder bösen Willen des einzelnen Kapitalisten ab. Die freie Konkurrenz macht die immanenten Gesetze der kapitalistischen Produktion dem einzelnen Kapitalisten gegenüber als äußerliches Zwangsgesetz geltend.[2]

1 Goethe, »An Suleika«.

2 Wir finden daher z. B., daß Anfang 1863 26 Firmen, welche ausgedehnte Töpfereien in Staffordshire besitzen, darunter auch J. Wedgwood und Söhne, in einer Dankschrift »um gewaltsame Einmischung des Staats« petitionieren. Die »Konkurrenz mit andren Kapitalisten« erlaube ihnen keine »freiwillige« Beschränkung der Arbeitszeit der Kinder usw. »Sosehr wir daher die oben erwähnten Übel beklagen, würde es unmöglich sein, sie durch irgendeine Art Übereinkunft unter den Fabrikanten zu verhindern … In Anbetracht aller dieser Punkte, sind wir zur Überzeugung gelangt, daß ein Zwangsgesetz nötig ist.« (»Children's Emp. Comm., Rep. I«, 1863, p. 322.)

Teil 4: Politische Ökonomie

Die Kritik ökonomischer Begriffe als Gesellschaftskritik: Marx' Entzauberung der politischen Ökonomie

(Einführung der Herausgeber)

Gemäß dem landläufigen Verständnis gilt Karl Marx heute vornehmlich als Ökonom. Das ist angesichts dessen, dass er sich den größten Teil seiner Schaffensperiode seinem unvollendet gebliebenen Hauptwerk *Das Kapital* widmete, auch zutreffend, entbehrt aber nicht einer gewissen Ironie. Schließlich war Marx' Motiv für die Beschäftigung mit der Ökonomie gerade die *Dekonstruktion* der Kategorien der klassischen bürgerlichen Wirtschaftswissenschaft.[1] Es ging ihm darum zu identifizieren, welche gesellschaftlichen Verhältnisse hinter Abstraktionen wie »Kapital«, »Kredit«, »Zins« und, so könnte man mit Blick auf aktuelle Phänomene ergänzen, »Finanzmärkten« oder »Bitcoins« stehen.

Der Untertitel des *Kapitals* umreißt Marx' theoretische Mission: Die »Kritik der politischen Ökonomie« ist die Kritik der falschen Grundannahmen der Ökonomen, deren Begriffe ahistorisch sind und soziale Herrschaftsverhältnisse verschleiern. Indem Marx aufdeckt, dass das Kapital kein Objekt (und auch kein Subjekt), sondern ein Verhältnis ist, nämlich geronnene Arbeit, das auf dem Surplusprodukt der Arbeitenden basiert, formuliert er zugleich eine Fundamentalkritik an der kapitalistischen Gesellschaft: Alle Reichtümer gehen auf menschliche Arbeit zurück und werden durch das Kapital angeeignet. Daraus entspinne sich eine Eigendynamik aus Ausbeutung, Konkurrenz und Krisen, der sich letztendlich nicht einmal wohlhabende Unternehmer entziehen könnten. Sozialismus wird aus dieser Perspektive von einer Utopie zu einer Notwendigkeit: Nur wenn der bereits gesellschaftlich, also nicht individuell-handwerklich organisierte Produktionsprozess gemeinschaftlich organisiert werde, könnten die enormen produktiven Potenziale, die der Kapitalismus geschaffen hat, auch im Sinne der Gemein-

1 Michael Heinrich, *Die Wissenschaft vom Wert. Die Marxsche Kritik der politischen Ökonomie zwischen wissenschaftlicher Revolution und klassischer Tradition*, Münster [1999] 2006.

schaft eingesetzt werden. Es beginne »das Ende der Vorgeschichte der Menschheit«,[2] wie Marx in der Einleitung zur *Kritik der Politischen Ökonomie* schreibt. Die Menschen seien erstmals nicht mehr den Sachzwängen jener Objekte unterworfen, die sie selbst erschaffen hätten, und könnten nun bewusst darüber entscheiden, wie Ressourcen gemäß den Interessen aller eingesetzt werden.

Die »Ökonomie« in Marx' Werk muss vor dem Hintergrund dieses philosophischen Bogens verstanden werden, und genau das macht ihre anhaltende Faszination aus. Wenn beispielsweise Angela Merkel, wie 2011 geschehen, anmerkt, dass die parlamentarische Demokratie »marktkonform« sein müsse, dann kann das als Zuspitzung jenes »Fetischismus« gelten, den Marx kritisierte. Die Märkte regieren, die Menschen müssen reagieren. Die Kapazität, zu steuern und zu entscheiden, schmilzt auf möglichst geschickte Anpassungsleistungen oder die Manipulation der Märkte zusammen, deren Sachzwänge aber unhinterfragt bleiben. Die Schwankungen der Aktienkurse scheinen eine ähnliche Naturgewalt zu haben wie die Bewegungen auf der Wetterkarte. Und jüngst erscheint auch die Digitalisierung als eine Realität, der man sich fügen müsse, als sei sie gottgegeben. Die Beschäftigung mit der Ökonomie ist für Marx eine Einladung zur Dekonstruktion dieser Begriffe mit dem Ziel, Handlungssouveränität zurückzugewinnen. Da menschliche Arbeit die Quelle alles Reichtums ist, kann die Menschheit auch kollektiv Geschichte machen.

Dieser einfache Ausgangspunkt bildet bei Marx den Dreh- und Angelpunkt für die Analyse ökonomischer Sachverhalte, aber damit öffnet er auch die Büchse der Pandora. Er musste selbst feststellen, dass der Teufel im Detail steckt, wenn es darum geht, den kapitalistischen Produktionsprozess in seiner Gesamtheit theoretisch zu deuten. Sein Ziel war es, die Bewegungsgesetze, jene eigendynamischen Sachzwänge und deren Widersprüchlichkeiten, ausgehend vom abstrakten Grundbegriff der Ware zu erschließen, deren Doppelcharakter von Gebrauchs- und Tauschwert den Schlüssel zum Verständnis der kapitalistischen Verhältnisse biete. Seine Methode dabei war, an Hegel angelehnt, der Aufstieg vom Abstrakten zum Konkreten. Dieser Akt der Komplexitätsreduktion stellte Marx jedoch vor die Aufgabe, eine Reihe von »Vermittlungen« wieder

2 Karl Marx, »Zur Kritik der Politischen Ökonomie«, in: *Marx-Engels-Werke*, MEW, Bd. 13, Berlin 1961, S. 9.

einzuführen, die den konkreten Erscheinungsformen des Kapitalismus gerecht werden: (internationale) Konkurrenzverhältnisse, Kreisläufe von Investition und Konsumtion, Finanzmärkte, die Wirkung technologischer Entwicklung, der Staat als ökonomischer Akteur und vieles mehr. Aufgrund dieser Komplexität ist Marx letztendlich am *Kapital* »hängengeblieben«, das fragmentarisch blieb und alleine aus diesem Grund einigen Stoff für Kontroversen darüber liefert, ob Engels bei der posthumen Edition Marx' ursprünglichen Intentionen gerecht geworden ist, welche Notizen aus Marx' Nachlass Antworten auf bestimmte Probleme liefern können usw. Während diese Fragen Generationen von »Marxologen« beschäftigt haben und zum Teil in einer recht unzugänglichen Exegese bearbeitet wurden, könnte man das Unvollendete am marxschen Werk auch positiv deuten: Es birgt eine Fülle von Hinweisen und Ansatzpunkten für die Diskussion gegenwartsbezogener Probleme, und es lohnt sich, diesen Fundstücken nachzugehen.

Die Auswahl der Textpassagen in diesem Teil führt einerseits ein in Marx' Sichtweise der ökonomischen Beziehungen. Andererseits enthalten sie Fundstücke, die zur Diskussion über die Deutung des zeitgenössischen Kapitalismus einladen.

Den Anfang machen Auszüge aus zwei Texten, in denen Marx versucht, die komplexen Grundgedanken seiner Ökonomiekritik einem breiteren Publikum zugänglich zu machen. In *Lohn, Preis und Profit*, einem Vortragsmanuskript, das posthum von seiner Tochter Eleanor veröffentlicht wurde, führt Marx in allgemeinverständlicher Art und Weise in seine – hier noch nicht vollständig entwickelten – Grundbegriffe ein. Der Text ist unmittelbar politisch motiviert. Vor dem Hintergrund eskalierender Arbeitskämpfe in den 1860er Jahren wirft Marx sein gesamtes Gewicht in die Waagschale, um seine Mitkämpferinnen und Mitkämpfer für die Unterstützung dieser Bewegungen zu gewinnen. Er zeigt, dass Lohnerhöhungen sich nicht, wie von seinen Kontrahenten behauptet, postwendend in Preiserhöhungen der Waren niederschlügen und somit sinnlos bzw. im Sinne einer sozialistischen Strategie irrelevant seien. Stattdessen sieht Marx das Kräfteverhältnis zwischen den Klassen als eine wichtige Stellschraube in Bezug auf die Lohnhöhe und betont die Bedeutung der subjektiven Arbeitsansprüche für gesellschaftliche Auseinandersetzungen. Würden die Arbeiter ihren Widerstand aufgeben, so seien sie nichts als eine »Masse ruinierter armer Teufel, denen keine Erlösung mehr hilft«.[3] Er warnt jedoch: »Gleichzeitig [...] sollte die Arbeiterklasse die endgültige Wirksamkeit dieser tagtäglichen Kämpfe nicht überschätzen. Sie sollte nicht vergessen, daß sie gegen Wirkungen kämpft, nicht aber gegen die Ursachen dieser Wirkungen; daß sie zwar die Abwärtsbewegung verlangsamt, nicht aber ihre Richtung ändert; daß sie Palliativmittel anwendet, die das Übel nicht kurieren.«[4] Marx' Verständnis der ökonomischen Kategorien führt ihn also zur strategischen Schlussfolgerung, dass es einen Zusammenhang zwischen tagesaktuellen Lohnkämpfen und dem Ziel der Überwindung des Lohnsystems geben müsse. Die von uns ausgewählte Passage aus *Lohnarbeit und Kapital*, einer älteren, bereits 1849 veröffentlichten Schrift, ergänzt diese Aussagen durch eine eingehendere Begründung des *Antagonismus* zwischen Kapital und Arbeit. Profit und Arbeitslohn stünden sogar in Perioden schnellen Wachstums in umgekehrtem Verhältnis zueinander, da die Konkurrenz die Einzelkapitale dazu zwinge, Druck auf die Löhne auszuüben.

Die eingangs skizzierte philosophische Dimension der marxschen Ökonomiekritik kommt in der viel diskutierten Passage zum *Fetischcharakter der Ware* aus *Das Kapital* zur Geltung. Die Allegorie zielt auf einen Vergleich des Kapitalverhältnisses mit den Fetischen in Naturreligionen ab. Der Fetisch wird von Menschen geschaffen. Diese erwecken ihn gleichsam zum Leben und schreiben ihm die Eigenschaft zu, das menschliche Leben zu bestimmen, wobei eben in Vergessenheit gerät, dass der Fetisch eben von den Menschen selbst geschaffen wurde. Diese Subjekt-Objekt-Verkehrung trifft nun laut Marx auch auf das Kapitalverhältnis zu. Das Kapital, die Waren, die Bewegung der Waren erscheinen als das aktive Moment, dem die Menschen unterworfen seien. Die Waren selbst scheinen Eigenschaften zu erhalten, die unabhängig vom Einwirken der Menschen sind. Die Passage über den Warenfetischismus vermittelt so einen Zugang zum tieferen gesellschaftskritischen Gehalt von Marx' Ökonomiekritik und kann auch als frühe Konsumkritik gelesen werden.

Der bereits 1857, also schon zehn Jahre vor Erscheinen seines Hauptwerks verfasste und zu Marx' Lebzeiten unveröffentlichte

3 Karl Marx, »Lohn, Preis, Profit«, in: MEW, Bd. 16, Berlin 1962, S. 103-152, hier S. 151.

4 Ebd., S. 152.

Entwurf einer *Einleitung zu den »Grundrissen der Kritik der politischen Ökonomie«* ist vor allen Dingen deswegen von Interesse, weil darin explizit das Verhältnis der marxschen Anschauung zu den Begrifflichkeiten der bürgerlichen Ökonomen verhandelt wird. Marx skizziert in diesem Text, wie für ihn Produktion, Konsumtion, Distribution und die Zirkulation von Waren zusammenhängen, und liefert dabei wichtige Bausteine für ein Verständnis, das die Gesamtheit der ökonomischen Prozesse in ihrer ganzen Komplexität erfasst. Es ist das Changieren zwischen Abstraktem und Konkretem, was diesen Text anregend macht. Marx entschlüsselt ökonomische Erscheinungen darin erneut als etwas strikt Gesellschaftliches und Historisches.

Bei der erst Ende der 1930er Jahre im Rahmen der unvollendeten Schrift *Grundrisse der Kritik der politischen Ökonomie* veröffentlichten Textpassage, die unter der Bezeichnung *Maschinenfragment* bekannt geworden ist, handelt es sich um einen Text mit erheblicher Sprengkraft für die Interpretation des marxschen Denkens. Es legt, wie beispielsweise Antonio Negri in seinem Buch *Marx beyond Marx* argumentiert,[5] eine radikal neue Lesart nahe. Marx spekuliert in dieser Passage, wie die Wertschöpfung in einer Welt zu deuten sei, in der die Produktion nahezu voll automatisiert und zugleich hochgradig gesellschaftlich organisiert sei. In einem solchen Szenario könne die Quelle des Wertes, wie in der Arbeitswerttheorie postuliert, kaum noch aus der im betrieblichen Arbeitsverhältnis verausgabten Lohnarbeit bestehen. Sie basiere vielmehr auf dem »general intellect«, der kollektiven Intelligenz bzw. dem allgemeinen Stand gesellschaftlicher Wissensproduktion. In der postoperaistischen Auslegung dieser Passage impliziert diese Auffassung, dass die Abschöpfung des Mehrproduktes nicht primär auf Lohnarbeit, sondern auf der Aneignung kollektiver Wissensbestände durch das Kapital basiere.[6] Dies relativierte nicht nur den Grundgehalt von Marx' ökonomischer Analyse, sondern auch dessen Auffassung, dass die Lohnarbeitenden das Subjekt für eine Transformation des

5 Antonio Negri, *Marx Beyond Marx. Lessons on the Grundrisse*, New York 1991.

6 Maurizio Lazzarato, »Immaterial Labor«, in: Paulo Virno, Michael Hardt (Hg.), *Radical Thought in Italy: A Potential Politics*, Minneapolis 1996, S. 133-146; Carlo Vercellone, »From Formal Subsumption to General Intellect: Elements for a Marxist Reading of the Thesis of Cognitive Capitalism«, in: *Historical Materialism* 15 (2007), S. 13-36.

Kapitalismus seien. Es ist nicht verwunderlich, dass diese Textstelle heute zahlreiche Deutungen des digitalen Kapitalismus inspiriert, in dem die Aneignung von Wissen bzw. von Daten tatsächlich eine herausragende Rolle spielt. Während das *Maschinenfragment* einigen somit als prophetischer Vorgriff auf das digitale Zeitalter erscheint,[7] weisen andere ihm einen bescheideneren Stellenwert zu: den eines Gedankenspiels über postkapitalistische Gesellschaftsformen, das Marx zudem in seinen späteren Schriften verworfen hat.[8]

Nicht weniger aktuell mutet Marx' Abhandlung über *Das allgemeine Gesetz der kapitalistischen Akkumulation* aus dem *Kapital* an, in der er die wechselnden Rhythmen kapitalistischer Akkumulation ins Verhältnis zur Arbeitsmarktentwicklung setzt. Es entstehe »eine disponible industrielle Reservearmee, die dem Kapital ganz so absolut gehört, als ob es sie auf seine eignen Kosten großgezüchtet hätte«, schreibt er.[9] Erneut weicht die schematische Klassenanalyse in dieser Passage einer konkreten soziologischen Betrachtung verschiedener Klassenfraktionen, die in jeweils unterschiedlicher Form und Dauer in den Arbeitsmarkt integriert sind. Die Aussagen darüber, wie »der Druck der Unbeschäftigten die Beschäftigten zur Flüssigmachung von mehr Arbeit zwingt«,[10] liest sich fast wie ein zeitgenössischer Kommentar über die »Prekarisierung« der Arbeit und wird auch dahingehend interpretiert.[11] Vor allem aber beschreibt dieser Abschnitt ein Wechselspiel von Freisetzung und erneuter Inwertsetzung von Arbeit, das differenzierter ist als so manche Aussage über das technologisch bedingte Ende der Arbeit.

7 Christian Lotz, »Kommunismus des Kapitals?«, Einleitung zu Karl Marx, *Das Maschinenfragment*, hg. von Carolin Amlinger und Christian Baron, Hamburg 2014; Paul Mason, *Postkapitalismus. Grundrisse einer kommenden Ökonomie*, Frankfurt/M. 2016.

8 Christian Fuchs, »Henryk Grossmann 2.0: A Critique of Paul Mason's Book ›PostCapitalism: A Guide to Our Future‹«, in: *Triple C: Communication, Capitalism & Critique* 14 (2016), S. 163-188.

9 Karl Marx, *Das Kapital. Erster Band*, MEW, Bd. 23, Berlin 1962, S. 661.

10 Ebd., S. 669.

11 Vgl. Hajo Holst, Oliver Nachtwey, »Die Internalisierung des Reservearmeemechanismus. Grenztransformationen am Beispiel der strategischen Nutzung von Leiharbeit«, in: Karina Becker u. a. (Hg.), *Grenzverschiebungen des Kapitalismus*, Frankfurt/M. 2010, S. 280-299. Florian Butollo, »Die große Mobilmachung: Die globale Landnahme von Arbeit und die Reservearmeen der Gegenwart«, in: Heinz Bude, Philipp Staab (Hg.), *Kapitalismus und Ungleichheit. Die neuen Verwerfungen*, Frankfurt/M. 2016.

Die Primärtexte in diesem Teil

Lohn, Preis und Profit (Auszüge; MEW, Bd. 16, S. 103-152), Vortragsmanuskript von 1865, posthum im Jahr 1898 veröffentlicht.

Lohnarbeit und Kapital (Auszüge; MEW, Bd. 6, S. 397-423), veröffentlicht 1849 in der *Neuen Rheinischen Zeitung*.

Der Fetischcharakter der Ware und sein Geheimnis (MEW, Bd. 23, S. 85-98, leicht gekürzt), veröffentlicht 1867 als Kapitel 1.4 von *Das Kapital. Erster Band.*

Einleitung [zu den »Grundrissen der Kritik der politischen Ökonomie«] (MEW, Bd. 42, S. 19-45), verfasst 1857, von Karl Kautsky 1902 im Nachlass von Marx entdeckt und 1903 in der Zeitschrift *Die Neue Zeit* veröffentlicht.

Fixes Kapital und die Entwicklung der Produktivkräfte der Gesellschaft (MEW, Bd. 42, S. 590-609, gekürzt), verfasst 1857, posthum als Teil der *Grundrisse der Kritik der politischen Ökonomie* 1939-1941 vom Zentralkommittee der KPdSU herausgegeben. Der Text wurde unter der Bezeichnung *»Maschinenfragment«* breit rezipiert.

Das allgemeine Gesetz der kapitalistischen Akkumulation (Auszüge; MEW, Bd. 23, S. 640-740, gekürzt), 1867 als Kapitel 23 von *Das Kapital. Erster Band* veröffentlicht.

Lohn, Preis und Profit

[Löhne und Preise]

Auf ihren einfachsten theoretischen Ausdruck reduziert, lösen sich alle Argumente unsres Freundes [John Weston, dessen Thesen Marx hier kritisiert in das einzige Dogma auf: »*Die Warenpreise werden bestimmt oder geregelt durch die Arbeitslöhne.*«

Ich könnte mich auf die praktische Beobachtung berufen, um Zeugnis abzulegen gegen diesen längst überholten und widerlegten Trugschluß. Ich könnte darauf hinweisen, daß die englischen Fabrikarbeiter, Bergleute, Schiffbauer usw., deren Arbeit relativ hoch bezahlt wird, durch die Wohlfeilheit ihres Produkts alle andern Nationen ausstechen, während z. B. den englischen Landarbeiter, dessen Arbeit relativ niedrig bezahlt wird, wegen der Teuerkeit seines Produkts fast jede andre Nation aussticht. Durch Vergleichung zwischen Artikeln ein und desselben Landes und zwischen Waren verschiedner Länder könnte ich – von einigen mehr scheinbaren als wirklichen Ausnahmen abgesehn – nachweisen, daß im Durchschnitt hochbezahlte Arbeit Waren mit niedrigem Preis und niedrig bezahlte Arbeit Waren mit hohem Preis produziert. Dies wäre natürlich kein Beweis dafür, daß der hohe Preis der Arbeit in dem einen und ihr niedriger Preis in dem andern Fall die respektiven Ursachen so diametral entgegengesetzter Wirkungen sind, wohl aber wäre dies jedenfalls ein Beweis, daß die Preise der Waren nicht von den Preisen der Arbeit bestimmt werden. Indes ist es ganz überflüssig für uns, diese empirische Methode anzuwenden. [...]

Was ist gemeint, wenn man sagt, daß die Warenpreise durch den Arbeitslohn bestimmt seien? Da Arbeitslohn nur ein andrer Name für den Preis der Arbeit, so ist damit gemeint, daß die Preise der Waren durch den Preis der Arbeit reguliert werden. Da »*Preis*« Tauschwert ist – und wo ich von Wert spreche, ist immer von Tauschwert die Rede –, also Tausch*wert in Geld ausgedrückt*, so läuft der Satz darauf hinaus, daß »der *Wert der Waren bestimmt wird durch den Wert der Arbeit*« oder daß »*der Wert der Arbeit der allgemeine Wertmesser ist*«.

Wie aber wird dann der »*Wert der Arbeit*« selbst bestimmt? Hier kommen wir an einen toten Punkt. An einen toten Punkt natürlich nur, wenn wir logisch zu folgern versuchen. Die Prediger jener Doktrin machen mit logischen Skrupeln allerdings kurzen Prozeß. Unser Freund Weston zum Beispiel. Erst erklärte er uns, daß der Arbeitslohn den Warenpreis bestimme und daß folglich mit dem Steigen des Arbeitslohns die Preise steigen müßten. Dann machte er eine Wendung, um uns weiszumachen, eine Lohnsteigerung sei zu nichts gut, weil die Warenpreise gestiegen wären und weil die Löhne in der Tat durch die Preise der Waren, worauf sie verausgabt, gemessen würden. Somit beginnen wir mit der Behauptung, daß der Wert der Arbeit den Wert der Waren bestimme, und enden mit der Behauptung, daß der Wert der Waren den Wert der Arbeit bestimme. So drehen wir uns in einem höchst fehlerhaften Kreislauf und kommen überhaupt zu keinem Schluß.

Alles in allem ist es klar, daß, wenn man den Wert einer Ware, sage von Arbeit, Korn oder jeder andern Ware, zum allgemeinen Maß und Regulator des Werts macht, man die Schwierigkeit bloß von sich abschiebt, da man einen Wert durch einen andern bestimmt, der seinerseits wieder der Bestimmung bedarf.

Auf seinen abstraktesten Ausdruck gebracht, läuft das Dogma, daß »der Arbeitslohn die Warenpreise bestimmt«, darauf hinaus, daß »Wert durch Wert bestimmt ist«, und diese Tautologie bedeutet, daß wir in Wirklichkeit überhaupt nichts über den Wert wissen. Halten wir uns an diese Prämisse, so wird alles Räsonieren über die allgemeinen Gesetze der politischen Ökonomie zu leerem Geschwätz. Es war daher das große Verdienst Ricardos, daß er in seinem 1817 veröffentlichten Werk »*On the Principles of Political Economy*« den alten landläufigen und abgedroschnen Trugschluß, wonach »der Arbeitslohn die Preise bestimmt«, von Grund aus zunichte machte, einen Trugschluß, den Adam Smith und seine französischen Vorgänger in den wirklich wissenschaftlichen Partien ihrer Untersuchungen aufgegeben hatten, den sie aber in den mehr exoterischen und verflachenden Kapiteln dennoch wieder aufnahmen.

[Wert und Arbeit]

Bürger, ich bin jetzt an einen Punkt gelangt, wo ich auf die wirkliche Entwicklung der Frage eingehn muß. […]

Die erste Frage, die wir stellen müssen, ist die: Was ist der *Wert* einer Ware? Wie wird er bestimmt?

Auf den ersten Blick möchte es scheinen, daß der Wert einer Ware etwas ganz *Relatives* und ohne die Betrachtung der einen Ware in ihren Beziehungen zu allen andern Waren gar nicht zu Bestimmendes ist. In der Tat, wenn wir vom Wert, vom Tauschwert einer Ware sprechen, meinen wir die quantitativen Proportionen, worin sie sich mit allen andern Waren austauscht. Aber dann erhebt sich die Frage: Wie werden die Proportionen reguliert, in denen Waren sich miteinander austauschen?

Wir wissen aus Erfahrung, daß diese Proportionen unendlich mannigfaltig sind. Nehmen wir eine einzelne Ware, z. B. Weizen, so finden wir, daß ein Quarter Weizen sich in fast unzähligen Variationen von Proportionen mit den verschiedensten Waren austauscht. Indes, *da sein Wert stets derselbe bleibt*, ob in Seide, Gold oder irgendeiner andern Ware ausgedrückt, so muß er etwas von diesen *verschiednen Proportionen des Austausches* mit verschiednen Artikeln Unterschiedliches und Unabhängiges sein. Es muß möglich sein, diese mannigfachen Gleichsetzungen mit mannigfachen Waren in einer davon sehr verschiednen Form auszudrücken.

Sage ich ferner, daß ein Quarter Weizen sich in bestimmter Proportion mit Eisen austauscht oder daß der Wert eines Quarters Weizen in einer bestimmten Menge Eisen ausgedrückt wird, so sage ich, daß der Weizenwert und sein Äquivalent in Eisen *irgendeinem Dritten* gleich sind, das weder Weizen noch Eisen ist, weil ich ja unterstelle, daß beide dieselbe Größe in zwei verschiednen Gestalten ausdrücken. Jedes der beiden, der Weizen und das Eisen, muß daher unabhängig vom andern reduzierbar sein auf dies Dritte, das ihr gemeinsames Maß ist. [...]

Da die *Tauschwerte* der Waren nur *gesellschaftliche Funktionen* dieser Dinge sind und gar nichts zu tun haben mit ihren *natürlichen* Qualitäten, so fragt es sich zunächst: Was ist die gemeinsame *gesellschaftliche Substanz* aller Waren? Es ist die *Arbeit.* Um eine Ware zu produzieren, muß eine bestimmte Menge Arbeit auf sie verwendet oder in ihr aufgearbeitet werden. Dabei sage ich nicht bloß *Arbeit*, sondern *gesellschaftliche Arbeit.* Wer einen Artikel für seinen eignen unmittelbaren Gebrauch produziert, um ihn selbst zu konsumieren, schafft zwar ein *Produkt*, aber keine *Ware.* Als selbstwirtschaftender Produzent hat er nichts mit der Gesellschaft zu tun.

Aber um eine *Ware* zu produzieren, muß der von ihm produzierte Artikel nicht nur irgendein *gesellschaftliches* Bedürfnis befriedigen, sondern seine Arbeit selbst muß Bestandteil und Bruchteil der von der Gesellschaft verausgabten Gesamtarbeitssumme bilden. Seine Arbeit muß unter die *Teilung der Arbeit innerhalb der Gesellschaft* subsumiert sein. Sie ist nichts ohne die andern Teilarbeiten, und es ist erheischt, daß sie für ihr Teil diese *ergänzt.*

Wenn wir *Waren als Werte* betrachten, so betrachten wir sie ausschließlich unter dem einzigen Gesichtspunkt der in ihnen *vergegenständlichten, dargestellten* oder, wenn es beliebt, *kristallisierten gesellschaftlichen Arbeit.* In dieser Hinsicht können sie sich nur *unterscheiden* durch die in ihnen repräsentierten größeren oder kleineren Arbeitsquanta, wie z. B. in einem seidnen Schnupftuch eine größere Arbeitsmenge aufgearbeitet sein mag als in einem Ziegelstein. Wie aber mißt man *Arbeitsquanta*? Nach der *Dauer der Arbeitszeit*, indem man die Arbeit nach Stunde, Tag etc. mißt. Um dieses Maß anzuwenden, reduziert man natürlich alle Arbeitsarten auf durchschnittliche oder einfache Arbeit als ihre Einheit.

Wir kommen daher zu folgendem Schluß. Eine Ware hat *Wert*, weil sie *Kristallisation gesellschaftlicher Arbeit* ist. Die *Größe* ihres Werts oder ihr *relativer* Wert hängt ab von der größeren oder geringeren Menge dieser in ihr enthaltnen gesellschaftlichen Substanz; d. h. von der zu ihrer Produktion notwendigen relativen Arbeitsmasse. Die *relativen Werte der Waren* werden daher bestimmt durch die *respektiven in ihnen aufgearbeiteten, vergegenständlichten, dargestellten Quanta* oder *Mengen von Arbeit.* Die *korrelativen* Warenquanta, die in *derselben Arbeitszeit* produziert werden können, sind *gleich.* Oder der Wert einer Ware verhält sich zum Wert einer andern Ware wie das Quantum der in der einen Ware dargestellten Arbeit zu dem Quantum der in der andern Ware dargestellten Arbeit.

Ich habe den Verdacht, daß viele von euch fragen werden: Besteht denn in der Tat ein so großer oder überhaupt irgendein Unterschied zwischen der Bestimmung der Werte der Waren durch den *Arbeitslohn* und ihrer Bestimmung durch die *relativen Arbeitsquanta*, die zu ihrer Produktion notwendig? Ihr müßt indes gewahr geworden sein, daß das *Entgelt* für die Arbeit und das *Quantum* der Arbeit ganz verschiedenartige Dinge sind. Angenommen z. B., in einem Quarter Weizen und einer Unze Gold seien *gleiche Arbeits-*

quanta dargestellt. Ich greife auf das Beispiel zurück, weil *Benjamin Franklin* es in seinem ersten Essay benutzt hat, der 1729 unter dem Titel »*A Modest Inquiry into the Nature and Necessity of a Paper Currency*« veröffentlicht wurde und worin er als einer der ersten der wahren Natur des Werts auf die Spur kam. Schön. Wir unterstellen nun, daß ein Quarter Weizen und eine Unze Gold *gleiche Werte* oder *Äquivalente* sind, weil sie *Kristallisationen gleicher Mengen von Durchschnittsarbeit* soundso vieler jeweils in ihnen dargestellter Arbeitstage oder -wochen sind. Nehmen wir nun dadurch, daß wir die relativen Werte von Gold und Korn bestimmen, in irgendeiner Weise Bezug auf die Arbeitslöhne des Landarbeiters und des Bergarbeiters? Nicht im geringsten. Wir lassen es ganz *unbestimmt, wie* ihre Tages- oder Wochenarbeit bezahlt, ja ob überhaupt Lohnarbeit angewandt worden ist. Geschah dies, so kann der Arbeitslohn sehr ungleich gewesen sein. Der Arbeiter, dessen Arbeit in dem Quarter Weizen vergegenständlicht ist, mag bloß 2 Bushel, der im Bergbau beschäftigte Arbeiter mag die eine Hälfte der Unze Gold erhalten haben. Oder, ihre Arbeitslöhne als gleich unterstellt, es können diese in allen erdenklichen Proportionen abweichen von den Werten der von ihnen produzierten Waren. Sie können sich auf die Hälfte, ein Drittel, ein Viertel, ein Fünftel oder jeden andern aliquoten Teil des einen Quarters Korn oder der einen Unze Gold belaufen. Ihre *Arbeitslöhne* können natürlich die Werte der von ihnen produzierten Waren nicht *überschreiten*, nicht *größer* sein, wohl aber können sie in jedem möglichen Grad *geringer* sein. Ihre *Arbeitslöhne* werden ihre *Grenze haben* an den *Werten* der Produkte, aber die *Werte ihrer Produkte* werden nicht ihre Grenze haben an ihren Arbeitslöhnen. Was indes die Hauptsache: die Werte, die relativen Werte von Korn und Gold z. B., sind ohne jede Rücksicht auf den Wert der angewandten Arbeit, d. h. den *Arbeitslohn*, festgesetzt worden. Die Bestimmung der Werte der Waren durch die *in ihnen dargestellten relativen Arbeitsquanta* ist daher etwas durchaus Verschiedenes von der tautologischen Manier, die Werte der Waren durch den Wert der Arbeit oder den *Arbeitslohn* zu bestimmen. Dieser Punkt wird indes im Fortgang unserer Untersuchung noch näher beleuchtet werden.

Bei Berechnung des Tauschwerts einer Ware müssen wir zu dem Quantum der *zuletzt* auf sie angewandten Arbeit noch das *früher* in dem Rohstoff der Ware aufgearbeitete Arbeitsquantum hinzufügen, ferner die Arbeit, die auf Geräte, Werkzeuge, Maschinerie und

Baulichkeiten verwendet worden, die bei dieser Arbeit mitwirken. Zum Beispiel ist der Wert einer bestimmten Menge Baumwollgarn die Kristallisation des Arbeitsquantums, das der Baumwolle während des Spinnprozesses zugesetzt worden, des Arbeitsquantums, das früher in der Baumwolle selbst vergegenständlicht worden, des Arbeitsquantums, vergegenständlicht in Kohle, Öl und andern verbrauchten Hilfsstoffen, des Arbeitsquantums, dargestellt in der Dampfmaschine, den Spindeln, den Fabrikgebäuden usw. Die Produktionsinstrumente im eigentlichen Sinn, wie Werkzeuge, Maschinerie, Baulichkeiten, dienen für eine längere oder kürzere Periode immer aufs neue während wiederholter Produktionsprozesse. Würden sie auf einmal verbraucht wie der Rohstoff, so würde ihr ganzer Wert auf einmal auf die Waren übertragen, bei deren Produktion sie mitwirken. Da aber eine Spindel z. B. nur nach und nach verbraucht wird, so wird auf Grund der Durchschnittszeit, die sie dauert, und ihrer allmählichen Abnutzung oder ihres durchschnittlichen Verschleißes während einer bestimmten Periode, sage eines Tages, eine Durchschnittsberechnung angestellt. Auf diese Weise berechnen wir, wieviel vom Wert der Spindel auf das täglich gesponnene Garn übertragen wird und wieviel daher von der Gesamtmenge der z. B. in einem Pfund Garn vergegenständlichten Arbeit auf die früher in der Spindel vergegenständlichte Arbeit kommt. Für unsern gegenwärtigen Zweck ist es nicht notwendig, länger bei diesem Punkt zu verweilen.

Es könnte scheinen, daß, wenn der Wert einer Ware bestimmt ist durch das *auf ihre Produktion verwendete Arbeitsquantum*, je fauler oder ungeschickter ein Mann, desto wertvoller seine Ware, weil die Zeit desto größer, die zur Verfertigung der Ware erheischt. Dies wäre jedoch ein bedauerlicher Irrtum. Ihr werdet euch erinnern, daß ich das Wort »*gesellschaftliche* Arbeit« gebrauchte, und diese Qualifizierung »*gesellschaftlich*« schließt viele Momente in sich. Sagen wir, der Wert einer Ware werde bestimmt durch das in ihr aufgearbeitete oder kristallisierte *Arbeitsquantum*, so meinen wir *das Arbeitsquantum, notwendig* zu ihrer Produktion in einem gegebnen Gesellschaftszustand, unter bestimmten gesellschaftlichen Durchschnittsbedingungen der Produktion, mit einer gegebnen gesellschaftlichen Durchschnittsintensität und Durchschnittsgeschicklichkeit der angewandten Arbeit. Als in England der Dampfwebstuhl mit dem Handwebstuhl zu konkurrieren begann, ward nur halb soviel Arbeitszeit erforderlich wie früher, um eine gegebne Menge Garn in eine Elle Baumwollgewebe oder Tuch zu verwandeln. Der arme Handweber arbeitete jetzt 17 oder 18 Stunden täglich statt 9 oder 10 Stunden früher. Aber das Produkt seiner zwanzigstündigen Arbeit repräsentierte jetzt nur noch 10 Stunden gesellschaftliche Arbeit oder 10 Stunden Arbeit, gesellschaftlich notwendig, um eine bestimmte Menge Garn in Textilstoffe zu verwandeln. Das Produkt seiner 20 Stunden hatte daher nicht mehr Wert als das Produkt seiner frühern 10 Stunden.

Wenn nun das Quantum der in den Waren vergegenständlichten gesellschaftlich notwendigen Arbeit ihre Tauschwerte reguliert, so muß jede Zunahme des zur Produktion einer Ware erforderlichen Arbeitsquantums ebenso ihren Wert vergrößern, wie jede Abnahme ihn vermindern muß.

Blieben die zur Produktion der respektiven Waren notwendigen respektiven Arbeitsquanta konstant, so wären ihre relativen Werte ebenfalls konstant. Dies ist jedoch nicht der Fall. Das zur Produktion einer Ware notwendige Arbeitsquantum wechselt ständig mit dem Wechsel in der Produktivkraft der angewandten Arbeit. Je größer die Produktivkraft der Arbeit, desto mehr Produkt wird in gegebner Arbeitszeit verfertigt, und je geringer die Produktivkraft der Arbeit, desto weniger. Ergibt sich z. B. durch das Wachstum der Bevölkerung die Notwendigkeit, minder fruchtbaren Boden in Bebauung zu nehmen, so könnte dieselbe Menge Produkt nur erzielt werden, wenn eine größere Menge Arbeit verausgabt würde, und der Wert des landwirtschaftlichen Produkts würde folglich steigen. Andrerseits, wenn ein einzelner Spinner mit modernen Produktionsmitteln in einem Arbeitstag eine vieltausendmal größere Menge Baumwolle in Garn verwandelt, als er in derselben Zeit mit dem Spinnrad hätte verspinnen können, so ist es klar, daß jedes einzelne Pfund Baumwolle vieltausendmal weniger Spinnarbeit aufsaugen wird als vorher und folglich der durch das Spinnen jedem einzelnen Pfund Baumwolle zugesetzte Wert tausendmal kleiner sein wird als vorher. Der Wert des Garns wird entsprechend sinken.

Abgesehn von den Unterschieden in den natürlichen Energien und den erworbnen Arbeitsgeschicken verschiedner Völker muß die Produktivkraft der Arbeit in der Hauptsache abhängen:

1. von den *Natur*bedingungen der Arbeit, wie Fruchtbarkeit des Bodens, Ergiebigkeit der Minen usw.

2. von der fortschreitenden Vervollkommnung der *gesellschaftlichen Kräfte der Arbeit*, wie sie sich herleiten aus Produktion auf großer Stufenleiter, Konzentration des Kapitals und Kombination der Arbeit, Teilung der Arbeit, Maschinerie, verbesserten Methoden, Anwendung chemischer und andrer natürlicher Kräfte, Zusammendrängung von Zeit und Raum durch Kommunikations- und Transportmittel und aus jeder andern Einrichtung, wodurch die Wissenschaft Naturkräfte in den Dienst der Arbeit zwingt und wodurch der gesellschaftliche oder kooperierte Charakter der Arbeit zur Entwicklung gelangt. Je größer die Produktivkraft der Arbeit, desto kleiner die auf eine gegebne Menge Produkt verwendete Arbeit; desto kleiner also der Wert des Produkts. Je geringer die Produktivkraft der Arbeit, desto größer die auf dieselbe Menge Produkt verwendete Arbeit; desto größer also sein Wert. Als allgemeines Gesetz können wir daher aufstellen:

Die Werte der Waren sind direkt proportional der auf ihre Produktion angewandten Arbeitszeiten und umgekehrt proportional der Produktivkraft der angewandten Arbeit.

Nachdem ich bis jetzt nur vom *Wert* gesprochen, werde ich noch einige Worte hinzufügen über den *Preis*, der eine eigentümliche Form ist, die der Wert annimmt.

Preis ist an sich nichts als der *Geldausdruck des Werts.* Hierzulande z. B. werden die Werte aller Waren in Goldpreisen, auf dem Kontinent dagegen hauptsächlich in Silberpreisen ausgedrückt. Der Wert von Gold oder Silber wie der aller andern Waren wird reguliert von dem zu ihrer Erlangung notwendigen Arbeitsquantum. Eine bestimmte Menge eurer einheimischen Produkte, worin ein bestimmter Betrag eurer nationalen Arbeit kristallisiert ist, tauscht ihr aus gegen das Produkt der Gold und Silber produzierenden Länder, in welchem ein bestimmtes Quantum *ihrer* Arbeit kristallisiert ist. Es ist in dieser Weise, faktisch durch Tauschhandel, daß ihr lernt, die Werte aller Waren, d. h. die respektiven auf sie verwendeten Arbeitsquanta, in Gold und Silber auszudrücken. *Den Geldausdruck des Werts* etwas näher betrachtet, oder, was dasselbe, *die Verwandlung des Werts in Preis*, werdet ihr finden, daß dies ein Verfahren ist, wodurch ihr den *Werten* aller Waren eine *unabhängige* und *homogene Form* verleiht oder sie als *Quanta gleicher* gesellschaftlicher Arbeit ausdrückt. Soweit der Preis nichts ist als der Geldausdruck des Werts, hat ihn Adam Smith den »*natürlichen*

Preis«, haben ihn die französischen Physiokraten den »*prix nécessaire*« [»*notwendigen Preis*«] genannt.

Welche Beziehung besteht nun zwischen *Werten* und *Marktpreisen* oder zwischen *natürlichen Preisen* und *Marktpreisen*? Ihr alle wißt, daß der *Marktpreis* für alle Waren derselben Art *derselbe* ist, wie verschieden immer die Bedingungen der Produktion für die einzelnen Produzenten sein mögen. Die Marktpreise drücken nur die unter den Durchschnittsbedingungen der Produktion für die Versorgung des Markts mit einer bestimmten Masse eines bestimmten Artikels notwendige *Durchschnittsmenge gesellschaftlicher Arbeit* aus. Er wird aus der Gesamtheit aller Waren einer bestimmten Gattung errechnet.

Soweit fällt der *Marktpreis* einer Ware mit ihrem *Wert* zusammen. Andrerseits hängen die Schwankungen der Marktpreise bald über, bald unter den Wert oder natürlichen Preis ab von den Fluktuationen des Angebots und der Nachfrage. Abweichungen der Marktpreise von den Werten erfolgen also ständig, aber, sagt *Adam Smith:*

> Der natürliche Preis ist also gewissermaßen das Zentrum, zu dem die Preise aller Waren beständig gravitieren. Verschiedene Zufälle können sie mitunter hoch darüber erheben und manchmal darunter herabdrücken. Welches aber immer die Umstände sein mögen, die sie hindern, in diesem Zentrum der Ruhe und Beharrung zum Stillstand zu kommen, sie streben ihm beständig zu.

Ich kann jetzt nicht näher auf diesen Punkt eingehn. Es genügt zu sagen, daß, *wenn* Angebot und Nachfrage einander die Waage halten, die Marktpreise der Waren ihren natürlichen Preisen entsprechen werden, d. h. ihren durch die respektiven zu ihrer Produktion erheischten Arbeitsquanta bestimmten Werten. Aber Angebot und Nachfrage *müssen* einander ständig auszugleichen streben, obgleich dies nur dadurch geschieht, daß eine Fluktuation durch eine andre, eine Zunahme durch eine Abnahme aufgehoben wird und umgekehrt. Wenn ihr, statt nur die täglichen Fluktuationen zu betrachten, die Bewegung der Marktpreise für längere Perioden analysiert, wie dies z. B. Tooke in seiner »*History of Prices*« getan, so werdet ihr finden, daß die Fluktuationen der Marktpreise, ihre Abweichungen von den Werten, ihre Auf- und Abbewegungen einander ausgleichen und aufheben, so daß, abgesehn von der Wirkung von

Monopolen und einigen andern Modifikationen, die ich hier übergehn muß, alle Gattungen von Waren im Durchschnitt zu ihren respektiven *Werten* oder natürlichen Preisen verkauft werden. Die Durchschnittsperioden, während welcher die Fluktuationen der Marktpreise einander aufheben, sind für verschiedne Warensorten verschieden, weil es mit der einen Sorte leichter gelingt als mit der andern, das Angebot der Nachfrage anzupassen.

Wenn nun, allgemeiner gesprochen und mit Einschluß etwas längerer Perioden, alle Gattungen von Waren zu ihren respektiven Werten verkauft werden, so ist es Unsinn zu unterstellen, daß die ständigen und in verschiednen Geschäftszweigen üblichen Profite – nicht etwa der Profit in einzelnen Fällen – aus einem Aufschlag auf die Preise der Waren entspringen oder daraus, daß sie zu einem Preis weit über ihrem *Wert* verkauft werden. Die Absurdität dieser Vorstellung springt in die Augen, sobald sie verallgemeinert wird. Was einer als Verkäufer ständig gewönne, würde er als Käufer ebenso ständig verlieren. Es würde zu nichts führen, wollte man sagen, daß es Menschen gibt, die Käufer sind, ohne Verkäufer zu sein, oder Konsumenten, ohne Produzenten zu sein. Was diese Leute den Produzenten zahlen, müssen sie zunächst umsonst von ihnen erhalten. Wenn einer erst euer Geld nimmt und es dann dadurch zurückgibt, daß er eure Waren kauft, so werdet ihr euch nie dadurch bereichern, daß ihr eure Waren diesem selben Mann zu teuer verkauft. Ein derartiger Umsatz könnte einen Verlust verringern, würde aber niemals dazu verhelfen, einen Gewinn zu realisieren.

Um daher die *allgemeine Natur des Profits* zu erklären, müßt ihr von dem Grundsatz ausgehn, daß im Durchschnitt Waren *zu ihren wirklichen Werten verkauft* werden und daß *Profite sich herleiten aus dem Verkauf der Waren zu ihren Werten*, d. h. im Verhältnis zu dem in ihnen vergegenständlichten Arbeitsquantum. Könnt ihr den Profit nicht unter dieser Voraussetzung erklären, so könnt ihr ihn überhaupt nicht erklären. Dies scheint paradox und der alltäglichen Beobachtung widersprechend. Es ist ebenso paradox, daß die Erde um die Sonne kreist und daß Wasser aus zwei äußerst leicht entflammenden Gasen besteht. Wissenschaftliche Wahrheit ist immer paradox vom Standpunkt der alltäglichen Erfahrung, die nur den täuschenden Schein der Dinge wahrnimmt.

Die Arbeitskraft

Nachdem wir nun, soweit es in so flüchtiger Weise möglich war, die Natur des *Werts*, des *Werts jeder beliebigen Ware* analysiert haben, müssen wir unsre Aufmerksamkeit dem spezifischen *Wert der Arbeit* zuwenden. Und hier muß ich euch wieder mit einem scheinbaren Paradoxon überraschen. Ihr alle seid fest überzeugt, daß, was ihr täglich verkauft, eure Arbeit sei; daß daher die Arbeit einen Preis habe und daß, da der Preis einer Ware bloß der Geldausdruck ihres Werts, es sicherlich so etwas wie den *Wert der Arbeit* geben müsse. Indes existiert nichts von der Art, was im gewöhnlichen Sinn des Wortes *Wert der Arbeit* genannt wird. Wir haben gesehn, daß die in einer Ware kristallisierte Menge notwendiger Arbeit ihren Wert konstituiert. Wie können wir nun, indem wir diesen Wertbegriff anwenden, sage den Wert eines zehnstündigen Arbeitstags bestimmen? Wieviel Arbeit enthält dieser Arbeitstag? Zehnstündige Arbeit. Vom Wert eines zehnstündigen Arbeitstags auszusagen, daß er zehnstündiger Arbeit oder dem darin enthaltnen Arbeitsquantum gleich sei, wäre ein tautologischer und überdies unsinniger Ausdruck. Nachdem wir einmal den richtigen, aber versteckten Sinn des Ausdrucks »*Wert der Arbeit*« gefunden, werden wir natürlich imstande sein, diese irrationale und anscheinend unmögliche Anwendung des Begriffs Wert richtig zu deuten, ebenso wie wir imstande sein werden, die scheinbare oder bloß phänomenale Bewegung der Himmelskörper zu erkennen, nachdem wir einmal ihre wirkliche Bewegung erkannt.

Was der Arbeiter verkauft, ist nicht direkt seine *Arbeit*, sondern seine *Arbeitskraft*, über die er dem Kapitalisten vorübergehend die Verfügung überläßt. Dies ist so sehr der Fall, daß – ich weiß nicht, ob durch englisches Gesetz, jedenfalls aber durch einige Gesetze auf dem Kontinent – die *maximale Zeitdauer*, wofür ein Mann seine Arbeitskraft verkaufen darf, festgestellt ist. Wäre es ihm erlaubt, das für jeden beliebigen Zeitraum zu tun, so wäre ohne weiteres die Sklaverei wiederhergestellt. Wenn solch ein Verkauf sich z. B. auf seine ganze Lebensdauer erstreckte, so würde er dadurch auf einen Schlag zum lebenslänglichen Sklaven seines Lohnherrn gemacht.

Einer der ältesten Ökonomen und originellsten Philosophen Englands – *Thomas Hobbes* – hat in seinem »*Leviathan*« schon vorahnend auf diesen von allen seinen Nachfolgern übersehenen Punkt hingewiesen. Er sagt:

Der Wert eines Menschen ist wie der aller anderen Dinge sein *Preis*: das heißt soviel, als für die *Benutzung seiner Kraft* gegeben würde.

Von dieser Basis ausgehend, werden wir imstande sein, den *Wert der Arbeit* wie den aller andern Waren zu bestimmen.

Bevor wir jedoch dies tun, könnten wir fragen, woher die sonderbare Erscheinung kommt, daß wir auf dem Markt eine Gruppe Käufer finden, die Besitzer von Boden, Maschinerie, Rohstoff und Lebensmitteln sind, die alle, abgesehn von Boden in seinem rohen Zustand, *Produkte der Arbeit* sind, und auf der andern Seite eine Gruppe Verkäufer, die nichts zu verkaufen haben außer ihre Arbeitskraft, ihre werktätigen Arme und Hirne. Daß die eine Gruppe ständig kauft, um Profit zu machen und sich zu bereichern, während die andre ständig verkauft, um ihren Lebensunterhalt zu verdienen? Die Untersuchung dieser Frage wäre eine Untersuchung über das, was die Ökonomen »*Vorgängige oder ursprüngliche Akkumulation*« nennen, was aber *ursprüngliche Expropriation* genannt werden sollte. Wir würden finden, daß diese sogenannte *ursprüngliche Akkumulation* nichts andres bedeutet als eine Reihe historischer Prozesse, die in einer *Auflösung* der *ursprünglichen Einheit* zwischen dem Arbeitenden und seinen Arbeitsmitteln resultieren. Solch eine Untersuchung fällt jedoch außerhalb des Rahmens meines jetzigen Themas. Sobald einmal die *Trennung* zwischen dem Mann der Arbeit und den Mitteln der Arbeit vollzogen, wird sich dieser Zustand erhalten und auf ständig wachsender Stufenleiter reproduzieren, bis eine neue und gründliche Umwälzung der Produktionsweise ihn wieder umstürzt und die ursprüngliche Einheit in neuer historischer Form wiederherstellt.

Was ist nun also der *Wert der Arbeitskraft*?

Wie der jeder andern Ware ist der Wert bestimmt durch das zu ihrer Produktion notwendige Arbeitsquantum. Die Arbeitskraft eines Menschen existiert nur in seiner lebendigen Leiblichkeit. Eine gewisse Menge Lebensmittel muß ein Mensch konsumieren, um aufzuwachsen und sich am Leben zu erhalten. Der Mensch unterliegt jedoch, wie die Maschine, der Abnutzung und muß durch einen andern Menschen ersetzt werden. Außer der zu *seiner eignen* Erhaltung erheischten Lebensmittel bedarf er einer andern

Lebensmittelmenge, um eine gewisse Zahl Kinder aufzuziehn, die ihn auf dem Arbeitsmarkt zu ersetzen und das Geschlecht der Arbeiter zu verewigen haben. Mehr noch, um seine Arbeitskraft zu entwickeln und ein gegebnes Geschick zu erwerben, muß eine weitere Menge von Werten verausgabt werden. Für unsern Zweck genügt es, nur *Durchschnitts*arbeit in Betracht zu ziehn, deren Erziehungs- und Ausbildungskosten verschwindend geringe Größen sind. Dennoch muß ich diese Gelegenheit zu der Feststellung benutzen, daß, genauso wie die Produktionskosten für Arbeitskräfte verschiedner Qualität nun einmal verschieden sind, auch die Werte der in verschiednen Geschäftszweigen beschäftigten Arbeitskräfte verschieden sein müssen. Der Ruf nach *Gleichheit der Löhne* beruht daher auf einem Irrtum, ist ein unerfüllbarer *törichter* Wunsch. Er ist die Frucht jenes falschen und platten Radikalismus, der die Voraussetzungen annimmt, die Schlußfolgerungen aber umgehn möchte. Auf Basis des Lohnsystems wird der Wert der Arbeitskraft in derselben Weise festgesetzt wie der jeder andern Ware; und da verschiedne Arten Arbeitskraft verschiedne Werte haben oder verschiedne Arbeitsquanta zu ihrer Produktion erheischen, so *müssen* sie auf dem Arbeitsmarkt verschiedne Preise erzielen. Nach *gleicher oder gar gerechter Entlohnung* auf Basis des Lohnsystems rufen, ist dasselbe, wie auf Basis des Systems der Sklaverei nach *Freiheit* zu rufen. Was ihr für recht oder gerecht erachtet, steht nicht in Frage. Die Frage ist: Was ist bei einem gegebnen Produktionssystem notwendig und unvermeidlich?

Nach dem Dargelegten dürfte es klar sein, daß der *Wert der Arbeitskraft* bestimmt ist durch den *Wert der Lebensmittel*, die zur Produktion, Entwicklung, Erhaltung und Verewigung der Arbeitskraft erheischt sind.

Die Produktion des Mehrwerts

Unterstellt nun, daß die Produktion der Durchschnittsmenge täglicher Lebensmittel für einen Arbeitenden *6 Stunden Durchschnittsarbeit* erheischt. Unterstellt überdies auch, 6 Stunden Durchschnittsarbeit seien in einem Goldquantum gleich 3 sh. vergegenständlicht. Dann wären 3 sh. der *Preis* oder Geldausdruck des *Tageswerts* der *Arbeitskraft* jenes Mannes. Arbeitete er täglich 6 Stunden, so würde er täglich einen Wert produzieren, der ausreicht, um die Durchschnittsmenge seiner täglichen Lebensmittel zu kaufen oder sich selbst als Arbeitenden am Leben zu erhalten.

Aber unser Mann ist ein Lohnarbeiter. Er muß daher seine Arbeitskraft einem Kapitalisten verkaufen. Verkauft er sie zu 3 sh. per Tag oder 18 sh. die Woche, so verkauft er sie zu ihrem Wert. Unterstellt, er sei ein Spinner. Wenn er 6 Stunden täglich arbeitet, wird er der Baumwolle einen Wert von 3 sh. täglich zusetzen. Dieser von ihm täglich zugesetzte Wert wäre exakt ein Äquivalent für den Arbeitslohn oder Preis seiner Arbeitskraft, den er täglich empfängt. Aber in diesem Fall käme dem Kapitalisten *keinerlei Mehrwert* oder *Mehrprodukt* zu. Hier kommen wir also an den springenden Punkt.

Durch Kauf der Arbeitskraft des Arbeiters und Bezahlung ihres Werts hat der Kapitalist, wie jeder andre Käufer, das Recht erworben, die gekaufte Ware zu konsumieren oder zu nutzen. Man konsumiert oder nutzt die Arbeitskraft eines Mannes, indem man ihn arbeiten läßt, wie man eine Maschine konsumiert oder nutzt, indem man sie laufen läßt. Durch Bezahlung des Tages- oder Wochenwerts der Arbeitskraft des Arbeiters hat der Kapitalist daher das Recht erworben, diese Arbeitskraft während *des ganzen Tags oder der ganzen Woche* zu nutzen oder arbeiten zu lassen. Der Arbeitstag oder die Arbeitswoche hat natürlich bestimmte Grenzen, die wir aber erst später betrachten werden.

Für den Augenblick möchte ich eure Aufmerksamkeit auf einen entscheidenden Punkt lenken.

Der *Wert* der Arbeitskraft ist bestimmt durch das zu ihrer Erhaltung oder Reproduktion notwendige Arbeitsquantum, aber die *Nutzung* dieser Arbeitskraft ist nur begrenzt durch die aktiven Energien und die Körperkraft des Arbeiters. Der Tages- oder Wochen*wert* der Arbeitskraft ist durchaus verschieden von der täglichen oder wöchentlichen *Betätigung* dieser Kraft, genauso wie das Futter, dessen ein Pferd bedarf, durchaus verschieden ist von der Zeit, die es den Reiter tragen kann. Das Arbeitsquantum, wodurch der *Wert* der Arbeitskraft des Arbeiters begrenzt ist, bildet keineswegs eine Grenze für das Arbeitsquantum, das seine Arbeitskraft zu verrichten vermag. Nehmen wir das Beispiel unsres Spinners. Wir haben gesehn, daß er, um seine Arbeitskraft täglich zu reproduzieren, täglich einen Wert von 3 sh. reproduzieren muß, was er dadurch tut, daß er täglich 6 Stunden arbeitet. Dies hindert ihn jedoch nicht, 10 oder 12 oder mehr Stunden am Tag arbeiten zu können. Durch die Bezahlung des Tages- oder Wochen*werts* der Arbeitskraft des Spinners hat nun aber der Kapitalist das Recht erworben, diese Arbeitskraft während *des ganzen Tags oder der ganzen Woche* zu nutzen. Er wird ihn daher zwingen, sage 12 Stunden täglich zu arbeiten. *Über* die zum Ersatz seines Arbeitslohns oder des Werts seiner Arbeitskraft erheischten 6 Stunden *hinaus* wird er daher noch *6 Stunden* zu arbeiten haben, die ich Stunden der *Mehrarbeit* nennen will, welche Mehrarbeit sich vergegenständlichen wird in einem *Mehrwert* und einem *Mehrprodukt.* Wenn unser Spinner z. B. durch seine täglich sechsstündige Arbeit der Baumwolle einen Wert von 3 sh. zusetzt, einen Wert, der exakt ein Äquivalent für seinen Arbeitslohn bildet, so wird er der Baumwolle in 12 Stunden einen Wert von 6 sh. zusetzen und *ein entsprechendes Mehr an Garn* produzieren. Da er seine Arbeitskraft dem Kapitalisten verkauft hat, so gehört der ganze von ihm geschaffne Wert oder sein ganzes Produkt dem Kapitalisten, dem zeitweiligen Eigentümer seiner Arbeitskraft. Indem der Kapitalist 3 sh. vorschießt, realisiert er also einen Wert von 6 sh., weil ihm für den von ihm vorgeschossenen Wert, worin 6 Arbeitsstunden kristallisiert sind, ein Wert zurückerstattet wird, worin 12 Arbeitsstunden kristallisiert sind. Durch tägliche Wiederholung desselben Prozesses wird der Kapitalist täglich 3 sh. vorschießen und täglich 6 sh. einstecken, wovon eine Hälfte wieder auf Zahlung des Arbeitslohns geht und die andre Hälfte den *Mehrwert* bildet, für den der Kapitalist kein Äquivalent zahlt. Es ist *diese Art Austausch zwischen Kapital und Arbeit,* worauf die kapitalistische Produktionsweise oder das Lohnsystem beruht und die ständig in der Reproduktion des Arbeiters als Arbeiter und des Kapitalisten als Kapitalist resultieren muß.

Die Rate des Mehrwerts wird, wenn alle andern Umstände gleichbleiben, abhängen von der Proportion zwischen dem zur Reproduktion des Werts der Arbeitskraft notwendigen Teil des Arbeitstags und der für den Kapitalisten verrichteten *Mehrarbeitszeit* oder *Mehrarbeit.* Sie wird daher abhängen von dem *Verhältnis, worin der Arbeitstag über die Zeitspanne hinaus verlängert ist,* in der der Arbeiter durch seine Arbeit nur den Wert seiner Arbeitskraft reproduzieren oder seinen Arbeitslohn ersetzen würde.

Der Wert der Arbeit

Wir müssen nun zurückkommen auf den Ausdruck »*Wert oder Preis der Arbeit*«.

Wir haben gesehn, daß er in der Tat nichts ist als die Bezeichnung für den Wert der Arbeitskraft, gemessen an den zu ihrer Erhaltung notwendigen Warenwerten. Da der Arbeiter aber seinen Arbeitslohn erst *nach* Verrichtung der Arbeit erhält und außerdem weiß, daß, was er dem Kapitalisten tatsächlich gibt, seine Arbeit ist, so erscheint ihm der Wert oder Preis seiner Arbeitskraft notwendigerweise als *Preis* oder *Wert seiner Arbeit selbst.* Ist der Preis seiner Arbeitskraft gleich 3 sh., worin 6 Arbeitsstunden vergegenständlicht, und arbeitet er 12 Stunden, so betrachtet er diese 3 sh. notwendigerweise als den Wert oder Preis von 12 Arbeitsstunden, obgleich diese 12 Arbeitsstunden sich in einem Wert von 6 sh. vergegenständlichen. Hieraus folgt zweierlei:

Erstens. Der Wert oder Preis der Arbeitskraft nimmt das Aussehn des *Preises oder Werts der Arbeit selbst* an, obgleich, genau gesprochen, Wert und Preis der Arbeit sinnlose Bezeichnungen sind.

Zweitens. Obgleich nur ein Teil des Tagewerks des Arbeiters aus *bezahlter*, der andre dagegen aus *unbezahlter* Arbeit besteht und gerade diese unbezahlte oder Mehrarbeit den Fonds konstituiert, woraus der *Mehrwert* oder *Profit* sich bildet, hat es den Anschein, als ob die ganze Arbeit aus bezahlter Arbeit bestünde.

Dieser täuschende Schein ist das unterscheidende Merkmal der *Lohnarbeit* gegenüber andern *historischen* Formen der Arbeit. Auf Basis des Lohnsystems erscheint auch die *unbezahlte* Arbeit als *bezahlt.* Beim *Sklaven* umgekehrt erscheint auch der bezahlte Teil seiner Arbeit als unbezahlt. Natürlich muß der Sklave, um zu arbeiten, leben, und ein Teil seines Arbeitstags geht drauf auf Ersatz des zu seiner eignen Erhaltung verbrauchten Werts. Da aber zwischen ihm und seinem Herrn kein Handel abgeschlossen wird und zwischen beiden Parteien keine Verkaufs- und Kaufakte vor sich gehn, so erscheint alle seine Arbeit als Gratisarbeit.

Nehmt andrerseits den Fronbauern, wie er noch gestern, möchte ich sagen, im ganzen Osten Europas existierte. Dieser Bauer arbeitete z. B. 3 Tage für sich auf seinem eignen oder dem ihm zugewiesnen Felde, und die drei folgenden Tage verrichtete er zwangsweise Gratisarbeit auf dem herrschaftlichen Gut. Hier waren also der bezahlte und der unbezahlte Teil der Arbeit sichtbar getrennt, zeitlich und räumlich getrennt; und unsre Liberalen schäumten über vor moralischer Entrüstung angesichts der widersinnigen Idee, einen Menschen umsonst arbeiten zu lassen.

Faktisch jedoch bleibt es sich gleich, ob einer 3 Tage in der Woche für sich auf seinem eignen Felde und 3 Tage umsonst auf dem herrschaftlichen Gut, oder ob er 6 Stunden täglich in der Fabrik oder Werkstatt für sich und 6 Stunden für den Lohnherrn arbeitet, obgleich in letzterem Fall der bezahlte und der unbezahlte Teil seiner Arbeit unentwirrbar miteinander vermengt sind, so daß die Natur der ganzen Transaktion durch die *Dazwischenkunft eines Kontrakts* und die am Ende der Woche erfolgende *Zahlung* völlig verschleiert wird. Die Gratisarbeit erscheint in dem einen Fall als freiwillige Gabe und in dem andern als Frondienst. Das ist der ganze Unterschied.

Wo ich also das Wort »*Wert der Arbeit*« gebrauche, werde ich es nur als landläufigen Vulgärausdruck für »*Wert der Arbeitskraft*« gebrauchen.

Profit wird gemacht durch Verkauf einer Ware zu ihrem Wert

Unterstellt, eine Durchschnittsarbeitsstunde sei vergegenständlicht in einem Wert gleich 6 d. oder 12 Durchschnittsarbeitsstunden in 6 sh. Unterstellt ferner, der Wert der Arbeit sei 3 sh. oder das Produkt sechsstündiger Arbeit. Wenn nun in Rohstoff, Maschinerie usw., die bei der Produktion einer Ware aufgebraucht wurden, 24 Durchschnittsarbeitsstunden vergegenständlicht wären, so würde sich ihr Wert auf 12 sh. belaufen. Setze darüber hinaus der vom Kapitalisten beschäftigte Arbeiter diesen Produktionsmitteln 12 Arbeitsstunden zu, so wären diese 12 Stunden vergegenständlicht in einem zusätzlichen Wert von 6 sh. Der *Gesamtwert des Produkts* beliefe sich daher auf 36 Stunden vergegenständlichter Arbeit und wäre gleich 18 sh. Da aber der Wert der Arbeit oder der dem Arbeiter bezahlte Arbeitslohn nur 3 sh. betrüge, so würde der Kapitalist für die von dem Arbeiter geleisteten, in dem Wert der Ware vergegenständlichten 6 Stunden Mehrarbeit kein Äquivalent gezahlt haben. Verkaufte der Kapitalist diese Ware zu ihrem Wert von 18 sh., so würde er daher einen Wert von 3 sh. realisieren, für den er kein Äquivalent gezahlt hat. Diese 3 sh. würden den Mehrwert oder Profit konstituieren, den er einsteckt. Der Kapitalist würde folglich den Profit von 3 sh. nicht dadurch realisieren, daß er die Ware zu einem Preis *über* ihrem Wert, sondern dadurch, daß er sie *zu ihrem wirklichen Wert* verkauft.

Der Wert einer Ware ist bestimmt durch das in ihr enthaltne *Gesamtarbeitsquantum.* Aber ein Teil dieses Arbeitsquantums ist in einem Wert vergegenständlicht, wofür in Form des Arbeitslohns ein Äquivalent bezahlt, ein Teil jedoch in einem Wert, wofür *kein* Äquivalent bezahlt worden ist. Ein Teil der in der Ware enthaltnen Arbeit ist *bezahlte* Arbeit; ein Teil ist *unbezahlte* Arbeit. Verkauft daher der Kapitalist die Ware *zu ihrem Wert,* d. h. als Kristallisation des auf sie verwendeten *Gesamtarbeitsquantums,* so muß er sie notwendigerweise mit Profit verkaufen. Er verkauft nicht nur, was ihm ein Äquivalent gekostet, er verkauft vielmehr auch, was ihm nichts gekostet, obgleich es die Arbeit seines Arbeiters gekostet hat. Die Kosten der Ware für den Kapitalisten und ihre wirklichen Kosten sind zweierlei Dinge. Ich wiederhole daher, daß normale und durchschnittliche Profite gemacht werden durch Verkauf der Waren nicht *über,* sondern *zu ihren wirklichen Werten.*

Die verschiednen Teile, in die der Mehrwert zerfällt

Den *Mehrwert* oder den Teil des Gesamtwerts der Ware, worin die *Mehrarbeit* oder *unbezahlte Arbeit* des Arbeiters vergegenständlicht ist, nenne ich *Profit.* Es ist nicht die Gesamtsumme dieses Profits, die der industrielle Kapitalist einsteckt. Das Bodenmonopol setzt den Grundeigentümer in den Stand, einen Teil dieses *Mehrwerts* unter dem Namen *Rente* an sich zu ziehn, sei es, daß der Boden für Agrikultur oder Baulichkeiten oder Eisenbahnen, sei es, daß er für irgendeinen andern produktiven Zweck benutzt wird. Andrerseits, gerade die Tatsache, daß der Besitz der *Arbeitsmittel* den industriellen Kapitalisten befähigt, einen *Mehrwert* zu produzieren, oder, was auf dasselbe hinausläuft, *sich eine bestimmte Menge unbezahlter Arbeit anzueignen,* befähigt den Eigentümer der Arbeitsmittel, die er ganz oder teilweise dem industriellen Kapitalisten leiht – befähigt, in einem Wort, den *geldverleihenden Kapitalisten,* einen andern Teil dieses Mehrwerts unter dem Namen *Zins* für sich in Anspruch zu nehmen, so daß dem industriellen Kapitalisten *als solchem* nur verbleibt, was man *industriellen* oder *kommerziellen Profit* nennt.

Welche Gesetze diese Teilung der Gesamtmenge des Mehrwerts unter die drei Menschenkategorien regulieren, ist eine Frage, die unserm Gegenstand gänzlich fernliegt. Soviel resultiert indes aus dem bisher Entwickelten.

Rente, Zins und industrieller Profit sind bloß *verschiedne Namen für verschiedne Teile des Mehrwerts* der Ware oder der *in ihr vergegenständlichten unbezahlten Arbeit* und *leiten sich in gleicher Weise aus dieser Quelle und nur aus ihr her.* Sie leiten sich nicht aus dem *Boden* als solchem her oder aus dem *Kapital* als solchem, sondern Boden und Kapital setzen ihre Eigentümer in den Stand, ihre respektiven Anteile an dem von dem industriellen Kapitalisten aus seinem Arbeiter herausgepreßten Mehrwert zu erlangen. Für den Arbeiter selbst ist es eine Angelegenheit von untergeordneter Bedeutung, ob jener Mehrwert, der das Resultat seiner Mehrarbeit oder unbezahlten Arbeit ist, ganz von dem industriellen Kapitalisten eingesteckt wird oder ob letzterer Teile davon unter den Namen Rente und Zins an dritte Personen weiterzuzahlen hat. Unterstellt, daß der industrielle Kapitalist nur sein eignes Kapital anwendet und sein eigner Grundeigentümer ist. In diesem Fall wanderte der ganze Mehrwert in seine Tasche.

Es ist der industrielle Kapitalist, der unmittelbar Mehrwert aus dem Arbeiter herauspreßt, welchen Teil auch immer er schließlich zu behalten imstande ist. Um dies Verhältnis zwischen industriellem Kapitalisten und Lohnarbeiter dreht sich daher das ganze Lohnsystem und das ganze gegenwärtige Produktionssystem. [...]

Das allgemeine Verhältnis zwischen Profiten, Arbeitslöhnen und Preisen

Zieht man von dem Wert einer Ware jenen Wert ab, der Ersatz ist für den in ihr enthaltnen Wert der Rohstoffe und andern Produktionsmittel, d. h. den Wert der in ihr enthaltnen *vergangnen* Arbeit, so löst sich der Rest ihres Werts in das Arbeitsquantum auf, das ihr der *zuletzt* beschäftigte Arbeiter zugesetzt hat. Wenn dieser Arbeiter 12 Stunden täglich arbeitet, wenn sich 12 Stunden Durchschnittsarbeit in einer Goldmenge gleich 6 sh. kristallisieren, so wird dieser zugesetzte Wert von 6 sh. der *einzige* Wert sein, den seine Arbeit geschaffen hat. Dieser gegebne, durch seine Arbeitszeit bestimmte Wert ist der einzige Fonds, wovon beide, er und der Kapitalist, ihre respektiven Anteile oder Dividenden ziehn können, der einzige Wert, der in Arbeitslohn und Profit geteilt werden kann. Es ist klar, daß dieser Wert selbst nicht geändert wird durch die variablen Proportionen, worin er zwischen den beiden Parteien geteilt werden mag. Es würde hieran auch nichts geändert, wenn statt eines einzigen Arbeiters die gesamte Arbeiterbevölkerung unterstellt wird, 12 Millionen Arbeitstage z. B. an Stelle eines einzigen.

Da Kapitalist und Arbeiter nur diesen begrenzten Wert zu teilen haben, d. h. den durch die Gesamtarbeit des Arbeiters gemessenen Wert, so erhält der eine desto mehr, je weniger dem andern zufällt, und umgekehrt. Sobald ein Quantum gegeben ist, wird der eine Teil davon zunehmen, wie, umgekehrt, der andre abnimmt. Wenn der Arbeitslohn sich ändert, wird der Profit sich in entgegengesetzter Richtung ändern. Wenn der Arbeitslohn fällt, so steigt der Profit; und wenn der Arbeitslohn steigt, so fällt der Profit. Würde der Arbeiter nach unsrer frühern Unterstellung 3 sh. gleich der Hälfte des von ihm erzeugten Werts erhalten oder sein ganzer Arbeitstag zur Hälfte aus bezahlter, zur Hälfte aus unbezahlter Arbeit bestehn, so würde die *Profitrate* 100 % ausmachen, weil der Kapitalist ebenfalls 3 sh. erhielte. Würde der Arbeiter nur 2 sh. erhalten oder nur ⅓ des ganzen Tags für sich arbeiten, so erhielte der Kapitalist 4 sh., und die Profitrate wäre 200. Würde der Arbeiter 4 sh. erhalten, so erhielte der Kapitalist nur 2, und die Profitrate würde auf 50 % sinken, aber alle diese Veränderungen werden nicht den Wert der Ware berühren. Eine allgemeine Lohnsteigerung würde daher auf eine Senkung der allgemeinen Profitrate hinauslaufen, ohne jedoch die Werte zu beeinflussen.

Aber obgleich die Werte der Waren, die in letzter Instanz ihre Marktpreise regulieren müssen, ausschließlich bestimmt sind durch die Gesamtquanta der in ihnen dargestellten Arbeit und nicht durch die Teilung dieses Quantums in bezahlte und unbezahlte Arbeit, so folgt daraus keineswegs, daß die Werte der einzelnen Waren oder Warenmengen, die z. B. in 12 Stunden produziert worden sind, konstant bleiben. Die in gegebner Arbeitszeit oder mit gegebnem Arbeitsquantum erzeugte *Zahl* oder Masse von Waren hängt ab von der *Produktivkraft* der angewandten Arbeit und nicht von ihrer *Dauer* oder Länge. Mit dem einen Grad der Produktivkraft der Spinnarbeit z. B. mag ein Arbeitstag von 12 Stunden 12 Pfund Garn produzieren, mit einem geringeren Grad nur 2 Pfund. Wenn nun zwölfstündige Durchschnittsarbeit sich in dem einen Fall in einem Wert von 6 sh. vergegenständlichte, so würden die 12 Pfund Garn 6 sh. kosten, in dem andern Fall die 2 Pfund Garn ebenfalls 6 sh. Ein Pfund Garn würde daher in dem einen Fall 6 d., in dem andern 3 sh. kosten. Diese Differenz des Preises würde resultieren aus der Differenz in den Produktivkräften der angewandten Arbeit. Mit der größeren Produktivkraft würde in 1 Pfund Garn 1 Arbeitsstunde vergegenständlicht, mit der geringeren dagegen 6 Arbeitsstunden. Der Preis von 1 Pfund Garn betrüge in dem einen Fall nur 6 d., obgleich der Arbeitslohn relativ hoch und die Profitrate niedrig wäre; er betrüge in dem andern Fall 3 sh., obgleich der Arbeitslohn niedrig und die Profitrate hoch wäre. Das wäre der Fall, weil der Preis des Pfundes Garn reguliert wird durch das *Gesamtquantum der in ihm aufgearbeiteten Arbeit* und nicht durch die *proportionelle Teilung dieses Gesamtquantums in bezahlte und unbezahlte Arbeit.* Die von mir vorhin erwähnte Tatsache, daß hochbezahlte Arbeit wohlfeile und niedrig bezahlte Arbeit teure Waren produzieren kann, verliert daher ihren paradoxen Schein. Sie ist nur der Ausdruck des allgemeinen Gesetzes, daß der Wert einer Ware reguliert wird durch das in ihr aufgearbeitete Arbeitsquantum, daß aber das in ihr aufgearbeitete Arbeitsquantum ganz abhängt von der Produktivkraft der angewandten Arbeit und daher mit jedem Wechsel in der Produktivität der Arbeit wechseln wird.

Die hauptsächlichsten Versuche, den Arbeitslohn zu heben oder seinem Sinken entgegenzuwirken

Laßt uns nun nacheinander die Hauptfälle betrachten, worin eine Steigerung des Arbeitslohns versucht oder seiner Herabsetzung entgegengewirkt wird.

1. Wir haben gesehn, daß der *Wert der Arbeitskraft*, oder in landläufigerer Redeweise: der *Wert der Arbeit*, bestimmt ist durch den Wert der Lebensmittel oder das zu ihrer Produktion erheischte Arbeitsquantum. Wenn nun in einem gegebnen Land der Durch-

schnittswert der täglichen Lebensmittel eines Arbeiters 6 Arbeitsstunden repräsentierte, die sich in 3 sh. ausdrückten, so würde der Arbeiter 6 Stunden täglich zu arbeiten haben, um ein Äquivalent für seinen täglichen Lebensunterhalt zu produzieren. Wäre der ganze Arbeitstag 12 Stunden, so würde der Kapitalist ihm den Wert seiner Arbeit bezahlen, indem er ihm 3 sh. zahlte. Der halbe Arbeitstag bestünde aus unbezahlter Arbeit und die Profitrate beliefe sich auf 100%. Unterstellt jedoch nun, daß infolge einer Verminderung der Produktivität mehr Arbeit erforderlich würde, um sage dieselbe Menge landwirtschaftlicher Produkte zu produzieren, so daß der Durchschnittspreis der täglichen Lebensmittel von 3 auf 4 sh. stiege. In diesem Fall würde der *Wert* der Arbeit um ⅓ oder 33⅓% steigen. Acht Stunden des Arbeitstags wären erheischt, um ein Äquivalent für den täglichen Lebensunterhalt des Arbeiters entsprechend seinem alten Lebensstandard zu produzieren. Die Mehrarbeit würde daher von 6 auf 4 Stunden und die Profitrate von 100 auf 50% sinken. Bestünde aber der Arbeiter auf einer Steigerung des Arbeitslohns, so würde er bloß darauf bestehn, den *gestiegnen Wert seiner Arbeit* zu erhalten, genau wie jeder andre Verkäufer einer Ware, der, sobald die Kosten seiner Ware gestiegen, den Versuch macht, ihren gestiegnen Wert bezahlt zu bekommen. Stiege der Arbeitslohn gar nicht oder nicht genügend, um die erhöhten Werte der Lebensmittel zu kompensieren, so würde der *Preis* der Arbeit *unter den Wert der Arbeit* sinken und der Lebensstandard des Arbeiters würde sich verschlechtern.

Aber es könnte ein Wechsel auch in umgekehrter Richtung eintreten. Infolge der vermehrten Produktivität der Arbeit könnte dieselbe Durchschnittsmenge der täglichen Lebensmittel von 3 auf 2 sh. sinken, oder es wären bloß 4 statt 6 Stunden des Arbeitstags erforderlich zur Reproduktion eines Äquivalents für den Wert der täglichen Lebensmittel. Der Arbeiter würde nun befähigt, mit 2 sh. ebensoviel Lebensmittel zu kaufen, wie früher mit 3 sh. In der Tat wäre der *Wert der Arbeit* gesunken, aber dieser verminderte Wert würde dieselbe Lebensmittelmenge kommandieren wie früher. Dann würde der Profit von 3 auf 4 sh. steigen und die Profitrate von 100 auf 200%. Obgleich der absolute Lebensstandard des Arbeiters derselbe geblieben wäre, wäre sein *relativer* Arbeitslohn und damit seine *relative gesellschaftliche Stellung*, verglichen mit der des Kapitalisten, niedriger geworden. Sollte der Arbeiter dieser Herabsetzung des relativen Arbeitslohns widerstreben, so wäre das bloß ein Versuch, sich einen gewissen Anteil an der Vermehrung der Produktivkraft seiner eignen Arbeit zu sichern und seine frühere relative Stellung auf der gesellschaftlichen Stufenleiter zu behaupten. So reduzierten die englischen Fabriklords nach Abschaffung der Korngesetze, und unter offensichtlicher Verletzung der während der Anti-Korngesetz-Agitation feierlichst gegebnen Versprechungen, den Arbeitslohn allgemein um 10%. Der Widerstand der Arbeiter ward anfangs überwunden, aber infolge von Umständen, auf die ich jetzt nicht eingehn kann, wurden die verlornen 10% nachträglich wiedererlangt.

2. Der *Wert* der Lebensmittel, und darum der *Wert der Arbeit*, könnte derselbe bleiben, aber sein *Geldpreis* könnte infolge eines vorhergehenden *Wechsels* im *Wert des Geldes* eine Änderung erfahren.

Nach Entdeckung ergiebigerer Minen usw. brauchte z. B. die Produktion von zwei Unzen Gold nicht mehr Arbeit zu kosten als früher die von einer Unze. Der *Wert* des Goldes hätte sich dann um die Hälfte oder 50% vermindert. Da nun die *Werte* aller andern Waren, in ihren frühern *Geldpreisen* ausgedrückt, verdoppelt wären, so auch der *Wert der Arbeit.* Zwölf Arbeitsstunden, früher in 6 sh. ausgedrückt, würden sich nun in 12 sh. ausdrücken. Bliebe der Lohn des Arbeiters, statt auf 6 sh. zu steigen, 3 sh., so wäre der *Geldpreis seiner Arbeit* bloß gleich dem *halben Wert seiner Arbeit*, und sein Lebensstandard würde sich furchtbar verschlechtern. Dies fände in größerem oder geringerem Grad auch dann statt, wenn sein Arbeitslohn zwar stiege, aber nicht im Verhältnis zum Sinken des Goldwerts. In diesem Fall hätte sich nichts geändert, weder die Produktivkraft der Arbeit noch Angebot und Nachfrage, noch die Werte. Es hätte sich nichts geändert außer den Geld*namen* jener Werte. Wird gesagt, daß der Arbeiter in diesem Fall nicht auf einer proportionellen Lohnsteigerung bestehen solle, so heißt das, er solle sich damit zufriedengeben, mit Namen statt mit Sachen bezahlt zu werden. Alle bisherige Geschichte beweist, daß, wann immer eine solche Entwertung des Geldes vor sich geht, die Kapitalisten sich diese Gelegenheit, den Arbeiter übers Ohr zu hauen, nicht entgehen lassen. Eine sehr zahlreiche Schule politischer Ökonomen versichert, daß infolge der Entdeckung neuer Goldfelder, der besseren Ausbeute der Silberminen und der wohlfeileren Quecksilberzufuhr der Wert der edlen Metalle wieder gesunken sei. Dies würde erklären, warum auf dem Kontinent allgemein und gleichzeitig Versuche unternommen werden, eine Steigerung der Löhne durchzusetzen.

3. Wir haben bis jetzt die Grenzen des *Arbeitstags* als gegeben unterstellt. An sich hat aber der Arbeitstag keine konstanten Grenzen. Die Tendenz des Kapitals geht ständig dahin, ihn bis auf die äußerste physisch mögliche Länge auszudehnen, weil in gleichem Maße die Mehrarbeit und folglich der daraus resultierende Profit vermehrt wird. Je erfolgreicher das Kapital in der Verlängerung des Arbeitstags ist, desto größer ist die Menge fremder Arbeit, die es sich aneignen wird. Während des 17. und selbst in den ersten beiden Dritteln des 18. Jahrhunderts war ein zehnstündiger Arbeitstag Normalarbeitstag in ganz England. Während des Antijakobinerkriegs, der in Wirklichkeit ein von den britischen Baronen geführter Krieg gegen die britischen Arbeitermassen war, feierte das Kapital seine Orgien und verlängerte den Arbeitstag von 10 auf 12, 14, 18 Stunden. *Malthus*, den ihr keineswegs weinerlicher Sentimentalität verdächtigen werdet, veröffentlichte um 1815 ein Pamphlet, worin er erklärte, daß, wenn dieser Zustand fortdaure, das Leben der Nation unmittelbar an seiner Wurzel angegriffen würde. [...]

Indem der Arbeiter seine Arbeitskraft verkauft, und unter dem gegenwärtigen System muß er das tun, überläßt er dem Kapitalisten die Konsumtion dieser Kraft, aber innerhalb gewisser rationeller Grenzen. Er verkauft seine Arbeitskraft, um sie, abgesehn von ihrem natürlichen Verschleiß, zu erhalten, nicht aber um sie zu zerstören. Indem er seine Arbeitskraft zu ihrem Tages- oder Wochenwert verkauft, gilt es als selbstverständlich, daß diese Arbeitskraft in einem Tag oder einer Woche nicht einem zweitägigen oder zweiwöchigen Verschleiß ausgesetzt werde. Nehmt eine Maschine, die 1000 Pfd. St. wert ist. Wird sie in 10 Jahren verbraucht, so setzt sie dem Wert der Waren, an deren Produktion sie mitwirkt, jährlich 100 Pfd. St. zu. Würde sie in 5 Jahren verbraucht, so setzte sie jährlich 200 Pfd. St. zu, oder der Wert ihres Jahresverschleißes steht in umgekehrtem Verhältnis zu der Zeitdauer, worin sie konsumiert wird. Aber dies unterscheidet den Arbeiter von der Maschine. Die Maschinerie wird nicht ganz im selben Verhältnis, wie sie genutzt wird, altes Eisen. Der Mensch dagegen wird in stärkerem Verhältnis zerrüttet, als aus der bloß numerischen Zusammenrechnung der geleisteten Arbeit ersichtlich sein würde.

Bei ihren Versuchen, den Arbeitstag auf seine frühern rationellen Ausmaße zurückzuführen oder, wo sie die gesetzliche Festsetzung eines Normalarbeitstags nicht erzwingen können, die Überarbeit durch Steigerung des Lohns zu zügeln, eine Steigerung nicht nur in Proportion zu der verlangten Überzeit, sondern in größerer Proportion, erfüllen die Arbeiter bloß eine Pflicht gegen sich selbst und ihren Nachwuchs. Sie weisen bloß das Kapital mit seinen tyrannischen Übergriffen in seine Schranken zurück. Zeit ist der Raum zu menschlicher Entwicklung. Ein Mensch, der nicht über freie Zeit verfügt, dessen ganze Lebenszeit – abgesehn von rein physischen Unterbrechungen durch Schlaf, Mahlzeiten usw. – von seiner Arbeit für den Kapitalisten verschlungen wird, ist weniger als ein Lasttier. Er ist eine bloße Maschine zur Produktion von fremdem Reichtum, körperlich gebrochen und geistig verroht. Dennoch zeigt die ganze Geschichte der modernen Industrie, daß das Kapital, wenn ihm nicht Einhalt geboten wird, ohne Gnade und Barmherzigkeit darauf aus ist, die ganze Arbeiterklasse in diesen Zustand äußerster Degradation zu stürzen.

Bei Verlängerung des Arbeitstags mag der Kapitalist *höhern Arbeitslohn* zahlen und dennoch den *Wert der Arbeit* senken, falls die Lohnsteigerung nicht der herausgepreßten größeren Arbeitsmenge und so herbeigeführten rascheren Zerrüttung der Arbeitskraft entspricht. Dies kann auch in andrer Weise geschehn. Eure Bourgeoisstatistiker werden euch z. B. erklären, daß der Durchschnittslohn der Fabrikarbeiterfamilien in Lancashire gestiegen sei. Sie vergessen, daß statt der Arbeit des Mannes, des Haupts der Familie, jetzt sein Weib und vielleicht drei oder vier Kinder unter die Juggernauträder des Kapitals[1] geschleudert sind und daß die Steigerung ihres Gesamtarbeitslohns der Gesamtmehrarbeit, die aus der Familie herausgepreßt worden, durchaus nicht entspricht.

Selbst bei gegebnen Grenzen des Arbeitstags, wie sie jetzt in allen den Fabrikgesetzen unterworfnen Industriezweigen existieren, kann eine Lohnsteigerung notwendig werden, schon um den alten Normal*wert der Arbeit* aufrechtzuerhalten. Durch Erhöhung der *Intensität* der Arbeit mag ein Mann dazu gebracht werden, in einer Stunde soviel Lebenskraft zu verausgaben wie früher in zwei. Dies ist in den Geschäftszweigen, die der Fabrikgesetzgebung unterworfen wurden, bis zu gewissem Grade geschehn durch beschleunigten Lauf der Maschinerie und Vermehrung der Zahl der Arbeitsmaschinen, die ein einzelner nun zu überwachen hat. Wenn die Zunahme der Arbeitsintensität oder der in einer Stunde verausgabten Arbeitsmasse der Verkürzung des Arbeitstags einigermaßen angemessen ist, so wird der Arbeiter noch im Vorteil sein. Wird diese Grenze überschritten, so verliert er in der einen Form, was er in der andern gewonnen, und 10 Arbeitsstunden können dann ebenso ruinierend werden wie früher 12 Stunden. Tritt der Arbeiter dieser Tendenz des Kapitals entgegen, indem er für eine der steigenden Arbeitsintensität entsprechende Lohnsteigerung kämpft, so widersetzt er sich nur der Entwertung seiner Arbeit und der Schwächung seines Nachwuchses.

4. Ihr alle wißt, daß die kapitalistische Produktion aus Gründen, die ich jetzt nicht auseinanderzusetzen brauche, sich in bestimmten periodischen Zyklen bewegt. Sie macht nacheinander den Zustand der Stille, wachsenden Belebung, Prosperität, Überproduktion, Krise und Stagnation durch. Die Marktpreise der Waren und die Marktraten des Profits folgen diesen Phasen, bald unter ihren Durchschnitt sinkend, bald sich darüber erhebend. Wenn ihr den ganzen Zyklus betrachtet, werdet ihr finden, daß die eine Abweichung des Marktpreises durch die andre aufgehoben wird und daß, den Durchschnitt des Zyklus genommen, die Marktpreise der Waren durch ihre Werte reguliert werden. Schön! Während der Phase sinkender Marktpreise, ebenso wie während der Phasen der Krise und der Stagnation, ist der Arbeiter, falls er nicht überhaupt aufs Pflaster geworfen wird, einer Herabsetzung des Arbeitslohns gewärtig. Um nicht der Geprellte zu sein, muß er, selbst während eines solchen Sinkens der Marktpreise, mit dem Kapitalisten darüber markten, in welchem proportionellen Ausmaß eine Lohnsenkung notwendig geworden sei. Wenn er nicht bereits während der Prosperitätsphase, solange Extraprofite gemacht werden, für eine Lohnsteigerung kämpfte, so käme er im Durchschnitt eines industriellen Zyklus nicht einmal zu seinem *Durchschnittslohn* oder dem *Wert* seiner Arbeit. Es ist der Gipfel des Widersinns, zu verlangen, er solle, während sein Arbeitslohn notwendigerweise durch die ungünstigen Phasen des Zyklus beeinträchtigt wird, darauf verzichten, sich während der Prosperitätsphase schadlos zu halten. Allgemein ausgedrückt: Die *Werte* aller Waren werden nur realisiert durch Ausgleichung der ständig wechselnden Marktpreise, die aus den ständigen Fluktuationen von Nachfrage und

Zufuhr entspringen. Auf Basis des gegenwärtigen Systems ist die Arbeit bloß eine Ware wie die andern. Sie muß daher dieselben Fluktuationen durchmachen, um einen ihrem Wert entsprechenden Durchschnittspreis zu erzielen. Es wäre absurd, sie einerseits als Ware zu behandeln und andrerseits zu verlangen, sie solle von den die Warenpreise regelnden Gesetzen ausgenommen werden. Der Sklave erhält eine ständige und fixe Menge zum Lebensunterhalt; der Lohnarbeiter erhält sie nicht. Er muß versuchen, sich in dem einen Fall eine Lohnsteigerung zu sichern, schon um in dem andern wenigstens für die Lohnsenkung entschädigt zu sein. Wollte er sich damit bescheiden, den Willen, die Machtsprüche des Kapitalisten als ein dauerndes ökonomisches Gesetz über sich ergehn zu lassen, so würde ihm alles Elend des Sklaven ohne die gesicherte Existenz des Sklaven zuteil.

5. In allen Fällen, die ich einer Betrachtung unterzogen habe – und sie machen 99 vom Hundert aus –, habt ihr gesehn, daß ein Ringen um Lohnsteigerung nur als Nachspiel *vorhergehender* Veränderungen vor sich geht und das notwendige Ergebnis ist von vorhergehenden Veränderungen im Umfang der Produktion, der Produktivkraft der Arbeit, des Werts der Arbeit, des Werts des Geldes, der Dauer oder der Intensität der ausgepreßten Arbeit, der Fluktuationen der Marktpreise, abhängend von den Fluktuationen von Nachfrage und Zufuhr und übereinstimmend mit den verschiednen Phasen des industriellen Zyklus – kurz, als Abwehraktion der Arbeit gegen die vorhergehende Aktion des Kapitals. Indem ihr das Ringen um eine Lohnsteigerung unabhängig von allen diesen Umständen nehmt, indem ihr nur auf die Lohnänderungen achtet und alle andern Veränderungen, aus denen sie hervorgehn, außer acht laßt, geht ihr von einer falschen Voraussetzung aus, um zu falschen Schlußfolgerungen zu kommen.

Der Kampf zwischen Kapital und Arbeit und seine Resultate

1. Nachdem wir gezeigt, daß der periodische Widerstand der Arbeiter gegen eine Lohnherabsetzung und ihre periodisch sich wiederholenden Versuche, eine Lohnsteigerung durchzusetzen, untrennbar sind vom Lohnsystem und eine gebieterische Folge eben der

Tatsache sind, daß die Arbeit in die Kategorie der Waren versetzt und daher den Gesetzen unterworfen ist, die die allgemeine Bewegung der Preise regulieren; nachdem wir ferner gezeigt, daß eine allgemeine Lohnsteigerung ein Fallen der allgemeinen Profitrate zur Folge haben, nicht aber die Durchschnittspreise der Waren oder ihre Werte beeinflussen würde, erhebt sich nun schließlich die Frage, inwiefern in diesem unaufhörlichen Ringen zwischen Kapital und Arbeit letztere Aussicht auf Erfolg hat.

Ich könnte mit einer Verallgemeinerung antworten und sagen, daß wie bei allen andern Waren so auch bei der Arbeit ihr *Marktpreis* sich auf die Dauer ihrem *Wert* anpassen wird; daß daher der Arbeiter, was er auch tun möge, trotz aller Auf- und Abbewegungen, im Durchschnitt nur den Wert seiner Arbeit erhielte, der sich in den Wert seiner Arbeitskraft auflöst, bestimmt durch den Wert der zu ihrer Erhaltung und Reproduktion erheischten Lebensmittel, deren Wert in letzter Instanz reguliert wird durch das zu ihrer Produktion erforderliche Arbeitsquantum.

Allein es gibt gewisse eigentümliche Merkmale, die den *Wert der Arbeitskraft* oder den *Wert der Arbeit* vor dem Wert aller andern Waren auszeichnen. Der Wert der Arbeitskraft wird aus zwei Elementen gebildet – einem rein physischen und einem historischen oder gesellschaftlichen. Seine *äußerste Grenze* ist durch das *physische* Element bestimmt, d. h. um sich zu erhalten und zu reproduzieren, um ihre physische Existenz auf die Dauer sicherzustellen, muß die Arbeiterklasse die zum Leben und zur Fortpflanzung absolut unentbehrlichen Lebensmittel erhalten. Der *Wert* dieser unentbehrlichen Lebensmittel bildet daher die äußerste Grenze des *Werts der Arbeit.* Andrerseits ist die Länge des Arbeitstags ebenfalls durch äußerste, obgleich sehr elastische Schranken begrenzt. Ihre äußerste Grenze ist gegeben mit der Körperkraft des Arbeiters. Wenn die tägliche Erschöpfung seiner Lebenskraft einen bestimmten Grad überschreitet, kann sie nicht immer wieder aufs neue, tagaus, tagein, angespannt werden. Indes ist, wie gesagt, diese Grenze sehr elastisch. Eine rasche Folge schwächlicher und kurzlebiger Generationen wird den Arbeitsmarkt ebensogut mit Zufuhr versorgen wie eine Reihe robuster und langlebiger Generationen.

Außer durch dies rein physische Element ist der Wert der Arbeit in jedem Land bestimmt durch einen *traditionellen Lebensstandard.* Er betrifft nicht das rein physische Leben, sondern die Befriedigung bestimmter Bedürfnisse, entspringend aus den gesellschaftlichen Verhältnissen, in die die Menschen gestellt sind und unter denen sie aufwachsen. Der englische Lebensstandard kann auf den irischen Standard herabgedrückt werden; der Lebensstandard eines deutschen Bauern auf den eines livländischen. Welche bedeutende Rolle in dieser Beziehung historische Tradition und gesellschaftliche Gewohnheit spielen, könnt ihr aus Herrn *Thorntons* Werk von der »*Overpopulation*« ersehn, wo er nachweist, daß der Durchschnittslohn in verschiednen Ackerbaudistrikten Englands noch heutigentags mehr oder weniger bedeutende Unterschiede aufweist je nach den mehr oder minder günstigen Umständen, unter denen die Distrikte aus dem Zustand der Hörigkeit herausgekommen sind.

Dies historische oder gesellschaftliche Element, das in den Wert der Arbeit eingeht, kann gestärkt oder geschwächt, ja ganz ausgelöscht werden, so daß nichts übrigbleibt als die *physische Grenze.* Während der Zeit des *Antijakobinerkriegs* [...] drückten die ehrenwerten englischen Pächter, die in einer unsrer frühern Zusammenkünfte so zart angefaßt worden sind, die Löhne der Landarbeiter selbst unter jenes *rein physische Minimum,* ließen aber den für die physische Fortdauer des Geschlechts notwendigen Rest vermittels der *Armengesetze* aufbringen. Dies war eine glorreiche Manier, den Lohnarbeiter in einen Sklaven und Shakespeares stolzen Freisassen in einen Pauper zu verwandeln.

Vergleicht ihr die Standardlöhne oder Werte der Arbeit in verschiednen Ländern und vergleicht ihr sie in verschiednen Geschichtsepochen desselben Landes, so werdet ihr finden, daß der *Wert der Arbeit* selber keine fixe, sondern eine variable Größe ist, selbst die Werte aller andern Waren als gleichbleibend unterstellt.

Ein ähnlicher Vergleich würde zeigen, daß nicht bloß die *Marktraten des Profits,* sondern auch seine *Durchschnittsraten* sich ändern.

Was aber die *Profite* angeht, so gibt es kein Gesetz, das ihr *Minimum* bestimmte. Wir können nicht sagen, was die äußerste Grenze ihrer Abnahme sei. Und warum können wir diese Grenze nicht feststellen? Weil wir, obgleich wir das *Minimum* der Arbeitslöhne feststellen können, nicht ihr *Maximum* feststellen können. Wir können nur sagen, daß mit gegebnen Grenzen des Arbeitstags das *Maximum des Profits* dem *physischen Minimum des Arbeitslohns* entspricht; und daß mit gegebnem Arbeitslohn das *Maximum des Pro-*

fits einer solchen Verlängerung des Arbeitstags entspricht, wie sie mit den Körperkräften des Arbeiters verträglich ist. Das Maximum des Profits ist daher begrenzt durch das physische Minimum des Arbeitslohns und das physische Maximum des Arbeitstags. Es ist klar, daß zwischen den beiden Grenzen dieser *Maximalprofitrate* eine unendliche Stufenleiter von Variationen möglich ist. Die Fixierung ihres faktischen Grads erfolgt nur durch das unaufhörliche Ringen zwischen Kapital und Arbeit, indem der Kapitalist ständig danach strebt, den Arbeitslohn auf sein physisches Minimum zu reduzieren und den Arbeitstag bis zu seinem physischen Maximum auszudehnen, während der Arbeiter ständig in der entgegengesetzten Richtung drückt.

Die Frage löst sich auf in die Frage nach dem Kräfteverhältnis der Kämpfenden.

2. Was die *Beschränkung des Arbeitstags* angeht, in England wie in allen andern Ländern, so ist sie nie anders als durch *legislative Einmischung* erfolgt. Ohne den ständigen Druck der Arbeiter von außen hätte diese Einmischung nie stattgefunden. Jedenfalls aber war das Resultat nicht durch private Vereinbarung zwischen Arbeitern und Kapitalisten zu erreichen. Eben diese Notwendigkeit *allgemeiner politischer Aktion* liefert den Beweis, daß in seiner rein ökonomischen Aktion das Kapital der stärkere Teil ist.

Was die *Grenzen des Werts der Arbeit* angeht, so hängt seine faktische Festsetzung immer von Angebot und Nachfrage ab, ich meine die Nachfrage nach Arbeit von seiten des Kapitals und das Angebot von Arbeit durch die Arbeiter. In Kolonialländern begünstigt das Gesetz von Angebot und Nachfrage den Arbeiter. Daher der relativ hohe Lohnstandard in den Vereinigten Staaten. Das Kapital kann dort sein Äußerstes versuchen. Es kann nicht verhindern, daß der Arbeitsmarkt ständig entvölkert wird durch die ständige Verwandlung von Lohnarbeitern in unabhängige, selbstwirtschaftende Bauern. Die Tätigkeit eines Lohnarbeiters ist für einen sehr großen Teil des amerikanischen Volks nur eine Probezeit, die sie sicher sind über kurz oder lang durchlaufen zu haben. Um diesem Stand der Dinge in den Kolonien abzuhelfen, machte sich die väterliche britische Regierung eine Zeitlang das zu eigen, was die moderne Kolonisationstheorie genannt wird, die darin besteht, den Preis des Kolonialbodens künstlich hochzuschrauben, um die allzu rasche Verwandlung des Lohnarbeiters in den unabhängigen Bauern zu verhindern.

Aber wenden wir uns nun den alten zivilisierten Ländern zu, in denen das Kapital den ganzen Produktionsprozeß beherrscht. Nehmt z. B. das Steigen der Landarbeiterlöhne in England von 1849 bis 1859. Was war seine Folge? Weder konnten die Pächter, wie unser Freund Weston ihnen geraten haben würde, den Wert des Weizens noch auch nur seine Marktpreise erhöhn. Sie hatten sich vielmehr mit ihrem Fallen abzufinden. Aber während dieser 11 Jahre führten sie allerlei Maschinerie ein, wandten wissenschaftlichere Methoden an, verwandelten einen Teil des Ackerlandes in Viehweide, erweiterten den Umfang der Pachtungen und damit die Stufenleiter der Produktion, und da sie durch diese und andre Prozeduren die Nachfrage nach Arbeit verringerten, indem sie deren Produktivkraft steigerten, machten sie die ländliche Bevölkerung wieder relativ überflüssig. Das ist in altbesiedelten Ländern allgemein die Methode, wie eine raschere oder langsamere Reaktion des Kapitals auf eine Lohnsteigerung vor sich geht. Ricardo hat richtig bemerkt, daß die Maschinerie ständig mit der Arbeit konkurriert und oft nur eingeführt werden kann, wenn der Preis der Arbeit eine bestimmte Höhe erreicht hat, doch ist die Anwendung von Maschinerie bloß eine der vielen Methoden, die Produktivkraft der Arbeit zu steigern. Genau dieselbe Entwicklung, die die ungelernte Arbeit relativ überflüssig macht, vereinfacht andrerseits die gelernte Arbeit und entwertet sie.

Das gleiche Gesetz findet sich noch in andrer Form. Mit der Entwicklung der Produktivkraft der Arbeit wird die Akkumulation des Kapitals beschleunigt, selbst trotz einer relativ hohen Lohnrate. Hieraus könnte man schließen, wie *A. Smith*, zu dessen Zeit die moderne Industrie noch in den Kinderschuhen steckte, wirklich schloß, daß diese beschleunigte Akkumulation des Kapitals die Waagschale zugunsten des Arbeiters neigen müßte, indem sie ihm eine wachsende Nachfrage nach seiner Arbeit sichert. Von demselben Standpunkt haben viele jetzt lebende Schriftsteller sich darüber gewundert, daß, da das englische Kapital in den letzten zwanzig Jahren soviel rascher als die englische Bevölkerung gewachsen ist, der Arbeitslohn nicht bedeutender gestiegen sei. Allein gleichzeitig mit dem Fortschritt der Akkumulation findet eine *fortschreitende Veränderung* in der *Zusammensetzung des Kapitals* statt. Der Teil des Gesamtkapitals, der aus fixem Kapital – Maschinerie, Rohstoffen, Produktionsmitteln in allen erdenklichen Formen – besteht, nimmt stärker zu, verglichen mit dem andern Teil des Kapitals, der in Arbeitslohn oder im Ankauf von Arbeit ausgelegt wird. Dies Gesetz ist mehr oder weniger präzis festgestellt worden von Barton, Ricardo, Sismondi, Professor Richard Jones, Professor Ramsay, Cherbuliez u. a.

Wenn das Verhältnis dieser beiden Elemente des Kapitals ursprünglich 1:1 war, so wird es im Fortschritt der Industrie 5:1 usw. werden. Wenn von einem Gesamtkapital von 600 in Instrumenten, Rohstoffen usw. 300 und 300 in Arbeitslohn ausgelegt ist, so braucht das Gesamtkapital nur verdoppelt zu werden, um eine Nachfrage nach 600 Arbeitern statt nach 300 zu schaffen. Bei einem Kapital von 600, von dem 500 in Maschinerie, Materialien usw. und nur 100 in Arbeitslohn ausgelegt sind, muß dasselbe Kapital von 600 auf 3600 anwachsen, um eine Nachfrage nach 600 Arbeitern wie im vorigen Fall zu schaffen. Im Fortschritt der Industrie hält daher die Nachfrage nach Arbeit nicht Schritt mit der Akkumulation des Kapitals. Sie wird zwar noch wachsen, aber in ständig abnehmender Proportion, verglichen mit der Vergrößerung des Kapitals.

Diese wenigen Andeutungen werden genügen, um zu zeigen, daß die ganze Entwicklung der modernen Industrie die Waagschale immer mehr zugunsten des Kapitalisten und gegen den Arbeiter neigen muß und daß es folglich die allgemeine Tendenz der kapitalistischen Produktion ist, den durchschnittlichen Lohnstandard nicht zu heben, sondern zu senken oder den *Wert der Arbeit* mehr oder weniger bis zu seiner *Minimalgrenze* zu drücken. Da nun die Tendenz der *Dinge* in diesem System solcher Natur ist, besagt das etwa, daß die Arbeiterklasse auf ihren Widerstand gegen die Gewalttaten des Kapitals verzichten und ihre Versuche aufgeben soll, die gelegentlichen Chancen zur vorübergehenden Besserung ihrer Lage auf die bestmögliche Weise auszunutzen? Täte sie das, sie würde degradiert werden zu einer unterschiedslosen Masse ruinierter armer Teufel, denen keine Erlösung mehr hilft. Ich glaube nachgewiesen zu haben, daß ihre Kämpfe um den Lohnstandard von dem ganzen Lohnsystem unzertrennliche Begleiterscheinungen sind, daß in 99 Fällen von 100 ihre Anstrengungen, den Arbeitslohn zu heben, bloß Anstrengungen zur Behauptung des gegebnen Werts der Arbeit sind und daß die Notwendigkeit, mit dem Kapitalisten um ihren Preis zu markten, der Bedingung inhärent ist, sich selbst als Ware feilbieten zu müssen. Würden sie in ihren tagtäglichen Zusammenstößen mit dem Kapital feige nachgeben, sie würden sich selbst unweigerlich der Fähigkeit berauben, irgendeine umfassendere Bewegung ins Werk zu setzen.

Gleichzeitig, und ganz unabhängig von der allgemeinen Fron, die das Lohnsystem einschließt, sollte die Arbeiterklasse die endgültige Wirksamkeit dieser tagtäglichen Kämpfe nicht überschätzen. Sie sollte nicht vergessen, daß sie gegen Wirkungen kämpft, nicht aber gegen die Ursachen dieser Wirkungen; daß sie zwar die Abwärtsbewegung verlangsamt, nicht aber ihre Richtung ändert; daß sie Palliativmittel anwendet, die das Übel nicht kurieren. Sie sollte daher nicht ausschließlich in diesem unvermeidlichen Kleinkrieg aufgehen, der aus den nie enden wollenden Gewalttaten des Kapitals oder aus den Marktschwankungen unaufhörlich hervorgeht. Sie sollte begreifen, daß das gegenwärtige System bei all dem Elend, das es über sie verhängt, zugleich schwanger geht mit den *materiellen Bedingungen* und den gesellschaftlichen Formen, die für eine ökonomische Umgestaltung der Gesellschaft notwendig sind. Statt des *konservativen* Mottos: »*Ein gerechter Tagelohn für ein gerechtes Tagewerk!*«, sollte sie auf ihr Banner die *revolutionäre* Losung schreiben: »*Nieder mit dem Lohnsystem!*«

Nach dieser sehr langen und, wie ich fürchte, ermüdenden Auseinandersetzung, auf die ich mich einlassen mußte, um dem zur Debatte stehenden Gegenstand einigermaßen gerecht zu werden, möchte ich mit dem Vorschlag schließen, folgende Beschlüsse anzunehmen:

1. Eine allgemeine Steigerung der Lohnrate würde auf ein Fallen der allgemeinen Profitrate hinauslaufen, ohne jedoch, allgemein gesprochen, die Warenpreise zu beeinflussen.

2. Die allgemeine Tendenz der kapitalistischen Produktion geht dahin, den durchschnittlichen Lohnstandard nicht zu heben, sondern zu senken.

3. Gewerkschaften tun gute Dienste als Sammelpunkte des Widerstands gegen die Gewalttaten des Kapitals. Sie verfehlen ihren Zweck zum Teil, sobald sie von ihrer Macht einen unsachgemäßen Gebrauch machen. Sie verfehlen ihren Zweck gänzlich, sobald sie sich darauf beschränken, einen Kleinkrieg gegen die Wirkungen des bestehenden Systems zu führen, statt gleichzeitig zu versuchen, es zu ändern, statt ihre organisierten Kräfte zu gebrauchen als einen

Hebel zur schließlichen Befreiung der Arbeiterklasse, d. h. zur endgültigen Abschaffung des Lohnsystems.

[1] Metaphorischer Begriff für eine unaufhaltsame Kraft, die alles vernichtet, was ihr im Wege steht. Der Ursprung liegt im hinduistischen Dschagannat-Kult, der sich durch ein besonders prunkvolles Ritual und durch äußersten religiösen Fanatismus auszeichnete, der in Selbstkasteiungen und Selbstopferungen der Gläubigen seinen Ausdruck fand. An großen Feiertagen warfen sich Gläubige unter den Wagen, auf dem sich ein Bildnis des Wischnu-Dschagannat befand.

Lohnarbeit und Kapital

[…] Wächst das Kapital, so wächst die Masse der Lohnarbeit, so wächst die Anzahl der Lohnarbeiter, mit einem Wort: Die Herrschaft des Kapitals dehnt sich über eine größere Masse von Individuen aus. Und unterstellen wir den günstigsten Fall: Wenn das produktive Kapital wächst, wächst die Nachfrage nach Arbeit. Es steigt also der Preis der Arbeit, der Arbeitslohn.

Ein Haus mag groß oder klein sein, solange die es umgebenden Häuser ebenfalls klein sind, befriedigt es alle gesellschaftlichen Ansprüche an eine Wohnung. Erhebt sich aber neben dem kleinen Haus ein Palast, und das kleine Haus schrumpft zur Hütte zusammen. Das kleine Haus beweist nun, daß sein Inhaber keine oder nur die geringsten Ansprüche zu machen hat; und es mag im Laufe der Zivilisation in die Höhe schießen noch so sehr, wenn der benachbarte Palast in gleichem oder gar in höherem Maß in die Höhe schießt, wird der Bewohner des verhältnismäßig kleinen Hauses sich immer unbehaglicher, unbefriedigter, gedrückter in seinen vier Pfählen finden.

Ein merkliches Zunehmen des Arbeitslohns setzt ein rasches Wachstum des produktiven Kapitals voraus. Das rasche Wachstum des produktiven Kapitals ruft ebenso rasches Wachstum des Reichtums, des Luxus, der gesellschaftlichen Bedürfnisse und der gesellschaftlichen Genüsse hervor. Obgleich also die Genüsse des Arbeiters gestiegen sind, ist die gesellschaftliche Befriedigung, die sie gewähren, gefallen im Vergleich mit den vermehrten Genüssen des Kapitalisten, die dem Arbeiter unzugänglich sind, im Vergleich mit dem Entwicklungsstand der Gesellschaft überhaupt. Unsere Bedürfnisse und Genüsse entspringen aus der Gesellschaft; wir messen sie daher an der Gesellschaft; wir messen sie nicht an den Gegenständen ihrer Befriedigung. Weil sie gesellschaftlicher Natur sind, sind sie relativer Natur.

Der Arbeitslohn wird überhaupt nicht nur bestimmt durch die Masse von Waren, die ich für ihn eintauschen kann. Er enthält verschiedene Beziehungen. […]

Der Arbeitslohn ist vor allem noch bestimmt durch sein Verhältnis zum Gewinn, zum Profit des Kapitalisten – verhältnismäßiger, relativer Arbeitslohn.

Der reelle Arbeitslohn drückt den Preis der Arbeit im Verhältnis zum Preise der übrigen Waren aus, der relative Arbeitslohn dagegen den Preis der unmittelbaren Arbeit im Verhältnis zum Preise der aufgehäuften Arbeit, den verhältnismäßigen Wert von Lohnarbeit und Kapital, den wechselseitigen Wert der Kapitalisten und Arbeiter.

Der reelle Arbeitslohn mag derselbe bleiben, er mag selbst steigen, und der relative Arbeitslohn kann nichtsdestoweniger fallen. Unterstellen wir z. B., alle Lebensmittel seien im Preise um ⅔ gesunken, während der Tagelohn nur um ⅓ sinke, also z. B. von 3 Francs auf 2. Obgleich der Arbeiter mit diesen 2 Francs über eine größere Summe von Waren verfügt, als früher mit 3 Francs, so hat dennoch sein Arbeitslohn im Verhältnis zum Gewinn des Kapitalisten abgenommen. Der Profit des Kapitalisten (z. B. des Fabrikanten) hat sich um 1 Franc vermehrt, d. h. für eine geringere Summe von Tauschwerten, die er dem Arbeiter zahlt, muß der Arbeiter eine größere Summe von Tauschwerten produzieren als früher. Der Wert des Kapitals im Verhältnis zum Wert der Arbeit ist gestiegen. Die Verteilung des gesellschaftlichen Reichtums zwischen Kapital und Arbeit ist noch ungleichmäßiger geworden. Der Kapitalist kommandiert mit demselben Kapital eine größere Quantität Arbeit. Die Macht der Kapitalistenklasse über die Arbeiterklasse ist gewachsen, die gesellschaftliche Stellung des Arbeiters hat sich verschlechtert, ist um eine Stufe tiefer unter die Kapitalisten herabgedrückt.

Welches ist nun *das allgemeine Gesetz, das Fallen und Steigen des Arbeitslohns und Profits in ihrer wechselseitigen Beziehung bestimmt?*

Sie stehen in umgekehrtem Verhältnis. Der Tauschwert des Kapitals, der Profit, steigt in demselben Verhältnis, worin der Tauschwert der Arbeit, der Taglohn, fällt, und umgekehrt. Der Profit steigt in dem Maße, worin der Arbeitslohn fällt, er fällt in dem Maße, worin der Arbeitslohn steigt.

Man wird vielleicht einwenden, daß der Kapitalist gewinnen kann durch vorteilhaften Austausch seiner Produkte mit andern Kapitalisten, durch Steigen der Nachfrage nach seiner Ware, sei es infolge der Eröffnung von neuen Märkten, sei es infolge augenblicklich vermehrter Bedürfnisse auf den alten Märkten usw., daß der Profit des Kapitalisten sich also vermehren kann durch die Übervorteilung dritter Kapitalisten, unabhängig vom Steigen und

Fallen des Arbeitslohns, des Tauschwerts der Arbeit, oder der Profit des Kapitalisten könne auch steigen durch Verbesserung der Arbeitsinstrumente, neue Anwendung der Naturkräfte usw.

Zunächst wird man zugeben müssen, daß das Resultat dasselbe bleibt, obgleich es auf umgekehrtem Wege herbeigeführt ist. Der Profit ist zwar nicht gestiegen, weil der Arbeitslohn gefallen ist, aber der Arbeitslohn ist gefallen, weil der Profit gestiegen ist. Der Kapitalist hat mit derselben Summe von Arbeit eine größere Summe von Tauschwerten erkauft, ohne deshalb die Arbeit höher bezahlt zu haben, d.h. also die Arbeit wird niedriger bezahlt im Verhältnis zum Reinertrag, den sie dem Kapitalisten abwirft.

Zudem erinnern wir, daß trotz der Schwankungen der Warenpreise der Durchschnittspreis jeder Ware, das Verhältnis, worin sie sich gegen andere Waren austauscht, durch ihre *Produktionskosten* bestimmt ist. Die Übervorteilungen innerhalb der Kapitalistenklasse gleichen sich daher notwendig aus. Die Verbesserung der Maschinerie, die neue Anwendung von Naturkräften im Dienst der Produktion befähigen in einer gegebenen Arbeitszeit, mit derselben Summe von Arbeit und Kapital eine größere Masse von Produkten, keineswegs aber eine größere Masse von Tauschwerten zu schaffen. Wenn ich durch die Anwendung der Spinnmaschine noch einmal soviel Gespinst in einer Stunde liefern kann wie vor ihrer Erfindung, z.B. 100 Pfund statt 50, so erhalte ich für diese 100 Pfund nicht mehr Waren im Austausch zurück als früher für 50, weil die Produktionskosten um die Hälfte gefallen sind, oder weil ich mit denselben Kosten das doppelte Produkt liefern kann.

Endlich, in welchem Verhältnis auch immer die Kapitalistenklasse, die Bourgeoisie, sei es eines Landes, sei es des ganzen Weltmarkts, den Reinertrag der Produktion unter sich verteile, die Gesamtsumme dieses Reinertrags ist jedesmal nur die Summe, um welche die aufgehäufte Arbeit im großen und ganzen durch die lebendige Arbeit vermehrt worden ist. Diese Gesamtsumme wächst also in dem Verhältnis, worin die Arbeit das Kapital vermehrt, d.h. in dem Verhältnis, worin der Profit gegen den Arbeitslohn steigt.

Wir sehen also, daß selbst, wenn wir *innerhalb des Verhältnisses von Kapital und Lohnarbeit* stehenbleiben, *die Interessen des Kapitals und die Interessen der Lohnarbeit sich schnurstracks gegenüberstehen.*

Eine rasche Zunahme des Kapitals ist gleich einer raschen Zunahme des Profits. Der Profit kann nur rasch zunehmen, wenn der

Tauschwert der Arbeit, wenn der relative Arbeitslohn ebenso rasch abnimmt. Der relative Arbeitslohn kann fallen, obgleich der reelle Arbeitslohn gleichzeitig mit dem nominellen Arbeitslohn, mit dem Geldwert der Arbeit steigt, aber nur nicht in demselben Verhältnisse steigt wie der Profit. Steigt z. B. in guten Geschäftszeiten der Arbeitslohn um 5 Prozent, der Profit dagegen um 30 Prozent, so hat der verhältnismäßige, der relative Arbeitslohn *nicht zugenommen*, sondern *abgenommen.*

Vermehrt sich also die Einnahme des Arbeiters mit dem raschen Wachstum des Kapitals, so vermehrt sich gleichzeitig die gesellschaftliche Kluft, die den Arbeiter vom Kapitalisten scheidet, so vermehrt sich gleichzeitig die Macht des Kapitals über die Arbeit, die Abhängigkeit der Arbeit vom Kapital.

Der Arbeiter hat ein Interesse am raschen Wachstum des Kapitals, heißt nur: Je rascher der Arbeiter den fremden Reichtum vermehrt, desto fettere Brocken fallen für ihn ab, um desto mehr Arbeiter können beschäftigt und ins Leben gerufen, desto mehr kann die Masse der von dem Kapital abhängigen Sklaven vermehrt werden.

Wir haben also gesehen:

Selbst die *günstigste Situation* für die Arbeiterklasse, *möglichst rasches Wachsen des Kapitals*, sosehr sie das materielle Leben des Arbeiters verbessern mag, hebt den Gegensatz zwischen seinen Interessen und den Bourgeoisinteressen, den Interessen des Kapitalisten nicht auf. *Profit und Arbeitslohn* stehen nach wie vor in *umgekehrtem Verhältnis.*

Ist das Kapital rasch anwachsend, so mag der Arbeitslohn steigen; unverhältnismäßig schneller steigt der Profit des Kapitals. Die materielle Lage des Arbeiters hat sich verbessert, aber auf Kosten seiner gesellschaftlichen Lage. Die gesellschaftliche Kluft, die ihn vom Kapitalisten trennt, hat sich erweitert.

Endlich: Günstigste Bedingung für die Lohnarbeit ist möglichst rasches Wachstum des produktiven Kapitals, heißt nur: Je rascher die Arbeiterklasse die ihr feindliche Macht, den fremden, über sie gebietenden Reichtum vermehrt und vergrößert, unter desto günstigeren Bedingungen wird ihr erlaubt, von neuem an der Vermehrung des bürgerlichen Reichtums, an der Vergrößerung der Macht des Kapitals zu arbeiten, zufrieden, sich selbst die goldenen Ketten zu schmieden, woran die Bourgeoisie sie hinter sich herschleift.

[...]

Wachstum des produktiven Kapitals und Steigen des Arbeitslohns, sind sie wirklich so unzertrennlich verbunden, wie die bürgerlichen Ökonomen behaupten? Wir dürfen ihnen nicht aufs Wort glauben. Wir dürfen ihnen selbst nicht glauben, daß, je feister das Kapital, desto besser sein Sklave gemästet wird. Die Bourgeoisie ist zu aufgeklärt, sie rechnet zu gut, um die Vorurteile des Feudalen zu teilen, der mit dem Glanz seiner Dienerschaft prunkt. Die Existenzbedingungen der Bourgeoisie zwingen sie, zu rechnen.

Wir werden also näher untersuchen müssen:

Wie wirkt das Wachsen des produktiven Kapitals auf den Arbeitslohn?

Wächst das produktive Kapital der bürgerlichen Gesellschaft im großen und ganzen, so findet eine *vielseitigere* Aufhäufung von Arbeit statt. Die Kapitalien nehmen an Zahl und Umfang zu. Die *Vermehrung* der Kapitalien vermehrt die *Konkurrenz unter den Kapitalisten.* Der *steigende Umfang* der Kapitalien gibt die Mittel, *gewaltigere Arbeiterarmeen mit riesenhaften Kriegswerkzeugen auf das industrielle Schlachtfeld zu führen.*

Der eine Kapitalist kann den andern nur aus dem Felde schlagen und sein Kapital erobern, indem er wohlfeiler verkauft. Um wohlfeiler verkaufen zu können, ohne sich zu ruinieren, muß er wohlfeiler produzieren, d. h. die Produktionskraft der Arbeit soviel wie möglich steigern. Die Produktionskraft der Arbeit wird aber vor allem gesteigert durch *eine größere Teilung der Arbeit,* durch eine allseitigere Einführung und beständige Verbesserung in der *Maschinerie.* Je größer die Arbeiterarmee ist, unter welche die Arbeit geteilt, je riesenhafter die Stufenleiter ist, auf welcher die Maschinerie eingeführt wird, um so mehr nehmen verhältnismäßig die Produktionskosten ab, um so fruchtbarer wird die Arbeit. Es entsteht daher ein allseitiger Wetteifer unter den Kapitalisten, die Teilung der Arbeit und die Maschinerie zu vermehren und sie auf möglichst großer Stufenleiter auszubeuten.

Hat nun ein Kapitalist durch größere Teilung der Arbeit, durch Anwendung und Verbesserung neuer Maschinen, durch vorteilhaftere und massenhaftere Ausbeutung der Naturkräfte das Mittel gefunden, mit derselben Summe von Arbeit oder von aufgehäufter Arbeit eine größere Summe von Produkten, von Waren zu schaffen als seine Konkurrenten, kann er z. B. in derselben Arbeitszeit, worin seine Konkurrenten eine halbe Elle Leinwand weben, eine ganze Elle Leinwand produzieren, wie wird dieser Kapitalist operieren?

Er könnte fortfahren, eine halbe Elle Leinwand zu dem bisherigen Marktpreise zu verkaufen, es wäre dies jedoch kein Mittel, seine Gegner aus dem Felde zu schlagen und seinen eigenen Absatz zu vergrößern. Aber in demselben Maße, worin seine Produktion sich ausgedehnt hat, hat sich das Bedürfnis des Absatzes für ihn ausgedehnt. Die mächtigeren und kostspieligeren Produktionsmittel, die er ins Leben gerufen, *befähigen* ihn zwar, seine Waren wohlfeiler zu verkaufen, sie *zwingen* ihn aber zugleich, mehr Waren zu verkaufen, einen ungleich *größeren* Markt für seine Waren zu erobern; unser Kapitalist wird also die halbe Elle Leinwand wohlfeiler verkaufen als seine Konkurrenten.

Der Kapitalist wird aber die ganze Elle nicht so wohlfeil verkaufen, wie seine Konkurrenten die halbe Elle verkaufen, obgleich ihm die Produktion der ganzen Elle nicht mehr kostet, als den andern die der halben. Er würde sonst nichts gewinnen, sondern nur die Produktionskosten im Austausch zurückerhalten. Seine etwaige größere Einnahme würde daher rühren, daß er ein höheres Kapital in Bewegung gesetzt, aber nicht daher, daß er sein Kapital höher verwertet hätte als die andern. Überdem erreicht er den Zweck, den er erreichen will, wenn er den Preis seiner Ware nur um einige Prozente niedriger ansetzt als seine Konkurrenten. Er schlägt sie aus dem Felde, er ringt ihnen wenigstens einen Teil ihres Absatzes ab, indem er sie *unterkauft*. Und endlich erinnern wir uns, daß der courante Preis immer *über* oder *unter den Produktionskosten* steht, je nachdem der Verkauf einer Ware in die günstige oder ungünstige Jahreszeit der Industrie fällt. Je nachdem der Marktpreis der Elle Leinwand unter oder über ihren bisher üblichen Produktionskosten steht, werden die Prozente wechseln, worin der Kapitalist, der neue fruchtbarere Produktionsmittel angewandt hat, über seine wirklichen Produktionskosten hinaus verkauft.

Allein das *Privilegium* unseres Kapitalisten ist nicht von langer Dauer; andere wetteifernde Kapitalisten führen dieselben Maschinen, dieselbe Teilung der Arbeit ein, führen sie auf derselben oder größerer Stufenleiter ein, und diese Einführung wird so allgemein werden, bis der Preis der Leinwand nicht nur *unter ihre alten*, sondern *unter ihre neuen Produktionskosten* herabgesetzt ist.

Die Kapitalisten befinden sich also wechselseitig in derselben

Lage, worin sie sich *vor* Einführung der neuen Produktionsmittel befanden, und wenn sie mit diesen Mitteln zu demselben Preise das doppelte Produkt liefern können, so sind sie *jetzt* gezwungen, *unter* dem alten Preise das doppelte Produkt zu liefern. Auf dem Standpunkt dieser neuen Produktionskosten beginnt dasselbe Spiel wieder. Mehr Teilung der Arbeit, mehr Maschinerie, größere Stufenleiter, worauf Teilung der Arbeit und Maschinerie ausgebeutet werden. Und die Konkurrenz bringt wieder dieselbe Gegenwirkung gegen dies Resultat.

Wir sehen, wie so die Produktionsweise, die Produktionsmittel beständig umgewälzt, revolutioniert worden, wie *die Teilung der Arbeit größere Teilung der Arbeit, die Anwendung der Maschinerie größere Anwendung der Maschinerie, das Arbeiten auf großer Stufenleiter Arbeiten auf größerer Stufenleiter notwendig nach sich zieht.*

Das ist das Gesetz, das die bürgerliche Produktion stets wieder aus ihrem alten Gleise herauswirft und das Kapital zwingt, die Produktionskräfte der Arbeit anzuspannen, *weil* es sie angespannt hat, das Gesetz, das ihm keine Ruhe gönnt und beständig zuraunt: Marche! Marche!

Es ist dies kein anderes Gesetz, als das Gesetz, welches innerhalb der Schwankungen der Handelsepochen den Preis einer Ware notwendig zu ihren *Produktionskosten* ausgleicht.

Welche gewaltigen Produktionsmittel ein Kapitalist auch ins Feld führe, die Konkurrenz wird diese Produktionsmittel verallgemeinern, und von dem Augenblick an, wo sie dieselben verallgemeinert hat, ist der einzige Erfolg der größeren Fruchtbarkeit seines Kapitals, daß er nun für *denselben Preis* 10-, 20-, 100mal soviel liefern muß als früher. Da er aber vielleicht 1000mal mehr absetzen muß, um durch die größere Masse des abgesetzten Produkts den niedrigem Verkaufspreis aufzuwiegen, weil ein massenhafterer Verkauf jetzt nötig ist, nicht nur um zu gewinnen, sondern um die Produktionskosten zu ersetzen – das Produktionsinstrument selbst wird, wie wir gesehen haben, immer teurer –, weil dieser massenhafte Verkauf aber nicht nur eine Lebensfrage für ihn, sondern auch für seine Nebenbuhler geworden ist, so beginnt der alte Kampf *um so heftiger, je fruchtbarer die schon erfundenen Produktionsmittel* sind. *Die Teilung der Arbeit und die Anwendung der Maschinerie wird also in ungleich größerem Maßstabe von neuem vor sich gehen.*

Welches auch immer die Macht der angewandten Produktionsmittel sei, die Konkurrenz sucht die goldenen Früchte dieser Macht dem Kapital zu rauben, indem sie den Preis der Ware auf die Produktionskosten zurückführt, indem sie also in demselben Maße, wie wohlfeiler produziert, d.h. mit derselben Summe Arbeit mehr produziert werden kann, die wohlfeilere Produktion, die massenhaftere Lieferung für den alten Preis zu einem gebieterischen Gesetz macht. So hätte der Kapitalist durch seine eigenen Anstrengungen nichts gewonnen als die Verpflichtung, in derselben Arbeitszeit mehr zu liefern, mit einem Wort, *schwierigere Bedingungen der Verwertung seines Kapitals.* Während die Konkurrenz ihn daher beständig verfolgt mit ihrem Gesetz der Produktionskosten, und jede Waffe, die er gegen seine Rivalen schmiedet, als Waffe gegen ihn selbst zurückkehrt, sucht der Kapitalist beständig die Konkurrenz zu übertölpeln, indem er rastlos neue, zwar kostspieligere, aber wohlfeiler produzierende Maschinen und Teilungen der Arbeit an die Stelle der alten einführt und nicht abwartet, bis die Konkurrenz die neuen veraltet hat.

Stellen wir uns nun diese fieberhafte Agitation auf dem *ganzen Weltmarkt zugleich* vor, und es begreift sich, wie das Wachstum, die Akkumulation und Konzentration des Kapitals eine ununterbrochene, sich selbst überstürzende und auf stets riesenhafterer Stufenleiter ausgeführte Teilung der Arbeit, Anwendung neuer und Vervollkommnung alter Maschinerie im Gefolge hat.

Wie aber wirken diese Umstände, die von dem Wachstum des produktiven Kapitals unzertrennlich sind, auf die Bestimmung des Arbeitslohns ein?

Die größere *Teilung der Arbeit* befähigt *einen* Arbeiter, die Arbeit von 5, 10, 20 zu tun; sie vermehrt also die Konkurrenz unter den Arbeitern um das 5-, 10-, 20fache. Die Arbeiter machen sich nicht nur Konkurrenz, indem einer sich wohlfeiler verkauft wie der andere; sie machen sich Konkurrenz, indem *einer* die Arbeit von 5, 10, 20 verrichtet, und die vom Kapital eingeführte und stets vergrößerte *Teilung der Arbeit* zwingt die Arbeiter, sich diese Art von Konkurrenz zu machen.

Ferner: In demselben Maße, wie die *Teilung der Arbeit* zunimmt, *vereinfacht* sich die Arbeit. Die *besondere Geschicklichkeit* des Arbeiters wird wertlos. Er wird in eine einfache, eintönige Produktivkraft verwandelt, die weder körperliche noch geistige Spannkräfte ins Spiel zu setzen hat. Seine Arbeit wird allen zugängliche Arbeit.

Es drängen daher Konkurrenten von allen Seiten auf ihn ein, und überdem erinnern wir, daß, je einfacher, je leichter erlernbar die Arbeit ist, je weniger Produktionskosten es bedarf, um sich dieselbe anzueignen, desto tiefer der Arbeitslohn sinkt, denn wie der Preis jeder andern Ware ist er durch die Produktionskosten bestimmt.

In demselben Maß also, worin die Arbeit unbefriedigender, ekelhafter wird, in demselben Maß nimmt die Konkurrenz zu und der Arbeitslohn ab. Der Arbeiter sucht die Masse seines Arbeitslohns zu behaupten, indem er mehr arbeitet, sei es, daß er mehr Stunden arbeitet, sei es, daß er mehr in derselben Stunde liefert. Durch die Not getrieben, vermehrt er also noch die unheilvollen Wirkungen der Teilung der Arbeit. Das Resultat ist: *Je mehr er arbeitet, um so weniger Lohn erhält er*, und zwar aus dem einfachen Grunde, weil er in demselben Maß seinen Mitarbeitern Konkurrenz macht, sich daher ebenso viele Konkurrenten aus seinen Mitarbeitern macht, die sich zu ebenso schlechten Bedingungen anbieten wie er selbst, weil er also in letzter Instanz *sich selbst Konkurrenz macht, sich selbst als Mitglied der Arbeiterklasse.*

Die *Maschinerie* bringt dieselben Wirkungen auf viel größerer Stufenleiter hervor, indem sie geschickte Arbeiter durch ungeschickte, Männer durch Weiber, Erwachsene durch Kinder verdrängt, indem die Maschinerie da, wo sie neu eingeführt wird, die Handarbeiter massenhaft aufs Pflaster wirft, und da, wo sie ausgebildet, verbessert, durch fruchtbarere Maschinen ersetzt wird, sie in kleineren Haufen abdankt. Wir haben oben in raschen Zügen den industriellen Krieg der Kapitalisten untereinander geschildert. *Dieser Krieg hat das Eigentümliche, daß die Schlachten weniger in ihm gewonnen werden durch Anwerben als durch Abdanken der Arbeiterarmee. Die Feldherren, die Kapitalisten, wetteifern untereinander, wer am meisten Industrie-Soldaten entlassen kann.*

Die Ökonomen erzählen uns allerdings, daß die durch Maschinen überflüssig gewordenen Arbeiter *neue* Beschäftigungszweige finden.

Sie wagen nicht direkt zu behaupten, daß dieselben Arbeiter, die entlassen worden sind, in neuen Arbeitszweigen unterkommen. Die Tatsachen schreien zu laut gegen diese Lüge. Sie behaupten eigentlich nur, daß für *andere Bestandteile der Arbeiterklasse*, z. B. für den Teil der jungen Arbeitergeneration, der schon bereit stand, um in den untergegangenen Industriezweig einzutreten, sich neue

Beschäftigungsmittel auftun werden. Es ist dies natürlich eine große Genugtuung für die gefallenen Arbeiter. Es wird den Herren Kapitalisten nicht an frischem exploitablem Fleisch und Blut fehlen, und man wird die Toten ihre Toten begraben lassen. Es ist dies mehr ein Trost, den die Bourgeois sich selbst, als den sie den Arbeitern geben. Wenn die ganze Klasse der Lohnarbeiter durch die Maschinerie vernichtet würde, wie schrecklich für das Kapital, das ohne Lohnarbeit aufhört, Kapital zu sein?

Gesetzt aber, daß die durch Maschinerie direkt aus der Arbeit Verdrängten und der ganze Teil der neuen Generation, der schon auf diesen Dienst lauerte, eine *neue Beschäftigung finden.* Glaubt man, daß dieselbe so hoch bezahlt werden wird wie die verlorengegangene? *Es widerspräche dies allen Gesetzen der Ökonomie.* Wir haben gesehen, wie die moderne Industrie es mit sich bringt, stets eine einfachere, untergeordnetere Beschäftigung der zusammengesetzten, höheren unterzuschieben.

Wie könnte also eine Arbeitermasse, die durch Maschinerie aus einem Industriezweig herausgeworfen ist, in einem andern eine Zuflucht finden, es sei denn, daß er *niedriger, schlechter bezahlt* ist?

Man hat als Ausnahme die Arbeiter angeführt, die in der Fabrikation der Maschinerie selbst arbeiten. Sobald mehr Maschinerie in der Industrie verlangt und verbraucht werde, müßten die Maschinen notwendig zunehmen, also die Maschinenfabrikation, also die Beschäftigung der Arbeiter in der Maschinenfabrikation, und die in diesem Industriezweig verwandten Arbeiter seien geschickte, ja selbst gebildete Arbeiter.

Seit dem Jahre 1840 hat diese schon früher nur halbwahre Behauptung allen Schein verloren, indem immer vielseitiger Maschinen zum Fabrizieren von Maschinen nicht mehr, nicht minder angewandt wurden als zum Fabrizieren von Baumwollgarn, und die in den Maschinenfabriken beschäftigten Arbeiter, gegenüber von höchst kunstvollen, nur noch die Stelle von höchst kunstlosen Maschinen spielen konnten.

Aber statt des durch die Maschine verabschiedeten Mannes beschäftigt die Fabrik vielleicht *drei* Kinder und *eine* Frau! Und mußte das Salair des Mannes nicht hinreichen für die drei Kinder und eine Frau? Mußte das Minimum des Arbeitslohns nicht hinreichen, um die Race zu erhalten und zu vermehren? Was also beweist diese beliebte Bourgeoisredensart? Weiter nichts, als daß jetzt *viermal* soviel Arbeiterleben verbraucht werden wie früher, um das Salair *einer* Arbeiterfamilie zu gewinnen.

Resümieren wir: *Je mehr das produktive Kapital wächst, desto mehr dehnt sich die Teilung der Arbeit und die Anwendung der Maschinerie aus. Je mehr sich die Teilung der Arbeit und die Anwendung der Maschinerie ausdehnt, um so mehr dehnt sich die Konkurrenz unter den Arbeitern aus, je mehr zieht sich ihr Salair zusammen.* [...]

In dem Maße endlich, wie die Kapitalisten durch die oben geschilderte Bewegung gezwungen werden, schon vorhandene riesenhafte Produktionsmittel auf größerer Stufenleiter auszubeuten und zu diesem Zwecke alle Springfedern des Kredits in Bewegung zu setzen, in demselben Maße vermehren sich die Erdbeben, worin die Handelswelt sich nur dadurch erhält, daß sie einen Teil des Reichtums, der Produkte und selbst der Produktionskräfte den Göttern der Unterwelt opfert – nehmen mit einem Wort die *Krisen* zu. Sie werden häufiger und heftiger schon deswegen, weil in demselben Maß, worin die Produktenmasse, also das Bedürfnis nach ausgedehnten Märkten wächst, der Weltmarkt immer mehr sich zusammenzieht, immer weniger Märkte zur Exploitation übrigbleiben, da jede vorhergehende Krise einen bisher unerobenen oder vom Handel nur oberflächlich ausgebeuteten Markt dem Welthandel unterworfen hat. Das Kapital *lebt* aber nicht nur von der Arbeit. Ein zugleich vornehmer und barbarischer Herr, zieht es mit sich in die Gruft die Leichen seiner Sklaven, ganze Arbeiterhekatomben, die in den Krisen untergehen. Wir sehen also: *Wächst das Kapital rasch, so wächst ungleich rascher die Konkurrenz unter den Arbeitern, d. h., desto mehr nehmen verhältnismäßig die Beschäftigungsmittel, die Lebensmittel für die Arbeiterklasse ab, und nichtsdestoweniger ist das rasche Wachsen des Kapitals die günstigste Bedingung für die Lohnarbeit.*

[...]

Der Fetischcharakter der Ware und sein Geheimnis

Eine Ware scheint auf den ersten Blick ein selbstverständliches, triviales Ding. Ihre Analyse ergibt, daß sie ein sehr vertracktes Ding ist, voll metaphysischer Spitzfindigkeit und theologischer Mucken. Soweit sie Gebrauchswert, ist nichts Mysteriöses an ihr, ob ich sie nun unter dem Gesichtspunkt betrachte, daß sie durch ihre Eigenschaften menschliche Bedürfnisse befriedigt oder diese Eigenschaften erst als Produkt menschlicher Arbeit erhält. Es ist sinnenklar, daß der Mensch durch seine Tätigkeit die Formen der Naturstoffe in einer ihm nützlichen Weise verändert. Die Form des Holzes z. B. wird verändert, wenn man aus ihm einen Tisch macht. Nichtsdestoweniger bleibt der Tisch Holz, ein ordinäres sinnliches Ding. Aber sobald er als Ware auftritt, verwandelt er sich in ein sinnlich übersinnliches Ding. Er steht nicht nur mit seinen Füßen auf dem Boden, sondern er stellt sich allen andren Waren gegenüber auf den Kopf und entwickelt aus seinem Holzkopf Grillen, viel wunderlicher, als wenn er aus freien Stücken zu tanzen begänne.

Der mystische Charakter der Ware entspringt also nicht aus ihrem Gebrauchswert. Er entspringt ebensowenig aus dem Inhalt der Wertbestimmungen. Denn erstens, wie verschieden die nützlichen Arbeiten oder produktiven Tätigkeiten sein mögen, es ist eine physiologische Wahrheit, daß sie Funktionen des menschlichen Organismus sind und daß jede solche Funktion, welches immer ihr Inhalt und ihre Form, wesentlich Verausgabung von menschlichem Hirn, Nerv, Muskel, Sinnesorgan usw. ist. Was zweitens der Bestimmung der Wertgröße zugrunde liegt, die Zeitdauer jener Verausgabung oder die Quantität der Arbeit, so ist die Quantität sogar sinnfällig von der Qualität der Arbeit unterscheidbar. In allen Zuständen mußte die Arbeitszeit, welche die Produktion der Lebensmittel kostet, den Menschen interessieren, obgleich nicht gleichmäßig auf verschiedenen Entwicklungsstufen. Endlich, sobald die Menschen in irgendeiner Weise füreinander arbeiten, erhält ihre Arbeit auch eine gesellschaftliche Form.

Woher entspringt also der rätselhafte Charakter des Arbeitsprodukts, sobald es Warenform annimmt? Offenbar aus dieser Form selbst. Die Gleichheit der menschlichen Arbeiten erhält die sachliche Form der gleichen Wertgegenständlichkeit der Arbeitsprodukte, das Maß der Verausgabung menschlicher Arbeitskraft durch ihre Zeitdauer erhält die Form der Wertgröße der Arbeitsprodukte, endlich die Verhältnisse der Produzenten, worin jene gesellschaftlichen Bestimmungen ihrer Arbeiten betätigt werden, erhalten die Form eines gesellschaftlichen Verhältnisses der Arbeitsprodukte.

Das Geheimnisvolle der Warenform besteht also einfach darin, daß sie den Menschen die gesellschaftlichen Charaktere ihrer eignen Arbeit als gegenständliche Charaktere der Arbeitsprodukte selbst, als gesellschaftliche Natureigenschaften dieser Dinge zurückspiegelt, daher auch das gesellschaftliche Verhältnis der Produzenten zur Gesamtarbeit als ein außer ihnen existierendes gesellschaftliches Verhältnis von Gegenständen. Durch dies Quidproquo werden die Arbeitsprodukte Waren, sinnlich übersinnliche oder gesellschaftliche Dinge. So stellt sich der Lichteindruck eines Dings auf den Sehnerv nicht als subjektiver Reiz des Sehnervs selbst, sondern als gegenständliche Form eines Dings außerhalb des Auges dar. Aber beim Sehen wird wirklich Licht von einem Ding, dem äußeren Gegenstand, auf ein andres Ding, das Auge, geworfen. Es ist ein physisches Verhältnis zwischen physischen Dingen. Dagegen hat die Warenform und das Wertverhältnis der Arbeitsprodukte, worin sie sich darstellt, mit ihrer physischen Natur und den daraus entspringenden dinglichen Beziehungen absolut nichts zu schaffen. Es ist nur das bestimmte gesellschaftliche Verhältnis der Menschen selbst, welches hier für sie die phantasmagorische Form eines Verhältnisses von Dingen annimmt. Um daher eine Analogie zu finden, müssen wir in die Nebelregion der religiösen Welt flüchten. Hier scheinen die Produkte des menschlichen Kopfes mit eignem Leben begabte, untereinander und mit den Menschen in Verhältnis stehende selbständige Gestalten. So in der Warenwelt die Produkte der menschlichen Hand. Dies nenne ich den Fetischismus, der den Arbeitsprodukten anklebt, sobald sie als Waren produziert werden, und der daher von der Warenproduktion unzertrennlich ist.

Dieser Fetischcharakter der Warenwelt entspringt, wie die vorhergehende Analyse bereits gezeigt hat, aus dem eigentümlichen gesellschaftlichen Charakter der Arbeit, welche Waren produziert.

Gebrauchsgegenstände werden überhaupt nur Waren, weil sie Produkte voneinander unabhängig betriebner Privatarbeiten sind.

Der Komplex dieser Privatarbeiten bildet die gesellschaftliche Gesamtarbeit. Da die Produzenten erst in gesellschaftlichen Kontakt treten durch den Austausch ihrer Arbeitsprodukte, erscheinen auch die spezifisch gesellschaftlichen Charaktere ihrer Privatarbeiten erst innerhalb dieses Austausches. Oder die Privatarbeiten betätigen sich in der Tat erst als Glieder der gesellschaftlichen Gesamtarbeit durch die Beziehungen, worin der Austausch die Arbeitsprodukte und vermittelst derselben die Produzenten versetzt. Den letzteren erscheinen daher die gesellschaftlichen Beziehungen ihrer Privatarbeiten als das, was sie sind, d. h. nicht als unmittelbar gesellschaftliche Verhältnisse der Personen in ihren Arbeiten selbst, sondern vielmehr als sachliche Verhältnisse der Personen und gesellschaftliche Verhältnisse der Sachen.

Erst innerhalb ihres Austauschs erhalten die Arbeitsprodukte eine von ihrer sinnlich verschiednen Gebrauchsgegenständlichkeit getrennte, gesellschaftlich gleiche Wertgegenständlichkeit. Diese Spaltung des Arbeitsprodukts in nützliches Ding und Wertding betätigt sich nur praktisch, sobald der Austausch bereits hinreichende Ausdehnung und Wichtigkeit gewonnen hat, damit nützliche Dinge für den Austausch produziert werden, der Wertcharakter der Sachen also schon bei ihrer Produktion selbst in Betracht kommt. Von diesem Augenblick erhalten die Privatarbeiten der Produzenten tatsächlich einen doppelten gesellschaftlichen Charakter. Sie müssen einerseits als bestimmte nützliche Arbeiten ein bestimmtes gesellschaftliches Bedürfnis befriedigen und sich so als Glieder der Gesamtarbeit, des naturwüchsigen Systems der gesellschaftlichen Teilung der Arbeit, bewähren. Sie befriedigen andrerseits nur die mannigfachen Bedürfnisse ihrer eignen Produzenten, sofern jede besondre nützliche Privatarbeit mit jeder andren nützlichen Art Privatarbeit austauschbar ist, also ihr gleichgilt. Die Gleichheit toto coelo [völlig] verschiedner Arbeiten kann nur in einer Abstraktion von ihrer wirklichen Ungleichheit bestehn, in der Reduktion auf den gemeinsamen Charakter, den sie als Verausgabung menschlicher Arbeitskraft, abstrakt menschliche Arbeit, besitzen. Das Gehirn der Privatproduzenten spiegelt diesen doppelten gesellschaftlichen Charakter ihrer Privatarbeiten nur wider in den Formen, welche im praktischen Verkehr, im Produktenaustausch erscheinen – den gesellschaftlich nützlichen Charakter ihrer Privatarbeiten also in der Form, daß das Arbeitsprodukt nützlich sein muß, und zwar für andre – den gesellschaftlichen Charakter der Gleichheit der verschiedenartigen Arbeiten in der Form des gemeinsamen Wertcharakters dieser materiell verschiednen Dinge, der Arbeitsprodukte.

Die Menschen beziehen also ihre Arbeitsprodukte nicht aufeinander als Werte, weil diese Sachen ihnen als bloß sachliche Hüllen gleichartig menschlicher Arbeit gelten. Umgekehrt. Indem sie ihre verschiedenartigen Produkte einander im Austausch als Werte gleichsetzen, setzen sie ihre verschiednen Arbeiten einander als menschliche Arbeit gleich. Sie wissen das nicht, aber sie tun es. Es steht daher dem Werte nicht auf der Stirn geschrieben, was er ist. Der Wert verwandelt vielmehr jedes Arbeitsprodukt in eine gesellschaftliche Hieroglyphe. Später suchen die Menschen den Sinn der Hieroglyphe zu entziffern, hinter das Geheimnis ihres eignen gesellschaftlichen Produkts zu kommen, denn die Bestimmung der Gebrauchsgegenstände als Werte ist ihr gesellschaftliches Produkt so gut wie die Sprache. Die späte wissenschaftliche Entdeckung, daß die Arbeitsprodukte, soweit sie Werte, bloß sachliche Ausdrükke der in ihrer Produktion verausgabten menschlichen Arbeit sind, macht Epoche in der Entwicklungsgeschichte der Menschheit, aber verscheucht keineswegs den gegenständlichen Schein der gesellschaftlichen Charaktere der Arbeit. Was nur für diese besondre Produktionsform, die Warenproduktion, gültig ist, daß nämlich der spezifisch gesellschaftliche Charakter der voneinander unabhängigen Privatarbeiten in ihrer Gleichheit als menschliche Arbeit besteht und die Form des Wertcharakters der Arbeitsprodukte annimmt, erscheint, vor wie nach jener Entdeckung, den in den Verhältnissen der Warenproduktion Befangenen ebenso endgültig, als daß die wissenschaftliche Zersetzung der Luft in ihre Elemente die Luftform als eine physikalische Körperform fortbestehn läßt.

Was die Produktenaustauscher zunächst praktisch interessiert, ist die Frage, wieviel fremde Produkte sie für das eigne Produkt erhalten, in welchen Proportionen sich also die Produkte austauschen. Sobald diese Proportionen zu einer gewissen gewohnheitsmäßigen Festigkeit herangereift sind, scheinen sie aus der Natur der Arbeitsprodukte zu entspringen, so daß z. B. eine Tonne Eisen und 2 Unzen Gold gleichwertig, wie ein Pfund Gold und ein Pfund Eisen trotz ihrer verschiednen physikalischen und chemischen Eigenschaften gleich schwer sind. In der Tat befestigt sich der Wertcharakter der Arbeitsprodukte erst durch ihre Betätigung als Wertgrößen. Die letzteren wechseln beständig, unabhängig vom Willen, Vorwissen und Tun der Austauschenden. Ihre eigne gesellschaftliche Bewegung besitzt für sie die Form einer Bewegung von Sachen, unter deren Kontrolle sie stehen, statt sie zu kontrollieren. Es bedarf vollständig entwickelter Warenproduktion, bevor aus der Erfahrung selbst die wissenschaftliche Einsicht herauswächst, daß die unabhängig voneinander betriebenen, aber als naturwüchsige Glieder der gesellschaftlichen Teilung der Arbeit allseitig voneinander abhängigen Privatarbeiten fortwährend auf ihr gesellschaftlich proportionelles Maß reduziert werden, weil sich in den zufälligen und stets schwankenden Austauschverhältnissen ihrer Produkte die zu deren Produktion gesellschaftlich notwendige Arbeitszeit als regelndes Naturgesetz gewaltsam durchsetzt, wie etwa das Gesetz der Schwere, wenn einem das Haus über dem Kopf zusammenpurzelt. Die Bestimmung der Wertgröße durch die Arbeitszeit ist daher ein unter den erscheinenden Bewegungen der relativen Warenwerte verstecktes Geheimnis. Seine Entdeckung hebt den Schein der bloß zufälligen Bestimmung der Wertgrößen der Arbeitsprodukte auf, aber keineswegs ihre sachliche Form.

Das Nachdenken über die Formen des menschlichen Lebens, also auch ihre wissenschaftliche Analyse, schlägt überhaupt einen der wirklichen Entwicklung entgegengesetzten Weg ein. Es beginnt post festum und daher mit den fertigen Resultaten des Entwicklungsprozesses. Die Formen, welche Arbeitsprodukte zu Waren stempeln und daher der Warenzirkulation vorausgesetzt sind, besitzen bereits die Festigkeit von Naturformen des gesellschaftlichen Lebens, bevor die Menschen sich Rechenschaft zu geben suchen nicht über den historischen Charakter dieser Formen, die ihnen vielmehr bereits als unwandelbar gelten, sondern über deren Gehalt. So war es nur die Analyse der Warenpreise, die zur Bestimmung der Wertgröße, nur der gemeinschaftliche Geldausdruck der Waren, der zur Fixierung ihres Wertcharakters führte. Es ist aber ebendiese fertige Form – die Geldform – der Warenwelt, welche den gesellschaftlichen Charakter der Privatarbeiten und daher die gesellschaftlichen Verhältnisse der Privatarbeiter sachlich verschleiert, statt sie zu offenbaren. Wenn ich sage, Rock, Stiefel usw. beziehen sich auf Leinwand als die allgemeine Verkörperung abstrakter menschlicher Arbeit, so springt die Verrücktheit dieses Ausdrucks ins Auge. Aber wenn die Produzenten von Rock, Stiefel usw. diese

Waren auf Leinwand – oder auf Gold und Silber, was nichts an der Sache ändert – als allgemeines Äquivalent beziehn, erscheint ihnen die Beziehung ihrer Privatarbeiten zu der gesellschaftlichen Gesamtarbeit genau in dieser verrückten Form.

Derartige Formen bilden eben die Kategorien der bürgerlichen Ökonomie. Es sind gesellschaftlich gültige, also objektive Gedankenformen für die Produktionsverhältnisse dieser historisch bestimmten gesellschaftlichen Produktionsweise, der Warenproduktion. Aller Mystizismus der Warenwelt, all der Zauber und Spuk, welcher Arbeitsprodukte auf Grundlage der Warenproduktion umnebelt, verschwindet daher sofort, sobald wir zu andren Produktionsformen flüchten.

Da die politische Ökonomie Robinsonaden liebt, erscheine zuerst Robinson auf seiner Insel. Bescheiden, wie er von Haus aus ist, hat er doch verschiedenartige Bedürfnisse zu befriedigen und muß daher nützliche Arbeiten verschiedner Art verrichten, Werkzeuge machen, Möbel fabrizieren, Lama zähmen, fischen, jagen usw. Vom Beten u. dgl. sprechen wir hier nicht, da unser Robinson daran sein Vergnügen findet und derartige Tätigkeit als Erholung betrachtet. Trotz der Verschiedenheit seiner produktiven Funktionen weiß er, daß sie nur verschiedne Betätigungsformen desselben Robinson, also nur verschiedne Weisen menschlicher Arbeit sind. Die Not selbst zwingt ihn, seine Zeit genau zwischen seinen verschiednen Funktionen zu verteilen. Ob die eine mehr, die andre weniger Raum in seiner Gesamttätigkeit einnimmt, hängt ab von der größeren oder geringeren Schwierigkeit, die zur Erzielung des bezweckten Nutzeffekts zu überwinden ist. Die Erfahrung lehrt ihn das, und unser Robinson, der Uhr, Hauptbuch, Tinte und Feder aus dem Schiffbruch gerettet, beginnt als guter Engländer bald Buch über sich selbst zu führen. Sein Inventarium enthält ein Verzeichnis der Gebrauchsgegenstände, die er besitzt, der verschiednen Verrichtungen, die zu ihrer Produktion erheischt sind, endlich der Arbeitszeit, die ihm bestimmte Quanta dieser verschiednen Produkte im Durchschnitt kosten. Alle Beziehungen zwischen Robinson und den Dingen, die seinen selbstgeschaffnen Reichtum bilden, sind hier so einfach und durchsichtig, daß selbst Herr M. Wirth sie ohne besondre Geistesanstrengung verstehn dürfte. Und dennoch sind darin alle wesentlichen Bestimmungen des Werts enthalten.

Versetzen wir uns nun von Robinsons lichter Insel in das finstre europäische Mittelalter. Statt des unabhängigen Mannes finden wir hier jedermann abhängig – Leibeigne und Grundherrn, Vasallen und Lehnsgeber, Laien und Pfaffen. Persönliche Abhängigkeit charakterisiert ebensosehr die gesellschaftlichen Verhältnisse der materiellen Produktion als die auf ihr aufgebauten Lebenssphären. Aber eben weil persönliche Abhängigkeitsverhältnisse die gegebne gesellschaftliche Grundlage bilden, brauchen Arbeiten und Produkte nicht eine von ihrer Realität verschiedne phantastische Gestalt anzunehmen. Sie gehn als Naturaldienste und Naturalleistungen in das gesellschaftliche Getriebe ein. Die Naturalform der Arbeit, ihre Besonderheit, und nicht, wie auf Grundlage der Warenproduktion, ihre Allgemeinheit, ist hier ihre unmittelbar gesellschaftliche Form. Die Fronarbeit ist ebensogut durch die Zeit gemessen wie die Waren produzierende Arbeit, aber jeder Leibeigne weiß, daß es ein bestimmtes Quantum seiner persönlichen Arbeitskraft ist, die er im Dienst seines Herrn verausgabt. Der dem Pfaffen zu leistende Zehnten ist klarer als der Segen des Pfaffen. Wie man daher immer die Charaktermasken beurteilen mag, worin sich die Menschen hier gegenübertreten, die gesellschaftlichen Verhältnisse der Personen in ihren Arbeiten erscheinen jedenfalls als ihre eignen persönlichen Verhältnisse und sind nicht verkleidet in gesellschaftliche Verhältnisse der Sachen, der Arbeitsprodukte.

Für die Betrachtung gemeinsamer, d.h. unmittelbar vergesellschafteter Arbeit brauchen wir nicht zurückzugehn zu der naturwüchsigen Form derselben, welche uns an der Geschichtsschwelle aller Kulturvölker begegnet.[1] Ein näherliegendes Beispiel bildet die ländlich patriarchalische Industrie einer Bauernfamilie, die für den eignen Bedarf Korn, Vieh, Garn, Leinwand, Kleidungsstücke usw. produziert. Diese verschiednen Dinge treten der Familie als verschiedne Produkte ihrer Familienarbeit gegenüber, aber nicht sich selbst wechselseitig als Waren. Die verschiednen Arbeiten, welche diese Produkte erzeugen, Ackerbau, Viehzucht, Spinnen, Weben,

1 Note zur 2. Ausgabe. »Es ist ein lächerliches Vorurteil in neuester Zeit verbreitet, daß die Form des naturwüchsigen Gemeineigentums spezifisch slawische, sogar ausschließlich russische Form sei. Sie ist die Urform, die wir bei Römern, Germanen, Kelten nachweisen können, von der aber eine ganze Musterkarte mit mannigfachen Proben sich noch immer, wenn auch zum Teil ruinenweise, bei den Indiern vorfindet.«

Schneiderei usw., sind in ihrer Naturalform gesellschaftliche Funktionen, weil Funktionen der Familie, die ihre eigne, naturwüchsige Teilung der Arbeit besitzt so gut wie die Warenproduktion. Geschlechts- und Altersunterschiede wie die mit dem Wechsel der Jahreszeit wechselnden Naturbedingungen der Arbeit regeln ihre Verteilung unter die Familie und die Arbeitszeit der einzelnen Familienglieder. Die durch die Zeitdauer gemeßne Verausgabung der individuellen Arbeitskräfte erscheint hier aber von Haus aus als gesellschaftliche Bestimmung der Arbeiten selbst, weil die individuellen Arbeitskräfte von Haus aus nur als Organe der gemeinsamen Arbeitskraft der Familie wirken.

Stellen wir uns endlich, zur Abwechslung, einen Verein freier Menschen vor, die mit gemeinschaftlichen Produktionsmitteln arbeiten und ihre vielen individuellen Arbeitskräfte selbstbewußt als eine gesellschaftliche Arbeitskraft verausgaben. Alle Bestimmungen von Robinsons Arbeit wiederholen sich hier, nur gesellschaftlich statt individuell. Alle Produkte Robinsons waren sein ausschließlich persönliches Produkt und daher unmittelbar Gebrauchsgegenstände für ihn. Das Gesamtprodukt des Vereins ist ein gesellschaftliches Produkt. Ein Teil dieses Produkts dient wieder als Produktionsmittel. Er bleibt gesellschaftlich. Aber ein anderer Teil wird als Lebensmittel von den Vereinsgliedern verzehrt. Er muß daher unter sie verteilt werden. Die Art dieser Verteilung wird wechseln mit der besondren Art des gesellschaftlichen Produktionsorganismus selbst und der entsprechenden geschichtlichen Entwicklungshöhe der Produzenten. Nur zur Parallele mit der Warenproduktion setzen wir voraus, der Anteil jedes Produzenten an den Lebensmitteln sei bestimmt durch seine Arbeitszeit. Die Arbeitszeit würde also eine doppelte Rolle spielen. Ihre gesellschaftlich planmäßige Verteilung regelt die richtige Proportion der verschiednen Arbeitsfunktionen zu den verschiednen Bedürfnissen. Andrerseits dient die Arbeitszeit zugleich als Maß des individuellen Anteils des Produzenten an der Gemeinarbeit und daher auch an dem individuell verzehrbaren Teil des Gemeinprodukts. Die gesellschaftlichen Beziehungen der Menschen zu ihren Arbeiten und ihren Arbeitsprodukten bleiben hier durchsichtig einfach in der Produktion sowohl als in der Distribution.

Für eine Gesellschaft von Warenproduzenten, deren allgemein gesellschaftliches Produktionsverhältnis darin besteht, sich zu ihren

Produkten als Waren, also als Werten, zu verhalten und in dieser sachlichen Form ihre Privatarbeiten aufeinander zu beziehn als gleiche menschliche Arbeit, ist das Christentum mit seinem Kultus des abstrakten Menschen, namentlich in seiner bürgerlichen Entwicklung, dem Protestantismus, Deismus usw., die entsprechendste Religionsform. In den altasiatischen, antiken usw. Produktionsweisen spielt die Verwandlung des Produkts in Ware, und daher das Dasein der Menschen als Warenproduzenten, eine untergeordnete Rolle, die jedoch um so bedeutender wird, je mehr die Gemeinwesen in das Stadium ihres Untergangs treten. Eigentliche Handelsvölker existieren nur in den Intermundien der alten Welt, wie Epikurs Götter[1] oder wie Juden in den Poren der polnischen Gesellschaft. Jene alten gesellschaftlichen Produktionsorganismen sind außerordentlich viel einfacher und durchsichtiger als der bürgerliche, aber sie beruhen entweder auf der Unreife des individuellen Menschen, der sich von der Nabelschnur des natürlichen Gattungszusammenhangs mit andren noch nicht losgerissen hat, oder auf unmittelbaren Herrschafts- und Knechtschaftsverhältnissen. Sie sind bedingt durch eine niedrige Entwicklungsstufe der Produktivkräfte der Arbeit und entsprechend befangene Verhältnisse der Menschen innerhalb ihres materiellen Lebenserzeugungsprozesses, daher zueinander und zur Natur. Diese wirkliche Befangenheit spiegelt sich ideell wider in den alten Natur- und Volksreligionen. Der religiöse Widerschein der wirklichen Welt kann überhaupt nur verschwinden, sobald die Verhältnisse des praktischen Werkeltagslebens den Menschen tagtäglich durchsichtig vernünftige Beziehungen zueinander und zur Natur darstellen. Die Gestalt des gesellschaftlichen Lebensprozesses, d.h. des materiellen Produktionsprozesses, streift nur ihren mystischen Nebelschleier ab, sobald sie als Produkt frei vergesellschafteter Menschen unter deren bewußter planmäßiger Kontrolle steht. Dazu ist jedoch eine materielle Grundlage der Gesellschaft erheischt oder eine Reihe materieller Existenzbedingungen, welche selbst wieder das naturwüchsige Produkt einer langen und qualvollen Entwicklungsgeschichte sind.

Die politische Ökonomie hat nun zwar, wenn auch unvollkommen Wert und Wertgröße analysiert und den in diesen Formen versteckten Inhalt entdeckt. Sie hat niemals auch nur die Frage gestellt, warum dieser Inhalt jene Form annimmt, warum sich also die Arbeit im Wert und das Maß der Arbeit durch ihre Zeitdauer in der Wertgröße des Arbeitsprodukts darstellt?[1] Formeln, denen es auf der Stirn geschrieben steht, daß sie einer Gesellschaftsformation angehören, worin der Produktionsprozeß die Menschen, der Mensch noch nicht den Produktionsprozeß bemeistert, gelten ihrem bürgerlichen Bewußtsein für ebenso selbstverständliche Naturnotwendigkeit als die produktive Arbeit selbst. Vorbürgerliche Formen des gesellschaftlichen Produktionsorganismus werden daher von ihr behandelt wie etwa von den Kirchenvätern vorchristliche Religionen.[2]

Wie sehr ein Teil der Ökonomen von dem der Warenwelt anklebenden Fetischismus oder dem gegenständlichen Schein der gesellschaftlichen Arbeitsbestimmungen getäuscht wird, beweist u. a. der langweilig abgeschmackte Zank über die Rolle der Natur in der Bildung des Tauschwerts. Da Tauschwert eine bestimmte gesellschaftliche Manier ist, die auf ein Ding verwandte Arbeit auszudrücken, kann er nicht mehr Naturstoff enthalten als etwa der Wechselkurs.

Da die Warenform die allgemeinste und unentwickeltste Form der bürgerlichen Produktion ist, weswegen sie früh auftritt, obgleich nicht in derselben herrschenden, also charakteristischen Wei-

1 Es ist einer der Grundmängel der klassischen politischen Ökonomie, daß es ihr nie gelang, aus der Analyse der Ware und spezieller des Warenwerts die Form des Werts, die ihn eben zum Tauschwert macht, herauszufinden. Grade in ihren besten Repräsentanten, wie A. Smith und Ricardo, behandelt sie die Wertform als etwas ganz Gleichgültiges oder der Natur der Ware selbst Äußerliches. Der Grund ist nicht allein, daß die Analyse der Wertgröße ihre Aufmerksamkeit ganz absorbiert. Er liegt tiefer. Die Wertform des Arbeitsprodukts ist die abstrakteste, aber auch allgemeinste Form der bürgerlichen Produktionsweise, die hierdurch als eine besondere Art gesellschaftlicher Produktion und damit zugleich historisch charakterisiert wird. Versieht man sie daher für die ewige Naturform gesellschaftlicher Produktion, so übersieht man notwendig auch das Spezifische der Wertform, also der Warenform, weiter entwickelt der Geldform, Kapitalform usw. Man findet daher bei Ökonomen, welche über das Maß der Wertgröße durch Arbeitszeit durchaus übereinstimmen, die kunterbuntesten und widersprechendsten Vorstellungen von Geld, d. h. der fertigen Gestalt des allgemeinen Äquivalents.

2 »Die Ökonomen verfahren auf eine sonderbare Art. Es gibt für sie nur zwei Arten von Institutionen, künstliche und natürliche. Die Institutionen des Feudalismus sind künstliche Institutionen, die der Bourgeoisie natürliche. Sie gleichen darin den Theologen, die auch zwei Arten von Religionen unterscheiden. Jede Religion, die nicht die ihre ist, ist eine Erfindung der Menschen, während ihre eigene Religion eine Offenbarung Gottes ist. – Somit hat es eine Geschichte gegeben, aber es gibt keine mehr.« (Karl Marx, »Misère de la Philosophie. Réponse à la Philosophie de la Misère de M. Proudhon«, 1847, p. 113.)

se wie heutzutag, scheint ihr Fetischcharakter noch relativ leicht zu durchschauen. Bei konkreteren Formen verschwindet selbst dieser Schein der Einfachheit. Woher die Illusionen des Monetarsystems? Es sah dem Gold und Silber nicht an, daß sie als Geld ein gesellschaftliches Produktionsverhältnis darstellen, aber in der Form von Naturdingen mit sonderbar gesellschaftlichen Eigenschaften. Und die moderne Ökonomie, die vornehm auf das Monetarsystem herabgrinst, wird ihr Fetischismus nicht handgreiflich, sobald sie das Kapital behandelt? Seit wie lange ist die physiokratische Illusion verschwunden, daß die Grundrente aus der Erde wächst, nicht aus der Gesellschaft?

Um jedoch nicht vorzugreifen, genüge hier noch ein Beispiel bezüglich der Warenform selbst. Könnten die Waren sprechen, so würden sie sagen, unser Gebrauchswert mag den Menschen interessieren. Er kommt uns nicht als Dingen zu. Was uns aber dinglich zukommt, ist unser Wert. Unser eigner Verkehr als Warendinge beweist das. Wir beziehn uns nur als Tauschwerte aufeinander. Man höre nun, wie der Ökonom aus der Warenseele heraus spricht:

Wert [Tauschwert] ist Eigenschaft der Dinge, Reichtum [Gebrauchswert] des Menschen. Wert in diesem Sinn schließt notwendig Austausch ein, Reichtum nicht. (»Observations on some verbal disputes in Pol. Econ., particularly relating to value, and to supply and demand«, Lond. 1821, p. 16.)

Reichtum [Gebrauchswert] ist ein Attribut des Menschen, Wert ein Attribut der Waren. Ein Mensch oder ein Gemeinwesen ist reich; eine Perle oder ein Diamant ist wertvoll ... Eine Perle oder ein Diamant hat Wert als Perle oder Diamant. (S. Bailey, l.c.p. 165 sq.)

Bisher hat noch kein Chemiker Tauschwert in Perle oder Diamant entdeckt. Die ökonomischen Entdecker dieser chemischen Substanz, die besondren Anspruch auf kritische Tiefe machen, finden aber, daß der Gebrauchswert der Sachen unabhängig von ihren sachlichen Eigenschaften, dagegen ihr Wert ihnen als Sachen zukommt. Was sie hierin bestätigt, ist der sonderbare Umstand, daß der Gebrauchswert der Dinge sich für den Menschen ohne Austausch realisiert, also im unmittelbaren Verhältnis zwischen Ding und Mensch, ihr Wert umgekehrt nur im Austausch, d. h. in einem gesellschaftlichen Prozeß.

[1] Epikurs Götter – Nach Ansicht des altgriechischen Philosophen Epikur existieren die Götter in den Intermundien, den Zwischenräumen der Welten; sie haben weder auf die Entwicklung des Weltalls noch auf das Leben des Menschen irgendwelchen Einfluss.

Einleitung [zu den »Grundrissen der Kritik der politischen Ökonomie«]

I. Produktion, Konsumtion, Distribution, Austausch (Zirkulation)

1. Produktion

a) Der vorliegende Gegenstand zunächst die materielle Produktion.

In Gesellschaft produzierende Individuen – daher gesellschaftlich bestimmte Produktion der Individuen ist natürlich der Ausgangspunkt. Der einzelne und vereinzelte Jäger und Fischer, womit Smith und Ricardo beginnen, gehört zu den phantasielosen Einbildungen des 18. Jahrhunderts. Robinsonaden, die keineswegs, wie Kulturhistoriker sich einbilden, bloß einen Rückschlag gegen Überverfeinerung und Rückkehr zu einem mißverstandnen Naturleben ausdrücken. Sowenig wie Rousseaus »Contrat social«,[1] der die von Natur independenten Subjekte durch Vertrag in Verhältnis und Verbindung bringt, auf solchem Naturalismus beruht. Dies Schein und nur der ästhetische Schein der kleinen und großen Robinsonaden. Es ist vielmehr die Vorwegnahme der »bürgerlichen Gesellschaft«, die seit dem 16. Jahrhundert sich vorbereitete und im 18. Riesenschritte zu ihrer Reife machte. In dieser Gesellschaft der freien Konkurrenz erscheint der einzelne losgelöst von den Naturbanden usw., die ihn in frühren Geschichtsepochen zum Zubehör eines bestimmten, begrenzten menschlichen Konglomerats machen. Den Propheten des 18. Jahrhunderts, auf deren Schultern Smith und Ricardo noch ganz stehn, schwebt dieses Individuum des 18. Jahrhunderts – das Produkt einerseits der Auflösung der feudalen Gesellschaftsformen, andrerseits der seit dem 16. Jahrhundert neuentwickelten Produktivkräfte – als Ideal vor, dessen Existenz eine vergangne sei. Nicht als ein historisches Resultat, sondern als Ausgangspunkt der Geschichte. Weil als das naturgemäße Individuum, angemessen ihrer Vorstellung von der menschlichen Natur, nicht als ein geschichtlich entstehendes, sondern von der

Natur gesetztes. Diese Täuschung ist jeder neuen Epoche bisher eigen gewesen. Steuart, der in mancher Hinsicht im Gegensatz zum 18. Jahrhundert und als Aristokrat mehr auf historischem Boden steht, hat diese Einfältigkeit vermieden.

Je tiefer wir in der Geschichte zurückgehen, je mehr erscheint das Individuum, daher auch das produzierende Individuum, als unselbständig, einem größren Ganzen angehörig: erst noch in ganz natürlicher Weise in der Familie und der zum Stamm erweiterten Familie; später in dem aus dem Gegensatz und Verschmelzung der Stämme hervorgehenden Gemeinwesen in seinen verschiednen Formen. Erst in dem 18. Jahrhundert, in der »bürgerlichen Gesellschaft«, treten die verschiednen Formen des gesellschaftlichen Zusammenhangs dem einzelnen als bloßes Mittel für seine Privatzwecke entgegen, als äußerliche Notwendigkeit. Aber die Epoche, die diesen Standpunkt erzeugt, den des vereinzelten einzelnen, ist grade die der bisher entwickeltsten gesellschaftlichen (allgemeinen von diesem Standpunkt aus) Verhältnisse. Der Mensch ist im wörtlichsten Sinn ein ζῶον πολιτικόν [zoon politikon – gesellschaftliches Wesen], nicht nur ein geselliges Tier, sondern ein Tier, das nur in der Gesellschaft sich vereinzeln kann. Die Produktion des vereinzelten einzelnen außerhalb der Gesellschaft – eine Rarität, die einem durch Zufall in die Wildnis verschlagnen Zivilisierten wohl vorkommen kann, der in sich dynamisch schon die Gesellschaftskräfte besitzt – ist ein ebensolches Unding als Sprachentwicklung ohne *zusammen* lebende und zusammen sprechende Individuen. Es ist sich dabei nicht länger aufzuhalten. Der Punkt wäre gar nicht zu berühren, wenn die Fadaise, die bei den Leuten des 18. Jahrhunderts Sinn und Verstand hatte, von Bastiat, Carey, Proudhon etc. nicht wieder ernsthaft mitten in die modernste Ökonomie hereingezogen würde. Für Proudhon u. a. ist es natürlich angenehm, den Ursprung eines ökonomischen Verhältnisses, dessen geschichtliche Entstehung er nicht kennt, dadurch geschichtsphilosophisch zu entwickeln, daß er mythologisiert, Adam oder Prometheus sei auf die Idee fix und fertig gefallen, dann sei sie eingeführt worden etc. Nichts ist langweilig trockener als der phantasierende locus communis [Gemeinplatz].

Wenn also von Produktion die Rede ist, ist immer die Rede von Produktion auf einer bestimmten gesellschaftlichen Entwicklungsstufe – von der Produktion gesellschaftlicher Individuen. Es könnte daher scheinen, daß, um überhaupt von der Produktion zu sprechen, wir entweder den geschichtlichen Entwicklungsprozeß in seinen verschiednen Phasen verfolgen müssen oder von vornherein erklären, daß wir es mit einer bestimmten historischen Epoche zu tun haben, also z. B. mit der modernen bürgerlichen Produktion, die in der Tat unser eigentliches Thema ist. Allein alle Epochen der Produktion haben gewisse Merkmale gemein, gemeinsame Bestimmungen. Die *Produktion im allgemeinen* ist eine Abstraktion, aber eine verständige Abstraktion, sofern sie wirklich das Gemeinsame hervorhebt, fixiert und uns daher die Wiederholung erspart. Indes dies *Allgemeine*, oder das durch Vergleichung herausgesonderte Gemeinsame, ist selbst ein vielfach Gegliedertes, in verschiedne Bestimmungen Auseinanderfahrendes. Einiges davon gehört allen Epochen; andres einigen gemeinsam. [Einige] Bestimmungen werden der modernsten Epoche mit der ältesten gemeinsam sein. Es wird sich keine Produktion ohne sie denken lassen; allein, wenn die entwickeltsten Sprachen Gesetze und Bestimmungen mit den unentwickeltsten gemein haben, so ist grade das, was ihre Entwicklung ausmacht, der Unterschied von diesem Allgemeinen und Gemeinsamen. Die Bestimmungen, die für die Produktion überhaupt gelten, müssen grade gesondert werden, damit über der Einheit – die schon daraus hervorgeht, daß das Subjekt, die Menschheit, und das Objekt, die Natur, dieselben – die wesentliche Verschiedenheit nicht vergessen wird. In diesem Vergessen liegt z. B. die ganze Weisheit der modernen Ökonomen, die die Ewigkeit und Harmonie der bestehenden sozialen Verhältnisse beweisen. Z. B. Keine Produktion möglich ohne ein Produktionsinstrument, wäre dies Instrument auch nur die Hand. Keine möglich ohne vergangne, aufgehäufte Arbeit, wäre diese Arbeit auch nur die Fertigkeit, die in der Hand des Wilden durch wiederholte Übung angesammelt und konzentriert ist. Das Kapital ist unter andrem auch Produktionsinstrument, auch vergangne, objektivierte Arbeit. Also ist das Kapital ein allgemeines, ewiges Naturverhältnis; d. h., wenn ich grade das Spezifische weglasse, was »Produktionsinstrument«, »aufgehäufte Arbeit« erst zum Kapital macht. Die ganze Geschichte der Produktionsverhältnisse erscheint daher z. B. bei Carey als eine durch die Regierungen böswillig veranlaßte Verfälschung.

Wenn es keine Produktion im allgemeinen gibt, so gibt es auch keine allgemeine Produktion. Die Produktion ist immer ein *be-*

sondrer Produktionszweig – z. B. Agrikultur, Viehzucht, Manufaktur etc. – oder sie ist *Totalität.* Allein die politische Ökonomie ist nicht Technologie. Das Verhältnis der allgemeinen Bestimmungen der Produktion auf einer gegebnen gesellschaftlichen Stufe zu den besondren Produktionsformen anderswo zu entwickeln (später).

Endlich ist die Produktion auch nicht nur besondre. Sondern es ist stets ein gewisser Gesellschaftskörper, ein gesellschaftliches Subjekt, das in einer größren oder dürftigren Totalität von Produktionszweigen tätig ist. Das Verhältnis, das die wissenschaftliche Darstellung zur reellen Bewegung hat, gehört ebenfalls noch nicht hierher. Produktion im allgemeinen. Besondre Produktionszweige. Totalität der Produktion.

Es ist Mode, der Ökonomie einen allgemeinen Teil vorherzuschicken – und es ist grade der, der unter dem Titel »Produktion« figuriert (siehe z. B. J. St. Mill) –, worin die *allgemeinen Bedingungen* aller Produktion abgehandelt werden. Dieser allgemeine Teil besteht oder soll angeblich bestehn: 1. aus den Bedingungen, ohne welche Produktion nicht möglich ist. D. h. also in der Tat nichts, als die wesentlichen Momente aller Produktion angeben. Es reduziert sich dies in der Tat aber, wie wir sehn werden, auf einige sehr einfache Bestimmungen, die in flachen Tautologien breitgeschlagen werden; 2. den Bedingungen, die mehr oder weniger die Produktion fördern, wie z. B. Adam Smiths fortschreitender und stagnanter Gesellschaftszustand. Um dies, was als Aperçu bei ihm seinen Wert hat, zu wissenschaftlicher Bedeutung zu erheben, wären Untersuchungen nötig über die Perioden der *Grade der Produktivität* in der Entwicklung einzelner Völker – eine Untersuchung, die außerhalb der eigentlichen Grenzen des Themas liegt, soweit sie aber in dasselbe gehört, bei der Entwicklung der Konkurrenz, Akkumulation etc. anzubringen ist. In der allgemeinen Fassung läuft die Antwort auf das Allgemeine hinaus, daß ein industrielles Volk die Höhe seiner Produktion in dem Moment besitzt, worin es überhaupt seine geschichtliche Höhe einnimmt. In fact. Industrielle Höhe eines Volks, solange noch nicht der Gewinn, sondern das Gewinnen ihm Hauptsache ist. Sofern die Yankees über den Engländern. Oder aber: daß z. B. gewisse Racenanlagen, Klimate, Naturverhältnisse, wie Seelage, Fruchtbarkeit des Bodens etc., der Produktion günstiger sind als andre. Läuft auch wieder auf die Tautologie hinaus, daß der Reichtum in dem Grade leichter geschaffen wird, als subjektiv und objektiv seine Elemente in höherm Grad vorhanden sind.

Das ist es aber alles nicht, worum es den Ökonomen wirklich in diesem allgemeinen Teil sich handelt. Die Produktion soll vielmehr – siehe z. B. Mill – im Unterschied von der Distribution etc. als eingefaßt in von der Geschichte unabhängigen ewigen Naturgesetzen dargestellt werden, bei welcher Gelegenheit dann ganz unter der Hand *bürgerliche* Verhältnisse als unumstößliche Naturgesetze der Gesellschaft in abstracto untergeschoben werden. Dies ist der mehr oder minder bewußte Zweck des ganzen Verfahrens. Bei der Distribution dagegen sollen die Menschen in der Tat allerlei Willkür sich erlaubt haben. Ganz abgesehn von dem rohen Auseinanderreißen von Produktion und Distribution und ihrem wirklichen Verhältnis, muß soviel von vornherein einleuchten, daß, wie verschiedenartig die Distribution auf verschiednen Gesellschaftsstufen sein mag, es ebenso möglich sein muß, ebensogut wie in der Produktion gemeinsame Bestimmungen herauszuheben, und ebenso möglich, alle historischen Unterschiede zu konfundieren oder auszulöschen in *allgemein menschlichen* Gesetzen. Z. B. der Sklave, der Leibeigne, der Lohnarbeiter erhalten alle ein Quantum Nahrung, das ihnen möglich macht, als Sklave, als Leibeigner, als Lohnarbeiter zu existieren. Der Eroberer, der vom Tribut, oder der Beamte, der von der Steuer, oder der Grundeigentümer, der von der Rente, oder der Mönch, der vom Almosen, oder der Levit, der vom Zehnten lebt, erhalten alle ein Quotum der gesellschaftlichen Produktion, das nach andren Gesetzen bestimmt ist als das des Sklaven etc. Die beiden Hauptpunkte, die alle Ökonomen unter diese Rubrik stellen, sind: 1. Eigentum; 2. Sicherung desselben durch Justiz, Polizei etc. Es ist darauf sehr kurz zu antworten:

ad 1. Alle Produktion ist Aneignung der Natur von seiten des Individuums innerhalb und vermittelst einer bestimmten Gesellschaftsform. In diesem Sinn ist es Tautologie zu sagen, daß Eigentum (Aneignen) eine Bedingung der Produktion sei. Lächerlich aber ist es, hiervon einen Sprung auf eine bestimmte Form des Eigentums, z. B. des Privateigentums, zu machen. (Was dazu noch eine gegensätzliche Form, die *Nichteigentum* ebensowohl als Bedingung unterstelle.) Die Geschichte zeigt vielmehr Gemeineigentum (z. B. bei den Indern, Slawen, alten Kelten etc.) als die ursprünglichere Form, eine Form, die unter der Gestalt des Gemeindeeigentums noch lange eine bedeutende Rolle spielt. Von der Frage, ob der Reichtum sich besser unter dieser oder jener Form des Eigentums entwickle, ist hier noch gar nicht die Rede. Daß aber von keiner Produktion, also auch von keiner Gesellschaft die Rede sein kann, wo keine Form des Eigentums existiert, ist eine Tautologie. Eine Aneignung, die sich nichts zu eigen macht, ist contradictio in subjecto [ein Widersinn].

ad 2. Sicherstellung des Erworbnen etc. Wenn diese Trivialitäten auf ihren wirklichen Gehalt reduziert werden, so sprechen sie mehr aus, als ihre Prediger wissen. Nämlich daß jede Form der Produktion ihre eignen Rechtsverhältnisse, Regierungsform etc. erzeugt. Die Roheit und Begriffslosigkeit liegt eben darin, das organisch Zusammengehörende zufällig aufeinander zu beziehn, in einen bloßen Reflexionszusammenhang zu bringen. Den bürgerlichen Ökonomen schwebt nur vor, daß sich mit der modernen Polizei besser produzieren lasse als z. B. im Faustrecht. Sie vergessen nur, daß auch das Faustrecht ein Recht ist und daß das Recht des Stärkeren unter andrer Form auch in ihrem »Rechtsstaat« fortlebt.

Wenn die einer bestimmten Stufe der Produktion entsprechenden gesellschaftlichen Zustände erst entstehn oder wenn sie schon vergehn, treten natürlich Störungen der Produktion ein, obgleich in verschiednem Grad und von verschiedner Wirkung.

Zu resümieren: Es gibt allen Produktionsstufen gemeinsame Bestimmungen, die vom Denken als allgemeine fixiert werden; aber die sog. *allgemeinen Bedingungen* aller Produktion sind nichts als diese abstrakten Momente, mit denen keine wirkliche geschichtliche Produktionsstufe begriffen ist.

2. Das allgemeine Verhältnis der Produktion zu Distribution, Austausch, Konsumtion

Ehe in eine weitre Analyse der Produktion eingegangen wird, ist es nötig, die verschiednen Rubriken, die die Ökonomen neben sie stellen, ins Aug zu fassen.

Die flach auf der Hand liegende Vorstellung: In der Produktion eignen (bringen hervor, gestalten) die Gesellschaftsglieder die Naturprodukte menschlichen Bedürfnissen an; die Distribution bestimmt das Verhältnis, worin der einzelne teilnimmt an diesen

Produkten; der Austausch führt ihm die besondren Produkte zu, in die er das ihm durch die Distribution zugefallne Quotum umsetzen will; endlich in der Konsumtion werden die Produkte Gegenstände des Genusses, der individuellen Aneignung. Die Produktion bringt die den Bedürfnissen entsprechenden Gegenstände hervor; die Distribution verteilt sie nach gesellschaftlichen Gesetzen; der Austausch verteilt wieder das schon Verteilte nach dem einzelnen Bedürfnis; endlich in der Konsumtion tritt das Produkt aus dieser gesellschaftlichen Bewegung heraus, wird direkt Gegenstand und Diener des einzelnen Bedürfnisses und befriedigt es im Genuß. Produktion erscheint so als der Ausgangspunkt, Konsumtion als der Endpunkt, Distribution und Austausch als die Mitte, die selbst wieder doppelt ist, indem die Distribution als das von der Gesellschaft, der Austausch als das von den Individuen ausgehende Moment bestimmt ist. In der Produktion objektiviert sich die Person, in der Konsumtion subjektiviert sich die Sache; in der Distribution übernimmt die Gesellschaft in der Form allgemeiner, herrschender Bestimmungen die Vermittlung zwischen der Produktion und Konsumtion; in dem Austausch sind sie vermittelt durch die zufällige Bestimmtheit des Individuums.

Die Distribution bestimmt das Verhältnis (das Quantum), worin die Produkte an die Individuen fallen; der Austausch bestimmt die Produkte, worin das Individuum den ihm durch die Distribution zugewiesnen Anteil verlangt.

Produktion, Distribution, Austausch, Konsumtion bilden so einen regelrechten Schluß; Produktion die Allgemeinheit, Distribution und Austausch die Besonderheit, Konsumtion die Einzelnheit, worin sich das Ganze zusammenschließt. Dies ist allerdings ein Zusammenhang, aber ein flacher. Die Produktion ist durch allgemeine Naturgesetze bestimmt; die Distribution durch gesellschaftlichen Zufall, und sie kann daher mehr oder weniger befördernd auf die Produktion wirken; der Austausch liegt zwischen beiden als formalgesellschaftliche Bewegung, und der schließende Akt der Konsumtion, der nicht nur als Endziel, sondern auch als Endzweck gefaßt wird, liegt eigentlich außerhalb der Ökonomie, außer soweit er wieder zurückwirkt auf den Ausgangspunkt und den ganzen Vorgang von neuem einleitet.

Die Gegner der politischen Ökonomen – seien es Gegner innerhalb oder außerhalb ihres Berings, die ihnen barbarische Auseinanderreißung des Zusammengehörigen vorwerfen, stehn entweder mit ihnen auf demselben Boden oder unter ihnen. Nichts gewöhnlicher als der Vorwurf, die politischen Ökonomen faßten die Produktion zu ausschließlich als Selbstzweck ins Auge. Es komme ebensosehr auf die Distribution an. Diesem Vorwurf liegt grade die ökonomische Vorstellung zugrunde, daß die Distribution als selbständige, unabhängige Sphäre neben der Produktion haust. Oder die Momente würden nicht in ihrer Einheit gefaßt. Als wenn das Auseinanderreißen nicht aus der Wirklichkeit in die Lehrbücher, sondern umgekehrt aus den Lehrbüchern in die Wirklichkeit gedrungen sei, und es sich hier um eine dialektische Ausgleichung von Begriffen handele und nicht um die Auffassung realer Verhältnisse!

a) [Produktion und Konsumtion]

Die Produktion ist unmittelbar auch Konsumtion. Doppelte Konsumtion, subjektive und objektive: das Individuum, das im Produzieren seine Fähigkeiten entwickelt, gibt sie auch aus, verzehrt sie im Akt der Produktion, ganz wie das natürliche Zeugen eine Konsumtion von Lebenskräften ist. Zweitens: Konsumtion der Produktionsmittel, die gebraucht und abgenutzt werden und zum Teil (wie z. B. bei der Feurung) in die allgemeinen Elemente wieder aufgelöst werden. Ebenso Konsumtion des Rohstoffs, der nicht in seiner natürlichen Gestalt und Beschaffenheit bleibt, die vielmehr aufgezehrt wird. Der Akt der Produktion selbst ist daher in allen seinen Momenten auch ein Akt der Konsumtion. Aber dies geben die Ökonomen zu. Die Produktion als unmittelbar identisch mit der Konsumtion, die Konsumtion als unmittelbar zusammenfallend mit der Produktion nennen sie *produktive Konsumtion.* Diese Identität von Produktion und Konsumtion kömmt hinaus auf Spinozas Satz: determinatio est negatio.

Aber diese Bestimmung der produktiven Konsumtion wird eben nur aufgestellt, um die mit der Produktion identische Konsumtion zu trennen von der eigentlichen Konsumtion, die vielmehr als vernichtender Gegensatz der Produktion gefaßt wird. Betrachten wir also die eigentliche Konsumtion.

Die Konsumtion ist unmittelbar auch Produktion, wie in der Natur die Konsumtion der Elemente und der chemischen Stoffe

Produktion der Pflanze ist. Daß in der Nahrung z. B., einer Form der Konsumtion, der Mensch seinen eignen Leib produziert, ist klar. Es gilt dies aber von jeder andren Art der Konsumtion, die in einer oder der andren Art den Menschen nach einer Seite hin produziert. Konsumtive Produktion. Allein, sagt die Ökonomie, diese mit der Konsumtion identische Produktion ist eine zweite, aus der Vernichtung des ersten Produkts hervorgehende. In der ersten versachlichte sich der Produzent, in der zweiten personifiziert sich die von ihm geschaffne Sache. Also ist diese konsumtive Produktion – obgleich sie eine unmittelbare Einheit zwischen Produktion und Konsumtion ist – wesentlich verschieden von der eigentlichen Produktion. Die unmittelbare Einheit, worin die Produktion mit der Konsumtion und die Konsumtion mit der Produktion zusammenfällt, läßt ihre unmittelbare Zweiheit bestehn.

Die Produktion ist also unmittelbar Konsumtion, die Konsumtion ist unmittelbar Produktion. Jede ist unmittelbar ihr Gegenteil. Zugleich aber findet eine vermittelnde Bewegung zwischen beiden statt. Die Produktion vermittelt die Konsumtion, deren Material sie schafft, der ohne sie der Gegenstand fehlte. Aber die Konsumtion vermittelt auch die Produktion, indem sie den Produkten erst das Subjekt schafft, für das sie Produkte sind. Das Produkt erhält erst den letzten finish in der Konsumtion. Eine Eisenbahn, auf der nicht gefahren wird, die also nicht abgenutzt, nicht konsumiert wird, ist nur eine Eisenbahn δυνάμει [der Möglichkeit nach], nicht der Wirklichkeit nach. Ohne Produktion keine Konsumtion; aber auch ohne Konsumtion keine Produktion, da die Produktion so zwecklos wäre. Die Konsumtion produziert die Produktion doppelt, 1. indem erst in der Konsumtion das Produkt wirkliches Produkt wird. Z. B. ein Kleid wird erst wirklich Kleid durch den Akt des Tragens; ein Haus, das nicht bewohnt wird, ist in fact kein wirkliches Haus; also als Produkt im Unterschied von bloßem Naturgegenstand, bewährt sich, *wird* das Produkt erst in der Konsumtion. Die Konsumtion gibt, indem sie das Produkt auflöst, ihm erst den finishing stroke; denn Produkt ist die Produktion nicht als versachlichte Tätigkeit, sondern auch nur als Gegenstand für das tätige Subjekt. 2. Indem die Konsumtion das Bedürfnis *neuer* Produktion schafft, also den idealen, innerlich treibenden Grund der Produktion, der ihre Voraussetzung ist. Die Konsumtion schafft den Trieb der Produktion; sie schafft auch den Gegenstand, der als zweckbestimmend in der Produktion tätig ist. Wenn es klar ist, daß die Produktion den Gegenstand der Konsumtion äußerlich darbietet, so ist daher ebenso klar, daß die Konsumtion den Gegenstand der Produktion *ideal setzt*, als innerliches Bild, als Bedürfnis, als Trieb und als Zweck. Sie schafft die Gegenstände der Produktion in noch subjektiver Form. Ohne Bedürfnis keine Produktion. Aber die Konsumtion reproduziert das Bedürfnis.

Dem entspricht von seiten der Produktion, daß sie 1. der Konsumtion das Material, den Gegenstand liefert. Eine Konsumtion ohne Gegenstand ist keine Konsumtion; also schafft nach dieser Seite, produziert die Produktion die Konsumtion. 2. Aber es ist nicht nur der Gegenstand, den die Produktion der Konsumtion schafft. Sie gibt auch der Konsumtion ihre Bestimmtheit, ihren Charakter, ihren finish. Ebenso wie die Konsumtion dem Produkt seinen finish als Produkt gab, gibt die Produktion den finish der Konsumtion. *Einmal* ist der Gegenstand kein Gegenstand überhaupt, sondern ein bestimmter Gegenstand, der in einer bestimmten, durch die Produktion selbst wieder vermittelten Art konsumiert werden muß. Hunger ist Hunger, aber Hunger, der sich durch gekochtes, mit Gabeln und Messer gegeßnes Fleisch befriedigt, ist ein andrer Hunger als der rohes Fleisch mit Hilfe von Hand, Nagel und Zahn verschlingt. Nicht nur der Gegenstand der Konsumtion, sondern auch die Weise der Konsumtion wird daher durch die Produktion produziert, nicht nur objektiv, sondern auch subjektiv. Die Produktion schafft also den Konsumenten. 3. Die Produktion liefert dem Bedürfnis nicht nur ein Material, sondern sie liefert dem Material auch ein Bedürfnis. Wenn die Konsumtion aus ihrer ersten Naturroheit und Unmittelbarkeit heraustritt – und das Verweilen in derselben wäre selbst noch das Resultat einer in der Naturroheit steckenden Produktion –, so ist sie selbst als Trieb vermittelt durch den Gegenstand. Das Bedürfnis, das sie nach ihm fühlt, ist durch die Wahrnehmung desselben geschaffen. Der Kunstgegenstand – ebenso jedes andre Produkt – schafft ein kunstsinniges und schönheitsgenußfähiges Publikum. Die Produktion produziert daher nicht nur einen Gegenstand für das Subjekt, sondern auch ein Subjekt für den Gegenstand. Die Produktion produziert die Konsumtion daher, 1. indem sie ihr das Material schafft; 2. indem sie die Weise der Konsumtion bestimmt; 3. indem sie die erst von ihr als Gegenstand gesetzten

Produkte als Bedürfnis im Konsumenten erzeugt. Sie produziert daher Gegenstand der Konsumtion, Weise der Konsumtion, Trieb der Konsumtion. Ebenso produziert die Konsumtion die *Anlage* des Produzenten, indem sie ihn als zweckbestimmendes Bedürfnis sollizitiert [anregt].

Die Identitäten zwischen Konsumtion und Produktion erscheinen also dreifach:

1. *Unmittelbare Identität*: Die Produktion ist Konsumtion; die Konsumtion ist Produktion. Konsumtive Produktion. Produktive Konsumtion. Die Nationalökonomen nennen beides produktive Konsumtion. Machen aber noch einen Unterschied. Die erste figuriert als Reproduktion; die zweite als produktive Konsumtion. Alle Untersuchungen über die erste sind die über produktive oder unproduktive Arbeit; die über die zweite über produktive oder nicht produktive Konsumtion.

2. Daß jede als Mittel der andren erscheint; von ihr vermittelt wird; was als ihre wechselseitige Abhängigkeit ausgedrückt wird; eine Bewegung, wodurch sie aufeinander bezogen werden und sich wechselseitig unentbehrlich erscheinen, aber sich doch noch äußerlich bleiben. Die Produktion schafft das Material als äußerlichen Gegenstand für die Konsumtion; die Konsumtion schafft das Bedürfnis als innern Gegenstand, als Zweck für die Produktion. Ohne Produktion keine Konsumtion; ohne Konsumtion keine Produktion. Figuriert in der Ökonomie in vielen Formen.

3. Die Produktion ist nicht nur unmittelbar Konsumtion und die Konsumtion unmittelbar Produktion; noch ist die Produktion nur Mittel für die Konsumtion und die Konsumtion Zweck für die Produktion, d. h., daß jede der andren ihren Gegenstand liefert, die Produktion äußerlichen der Konsumtion, die Konsumtion vorgestellten der Produktion; sondern jede derselben ist nicht nur unmittelbar die andre, noch die andere nur vermittelnd, sondern jede der beiden schafft, indem sie sich vollzieht, die andre; sich als die andre. Die Konsumtion vollzieht erst den Akt der Produktion, indem sie das Produkt als Produkt vollendet, indem sie es auflöst, die selbständig sachliche Form an ihm verzehrt; indem sie die in dem ersten Akt der Produktion entwickelte Anlage durch das Bedürfnis der Wiederholung zur Fertigkeit steigert; sie ist also nicht nur der abschließende Akt, wodurch das Produkt Produkt, sondern auch, wodurch der Produzent Produzent wird. Andrerseits produziert die

Produktion die Konsumtion, indem sie die bestimmte Weise der Konsumtion schafft, und dann, indem sie den Reiz der Konsumtion, die Konsumtionsfähigkeit selbst schafft als Bedürfnis. Diese letztre unter 3. bestimmte Identität in der Ökonomie vielfach erläutert in dem Verhältnis von Nachfrage und Zufuhr, von Gegenständen und Bedürfnissen, von durch die Sozietät geschaffnen und natürlichen Bedürfnissen.

Hiernach für einen Hegelianer nichts einfacher als Produktion und Konsumtion identisch zu setzen. Und das ist geschehn nicht nur von sozialistischen Belletristen,[2] sondern von prosaischen Ökonomen selbst, z.B. Say; in der Form, daß, wenn man ein Volk betrachte, seine Produktion seine Konsumtion sei. Oder auch die Menschheit in abstracto. Storch hat dem Say das Falsche nachgewiesen, indem ein Volk z.B. nicht rein sein Produkt konsumiert, sondern auch Produktionsmittel schafft etc., fixes Kapital etc. Die Gesellschaft als ein einziges Subjekt betrachten, ist sie überdem falsch betrachten; spekulativ. Bei einem Subjekt erscheinen Produktion und Konsumtion als Momente eines Akts. Das Wichtige ist hier nur hervorzuheben, daß, betrachte man Produktion und Konsumtion als Tätigkeiten eines Subjekts oder vieler Individuen, sie jedenfalls als Momente eines Prozesses erscheinen, worin die Produktion der wirkliche Ausgangspunkt und darum auch das übergreifende Moment ist. Die Konsumtion als Notdurft, als Bedürfnis ist selbst ein innres Moment der produktiven Tätigkeit. Aber die letztre ist der Ausgangspunkt der Realisierung und daher auch ihr übergreifendes Moment, der Akt, worin der ganze Prozeß sich wieder verläuft. Das Individuum produziert einen Gegenstand und kehrt durch dessen Konsumtion wieder in sich zurück, aber als produktives Individuum und sich selbst reproduzierendes. Die Konsumtion erscheint so als Moment der Produktion.

In der Gesellschaft aber ist die Beziehung des Produzenten auf das Produkt, sobald es fertig ist, eine äußerliche, und die Rückkehr desselben zu dem Subjekt hängt ab von seinen Beziehungen zu andren Individuen. Es wird desselben nicht unmittelbar habhaft. Auch ist die unmittelbare Aneignung desselben nicht sein Zweck, wenn es in der Gesellschaft produziert. Zwischen den Produzenten und die Produkte tritt die *Distribution*, die durch gesellschaftliche Gesetze seinen Anteil an der Welt der Produkte bestimmt, also zwischen die Produktion und Konsumtion tritt.

Steht nun die Distribution als selbständige Sphäre neben und außerhalb der Produktion?

b) Produktion und Distribution

Wenn man die gewöhnlichen Ökonomien betrachtet, muß zunächst auffallen, daß alles in ihnen doppelt gesetzt wird. Z. B. in der Distribution figurieren Grundrente, Arbeitslohn, Zins und Profit, während in der Produktion Erde, Arbeit, Kapital figurieren als Agenten der Produktion. Mit dem Kapital nun ist von vornherein einleuchtend, daß es doppelt gesetzt ist, 1. als Produktionsagent; 2. als Einnahmequelle; als bestimmend bestimmte Distributionsformen. Zins und Profit figurieren daher auch als solche in der Produktion, insofern sie Formen sind, in denen das Kapital sich vermehrt, anwächst, also Momente seiner Produktion selbst. Zins und Profit als Distributionsformen unterstellen das Kapital als Agenten der Produktion. Sie sind Distributionsweisen, die zur Voraussetzung das Kapital als Produktionsagenten haben. Sie sind ebenso Reproduktionsweisen des Kapitals.

Arbeitslohn ist ebenso die unter einer andren Rubrik betrachtete Lohnarbeit: Die Bestimmtheit, die die Arbeit hier als Produktionsagent hat, erscheint als Distributionsbestimmung. Wäre die Arbeit nicht als Lohnarbeit bestimmt, so erschiene die Art, worin sie an den Produkten teilnimmt, nicht als Arbeitslohn, wie z. B. in der Sklaverei. Endlich die Grundrente, um gleich die entwickeltste Form der Distribution zu nehmen, worin das Grundeigentum an den Produkten teilnimmt, unterstellt das große Grundeigentum (eigentlich die große Agrikultur) als Produktionsagenten, nicht die Erde schlechthin, sowenig wie das Salair die Arbeit schlechthin. Die Distributionsverhältnisse und -weisen erscheinen daher nur als Kehrseite der Produktionsagenten. Ein Individuum, das in der Form der Lohnarbeit an der Produktion teilnimmt, nimmt in der Form des Arbeitslohns an den Produkten, den Resultaten der Produktion teil. Die Gliederung der Distribution ist vollständig bestimmt durch die Gliederung der Produktion. Die Distribution ist selbst ein Produkt der Produktion, nicht nur dem Gegenstand nach, daß nur die Resultate der Produktion distribuiert werden können, sondern auch der Form nach, daß die bestimmte Art der Teilnahme an der Produktion die besondren Formen der Distribution, die Form, worin an der Distribution teilgenommen wird, bestimmt. Es ist durchaus eine Illusion, in der Produktion Erde, in der Distribution Grundrente zu setzen etc.

Ökonomen wie Ricardo, denen am meisten vorgeworfen wird, sie hätten nur die Produktion im Auge, haben daher ausschließlich die Distribution als Gegenstand der Ökonomie bestimmt, weil sie instinktiv die Distributionsformen als den bestimmtesten Ausdruck faßten, worin die Produktionsagenten in einer gegebnen Gesellschaft sich fixieren.

Dem einzelnen Individuum gegenüber erscheint natürlich die Distribution als ein gesellschaftliches Gesetz, das seine Stellung innerhalb der Produktion bedingt, innerhalb deren es produziert, die also der Produktion vorausgeht. Das Individuum hat von Haus aus kein Kapital, kein Grundeigentum. Es ist von Geburt auf die Lohnarbeit angewiesen durch die gesellschaftliche Distribution. Aber dies Angewiesensein selbst ist das Resultat [dessen], daß Kapital, Grundeigentum als selbständige Produktionsagenten existieren.

Ganze Gesellschaften betrachtet, scheint die Distribution noch nach einer Seite hin der Produktion vorherzugehn und sie zu bestimmen; gleichsam als anteökonomisches fact [vorökonomische Tatsache]. Ein eroberndes Volk verteilt das Land unter die Eroberer und imponiert so eine bestimmte Verteilung und Form des Grundeigentums; bestimmt daher die Produktion. Oder es macht die Eroberten zu Sklaven und macht so Sklavenarbeit zur Grundlage der Produktion. Oder ein Volk, durch Revolution, zerschlägt das große Grundeigentum in Parzellen; gibt also durch diese neue Distribution der Produktion einen neuen Charakter. Oder die Gesetzgebung verewigt das Grundeigentum in gewissen Familien oder verteilt die Arbeit [als] erbliches Privileg und fixiert sie so kastenmäßig. In allen diesen Fällen, und sie sind alle historisch, scheint die Distribution nicht durch die Produktion, sondern umgekehrt die Produktion durch die Distribution gegliedert und bestimmt.

Die Distribution in der flachsten Auffassung erscheint als Distribution der Produkte und so weiter entfernt von und quasi selbständig gegen die Produktion. Aber ehe die Distribution Distribution der Produkte ist, ist sie: 1. Distribution der Produktionsinstrumente und 2., was eine weitere Bestimmung desselben Verhältnisses ist, Distribution der Mitglieder der Gesellschaft unter die verschiednen Arten der Produktion. (Subsumtion der Individuen unter bestimmte Produktionsverhältnisse.) Die Distribution der Produkte ist offenbar nur Resultat dieser Distribution, die innerhalb des Produktionsprozesses selbst einbegriffen ist und die Gliederung der Produktion bestimmt. Die Produktion, abgesehn von dieser in ihr eingeschloßnen Distribution betrachten, ist offenbar leere Abstraktion, während umgekehrt die Distribution der Produkte von selbst gegeben ist mit dieser ursprünglich ein Moment der Produktion bildenden Distribution. Ricardo, dem es darum zu tun war, die moderne Produktion in ihrer bestimmten sozialen Gliederung aufzufassen, und der der Ökonom der Produktion par excellence ist, erklärt eben deswegen *nicht* die Produktion, sondern die Distribution für das eigentliche Thema der modernen Ökonomie. Es folgt hieraus wieder die Abgeschmacktheit der Ökonomen, die die Produktion als ewige Wahrheit entwickeln, während sie die Geschichte in den Bereich der Distribution bannen.

Welches Verhältnis diese die Produktion selbst bestimmende Distribution zu ihr einnimmt, ist offenbar eine Frage, die innerhalb der Produktion selbst fällt. Sollte gesagt werden, daß dann wenigstens, da die Produktion von einer gewissen Distribution der Produktionsinstrumente ausgehn muß, die Distribution in dieser Bedeutung der Produktion vorhergeht, ihre Voraussetzung bildet, so ist darauf zu antworten, daß die Produktion in der Tat ihre Bedingungen und Voraussetzungen hat, die Momente derselben bilden. Diese mögen im ersten Beginn als naturwüchsig erscheinen. Durch den Prozeß der Produktion selbst werden sie aus naturwüchsigen in geschichtliche verwandelt, und wenn sie für eine Periode als natürliche Voraussetzung der Produktion erscheinen, waren sie für eine andre ihr geschichtliches Resultat. Innerhalb der Produktion selbst werden sie beständig verändert. Z. B. die Anwendung der Maschinerie veränderte die Distribution sowohl der Produktionsinstrumente als der Produkte. Das moderne große Grundeigentum selbst ist das Resultat sowohl des modernen Handels und der modernen Industrie wie der Anwendung der letzteren auf die Agrikultur.

Die oben aufgeworfnen Fragen lösen sich alle in letzter Instanz dahin auf, wie allgemeingeschichtliche Verhältnisse in die Produktion hineinspielen und ihr Verhältnis zur geschichtlichen Bewegung überhaupt. Die Frage gehört offenbar in die Erörterung und Entwicklung der Produktion selbst.

Indes in der trivialen Form, worin sie oben aufgeworfen sind, können sie ebenso kurz abgefertigt werden. Bei allen Eroberungen ist dreierlei möglich. Das erobernde Volk unterwirft das eroberte seiner eignen Produktionsweise (z. B. die Engländer in Irland in diesem Jahrhundert, zum Teil in Indien); oder es läßt die alte bestehn und begnügt sich mit Tribut (z. B. Türken und Römer); oder es tritt eine Wechselwirkung ein, wodurch ein Neues entsteht, eine Synthese (zum Teil in den germanischen Eroberungen). In allen Fällen ist die Produktionsweise, sei es des erobernden Volks, sei es des eroberten, sei es die aus der Verschmelzung beider hervorgehende, bestimmend für die neue Distribution, die eintritt. Obgleich diese als Voraussetzung für die neue Produktionsperiode erscheint, ist sie so selbst wieder ein Produkt der Produktion, nicht nur der geschichtlichen im allgemeinen, sondern der bestimmten geschichtlichen Produktion.

Die Mongolen mit ihren Verwüstungen in Rußland z. B. handelten ihrer Produktion, der Viehweide, gemäß, für die große unbewohnte Strecken eine Hauptbedingung. Die germanischen Barbaren, für die Ackerbau mit Leibeignen hergebrachte Produktion war und isoliertes Leben auf dem Land, konnten die römischen Provinzen um so leichter diesen Bedingungen unterwerfen, als die dort stattgehabte Konzentration des Grundeigentums die älteren Agrikulturverhältnisse schon ganz umgeworfen hatte.

Es ist eine hergebrachte Vorstellung, daß in gewissen Perioden nur vom Raub gelebt ward. Um aber rauben zu können, muß etwas zu rauben da sein, also Produktion. Und die Art des Raubs ist selbst wieder durch die Art der Produktion bestimmt. Eine stockjobbing nation [Nation von Börsenspekulanten] z. B. kann nicht beraubt werden, wie eine Nation von Kuhhirten.

In dem Sklaven wird das Produktionsinstrument direkt geraubt. Dann aber muß die Produktion des Landes, für das er geraubt wird, so gegliedert sein, um Sklavenarbeit zuzulassen, oder (wie in Südamerika etc.[3]) es muß eine dem Sklaven entsprechende Produktionsweise geschaffen werden.

Gesetze können ein Produktionsinstrument, z. B. Land, in gewissen Familien verewigen. Diese Gesetze bekommen nur ökonomische Bedeutung, wenn das große Grundeigentum in Harmonie mit der gesellschaftlichen Produktion ist, wie z. B. in England. In Frankreich wurde kleine Agrikultur getrieben trotz des großen

Grundeigentums, letztres daher auch von der Revolution zerschlagen. Aber die Verewigung der Parzellierung z. B. durch Gesetze? Trotz dieser Gesetze konzentriert sich das Eigentum wieder. Der Einfluß der Gesetze zur Festhaltung von Distributionsverhältnissen und dadurch ihre Einwirkung auf die Produktion besonders zu bestimmen.

c) Austausch endlich und Zirkulation

Die Zirkulation selbst nur ein bestimmtes Moment des Austauschs oder auch der Austausch in seiner Totalität betrachtet.

Insofern der *Austausch* nur ein vermittelndes Moment zwischen der Produktion und der durch sie bestimmten Distribution mit der Konsumtion ist; insofern letztre aber selbst als ein Moment der Produktion erscheint, ist der Austausch offenbar auch in letztrer einbegriffen als Moment.

Es ist erstens klar, daß der Austausch von Tätigkeiten und Fähigkeiten, der in der Produktion selbst geschieht, direkt zu ihr gehört und sie wesentlich ausmacht. Dasselbe gilt zweitens vom Austausch der Produkte, soweit er zur Herstellung des fertigen, für die unmittelbare Konsumtion bestimmten Produkts Mittel ist. Soweit ist der Austausch selbst in der Produktion einbegriffner Akt. Drittens, der sogenannte Exchange zwischen dealers und dealers ist sowohl seiner Organisation nach ganz durch die Produktion bestimmt als selbst produzierende Tätigkeit. Der Austausch erscheint nur unabhängig neben, indifferent gegen die Produktion in dem letzten Stadium, wo das Produkt unmittelbar für die Konsumtion ausgetauscht wird. Aber 1. kein Austausch ohne Teilung der Arbeit, sei diese nun naturwüchsig oder selbst schon geschichtliches Resultat. 2. Privataustausch setzt Privatproduktion voraus; 3. die Intensivität des Austauschs, wie seine Extension, wie seine Art durch die Entwicklung und Gliederung der Produktion bestimmt. Z. B. Austausch zwischen Stadt und Land; Austausch auf dem Land, in der Stadt etc. Der Austausch erscheint so in allen seinen Momenten in der Produktion entweder direkt einbegriffen oder durch sie bestimmt.

Das Resultat, wozu wir gelangen, ist nicht, daß Produktion, Distribution, Austausch, Konsumtion identisch sind, sondern daß sie alle Glieder einer Totalität bilden, Unterschiede innerhalb einer Einheit. Die Produktion greift über, sowohl über sich in der gegensätzlichen Bestimmung der Produktion als über die andren Momente. Von ihr beginnt der Prozeß immer wieder von neuem. Daß Austausch und Konsumtion nicht das Übergreifende sein können, ist von selbst klar. Ebenso von der Distribution als Distribution der Produkte. Als Distribution der Produktionsagenten aber ist sie selbst ein Moment der Produktion. Eine bestimmte Produktion bestimmt also eine bestimmte Konsumtion, Distribution, Austausch und *bestimmte Verhältnisse dieser verschiednen Momente zueinander.* Allerdings wird auch die Produktion, *in ihrer einseitigen Form*, ihrerseits bestimmt durch die andren Momente. Z. B., wenn der Markt sich ausdehnt, d. h. die Sphäre des Austauschs, wächst die Produktion dem Umfang nach und teilt sich tiefer ab. Mit Veränderung der Distribution ändert sich die Produktion; z. B. mit Konzentration des Kapitals, verschiedner Distribution der Bevölkerung in Stadt und Land etc. Endlich bestimmen die Konsumtionsbedürfnisse die Produktion. Es findet Wechselwirkung zwischen den verschiednen Momenten statt. Dies der Fall bei jedem organischen Ganzen.

3. Die Methode der politischen Ökonomie

Wenn wir ein gegebnes Land politisch-ökonomisch betrachten, so beginnen wir mit seiner Bevölkerung, ihrer Verteilung in Klassen, Stadt, Land, See, den verschiednen Produktionszweigen, Aus- und Einfuhr, jährlicher Produktion und Konsumtion, Warenpreisen etc.

Es scheint das Richtige zu sein, mit dem Realen und Konkreten, der wirklichen Voraussetzung zu beginnen, also z. B. in der Ökonomie mit der Bevölkerung, die die Grundlage und das Subjekt des ganzen gesellschaftlichen Produktionsakts ist. Indes zeigt sich dies bei näherer Betrachtung [als] falsch. Die Bevölkerung ist eine Abstraktion, wenn ich z. B. die Klassen, aus denen sie besteht, weglasse. Diese Klassen sind wieder ein leeres Wort, wenn ich die Elemente nicht kenne, auf denen sie beruhn. Z. B. Lohnarbeit, Kapital etc. Diese unterstellen Austausch, Teilung der Arbeit, Preise etc. Kapital z. B. ohne Lohnarbeit ist nichts, ohne Wert, Geld, Preis etc. Finge ich also mit der Bevölkerung an, so wäre das eine chaotische

Vorstellung des Ganzen, und durch nähere Bestimmung würde ich analytisch immer mehr auf einfachere Begriffe kommen; von dem vorgestellten Konkreten auf immer dünnere Abstrakta, bis ich bei den einfachsten Bestimmungen angelangt wäre. Von da wäre nun die Reise wieder rückwärts anzutreten, bis ich endlich wieder bei der Bevölkerung anlangte, diesmal aber nicht als bei einer chaotischen Vorstellung eines Ganzen, sondern als einer reichen Totalität von vielen Bestimmungen und Beziehungen. Der erste Weg ist der, den die Ökonomie in ihrer Entstehung geschichtlich genommen hat. Die Ökonomen des 17. Jahrhunderts z. B. fangen immer mit dem lebendigen Ganzen, der Bevölkerung, der Nation, Staat, mehren Staaten etc., an; sie enden aber immer damit, daß sie durch Analyse einige bestimmende abstrakte, allgemeine Beziehungen, wie Teilung der Arbeit, Geld, Wert etc., herausfinden. Sobald diese einzelnen Momente mehr oder weniger fixiert und abstrahiert waren, begannen die ökonomischen Systeme, die von dem Einfachen, wie Arbeit, Teilung der Arbeit, Bedürfnis, Tauschwert, aufstiegen bis zum Staat, Austausch der Nationen und Weltmarkt. Das letztre ist offenbar die wissenschaftlich richtige Methode. Das Konkrete ist konkret, weil es die Zusammenfassung vieler Bestimmungen ist, also Einheit des Mannigfaltigen. Im Denken erscheint es daher als Prozeß der Zusammenfassung, als Resultat, nicht als Ausgangspunkt, obgleich es der wirkliche Ausgangspunkt und daher auch der Ausgangspunkt der Anschauung und der Vorstellung ist. Im ersten Weg wurde die volle Vorstellung zu abstrakter Bestimmung verflüchtigt; im zweiten führen die abstrakten Bestimmungen zur Reproduktion des Konkreten im Weg des Denkens. Hegel geriet daher auf die Illusion, das Reale als Resultat des sich in sich zusammenfassenden, in sich vertiefenden und aus sich selbst sich bewegenden Denkens zu fassen, während die Methode, vom Abstrakten zum Konkreten aufzusteigen, nur die Art für das Denken ist, sich das Konkrete anzueignen, es als ein geistig Konkretes zu reproduzieren. Keineswegs aber der Entstehungsprozeß des Konkreten selbst. Z. B. die einfachste ökonomische Kategorie, sage z. B. Tauschwert, unterstellt Bevölkerung, Bevölkerung produzierend in bestimmten Verhältnissen; auch gewisse Sorte von Familien- oder Gemeinde- oder Staatswesen etc. Er kann nie existieren außer als abstrakte, einseitige Beziehung eines schon gegebnen konkreten, lebendigen Ganzen. Als Kategorie führt dagegen der Tauschwert ein antediluvianisches [vorsintflutliches] Dasein. Für das Bewußtsein daher – und das philosophische Bewußtsein ist so bestimmt –, dem das begreifende Denken, der wirkliche Mensch und die begriffne Welt als solche erst die wirkliche ist – erscheint daher die Bewegung der Kategorien als der wirkliche Produktionsakt – der leider nur einen Anstoß von außen erhält –, dessen Resultat die Welt ist; und dies ist – dies ist aber wieder eine Tautologie – soweit richtig, als die konkrete Totalität als Gedankentotalität, als ein Gedankenkonkretum, in fact ein Produkt des Denkens, des Begreifens ist; keineswegs aber des außer oder über der Anschauung und Vorstellung denkenden und sich selbst gebärenden Begriffs, sondern der Verarbeitung von Anschauung und Vorstellung in Begriffe. Das Ganze, wie es im Kopfe als Gedankenganzes erscheint, ist ein Produkt des denkenden Kopfes, der sich die Welt in der ihm einzig möglichen Weise aneignet, einer Weise, die verschieden ist von der künstlerisch-, religiös-, praktisch-geistigen Aneignung dieser Welt. Das reale Subjekt bleibt nach wie vor außerhalb des Kopfes in seiner Selbständigkeit bestehn; solange sich der Kopf nämlich nur spekulativ verhält, nur theoretisch. Auch bei der theoretischen Methode daher muß das Subjekt, die Gesellschaft, als Voraussetzung stets der Vorstellung vorschweben.

Aber haben diese einfachen Kategorien nicht auch eine unabhängige historische oder natürliche Existenz vor den konkretern? Ça dépend [Das kommt darauf an]. Z. B. Hegel fängt die Rechtsphilosophie richtig mit dem Besitz an, als der einfachsten rechtlichen Beziehung des Subjekts. Es existiert aber kein Besitz vor der Familie oder Herrschafts- und Knechtsverhältnissen, die viel konkretre Verhältnisse sind. Dagegen wäre es richtig zu sagen, daß Familien, Stammesganze existieren, die nur noch *besitzen*, nicht *Eigentum* haben. Die einfachere Kategorie erscheint also als Verhältnis einfachrer Familien- oder Stammgenossenschaften im Verhältnis zum Eigentum. In der höhern Gesellschaft erscheint sie als das einfachere Verhältnis einer entwickelten Organisation. Das konkretere Substrat, dessen Beziehung der Besitz ist, ist aber immer vorausgesetzt. Man kann sich einen einzelnen Wilden besitzend vorstellen. Dann ist aber der Besitz kein Rechtsverhältnis. Es ist unrichtig, daß der Besitz sich historisch zur Familie entwickelt. Er unterstellt vielmehr immer diese »konkretere Rechtskategorie«. Indes bliebe dann immer so viel, daß die einfachen Kategorien Ausdrücke von Verhältnissen sind, in denen das unentwickeltere Konkrete sich realisiert haben mag, ohne noch die vielseitigre Beziehung oder Verhältnis, das in der konkreten Kategorie geistig ausgedrückt ist, gesetzt zu haben; während das entwickeltere Konkrete dieselbe Kategorie als ein untergeordnetes Verhältnis beibehält. Geld kann existieren und hat historisch existiert, ehe Kapital existierte, ehe Banken existierten, ehe Lohnarbeit existierte etc. Nach dieser Seite hin kann also gesagt werden, daß die einfachre Kategorie herrschende Verhältnisse eines unentwickeltern Ganzen oder untergeordnete Verhältnisse eines entwickeltern Ganzen ausdrücken kann, die historisch schon Existenz hatten, eh das Ganze sich nach der Seite entwickelte, die in einer konkreten Kategorie ausgedrückt ist. Insofern entspräche der Gang des abstrakten Denkens, das vom Einfachsten zum Kombinierten aufsteigt, dem wirklichen historischen Prozeß.

Andrerseits kann gesagt werden, daß es sehr entwickelte, aber doch historisch unreifere Gesellschaftsformen gibt, in denen die höchsten Formen der Ökonomie, z. B. Kooperation, entwickelte Teilung der Arbeit etc., stattfinden, ohne daß irgendein Geld existiert, z. B. Peru. Auch bei den slawischen Gemeinwesen tritt das Geld und der es bedingende Austausch nicht oder wenig innerhalb der einzelnen Gemeinwesen hervor, sondern an ihrer Grenze, im Verkehr mit andren, wie es denn überhaupt falsch ist, den Austausch mitten in die Gemeinwesen zu setzen als das ursprünglich konstituierende Element. Er tritt vielmehr im Anfang eher in der Beziehung der verschiednen Gemeinwesen aufeinander als für die Mitglieder innerhalb eines und desselben hervor. Ferner: Obgleich das Geld sehr früh und allseitig eine Rolle spielt, so ist es im Altertum doch als herrschendes Element nur einseitig bestimmten Nationen, Handelsnationen, zugewiesen. Und selbst im gebildetsten Altertum, bei Griechen und Römern, erscheint seine völlige Entwicklung, die in der modernen bürgerlichen Gesellschaft vorausgesetzt ist, nur in der Periode ihrer Auflösung. Also diese ganz einfache Kategorie erscheint in ihrer Intensivität nicht historisch als in den entwickeltsten Zuständen der Gesellschaft. Keineswegs alle ökonomischen Verhältnisse durchwadend [durchdringend (engl.: to wade through)]. Z. B. im römischen Reich in seiner größten Entwicklung blieb Naturalsteuer und Naturallieferung Grundlage. Das Geldwesen eigentlich nur vollständig dort entwickelt in der Armee. Es ergriff auch nie das ganze der Arbeit.

So, obgleich die einfachre Kategorie historisch existiert haben mag vor der konkretern, kann sie in ihrer völligen intensiven und extensiven Entwicklung grade einer kombinierten Gesellschaftsform angehören, während die konkretere in einer weniger entwickelten Gesellschaftsform völliger entwickelt war.

Arbeit scheint eine ganz einfache Kategorie. Auch die Vorstellung derselben in dieser Allgemeinheit – als Arbeit überhaupt – ist uralt. Dennoch, ökonomisch in dieser Einfachheit gefaßt, ist »Arbeit« eine ebenso moderne Kategorie wie die Verhältnisse, die diese einfache Abstraktion erzeugen. Das Monetarsystem z. B. setzt den Reichtum noch ganz objektiv als Sache außer sich im Geld. Gegenüber diesem Standpunkt war es ein großer Fortschritt, wenn das Manufaktur- oder kommerzielle System aus dem Gegenstand in die subjektive Tätigkeit – die kommerzielle und Manufakturarbeit – die Quelle des Reichtums setzt, aber immer noch bloß diese Tätigkeit selbst in der Begrenztheit als geldmachend auffaßt. Diesem System gegenüber das physiokratische, das eine bestimmte Form der Arbeit – die Agrikultur – als die reichtumschaffende setzt, und das Objekt selbst nicht mehr in der Verkleidung des Geldes, sondern als Produkt überhaupt, als allgemeines Resultat der Arbeit. Dieses Produkt noch der Begrenztheit der Tätigkeit gemäß als immer noch naturbestimmtes Produkt – Agrikulturprodukt, Erdprodukt par excellence.

Es war ein ungeheurer Fortschritt von Adam Smith, jede Bestimmtheit der reichtumzeugenden Tätigkeit fortzuwerfen – Arbeit schlechthin, weder Manufaktur- noch kommerzielle, noch Agrikulturarbeit, aber sowohl die eine wie die andre. Mit der abstrakten Allgemeinheit der reichtumschaffenden Tätigkeit nun auch die Allgemeinheit des als Reichtum bestimmten Gegenstandes, Produkt überhaupt oder wieder Arbeit überhaupt, aber als vergangne, vergegenständlichte Arbeit. Wie schwer und groß dieser Übergang, geht daraus hervor, wie Adam Smith selbst noch von Zeit zu Zeit wieder in das physiokratische System zurückfällt. Nun könnte es scheinen, als ob damit nur der abstrakte Ausdruck für die einfachste und urälteste Beziehung gefunden, worin die Menschen – sei es in welcher Gesellschaftsform immer – als produzierend auftreten. Das ist nach einer Seite hin richtig. Nach der andren nicht. Die Gleichgültigkeit gegen eine bestimmte Art der Arbeit setzt eine sehr entwickelte Totalität wirklicher Arbeitsarten voraus, von denen keine mehr die alles Beherrschende ist. So entstehn die allgemeinsten Abstraktionen überhaupt nur bei der reichsten konkreten Entwicklung, wo eines vielen gemeinsam erscheint, allen gemein. Dann hört es auf, nur in besondrer Form gedacht werden zu können. Andrerseits ist diese Abstraktion der Arbeit überhaupt nicht nur das geistige Resultat einer konkreten Totalität von Arbeiten. Die Gleichgültigkeit gegen die bestimmte Arbeit entspricht einer Gesellschaftsform, worin die Individuen mit Leichtigkeit aus einer Arbeit in die andre übergehn und die bestimmte Art der Arbeit ihnen zufällig, daher gleichgültig ist. Die Arbeit ist hier nicht nur in der Kategorie, sondern in der Wirklichkeit als Mittel zum Schaffen des Reichtums überhaupt geworden und hat aufgehört, als Bestimmung mit den Individuen in einer Besonderheit verwachsen zu sein. Ein solcher Zustand ist am entwickeltsten in der modernsten Daseinsform der bürgerlichen Gesellschaften – den Vereinigten Staaten. Hier also wird die Abstraktion der Kategorie »Arbeit«, »Arbeit überhaupt«, Arbeit sans phrase, der Ausgangspunkt der modernen Ökonomie, erst praktisch wahr. Die einfachste Abstraktion also, welche die moderne Ökonomie an die Spitze stellt und die eine uralte und für alle Gesellschaftsformen gültige Beziehung ausdrückt, erscheint doch nur in dieser Abstraktion praktisch wahr als Kategorie der modernsten Gesellschaft. Man könnte sagen, was in den Vereinigten Staaten als historisches Produkt, erscheine bei den Russen z. B. – diese Gleichgültigkeit gegen die bestimmte Arbeit – als naturwüchsige Anlage. Allein einmal verteufelter Unterschied, ob Barbaren Anlage haben zu allem verwandt zu werden oder ob Zivilisierte sich selbst zu allem verwenden. Und dann entspricht praktisch bei den Russen dieser Gleichgültigkeit gegen die Bestimmtheit der Arbeit das traditionelle Festgerittensein in eine ganz bestimmte Arbeit, woraus sie nur durch Einflüsse von außen herausgeschleudert werden.

Dies Beispiel der Arbeit zeigt schlagend, wie selbst die abstraktesten Kategorien trotz ihrer Gültigkeit – eben wegen ihrer Abstraktion – für alle Epochen doch in der Bestimmtheit dieser Abstraktion selbst ebensosehr das Produkt historischer Verhältnisse sind und ihre Vollgültigkeit nur für und innerhalb dieser Verhältnisse besitzen.

Die bürgerliche Gesellschaft ist die entwickeltste und mannigfaltigste historische Organisation der Produktion. Die Kategorien, die ihre Verhältnisse ausdrücken, das Verständnis ihrer Gliederung gewähren daher zugleich Einsicht in die Gliederung und die Produktionsverhältnisse aller der untergegangnen Gesellschaftsformen, mit deren Trümmern und Elementen sie sich aufgebaut, von denen teils noch unüberwundne Reste sich in ihr fortschleppen, bloße Andeutungen sich zu ausgebildeten Bedeutungen entwickelt haben etc. Die Anatomie des Menschen ist ein Schlüssel zur Anatomie des Affen. Die Andeutungen auf Höhres in den untergeordnetren Tierarten können dagegen nur verstanden werden, wenn das Höhere selbst schon bekannt ist. Die bürgerliche Ökonomie liefert so den Schlüssel zur antiken etc. Keineswegs aber in der Art der Ökonomen, die alle historischen Unterschiede verwischen und in allen Gesellschaftsformen die bürgerlichen sehen. Man kann Tribut, Zehnten etc. verstehn, wenn man die Grundrente kennt. Man muß sie aber nicht identifizieren. Da ferner die bürgerliche Gesellschaft selbst nur eine gegensätzliche Form der Entwicklung, so werden Verhältnisse früherer Formen oft nur ganz verkümmert in ihr anzutreffen sein oder gar travestiert. Z. B. Gemeindeeigentum. Wenn daher wahr ist, daß die Kategorien der bürgerlichen Ökonomie eine Wahrheit für alle andren Gesellschaftsformen besitzen, so ist das nur cum grano salis zu nehmen. Sie können dieselben entwickelt, verkümmert, karikiert etc. enthalten, immer in wesentlichem Unterschied. Die sog. historische Entwicklung beruht überhaupt darauf, daß die letzte Form die vergangnen als Stufen zu sich selbst betrachtet und, da sie selten und nur unter ganz bestimmten Bedingungen fähig ist, sich selbst zu kritisieren – es ist hier natürlich nicht von solchen historischen Perioden die Rede, die sich selbst als Verfallzeit vorkommen –, sie immer einseitig auffaßt. Die christliche Religion war erst fähig, zum objektiven Verständnis der frühern Mythologien zu verhelfen, sobald ihre Selbstkritik zu einem gewissen Grad, sozusagen δυνάμει [der Möglichkeit nach], fertig war. So kam die bürgerliche Ökonomie erst zum Verständnis der feudalen, antiken, orientalen, sobald die Selbstkritik der bürgerlichen Gesellschaft begonnen. Soweit die bürgerliche Ökonomie nicht mythologisierend sich rein identifiziert mit den vergangnen, glich ihre Kritik der frühern, namentlich der feudalen, mit der sie noch direkt zu kämpfen hatte, der Kritik, die das Christentum am Heidentum oder auch der Protestantismus am Katholizismus ausübte.

Wie überhaupt bei jeder historischen, sozialen Wissenschaft

ist bei dem Gang der ökonomischen Kategorien immer festzuhalten, daß, wie in der Wirklichkeit so im Kopf, das Subjekt, hier die moderne bürgerliche Gesellschaft, gegeben ist und daß die Kategorien daher Daseinsformen, Existenzbestimmungen, oft nur einzelne Seiten dieser bestimmten Gesellschaft, dieses Subjekts ausdrücken und daß sie daher *auch wissenschaftlich* keineswegs da erst anfängt, wo nun von ihr *als solcher* die Rede ist. Dies ist festzuhalten, weil es gleich über die Einteilung Entscheidendes zur Hand gibt. Z. B. nichts scheint naturgemäßer, als mit der Grundrente zu beginnen, dem Grundeigentum, da es an die Erde, die Quelle aller Produktion und allen Daseins, gebunden ist und an die erste Produktionsform aller einigermaßen befestigten Gesellschaften – die Agrikultur. Aber nichts wäre falscher. In allen Gesellschaftsformen ist es eine bestimmte Produktion, die allen übrigen und deren Verhältnisse daher auch allen übrigen Rang und Einfluß anweist. Es ist eine allgemeine Beleuchtung, worin alle übrigen Farben getaucht sind und [die] sie in ihrer Besonderheit modifiziert. Es ist ein besondrer Äther, der das spezifische Gewicht alles in ihm hervorstechenden Daseins bestimmt. Z. B. bei Hirtenvölkern (bloße Jäger- und Fischer-Völker liegen außer dem Punkt, wo die wirkliche Entwicklung beginnt). Bei ihnen kömmt gewisse Form des Ackerbaus vor, sporadische. Das Grundeigentum ist dadurch bestimmt. Es ist gemeinsames und hält diese Form mehr oder minder bei, je nachdem diese Völker mehr oder minder noch an ihrer Tradition festhalten, z. B. das Gemeindeeigentum der Slawen. Bei Völkern von festsitzendem Ackerbau – dies Festsetzen schon große Stufe –, wo dieser vorherrscht wie bei den Antiken und Feudalen, hat selbst die Industrie und ihre Organisation und die Formen des Eigentums, die ihr entsprechen, mehr oder minder grundeigentümlichen Charakter; ist entweder ganz von ihm abhängig wie bei den ältern Römern oder, wie im Mittelalter, ahmt die Organisation des Landes in der Stadt und ihren Verhältnissen nach. Das Kapital selbst im Mittelalter – soweit es nicht reines Geldkapital ist – als traditionelles Handwerkszeug etc. hat diesen grundeigentümlichen Charakter. In der bürgerlichen Gesellschaft ist es umgekehrt. Die Agrikultur wird mehr und mehr ein bloßer Industriezweig und ist ganz vom Kapital beherrscht. Ebenso die Grundrente. In allen Formen, worin das Grundeigentum herrscht, die Naturbeziehung noch vorherrschend. In denen, wo das Kapital herrscht, das gesellschaftlich, historisch geschaffne Element. Die Grundrente kann nicht verstanden werden ohne das Kapital. Das Kapital aber wohl ohne die Grundrente. Das Kapital ist die alles beherrschende ökonomische Macht der bürgerlichen Gesellschaft. Es muß Ausgangspunkt wie Endpunkt bilden und vor dem Grundeigentum entwikkelt werden. Nachdem beide besonders betrachtet sind, muß ihre Wechselbeziehung betrachtet werden.

Es wäre also untubar und falsch, die ökonomischen Kategorien in der Folge aufeinander folgen zu lassen, in der sie historisch die bestimmenden waren. Vielmehr ist ihre Reihenfolge bestimmt durch die Beziehung, die sie in der modernen bürgerlichen Gesellschaft aufeinander haben und die gerade das Umgekehrte von dem ist, was als ihre naturgemäße erscheint oder der Reihe der historischen Entwicklung entspricht. Es handelt sich nicht um das Verhältnis, das die ökonomischen Verhältnisse in der Aufeinanderfolge verschiedener Gesellschaftsformen historisch einnehmen. Noch weniger um ihre Reihenfolge »in der Idee« (*Proudhon*), (einer verschwimmelten Vorstellung der historischen Bewegung). Sondern um ihre Gliederung innerhalb der modernen bürgerlichen Gesellschaft.

Die Reinheit (abstrakte Bestimmtheit), in der die Handelsvölker – Phönizier, Karthaginienser – in der alten Welt erscheinen, ist eben durch das Vorherrschen der Agrikulturvölker selbst gegeben. Das Kapital als Handels- oder Geldkapital erscheint eben in dieser Abstraktion, wo das Kapital noch nicht das beherrschende Element der Gesellschaften ist. Lombarden, Juden nehmen dieselbe Stellung gegenüber den agrikulturtreibenden mittelaltrigen Gesellschaften ein.

Als weitres Beispiel der verschiednen Stellung, die dieselben Kategorien in verschiednen Gesellschaftsstufen einnehmen: Eine der letzten Formen der bürgerlichen Gesellschaft: *joint-stockcompanies* [*Aktiengesellschaften*]. Erscheinen aber auch im Beginn derselben in den großen privilegierten und mit Monopol versehnen Handelskompanien.

Der Begriff des Nationalreichtums selbst schleicht sich bei den Ökonomen des 17. Jahrhunderts so ein – eine Vorstellung, die noch zum Teil bei denen des 18. fortgeht –, daß bloß für den Staat der Reichtum geschaffen wird, seine Macht aber im Verhältnis zu diesem Reichtum steht. Es war dies noch unbewußt heuchlerische

Form, worin sich der Reichtum selbst und die Produktion desselben als Zweck der modernen Staaten ankündigt und sie nur noch als Mittel zur Produktion des Reichtums betrachtet.

Die Einteilung offenbar so zu machen, daß 1. die allgemeinen abstrakten Bestimmungen, die daher mehr oder minder allen Gesellschaftsformen zukommen, aber im oben auseinandergesetzten Sinn. 2. Die Kategorien, die die innre Gliederung der bürgerlichen Gesellschaft ausmachen und worauf die fundamentalen Klassen beruhn. Kapital, Lohnarbeit, Grundeigentum. Ihre Beziehung zueinander. Stadt und Land. Die drei großen gesellschaftlichen Klassen. Austausch zwischen denselben. Zirkulation. Kreditwesen (private). 3. Zusammenfassung der bürgerlichen Gesellschaft in der Form des Staats. In Beziehung zu sich selbst betrachtet. Die »unproduktiven« Klassen. Steuern. Staatsschuld. Öffentlicher Kredit. Die Bevölkerung. Die Kolonien. Auswanderung. 4. Internationales Verhältnis der Produktion. Internationale Teilung der Arbeit. Internationaler Austausch. Aus- und Einfuhr. Wechselkurs. 5. Der Weltmarkt und die Krisen.

4. Produktion. Produktionsmittel und Produktionsverhältnisse. Produktionsverhältnisse und Verkehrsverhältnisse. Staats- und Bewußtseinsformen im Verhältnis zu den Produktions- und Verkehrsverhältnissen. Rechtsverhältnisse. Familienverhältnisse

Notabene in bezug auf Punkte, die hier zu erwähnen und nicht vergessen werden dürfen:

1. *Krieg* früher ausgebildet wie Frieden; Art, wie durch den Krieg und in den Armeen etc. gewisse ökonomische Verhältnisse, wie Lohnarbeit, Maschinerie etc., früher entwickelt als im Innern der bürgerlichen Gesellschaft. Auch das Verhältnis von Produktivkraft und Verkehrsverhältnissen besonders anschaulich in der Armee.

2. *Verhältnis der bisherigen idealen Geschichtschreibung zur realen. Namentlich der sog. Kulturgeschichten*, die alle Religions- und Staatengeschichte. (Bei der Gelegenheit kann auch etwas gesagt werden

über die verschiednen Arten der bisherigen Geschichtschreibung. Sog. Objektive. Subjektive (Moralische u.a.). Philosophische).

3. *Sekundäres und Tertiäres,* überhaupt *abgeleitete, übertragne,* nicht ursprüngliche Produktionsverhältnisse. Einspielen hier internationaler Verhältnisse.

4. *Vorwürfe über Materialismus dieser Auffassung. Verhältnis zum naturalistischen Materialismus.*

5. *Dialektik der Begriffe Produktivkraft (Produktionsmittel) und Produktionsverhältnisse,* eine Dialektik, deren Grenzen zu bestimmen und die realen Unterschied nicht aufhebt.

6. *Das unegale Verhältnis der Entwicklung der materiellen Produktion z. B. zur künstlerischen.* Überhaupt der Begriff des Fortschritts nicht in der gewöhnlichen Abstraktion zu fassen. Mit der Kunst etc. diese Disproportion noch nicht so wichtig und schwierig zu fassen als innerhalb praktisch-sozialer Verhältnisse selbst. Z.B. der Bildung. Verhältnis der *United States* zu Europa. Der eigentlich schwierige Punkt, hier zu erörtern, ist aber der, wie die Produktionsverhältnisse als Rechtsverhältnisse in ungleiche Entwicklung treten. Also z.B. das Verhältnis des römischen Privatrechts (im Kriminalrecht und öffentlichen das weniger der Fall) zur modernen Produktion.

7. *Diese Auffassung erscheint als notwendige Entwicklung.* Aber Berechtigung des Zufalls. Wie. (Der Freiheit u.a. auch.) (Einwirkung der Kommunikationsmittel. Weltgeschichte existierte nicht immer; die Geschichte als Weltgeschichte Resultat.)

8. *Der Ausgangspunkt natürlich von der Naturbestimmtheit;* subjektiv und objektiv. Stämme, Racen etc.

1. Bei der Kunst bekannt, daß bestimmte Blütezeiten derselben keineswegs im Verhältnis zur allgemeinen Entwicklung der Gesellschaft, also auch der materiellen Grundlage, gleichsam des Knochenbaus ihrer Organisation, stehn. Z.B. die Griechen verglichen mit den Modernen oder auch Shakespeare. Von gewissen Formen der Kunst, z.B. dem Epos, sogar anerkannt, daß sie in ihrer weltepochemachenden, klassischen Gestalt nie produziert werden können, sobald die Kunstproduktion als solche eintritt; also daß innerhalb des Berings der Kunst selbst gewisse bedeutende Gestaltungen derselben nur auf einer unentwickelten Stufe der Kunstentwicklung möglich sind. Wenn dies im Verhältnis der verschiednen Kunstar-

ten innerhalb des Bereichs der Kunst selbst der Fall ist, ist es schon weniger auffallend, daß es im Verhältnis des ganzen Bereichs der Kunst zur allgemeinen Entwicklung der Gesellschaft der Fall ist. Die Schwierigkeit besteht nur in der allgemeinen Fassung dieser Widersprüche. Sobald sie spezifiziert werden, sind sie schon erklärt.

Nehmen wir z. B. das Verhältnis der griechischen Kunst und dann Shakespeares zur Gegenwart. Bekannt, daß die griechische Mythologie nicht nur das Arsenal der griechischen Kunst, sondern ihr Boden. Ist die Anschauung der Natur und der gesellschaftlichen Verhältnisse, die der griechischen Phantasie und daher der griechischen [Kunst] zugrunde liegt, möglich mit selfactors[4] und Eisenbahnen und Lokomotiven und elektrischen Telegraphen? Wo bleibt Vulkan gegen Roberts et Co., Jupiter gegen den Blitzableiter und Hermes gegen den Crédit mobilier?[5] Alle Mythologie überwindet und beherrscht und gestaltet die Naturkräfte in der Einbildung und durch die Einbildung; verschwindet also mit der wirklichen Herrschaft über dieselben. Was wird aus der Fama neben Printinghouse square?[6] Die griechische Kunst setzt die griechische Mythologie voraus, d. h., die Natur und die gesellschaftlichen Formen selbst schon in einer unbewußt künstlerischen Weise verarbeitet durch die Volksphantasie. Das ist ihr Material. Nicht jede beliebige Mythologie, d. h. nicht jede beliebige unbewußt künstlerische Verarbeitung der Natur (hier darunter alles Gegenständliche, also die Gesellschaft eingeschlossen). Ägyptische Mythologie konnte nie der Boden oder der Mutterschoß griechischer Kunst sein. Aber jedenfalls *eine* Mythologie. Also keinesfalls eine Gesellschaftsentwicklung, die alles mythologische Verhältnis zur Natur ausschließt, alles mythologisierende Verhältnis zu ihr; also vom Künstler eine von Mythologie unabhängige Phantasie verlangt.

Von einer andren Seite: Ist Achilles möglich mit Pulver und Blei? Oder überhaupt die »Iliade« mit der Druckerpresse und gar Druckmaschine? Hört das Singen und Sagen und die Muse mit dem Preßbengel nicht notwendig auf, also verschwinden nicht notwendige Bedingungen der epischen Poesie?

Aber die Schwierigkeit liegt nicht darin zu verstehn, daß griechische Kunst und Epos an gewisse gesellschaftliche Entwicklungsformen geknüpft sind. Die Schwierigkeit ist, daß sie uns noch Kunstgenuß gewähren und in gewisser Beziehung als Norm und unerreichbare Muster gelten.

Ein Mann kann nicht wieder zum Kind werden, oder er wird kindisch. Aber freut ihn die Naivetät des Kindes nicht, und muß er nicht selbst wieder auf einer höhern Stufe streben, seine Wahrheit zu reproduzieren? Lebt in der Kindernatur nicht in jeder Epoche ihr eigner Charakter in seiner Naturwahrheit auf? Warum sollte die geschichtliche Kindheit der Menschheit, wo sie am schönsten entfaltet, als eine nie wiederkehrende Stufe nicht ewigen Reiz ausüben? Es gibt ungezogne Kinder und altkluge Kinder. Viele der alten Völker gehören in diese Kategorie. Normale Kinder waren die Griechen. Der Reiz ihrer Kunst für uns steht nicht im Widerspruch zu der unentwickelten Gesellschaftsstufe, worauf sie wuchs. Ist vielmehr ihr Resultat und hängt vielmehr unzertrennlich damit zusammen, daß die unreifen gesellschaftlichen Bedingungen, unter denen sie entstand und allein entstehn konnte, nie wiederkehren können.

[1] Nach der Theorie Jean-Jacques Rousseaus lebten die Menschen ursprünglich in einem Naturzustand, in dem alle gleich waren. Die Entstehung des Privateigentums und die Entwicklung ungleicher Besitzverhältnisse hätten zur Bildung des Staates geführt, der auf einem Gesellschaftsvertrag beruhe. Die Fortentwicklung der politischen Ungleichheit führe zur Zerstörung dieses Gesellschaftsvertrages und zur Entstehung eines neuen Naturzustandes. Diesen zu beseitigen sei der Vernunftstaat berufen, der auf einem neuen Gesellschaftsvertrag beruhe.

[2] Als »sozialistische Belletristen« werden hier Karl Grün und Pierre-Joseph Proudhon bezeichnet, deren Ansichten über das Verhältnis der Produktion zur Konsumtion Marx und Engels vor allem in ihren Schriften *Die deutsche Ideologie* und *Das Elend der Philosophie* kritisieren (siehe Teil 1 und 2 des vorliegenden Bandes).

[3] Gemeint sind hier vermutlich auch die Südstaaten der USA.

[4] Selfactor – von Richard Roberts 1825 erfundene automatische Spinnmaschine.

[5] Die »Société générale de crédit mobilier« war eine französische Aktienbank, deren Hauptziel die Kreditvermittlung und die Gründung von industriellen und anderen Unternehmen war. Die Bank beteiligte sich in breitem Maße am Eisenbahnbau in Frankreich, Österreich, Ungarn, der Schweiz, Spanien und Russland. Ihre größte Einnahmequelle war die Börsenspekulation mit Wertpapieren der von ihr gegründeten Aktiengesellschaften. Aus der Emission ihrer Aktien, die nur durch die in ihrem Besitz befindlichen Wertpapiere anderer Unternehmen garantiert wurden, erhielt die Bank die Mittel, die sie wieder zum Ankauf

von Aktien verschiedenster Gesellschaften verwandte. Auf diese Weise wurde ein und derselbe Besitz zur Quelle eines fiktiven Kapitals von doppeltem Umfang: in Form von Aktien des betreffenden Unternehmens und in Form von Aktien des Crédit mobilier, der dieses Unternehmen finanzierte und seine Aktien aufkaufte. Die Bank war eng liiert mit der Regierung Napoleons III. und genoss deren Schutz. 1867 erfolgte der Bankrott der Bank, 1871 ihre Liquidation.

[6] Printinghouse Square – Platz in London, wo sich das Redaktionsgebäude und die Druckerei der *Times* befinden; Bezeichnung für die *Times*.

Fixes Kapital und die Entwicklung der Produktivkräfte der Gesellschaft [»Maschinenfragment«]

[...] Solange das Arbeitsmittel im eigentlichen Sinn des Wortes Arbeitsmittel bleibt, so wie es unmittelbar, historisch, vom Kapital in seinen Verwertungsprozeß hereingenommen ist, erleidet es nur eine formelle Veränderung dadurch, daß es jetzt nicht nur seiner stofflichen Seite nach als Mittel der Arbeit erscheint, sondern zugleich als eine durch den Gesamtprozeß des Kapitals bestimmte besondre Daseinsweise desselben – als *Capital fixe.*

In den Produktionsprozeß des Kapitals aufgenommen, durchläuft das Arbeitsmittel aber verschiedne Metamorphosen, deren letzte die *Maschine* ist oder vielmehr ein *automatisches System der Maschinerie* (System der Maschinerie; das *automatische* ist nur die vollendetste adäquateste Form derselben und verwandelt die Maschinerie erst in ein System), in Bewegung gesetzt durch einen Automaten, bewegende Kraft, die sich selbst bewegt; dieser Automat, bestehend aus zahlreichen mechanischen und intellektuellen Organen, so daß die Arbeiter selbst nur als bewußte Glieder desselben bestimmt sind. In der Maschine und noch mehr in der Maschine[rie] als einem automatischen System ist das Arbeitsmittel verwandelt seinem Gebrauchswert nach, d. h. seinem stofflichen Dasein nach in eine dem Capital fixe und dem Kapital überhaupt adäquate Existenz und die Form, in der es als unmittelbares Arbeitsmittel in den Produktionsprozeß des Kapitals aufgenommen wurde, in eine durch das Kapital selbst gesetzte und ihm entsprechende Form aufgehoben. Die Maschine erscheint in keiner Beziehung als Arbeitsmittel des einzelnen Arbeiters. Ihre differentia specifica ist keineswegs, wie beim Arbeitsmittel, die Tätigkeit des Arbeiters auf das Objekt zu vermitteln; sondern diese Tätigkeit ist vielmehr so gesetzt, daß sie nur noch die Arbeit der Maschine, ihre Aktion auf das Rohmaterial vermittelt – überwacht und sie vor Störungen bewahrt. Nicht wie beim Instrument, das der Arbeiter als Organ mit seinem eignen Geschick und Tätigkeit beseelt und dessen Handhabung daher von seiner Virtuosität abhängt. Sondern die Maschine, die für den Arbeiter Geschick und Kraft besitzt, ist selbst der Virtuose, die ihre eigne Seele besitzt in den in ihr wirkenden mechanischen Gesetzen und zu ihrer beständigen Selbstbewegung, wie der Arbeiter Nahrungsmittel, so Kohlen, Öl etc. konsumiert (matières instrumentales [Produktionshilfsstoffe]). Die Tätigkeit des Arbeiters, auf eine bloße Abstraktion der Tätigkeit beschränkt, ist nach allen Seiten hin bestimmt und geregelt durch die Bewegung der Maschinerie, nicht umgekehrt. Die Wissenschaft, die die unbelebten Glieder der Maschinerie zwingt, durch ihre Konstruktion zweckgemäß als Automat zu wirken, existiert nicht im Bewußtsein des Arbeiters, sondern wirkt durch die Maschine als fremde Macht auf ihn, als Macht der Maschine selbst.

Die Aneignung der lebendigen Arbeit durch die vergegenständlichte Arbeit – der verwertenden Kraft oder Tätigkeit durch den für sich seienden Wert, die im Begriff des Kapitals liegt, ist in der auf Maschinerie beruhnden Produktion als Charakter des Produktionsprozesses selbst auch seinen stofflichen Elementen und seiner stofflichen Bewegung nach gesetzt. Der Produktionsprozeß hat aufgehört, Arbeitsprozeß in dem Sinn zu sein, daß die Arbeit als die ihn beherrschende Einheit über ihn übergriffe. Sie erscheint vielmehr nur als bewußtes Organ, an vielen Punkten des mechanischen Systems in einzelnen lebendigen Arbeitern; zerstreut, subsumiert unter den Gesamtprozeß der Maschinerie selbst, selbst nur ein Glied des Systems, dessen Einheit nicht in den lebendigen Arbeitern, sondern in der lebendigen (aktiven) Maschinerie existiert, die seinem einzelnen, unbedeutenden Tun gegenüber als gewaltiger Organismus ihm gegenüber erscheint. In der Maschinerie tritt die vergegenständlichte Arbeit der lebendigen Arbeit im Arbeitsprozeß selbst als die sie beherrschende Macht gegenüber, die das Kapital als Aneignung der lebendigen Arbeit seiner Form nach ist. Das Aufnehmen des Arbeitsprozesses als bloßes Moment des Verwertungsprozesses des Kapitals ist auch der stofflichen Seite nach gesetzt durch die Verwandlung des Arbeitsmittels in Maschinerie und der lebendigen Arbeit in bloßes lebendiges Zubehör dieser Maschinerie; als Mittel ihrer Aktion.

Die Vermehrung der Produktivkraft der Arbeit und die größte Negation der notwendigen Arbeit ist die notwendige Tendenz des Kapitals, wie wir gesehn. Die Verwirklichung dieser Tendenz ist die Verwandlung des Arbeitsmittels in Maschinerie. In der Maschinerie tritt die vergegenständlichte Arbeit stofflich der lebendigen als die beherrschende Macht entgegen und als aktive Subsumtion derselben unter sich, nicht nur durch Aneignung derselben, sondern im realen Produktionsprozeß selbst; das Verhältnis des Kapitals als der die verwertende Tätigkeit sich aneignende Wert ist in dem fixen Kapital, das als Maschinerie existiert, zugleich gesetzt als das Verhältnis des Gebrauchswerts des Kapitals zum Gebrauchswert des Arbeitsvermögens; der in der Maschinerie vergegenständlichte Wert erscheint ferner als eine Voraussetzung, wogegen die verwertende Kraft des einzelnen Arbeitsvermögens als ein unendlich Kleines verschwindet; durch die Produktion in enormen Massen, die mit der Maschinerie gesetzt ist, verschwindet ebenso am Produkt jede Beziehung auf das unmittelbare Bedürfnis des Produzenten und daher auf unmittelbaren Gebrauchswert; in der Form, wie das Produkt produziert wird, und in Verhältnissen, worin es produziert wird, ist schon so gesetzt, daß es nur produziert ist als Träger von Wert und sein Gebrauchswert nur als Bedingung hierfür. Die vergegenständlichte Arbeit erscheint in der Maschine unmittelbar selbst nicht nur in der Form des Produkts oder des als Arbeitsmittels angewandten Produkts, sondern der Produktivkraft selbst. Die Entwicklung des Arbeitsmittels zur Maschinerie ist nicht zufällig für das Kapital, sondern ist die historische Umgestaltung des traditionell überkommnen Arbeitsmittels als dem Kapital adäquat umgewandelt. Die Akkumulation des Wissens und des Geschicks, der allgemeinen Produktivkräfte des gesellschaftlichen Hirns, ist so der Arbeit gegenüber absorbiert in dem Kapital und erscheint daher als Eigenschaft des Kapitals, und bestimmter des *Capital fixe*, soweit es als eigentliches Produktionsmittel in den Produktionsprozeß eintritt. Die *Maschinerie* erscheint also als die adäquateste Form des *Capital fixe* und das Capital fixe, soweit das Kapital in seiner Beziehung auf sich selbst betrachtet wird, als die *adäquateste Form des Kapitals überhaupt.* Andrerseits, soweit das Capital fixe in seinem Dasein als bestimmter Gebrauchswert festgebannt, entspricht es nicht dem Begriff des Kapitals, das als Wert gleichgültig gegen jede bestimmte Form des Gebrauchswerts und jede derselben als gleichgültige Inkarnation annehmen oder abstreifen kann. Nach dieser Seite hin, nach der Beziehung des Kapitals nach außen, erscheint das *Capital circulant* als die adäquate Form des Kapitals gegenüber dem capital fixe.

Insofern ferner die Maschinerie sich entwickelt mit der Akkumulation der gesellschaftlichen Wissenschaft, Produktivkraft überhaupt, ist es nicht in dem Arbeiter, sondern im Kapital, daß sich die allgemein gesellschaftliche Arbeit darstellt. Die Produktivkraft der Gesellschaft ist gemessen an dem *Capital fixe*, existiert in ihm in gegenständlicher Form, und umgekehrt entwickelt sich die Produktivkraft des Kapitals mit diesem allgemeinen Fortschritt, den das Kapital sich gratis aneignet. Es ist hier nicht in die Entwicklung der Maschinerie en détail einzugehn; sondern nur nach der allgemeinen Seite hin; soweit im *Capital fixe* das *Arbeitsmittel*, nach seiner stofflichen Seite, seine unmittelbare Form verliert und stofflich dem Arbeiter als *Kapital* gegenübertritt. Das Wissen erscheint in der Maschinerie als fremdes außer ihm; und die lebendige Arbeit subsumiert unter die selbständig wirkende vergegenständlichte. Der Arbeiter erscheint als überflüssig, soweit nur seine Aktion nicht bedingt ist durch die Bedürfnisse [des Kapitals].[1]

Die volle Entwicklung des Kapitals findet also erst statt – oder das Kapital hat erst die ihm entsprechende Produktionsweise gesetzt –, sobald das Arbeitsmittel nicht nur formell als *Capital fixe* bestimmt ist, sondern in seiner unmittelbaren Form aufgehoben und das *Capital fixe* innerhalb des Produktionsprozesses der Arbeit gegenüber als Maschine auftritt; der ganze Produktionsprozeß aber als nicht subsumiert unter die unmittelbare Geschicklichkeit des Arbeiters, sondern als technologische Anwendung der Wissenschaft. Der Produktion wissenschaftlichen Charakter zu geben, daher die Tendenz des Kapitals, und die unmittelbare Arbeit herabgesetzt zu einem bloßen Moment dieses Prozesses. Wie bei der Verwandlung des Werts in Kapital, so zeigt sich bei der nähern Entwicklung des Kapitals, daß es einerseits eine bestimmte gegebne historische Entwicklung der Produktivkräfte voraussetzt – unter diesen Produktivkräften auch die Wissenschaft –, andrerseits sie vorantreibt und forciert.

Der quantitative Umfang, worin, und die Wirksamkeit (Intensivität), worin das Kapital als Capital fixe entwickelt ist, zeigt daher überhaupt den degree an, worin das Kapital als Kapital, als die Macht über die lebendige Arbeit entwickelt ist und sich den Produktionsprozeß überhaupt unterworfen hat. Auch nach der Seite hin, daß es die Akkumulation der vergegenständlichten Produktivkräfte ausdrückt und ebenso der vergegenständlichten Arbeit. Wenn aber das Kapital in der Maschinerie und andren stofflichen

Daseinsformen des capital fixe, wie Eisenbahnen etc. (worauf wir später kommen werden), sich erst seine adäquate Gestalt als Gebrauchswert innerhalb des Produktionsprozesses gibt, so heißt das keineswegs, daß dieser Gebrauchswert – die Maschinerie an sich – Kapital ist oder daß ihr Bestehn als Maschinerie identisch ist mit ihrem Bestehn als Kapital; sowenig, wie das Gold aufhörte, seinen Gebrauchswert als Gold zu haben, sobald es nicht mehr *Geld* wäre. Die Maschinerie verliert ihren Gebrauchswert nicht, sobald sie aufhörte, Kapital zu sein. Daraus, daß die Maschinerie die entsprechendste Form des Gebrauchswerts des Capital fixe, folgt keineswegs, daß die Subsumtion unter das gesellschaftliche Verhältnis des Kapitals das entsprechendste und beste gesellschaftliche Produktionsverhältnis für die Anwendung der Maschinerie.

In demselben Maße, wie die Arbeitszeit – das bloße Quantum Arbeit – durch das Kapital als einziges wertbestimmendes Element gesetzt wird, in demselben Maße verschwindet die unmittelbare Arbeit und ihre Quantität als das bestimmende Prinzip der Produktion – der Schöpfung von Gebrauchswerten und wird sowohl quantitativ zu einer geringern Proportion herabgesetzt wie qualitativ als ein zwar unentbehrliches, aber subalternes Moment gegen die allgemeine wissenschaftliche Arbeit, technologische Anwendung der Naturwissenschaften nach der einen Seite, wie [gegen die] aus der gesellschaftlichen Gliederung in der Gesamtproduktion hervorgehende allgemeine Produktivkraft – die als Naturgabe der gesellschaftlichen Arbeit (obgleich historisches Produkt) erscheint. Das Kapital arbeitet so an seiner eignen Auflösung als die Produktion beherrschende Form.

Wenn so einerseits die Verwandlung des Produktionsprozesses aus dem einfachen Arbeitsprozeß in einen wissenschaftlichen Prozeß, der die Naturgewalten seinem Dienst unterwirft und so sie im Dienst der menschlichen Bedürfnisse wirken läßt, als Eigenschaft des *Capital fixe* gegenüber der lebendigen Arbeit erscheint; wenn die einzelne Arbeit als solche überhaupt aufhört, als produktiv zu erscheinen, vielmehr nur produktiv ist in den gemeinsamen, die Naturgewalten sich unterordnenden Arbeiten und diese Erhebung der unmittelbaren Arbeit in gesellschaftliche als Reduktion der einzelnen Arbeit auf Hilfslosigkeit gegen die im Kapital repräsentierte, konzentrierte Gemeinsamkeit erscheint; so andrerseits erscheint nun als Eigenschaft des *Capital circulant* das Erhalten der Arbeit in einem Produktionszweig durch *co-existing labour* in einem andren. In der kleinen Zirkulation avanciert das Kapital dem Arbeiter das Salair, das dieser austauscht gegen zu seiner Konsumtion nötige Produkte. Das von ihm erhaltne Geld hat nur diese Macht, weil gleichzeitig neben ihm gearbeitet wird; und nur weil das Kapital sich seine Arbeit angeeignet, kann es ihm im Geld Anweisung auf fremde Arbeit geben. Dieser Austausch der eignen Arbeit mit der fremden erscheint hier nicht durch die gleichzeitige Koexistenz der Arbeit der andren vermittelt und bedingt, sondern durch die Avance [Vorleistung], die das Kapital macht. Es erscheint als Eigenschaft des Teils des *circulating capital*, der an den Arbeiter abgetreten wird, und des circulating capital überhaupt, daß der Arbeiter während der Produktion den zu seiner Konsumtion nötigen Stoffwechsel vornehmen kann. Es erscheint nicht als Stoffwechsel der gleichzeitigen Arbeitskräfte, sondern als Stoffwechsel des Kapitals; dessen, daß circulating capital existiert. So werden alle Kräfte der Arbeit transponiert in Kräfte des Kapitals; im capital fixe die Produktivkraft der Arbeit (die außer ihr gesetzt ist und als unabhängig (sachlich) von ihr existierend); und im Capital circulant einerseits dies, daß der Arbeiter selbst die Bedingungen der Wiederholung seiner Arbeit sich vorausgesetzt hat, andrerseits der Austausch dieser seiner Arbeit durch die koexistierende Arbeit andrer vermittelt ist, erscheint so, daß das Kapital ihm die Avancen macht und andrerseits die Gleichzeitigkeit der Arbeitszweige setzt. (Die beiden letztren Bestimmungen gehören eigentlich in die Akkumulation.) Das Kapital setzt sich als Vermittler zwischen den verschiednen labourers in der Form des Capital circulant.

Das *Capital fixe*, in seiner Bestimmung als Produktionsmittel, deren adäquateste Form die Maschinerie, produziert nur Wert, d. h. vermehrt den Wert des Produkts nur nach 2 Seiten hin: 1. soweit es *Wert* hat; d. h. selbst Produkt der Arbeit, ein gewisses Quantum Arbeit in vergegenständlichter Form ist; 2. insofern es das Verhältnis der Surplusarbeit zur notwendigen Arbeit vermehrt, indem es die Arbeit befähigt, durch Vermehrung ihrer Produktivkraft eine größre Masse zum Unterhalt des lebendigen Arbeitsvermögens nötiger Produkte in kürzrer Zeit zu schaffen. Es ist also eine höchst absurde bürgerliche Phrase, daß der Arbeiter mit dem Kapitalisten teilt, weil dieser durch das Capital fixe (das übrigens selbst das Produkt der Arbeit und vom Kapital nur angeeignete *fremde Arbeit*) ihm seine Arbeit erleichtert (er raubt ihr durch die Maschine vielmehr alle Selbständigkeit und attrayanten [anziehenden] Charakter) oder seine Arbeit abkürzt. Das Kapital wendet die Maschine vielmehr nur an, soweit sie den Arbeiter befähigt, einen größeren Teil seiner Zeit für das Kapital zu arbeiten, zu einem größeren Teil seiner Zeit als ihm nicht angehöriger sich zu verhalten, länger für einen andren zu arbeiten. Durch diesen Prozeß wird in der Tat das Quantum zur Produktion eines gewissen Gegenstandes nötige Arbeit auf ein Minimum reduziert, aber nur damit ein Maximum von Arbeit in dem Maximum solcher Gegenstände verwertet werde. Die erste Seite ist wichtig, weil das Kapital hier – ganz unabsichtlich – die menschliche Arbeit auf ein Minimum reduziert, die Kraftausgabe. Dies wird der emanzipierten Arbeit zugute kommen und ist die Bedingung ihrer Emanzipation. [...]

Die Aneignung der lebendigen Arbeit durch das Kapital erhält in der Maschinerie auch nach dieser Seite hin eine unmittelbare Realität: Es ist einerseits direkt aus der Wissenschaft entspringende Analyse und Anwendung mechanischer und chemischer Gesetze, welche die Maschine befähigt, dieselbe Arbeit zu verrichten, die früher der Arbeiter verrichtete. Die Entwicklung der Maschinerie auf diesem Weg tritt jedoch erst ein, sobald die große Industrie schon höhre Stufe erreicht hat und die sämtlichen Wissenschaften in den Dienst des Kapitals gefangengenommen sind; andrerseits die vorhandne Maschinerie selbst schon große Ressourcen gewährt. Die Erfindung wird dann ein Geschäft und die Anwendung der Wissenschaft auf die unmittelbare Produktion selbst ein für sie bestimmender und sie sollizitierender [antreibender] Gesichtspunkt. Dies ist aber nicht der Weg, worin die Maschinerie im großen entstanden ist, und noch weniger der, worin sie im Detail fortschreitet. Dieser Weg ist die Analyse – durch Teilung der Arbeit, die die Operationen der Arbeiter schon mehr und mehr in mechanische verwandelt, so daß auf einem gewissen Punkt der Mechanismus an ihre Stelle treten kann. (Ad *economy of power*) Es erscheint hier also direkt die bestimmte Arbeitsweise übertragen von dem Arbeiter auf das Kapital in der Form der Maschine und durch diese Transposition sein eignes Arbeitsvermögen entwertet. Daher der Kampf der Arbeiter gegen die Maschinerie. Was Tätigkeit des lebendigen Arbeiters war, wird Tätigkeit der Maschine. So tritt dem Arbeiter grob-sinnlich die Aneignung der Arbeit durch das Kapital, das

Kapital als die lebendige Arbeit in sich absorbierend – »als hätt' es Lieb' im Leibe« – gegenüber.

Der Austausch von lebendiger Arbeit gegen vergegenständlichte, d. h. das Setzen der gesellschaftlichen Arbeit in der Form des Gegensatzes von Kapital und Lohnarbeit – ist die letzte Entwicklung des *Wertverhältnisses* und der auf dem Wert beruhenden Produktion. Ihre Voraussetzung ist und bleibt – die Masse unmittelbarer Arbeitszeit, das Quantum angewandter Arbeit als der entscheidende Faktor der Produktion des Reichtums. In dem Maße aber, wie die große Industrie sich entwickelt, wird die Schöpfung des wirklichen Reichtums abhängig weniger von der Arbeitszeit und dem Quantum angewandter Arbeit als von der Macht der Agentien, die während der Arbeitszeit in Bewegung gesetzt werden und die selbst wieder – deren powerful effectiveness – selbst wieder in keinem Verhältnis steht zur unmittelbaren Arbeitszeit, die ihre Produktion kostet, sondern vielmehr abhängt vom allgemeinen Stand der Wissenschaft und dem Fortschritt der Technologie, oder der Anwendung dieser Wissenschaft auf die Produktion. (Die Entwicklung dieser Wissenschaft, besonders der Naturwissenschaft und mit ihr aller andren, steht selbst wieder im Verhältnis zur Entwicklung der materiellen Produktion.) Die Agrikultur z. B. wird bloße Anwendung der Wissenschaft des materiellen Stoffwechsels, wie er am vorteilhaftesten zu regulieren für den ganzen Gesellschaftskörper. Der wirkliche Reichtum manifestiert sich vielmehr – und dies enthüllt die große Industrie – im ungeheuren Mißverhältnis zwischen der angewandten Arbeitszeit und ihrem Produkt wie ebenso im qualitativen Mißverhältnis zwischen der auf eine reine Abstraktion reduzierten Arbeit und der Gewalt des Produktionsprozesses, den sie bewacht. Die Arbeit erscheint nicht mehr so sehr als in den Produktionsprozeß eingeschlossen, als sich der Mensch vielmehr als Wächter und Regulator zum Produktionsprozeß selbst verhält. (Was von der Maschinerie gilt ebenso von der Kombination der menschlichen Tätigkeit und der Entwicklung des menschlichen Verkehrs.) Es ist nicht mehr der Arbeiter, der modifizierten Naturgegenstand als Mittelglied zwischen das Objekt und sich einschiebt; sondern den Naturprozeß, den er in einen industriellen umwandelt, schiebt er als Mittel zwischen sich und die unorganische Natur, deren er sich bemeistert. Er tritt neben den Produktionsprozeß, statt sein Hauptagent zu sein. In dieser Umwandlung ist es weder die unmittelbare Arbeit, die der Mensch selbst verrichtet, noch die Zeit, die er arbeitet, sondern die Aneignung seiner eignen allgemeinen Produktivkraft, sein Verständnis der Natur und die Beherrschung derselben durch sein Dasein als Gesellschaftskörper – in einem Wort die Entwicklung des gesellschaftlichen Individuums, die als der große Grundpfeiler der Produktion und des Reichtums erscheint. Der *Diebstahl an fremder Arbeitszeit, worauf der jetzige Reichtum beruht*, erscheint miserable Grundlage gegen diese neuentwickelte, durch die große Industrie selbst geschaffne. Sobald die Arbeit in unmittelbarer Form aufgehört hat, die große Quelle des Reichtums zu sein, hört und muß aufhören, die Arbeitszeit sein Maß zu sein und daher der Tauschwert [das Maß] des Gebrauchswerts. Die *Surplusarbeit der Masse* hat aufgehört, Bedingung für die Entwicklung des allgemeinen Reichtums zu sein, ebenso wie die *Nichtarbeit der wenigen* für die Entwicklung der allgemeinen Mächte des menschlichen Kopfes. Damit bricht die auf dem Tauschwert ruhnde Produktion zusammen, und der unmittelbare materielle Produktionsprozeß erhält selbst die Form der Notdürftigkeit und Gegensätzlichkeit abgestreift. Die freie Entwicklung der Individualitäten und daher nicht das Reduzieren der notwendigen Arbeitszeit, um Surplusarbeit zu setzen, sondern überhaupt die Reduktion der notwendigen Arbeit der Gesellschaft zu einem Minimum, der dann die künstlerische, wissenschaftliche etc. Ausbildung der Individuen durch die für sie alle freigewordne Zeit und geschaffnen Mittel entspricht.

Das Kapital ist selbst der prozessierende Widerspruch [dadurch], daß es die Arbeitszeit auf ein Minimum zu reduzieren strebt, während es andrerseits die Arbeitszeit als einziges Maß und Quelle des Reichtums setzt. Es vermindert die Arbeitszeit daher in der Form der notwendigen, um sie zu vermehren in der Form der überflüssigen; setzt daher die überflüssige in wachsendem Maß als Bedingung – question de vie et de mort [Frage auf Leben und Tod] – für die notwendige. Nach der einen Seite hin ruft es also alle Mächte der Wissenschaft und der Natur wie der gesellschaftlichen Kombination und des gesellschaftlichen Verkehrs ins Leben, um die Schöpfung des Reichtums unabhängig (relativ) zu machen von der auf sie angewandten Arbeitszeit. Nach der andren Seite will es diese so geschaffnen riesigen Gesellschaftskräfte messen an der Arbeitszeit und sie einbannen in die Grenzen, die erheischt sind, um den schon geschaffnen Wert als Wert zu erhalten. Die Produktivkräfte und gesellschaftlichen Beziehungen – beides verschiedne Seiten der Entwicklung des gesellschaftlichen Individuums – erscheinen dem Kapital nur als Mittel und sind für es nur Mittel, um von seiner bornierten Grundlage aus zu produzieren. In fact aber sind sie die materiellen Bedingungen, um sie in die Luft zu sprengen.

Wahrhaft reich eine Nation, wenn statt 12 Stunden 6 gearbeitet werden. *Reichtum* ist nicht Kommando von Surplusarbeitszeit [realer Reichtum], sondern *verfügbare Zeit* außer der in der unmittelbaren Produktion gebrauchten für *jedes Individuum* und die ganze Gesellschaft. [Anonym., *The Source and Remedy of the National Difficulties*, S. 6]

Die Natur baut keine Maschinen, keine Lokomotiven, Eisenbahnen, electric telegraphs, selfacting mules etc. Sie sind Produkte der menschlichen Industrie; natürliches Material, verwandelt in Organe des menschlichen Willens über die Natur oder seiner Betätigung in der Natur. Sie sind *von der menschlichen Hand geschaffne Organe des menschlichen Hirns*; vergegenständlichte Wissenskraft. Die Entwicklung des capital fixe zeigt an, bis zu welchem Grade das allgemeine gesellschaftliche Wissen, knowledge, zur *unmittelbaren Produktivkraft* geworden ist und daher die Bedingungen des gesellschaftlichen Lebensprozesses selbst unter die Kontrolle des general intellect gekommen und ihm gemäß umgeschaffen sind. Bis zu welchem Grade die gesellschaftlichen Produktivkräfte produziert sind, nicht nur in der Form des Wissens, sondern als unmittelbare Organe der gesellschaftlichen Praxis; des realen Lebensprozesses.

Nach einer andren Seite noch zeigt die Entwicklung des capital fixe den Grad der Entwicklung des Reichtums überhaupt an oder der Entwicklung des Kapitals. Der Gegenstand der unmittelbar auf den Gebrauchswert und ebenso unmittelbar auf den Tauschwert gerichteten Produktion ist das Produkt selbst, das für die Konsumtion bestimmt ist. Der auf die Produktion des capital fixe gerichtete Teil der Produktion produziert nicht unmittelbare Gegenstände des Genusses noch unmittelbare Tauschwerte; wenigstens nicht unmittelbar realisierbare Tauschwerte. *Es hängt also von dem schon erreichten Grad der Produktivität ab – davon, daß ein Teil der Produktionszeit hinreicht für die unmittelbare Produktion –, daß ein wachsend großer auf die Produktion der Mittel der Produktion verwandt wird.* Es gehört dazu, daß die Gesellschaft abwarten kann;

einen großen Teil des schon geschaffnen Reichtums entziehn kann, sowohl dem unmittelbaren Genuß wie der für den unmittelbaren Genuß bestimmten Produktion, um diesen Teil für *nicht unmittelbar produktive* Arbeit zu verwenden (innerhalb des materiellen Produktionsprozesses selbst). Dies erfordert Höhe der schon erreichten Produktivität und relativen Überflusses, und zwar solche Höhe direkt im Verhältnis zur Verwandlung von capital circulant in capital fixe. Wie die *Größe der relativen Surplusarbeit abhängt von der Produktivität der notwendigen Arbeit, so die Größe der auf die Produktion des Capital fixe* verwandten Arbeitszeit – lebendiger, wie vergegenständlichter – *von der Produktivität der für die direkte Produktion von Produkten bestimmten Arbeitszeit. Surplusbevölkerung* (von diesem Standpunkt aus) wie *Surplusproduktion* ist hierfür Bedingung. D. h., das Resultat der auf die unmittelbare Produktion verwandten Zeit muß relativ zu groß sein, um es unmittelbar auf die Reproduktion des in diesen Industriezweigen verwandten Kapitals zu bedürfen. *Je weniger das Capital fixe* unmittelbar Früchte bringt, in den *unmittelbaren Produktionsprozeß* eingreift, desto größer muß diese relative *Surpluspopulation und Surplusproduktion* sein; also mehr, um Eisenbahnen zu bauen, Kanäle, Wasserleitungen, Telegraphen etc., als um direkt in dem unmittelbaren Produktionsprozeß tätige Maschinerie. Daher – worauf wir später zurückkommen werden – in der beständigen Über- und Unterproduktion der modernen Industrie – beständige Schwankungen und Krämpfe von dem Mißverhältnis, worin bald zu wenig, bald zu viel Capital circulant in Capital fixe verwandelt wird.

{Die *Schöpfung von viel disposable time* [*verfügbarer Zeit*] außer der notwendigen Arbeitszeit für die Gesellschaft überhaupt und jedes Glied derselben (d. h. Raum für die Entwicklung der vollen Produktivkräfte der einzelnen, daher auch der Gesellschaft), diese Schöpfung von Nicht-Arbeitszeit erscheint auf dem Standpunkt des Kapitals, wie aller frühren Stufen, als Nicht-Arbeitszeit, freie Zeit für einige. Das Kapital fügt hinzu, daß es die Surplusarbeitszeit der Masse durch alle Mittel der Kunst und Wissenschaft vermehrt, weil sein Reichtum direkt in der Aneignung von Surplusarbeitszeit besteht; da sein *Zweck direkt der Wert*, nicht der Gebrauchswert. Es ist so, malgré lui, instrumental in creating the means of social disposable time [gegen seinen Willen ein Instrument bei der Schaffung der Voraussetzungen für gesellschaftlich verfügbare Zeit], um die Arbeitszeit für die ganze Gesellschaft auf ein fallendes Minimum zu reduzieren und so die Zeit aller frei für ihre eigne Entwicklung zu machen. Seine Tendenz aber immer, einerseits *disposable time zu schaffen, andrerseits to convert it into surplus labour.* Gelingt ihm das erstre zu gut, so leidet es an Surplusproduktion, und dann wird die notwendige Arbeit unterbrochen, weil *keine surplus labour vom Kapital* verwertet werden kann. Je mehr dieser Widerspruch sich entwickelt, um so mehr stellt sich heraus, daß das Wachstum der Produktivkräfte nicht mehr gebannt sein kann an die Aneignung fremder surplus labour, sondern die Arbeitermasse selbst ihre Surplusarbeit sich aneignen muß. Hat sie das getan – und hört damit die *disposable time auf, gegensätzliche* Existenz zu haben –, so wird einerseits die notwendige Arbeitszeit ihr Maß an den Bedürfnissen des gesellschaftlichen Individuums haben, andrerseits die Entwicklung der gesellschaftlichen Produktivkraft so rasch wachsen, daß, obgleich nun auf den Reichtum aller die Produktion berechnet ist, die *disposable time* aller wächst. Denn der wirkliche Reichtum ist die entwickelte Produktivkraft aller Individuen. Es ist dann keineswegs mehr die Arbeitszeit, sondern die disposable time das Maß des Reichtums. Die *Arbeitszeit als Maß des Reichtums* setzt den Reichtum selbst als auf der Armut begründet und die disposable time nur existierend *im und durch den Gegensatz zur Surplusarbeitszeit* oder Setzen der ganzen Zeit des Individuums als Arbeitszeit und Degradation desselben daher zum bloßen Arbeiter, Subsumtion unter die Arbeit. *Die entwickeltste Maschinerie zwingt den Arbeiter daher, jetzt länger zu arbeiten, als der Wilde tut oder als er selbst mit den einfachsten, rohsten Werkzeugen tat.*}

Wäre die ganze Arbeit eines Landes nur hinreichend, den Unterhalt der ganzen Bevölkerung aufzubringen, gäbe es keine *Surplusarbeit*, folglich auch nichts, das als Kapital akkumuliert werden könnte. Produziert das Volk in einem Jahr genug für den Lebensunterhalt während 2 Jahre, müssen die Konsumtionsmittel für ein Jahr zugrunde gehen, oder die Bevölkerung muß ein Jahr lang aufhören, produktiv zu arbeiten. Aber die *Besitzer des Mehrprodukts oder des Kapitals* beschäftigen die Bevölkerung *mit etwas, das nicht direkt und unmittelbar produktiv ist*, z. B. mit dem Bau von Maschinerie. So geht's weiter. (*»The Source and Remedy of the National Difficulties«*[, p. 4].)

{Wie mit der Entwicklung der großen Industrie die Basis, auf der sie ruht, Aneignung fremder Arbeitszeit, aufhört, den Reichtum auszumachen oder zu schaffen, so hört mit ihr die *unmittelbare Arbeit* auf, als solche Basis der Produktion zu sein, indem sie nach der einen Seite hin in mehr überwachende und regulierende Tätigkeit verwandelt wird; dann aber auch, weil das Produkt aufhört, Produkt der vereinzelten unmittelbaren Arbeit zu sein, und vielmehr die *Kombination* der gesellschaftlichen Tätigkeit als der Produzent erscheint.

Sobald Teilung der Arbeit entwickelt, fast jede Arbeit eines einzelnen Individuums ist ein Teil eines ganzen, *das für sich allein ohne Wert oder Nutzen ist. Es gibt nichts, was der Arbeiter sich aneignen könnte und sagen: Das ist mein Erzeugnis, das will ich für mich behalten.* (*»Labour defended«*, 1, 2, XI.)

Im unmittelbaren Austausch erscheint die vereinzelte unmittelbare Arbeit als realisiert in einem besondren Produkt oder Teil des Produkts und ihr gemeinschaftlicher gesellschaftlicher Charakter – ihr Charakter als Vergegenständlichung der allgemeinen Arbeit und Befriedigung des allgemeinen Bedürfnisses – nur gesetzt durch den Austausch. Dagegen in dem Produktionsprozeß der großen Industrie, wie einerseits in der Produktivkraft des zum automatischen Prozeß entwickelten Arbeitsmittels die Unterwerfung der Naturkräfte unter den gesellschaftlichen Verstand Voraussetzung ist, *so andrerseits die Arbeit des einzelnen in ihrem unmittelbaren Dasein gesetzt als aufgehobne einzelne, d. h. als gesellschaftliche Arbeit. So fällt die andre Basis dieser Produktionsweise weg.*} [...]

[{...] Wie uns erst nach und nach das System der bürgerlichen Ökonomie entwickelt, so auch die Negation seiner selbst, die ihr letztes Resultat ist. Wir haben es jetzt noch zu tun mit dem unmittelbaren Produktionsprozeß. Betrachten wir die bürgerliche Gesellschaft im großen und ganzen, so erscheint immer als letztes Resultat des gesellschaftlichen Produktionsprozesses die Gesellschaft selbst, d. h. der Mensch selbst in seinen gesellschaftlichen Beziehungen. Alles, was feste Form hat, wie Produkt etc., erscheint nur als Moment, verschwindendes Moment in dieser Bewegung. Der unmittelbare Produktionsprozeß selbst erscheint hier nur als Moment. Die Bedingungen und Vergegenständlichungen des Prozesses sind selbst gleichmäßig Momente desselben, und als die Subjekte desselben erscheinen nur die Individuen, aber die Individuen in Beziehungen aufeinander, die sie ebenso reproduzieren wie neuproduzieren. Ihr eigner beständiger Bewegungsprozeß, in dem sie sich ebensosehr erneuern als die Welt des Reichtums, die sie schaffen.} [...]

[1] An dieser Stelle ist durch Beschädigung des Papiers ein Textverlust entstanden.

Das allgemeine Gesetz der kapitalistischen Akkumulation

1. Wachsende Nachfrage nach Arbeitskraft mit der Akkumulation, bei gleichbleibender Zusammensetzung des Kapitals

Wir behandeln in diesem Kapitel den Einfluß, den das Wachstum des Kapitals auf das Geschick der Arbeiterklasse ausübt. Der wichtigste Faktor bei dieser Untersuchung ist die Zusammensetzung des Kapitals und die Veränderungen, die sie im Verlauf des Akkumulationsprozesses durchmacht.

Die Zusammensetzung des Kapitals ist in zweifachem Sinn zu fassen. Nach der Seite des Werts bestimmt sie sich durch das Verhältnis, worin es sich teilt in konstantes Kapital oder Wert der Produktionsmittel und variables Kapital oder Wert der Arbeitskraft, Gesamtsumme der Arbeitslöhne. Nach der Seite des Stoffs, wie er im Produktionsprozeß fungiert, teilt sich jedes Kapital in Produktionsmittel und lebendige Arbeitskraft; diese Zusammensetzung bestimmt sich durch das Verhältnis zwischen der Masse der angewandten Produktionsmittel einerseits und der zu ihrer Anwendung erforderlichen Arbeitsmenge andrerseits. Ich nenne die erstere die Wertzusammensetzung, die zweite die technische Zusammensetzung des Kapitals. Zwischen beiden besteht enge Wechselbeziehung. Um diese auszudrücken, nenne ich die Wertzusammensetzung des Kapitals, insofern sie durch seine technische Zusammensetzung bestimmt wird und deren Änderungen widerspiegelt: die organische Zusammensetzung des Kapitals. Wo von der Zusammensetzung des Kapitals kurzweg die Rede ist, ist stets seine organische Zusammensetzung zu verstehn.

Die zahlreichen in einem bestimmten Produktionszweig angelegten Einzelkapitale haben unter sich mehr oder weniger verschiedne Zusammensetzung. Der Durchschnitt ihrer Einzelzusammensetzungen ergibt uns die Zusammensetzung des Gesamtkapitals dieses Produktionszweigs. Endlich ergibt uns der Gesamtdurchschnitt der Durchschnittszusammensetzungen sämtlicher Produktionszweige die Zusammensetzung des gesellschaftlichen Kapitals eines Landes, und von dieser allein in letzter Instanz ist im folgenden die Rede.

Wachstum des Kapitals schließt Wachstum seines variablen oder in Arbeitskraft umgesetzten Bestandteils ein. Ein Teil des in Zusatzkapital verwandelten Mehrwerts muß stets rückverwandelt werden in variables Kapital oder zuschüssigen Arbeitsfonds. Unterstellen wir, daß, nebst sonst gleichbleibenden Umständen, die Zusammensetzung des Kapitals unverändert bleibt, d. h. eine bestimmte Masse Produktionsmittel oder konstantes Kapital stets dieselbe Masse Arbeitskraft erheischt, um in Bewegung gesetzt zu werden, so wächst offenbar die Nachfrage nach Arbeit und der Subsistenzfonds der Arbeiter verhältnismäßig mit dem Kapital und um so rascher, je rascher das Kapital wächst. Da das Kapital jährlich einen Mehrwert produziert, wovon ein Teil jährlich zum Originalkapital geschlagen wird, da dies Inkrement selbst jährlich wächst mit dem zunehmenden Umfang des bereits in Funktion begriffenen Kapitals und da endlich, unter besondrem Sporn des Bereicherungstriebs, wie z. B. Öffnung neuer Märkte, neuer Sphären der Kapitalanlage infolge neu entwickelter gesellschaftlicher Bedürfnisse usw., die Stufenleiter der Akkumulation plötzlich ausdehnbar ist durch bloß veränderte Teilung des Mehrwerts oder Mehrprodukts in Kapital und Revenue, können die Akkumulationsbedürfnisse des Kapitals das Wachstum der Arbeitskraft oder der Arbeiteranzahl, die Nachfrage nach Arbeitern ihre Zufuhr überflügeln und daher die Arbeitslöhne steigen. Dies muß sogar schließlich der Fall sein bei unveränderter Fortdauer obiger Voraussetzung. Da in jedem Jahr mehr Arbeiter beschäftigt werden als im vorhergehenden, so muß früher oder später der Punkt eintreten, wo die Bedürfnisse der Akkumulation anfangen, über die gewöhnliche Zufuhr von Arbeit hinauszuwachsen, wo also Lohnsteigerung eintritt. Klage hierüber ertönt in England während des ganzen fünfzehnten und der ersten Hälfte des achtzehnten Jahrhunderts. Die mehr oder minder günstigen Umstände, worin sich die Lohnarbeiter erhalten und vermehren, ändern jedoch nichts am Grundcharakter der kapitalistischen Produktion. Wie die einfache Reproduktion fortwährend das Kapitalverhältnis selbst reproduziert, Kapitalisten auf der einen Seite, Lohnarbeiter auf der andren, so reproduziert die Reproduktion auf erweiterter Stufenleiter oder die Akkumulation das Kapitalverhältnis auf erweiterter Stufenleiter, mehr Kapitalisten oder größere Kapitalisten auf diesem Pol, mehr Lohnarbeiter auf jenem. Die Reproduktion der Arbeitskraft, die sich dem Kapital unaufhörlich als Verwertungsmittel einverleiben muß, nicht von ihm loskommen kann und deren Hörigkeit zum Kapital nur versteckt wird durch den Wechsel der individuellen Kapitalisten, woran sie sich verkauft, bildet in der Tat ein Moment der Reproduktion des Kapitals selbst. Akkumulation des Kapitals ist also Vermehrung des Proletariats.[1] [...]

Was Mandeville, ein ehrlicher Mann und heller Kopf, noch nicht begreift, ist, daß der Mechanismus des Akkumulationsprozesses selbst mit dem Kapital die Masse der »arbeitsamen Armen« vermehrt, d. h. der Lohnarbeiter, die ihre Arbeitskraft in wachsende Verwertungskraft des wachsenden Kapitals verwandeln und ebendadurch ihr Abhängigkeitsverhältnis von ihrem eignen, im Kapitalisten personifizierten Produkt verewigen müssen. Mit Bezug auf dies Abhängigkeitsverhältnis bemerkt Sir F. M. Eden in seiner »Lage der Armen, oder Geschichte der arbeitenden Klasse Englands«:

Unsere Zone erfordert Arbeit zur Befriedigung der Bedürfnisse, und deshalb muß wenigstens ein Teil der Gesellschaft unermüdet arbeiten ... Einige, die nicht arbeiten, haben dennoch die Produkte des Fleißes zu ihrer Verfügung. Das verdanken diese Eigentümer aber nur der Zivilisation und Ordnung; sie sind reine Kreaturen der bürgerlichen Institutionen.[2] Denn diese haben es anerkannt, daß man die Früchte der Arbeit auch anders als durch Arbeit sich aneignen kann. Die Leute von unabhängigem Vermögen verdanken ihr Vermögen fast ganz der Arbeit andrer, nicht ihrer eignen Fähigkeit, die durchaus nicht besser ist als die der andren; es ist nicht der Besitz von Land und Geld, sondern das Kommando über Arbeit (the command of labour), das die Reichen von den Armen unterscheidet ... Was dem Armen zusagt, ist nicht eine verworfene oder servile Lage, sondern ein

1 Unter »Proletarier« ist ökonomisch nichts zu verstehn als der Lohnarbeiter, der »Kapital« produziert und verwertet und aufs Pflaster geworfen wird, sobald er für die Verwertungsbedürfnisse des »Monsieur Kapital«, wie Pecqueur diese Person nennt, überflüssig ist.

2 Eden hätte fragen sollen, wessen Kreatur sind denn »die bürgerlichen Institutionen«? Vom Standpunkt der juristischen Illusion betrachtet er nicht das Gesetz als Produkt der materiellen Produktionsverhältnisse, sondern umgekehrt die Produktionsverhältnisse als Produkt des Gesetzes. Linguet warf Montesquieus illusorischen »Esprit des Lois« [Geist der Gesetze] mit dem einen Wort über den Haufen: »L'esprit des lois, c'est la propriété« [Der Geist der Gesetze ist das Eigentum].

bequemes und liberales Abhängigkeitsverhältnis (a state of easy and liberal dependence), und für die Leute von Eigentum hinreichender Einfluß und Autorität über die, die für sie arbeiten … Ein solches Abhängigkeitsverhältnis ist, wie jeder Kenner der menschlichen Natur weiß, notwendig für den Komfort der Arbeiter selbst.

Sir F. M. Eden, beiläufig bemerkt, ist der einzige Schüler Adam Smiths, der während des achtzehnten Jahrhunderts etwas Bedeutendes geleistet hat.

Unter den bisher unterstellten, den Arbeitern günstigsten Akkumulationsbedingungen kleidet sich ihr Abhängigkeitsverhältnis vom Kapital in erträgliche oder, wie Eden sagt, »bequeme und liberale« Formen. Statt intensiver zu werden mit dem Wachstum des Kapitals, wird es nur extensiver, d. h. die Exploitations- und Herrschaftssphäre des Kapitals dehnt sich nur aus mit seiner eigenen Dimension und der Anzahl seiner Untertanen. Von ihrem eignen anschwellenden und schwellend in Zusatzkapital verwandelten Mehrprodukt strömt ihnen ein größerer Teil in der Form von Zahlungsmitteln zurück, so daß sie den Kreis ihrer Genüsse erweitern, ihren Konsumtionsfonds von Kleidern, Möbeln usw. besser ausstatten und kleine Reservefonds von Geld bilden können. So wenig aber bessere Kleidung, Nahrung, Behandlung und ein größeres Peculium[1] das Abhängigkeitsverhältnis und die Exploitation des Sklaven aufheben, so wenig die des Lohnarbeiters. Steigender Preis der Arbeit infolge der Akkumulation des Kapitals besagt in der Tat nur, daß der Umfang und die Wucht der goldnen Kette, die der Lohnarbeiter sich selbst bereits geschmiedet hat, ihre losere Spannung erlauben. In den Kontroversen über diesen Gegenstand hat man meist die Hauptsache übersehn, nämlich die differentia specifica der kapitalistischen Produktion. Arbeitskraft wird hier gekauft, nicht um durch ihren Dienst oder ihr Produkt die persönlichen Bedürfnisse des Käufers zu befriedigen. Sein Zweck ist Verwertung seines Kapitals, Produktion von Waren, die mehr Arbeit enthalten, als er zahlt, also einen Wertteil enthalten, der ihm nichts kostet und dennoch durch den Warenverkauf realisiert wird. Produktion von Mehrwert oder Plusmacherei ist das absolute Gesetz dieser Produktionsweise. Nur soweit sie die Produktionsmittel als Kapital erhält, ihren eignen Wert als Kapital reproduziert und in unbezahlter Arbeit eine Quelle von Zuschußkapital liefert, ist die Arbeitskraft verkaufbar.[1] Die Bedingungen ihres Verkaufs, ob mehr oder minder günstig für den Arbeiter, schließen also die Notwendigkeit ihres steten Wiederverkaufs und die stets erweiterte Reproduktion des Reichtums als Kapital ein. Der Arbeitslohn, wie man gesehn, bedingt seiner Natur nach stets Lieferung eines bestimmten Quantums unbezahlter Arbeit auf seiten des Arbeiters. Ganz abgesehn vom Steigen des Arbeitslohns mit sinkendem Preis der Arbeit usw., besagt seine Zunahme im besten Fall nur quantitative Abnahme der unbezahlten Arbeit, die der Arbeiter leisten muß. Diese Abnahme kann nie bis zum Punkt fortgehn, wo sie das System selbst bedrohen würde. Abgesehn von gewaltsamen Konflikten über die Rate des Arbeitslohns, und Adam Smith hat bereits gezeigt, daß im großen und ganzen in solchem Konflikt der Meister stets Meister bleibt, unterstellt ein aus Akkumulation des Kapitals entspringendes Steigen des Arbeitspreises folgende Alternative.

Entweder fährt der Preis der Arbeit fort zu steigen, weil seine Erhöhung den Fortschritt der Akkumulation nicht stört; es liegt darin nichts Wunderbares, denn, sagt A. Smith,

> selbst bei gesunknem Profit vermehren sich die Kapitale dennoch; sie wachsen selbst rascher als vorher ... Ein großes Kapital wächst selbst bei kleinerem Profit im allgemeinen rascher als ein kleines Kapital bei großem Profit. (l. c. I, p. 189.)

In diesem Falle ist es augenscheinlich, daß eine Verminderung der unbezahlten Arbeit die Ausdehnung der Kapitalherrschaft keineswegs beeinträchtigt. – Oder, das ist die andre Seite der Alternative, die Akkumulation erschlafft infolge des steigenden Arbeitspreises, weil der Stachel des Gewinns abstumpft. Die Akkumulation nimmt ab. Aber mit ihrer Abnahme verschwindet die Ursache ihrer Abnahme, nämlich die Disproportion zwischen Kapital und exploitabler Arbeitskraft. Der Mechanismus des kapitalistischen Produktionsprozesses beseitigt also selbst die Hindernisse, die er

1 Note zur 2. Ausgabe. »Die Grenze jedoch der Beschäftigung von industriellen wie von ländlichen Arbeitern ist dieselbe: nämlich die Möglichkeit für den Unternehmer, einen Profit aus ihrem Arbeitsprodukt herauszuschlagen. Steigt die Rate des Arbeitslohns so hoch, daß der Gewinn des Meisters unter den Durchschnittsprofit fällt, so hört er auf, sie zu beschäftigen, oder beschäftigt sie nur unter der Bedingung, daß sie eine Herabsetzung des Arbeitslohns zulassen.« (John Wade, l. c. p. 240.)

vorübergehend schafft. Der Arbeitspreis fällt wieder auf ein den Verwertungsbedürfnissen des Kapitals entsprechendes Niveau, ob dieses nun unter, über oder gleich mit dem Niveau, welches vor Eintritt des Lohnzuwachses als normal galt. Man sieht: Im ersten Fall ist es nicht die Abnahme im absoluten oder proportionellen Wachstum der Arbeitskraft oder Arbeiterbevölkerung, welche das Kapital überschüssig, sondern umgekehrt die Zunahme des Kapitals, welche die exploitable Arbeitskraft unzureichend macht. Im zweiten Fall ist es nicht die Zunahme im absoluten oder proportionellen Wachstum der Arbeitskraft oder der Arbeiterbevölkerung, welche das Kapital unzureichend, sondern umgekehrt die Abnahme des Kapitals, welche die exploitable Arbeitskraft, oder vielmehr ihren Preis, überschüssig macht. Es sind diese absoluten Bewegungen in der Akkumulation des Kapitals, welche sich als relative Bewegungen in der Masse der exploitablen Arbeitskraft widerspiegeln und daher der eignen Bewegung der letztren geschuldet scheinen. [...]

Das Gesetz der kapitalistischen Produktion, das dem angeblichen »natürlichen Populationsgesetz« zugrunde liegt, kommt einfach auf dies heraus: Das Verhältnis zwischen Kapital, Akkumulation und Lohnrate ist nichts als das Verhältnis zwischen der unbezahlten, in Kapital verwandelten Arbeit und der zur Bewegung des Zusatzkapitals erforderlichen zuschüssigen Arbeit. Es ist also keineswegs ein Verhältnis zweier voneinander unabhängigen Größen, einerseits der Größe des Kapitals, andrerseits der Zahl der Arbeiterbevölkerung, es ist vielmehr in letzter Instanz nur das Verhältnis zwischen der unbezahlten und der bezahlten Arbeit derselben Arbeiterbevölkerung. Wächst die Menge der von der Arbeiterklasse gelieferten und von der Kapitalistenklasse akkumulierten, unbezahlten Arbeit rasch genug, um nur durch einen außergewöhnlichen Zuschuß bezahlter Arbeit sich in Kapital verwandeln zu können, so steigt der Lohn, und alles andre gleichgesetzt, nimmt die unbezahlte Arbeit im Verhältnis ab. Sobald aber diese Abnahme den Punkt berührt, wo die das Kapital ernährende Mehrarbeit nicht mehr in normaler Menge angeboten wird, so tritt eine Reaktion ein: ein geringerer Teil der Revenue wird kapitalisiert, die Akkumulation erlahmt, und die steigende Lohnbewegung empfängt einen Gegenschlag. Die Erhöhung des Arbeitspreises bleibt also eingebannt in Grenzen, die die Grundlagen des kapitalistischen Systems nicht nur unangetastet lassen, sondern auch seine Reproduktion auf wachsender Stufenleiter sichern. Das in ein Naturgesetz mystifizierte Gesetz der kapitalistischen Akkumulation drückt also in der Tat nur aus, daß ihre Natur jede solche Abnahme im Exploitationsgrad der Arbeit oder jede solche Steigerung des Arbeitspreises ausschließt, welche die stetige Reproduktion des Kapitalverhältnisses und seine Reproduktion auf stets erweiterter Stufenleiter ernsthaft gefährden könnte. Es kann nicht anders sein in einer Produktionsweise, worin der Arbeiter für die Verwertungsbedürfnisse vorhandner Werte, statt umgekehrt der gegenständliche Reichtum für die Entwicklungsbedürfnisse des Arbeiters da ist. Wie der Mensch in der Religion vom Machwerk seines eignen Kopfes, so wird er in der kapitalistischen Produktion vom Machwerk seiner eignen Hand beherrscht.

2. Relative Abnahme des variablen Kapitalteils im Fortgang der Akkumulation und der sie begleitenden Konzentration

[...] Bisher haben wir nur eine besondre Phase dieses Prozesses betrachtet, diejenige, in der der Kapitalzuwachs stattfindet bei gleichbleibender technischer Zusammensetzung des Kapitals. Aber der Prozeß schreitet über diese Phase hinaus.

Die allgemeinen Grundlagen des kapitalistischen Systems einmal gegeben, tritt im Verlauf der Akkumulation jedesmal ein Punkt ein, wo die Entwicklung der Produktivität der gesellschaftlichen Arbeit der mächtigste Hebel der Akkumulation wird.

»Dieselbe Ursache«, sagt A. Smith, »die die Löhne erhöht, nämlich die Zunahme des Kapitals, treibt zur Steigerung der produktiven Fähigkeiten der Arbeit und setzt eine kleinere Arbeitsmenge instand, eine größere Menge von Produkten zu erzeugen.«

Abgesehn von Naturbedingungen, wie Fruchtbarkeit des Bodens usw., und vom Geschick unabhängiger und isoliert arbeitender Produzenten, das sich jedoch mehr qualitativ in der Güte als quantitativ in der Masse des Machwerks bewährt, drückt sich der gesellschaftliche Produktivgrad der Arbeit aus im relativen Größenumfang der Produktionsmittel, welche ein Arbeiter, während gegebner Zeit, mit derselben Anspannung von Arbeitskraft, in

Produkt verwandelt. Die Masse der Produktionsmittel, womit er funktioniert, wächst mit der Produktivität seiner Arbeit. Diese Produktionsmittel spielen dabei eine doppelte Rolle. Das Wachstum der einen ist Folge, das der andren Bedingung der wachsenden Produktivität der Arbeit. Z. B. mit der manufakturmäßigen Teilung der Arbeit und der Anwendung von Maschinerie wird in derselben Zeit mehr Rohmaterial verarbeitet, tritt also größere Masse von Rohmaterial und Hilfsstoffen in den Arbeitsprozeß ein. Das ist die Folge der wachsenden Produktivität der Arbeit. Andrerseits ist die Masse der angewandten Maschinerie, Arbeitsviehs, mineralischen Düngers, Drainierungsröhren usw. Bedingung der wachsenden Produktivität der Arbeit. Ebenso die Masse der in Baulichkeiten, Riesenöfen, Transportmitteln usw. konzentrierten Produktionsmittel. Ob aber Bedingung oder Folge, der wachsende Größenumfang der Produktionsmittel im Vergleich zu der ihnen einverleibten Arbeitskraft drückt die wachsende Produktivität der Arbeit aus. Die Zunahme der letzteren erscheint also in der Abnahme der Arbeitsmasse verhältnismäßig zu der von ihr bewegten Masse von Produktionsmitteln oder in der Größenabnahme des subjektiven Faktors des Arbeitsprozesses, verglichen mit seinen objektiven Faktoren.

Diese Veränderung in der technischen Zusammensetzung des Kapitals, das Wachstum in der Masse der Produktionsmittel, verglichen mit der Masse der sie belebenden Arbeitskraft, spiegelt sich wider in seiner Wertzusammensetzung, in der Zunahme des konstanten Bestandteils des Kapitalwerts auf Kosten seines variablen Bestandteils. Es werden z. B. von einem Kapital, prozentweis berechnet, ursprünglich je 50% in Produktionsmitteln und je 50% in Arbeitskraft ausgelegt, später, mit der Entwicklung des Produktivgrads der Arbeit, je 80% in Produktionsmitteln und je 20% in Arbeitskraft usw. Dies Gesetz des steigenden Wachstums des konstanten Kapitalteils im Verhältnis zum variablen wird auf jedem Schritt bestätigt (wie schon oben entwickelt) durch die vergleichende Analyse der Warenpreise, gleichviel ob wir verschiedne ökonomische Epochen bei einer einzigen Nation vergleichen oder verschiedne Nationen in derselben Epoche. Die relative Größe des Preiselements, welches nur den Wert der verzehrten Produktionsmittel oder den konstanten Kapitalteil vertritt, wird in direktem, die relative Größe des andern, die Arbeit bezahlenden oder den variablen Kapitalteil vertretenden Preiselements, wird im allgemeinen in umgekehrtem Verhältnis stehn zum Fortschritt der Akkumulation.

Die Abnahme des variablen Kapitalteils gegenüber dem konstanten oder die veränderte Zusammensetzung des Kapitalwerts zeigt jedoch nur annähernd den Wechsel in der Zusammensetzung seiner stofflichen Bestandteile an. Wenn z. B. heute der in der Spinnerei angelegte Kapitalwert zu ⅞ konstant und ⅛ variabel ist, während er Anfang des 18. Jahrhunderts ½ konstant und ½ variabel war, so ist dagegen die Masse von Rohstoff, Arbeitsmitteln usw., die ein bestimmtes Quantum Spinnarbeit heute produktiv konsumiert, vielhundertmal größer als im Anfang des 18. Jahrhunderts. Der Grund ist einfach der, daß mit der wachsenden Produktivität der Arbeit nicht nur der Umfang der von ihr vernutzten Produktionsmittel steigt, sondern deren Wert, verglichen mit ihrem Umfang, sinkt. Ihr Wert steigt also absolut, aber nicht proportionell mit ihrem Umfang. Das Wachstum der Differenz zwischen konstantem und variablem Kapital ist daher viel kleiner als das der Differenz zwischen der Masse der Produktionsmittel, worin das konstante, und der Masse Arbeitskraft, worin das variable Kapital umgesetzt wird. Die erstere Differenz nimmt zu mit der letzteren, aber in geringerem Grad.

Übrigens, wenn der Fortschritt der Akkumulation die relative Größe des variablen Kapitalteils vermindert, schließt er damit die Steigerung ihrer absoluten Größe keineswegs aus. Gesetzt, ein Kapitalwert spalte sich anfangs in 50% konstantes und 50% variables Kapital, später in 80% konstantes und 20% variables. Ist inzwischen das ursprüngliche Kapital, sage 6000 Pfd. St., gewachsen auf 18 000 Pfd. St., so ist sein variabler Bestandteil auch um ⅕ gewachsen. Er war 3000 Pfd. St., er beträgt jetzt 3600 Pfd. St. Wo aber früher ein Kapitalzuwachs von 20% genügt hätte, die Nachfrage nach Arbeit um 20% zu steigern, erfordert das jetzt Verdreifachung des ursprünglichen Kapitals. [...]

Aber alle Methoden zur Steigerung der gesellschaftlichen Produktivkraft der Arbeit, die auf dieser Grundlage erwachsen, sind zugleich Methoden der gesteigerten Produktion des Mehrwerts oder Mehrprodukts, welches seinerseits das Bildungselement der Akkumulation. Sie sind also zugleich Methoden der Produktion von Kapital durch Kapital oder Methoden seiner beschleunigten Akkumulation. Die kontinuierliche Rückverwandlung von Mehrwert in Kapital stellt sich dar als wachsende Größe des in den Produktionsprozeß eingehenden Kapitals. Diese wird ihrerseits Grundlage einer erweiterten Stufenleiter der Produktion, der sie begleitenden Methoden zur Steigerung der Produktivkraft der Arbeit und beschleunigter Produktion von Mehrwert. Wenn also ein gewisser Grad der Kapitalakkumulation als Bedingung der spezifisch kapitalistischen Produktionsweise erscheint, verursacht die letztere rückschlagend eine beschleunigte Akkumulation des Kapitals. Mit der Akkumulation des Kapitals entwickelt sich daher die spezifisch kapitalistische Produktionsweise und mit der spezifisch kapitalistischen Produktionsweise die Akkumulation des Kapitals. Diese beiden ökonomischen Faktoren erzeugen, nach dem zusammengesetzten Verhältnis des Anstoßes, den sie sich gegenseitig erteilen, den Wechsel in der technischen Zusammensetzung des Kapitals, durch welchen der variable Bestandteil immer kleiner und kleiner wird, verglichen mit dem konstanten.

Jedes individuelle Kapital ist eine größere oder kleinere Konzentration von Produktionsmitteln mit entsprechendem Kommando über eine größere oder kleinere Arbeiterarmee. Jede Akkumulation wird das Mittel neuer Akkumulation. Sie erweitert mit der vermehrten Masse des als Kapital funktionierenden Reichtums seine Konzentration in den Händen individueller Kapitalisten, daher die Grundlage der Produktion auf großer Stufenleiter und der spezifisch kapitalistischen Produktionsmethoden. Das Wachstum des gesellschaftlichen Kapitals vollzieht sich im Wachstum vieler individuellen Kapitale. Alle andren Umstände als gleichbleibend vorausgesetzt, wachsen die individuellen Kapitale, und mit ihnen die Konzentration der Produktionsmittel, im Verhältnis, worin sie aliquote Teile des gesellschaftlichen Gesamtkapitals bilden. Zugleich reißen sich Ableger von den Originalkapitalen los und funktionieren als neue selbständige Kapitale. Eine große Rolle spielt dabei unter anderm die Teilung des Vermögens in Kapitalistenfamilien. Mit der Akkumulation des Kapitals wächst daher auch mehr oder minder die Anzahl der Kapitalisten. Zwei Punkte charakterisieren diese Art Konzentration, welche unmittelbar auf der Akkumulation beruht oder vielmehr mit ihr identisch ist. Erstens: Die wachsende Konzentration der gesellschaftlichen Produktionsmittel in den Händen individueller Kapitalisten ist, unter sonst gleichbleibenden Umständen, beschränkt durch den Wachstumsgrad des gesellschaftlichen Reichtums. Zweitens: Der in jeder besondren Produktionssphäre ansässige Teil des gesellschaftlichen Kapitals ist verteilt unter viele Kapitalisten, welche einander als unabhängige und miteinander konkurrierende Warenproduzenten gegenüberstehn. Die Akkumulation und die sie begleitende Konzentration sind also nicht nur auf viele Punkte zersplittert, sondern das Wachstum der funktionierenden Kapitale ist durchkreuzt durch die Bildung neuer und die Spaltung alter Kapitale. Stellt sich die Akkumulation daher einerseits dar als wachsende Konzentration der Produktionsmittel und des Kommandos über Arbeit, so andrerseits als Repulsion vieler individueller Kapitale voneinander.

Dieser Zersplitterung des gesellschaftlichen Gesamtkapitals in viele individuelle Kapitale oder der Repulsion seiner Bruchteile voneinander wirkt entgegen ihre Attraktion. Es ist dies nicht mehr einfache, mit der Akkumulation identische Konzentration von Produktionsmitteln und Kommando über Arbeit. Es ist Konzentration bereits gebildeter Kapitale, Aufhebung ihrer individuellen Selbständigkeit, Expropriation von Kapitalist durch Kapitalist, Verwandlung vieler kleineren in weniger größere Kapitale. Dieser Prozeß unterscheidet sich von dem ersten dadurch, daß er nur veränderte Verteilung der bereits vorhandnen und funktionierenden Kapitale voraussetzt, sein Spielraum also durch das absolute Wachstum des gesellschaftlichen Reichtums oder die absoluten Grenzen der Akkumulation nicht beschränkt ist. Das Kapital schwillt hier in einer Hand zu großen Massen, weil es dort in vielen Händen verlorengeht. Es ist die eigentliche Zentralisation im Unterschied zur Akkumulation und Konzentration.

Die Gesetze dieser Zentralisation der Kapitale oder der Attraktion von Kapital durch Kapital können hier nicht entwickelt werden. Kurze tatsächliche Andeutung genügt. Der Konkurrenzkampf wird durch Verwohlfeilerung der Waren geführt. Die Wohlfeilheit der Waren hängt, caeteris paribus, von der Produktivität der Arbeit, diese aber von der Stufenleiter der Produktion ab. Die größeren Kapitale schlagen daher die kleineren. Man erinnert sich ferner, daß mit der Entwicklung der kapitalistischen Produktionsweise der Minimalumfang des individuellen Kapitals wächst, das erheischt ist, um ein Geschäft unter seinen normalen Bedingungen zu betreiben. Die kleineren Kapitale drängen sich daher in Produktionssphären, deren sich die große Industrie nur noch sporadisch oder unvollkommen bemächtigt hat. Die Konkurrenz rast hier im direkten Verhältnis zur Anzahl und im umgekehrten Verhältnis zur Größe der rivalisierenden Kapitale. Sie endet stets mit Untergang vieler kleineren Kapitalisten, deren Kapitale teils in die Hand des Siegers übergehn, teils untergehn. Abgesehn hiervon bildet sich mit der kapitalistischen Produktion eine ganz neue Macht, das Kreditwesen, das in seinen Anfängen verstohlen, als bescheidne Beihilfe der Akkumulation, sich einschleicht, durch unsichtbare Fäden die über die Oberfläche der Gesellschaft in großem oder kleinern Massen zersplitterten Geldmittel in die Hände individueller oder assoziierter Kapitalisten zieht, aber bald eine neue und furchtbare Waffe im Konkurrenzkampf wird und sich schließlich in einen ungeheuren sozialen Mechanismus zur Zentralisation der Kapitale verwandelt.

Im Maß wie die kapitalistische Produktion und Akkumulation, im selben Maß entwickeln sich Konkurrenz und Kredit, die beiden mächtigsten Hebel der Zentralisation. Daneben vermehrt der Fortschritt der Akkumulation den zentralisierbaren Stoff, d. h. die Einzelkapitale, während die Ausweitung der kapitalistischen Produktion, hier das gesellschaftliche Bedürfnis, dort die technischen Mittel jener gewaltigen industriellen Unternehmungen schafft, deren Durchführung an eine vorgängige Zentralisation des Kapitals gebunden ist. Heutzutage ist also die gegenseitige Attraktionskraft der Einzelkapitale und die Tendenz zur Zentralisation stärker als je zuvor. Wenn aber auch die relative Ausdehnung und Energie der zentralisierenden Bewegung in gewissem Grad bestimmt ist durch die schon erreichte Größe des kapitalistischen Reichtums und die Überlegenheit des ökonomischen Mechanismus, so hängt doch der Fortschritt der Zentralisation keineswegs ab von dem positiven Größenwachstum des gesellschaftlichen Kapitals. Und dies speziell unterscheidet die Zentralisation von der Konzentration, die nur ein andrer Ausdruck für die Reproduktion auf erweiterter Stufenleiter ist. Die Zentralisation kann erfolgen durch bloße veränderte Verteilung schon bestehender Kapitale, durch einfache Veränderung der quantitativen Gruppierung der Bestandteile des gesellschaftlichen Kapitals. Das Kapital kann hier zu gewaltigen Massen in einer Hand anwachsen, weil es dort vielen einzelnen Händen entzogen wird. In einem gegebnen Geschäftszweig hätte die Zentralisation ihre äußerste Grenze erreicht, wenn alle darin angelegten Kapitale zu einem Einzelkapital verschmolzen wären. In einer gegebnen

Gesellschaft wäre diese Grenze erreicht erst in dem Augenblick, wo das gesamte gesellschaftliche Kapital vereinigt wäre in der Hand, sei es eines einzelnen Kapitalisten, sei es einer einzigen Kapitalistengesellschaft.

Die Zentralisation ergänzt das Werk der Akkumulation, indem sie die industriellen Kapitalisten instand setzt, die Stufenleiter ihrer Operationen auszudehnen. Sei dies letztre Resultat nun Folge der Akkumulation oder der Zentralisation; vollziehe sich die Zentralisation auf dem gewaltsamen Weg der Annexion – wo gewisse Kapitale so überwiegende Gravitationszentren für andre werden, daß sie deren individuelle Kohäsion brechen und dann die vereinzelten Bruchstücke an sich ziehn – oder geschehe die Verschmelzung einer Menge bereits gebildeter, resp. in der Bildung begriffner Kapitale vermittelst des glatteren Verfahrens der Bildung von Aktiengesellschaften – die ökonomische Wirkung bleibt dieselbe. Die gewachsne Ausdehnung der industriellen Etablissements bildet überall den Ausgangspunkt für eine umfassendere Organisation der Gesamtarbeit vieler, für eine breitre Entwicklung ihrer materiellen Triebkräfte, d. h. für die fortschreitende Umwandlung vereinzelter und gewohnheitsmäßig betriebner Produktionsprozesse in gesellschaftlich kombinierte und wissenschaftlich disponierte Produktionsprozesse.

Es ist aber klar, daß die Akkumulation, die allmähliche Vermehrung des Kapitals durch die aus der Kreisform in die Spirale übergehende Reproduktion ein gar langsames Verfahren ist, im Vergleich mit der Zentralisation, die nur die quantitative Gruppierung der integrierenden Teile des gesellschaftlichen Kapitals zu ändern braucht. Die Welt wäre noch ohne Eisenbahnen, hätte sie so lange warten müssen, bis die Akkumulation einige Einzelkapitale dahin gebracht hätte, dem Bau einer Eisenbahn gewachsen zu sein. Die Zentralisation dagegen hat dies, vermittelst der Aktiengesellschaften, im Handumdrehn fertiggebracht. Und während die Zentralisation so die Wirkungen der Akkumulation steigert und beschleunigt, erweitert und beschleunigt sie gleichzeitig die Umwälzungen in der technischen Zusammensetzung des Kapitals, die dessen konstanten Teil vermehren auf Kosten seines variablen Teils und damit die relative Nachfrage nach Arbeit vermindern.

Die durch die Zentralisation über Nacht zusammengeschweißten Kapitalmassen reproduzieren und vermehren sich wie die andren, nur rascher, und werden damit zu neuen mächtigen Hebeln der gesellschaftlichen Akkumulation. Spricht man also vom Fortschritt der gesellschaftlichen Akkumulation, so sind darin – heutzutage – die Wirkungen der Zentralisation stillschweigend einbegriffen.

Die im Lauf der normalen Akkumulation gebildeten Zusatzkapitale dienen vorzugsweise als Vehikel zur Exploitation neuer Erfindungen und Entdeckungen, überhaupt industrieller Vervollkommnungen. Aber auch das alte Kapital erreicht mit der Zeit den Moment seiner Erneuerung an Haupt und Gliedern, wo es sich häutet und ebenfalls wiedergeboren wird in der vervollkommneten technischen Gestalt, worin eine geringere Masse Arbeit genügte, eine größere Masse Maschinerie und Rohstoffe in Bewegung zu setzen. Die hieraus notwendig folgende absolute Abnahme der Nachfrage nach Arbeit wird selbstredend um so größer, je mehr die diesen Erneuerungsprozeß durchmachenden Kapitale bereits zu Massen angehäuft sind vermöge der zentralisierenden Bewegung.

Einerseits attrahiert also das im Fortgang der Akkumulation gebildete Zuschußkapital, verhältnismäßig zu seiner Größe, weniger und weniger Arbeiter. Andrerseits repelliert das periodisch in neuer Zusammensetzung reproduzierte alte Kapital mehr und mehr früher von ihm beschäftigte Arbeiter.

3. Progressive Produktion einer relativen Übervölkerung oder industriellen Reservearmee

Die Akkumulation des Kapitals, welche ursprünglich nur als seine quantitative Erweiterung erschien, vollzieht sich, wie wir gesehn, in fortwährendem qualitativen Wechsel seiner Zusammensetzung, in beständiger Zunahme seines konstanten auf Kosten seines variablen Bestandteils.

Die spezifisch kapitalistische Produktionsweise, die ihr entsprechende Entwicklung der Produktivkraft der Arbeit, der dadurch verursachte Wechsel in der organischen Zusammensetzung des Kapitals halten nicht nur Schritt mit dem Fortschritt der Akkumulation oder dem Wachstum des gesellschaftlichen Reichtums. Sie schreiten ungleich schneller, weil die einfache Akkumulation oder die absolute Ausdehnung des Gesamtkapitals von der Zentralisation seiner individuellen Elemente, und die technische Umwälzung des Zusatzkapitals von technischer Umwälzung des Originalkapitals begleitet sind. Mit dem Fortgang der Akkumulation wandelt sich also das Verhältnis von konstantem zu variablem Kapitalteil, wenn ursprünglich 1:1, in 2:1, 3:1, 4:1, 5:1, 7:1 usw., so daß, wie das Kapital wächst, statt ½ seines Gesamtwerts progressiv nur ⅓, ¼, ⅕, ⅙, ⅛ usw. in Arbeitskraft, dagegen ⅔, ¾, ⅘, ⅚, ⅞ usw. in Produktionsmittel umgesetzt wird. Da die Nachfrage nach Arbeit nicht durch den Umfang des Gesamtkapitals, sondern durch den seines variablen Bestandteils bestimmt ist, fällt sie also progressiv mit dem Wachstum des Gesamtkapitals, statt, wie vorhin unterstellt, verhältnismäßig mit ihm zu wachsen. Sie fällt relativ zur Größe des Gesamtkapitals und in beschleunigter Progression mit dem Wachstum dieser Größe. Mit dem Wachstum des Gesamtkapitals wächst zwar auch sein variabler Bestandteil, oder die ihm einverleibte Arbeitskraft, aber in beständig abnehmender Proportion. Die Zwischenpausen, worin die Akkumulation als bloße Erweiterung der Produktion auf gegebner technischer Grundlage wirkt, verkürzen sich. Nicht nur wird eine in wachsender Progression beschleunigte Akkumulation des Gesamtkapitals erheischt, um eine zusätzliche Arbeiterzahl von gegebner Größe zu absorbieren oder selbst, wegen der beständigen Metamorphose des alten Kapitals, die bereits funktionierende zu beschäftigen. Ihrerseits schlägt diese wachsende Akkumulation und Zentralisation selbst wieder um in eine Quelle neuer Wechsel der Zusammensetzung des Kapitals oder abermalig beschleunigter Abnahme seines variablen Bestandteils, verglichen mit dem konstanten. Diese mit dem Wachstum des Gesamtkapitals beschleunigte und rascher als sein eignes Wachstum beschleunigte relative Abnahme seines variablen Bestandteils scheint auf der andren Seite umgekehrt stets rascheres absolutes Wachstum der Arbeiterbevölkerung als das des variablen Kapitals oder ihrer Beschäftigungsmittel. Die kapitalistische Akkumulation produziert vielmehr, und zwar im Verhältnis zu ihrer Energie und ihrem Umfang, beständig eine relative, d. h. für die mittleren Verwertungsbedürfnisse des Kapitals überschüssige, daher überflüssige oder Zuschuß-Arbeiterbevölkerung.

Das gesellschaftliche Gesamtkapital betrachtet, ruft die Bewegung seiner Akkumulation bald periodischen Wechsel hervor, bald verteilen sich ihre Momente gleichzeitig über die verschiednen Produktionssphären. In einigen Sphären findet Wechsel in der Zusammensetzung des Kapitals statt ohne Wachstum seiner absoluten Größe, infolge bloßer Konzentration; in andren ist das absolute Wachstum des Kapitals mit absoluter Abnahme seines variablen Bestandteils oder der von ihm absorbierten Arbeitskraft verbunden; in andren wächst das Kapital bald auf seiner gegebnen technischen Grundlage fort und attrahiert zuschüssige Arbeitskraft im Verhältnis seines Wachstums, bald tritt organischer Wechsel ein und kontrahiert sich sein variabler Bestandteil; in allen Sphären ist das Wachstum des variablen Kapitalteils und daher der beschäftigten Arbeiterzahl stets verbunden mit heftigen Fluktuationen und vorübergehender Produktion von Übervölkerung, ob diese nun die auffallendere Form von Repulsion bereits beschäftigter Arbeiter annimmt oder die mehr unscheinbare, aber nicht minder wirksame, erschwerter Absorption der zuschüssigen Arbeiterbevölkerung in ihre gewohnten Abzugskanäle. Mit der Größe des bereits funktionierenden Gesellschaftskapitals und dem Grad seines Wachstums, mit der Ausdehnung der Produktionsleiter und der Masse der in Bewegung gesetzten Arbeiter, mit der Entwicklung der Produktivkraft ihrer Arbeit, mit dem breiteren und volleren Strom aller Springquellen des Reichtums dehnt sich auch die Stufenleiter, worin größere Attraktion der Arbeiter durch das Kapital mit größerer Repulsion derselben verbunden ist, nimmt die Raschheit der Wechsel in der organischen Zusammensetzung des Kapitals und seiner technischen Form zu, und schwillt der Umkreis der Produktionssphären, die bald gleichzeitig, bald abwechselnd davon ergriffen werden. Mit der durch sie selbst produzierten Akkumulation des Kapitals produziert die Arbeiterbevölkerung also in wachsendem Umfang die Mittel ihrer eignen relativen Überzähligmachung.[1] Es ist dies ein der kapitalistischen Produktionsweise eigen-

1 Das Gesetz der progressiven Abnahme der relativen Größe des variablen Kapitals, nebst seinen Wirkungen auf die Lage der Lohnarbeiterklasse, ist von einigen ausgezeichneten Ökonomen der klassischen Schule mehr geahnt als begriffen worden. Das größte Verdienst hierin gebührt John Barton, obwohl er, wie alle anderen, das konstante Kapital mit dem fixen, das variable mit dem zirkulierenden zusammenwirft. Er sagt: »Die Nachfrage nach Arbeit hängt von der Vermehrung des zirkulierenden und nicht des fixen Kapitals ab. Wenn es stimmte, daß das Verhältnis zwischen diesen beiden Arten des Kapitals zu allen Zeiten und unter allen Umständen dasselbe ist, dann folgt allerdings daraus, daß die Anzahl der beschäftigten Arbeiter sich nach dem Reichtum des Staates richtet. Aber eine solche Behauptung hat nicht den Anschein von Wahrscheinlichkeit. In dem Maße, wie die

tümliches Populationsgesetz, wie in der Tat jede besondre historische Produktionsweise ihre besondren, historisch gültigen Populationsgesetze hat. Ein abstraktes Populationsgesetz existiert nur für Pflanze und Tier, soweit der Mensch nicht geschichtlich eingreift.

Wenn aber eine Surplusarbeiterpopulation notwendiges Produkt der Akkumulation oder der Entwicklung des Reichtums auf kapitalistischer Grundlage ist, wird diese Übervölkerung umgekehrt zum Hebel der kapitalistischen Akkumulation, ja zu einer Existenzbedingung der kapitalistischen Produktionsweise. Sie bildet eine disponible industrielle Reservearmee, die dem Kapital ganz so absolut gehört, als ob es sie auf seine eignen Kosten großgezüchtet hätte. Sie schafft für seine wechselnden Verwertungsbedürfnisse das stets bereite exploitable Menschenmaterial, unabhängig von den Schranken der wirklichen Bevölkerungszunahme. Mit der Akkumulation und der sie begleitenden Entwicklung der Produktivkraft der Arbeit wächst die plötzliche Expansionskraft des Kapitals, nicht nur, weil die Elastizität des funktionierenden Kapitals wächst, und der absolute Reichtum, wovon das Kapital nur einen elastischen

Naturwissenschaften gepflegt werden und die Zivilisation sich ausbreitet, wächst das fixe Kapital im Verhältnis zum zirkulierenden immer mehr und mehr an. Die Summe des bei der Produktion eines Stückes britischen Musselins verwendeten fixen Kapitals ist wenigstens hundertmal, wahrscheinlich aber tausendmal größer als jene, die zur Erzeugung eines ähnlichen Stückes indischen Musselins verwendet wird. Und der Anteil des zirkulierenden Kapitals ist hundert- oder tausendmal kleiner ... Wenn die Gesamtheit der jährlichen Ersparnisse dem fixen Kapital zugeschlagen würde, so würden sie sich nicht in einer erhöhten Nachfrage nach Arbeit auswirken.« (John Barton, »Observations on the circumstances which influence the Condition of the Labouring Classes of Society«, Lond. 1817, p. 16, 17.) »Die gleiche Ursache, die die Nettorevenue des Landes anwachsen läßt, kann gleichzeitig einen Überfluß an Bevölkerung erzeugen und die Lage des Arbeiters verschlechtern.« (Ricardo, l. c. p. 469.) Mit der Zunahme des Kapitals »wird die Nachfrage« (nach Arbeit) »verhältnismäßig abnehmen«. (l. c. p. 480, Note.) »Der Betrag des Kapitals, der zur Erhaltung von Arbeit bestimmt ist, kann sich ändern, unabhängig von irgendwelchen Veränderungen im Gesamtbetrag des Kapitals ... Große Schwankungen im Ausmaß der Beschäftigung und große Not können häufiger werden in dem Maße, wie das Kapital selbst reichlicher wird.« (Richard Jones, »An Introductory Lecture on Pol. Econ.«, Lond. 1833, p. 12.) »Nachfrage« (nach Arbeit) »wird steigen ... nicht im Verhältnis zur Akkumulation des Gesamtkapitals ... Jede Vermehrung des zur Reproduktion bestimmten nationalen Kapitals wird deshalb im Laufe des gesellschaftlichen Fortschritts einen stets geringeren Einfluß auf die Lage des Arbeiters haben.« (Ramsay, l. c. p. 90, 91.)

Teil bildet, nicht nur, weil der Kredit, unter jedem besondren Reiz, im Umsehn ungewöhnlichen Teil dieses Reichtums der Produktion als Zusatzkapital zur Verfügung stellt. Die technischen Bedingungen des Produktionsprozesses selbst, Maschinerie, Transportmittel usw. ermöglichen, auf größter Stufenleiter, die rascheste Verwandlung von Mehrprodukt in zuschüssige Produktionsmittel. Die mit dem Fortschritt der Akkumulation überschwellende und in Zusatzkapital verwandelbare Masse des gesellschaftlichen Reichtums drängt sich mit Frenesie in alte Produktionszweige, deren Markt sich plötzlich erweitert, oder in neu eröffnete, wie Eisenbahnen usw., deren Bedürfnis aus der Entwicklung der alten entspringt. In allen solchen Fällen müssen große Menschenmassen plötzlich und ohne Abbruch der Produktionsleiter in andren Sphären auf die entscheidenden Punkte werfbar sein. Die Übervölkerung liefert sie. Der charakteristische Lebenslauf der modernen Industrie, die Form eines durch kleinere Schwankungen unterbrochnen zehnjährigen Zyklus von Perioden mittlerer Lebendigkeit, Produktion unter Hochdruck, Krise und Stagnation, beruht auf der beständigen Bildung, größern oder geringern Absorption und Wiederbildung der industriellen Reservearmee oder Übervölkerung. Ihrerseits rekrutieren die Wechselfälle des industriellen Zyklus die Übervölkerung und werden zu einem ihrer energischsten Reproduktionsagentien.

Dieser eigentümliche Lebenslauf der modernen Industrie, der uns in keinem frühern Zeitalter der Menschheit begegnet, war auch in der Kindheitsperiode der kapitalistischen Produktion unmöglich. Die Zusammensetzung des Kapitals veränderte sich nur sehr allmählich. Seiner Akkumulation entsprach also im Ganzen verhältnismäßiges Wachstum der Arbeitsnachfrage. Langsam wie der Fortschritt seiner Akkumulation, verglichen mit der modernen Epoche, stieß er auf Naturschranken der exploitablen Arbeiterbevölkerung, welche nur durch später zu erwähnende Gewaltmittel wegräumbar waren. Die plötzliche und ruckweise Expansion der Produktionsleiter ist die Voraussetzung ihrer plötzlichen Kontraktion; letztere ruft wieder die erstere hervor, aber die erstere ist unmöglich ohne disponibles Menschenmaterial, ohne eine vom absoluten Wachstum der Bevölkerung unabhängige Vermehrung von Arbeitern. Sie wird geschaffen durch den einfachen Prozeß, der einen Teil der Arbeiter beständig »freisetzt«, durch Methoden, welche die Anzahl der beschäftigten Arbeiter im Verhältnis zur vermehrten Produktion vermindern. Die ganze Bewegungsform der modernen Industrie erwächst also aus der beständigen Verwandlung eines Teils der Arbeiterbevölkerung in unbeschäftigte oder halbbeschäftigte Hände. Die Oberflächlichkeit der politischen Ökonomie zeigt sich u. a. darin, daß sie die Expansion und Kontraktion des Kredits, das bloße Symptom der Wechselperioden des industriellen Zyklus, zu deren Ursache macht. Ganz wie Himmelskörper, einmal in eine bestimmte Bewegung geschleudert, dieselbe stets wiederholen, so die gesellschaftliche Produktion, sobald sie einmal in jene Bewegung wechselnder Expansion und Kontraktion geworfen ist. Wirkungen werden ihrerseits zu Ursachen, und die Wechselfälle des ganzen Prozesses, der seine eignen Bedingungen stets reproduziert, nehmen die Form der Periodizität an.[2] Ist letztere einmal konsolidiert, so begreift selbst die politische Ökonomie die Produktion einer relativen, d. h. mit Bezug auf das mittlere Verwertungsbedürfnis des Kapitals überschüssigen Bevölkerung als Lebensbedingung der modernen Industrie.

»Gesetzt«, sagt H. Merivale, früher Professor der politischen Ökonomie zu Oxford, später Beamter des englischen Kolonialministeriums,

gesetzt, bei Gelegenheit einer Krise raffe die Nation sich zu einer Kraftanstrengung auf, um durch Emigration einige 100 000 überflüssige Arme loszuwerden, was würde die Folge sein? Daß bei der ersten Wiederkehr der Arbeitsnachfrage ein Mangel vorhanden wäre. Wie rasch immer die Reproduktion von Menschen sein mag, sie braucht jedenfalls den Zwischenraum einer Generation zum Ersatz erwachsner Arbeiter. Nun hängen die Profite unsrer Fabrikanten hauptsächlich von der Macht ab, den günstigen Moment lebhafter Nachfrage zu exploitieren und sich so für die Periode der Erlahmung schadlos zu halten. Diese Macht ist ihnen nur gesichert durch Kommando über Maschinerie und Handarbeit. Sie müssen disponible Hände vorfinden; sie müssen fähig sein, die Aktivität ihrer Operationen wenn nötig höher zu spannen oder abzuspannen, je nach dem Stand des Markts, oder sie können platterdings nicht in der Hetzjagd der Konkurrenz das Übergewicht behaupten, auf das der Reichtum dieses Landes gegründet ist.[1]

[…]

Nachdem die politische Ökonomie so die beständige Produktion einer relativen Übervölkerung von Arbeitern für eine Notwendig-

1 H. Merivale, »Lectures on Colonization and Colonies«, Lond. 1841 and 1842, v. I, p. 146.

keit der kapitalistischen Akkumulation erklärt hat, legt sie, und zwar adäquat in der Figur einer alten Jungfer, dem »beau idéal« ihres Kapitalisten folgende Worte an die durch ihre eigne Schöpfung von Zusatzkapital aufs Pflaster geworfnen »Überzähligen« in den Mund:

Wir Fabrikanten tun für euch, was wir können, indem wir das Kapital vermehren, von dem ihr subsistieren müßt; und ihr müßt das übrige tun, indem ihr eure Zahl den Subsistenzmitteln anpaßt.[1]

Der kapitalistischen Produktion genügt keineswegs das Quantum disponibler Arbeitskraft, welches der natürliche Zuwachs der Bevölkerung liefert. Sie bedarf zu ihrem freien Spiel einer von dieser Naturschranke unabhängigen industriellen Reservearmee.

Bisher wurde unterstellt, daß der Zu- oder Abnahme des variablen Kapitals genau die Zu- oder Abnahme der beschäftigten Arbeiterzahl entspricht.

Bei gleichbleibender oder selbst verminderter Zahl der von ihm kommandierten Arbeiter wächst jedoch das variable Kapital, wenn der individuelle Arbeiter mehr Arbeit liefert und daher sein Arbeitslohn wächst, obgleich der Arbeitspreis gleichbleibt oder selbst sinkt, nur langsamer, als die Arbeitsmasse steigt. Der Zuwachs des variablen Kapitals wird dann Index von mehr Arbeit, aber nicht von mehr beschäftigten Arbeitern. Jeder Kapitalist hat das absolute Interesse, ein bestimmtes Arbeitsquantum aus kleinerer statt ebenso wohlfeil oder selbst wohlfeiler aus größerer Arbeiterzahl auszupressen. In dem letzten Fall wächst die Auslage von konstantem Kapital verhältnismäßig zur Masse der in Fluß gesetzten Arbeit, im ersten Fall viel langsamer. Je größer die Stufenleiter der Produktion, desto entscheidender dies Motiv. Seine Wucht wächst mit der Akkumulation des Kapitals.

Man hat gesehn, daß die Entwicklung der kapitalistischen Produktionsweise und Produktivkraft der Arbeit – zugleich Ursache und Wirkung der Akkumulation – den Kapitalisten befähigt, mit derselben Auslage von variablem Kapital mehr Arbeit durch größere extensive oder intensive Exploitation der individuellen Arbeitskräfte flüssig zu machen. Man hat ferner gesehn, daß er mit demselben Kapitalwert mehr Arbeitskräfte kauft, indem er progressiv

1 Harriet Martineau, »The Manchester Strike«, 1832, p. 101.

geschicktere Arbeiter durch ungeschicktere, reife durch unreife, männliche durch weibliche, erwachsne Arbeitskraft durch jugendliche oder kindliche verdrängt.

Einerseits macht also, im Fortgang der Akkumulation, größeres variables Kapital mehr Arbeit flüssig, ohne mehr Arbeiter zu werben, andrerseits macht variables Kapital von derselben Größe mehr Arbeit mit derselben Masse Arbeitskraft flüssig und endlich mehr niedere Arbeitskräfte durch Verdrängung höherer.

Die Produktion einer relativen Übervölkerung oder die Freisetzung von Arbeitern geht daher noch rascher voran als die ohnehin mit dem Fortschritt der Akkumulation beschleunigte technische Umwälzung des Produktionsprozesses und die entsprechende proportionelle Abnahme des variablen Kapitalteils gegen den konstanten. Wenn die Produktionsmittel, wie sie an Umfang und Wirkungskraft zunehmen, in geringerem Grad Beschäftigungsmittel der Arbeiter werden, wird dies Verhältnis selbst wieder dadurch modifiziert, daß im Maß, wie die Produktivkraft der Arbeit wächst, das Kapital seine Zufuhr von Arbeit rascher steigert als seine Nachfrage nach Arbeitern. Die Überarbeit des beschäftigten Teils der Arbeiterklasse schwellt die Reihen ihrer Reserve, während umgekehrt der vermehrte Druck, den die letztere durch ihre Konkurrenz auf die erstere ausübt, diese zur Überarbeit und Unterwerfung unter die Diktate des Kapitals zwingt. Die Verdammung eines Teils der Arbeiterklasse zu erzwungnem Müßiggang durch Überarbeit des andren Teils und umgekehrt, wird Bereicherungsmittel des einzelnen Kapitalisten[1] und beschleunigt zugleich die Produktion der

1 Selbst während der Baumwollnot von 1863 findet man in einem Pamphlet der Baumwollspinner von Blackburn heftige Denunziation gegen die Überarbeit, die kraft des Fabrikgesetzes natürlich nur erwachsne männliche Arbeiter traf. »Man verlangte in dieser Fabrik von den erwachsenen Arbeitern eine zwölf- bis dreizehnstündige Arbeit täglich, obwohl es Hunderte gibt, die zum Müßiggang gezwungen sind, aber gern einen Teil der Arbeitszeit arbeiten möchten, um ihre Familien erhalten zu können und ihre Arbeitsbrüder vor einem vorzeitigen Tode infolge Überarbeit zu bewahren.« »Wir«, heißt es weiter, »möchten fragen, ob diese Praxis, Überzeit zu arbeiten, irgendwie erträgliche Verhältnisse zwischen Meistern und ›Dienern‹ möglich macht? Die Opfer der Überarbeit fühlen die Unbill ebensosehr als die dadurch zu erzwungnem Müßiggang Verdammten. In diesem Distrikt reicht das zu verrichtende Werk hin, um alle teilweise zu beschäftigen, würde die Arbeit billig verteilt. Wir verlangen nur ein Recht, indem wir die Meister auffordern, allgemein nur kurze Zeit zu arbeiten, wenigstens solange der

industriellen Reservearmee auf einem dem Fortschritt der gesellschaftlichen Akkumulation entsprechenden Maßstab. Wie wichtig dies Moment in der Bildung der relativen Übervölkerung, beweist z. B. England. Seine technischen Mittel zur »Ersparung« von Arbeit sind kolossal. Dennoch, würde morgen allgemein die Arbeit auf ein rationelles Maß beschränkt und für die verschiednen Schichten der Arbeiterklasse wieder entsprechend nach Alter und Geschlecht abgestuft, so wäre die vorhandne Arbeiterbevölkerung absolut unzureichend zur Fortführung der nationalen Produktion auf ihrer jetzigen Stufenleiter. Die große Mehrheit der jetzt »unproduktiven« Arbeiter müßte in »produktive« verwandelt werden.

Im großen und ganzen sind die allgemeinen Bewegungen des Arbeitslohns ausschließlich reguliert durch die Expansion und Kontraktion der industriellen Reservearmee, welche dem Periodenwechsel des industriellen Zyklus entsprechen. Sie sind also nicht bestimmt durch die Bewegung der absoluten Anzahl der Arbeiterbevölkerung, sondern durch das wechselnde Verhältnis, worin die Arbeiterklasse in aktive Armee und Reservearmee zerfällt, durch die Zunahme und Abnahme des relativen Umfangs der Übervölkerung, durch den Grad, worin sie bald absorbiert, bald wieder freigesetzt wird. Für die moderne Industrie mit ihrem zehnjährigen Zyklus und seinen periodischen Phasen, die außerdem im Fortgang der Akkumulation durch stets rascher aufeinander folgende unregelmäßige Oszillationen durchkreuzt werden, wäre es in der Tat ein schönes Gesetz, welches die Nachfrage und Zufuhr von Arbeit nicht durch die Expansion und Kontraktion des Kapitals, also nach seinen jedesmaligen Verwertungsbedürfnissen regelte, so daß der

jetzige Stand der Dinge währt, statt einen Teil zu überarbeiten, während der andre durch Arbeitsmangel gezwungen wird, von der Wohltätigkeit seine Existenz zu fristen.« (»Reports of Insp. of Fact., 31st Oct. 1863«, p. 8.) – Die Wirkung einer relativen Übervölkerung auf die beschäftigten Arbeiter begreift der Verfasser des »Essay on Trade and Commerce« mit seinem gewohnten unfehlbaren Bourgeoisinstinkt. »Eine andre Ursache der Faulenzerei (idleness) in diesem Königreich ist der Mangel einer hinreichenden Anzahl arbeitender Hände. Sooft durch irgendeine ungewöhnliche Nachfrage für Fabrikate die Arbeitsmasse ungenügend wird, fühlen die Arbeiter ihre eigne Wichtigkeit und wollen sie ihren Meistern ebenfalls fühlbar machen; es ist erstaunlich; aber so depraviert ist die Gesinnung dieser Kerle, daß in solchen Fällen Gruppen von Arbeitern sich kombiniert haben, um ihre Meister dadurch in Verlegenheit zu setzen, daß sie einen ganzen Tag durch faulenzten.« (»Essay etc.«, p. 27, 28.) Die Kerle verlangten nämlich Lohnerhöhung.

Arbeitsmarkt bald relativ untervoll erscheint, weil das Kapital sich expandiert, bald wieder übervoll, weil es sich kontrahiert, sondern umgekehrt die Bewegung des Kapitals von der absoluten Bewegung der Bevölkerungsmenge abhängig machte. Dies jedoch ist das ökonomische Dogma. Nach demselben steigt infolge der Kapitalakkumulation der Arbeitslohn. Der erhöhte Arbeitslohn spornt zur rascheren Vermehrung der Arbeiterbevölkerung, und diese dauert fort, bis der Arbeitsmarkt überfüllt, also das Kapital relativ zur Arbeiterzufuhr unzureichend geworden ist. Der Arbeitslohn sinkt, und nun die Kehrseite der Medaille. Durch den fallenden Arbeitslohn wird die Arbeiterbevölkerung nach und nach dezimiert, so daß ihr gegenüber das Kapital wieder überschüssig wird, oder auch, wie andre es erklären, der fallende Arbeitslohn und die entsprechende erhöhte Exploitation des Arbeiters beschleunigt wieder die Akkumulation, während gleichzeitig der niedere Lohn das Wachstum der Arbeiterklasse in Schach hält. So tritt wieder das Verhältnis ein, worin die Arbeitszufuhr niedriger als die Arbeitsnachfrage, der Lohn steigt usw. Eine schöne Bewegungsmethode dies für die entwickelte kapitalistische Produktion! Bevor infolge der Lohnerhöhung irgendein positives Wachstum der wirklich arbeitsfähigen Bevölkerung eintreten könnte, wäre die Frist aber und abermal abgelaufen, worin der industrielle Feldzug geführt, die Schlacht geschlagen und entschieden sein muß.

Zwischen 1849 und 1859 trat, zugleich mit fallenden Getreidepreisen, eine praktisch betrachtet nur nominelle Lohnerhöhung in den englischen Agrikulturdistrikten ein, z. B. in Wiltshire stieg der Wochenlohn von 7 auf 8 sh., in Dorsetshire von 7 oder 8 auf 9 sh. usw. Es war dies Folge des übergewöhnlichen Abflusses der agrikolen Übervölkerung, verursacht durch Kriegsnachfrage,[3] massenhafte Ausdehnung der Eisenbahnbauten, Fabriken, Bergwerke etc. Je niedriger der Arbeitslohn, desto höher drückt sich jedes noch so unbedeutende Steigen desselben in Prozentzahlen aus. Ist der Wochenlohn z. B. 20 sh. und steigt er auf 22, so um 10 %; ist er dagegen nur 7 sh. und steigt auf 9, so um 28 4/7 %, was sehr erklecklich klingt. Jedenfalls heulten die Pächter und schwatzte sogar der »London Economist«[1] ganz ernsthaft von »a general and substantial advance« [»einer allgemeinen und beträchtlichen Erhöhung«] mit

1 »Economist«, Jan. 21, 1860.

Bezug auf diese Hungerlöhne. Was taten nun die Pächter? Warteten sie, bis die Landarbeiter sich infolge dieser brillanten Zahlung so vermehrt hatten, daß ihr Lohn wieder fallen mußte, wie die Sache sich im dogmatisch ökonomischen Hirn zuträgt? Sie führten mehr Maschinerie ein, und im Umsehn waren die Arbeiter wieder »überzählig« in einem selbst den Pächtern genügenden Verhältnis. Es war jetzt »mehr Kapital« in der Agrikultur angelegt als vorher und in einer produktiveren Form. Damit fiel die Nachfrage nach Arbeit nicht nur relativ, sondern absolut.

Jene ökonomische Fiktion verwechselt die Gesetze, welche die allgemeine Bewegung des Arbeitslohns oder das Verhältnis zwischen Arbeiterklasse, d.h. Gesamtarbeitskraft und gesellschaftlichem Gesamtkapital regeln, mit den Gesetzen, welche die Arbeiterbevölkerung unter die besondren Produktionssphären verteilen. Wenn z.B. infolge günstiger Konjunktur die Akkumulation in einer bestimmten Produktionssphäre besonders lebhaft, die Profite hier größer als die Durchschnittsprofite, Zuschußkapital dahin drängt, so steigt natürlich Arbeitsnachfrage und Arbeitslohn. Der höhere Arbeitslohn zieht einen größeren Teil der Arbeiterbevölkerung in die begünstigte Sphäre, bis sie mit Arbeitskraft gesättigt ist und der Lohn auf die Dauer wieder auf sein früheres Durchschnittsniveau oder unter dasselbe fällt, falls der Zudrang zu groß war. Dann hört nicht nur die Einwanderung von Arbeitern in den fraglichen Geschäftszweig auf, sie macht sogar ihrer Auswanderung Platz. Hier glaubt der politische Ökonom zu sehn, »wo und wie«, mit Zunahme des Lohns eine absolute Zunahme von Arbeitern, und mit der absoluten Zunahme der Arbeiter eine Abnahme des Lohns, aber er sieht in der Tat nur die lokale Oszillation des Arbeitsmarkts einer besondren Produktionssphäre, er sieht nur Phänomene der Verteilung der Arbeiterbevölkerung in die verschiednen Anlagesphären des Kapitals, je nach seinen wechselnden Bedürfnissen.

Die industrielle Reservearmee drückt während der Perioden der Stagnation und mittleren Prosperität auf die aktive Arbeiterarmee und hält ihre Ansprüche während der Periode der Überproduktion und des Paroxysmus im Zaum. Die relative Übervölkerung ist also der Hintergrund, worauf das Gesetz der Nachfrage und Zufuhr von Arbeit sich bewegt. Sie zwängt den Spielraum dieses Gesetzes in die der Exploitationsgier und Herrschsucht des Kapitals absolut zusagenden Schranken ein. Es ist hier der Ort, auf eine der

Großtaten der ökonomischen Apologetik zurückzukommen. Man erinnert sich, daß, wenn durch Einführung neuer oder Ausdehnung alter Maschinerie ein Stück variables Kapital in konstantes verwandelt wird, der ökonomische Apologet diese Operation, welche Kapital »bindet« und ebendadurch Arbeiter »freisetzt«, umgekehrt so deutet, daß sie Kapital für den Arbeiter freisetzt. Erst jetzt kann man die Unverschämtheit des Apologeten vollständig würdigen. Was freigesetzt wird, sind nicht nur die unmittelbar durch die Maschine verdrängten Arbeiter, sondern ebenso ihre Ersatzmannschaft und das, bei gewohnter Ausdehnung des Geschäfts auf seiner alten Basis, regelmäßig absorbierte Zuschußkontingent. Sie sind jetzt alle »freigesetzt«, und jedes neue funktionslustige Kapital kann über sie verfügen. Ob es sie oder andre attrahiert, die Wirkung auf die allgemeine Arbeitsnachfrage wird null sein, solange dies Kapital gerade hinreicht, um den Markt von ebensoviel Arbeitern zu befreien, als die Maschinen auf ihn geworfen. Beschäftigt es eine geringere Zahl, so wächst die Menge der Überzähligen; beschäftigt es eine größere, so wächst die allgemeine Arbeitsnachfrage nur um den Überschuß der Beschäftigten über die »Freigesetzten«. Der Aufschwung, den Anlage suchende Zusatzkapitale sonst der allgemeinen Arbeitsnachfrage gegeben hätten, ist also in jedem Fall insoweit neutralisiert, wie die von der Maschine aufs Pflaster geworfnen Arbeiter reichen. D.h. also, der Mechanismus der kapitalistischen Produktion sorgt dafür, daß der absolute Zuwachs von Kapital von keiner entsprechenden Steigerung der allgemeinen Arbeitsnachfrage begleitet ist. Und dies nennt der Apologet eine Kompensation für das Elend, die Leiden und den möglichen Untergang der deplacierten Arbeiter während der Übergangsperiode, welche sie in die industrielle Reservearmee bannt! Die Nachfrage nach Arbeit ist nicht identisch mit Wachstum des Kapitals, die Zufuhr der Arbeit nicht mit dem Wachstum der Arbeiterklasse, so daß zwei voneinander unabhängige Potenzen aufeinander einwirkten. Les dés sont pipés [Die Würfel sind gefälscht]. Das Kapital agiert auf beiden Seiten zugleich. Wenn seine Akkumulation einerseits die Nachfrage nach Arbeit vermehrt, vermehrt sie andrerseits die Zufuhr von Arbeitern durch deren »Freisetzung«, während zugleich der Druck der Unbeschäftigten die Beschäftigten zur Flüssigmachung von mehr Arbeit zwingt, also in gewissem Grad die Arbeitszufuhr von der Zufuhr von Arbeitern unabhängig macht.

Die Bewegung des Gesetzes der Nachfrage und Zufuhr von Arbeit auf dieser Basis vollendet die Despotie des Kapitals. Sobald daher die Arbeiter hinter das Geheimnis kommen, wie es angeht, daß im selben Maß, wie sie mehr arbeiten, mehr fremden Reichtum produzieren und die Produktivkraft ihrer Arbeit wächst, sogar ihre Funktion als Verwertungsmittel des Kapitals immer prekärer für sie wird; sobald sie entdecken, daß der Intensitätsgrad der Konkurrenz unter ihnen selbst ganz und gar von dem Druck der relativen Übervölkerung abhängt; sobald sie daher durch Trade's Unions usw. eine planmäßige Zusammenwirkung zwischen den Beschäftigten und Unbeschäftigten zu organisieren suchen, um die ruinierenden Folgen jenes Naturgesetzes der kapitalistischen Produktion auf ihre Klasse zu brechen oder zu schwächen, zetert das Kapital und sein Sykophant, der politische Ökonom, über Verletzung des »ewigen« und sozusagen »heiligen« Gesetzes der Nachfrage und Zufuhr. Jeder Zusammenhalt zwischen den Beschäftigten und Unbeschäftigten stört nämlich das »reine« Spiel jenes Gesetzes. Sobald andrerseits, in den Kolonien z. B., widrige Umstände die Schöpfung der industriellen Reservearmee und mit ihr die absolute Abhängigkeit der Arbeiterklasse von der Kapitalistenklasse verhindern, rebelliert das Kapital, samt seinem gemeinplätzlichen Sancho Pansa, gegen das »heilige« Gesetz der Nachfrage und Zufuhr und sucht ihm durch Zwangsmittel unter die Arme zu greifen.

4. Verschiedne Existenzformen der relativen Übervölkerung. Das allgemeine Gesetz der kapitalistischen Akkumulation

Die relative Übervölkerung existiert in allen möglichen Schattierungen. Jeder Arbeiter gehört ihr an während der Zeit, wo er halb oder gar nicht beschäftigt ist. Abgesehn von den großen, periodisch wiederkehrenden Formen, welche der Phasenwechsel des industriellen Zyklus ihr aufprägt, so daß sie bald akut in den Krisen erscheint, bald chronisch in den Zeiten flauen Geschäfts, besitzt sie fortwährend drei Formen: flüssige, latente und stockende.

In den Zentren der modernen Industrie – Fabriken, Manufakturen, Hütten und Bergwerken usw. – werden Arbeiter bald repelliert, bald in größerem Umfang wieder attrahiert, so daß im großen und ganzen die Zahl der Beschäftigten zunimmt, wenn auch in stets abnehmendem Verhältnis zur Produktionsleiter. Die Übervölkerung existiert hier in fließender Form.

Sowohl in den eigentlichen Fabriken wie in allen großen Werkstätten, wo Maschinerie als Faktor eingeht oder auch nur die moderne Teilung der Arbeit durchgeführt ist, braucht man massenhaft männliche Arbeiter bis zur Zurücklegung des Jugendalters. Dieser Termin einmal erreicht, bleibt nur eine sehr geringe Anzahl in denselben Geschäftszweigen verwendbar, während die Mehrzahl regelmäßig entlassen wird. Sie bildet ein Element der fließenden Übervölkerung, das mit dem Umfang der Industrie wächst. Ein Teil davon wandert aus und reist in der Tat nur dem auswandernden Kapital nach. Eine der Folgen ist, daß die weibliche Bevölkerung rascher wächst als die männliche, teste England. Daß der natürliche Zuwachs der Arbeitermasse die Akkumulationsbedürfnisse des Kapitals nicht sättigt und sie dennoch zugleich überschreitet, ist ein Widerspruch seiner Bewegung selbst. Es braucht größere Massen Arbeiter im früheren Alter, geringere im männlichen. Der Widerspruch ist nicht schreiender als der andre, daß über Mangel an Händen geklagt wird zur selben Zeit, wo viele Tausende auf dem Pflaster liegen, weil die Teilung der Arbeit sie an einen bestimmten Geschäftszweig kettet.[1] Der Konsum der Arbeitskraft durch das Kapital ist zudem so rasch, daß der Arbeiter von mittlerem Alter sich meist schon mehr oder minder überlebt hat. Er fällt in die Reihen der Überzähligen oder wird von einer höheren auf eine niedrigere Staffel hinabgedrängt. Gerade bei den Arbeitern der großen Industrie stoßen wir auf die kürzeste Lebensdauer.

Dr. Lee, der Gesundheitsbeamte von Manchester, hat festgestellt, daß in jener Stadt die mittlere Lebensdauer der wohlhabenden Klasse 38, die der Arbeiterklasse nur 17 Jahre ist. In Liverpool beträgt sie 35 Jahre für die er-

1 Während im letzten Halbjahr von 1866 80 000-90 000 Arbeiter in London außer Arbeit geworfen wurden, heißt es im Fabrikbericht über dasselbe Halbjahr: »Es scheint nicht absolut richtig zu sein, wenn man sagt, daß Nachfrage stets grade in dem Augenblick Zufuhr hervorbringt, da es nötig ist. Auf Arbeit traf das nicht zu, denn viel Maschinerie mußte im letzten Jahre aus Mangel an Arbeitskräften stillstehn.« (»Report of Insp. of Fact. for 31st Oct. 1866«, p. 81.)

stere, 15 für die zweite. Es folgt also, daß die privilegierte Klasse eine Anweisung aufs Leben hat (have a lease of life) mehr als doppelt so groß als die ihrer weniger begünstigten Mitbürger.[1]

Unter diesen Umständen erheischt das absolute Wachstum dieser Fraktion des Proletariats eine Form, welche ihre Zahl schwellt, obgleich ihre Elemente sich schnell abnutzen. Also rasche Ablösung der Arbeitergenerationen. (Dasselbe Gesetz gilt nicht für die übrigen Klassen der Bevölkerung.) Dies gesellschaftliche Bedürfnis wird befriedigt durch frühe Ehen, notwendige Folge der Verhältnisse, worin die Arbeiter der großen Industrie leben, und durch die Prämie, welche die Exploitation der Arbeiterkinder auf ihre Produktion setzt.

Sobald sich die kapitalistische Produktion der Agrikultur, oder im Grad, worin sie sich derselben bemächtigt hat, nimmt mit der Akkumulation des hier funktionierenden Kapitals die Nachfrage für die ländliche Arbeiterbevölkerung absolut ab, ohne daß ihre Repulsion, wie in der nicht agrikolen Industrie, durch größere Attraktion ergänzt wäre. Ein Teil der Landbevölkerung befindet sich daher fortwährend auf dem Sprung, in städtisches oder Manufakturproletariat überzugehn, und in der Lauer auf dieser Verwandlung günstige Umstände. [...] Diese Quelle der relativen Übervölkerung fließt also beständig. Aber ihr beständiger Fluß nach den Städten setzt auf dem Lande selbst eine fortwährend latente Übervölkerung voraus, deren Umfang nur sichtbar wird, sobald sich die Abzugskanäle ausnahmsweise weit öffnen. Der Landarbeiter wird daher auf das Minimum des Salairs herabgedrückt und steht mit einem Fuß stets im Sumpf des Pauperismus.

Die dritte Kategorie der relativen Übervölkerung, die stockende, bildet einen Teil der aktiven Arbeiterarmee, aber mit durchaus unregelmäßiger Beschäftigung. Sie bietet so dem Kapital einen unerschöpflichen Behälter disponibler Arbeitskraft. Ihre Lebenslage sinkt unter das durchschnittliche Normalniveau der arbeitenden Klasse, und grade dies macht sie zur breiten Grundlage eigner Exploitationszweige des Kapitals. Maximum der Arbeitszeit und Minimum des Salairs charakterisieren sie. Wir haben unter der Rubrik der Hausarbeit ihre Hauptgestalt bereits kennengelernt. Sie rekru-

1 Eröffnungsrede der sanitären Konferenz, Birmingham, 14. Jan. 1875, von J. Chamberlain, damals Mayor der Stadt, jetzt (1883) Handelsminister.

tiert sich fortwährend aus den Überzähligen der großen Industrie und Agrikultur und namentlich auch aus untergehenden Industriezweigen, wo der Handwerksbetrieb dem Manufakturbetrieb, letztrer dem Maschinenbetrieb erliegt. Ihr Umfang dehnt sich, wie mit Umfang und Energie der Akkumulation die »Überzähligmachung« fortschreitet. Aber sie bildet zugleich ein sich selbst reproduzierendes und verewigendes Element der Arbeiterklasse, das verhältnismäßig größeren Anteil am Gesamtwachstum derselben nimmt als die übrigen Elemente. In der Tat steht nicht nur die Masse der Geburten und Todesfälle, sondern die absolute Größe der Familien in umgekehrtem Verhältnis zur Höhe des Arbeitslohns, also zur Masse der Lebensmittel, worüber die verschiednen Arbeiterkategorien verfügen. Dies Gesetz der kapitalistischen Gesellschaft klänge unsinnig unter Wilden oder selbst zivilisierten Kolonisten. Es erinnert an die massenhafte Reproduktion individuell schwacher und vielgehetzter Tierarten.[1]

Der tiefste Niederschlag der relativen Übervölkerung endlich behaust die Sphäre des Pauperismus. Abgesehn von Vagabunden, Verbrechern, Prostituierten, kurz dem eigentlichen Lumpenproletariat, besteht diese Gesellschaftsschichte aus drei Kategorien. Erstens Arbeitsfähige. Man braucht die Statistik des englischen Pauperismus nur oberflächlich anzusehn, und man findet, daß seine Masse mit jeder Krise schwillt und mit jeder Wiederbelebung des Geschäfts abnimmt. Zweitens: Waisen- und Pauperkinder. Sie sind Kandidaten der industriellen Reservearmee und werden in Zeiten großen Aufschwungs, wie 1860 z. B., rasch und massenhaft in die aktive Arbeiterarmee einrolliert. Drittens: Verkommene, Verlumpte, Arbeitsunfähige. Es sind namentlich Individuen, die an ihrer durch die Teilung der Arbeit verursachten Unbeweglichkeit untergehn, solche, die über das Normalalter eines Arbeiters hinausle-

1 »Armut scheint die Fortpflanzung zu begünstigen.« (A. Smith.) Dies ist sogar eine besonders weise Einrichtung Gottes nach dem galanten und geistreichen Abbé Galiani: »Gott hat es gefügt, daß die Menschen, die die nützlichsten Berufe ausüben, überreichlich geboren werden.« (Galiani, l. c. p. 78.) »Elend, bis zum äußersten Grad von Hungersnot und Pestilenz, vermehrt eher das Wachstum der Bevölkerung, statt es zu hemmen.« (S. Laing, »National Distress«, 1844, p. 69.) Nachdem Laing dies statistisch illustriert, fährt er fort: »Befände sich alle Welt in bequemen Umständen, so wäre die Welt bald entvölkert.« (»If the people were all in easy circumstances, the world would soon be depopulated.«)

ben, endlich die Opfer der Industrie, deren Zahl mit gefährlicher Maschinerie, Bergwerksbau, chemischen Fabriken etc. wächst, Verstümmelte, Verkrankte, Witwen etc. Der Pauperismus bildet das Invalidenhaus der aktiven Arbeiterarmee und das tote Gewicht der industriellen Reservearmee. Seine Produktion ist eingeschlossen in der Produktion der relativen Übervölkerung, seine Notwendigkeit in ihrer Notwendigkeit, mit ihr bildet er eine Existenzbedingung der kapitalistischen Produktion und Entwicklung des Reichtums. Er gehört zu den faux frais der kapitalistischen Produktion, die das Kapital jedoch großenteils von sich selbst ab auf die Schultern der Arbeiterklasse und der kleinen Mittelklasse zu wälzen weiß.

Je größer der gesellschaftliche Reichtum, das funktionierende Kapital, Umfang und Energie seines Wachstums, also auch die absolute Größe des Proletariats und die Produktivkraft seiner Arbeit, desto größer die industrielle Reservearmee. Die disponible Arbeitskraft wird durch dieselben Ursachen entwickelt wie die Expansivkraft des Kapitals. Die verhältnismäßige Größe der industriellen Reservearmee wächst also mit den Potenzen des Reichtums. Je größer aber diese Reservearmee im Verhältnis zur aktiven Arbeiterarmee, desto massenhafter die konsolidierte Übervölkerung, deren Elend im umgekehrten Verhältnis zu ihrer Arbeitsqual steht. Je größer endlich die Lazarusschichte der Arbeiterklasse und die industrielle Reservearmee, desto größer der offizielle Pauperismus. *Dies ist das absolute, allgemeine Gesetz der kapitalistischen Akkumulation.* Es wird gleich allen andren Gesetzen in seiner Verwirklichung durch mannigfache Umstände modifiziert, deren Analyse nicht hierher gehört.

Man begreift die Narrheit der ökonomischen Weisheit, die den Arbeitern predigt, ihre Zahl den Verwertungsbedürfnissen des Kapitals anzupassen. Der Mechanismus der kapitalistischen Produktion und Akkumulation paßt diese Zahl beständig diesen Verwertungsbedürfnissen an. Erstes Wort dieser Anpassung ist die Schöpfung einer relativen Übervölkerung oder industriellen Reservearmee, letztes Wort das Elend stets wachsender Schichten der aktiven Arbeiterarmee und das tote Gewicht des Pauperismus.

Das Gesetz, wonach eine immer wachsende Masse von Produktionsmitteln, dank dem Fortschritt in der Produktivität der gesellschaftlichen Arbeit, mit einer progressiv abnehmenden Ausgabe von Menschenkraft in Bewegung gesetzt werden kann – dies

Gesetz drückt sich auf kapitalistischer Grundlage, wo nicht der Arbeiter die Arbeitsmittel, sondern die Arbeitsmittel den Arbeiter anwenden, darin aus, daß, je höher die Produktivkraft der Arbeit, desto größer der Druck der Arbeiter auf ihre Beschäftigungsmittel, desto prekärer also ihre Existenzbedingung: Verkauf der eignen Kraft zur Vermehrung des fremden Reichtums oder zur Selbstverwertung des Kapitals. Rascheres Wachstum der Produktionsmittel und der Produktivität der Arbeit als der produktiven Bevölkerung drückt sich kapitalistisch also umgekehrt darin aus, daß die Arbeiterbevölkerung stets rascher wächst als das Verwertungsbedürfnis des Kapitals.

Wir sahen im vierten Abschnitt bei Analyse der Produktion des relativen Mehrwerts: innerhalb des kapitalistischen Systems vollziehn sich alle Methoden zur Steigerung der gesellschaftlichen Produktivkraft der Arbeit auf Kosten des individuellen Arbeiters; alle Mittel zur Entwicklung der Produktion schlagen um in Beherrschungs- und Exploitationsmittel des Produzenten, verstümmeln den Arbeiter in einen Teilmenschen, entwürdigen ihn zum Anhängsel der Maschine, vernichten mit der Qual seiner Arbeit ihren Inhalt, entfremden ihm die geistigen Potenzen des Arbeitsprozesses im selben Maße, worin letzterem die Wissenschaft als selbständige Potenz einverleibt wird; sie verunstalten die Bedingungen, innerhalb deren er arbeitet, unterwerfen ihn während des Arbeitsprozesses der kleinlichst gehässigen Despotie, verwandeln seine Lebenszeit in Arbeitszeit, schleudern sein Weib und Kind unter das Juggernaut-Rad des Kapitals.[4] Aber alle Methoden zur Produktion des Mehrwerts sind zugleich Methoden der Akkumulation, und jede Ausdehnung der Akkumulation wird umgekehrt Mittel zur Entwicklung jener Methoden. Es folgt daher, daß im Maße wie Kapital akkumuliert, die Lage des Arbeiters, welches immer seine Zahlung, hoch oder niedrig, sich verschlechtern muß. Das Gesetz endlich, welches die relative Übervölkerung oder industrielle Reservearmee stets mit Umfang und Energie der Akkumulation in Gleichgewicht hält, schmiedet den Arbeiter fester an das Kapital als den Prometheus die Keile des Hephästos an den Felsen. Es bedingt eine der Akkumulation von Kapital entsprechende Akkumulation von Elend. Die Akkumulation von Reichtum auf dem einen Pol ist also zugleich Akkumulation von Elend, Arbeitsqual, Sklaverei, Unwissenheit, Brutalisierung und moralischer Degradation auf dem Gegenpol, d. h. auf Seite der Klasse, die ihr eignes Produkt als Kapital produziert.

[1] *Peculium* – im alten Rom der Teil des Vermögens, den das Familienoberhaupt einem Freien, z. B. dem Sohn oder einem Sklaven zur Bewirtschaftung oder Verwaltung übergeben konnte. Der Besitz des Peculiums hob faktisch die Abhängigkeit des Sklaven von seinem Herrn nicht auf, und juristisch blieb das Peculium Eigentum des Hausherrn.

[2] In der autorisierten französischen Ausgabe findet sich an dieser Stelle folgende Einschaltung: »Aber erst von der Zeit an, als die mechanische Industrie so tiefe Wurzeln geschlagen hatte, daß sie auf die ganze nationale Produktion einen überwiegenden Einfluß ausübte; als durch sie der Außenhandel dem Binnenhandel den Rang abzulaufen begann; als sich der Weltmarkt sukzessive ausgedehnter Gebiete in der neuen Welt, in Asien und in Australien bemächtigte; als schließlich die industriellen Nationen, die auf die Arena traten, zahlreich genug geworden waren – erst von dieser Zeit an datierten jene sich stets wiedererzeugenden Zyklen, deren aufeinanderfolgende Phasen Jahre umfassen und die immer hinauslaufen auf eine allgemeine Krise, die Ende eines Zyklus und Ausgangspunkt eines neuen ist. Bis jetzt ist die periodische Dauer solcher Zyklen zehn oder elf Jahre, aber es gibt keinerlei Grund, diese Zahl als konstant zu betrachten. Im Gegenteil, aus den Gesetzen der kapitalistischen Produktion, wie wir sie eben entwickelt haben, muß man schließen, daß sie variabel ist und daß die Periode der Zyklen sich stufenweise verkürzen wird.«

[3] Zwischen 1849 und 1859 nahm England an mehreren Kriegen teil: am Krimkrieg (1853-1856), am Krieg gegen China (1856-1858 und 1859/1860) und gegen Persien (1856-1857). Außerdem beendete England 1849 die Eroberung Indiens, und in den Jahren 1857-1859 wurden seine Truppen zur Unterdrückung des indischen nationalen Befreiungsaufstands eingesetzt.

[4] Ursprünglich ein viele Tonnen schwerer Prozessionswagen bei hinduistischen Ritualen. Metaphorisch für eine unaufhaltsame Kraft, die alles vernichtet, was ihr im Wege steht.

Teil 5:
Modernisierung und Globalisierung

Modernisierung und Globalisierung: Der Westen als Maßstab?
(Einführung der Herausgeber)

Das Verständnis von gesellschaftlichem Fortschritt und Modernisierung in Marx' Theorie ist ein kontrovers diskutiertes und oft missverstandenes Thema der Rezeptionsgeschichte. Das liegt nicht zuletzt an der Mehrdeutigkeit zahlreicher Passagen in einem Werk, in dem Marx mehr als einmal seine eigene Sichtweise änderte. Marx entwickelt seine Ansichten zunächst aus einer kontinentaleuropäischen Perspektive, weitete diese aber sukzessive aus. Seine Einschätzungen waren bisweilen mit den Vorurteilen der Zeit behaftet. Zumeist gestaltete er seine Analysen aber mit großer Aufmerksamkeit für die Besonderheiten der jeweiligen Regionen.

Schnell ist der Vorwurf bei der Hand, Marx habe eine teleologische Geschichtsauffassung, die in ihrem Determinismus der Fortschrittsgläubigkeit affirmativer Modernisierungstheorien in nichts nachstehe. Diese Auffassung kann sich auf Passagen in Marx' Werk berufen, in denen der Fortschritt tatsächlich als zwangsläufig erscheint und die europäische Entwicklung den Maßstab dafür darstellt. So schreibt Marx mit Blick auf die englische Entwicklung in der Einleitung zu *Das Kapital* explizit: »Es handelt sich um diese Gesetze selbst, um diese mit eherner Notwendigkeit wirkenden und sich durchsetzenden Tendenzen. Das industriell entwickeltere Land zeigt dem minder entwickelten nur das Bild der eignen Zukunft.«[1]

Doch obleich unbestreitbar ist, dass Formulierungen wie diese einen geschichtsdeterministischen, fortschrittsgläubigen und zudem eurozentrischen Einschlag aufweisen, so wäre es doch verfehlt, der marxschen Auffassung von gesellschaftlicher Entwicklung insgesamt eine derartige Eindimensionalität zu unterstellen. Es ist gewiss keine Übertreibung, anzunehmen, dass Marx während seiner gesamten intellektuellen Entwicklung über die Frage gegrübelt hat, ob es in der Geschichte eine lineare und universelle Entwicklung

1 Karl Marx, *Das Kapital. Erster Band*, *Marx-Engels-Werke* (MEW), Bd. 23, Berlin 1962, S. 12.

gebe, der alle Gesellschaften folgten. Seine Formulierungen zu diesem Thema sind oft ambivalent und verändern sich während seiner Schaffensperiode. Wie der amerikanische Soziologe Kevin Anderson beobachtet, vertritt Marx in den 1840er Jahren eine unilineare Perspektive, wohingegen er später zu einer multilinearen Auffassung neigt, der zufolge sich die Entwicklungsrichtung verschiedener Gesellschaften als eine offene Frage darstellt.[2] Entsprechend plädiert auch Vivek Chibber dafür, dass der methodologische Universalismus, der dem marxschen Werk inhärent ist, nicht an die europäische Entwicklung gekoppelt sei. Es sei somit möglich, nichteuropäische Gesellschaften mit den marxschen Kategorien zu analysieren, ohne in den Eurozentrismus zurückzufallen.[3]

Marx eine rohe Fortschrittsgläubigkeit zu unterstellen ist fast schon kurios. Denn wie kaum ein anderer legte er stets die Ambivalenzen des Fortschritts offen. Während Märkte in der Mainstream-Ökonomie als zivilisierende Orte des Aushandelns und Austauschens dargestellt werden, schreibt Marx eine realistische historische Soziologie kapitalistischer Entwicklung. Schonungslos kritisierte er nicht nur die Arbeitsbedingungen in den Betrieben und die unmenschlichen Lebensverhältnisse in den Metropolen des Kapitalismus, sondern auch die Ausbeutung und die Zerstörung, die der Kolonialismus über die Länder des globalen Südens brachte. Die ausgewählte Passage über »Die sogenannte ursprüngliche Akkumulation« (»sogenannt«, da Marx den Begriff »ursprüngliche Akkumulation« als Euphemismus erachtete) bricht in Inhalt und Form mit den vorangegangenen Kapiteln aus *Das Kapital*, indem die Entstehung des Kapitalismus als ein Prozess vorgestellt wird, der auf der gewaltsamen Ausübung von Macht basiert. Die abstrakten ökonomischen Kategorien werden in die Geschichte von Sklaverei, Disziplinierung, Vertreibung und Enteignungen rekontextualisiert, die als unabtrennbare Schattenseiten der Modernisierung verstanden werden.

Bemerkenswert ist der Duktus, in dem diese Einschätzungen vorgetragen werden. Das Kapital sei »von Kopf bis Zeh, aus allen Poren,

2 Kevin B. Anderson, *Marx at the Margins. On Nationalism, Ethnicity and Non-Western Societies*, Chicago 2010, S. 2. Ähnlich auch der Historiker Harry Harootunian, *Marx After Marx. History and Time in the Expansion of Capitalism*, New York 2015.

3 Vivek Chibber, *Postcolonial Theory and the Specter of Capital*, London 2013.

blut- und schmutztriefend«,[4] die ursprüngliche Akkumulation sei »in die Annalen der Menschheit eingeschrieben mit Zügen von Blut und Feuer«,[5] die Geburt der großen Industrie werde »gefeiert durch den großen herodischen Kinderraub«.[6] Die »Ausrottung« und »Versklavung« der amerikanischen Ureinwohner und »die Verwandlung von Afrika in ein Geheg zur Handelsjagd auf Schwarzhäute« kennzeichneten die »Morgenröte der kapitalistischen Produktionsära«.[7] Der Schlusspunkt von *Das Kapital* ist, wie David Harvey schreibt, eine »polemische politische Stellungnahme, die sicherlich den Kulminationspunkt einer beeindruckenden und tiefgründigen Analyse darstellen soll, die von revolutionärem Geist beseelt ist«.[8] Marx' Haltung zur Fortschrittlichkeit des Kapitalismus bleibt also trotz der Lobpreisung der sich entfaltenden Potenziale zur Mehrung des gesellschaftlichen Wohlstandes, die beispielsweise im *Manifest der kommunistischen Partei* zu finden ist, zutiefst ambivalent. Den Kapitalismus betrachtete er lediglich von der Warte seiner Überwindung aus als fortschrittlich. Und diese könne nur gelingen, wenn sich diejenigen gegen die Gesellschaftsordnung erheben würden, die von den zerstörerischen Seiten der Modernisierung betroffen sind.

Die in Teil 5 versammelten Passagen widmen sich jeweils der Kontingenz gesellschaftlichen Fortschritts, den Pathologien der Modernisierung und enthalten solche Stellen, die als frühe Formen der »Globalisierungskritik« gelesen werden können. Sie setzen sich überwiegend aus einzelnen Fundstücken in Reden, Briefen und Zeitungsartikeln zusammen. Das Resultat ist ein Blick auf Geschichte und Fortschritt, der weniger griffig und systematisch ist als die kanonisierte Theorie einer Abfolge zwangsläufiger Stufen, die als Inbegriff der marxschen Geschichtsphilosophie gilt (siehe Teil 2). Die hier umrissenen Perspektiven haben aber umso mehr Bezug zur Gegenwart, insbesondere zu den Debatten um Globalisierung und postkoloniale Entwicklung. Es wäre vermessen, Marx im Gegenzug zur skizzierten deterministischen Lesart einseitig als Fortschrittsskeptiker mit postkolonialem Einschlag zu interpretieren. Dennoch enthalten die folgenden Passagen interessante An-

4 Marx, *Das Kapital. Erster Band*, S. 788.
5 Ebd., S. 743.
6 Ebd., S. 785.
7 Ebd., S. 779.
8 David Harvey, *Marx' »Kapital« lesen*, Hamburg 2017, S. 335.

knüpfungspunkte zu den Ambivalenzen des Fortschritts und der Ungleichzeitigkeit globaler Entwicklung (relevant für die Diskussion darüber, wie die heutige Form der Globalisierung mit Marx zu verstehen ist, sind außerdem zahlreiche Passagen aus dem *Kommunistischen Manifest*, das in Teil 1 dieses Bandes abgedruckt ist).

Die *Rede über die Frage des Freihandels* demonstriert die eigentümliche Dialektik, die Marx' Denken über den Fortschritt durchzieht. Die Argumentation widmet sich sprachgewaltig und in einer Art und Weise, die unmittelbar an die kontemporäre Globalisierungskritik erinnert, der Kritik einer affirmativen Freihandelsideologie, der zufolge das Niederreißen jeglicher Handelsschranken eine allgemeine Anhebung der Löhne mit sich bringe. Marx kritisiert die Scheinheiligkeit der Unternehmenslobby, die ihr Wohl zum allgemeinen Wohl der Arbeiter stilisiert: »Meine Herren! Lassen Sie sich nicht durch das abstrakte Wort *Freiheit* imponieren. Freiheit wessen? Es bedeutet nicht die Freiheit eines einzelnen Individuums gegenüber einem anderen Individuum. Es bedeutet die Freiheit, welche das Kapital genießt, den Arbeiter zu erdrücken.«[9] Die überraschende Schlussfolgerung ist jedoch ein Votum *für* den Freihandel, da dieser den Gegensatz zwischen Bourgeoisie und Proletariat auf die Spitze treibe, während der Protektionismus einem Schutzschild gleich die alten Verhältnisse konserviere.

Marx schien zeitweise im Kolonialismus eine produktive Rolle in der kapitalistischen Entwicklung zu sehen. Eine starke Ambivalenz gegenüber dessen konkreten Auswirkungen beschäftigt ihn jedoch auch in seinen *Schriften über Indien*, in denen er schonungslos die Zerstörung offenlegt, die der Import englischer Industrieprodukte für die dortige Gesellschaftsstruktur bedeutet habe. Die Lösung für dieses Dilemma bestehe jedoch nicht in der Konservierung der vorkapitalistischen Strukturen, sondern in einer Erhebung gegen den Imperialismus:

> Die Inder werden die Früchte der neuen Gesellschaftselemente [...] nicht eher ernten, bis in Großbritannien selbst die heute herrschenden Klassen durch das Industrieproletariat verdrängt oder die Inder selbst stark genug geworden sind, um das englische Joch ein für allemal abzuwerfen.[10]

9 Marx, Engels »Manifest der Kommunistischen Partei«, S. 456.

10 Karl Marx, »Die künftigen Ergebnisse der britischen Herrschaft in Indien«, in: MEW, Bd. 9, Berlin 1960, S. 220-226, hier S. 224.

Solche Passagen – ebenso wie andere hier aufgenommene Texte – verdeutlichen, dass Marx' Position nicht mit einer normativen Befürwortung der imperialen Dominanz zu verwechseln ist (tatsächlich kritisierte er stets die Doppelmoral der Kolonialisten), sondern eher in einer Art radikalen Realismus über die Unausweichlichkeit der Überlegenheit der imperialen Mächte besteht, der seinen Optimismus nur aus dem Potenzial zukünftiger emanzipatorischer Erhebungen schöpfen kann.

Der bereits erwähnte Text zur »Sogenannten ursprünglichen Akkumulation« ist übrigens nicht nur aufgrund der erwähnten normativen Modernisierungskritik relevant. Er stellt vielmehr einen wichtigen Bezugspunkt in der Deutung des kontemporären Kapitalismus dar. Während Marx die Form der erzwungenen Landnahme von Ressourcen aus nichtkapitalistischen Milieus, die die Frühphase des Kapitalismus auszeichnete, nur als Entstehungsmoment desselben versteht, verallgemeinerte Rosa Luxemburg in ihrer Schrift »Die Akkumulation des Kapitals« diesen Gedanken.[11] Demnach könne der Kapitalismus gar nicht existieren ohne einen Stoffwechsel mit Räumen, die noch nicht kapitalistisch organisiert sind; ein Stoffwechsel, der eben nicht ausschließlich auf Äquivalenztausch auf den Märkten basiert, sondern auch auf Enteignung, der gewaltsamen Aneignung von Ressourcen. David Harvey, Klaus Dörre und andere Kapitalismuskritiker machen diesen Gedanken zum Dreh- und Angelpunkt ihrer Analyse. Dörre spricht von »neuen Landnahmen«,[12] was nicht nur im geographischen Sinne gemeint ist. Auch ehemals staatlich organisierte Bereiche und jegliche nicht kommodifizierten Sphären des Sozialen werden sukzessive den Marktkräften unterworfen und somit der Kapitalakkumulation zugänglich gemacht; im digitalen Kapitalismus gilt das sogar für unsere Alltagshandlungen, aus denen Daten gewonnen werden, die manchen als das »Öl des 21. Jahrhunderts gelten«. In einer Welt, die von Konflikten um die Aneignung von Ressourcen geprägt ist, bleibt das 24. Kapitel des ersten Bandes des *Kapitals* also erstaunlich aktuell.

11 Rosa Luxemburg, »Die Akkumulation des Kapitals«, in: dies., *Gesammelte Werke*, Bd. 5, Berlin 1974, S. 5-411.

12 Klaus Dörre, »Die neue Landnahme. Dynamiken und Grenzen des Finanzmarktkapitalismus«, in: ders., Stephan Lessenich, Hartmut Rosa, *Soziologie – Kapitalismus – Kritik. Eine Debatte*, Frankfurt/M. 2009, S. 21-86.

Die Primärtexte in diesem Teil

Rede über die Frage des Freihandels (MEW, Bd. 4, S. 444-458, gekürzt), gehalten am 9. Januar 1849 in Brüssel.

Die sogenannte ursprüngliche Akkumulation (MEW, Bd. 23, S. 741-791, Auszüge), veröffentlicht 1867 als 24. Kapitel von *Das Kapital. Erster Band.*

Die britische Herrschaft in Indien (MEW, Bd. 9, S. 127-133) und *Die künftigen Ergebnisse der britischen Herrschaft in Indien* (MEW, Bd. 9, S. 220-226), hier unter der Überschrift [*Schriften zur britischen Kolonialherrschaft in Indien*], beide leicht gekürzt, sind Artikel aus der *New York Daily Tribune* vom 25. Juni 1853 bzw. 8. August 1853.

Bei *Reden über Polen* (MEW, Bd. 4, S. 416 f.) handelt es sich um einen kurzen Redebeitrag anlässlich des 17. Jahrestages des polnischen Aufstandes von 1830 auf einer internationalen Versammlung 1847 in London.

Der Hintergrund der *Entwürfe einer Antwort auf den Brief von V. I. Sassulitsch. Erster Entwurf* (MEW, Bd. 19, S. 384-395) ist die Frage jener russischen Sozialistin, ob die im 24. Kapitel von *Das Kapital* dargestellte Entwicklung eine historische Notwendigkeit sei. Diese Frage bewegte Marx so sehr, dass er 1881 drei Antwortentwürfe verfasste, schließlich aber nur eine relativ kurze Fassung tatsächlich abschickte.

Die kurzen [*Anmerkungen zur britischen Herrschaft in Irland*] entstammen verschiedenen Briefen: an Kugelmann vom 29. November 1869 (MEW, Bd. 32, S. 638 f.), an Engels vom 10. Dezember 1869 (MEW. Bd. 32, S. 414 f.) und an Meyer und Vogt vom 9. April 1870 (MEW, Bd. 32, S. 667-669).

Rede über die Frage des Freihandels

Meine Herren!
Die Abschaffung der Korngesetze in England[1] ist der größte Triumph, den der Freihandel im neunzehnten Jahrhundert errungen hat. In allen Ländern, wo die Fabrikanten von Freihandel sprechen, haben sie vorzugsweise den Freihandel in Getreide oder überhaupt in Rohstoffen im Auge. Das ausländische Korn mit Schutzzöllen belasten ist infam, heißt auf den Hunger des Volkes spekulieren.

Billiges Brot, hohe Löhne, *cheap food, high wages*, das ist der alleinige Zweck, für welchen die Freihändler in England Millionen ausgegeben haben, und schon hat ihr Enthusiasmus ihre Brüder auf dem Festlande angesteckt. Überhaupt, wenn man den Freihandel will, so will man ihn zur Verbesserung der Lage der arbeitenden Klassen. [...]

Und diese Fabrikanten, das sind dieselben Philanthropen, welche den Arbeitern einreden wollten, sie seien fähig, enorme Summen auszugeben, einzig und allein, um deren Los zu verbessern.

Auf der einen Seite beschneiden sie den Lohn des Arbeiters durch Fabrikordnungen in der kleinlichsten Weise, auf der anderen legen sie sich die größten Opfer auf, um ihn mit Hilfe der Anti-Corn-Law League zu erhöhen.

Sie bauen mit großen Unkosten Paläste, in denen die Liga gewissermaßen ihre Amtswohnung einrichtete, sie entsenden eine ganze Armee von Missionaren nach allen Punkten Englands, um die Religion des Freihandels zu predigen. Sie lassen Tausende von Broschüren drucken und unentgeltlich verteilen, um den Arbeiter über seine eigenen Interessen aufzuklären. Sie geben enorme Summen aus, um die Presse für ihre Sache günstig zu stimmen. Sie organisieren einen großartigen Verwaltungsapparat, um die freihändlerische Bewegung zu leiten, und entfalten alle Gaben ihrer Beredsamkeit in öffentlichen Meetings. Auf einem dieser Meetings war es, wo ein Arbeiter ausrief:

> Wenn die Grundbesitzer unsere Knochen verkauften, so würdet ihr Fabrikanten die ersten sein, sie zu kaufen, um sie in eine Dampfmühle zu werfen und Mehl daraus zu machen.

Die englischen Arbeiter haben die Bedeutung des Kampfes zwischen den Grundbesitzern und den Kapitalisten sehr gut begriffen. Sie wissen sehr wohl, daß man den Preis des Brotes herunterdrükken wollte, um den Lohn herabzudrücken, und daß der Kapitalprofit um so viel steigen würde, wie die Rente fiele.

Ricardo, der Apostel der englischen Freihändler, der ausgezeichnetste Ökonom unseres Jahrhunderts, stimmt in bezug auf diesen Punkt vollkommen mit den Arbeitern überein.

Er sagt in seinem berühmten Werk über politische Ökonomie:

> Wenn wir, anstatt bei uns Getreide zu ernten … einen neuen Markt entdeckten, wo wir es uns zu einem niedrigeren Preise verschaffen könnten, so würden in diesem Falle die Löhne sinken und die Profite steigen … Das Fallen des Preises der landwirtschaftlichen Produkte reduziert die Löhne nicht nur der in der Landwirtschaft beschäftigten Arbeiter, sondern auch all derer, die in der Industrie arbeiten oder im Handel beschäftigt sind.

Und glauben Sie nicht, meine Herren, daß es für den Arbeiter eine ganz gleichgültige Sache sei, nicht mehr als vier Francs zu bekommen, weil das Getreide billiger ist, wenn er früher fünf Francs bekam.

Ist sein Lohn nicht gefallen im Verhältnis zum Profit? Und ist es nicht klar, daß seine soziale Lage gegenüber der des Kapitalisten schlechter geworden ist? Außerdem verliert er auch tatsächlich.

Solange der Getreidepreis noch höher war und der Lohn gleichfalls, genügte eine kleine Ersparnis am Brotverbrauch, um ihm andere Genüsse zu verschaffen. Sobald aber das Brot und folglich der Lohn sehr niedrig steht, wird er am Brot fast nichts absparen können für den Ankauf anderer Dinge.

Die englischen Arbeiter haben es die englischen Freihändler fühlen lassen, daß sie sich von ihren Vorspiegelungen und Lügen nicht hinters Licht führen lassen, und wenn sie sich ihnen trotzdem gegen die Grundbesitzer angeschlossen haben, so geschah es, um die letzten Reste des Feudalismus zu zerstören und nur noch mit einem einzigen Feind zu tun zu haben. Die Arbeiter haben sich in ihren Berechnungen nicht getäuscht; denn die Grundbesitzer, um sich an den Fabrikanten zu rächen, machten gemeinsame Sache mit den Arbeitern zur Durchbringung der Zehnstundenbill, die diese letzteren seit dreißig Jahren vergeblich gefordert hatten und die unmittelbar nach der Abschaffung der Korngesetze durchging.

Wenn auf dem Kongreß der Ökonomen Dr. Bowring aus seiner Tasche eine lange Liste zog, um zu zeigen, wieviel Stück Vieh, Schinken, Speck, Hühner etc. etc. in England eingeführt worden sind, um dort, wie er sagt, von den Arbeitern konsumiert zu werden, so hat er leider vergessen zu sagen, daß zur selben Zeit die Arbeiter von Manchester und den anderen Fabrikstädten sich durch die beginnende Krisis aufs Pflaster geworfen sahen.

Grundsätzlich darf man in der politischen Ökonomie niemals Zahlen eines einzelnen Jahres zusammenstellen, um aus ihnen allgemeine Gesetze abzuleiten. Man muß stets den Durchschnitt von sechs bis sieben Jahren nehmen – den Zeitabschnitt, während dessen die moderne Industrie die verschiedenen Phasen der Prosperität, Überproduktion, Stagnation, Krise durchmacht und ihren unvermeidlichen Kreislauf vollendet. Kein Zweifel, wenn der Preis aller Waren fällt, und dies ist die notwendige Konsequenz des Freihandels, so kann ich mir für einen Franc weit mehr Dinge als vorher verschaffen. Und der Franc des Arbeiters gilt ebensoviel wie jeder andere. Somit wird der Freihandel dem Arbeiter sehr vorteilhaft sein. Es ist nur ein kleiner Übelstand damit verbunden, nämlich der, daß der Arbeiter, bevor er seinen Franc gegen andere Ware umtauscht, zunächst den Tausch seiner Arbeit gegen das Kapital vollzogen hat. Wenn er bei diesem Tausch stets für dieselbe Arbeit den bewußten Franc erhielte und der Preis aller anderen Waren fiele, so würde er stets bei diesem Handel gewinnen. Die Schwierigkeit besteht nicht darin, zu beweisen, daß, wenn der Preis aller Waren fällt, ich für dasselbe Geld mehr Waren bekomme.

Die Ökonomen greifen stets den Preis der Arbeit in dem Moment heraus, wo er sich gegen andere Waren austauscht, aber sie lassen den Moment gänzlich beiseite, wo die Arbeit ihren Tausch gegen das Kapital vollzieht.

Wenn weniger Kosten erforderlich sind, um die Maschine in Bewegung zu setzen, welche die Waren anfertigt, so werden die zum Unterhalt dieser Maschine, die sich Arbeiter nennt, notwendigen Dinge gleichfalls weniger kosten. Wenn alle Waren billiger sind, so wird die Arbeit, die auch eine Ware ist, gleichfalls im Preise sinken, und wie wir später sehen werden, wird diese Ware Arbeit verhältnismäßig viel mehr sinken als alle anderen Waren. Verläßt sich der Arbeiter dann immer noch auf die Argumente der Ökonomen, so wird er finden, daß der Franc in seiner Tasche zusammengeschmolzen ist und ihm nur noch fünf Sous übrigbleiben.

Hierauf werden Ihnen die Ökonomen sagen: Nun ja, wir geben zu, daß die Konkurrenz unter den Arbeitern, die unter der Herrschaft des Freihandels sicherlich nicht geringer sein wird, sehr bald die Löhne in Einklang mit dem niedrigen Preis der Waren bringen wird. Aber anderseits wird der niedrige Preis der Waren den Konsum vermehren; der größere Konsum wird eine stärkere Produktion erfordern, welche eine stärkere Nachfrage nach Arbeitskräften nach sich ziehen wird, und dieser stärkeren Nachfrage nach Arbeitskräften wird ein Steigen der Löhne folgen.

Diese ganze Argumentation läuft auf folgendes hinaus: Der Freihandel vermehrt die Produktivkräfte. Wenn die Industrie im Wachstum begriffen ist, wenn der Reichtum, wenn die Produktivkräfte, wenn mit einem Wort das Produktivkapital die Nachfrage nach Arbeit vermehrt, so steigt auch der Preis der Arbeit und folglich der Lohn. Die günstigste Bedingung für den Arbeiter ist das Anwachsen des Kapitals. Und man muß dies zugeben. Wenn das Kapital stationär bleibt, wird die Industrie nicht nur stationär bleiben, sondern zurückgehen, und in diesem Falle wird der Arbeiter das erste Opfer sein. Er wird vor dem Kapitalisten zugrunde gehen. Und in dem Falle, wo das Kapital anwächst, also in diesem, wie gesagt, besten Falle für den Arbeiter, welches wird da sein Schicksal sein? Er wird gleichfalls zugrunde gehen. Das Anwachsen des Produktivkapitals begreift in sich die Akkumulation und Konzentration der Kapitalien. Die Zentralisation der Kapitalien hat eine größere Arbeitsteilung und eine größere Anwendung von Maschinen zur Folge. Die größere Teilung der Arbeit zerstört die besondere Geschicklichkeit des Arbeiters; und indem sie an die Stelle dieser besonderen Geschicklichkeit eine Arbeit setzt, die jedermann verrichten kann, vermehrt sie die Konkurrenz unter den Arbeitern.

Diese Konkurrenz wird um so stärker, als die Arbeitsteilung den Arbeiter in die Lage versetzt, allein die Arbeit von dreien zu verrichten. Die Maschinen bewirken das gleiche Resultat in noch viel größerem Grade. Das Anwachsen des Produktivkapitals zwingt die industriellen Kapitalisten, mit stets wachsenden Mitteln zu arbeiten, und ruiniert damit die Kleinindustriellen und wirft sie ins Proletariat. Ferner, da der Zinsfuß in dem Maße fällt, wie die Kapitalien sich anhäufen, werden die kleinen Rentiers, die nicht mehr von ihren Renten leben können, gezwungen sein, sich der Industrie zuzuwenden, und somit die Zahl der Proletarier vermehren.

Endlich, je mehr das Produktivkapital wächst, desto mehr ist es gezwungen, für einen Markt zu produzieren, dessen Bedürfnisse es nicht kennt. Um so mehr geht die Produktion dem Bedarf voraus, um so mehr sucht das Angebot die Nachfrage zu erzwingen und nehmen daher die Krisen an Intensität und Plötzlichkeit zu. Aber jede Krisis ihrerseits beschleunigt die Zentralisation der Kapitalien und vermehrt das Proletariat.

Je mehr das Produktivkapital also anwächst, desto mehr steigert sich die Konkurrenz unter den Arbeitern, und zwar in viel stärkerem Verhältnis. Die Entlohnung der Arbeit nimmt ab für alle, und die Arbeitslast vermehrt sich für einige.

1829 gab es in Manchester 1088 Spinner, die in 36 Fabriken beschäftigt waren. 1841 gab es nur noch 448, und diese Arbeiter bedienten 53353 Spindeln mehr als die 1088 von 1829. Wenn die Handarbeit zugenommen hätte in demselben Maße wie die Produktivkraft, so hätte die Zahl der Arbeiter auf 1848 steigen müssen; die technischen Verbesserungen haben also 1100 Arbeiter außer Arbeit gesetzt.

Wir kennen im voraus die Antwort der Ökonomen. Diese außer Arbeit gesetzten Leute, sagen sie, werden eine andere Beschäftigung finden. Herr Dr. Bowring hat nicht unterlassen, dieses Argument auf dem Ökonomenkongreß wieder vorzubringen. Aber er hat auch nicht unterlassen, sich selbst zu widerlegen.

1835 hielt Herr Dr. Bowring im Unterhaus eine Rede über die 50000 Weber Londons, die seit langem am Hungertuch nagen, ohne diese neue Beschäftigung finden zu können, welche die Freihändler ihnen in Aussicht stellen.

Hören wir die markantesten Stellen dieser Rede des Herrn Dr. Bowring:

Das Elend der Handweber,

sagt er,

ist das unvermeidliche Schicksal jeder Arbeit, die leicht erlernt wird und in jedem Augenblick durch weniger kostspielige Mittel ersetzt werden kann. Da in diesem Falle die Konkurrenz unter den Arbeitern ungemein groß ist, führt die geringste Verminderung der Nachfrage eine Krise herbei. Die Handweber befinden sich gewissermaßen an die äußerste Grenze der menschlichen Existenz gesetzt. Ein Schritt weiter, und ihre Existenz wird unmöglich. Die geringste Erschütterung genügt, um sie in die Bahn des

Verkommens zu schleudern. Der Fortschritt der Technik, der die Handarbeit immer mehr aufhebt, führt unfehlbar während der Epoche des Übergangs viel zeitweiliges Leiden mit sich. Der nationale Wohlstand kann nur um den Preis einiger individueller Übel erkauft werden. Man schreitet in der Industrie nur auf Kosten der Nachzügler vorwärts, und von allen Entdeckungen ist der Dampfwebstuhl diejenige, welche am schwersten auf dem Handweber lastet. Bereits ist in vielen Artikeln, welche mit der Hand gearbeitet wurden, der Weber außer Kampf gesetzt worden, aber er wird auch weiterhin in vielen Dingen geschlagen werden, die heute noch mit der Hand verfertigt werden.

Ich habe,

sagt er an anderer Stelle,

in der Hand eine Korrespondenz des Generalgouverneurs von Ostindien mit der Ostindischen Kompanie. Diese Korrespondenz betrifft die Weber des Distrikts von Dakka. Der Gouverneur sagt in seinen Briefen: Vor einigen Jahren empfing die Ostindische Kompanie sechs bis acht Millionen Stück Kattun, die auf den einheimischen Handstühlen hergestellt waren. Die Nachfrage fiel stetig und ward auf ungefähr eine Million Stück reduziert.

In diesem Augenblick hat sie fast aufgehört. Noch mehr. Im Jahre 1800 bezog Nordamerika von Indien nahezu 800 000 Stück Kattun. Im Jahre 1830 bezog es nicht einmal mehr 4000 Stück. Endlich verschiffte man im Jahre 1800 eine Million Stück Kattun nach Portugal. 1830 empfing Portugal nicht mehr als 20 000 Stück.

Die Berichte über die Not der indischen Weber sind schrecklich; und welches war die Ursache dieser Not?

Das Auftreten englischer Produkte auf dem Markte, die Herstellung des Artikels vermittelst des Dampfwebstuhls. Eine sehr große Anzahl von Webern ist im Elend umgekommen. Der Rest ist zu anderen Beschäftigungen, namentlich zu ländlichen, übergegangen. Seine Beschäftigung nicht wechseln können gleicht einem Todesurteil. Und in diesem Augenblick ist der Distrikt von Dakka überschwemmt von englischen Garnen und Geweben. Der Musselin von Dakka, in der ganzen Welt wegen seiner Schönheit und der Festigkeit seines Gewebes berühmt, ist gleichfalls infolge der Konkurrenz der englischen Maschinen verschwunden. In der ganzen Geschichte des Gewerbes wird man vielleicht Mühe haben, ähnliche Leiden zu finden wie die, welche auf diese Weise ganze Klassen in Ostindien erdulden mußten.

Die Rede des Herrn Dr. Bowring ist um so bemerkenswerter, als die darin erwähnten Tatsachen richtig sind und die Phrasen, mit denen er sie zu bemänteln sucht, durchaus den Charakter der Heuchelei tragen, welche allen freihändlerischen Reden eigen ist. Er stellt die Arbeiter als Produktionsmittel hin, welche man durch weniger kostspielige Produktionsmittel ersetzen muß. Er tut so, als sähe er in der Arbeit, von der er spricht, eine ganz und gar ausnahmsweise Arbeit, und in der Maschine, welche die Weber ausgerottet hat, eine ebenfalls ausnahmsweise Maschine. Er vergißt, daß es keine Handarbeit gibt, die nicht eines Tages vom Schicksal der Weberei betroffen werden kann.

Das beständige Ziel und die Tendenz jeder Vervollkommnung in der Mechanik besteht in der Tat darin, vollständig die menschliche Arbeit entbehrlich zu machen oder ihren Preis zu vermindern, indem man die Arbeit von Frauen und Kindern an die Stelle der des erwachsenen männlichen Arbeiters oder den einfachen Handlanger an die Stelle des geschickten Handarbeiters setzt. In der Mehrzahl der Spinnereien von Wassergarn, auf englisch *throstle-mills*, wird das Spinnen lediglich von Mädchen von sechzehn Jahren und darunter[1] besorgt. Die Einführung des Selfaktors anstatt der Hand-Mule hat zur Folge die Entlassung der Mehrzahl der Spinner und die Beibehaltung von Kindern und jungen Leuten.

Diese Worte des leidenschaftlichsten Freihändlers, des Herrn Dr. Ure, sind geeignet, die Bekenntnisse des Herrn Bowring zu ergänzen. Herr Bowring spricht von einigen individuellen Leiden und sagt gleichzeitig, daß diese individuellen Leiden ganze Klassen zugrunde richten; spricht von vorübergehenden Leiden in der Zeit des Überganges, und zu gleicher Zeit verheimlicht er nicht, daß diese Leiden des Überganges für die Mehrzahl der Übergang vom Leben zum Tod gewesen sind und für den Rest der Übergang von einer besseren zu einer schlechteren Lage. Wenn er später sagt, daß die Leiden dieser Arbeiter untrennbar sind vom Fortschritt der Industrie und notwendig für den nationalen Wohlstand, so sagt er einfach, daß der Wohlstand der Bourgeoisklasse zur notwendigen Bedingung hat das Leiden der arbeitenden Klasse.

Der ganze Trost, den Herr Bowring den Arbeitern spendet, die da umkommen, und überhaupt die ganze Doktrin der Ausgleichung, welche die Freihändler aufstellen, läuft auf folgendes hinaus:

Ihr Tausende von Arbeitern, die ihr umkommt, verzagt nicht.

1 Bei Andrew Ure »The Philosophy of Manufactures ...«, London 1861, S. 23: upwards [darüber]

Ihr könnt in aller Ruhe sterben. Eure Klasse wird nicht aussterben. Sie wird stets zahlreich genug sein, daß das Kapital sie dezimieren kann, ohne befürchten zu müssen, daß es sie vernichtet. Übrigens, wie soll das Kapital eine nützliche Verwendung finden, wenn es nicht Sorge trüge, sich das Ausbeutungsmaterial, die Arbeiter, zu erhalten, um sie von neuem ausbeuten zu können?

Aber warum ist es denn noch eine erst zu lösende Frage, welchen Einfluß die Verwirklichung des Freihandels auf die Lage der arbeitenden Klasse ausüben wird? Alle Gesetze, welche die Ökonomen von Quesnay bis Ricardo formuliert haben, sind auf der Voraussetzung aufgebaut, daß die Schranken nicht mehr existieren, welche die Handelsfreiheit bisher noch beengen. Diese Gesetze bekräftigen sich in dem Maße, wie der Freihandel verwirklicht wird. Das erste dieser Gesetze sagt, daß die Konkurrenz den Preis jeder Ware auf das Minimum ihrer Produktionskosten reduziert. Somit ist das Lohnminimum der natürliche Preis der Arbeit. Und was ist das Lohnminimum? Genau das, was nötig ist, um die zum Unterhalt des Arbeiters unerläßlichen Gegenstände zu produzieren, um ihn in Stand zu setzen, sich durchzuschlagen und seine Klasse soviel wie nötig fortzupflanzen.

Glauben wir deshalb nicht, daß der Arbeiter nur dieses Lohnminimum haben wird, glauben wir noch weniger, daß er dieses Lohnminimum stets haben wird.

Nein, nach diesem Gesetz wird die Arbeiterklasse zeitweilig glücklicher sein. Sie wird zuweilen mehr als das Minimum haben, aber dieses Mehr wird nur die Ausgleichung von dem sein, was sie in Zeiten der industriellen Stockung weniger als das Minimum haben wird. Das will sagen: Wenn man in einem gewissen periodisch wiederkehrenden Zeitabschnitt, in jenem Kreislauf, den die Industrie beschreibt, indem sie nacheinander die Phasen von Prosperität, Überproduktion, Stagnation, Krise durchläuft, alles zusammenrechnet, was die Arbeiterklasse über und unter dem Notwendigen gehabt hat, so wird man sehen, daß sie im ganzen weder mehr noch weniger als das Minimum gehabt hat: das heißt, die Arbeiterklasse wird als Klasse erhalten sein, nachdem sie soundso viel Elend, soundso viel Leiden durchgemacht, soundso viel Leichen auf dem Schlachtfeld der Industrie zurückgelassen hat. Aber was verschlägt das? Die Klasse besteht fort, und mehr als das, sie wird zugenommen haben.

Das ist jedoch nicht alles. Der Fortschritt der Industrie liefert weniger kostspielige Existenzmittel. So hat der Schnaps das Bier, die Baumwolle Wolle und Leinen, die Kartoffel das Brot ersetzt.

Da man stets Mittel findet, die Arbeit mit wohlfeileren und erbärmlicheren Gegenständen zu ernähren, so ist das Lohnminimum in stetem Sinken begriffen. Wenn dieser Lohn anfangs den Menschen arbeiten ließ, um zu leben, läßt er ihn schließlich auch noch leben, aber das Leben einer Maschine. Seine Existenz hat keinen anderen Wert als den einer einfachen Produktivkraft, und der Kapitalist behandelt ihn demgemäß.

Dieses Gesetz der Ware Arbeit, des Lohnminimums, bewahrheitet sich in dem Maße, wie die Voraussetzung der Ökonomen, der Freihandel, eine Wahrheit, eine Tatsache wird. So von zwei Dingen eines: Entweder muß man die ganze, auf die Voraussetzung des Freihandels begründete politische Ökonomie leugnen, oder man muß zugestehen, daß die Arbeiter unter diesem Freihandel von der ganzen Härte der ökonomischen Gesetze getroffen werden.

Um zusammenzufassen: Was ist also unter dem heutigen Gesellschaftszustand der Freihandel? Die Freiheit des Kapitals. Habt ihr die paar nationalen Schranken, die noch die freie Entwicklung des Kapitals einengen, eingerissen, so habt ihr lediglich seine Tätigkeit völlig entfesselt. Solange ihr das Verhältnis von Lohnarbeit zu Kapital fortbestehen laßt, mag der Austausch der Waren sich immerhin unter den günstigsten Bedingungen vollziehen, es wird stets eine Klasse geben, die ausbeutet, und eine, die ausgebeutet wird. Es wird einem wirklich schwer, die Anmaßung der Freihändler zu begreifen, die sich einbilden, daß die vorteilhaftere Verwendung des Kapitals den Gegensatz zwischen industriellen Kapitalisten und Lohnarbeitern verschwinden machen wird. Ganz im Gegenteil. Die einzige Folge wird sein, daß der Gegensatz dieser beiden Klassen noch klarer zutage treten wird.

Man nehme einen Augenblick an, daß es keine Korngesetze, keine Gemeinde- und keine Staatszölle mehr gäbe, mit einem Wort, daß alle Nebenumstände, welche der Arbeiter heute noch für die Ursachen seiner elenden Lage halten kann, vollständig verschwunden wären, und man wird ebenso viele Vorhänge zerrissen haben, welche seinen Augen den wahren Feind verhüllten.

Er wird sehen, daß das frei gewordene Kapital ihn nicht minder zum Sklaven macht als das durch Zollschranken belästigte.

Meine Herren! Lassen Sie sich nicht durch das abstrakte Wort *Freiheit* imponieren. Freiheit wessen? Es bedeutet nicht die Freiheit eines einzelnen Individuums gegenüber einem anderen Individuum. Es bedeutet die Freiheit, welche das Kapital genießt, den Arbeiter zu erdrücken.

Wozu wollen Sie die freie Konkurrenz noch durch diese Freiheitsidee sanktionieren, da doch diese Freiheitsidee selbst nur das Produkt eines auf der freien Konkurrenz beruhenden Zustandes ist?

Wir haben gezeigt, was die Brüderlichkeit ist, welche der Freihandel zwischen den verschiedenen Klassen ein und derselben Nation hervorruft. Die Brüderlichkeit, welche der Freihandel zwischen den verschiedenen Nationen der Erde stiften würde, wäre schwerlich brüderlicher; die Ausbeutung in ihrer kosmopolitischen Gestaltung mit dem Namen der allgemeinen Brüderlichkeit zu bezeichnen ist eine Idee, die nur dem Schoß der Bourgeoisie entspringen konnte. Alle destruktiven Erscheinungen, welche die freie Konkurrenz in dem Innern eines Landes zeitigt, wiederholen sich in noch riesigerem Umfange auf dem Weltmarkt. Wir brauchen uns nicht länger bei den Sophismen aufzuhalten, welche die Freihändler über diesen Gegenstand ausspielen und die geradesoviel wert sind wie die Argumente unserer drei Laureaten, der Herren Hope, Morse und Greg.

Man sagt uns zum Beispiel, daß der Freihandel eine internationale Arbeitsteilung ins Leben rufen und damit jedem Lande eine mit seinen natürlichen Vorteilen harmonierende Produktion zuweisen würde.

Sie glauben vielleicht, meine Herren, daß die Produktion von Kaffee und Zucker die natürliche Bestimmung von Westindien sei.

Vor zwei Jahrhunderten hatte die Natur, die sich nicht um den Handel kümmert, dort weder Kaffeebäume noch Zuckerrohr gepflanzt.

Und es wird vielleicht kein halbes Jahrhundert dauern, bis Sie dort weder Kaffee noch Zucker mehr finden, denn bereits hat Ostindien durch billigere Produktion gegen diese angeblich natürliche Bestimmung von Westindien den Kampf siegreich aufgenommen. Und dieses Westindien mit seinen natürlichen Reichtümern ist bereits eine ebenso schwere Last für die Engländer wie die Weber von Dakka, die auch von Anbeginn der Zeiten bestimmt waren, mit der Hand zu weben.

Noch ein Umstand darf dabei nie aus dem Auge gelassen werden: der nämlich, daß, wie alles Monopol geworden ist, es auch heute einige Industriezweige gibt, welche alle anderen beherrschen und den sie vorzugsweise betreibenden Völkern die Herrschaft auf dem Weltmarkt sichern. So hat im internationalen Verkehr allein die Baumwolle eine viel größere kommerzielle Bedeutung als alle anderen zur Anfertigung von Bekleidungsgegenständen verwendeten Rohstoffe zusammen. Es ist wahrhaft lächerlich, wie die Freihändler auf die paar Spezialitäten in jedem Industriezweig hinweisen, um sie gegen die Produkte des alltäglichen Gebrauches in die Waagschale zu werfen, die am billigsten in den Ländern produziert werden, wo die Industrie am entwickeltsten ist.

Wenn die Freihändler nicht begreifen können, wie ein Land sich auf Kosten des anderen bereichern kann, so brauchen wir uns darüber nicht zu wundern, da dieselben Herren noch weniger begreifen wollen, wie innerhalb eines Landes eine Klasse sich auf Kosten einer anderen bereichern kann.

Glauben Sie aber nicht, meine Herren, daß, wenn wir die Handelsfreiheit kritisieren, wir die Absicht haben, das Schutzzollsystem zu verteidigen.

Man kann den Konstitutionalismus bekämpfen, ohne deshalb Freund des Absolutismus zu sein.

Übrigens ist das Schutzzollsystem nur ein Mittel, in einem Lande die Großindustrie aufzuziehen, das heißt, es vom Weltmarkt abhängig zu machen; und von dem Augenblick an, wo man vom Weltmarkt abhängt, hängt man schon mehr oder weniger vom Freihandel ab. Außerdem entwickelt das Schutzzollsystem die freie Konkurrenz im Innern eines Landes. Deshalb sehen wir, daß in den Ländern, wo die Bourgeoisie anfängt, sich als Klasse Geltung zu verschaffen, wie zum Beispiel in Deutschland, sie große Anstrengungen macht, Schutzzölle zu bekommen. Dieselben sind für sie Waffen gegen den Feudalismus und die absolute Staatsgewalt, sie sind für sie ein Mittel, ihre Kräfte zu konzentrieren und den Freihandel im Innern des Landes selbst zu realisieren.

Aber im allgemeinen ist heutzutage das Schutzzollsystem konservativ, während das Freihandelssystem zerstörend wirkt. Es zersetzt die bisherigen Nationalitäten und treibt den Gegensatz zwischen Proletariat und Bourgeoisie auf die Spitze. Mit einem Wort, das System der Handelsfreiheit beschleunigt die soziale Revolution.

Und nur in diesem revolutionären Sinne, meine Herren, stimme ich für den Freihandel.

[1] Corn Laws: Protektionistische Gesetze mit denen die Agrarwirtschaft in Großbritannien durch hohe Einfuhrzölle und Einfuhrverbote auf Getreide geschützt wurde.

Die sogenannte ursprüngliche Akkumulation

[...]

3. Blutgesetzgebung gegen die Expropriierten seit Ende des 15. Jahrhunderts. Gesetz zur Herabdrückung des Arbeitslohns

[...] Es ist nicht genug, daß die Arbeitsbedingungen auf den einen Pol als Kapital treten und auf den andren Pol Menschen, welche nichts zu verkaufen haben als ihre Arbeitskraft. Es genügt auch nicht, sie zu zwingen, sich freiwillig zu verkaufen. Im Fortgang der kapitalistischen Produktion entwickelt sich eine Arbeiterklasse, die aus Erziehung, Tradition, Gewohnheit die Anforderungen jener Produktionsweise als selbstverständliche Naturgesetze anerkennt. Die Organisation des ausgebildeten kapitalistischen Produktionsprozesses bricht jeden Widerstand, die beständige Erzeugung einer relativen Übervölkerung hält das Gesetz der Zufuhr von und Nachfrage nach Arbeit und daher den Arbeitslohn in einem den Verwertungsbedürfnissen des Kapitals entsprechenden Gleise, der stumme Zwang der ökonomischen Verhältnisse besiegelt die Herrschaft des Kapitalisten über den Arbeiter. Außerökonomische, unmittelbare Gewalt wird zwar immer noch angewandt, aber nur ausnahmsweise. Für den gewöhnlichen Gang der Dinge kann der Arbeiter den »Naturgesetzen der Produktion« überlassen bleiben, d. h. seiner aus den Produktionsbedingungen selbst entspringenden, durch sie garantierten und verewigten Abhängigkeit vom Kapital. Anders während der historischen Genesis der kapitalistischen Produktion. Die aufkommende Bourgeoisie braucht und verwendet die Staatsgewalt, um den Arbeitslohn zu »regulieren«, d. h. innerhalb der Plusmacherei zusagender Schranken zu zwängen, um den Arbeitstag zu verlängern und den Arbeiter selbst in normalem Abhängigkeitsgrad zu erhalten. Es ist dies ein wesentliches Moment der sog. ursprünglichen Akkumulation.

Die Klasse der Lohnarbeiter, die in der letzten Hälfte des 14. Jahrhunderts entstand, bildete damals und im folgenden Jahrhundert nur einen sehr geringen Volksbestandteil, der in seiner Stellung stark beschützt war durch die selbständige Bauernwirtschaft auf dem Land und die Zunftorganisation der Stadt. In Land und Stadt standen sich Meister und Arbeiter sozial nahe. Die Unterordnung der Arbeit unter das Kapital war nur formell, d. h. die Produktionsweise selbst besaß noch keinen spezifisch kapitalistischen Charakter. Das variable Element des Kapitals wog sehr vor über sein konstantes. Die Nachfrage nach Lohnarbeit wuchs daher rasch mit jeder Akkumulation des Kapitals, während die Zufuhr von Lohnarbeit nur langsam nachfolgte. Ein großer Teil des nationalen Produkts, später in Akkumulationsfonds des Kapitals verwandelt, ging damals noch ein in den Konsumtionsfonds des Arbeiters.

Die Gesetzgebung über die Lohnarbeit, von Haus aus auf Exploitation des Arbeiters gemünzt und ihm in ihrem Fortgang stets gleich feindlich,[1] wird in England eröffnet durch das Statute of Labourers Edwards III., 1349. Ihm entspricht in Frankreich die Ordonnanz von 1350, erlassen im Namen des Königs Jean. Die englische und französische Gesetzgebung laufen parallel und sind dem Inhalt nach identisch. Soweit die Arbeiterstatuten Verlängerung des Arbeitstags zu erzwingen suchen, komme ich nicht auf sie zurück, da dieser Punkt früher (8. Kapitel, 5) erörtert.

Das Statute of Labourers wurde erlassen auf dringende Klage des Hauses der Gemeinen.

Früher,

sagt naiv ein Tory,

> verlangten die Armen so hohen Arbeitslohn, daß sie Industrie und Reichtum bedrohten. Jetzt ist ihr Lohn so niedrig, daß er ebenfalls Industrie und Reichtum bedroht, aber anders und vielleicht gefährlicher als damals.[2]

Ein gesetzlicher Lohntarif ward festgesetzt für Stadt und Land, für Stückwerk und Tagwerk. Die ländlichen Arbeiter sollen sich aufs Jahr, die städtischen »auf offnem Markt« verdingen. Es wird bei Gefängnisstrafe untersagt, höheren als den statutarischen Lohn zu zah-

1 »Wann immer die Gesetzgebung versucht, die Differenzen zwischen Unternehmern und ihren Arbeitern zu regeln, sind ihre Ratgeber immer die Unternehmer«, sagt A. Smith. »Der Geist der Gesetze ist das Eigentum«, sagt Linguet.

2 [J. B. Byles,] »Sophisms of Free Trade. By a Barrister«, Lond. 1850, p. 206. Er setzt maliziös hinzu: »Wir waren stets bei der Hand, für den Anwender einzuschreiten. Kann nichts geschehn für den Angewandten?«

len, aber der Empfang höheren Lohns wird stärker bestraft als seine Zahlung. So wird auch noch in Sect. 18 und 19 des Lehrlingsstatuts von Elisabeth zehntägige Gefängnisstrafe über den verhängt, der höheren Lohn zahlt, dagegen einundzwanzigtägige Gefängnisstrafe über den, der ihn nimmt. Ein Statut von 1360 verschärfte die Strafen und ermächtigte den Meister sogar, durch körperlichen Zwang Arbeit zum gesetzlichen Lohntarif zu erpressen. Alle Kombinationen, Verträge, Eide usw., wodurch sich Maurer und Zimmerleute wechselseitig banden, werden für null und nichtig erklärt. Arbeiterkoalition wird als schweres Verbrechen behandelt vom 14. Jahrhundert bis 1825, dem Jahr der Abschaffung der Antikoalitionsgesetze [Gesetze zur Beschränkung gewerkschaftlicher Aktivität]. Der Geist des Arbeiterstatuts von 1349 und seiner Nachgeburten leuchtet hell daraus hervor, daß zwar ein Maximum des Arbeitslohns von Staats wegen diktiert wird, aber beileibe kein Minimum.

Im 16. Jahrhundert hatte sich, wie man weiß, die Lage der Arbeiter sehr verschlechtert. Der Geldlohn stieg, aber nicht im Verhältnis zur Depreziation des Geldes und dem entsprechenden Steigen der Warenpreise. Der Lohn fiel also in der Tat. Dennoch dauerten die Gesetze zum Behuf seiner Herabdrückung fort zugleich mit dem Ohrenabschneiden und Brandmarken derjenigen, »die niemand in Dienst nehmen wollte«. Durch das Lehrlingsstatut 5 Elisabeth c. 3 wurden die Friedensrichter ermächtigt, gewisse Löhne festzusetzen und nach Jahreszeiten und Warenpreisen zu modifizieren. Jakob I. dehnte diese Arbeitsregulation auch auf Weber, Spinner und alle möglichen Arbeiterkategorien aus,[1] Georg II. die Gesetze gegen Arbeiterkoalition auf alle Manufakturen.

1 Aus einer Klausel des Statuts 2 Jakob I., c. 6, ersieht man, daß gewisse Tuchmacher sich herausnahmen, den Lohntarif offiziell als Friedensrichter in ihren eignen Werkstätten zu diktieren. – In Deutschland waren namentlich nach dem Dreißigjährigen Krieg Statuten zur Niederhaltung des Arbeitslohns häufig. »Sehr lästig war den Gutsherrn in dem menschenleeren Boden der Mangel an Dienstboten und Arbeitern. Allen Dorfsassen wurde verboten, Kammern an ledige Männer und Frauen zu vermieten, alle solche Inlieger sollten der Obrigkeit angezeigt und ins Gefängnis gesteckt werden, falls sie nicht Dienstboten werden wollten, auch wenn sie sich von andrer Tätigkeit erhielten, den Bauern um Taglohn säten oder gar mit Geld und Getreide handelten. (›Kaiserliche Privilegien und Sanctiones für Schlesien‹, I, 125.) Durch ein ganzes Jahrhundert wird in den Verordnungen der Landesherrn immer wieder bittre Klage geführt über das boshafte und mutwillige Gesindel, das sich in die harten Bedingungen nicht fügen, mit dem gesetzlichen

In der eigentlichen Manufakturperiode war die kapitalistische Produktionsweise hinreichend erstarkt, um gesetzliche Regulation des Arbeitslohns ebenso unausführbar als überflüssig zu machen, aber man wollte für den Notfall die Waffen des alten Arsenals nicht entbehren. Noch 8 George II. verbot für Schneidergesellen in London und Umgegend mehr als 2 sh. 7½ d. Taglohn, außer in Fällen allgemeiner Trauer; noch 13 George III. c. 68 überwies die Reglung des Arbeitslohns der Seidenwirker den Friedensrichtern; noch 1796 bedurfte es zweier Urteile der höheren Gerichtshöfe zur Entscheidung, ob friedensrichterliche Befehle über Arbeitslohn auch für Nichtagrikulturarbeiter gültig seien; noch 1799 bestätigte ein Parlamentsakt, daß der Lohn der Grubenarbeiter von Schottland durch ein Statut der Elisabeth und zwei schottische Akte von 1661 und 1671 reguliert sei. Wie sehr sich unterdes die Verhältnisse umgewälzt, bewies ein im englischen Unterhaus unerhörter Vorfall. Hier, wo man seit mehr als 400 Jahren Gesetze fabriziert hatte über das Maximum, welches der Arbeitslohn platterdings nicht übersteigen dürfe, schlug Whitbread 1796 für Ackerbautaglöhner ein gesetzliches Lohnminimum vor. Pitt widersetzte sich, gab aber zu, die »Lage der Armen sei grausam (cruel)«. Endlich, 1813, wurden die Gesetze über Lohnregulation abgeschafft. Sie waren eine lächerliche Anomalie, seitdem der Kapitalist die Fabrik durch seine Privatgesetzgebung regulierte und durch die Armensteuer den Lohn des Landarbeiters zum unentbehrlichen Minimum ergänzen ließ. Die Bestimmungen der Arbeiterstatute, über Kontrakte zwischen Meister und Lohnarbeiter, über Terminkündigungen u. dergl., welche nur eine Zivilklage gegen die kontraktbrüchigen Meister, aber Kriminalklage gegen den kontraktbrüchigen Arbeiter erlauben, stehn bis zur Stunde in voller Blüte.

Die grausamen Gesetze gegen die Koalitionen fielen 1825 vor der drohenden Haltung des Proletariats. Trotzdem fielen sie nur zum Teil. Einige schöne Überbleibsel der alten Statute verschwanden erst

Lohn nicht zufrieden sein will; dem einzelnen Gutsherrn wird verboten, mehr zu geben, als die Landschaft in einer Taxe festgesetzt hat. Und doch sind die Bedingungen des Dienstes nach dem Krieg zuweilen noch besser, als sie 100 Jahre später waren; noch erhielt das Gesinde 1652 in Schlesien zweimal in der Woche Fleisch, noch in unsrem Jahrhundert hat es ebendort Kreise gegeben, wo sie es nur dreimal im Jahr erhielten. Auch der Taglohn war nach dem Kriege höher als in den folgenden Jahrhunderten.« (G. Freytag.)

1859. Endlich beanspruchte der Parlamentsakt vom 29. Juni 1871 die letzten Spuren dieser Klassengesetzgebung zu beseitigen durch gesetzliche Anerkennung der Trades' Unions. Aber ein Parlamentsakt vom selben Datum (An act to amend the criminal law relating to violence, threats and molestation) stellte tatsächlich den vorigen Stand in neuer Form wieder her. Durch diese parlamentarische Eskamotage wurden die Mittel, deren sich die Arbeiter bedienen können bei einem Strike oder Lock-out (Strike der verbündeten Fabrikanten durch gleichzeitigen Schluß ihrer Fabriken), dem gemeinen Recht entzogen und unter eine Ausnahms-Strafgesetzgebung gestellt, deren Interpretation den Fabrikanten selbst, in ihrer Eigenschaft als Friedensrichter, anheimfiel. Zwei Jahre vorher hatten dasselbe Unterhaus und derselbe Herr Gladstone in bekannter ehrlicher Weise einen Gesetzentwurf eingebracht zur Abschaffung aller Ausnahms-Strafgesetze gegen die Arbeiterklasse. Aber weiter als zur zweiten Lesung ließ man es nie kommen, und so schleppte man die Sache in die Länge, bis endlich die »große liberale Partei« durch eine Allianz mit den Tories den Mut gewann, sich entschieden gegen dasselbe Proletariat zu wenden, das sie zur Herrschaft gebracht hatte. Nicht zufrieden mit diesem Verrat, erlaubte die »große liberale Partei« den im Dienst der herrschenden Klassen allzeit schweifwedelnden englischen Richtern, die verjährten Gesetze über »Konspirationen« wieder auszugraben und sie auf Arbeiterkoalitionen anzuwenden. Man sieht, nur widerwillig und unter dem Druck der Massen verzichtete das englische Parlament auf die Gesetze gegen Strikes und Trades' Unions, nachdem es selbst, fünf Jahrhunderte hindurch, mit schamlosem Egoismus die Stellung einer permanenten Trades' Union der Kapitalisten gegen die Arbeiter behauptet hatte.

Gleich im Beginn des Revolutionssturms wagte die französische Bourgeoisie das eben erst eroberte Assoziationsrecht den Arbeitern wieder zu entziehn. Durch Dekret vom 14. Juni 1791 erklärte sie alle Arbeiterkoalition für ein »Attentat auf die Freiheit und die Erklärung der Menschenrechte«, strafbar mit 500 Livres nebst einjähriger Entziehung der aktiven Bürgerrechte.[1] Dies Gesetz, welches

1 Artikel I dieses Gesetzes lautet: »Da eine der Grundlagen der französischen Verfassung in der Aufhebung aller Arten von Vereinigungen der Bürger desselben Standes und Berufs besteht, ist es verboten, sie unter irgendwelchem Vorwand oder in irgendwelcher Form wiederherzustellen.« Artikel IV erklärt, daß, wenn »Bürger, die zum selben Beruf, Gewerbe, Handwerk gehören, zusammen beratschlagten

den Konkurrenzkampf zwischen Kapital und Arbeit staatspolizeilich innerhalb dem Kapital bequemer Schranken einzwängt, überlebte Revolutionen und Dynastiewechsel. Selbst die Schreckensregierung [der Jakobiner 1793/94] ließ es unangetastet. Es ward erst ganz neulich aus dem Code Pénal gestrichen. Nichts charakteristischer als der Vorwand dieses bürgerlichen Staatsstreichs. »Obgleich«, sagt Le Chapelier, der Berichterstatter, »es wünschenswert, daß der Arbeitslohn höher steige, als er jetzt steht, damit der, der ihn empfängt, außerhalb der durch die Entbehrung der notwendigen Lebensmittel bedingten absoluten Abhängigkeit sei, welche fast die Abhängigkeit der Sklaverei ist«, dürfen dennoch die Arbeiter sich nicht über ihre Interessen verständigen, gemeinsam handeln und dadurch ihre »absolute Abhängigkeit, welche fast Sklaverei ist«, mäßigen, weil sie eben dadurch »die Freiheit ihrer ci-devant maîtres [ehemaligen Meister], der jetzigen Unternehmer«, verletzen (die Freiheit, die Arbeiter in der Sklaverei zu erhalten!) und weil eine Koalition gegen die Despotie der ehemaligen Meister der Korporationen – man rate! – eine Herstellung der durch die französische Konstitution abgeschafften Korporationen ist![1] […]

5. Rückwirkung der agrikolen Revolution auf die Industrie. Herstellung des innern Markts für das industrielle Kapital

Die stoßweise und stets erneuerte Expropriation und Verjagung des Landvolks lieferte, wie man sah, der städtischen Industrie wieder und wieder Massen ganz außerhalb der Zunftverhältnisse stehender Proletarier, ein weiser Umstand, der den alten A. Anderson (nicht zu verwechseln mit James Anderson) in seiner Handelsgeschichte an direkte Intervention der Vorsehung glauben läßt. Wir müssen noch einen Augenblick bei diesem Element der ursprünglichen Akkumulation verweilen. Der Verdünnung des unabhängigen, selbstwirt-

und gemeinsame Abmachungen träfen, die darauf abzielen, die Leistungen ihres Gewerbes oder ihrer Arbeit zu verweigern oder nur zu einem bestimmten Preis zu gewähren, so sind besagte Beratungen und Abmachungen … als verfassungswidrig und als Attentate auf die Freiheit und die Menschenrechte zu erklären usw.«, also Staatsverbrechen, ganz wie in den alten Arbeiterstatuten. (»Révolutions de Paris«, Paris 1791, t. III, p. 523.)

1 Buchez et Roux, »Histoire Parlementaire«, t. X, p. 193-195 passim.

schaftenden Landvolks entsprach nicht nur die Verdichtung des industriellen Proletariats, wie Geoffroy Saint-Hilaire die Verdichtung der Weltmaterie hier durch ihre Verdünnung dort erklärt.[1] Trotz der verminderten Zahl seiner Bebauer trug der Boden nach wie vor gleich viel oder mehr Produkt, weil die Revolution in den Grundeigentumsverhältnissen von verbesserten Methoden der Kultur, größerer Kooperation, Konzentration der Produktionsmittel usw. begleitet war und weil die ländlichen Lohnarbeiter nicht nur intensiver angespannt wurden,[2] sondern auch das Produktionsfeld, worauf sie für sich selbst arbeiteten, mehr und mehr zusammenschmolz. Mit dem freigesetzten Teil des Landvolks werden also auch seine frühern Nahrungsmittel freigesetzt. Sie verwandeln sich jetzt in stoffliches Element des variablen Kapitals. Der an die Luft gesetzte Bauer muß ihren Wert von seinem neuen Herrn, dem industriellen Kapitalisten, in der Form des Arbeitslohns erkaufen. Wie mit den Lebensmitteln verhielt es sich mit dem heimischen agrikolen Rohmaterial der Industrie. Es verwandelte sich in ein Element des konstanten Kapitals.

Man unterstelle z. B. einen Teil der westfälischen Bauern, die zu Friedrichs II. Zeit alle Flachs, wenn auch keine Seide spannen, gewaltsam expropriiert und von Grund und Boden verjagt, den andren zurückbleibenden Teil aber in Taglöhner großer Pächter verwandelt. Gleichzeitig erheben sich große Flachsspinnereien und Webereien, worin die »Freigesetzten« nun lohnarbeiten. Der Flachs sieht grad aus wie vorher. Keine Fiber an ihm ist verändert, aber eine neue soziale Seele ist ihm in den Leib gefahren. Er bildet jetzt einen Teil des konstanten Kapitals der Manufakturherrn. Früher verteilt unter eine Unmasse kleiner Produzenten, die ihn selbst bauten und in kleinen Portionen mit ihren Familien verspannen, ist er jetzt konzentriert in der Hand eines Kapitalisten, der andre für sich spinnen und weben läßt. Die in der Flachsspinnerei verausgabte Extraarbeit realisierte sich früher in Extraeinkommen zahlloser Bauernfamilien oder auch, zu Friedrichs II. Zeit, in Steuern pour le roi de Prusse. Sie realisiert sich jetzt im Profit weniger Kapitalisten. Die Spindeln und Webstühle, früher verteilt über das flache Land, sind jetzt in wenig große Arbeitskasernen zusammengerückt, wie die Arbeiter, wie das Rohmaterial. Und Spindeln und Webstühle und Rohmaterial sind aus Mitteln unabhängiger Exi-

1 In seinen »Notions de Philosophie Naturelle«, Paris 1838.

2 Ein Punkt, den Sir James Steuart betont.

stenz für Spinner und Weber von nun an verwandelt in Mittel, sie zu kommandieren[1] und ihnen unbezahlte Arbeit auszusaugen. Den großen Manufakturen, wie den großen Pachtungen, sieht man es nicht an, daß sie aus vielen kleinen Produktionsstätten zusammengeschlagen und durch die Expropriation vieler kleinen unabhängigen Produzenten gebildet sind. Jedoch läßt sich die unbefangne Anschauung nicht beirren. Zur Zeit Mirabeaus, des Revolutionslöwen, hießen die großen Manufakturen noch manufactures réunies, zusammengeschlagne Werkstätten, wie wir von zusammengeschlagnen Äckern sprechen.

Man sieht nur, sagt Mirabeau,

> die großen Manufakturen, wo Hunderte von Menschen unter einem Direktor arbeiten und die man gewöhnlich vereinigte Manufakturen (manufactures réunies) nennt. Diejenigen dagegen, wo eine sehr große Anzahl Arbeiter zersplittert und jeder für seine eigne Rechnung arbeitet, werden kaum eines Blicks gewürdigt. Man stellt sie ganz in den Hintergrund. Dies ist ein sehr großer Irrtum, denn sie allein bilden einen wirklich wichtigen Bestandteil des Volksreichtums ... Die vereinigte Fabrik (fabrique réunie) wird einen oder zwei Unternehmer wunderbar bereichern, aber die Arbeiter sind nur besser oder schlechter bezahlte Taglöhner und nehmen in nichts am Wohlsein des Unternehmers teil. In der getrennten Fabrik (fabrique séparée) dagegen wird niemand reich, aber eine Menge Arbeiter befindet sich im Wohlstand ... Die Zahl der fleißigen und wirtschaftlichen Arbeiter wird wachsen, weil sie in weiser Lebensart, in Tätigkeit ein Mittel erblicken, ihre Lage wesentlich zu verbessern, statt eine kleine Lohnerhöhung zu gewinnen, die niemals ein wichtiger Gegenstand für die Zukunft sein kann, sondern die Leute höchstens befähigt, etwas besser von der Hand in den Mund zu leben. Die getrennten individuellen Manufakturen, meist mit kleiner Landwirtschaft verbunden, sind die freien.[2]

Die Expropriation und Verjagung eines Teils des Landvolks setzt mit den Arbeitern nicht nur ihre Lebensmittel und ihr Arbeitsmaterial für das industrielle Kapital frei, sie schafft den innern Markt.

1 »Ich werde gestatten«, sagt der Kapitalist, »daß ihr die Ehre habt, mir zu dienen, unter der Bedingung, daß ihr mir für die Mühe, die ich mir mache, euch zu kommandieren, das wenige gebt, was euch bleibt.« (J.-J. Rousseau, »Discours sur l'Économie Politique«, [Genève 1760, p. 70].)

2 Mirabeau, l. c., t. III, p. 20-109 passim. Wenn Mirabeau die zersplitterten Werkstätten auch für ökonomischer und produktiver hält als die »vereinigten«, und in den letztren bloß künstliche Treibhauspflanzen unter der Pflege der Staatsregierungen sieht, erklärt sich das aus dem damaligen Zustand eines großen Teils der kontinentalen Manufakturen.

In der Tat, die Ereignisse, die die Kleinbauern in Lohnarbeiter und ihre Lebens- und Arbeitsmittel in sachliche Elemente des Kapitals verwandeln, schaffen gleichzeitig diesem letztern seinen inneren Markt. Früher erzeugte und bearbeitete die Bauernfamilie die Lebensmittel und Rohstoffe, die sie nachher größtenteils selbst verzehrte. Diese Rohstoffe und Lebensmittel sind jetzt Waren geworden; der Großpächter verkauft sie, in den Manufakturen findet er seinen Markt. Garn, Leinwand, grobe Wollenzeuge, Dinge deren Rohstoffe sich im Bereich jeder Bauernfamilie vorfanden und von ihr zum Selbstgebrauch versponnen und verwebt wurden – verwandeln sich jetzt in Manufakturartikel, deren Absatzmarkt grade die Landdistrikte bilden. Die zahlreiche zerstreute Kundschaft, bisher bedingt durch eine Menge kleiner, für eigne Rechnung arbeitender Produzenten, konzentriert sich jetzt zu einem großen, vom industriellen Kapital versorgten Markt.[1] So geht Hand in Hand mit der Expropriation früher selbstwirtschaftender Bauern und ihrer Losscheidung von ihren Produktionsmitteln die Vernichtung der ländlichen Nebenindustrie, der Scheidungsprozeß von Manufaktur und Agrikultur. Und nur die Vernichtung des ländlichen Hausgewerbes kann dem innern Markt eines Landes die Ausdehnung und den festen Bestand geben, deren die kapitalistische Produktionsweise bedarf. [...]

6. Genesis des industriellen Kapitalisten

Die Genesis des industriellen[2] Kapitalisten ging nicht in derselben allmählichen Weise vor wie die des Pächters. Zweifelsohne verwandelten sich manche kleine Zunftmeister und noch mehr selbständige kleine Handwerker oder auch Lohnarbeiter in kleine Kapita-

1 »Zwanzig Pfund Wolle unauffällig in den jährlichen Kleiderbedarf einer Arbeiterfamilie verwandelt, durch ihren eignen Fleiß in den Pausen zwischen ihren anderen Arbeiten – das erregt kein Aufsehen. Aber bringt die Wolle auf den Markt, schickt sie in die Fabrik, dann zum Makler, dann zum Händler, dann habt ihr große Handelsoperationen und nominelles Kapital aufgewandt im zwanzigfachen Betrag ihres Werts ... Die arbeitende Klasse wird so ausgebeutet, um eine verelendete Fabrikbevölkerung, eine Parasitenklasse von Ladenbesitzern und ein fiktives Handels-, Geld- und Finanzsystem zu erhalten.« (David Urquhart, l. c. p. 120.)

2 Industriell hier im Gegensatz zu agrikol. Im »kategorischen« Sinn ist der Pächter ein industrieller Kapitalist so gut wie der Fabrikant.

listen und durch allmählich ausgedehntere Exploitation von Lohnarbeit und entsprechende Akkumulation in Kapitalisten sans phrase [hier: schlechthin]. In der Kindheitsperiode der kapitalistischen Produktion ging's vielfach zu wie in der Kindheitsperiode des mittelaltrigen Städtewesens, wo die Frage, wer von den entlaufnen Leibeignen soll Meister sein und wer Diener, großenteils durch das frühere oder spätere Datum ihrer Flucht entschieden wurde. Indes entsprach der Schneckengang dieser Methode in keiner Weise den Handelsbedürfnissen des neuen Weltmarkts, welchen die großen Entdeckungen Ende des 15. Jahrhunderts geschaffen hatten. Aber das Mittelalter hatte zwei verschiedne Formen des Kapitals überliefert, die in den verschiedensten ökonomischen Gesellschaftsformationen reifen und, vor der Ära der kapitalistischen Produktionsweise, als Kapital quand même [überhaupt] gelten – das Wucherkapital und das Kaufmannskapital.

Gegenwärtig geht aller Reichtum der Gesellschaft erst in die Hand des Kapitalisten … er zahlt dem Grundeigentümer die Rente, dem Arbeiter den Lohn, dem Steuer- und Zehntenkollektor ihre Ansprüche und behält einen großen, in der Tat den größten und täglich anwachsenden Teil des jährlichen Produkts der Arbeit für sich selbst. Der Kapitalist kann jetzt als der Eigner des ganzen gesellschaftlichen Reichtums in erster Hand betrachtet werden, obgleich kein Gesetz ihm das Recht auf dies Eigentum übertragen hat … Dieser Wechsel im Eigentum wurde durch das Zinsnehmen auf Kapital bewirkt … und es ist nicht wenig merkwürdig, daß die Gesetzgeber von ganz Europa dies durch Gesetze wider den Wucher verhindern wollten … Die Macht des Kapitalisten über allen Reichtum des Landes ist eine vollständige Revolution im Eigentumsrecht, und durch welches Gesetz oder welche Reihe von Gesetzen wurde sie bewirkt?[1]

Der Verfasser hätte sich sagen sollen, daß Revolutionen nicht durch Gesetze gemacht werden.

Das durch Wucher und Handel gebildete Geldkapital wurde durch die Feudalverfassung auf dem Land, durch die Zunftverfassung in den Städten an seiner Verwandlung in industrielles Kapital behindert.[2] Diese Schranken fielen mit der Auflösung der feudalen

1 »The Natural and Artifical Rights of Property Contrasted«, Lond. 1832, p. 98, 99. Verfasser der anonymen Schrift: Th. Hodgskin.

2 Sogar noch 1794 schickten die kleinen Tuchmacher von Leeds eine Deputation an das Parlament zur Petition um ein Gesetz, das jedem Kaufmann verbieten sollte, Fabrikant zu werden. (Dr. Aikin, l. c.)

Gefolgschaften, mit der Expropriation und teilweisen Verjagung des Landvolks. Die neue Manufaktur ward in See-Exporthäfen errichtet oder auf Punkten des flachen Landes, außerhalb der Kontrolle des alten Städtewesens und seiner Zunftverfassung. In England daher erbitterter Kampf der corporate towns gegen diese neuen industriellen Pflanzschulen.

Die Entdeckung der Gold- und Silberländer in Amerika, die Ausrottung, Versklavung und Vergrabung der eingebornen Bevölkerung in die Bergwerke, die beginnende Eroberung und Ausplünderung von Ostindien, die Verwandlung von Afrika in ein Geheg zur Handelsjagd auf Schwarzhäute bezeichnen die Morgenröte der kapitalistischen Produktionsära. Diese idyllischen Prozesse sind Hauptmomente der ursprünglichen Akkumulation. Auf dem Fuß folgt der Handelskrieg der europäischen Nationen, mit dem Erdrund als Schauplatz. Er wird eröffnet durch den Abfall der Niederlande von Spanien, nimmt Riesenumfang an in Englands Antijakobinerkrieg, spielt noch fort in den Opiumkriegen gegen China usw.

Die verschiednen Momente der ursprünglichen Akkumulation verteilen sich nun, mehr oder minder in zeitlicher Reihenfolge, namentlich auf Spanien, Portugal, Holland, Frankreich und England. In England werden sie Ende des 17. Jahrhunderts systematisch zusammengefaßt im Kolonialsystem, Staatsschuldensystem, modernen Steuersystem und Protektionssystem. Diese Methoden beruhn zum Teil auf brutalster Gewalt, z. B. das Kolonialsystem. Alle aber benutzten die Staatsmacht, die konzentrierte und organisierte Gewalt der Gesellschaft, um den Verwandlungsprozeß der feudalen in die kapitalistische Produktionsweise treibhausmäßig zu fördern und die Übergänge abzukürzen. Die Gewalt ist der Geburtshelfer jeder alten Gesellschaft, die mit einer neuen schwanger geht. Sie selbst ist eine ökonomische Potenz.

Von dem christlichen Kolonialsystem sagt ein Mann, der aus dem Christentum eine Spezialität macht, W. Howitt:

> Die Barbareien und ruchlosen Greueltaten der sog. christlichen Racen, in jeder Region der Welt und gegen jedes Volk, das sie unterjochen konnten, finden keine Parallele in irgendeiner Ära der Weltgeschichte, bei irgendeiner Race, ob noch so wild und ungebildet, mitleidlos und schamlos.[1]

1 William Howitt, »Colonization and Christianity. A Popular History of the Treatment of the Natives by the Europeans in all their Colonies«, Lond. 1838, p. 9. Über

Die Geschichte der holländischen Kolonialwirtschaft – und Holland war die kapitalistische Musternation des 17. Jahrhunderts – »entrollt ein unübertreffbares Gemälde von Verrat, Bestechung, Meuchelmord und Niedertracht«.[1] Nichts charakteristischer als ihr System des Menschendiebstahls in Celebes, um Sklaven für Java zu erhalten. Die Menschenstehler wurden zu diesem Zweck abgerichtet. Der Dieb, der Dolmetscher und der Verkäufer waren die Hauptagenten in diesem Handel, eingeborne Prinzen die Hauptverkäufer. Die weggestohlne Jugend wurde in den Geheimgefängnissen von Celebes versteckt, bis reif zur Verschickung auf die Sklavenschiffe. Ein offizieller Bericht sagt: »Diese eine Stadt von Makassar z. B. ist voll von geheimen Gefängnissen, eins schauderhafter als das andre, gepfropft mit Elenden, Opfern der Habsucht und Tyrannei, in Ketten gefesselt, ihren Familien gewaltsam entrissen.« Um sich Malakkas zu bemächtigen, bestachen die Holländer den portugiesischen Gouverneur. Er ließ sie 1641 in die Stadt ein. Sie eilten sofort zu seinem Hause und meuchelmordeten ihn, um auf die Zahlung der Bestechungssumme von 21 875 Pfd. St. zu »entsagen«. Wo sie die Füße hinsetzten, folgte Verödung und Entvölkerung. Banjuwangi, eine Provinz von Java, zählte 1750 über 80 000 Einwohner, 1811 nur noch 8000. Das ist der doux commerce [sanfte Handel]!

Die Englisch-Ostindische Kompanie erhielt bekanntlich, außer der politischen Herrschaft in Ostindien, das ausschließliche Monopol des Teehandels wie des chinesischen Handels überhaupt und des Gütertransports von und nach Europa. Aber die Küstenschifffahrt von Indien und zwischen den Inseln wie der Handel im Innern Indiens wurden Monopol der höhern Beamten der Kompanie. Die Monopole von Salz, Opium, Betel und andren Waren waren unerschöpfliche Minen des Reichtums. Die Beamten selbst setzten die Preise fest und schanden nach Belieben den unglücklichen Hindu. Der Generalgouverneur nahm teil an diesem Privathandel. Seine Günstlinge erhielten Kontrakte unter Bedingungen, wodurch sie, klüger als die Alchimisten, aus nichts Gold machten.

die Behandlung der Sklaven gute Kompilation bei Charles Comte, »Traité de la Législation«, 3me éd., Bruxelles 1837. Man muß dies Zeug im Detail studieren, um zu sehn, wozu der Bourgeois sich selbst und den Arbeiter macht, wo er die Welt ungeniert nach seinem Bilde modeln kann.

1 Thomas Stamford Raffles, late Lieut. Gov. of that island, »The History of Java«, Lond. 1817. [v. II, p. CXC, CXCI.]

Große Vermögen sprangen wie die Pilze an einem Tage auf, die ursprüngliche Akkumulation ging vonstatten ohne Vorschuß eines Schillings. Die gerichtliche Verfolgung des Warren Hastings wimmelt von solchen Beispielen. Hier ein Fall. Ein Opiumkontrakt wird einem gewissen Sullivan zugeteilt, im Augenblick seiner Abreise – in öffentlichem Auftrage – nach einem von den Opiumdistrikten ganz entlegnen Teil Indiens. Sullivan verkauft seinen Kontrakt für 40 000 Pfd. St. an einen gewissen Binn, Binn verkauft ihn denselben Tag für 60 000 Pfd. St., und der schließliche Käufer und Ausführer des Kontrakts erklärt, daß er hinterher noch einen ungeheuren Gewinn herausschlug. Nach einer dem Parlament vorgelegten Liste ließen sich die Kompanie und ihre Beamten von 1757 bis 1766 von den Indiern 6 Millionen Pfd. St. schenken! Zwischen 1769 und 1770 fabrizierten die Engländer eine Hungersnot durch den Aufkauf von allem Reis und durch Weigerung des Wiederverkaufs außer zu fabelhaften Preisen.[1]

Die Behandlung der Eingebornen war natürlich am tollsten in den nur zum Exporthandel bestimmten Pflanzungen, wie Westindien, und in den dem Raubmord preisgegebenen reichen und dichtbevölkerten Ländern, wie Mexiko und Ostindien. Jedoch auch in den eigentlichen Kolonien verleugnete sich der christliche Charakter der ursprünglichen Akkumulation nicht. Jene nüchternen Virtuosen des Protestantismus, die Puritaner Neu-Englands, setzten 1703 durch Beschlüsse ihrer Assembly eine Prämie von 40 Pfd. St. auf jedes indianische Skalp und jede gefangne Rothaut, 1720 Prämie von 100 Pfd. St. auf jedes Skalp, 1744, nachdem Massachusetts-Bay einen gewissen Stamm zum Rebellen erklärt hatte, folgende Preise: für männliches Skalp, 12 Jahre und darüber, 100 Pfd. St. neuer Währung, für männliche Gefangne 105 Pfd. St., für gefangne Weiber und Kinder 50 Pfd. St., für Skalps von Weibern und Kindern 50 Pfd. St.! Einige Dezennien später rächte sich das Kolonialsystem an der unterdes aufrührerisch gewordnen Nachkommenschaft der frommen pilgrim fathers. Unter englischem Antrieb und Sold wurden sie tomahawked. Das britische Parlament erklärte Bluthunde und Skalpieren für »Mittel, welche Gott und die Natur in seine Hand gegeben«.

1 Im Jahr 1866 starben in der einzigen Provinz Orissa mehr als eine Million Hindus am Hungertod. Nichtsdestoweniger suchte man die indische Staatskasse zu bereichern durch die Preise, wozu man den Verhungernden Lebensmittel abließ.

Das Kolonialsystem reifte treibhausmäßig Handel und Schiffahrt. Die »Gesellschaften Monopolia« (Luther) waren gewaltige Hebel der Kapital-Konzentration. Den aufschießenden Manufakturen sicherte die Kolonie Absatzmarkt und eine durch das Marktmonopol potenzierte Akkumulation. Der außerhalb Europa direkt durch Plünderung, Versklavung und Raubmord erbeutete Schatz floß ins Mutterland zurück und verwandelte sich hier in Kapital. Holland, welches das Kolonialsystem zuerst völlig entwickelte, stand schon 1648 im Brennpunkt seiner Handelsgröße. Es war »in fast ausschließlichem Besitz des ostindischen Handels und des Verkehrs zwischen dem europäischen Südwesten und Nordosten. Seine Fischereien, Seewesen, Manufakturen übertrafen die eines jeden andren Landes. Die Kapitalien der Republik waren vielleicht bedeutender als die des übrigen Europa insgesamt.«

Gülich vergißt hinzuzusetzen: Hollands Volksmasse war schon 1648 mehr überarbeitet, verarmter und brutaler unterdrückt als die des übrigen Europas insgesamt.

Heutzutage führt industrielle Suprematie die Handelssuprematie mit sich. In der eigentlichen Manufakturperiode dagegen ist es die Handelssuprematie, die die industrielle Vorherrschaft gibt. Daher die vorwiegende Rolle, die das Kolonialsystem damals spielte. Es war »der fremde Gott«, der sich neben die alten Götzen Europas auf den Altar stellte und sie eines schönen Tages mit einem Schub und Bautz sämtlich über den Haufen warf. Es proklamierte die Plusmacherei als letzten und einzigen Zweck der Menschheit.

Das System des öffentlichen Kredits, d. h. der Staatsschulden, dessen Ursprünge wir in Genua und Venedig schon im Mittelalter entdecken, nahm Besitz von ganz Europa während der Manufakturperiode. Das Kolonialsystem mit seinem Seehandel und seinen Handelskriegen diente ihm als Treibhaus. So setzte es sich zuerst in Holland fest. Die Staatsschuld, d. h. die Veräußerung des Staats – ob despotisch, konstitutionell oder republikanisch – drückt der kapitalistischen Ära ihren Stempel auf. Der einzige Teil des sogenannten Nationalreichtums, der wirklich in den Gesamtbesitz der modernen Völker eingeht, ist – ihre Staatsschuld.[1] Daher ganz konsequent die moderne Doktrin, daß ein Volk um so reicher wird, je

1 William Cobbett bemerkt, daß in England alle öffentlichen Anstalten als »königliche« bezeichnet werden, zum Ersatz dafür gab es jedoch die »National«-Schuld (national debt).

tiefer es sich verschuldet. Der öffentliche Kredit wird zum Credo des Kapitals. Und mit dem Entstehen der Staatsverschuldung tritt an die Stelle der Sünde gegen den heiligen Geist, für die keine Verzeihung ist, der Treubruch an der Staatsschuld.

Die öffentliche Schuld wird einer der energischsten Hebel der ursprünglichen Akkumulation. Wie mit dem Schlag der Wünschelrute begabt sie das unproduktive Geld mit Zeugungskraft und verwandelt es so in Kapital, ohne daß es dazu nötig hätte, sich der von industrieller und selbst wucherischer Anlage unzertrennlichen Mühwaltung und Gefahr auszusetzen. Die Staatsgläubiger geben in Wirklichkeit nichts, denn die geliehene Summe wird in öffentliche leicht übertragbare Schuldscheine verwandelt, die in ihren Händen fortfungieren, ganz als wären sie ebensoviel Bargeld. Aber auch abgesehn von der so geschaffnen Klasse müßiger Rentner und von dem improvisierten Reichtum der zwischen Regierung und Nation die Mittler spielenden Finanziers – wie auch von dem der Steuerpächter, Kaufleute, Privatfabrikanten, denen ein gut Stück jeder Staatsanleihe den Dienst eines vom Himmel gefallenen Kapitals leistet – hat die Staatsschuld die Aktiengesellschaften, den Handel mit negoziablen Effekten aller Art, die Agiotage emporgebracht, in einem Wort: das Börsenspiel und die moderne Bankokratie.

Von ihrer Geburt an waren die mit nationalen Titeln aufgestutzten großen Banken nur Gesellschaften von Privatspekulanten, die sich den Regierungen an die Seite stellten und, dank den erhaltnen Privilegien, ihnen Geld vorzuschießen imstande waren. Daher hat die Akkumulation der Staatsschuld keinen unfehlbareren Gradmesser als das sukzessive Steigen der Aktien dieser Banken, deren volle Entfaltung von der Gründung der Bank von England datiert (1694). Die Bank von England begann damit, der Regierung ihr Geld zu 8% zu verleihen; gleichzeitig war sie vom Parlament ermächtigt, aus demselben Kapital Geld zu münzen, indem sie es dem Publikum nochmals in Form von Banknoten lieh. Sie durfte mit diesen Noten Wechsel diskontieren, Waren beleihen und edle Metalle einkaufen. Es dauerte nicht lange, so wurde dies von ihr selbst fabrizierte Kreditgeld die Münze, worin die Bank von England dem Staat Anleihen machte und für Rechnung des Staats die Zinsen der öffentlichen Schuld bezahlte. Nicht genug, daß sie mit einer Hand gab, um mit der andern mehr zurückzuempfangen; sie blieb auch, während sie empfing, ewige Gläubigerin der Nation bis zum letzten gegebnen Heller. Allmählich wurde sie der unvermeidliche Behälter der Metallschätze des Landes und das Gravitationszentrum des gesamten Handelskredits. Um dieselbe Zeit, wo man in England aufhörte, Hexen zu verbrennen, fing man dort an, Banknotenfälscher zu hängen. Welchen Effekt auf die Zeitgenossen das plötzliche Auftauchen dieser Brut von Bankokraten, Finanziers, Rentiers, Maklern, Stockjobbers und Börsenwölfen machte, beweisen die Schriften jener Zeit, z. B. Bolingbrokes.[1]

Mit den Staatsschulden entstand ein internationales Kreditsystem, das häufig eine der Quellen der ursprünglichen Akkumulation bei diesem oder jenem Volk versteckt. So bilden die Gemeinheiten des venetianischen Raubsystems eine solche verborgne Grundlage des Kapitalreichtums von Holland, dem das verfallende Venedig große Geldsummen lieh. Ebenso verhält es sich zwischen Holland und England. Schon im Anfang des 18. Jahrhunderts sind die Manufakturen Hollands weit überflügelt und hat es aufgehört, herrschende Handels- und Industrienation zu sein. Eins seiner Hauptgeschäfte von 1701-1776 wird daher das Ausleihen ungeheurer Kapitalien, speziell an seinen mächtigen Konkurrenten England. Ähnliches gilt heute zwischen England und den Vereinigten Staaten. Manch Kapital, das heute in den Vereinigten Staaten ohne Geburtsschein auftritt, ist erst gestern in England kapitalisiertes Kinderblut.

Da die Staatsschuld ihren Rückhalt in den Staatseinkünften hat, die die jährlichen Zins- usw. Zahlungen decken müssen, so wurde das moderne Steuersystem notwendige Ergänzung des Systems der Nationalanleihen. Die Anleihen befähigen die Regierung, außerordentliche Ausgaben zu bestreiten, ohne daß der Steuerzahler es sofort fühlt, aber sie erfordern doch für die Folge erhöhte Steuern. Andrerseits zwingt die durch Anhäufung nacheinander kontrahierter Schulden verursachte Steuererhöhung die Regierung, bei neuen außerordentlichen Ausgaben stets neue Anleihen aufzunehmen. Die moderne Fiskalität, deren Drehungsachse die Steuern auf die notwendigsten Lebensmittel (also deren Verteuerung) bilden, trägt daher in sich selbst den Keim automatischer Progression. Die Überbesteuerung ist nicht ein Zwischenfall, sondern vielmehr

1 »Wenn die Tataren heute Europa überfluteten, würde es schwerhalten, ihnen verständlich zu machen, was bei uns ein Finanzier ist.« (Montesquieu, »Esprit des lois«, t. IV, p. 33, éd. Londres 1769.)

Prinzip. In Holland, wo dies System zuerst inauguriert, hat daher der große Patriot de Witt es in seinen Maximen gefeiert als das beste System, um den Lohnarbeiter unterwürfig, frugal, fleißig und ... mit Arbeit überladen zu machen. Der zerstörende Einfluß, den es auf die Lage der Lohnarbeiter ausübt, geht uns hier jedoch weniger an als die durch es bedingte gewaltsame Expropriation des Bauern, des Handwerkers, kurz aller Bestandteile der kleinen Mittelklasse. Darüber bestehn keine zwei Meinungen, selbst nicht bei den bürgerlichen Ökonomen. Verstärkt wird seine expropriierende Wirksamkeit noch durch das Protektionssystem, das einer seiner integrierenden Teile ist.

Der große Anteil an der Kapitalisation des Reichtums und der Expropriation der Massen, der auf die öffentliche Schuld und das ihr entsprechende Fiskalitätssystem fällt, hat eine Menge Schriftsteller, wie Cobbett, Doubleday und andre, dahin geführt, mit Unrecht hierin die Grundursache des Elends der modernen Völker zu suchen.

Das Protektionssystem war ein Kunstmittel, Fabrikanten zu fabrizieren, unabhängige Arbeiter zu expropriieren, die nationalen Produktions- und Lebensmittel zu kapitalisieren, den Übergang aus der altertümlichen in die moderne Produktionsweise gewaltsam abzukürzen. Die europäischen Staaten rissen sich um das Patent dieser Erfindung, und einmal in den Dienst der Plusmacher eingetreten, brandschatzten sie zu jenem Behuf nicht nur das eigne Volk, indirekt durch Schutzzölle, direkt durch Exportprämien usw. In den abhängigen Nebenlanden wurde alle Industrie gewaltsam ausgerodet, wie z. B. die irische Wollmanufaktur durch England. Auf dem europäischen Kontinent ward nach Colberts Vorgang der Prozeß noch sehr vereinfacht. Das ursprüngliche Kapital des Industriellen fließt hier zum Teil direkt aus dem Staatsschatz.

Warum,

ruft Mirabeau,

so weit die Ursache des Manufakturglanzes Sachsens vor dem Siebenjährigen Krieg suchen gehn? 180 Millionen Staatsschulden![1]

1 »Pourquoi aller chercher si loin la cause de l'éclat manufacturier de la Saxe avant la guerre? Cent quatre-vingt millions de dettes faites par les souverains!« (Mirabeau, l. c., t. VI, p. 101.)

Kolonialsystem, Staatsschulden, Steuerwucht, Protektion, Handelskriege usw., diese Sprößlinge der eigentlichen Manufakturperiode, schwellen riesenhaft während der Kinderperiode der großen Industrie. Die Geburt der letztren wird gefeiert durch den großen herodischen Kinderraub. Wie die königliche Flotte, rekrutieren sich die Fabriken vermittelst der Presse. So blasiert Sir F. M. Eden ist über die Greuel der Expropriation des Landvolks von Grund und Boden seit dem letzten Drittel des 15. Jahrhunderts bis zu seiner Zeit, dem Ende des 18. Jahrhunderts, so selbstgefällig er gratuliert zu diesem Prozeß, »notwendig«, um die kapitalistische Agrikultur und »das wahre Verhältnis von Ackerland und Viehweide herzustellen«, beweist er dagegen nicht dieselbe ökonomische Einsicht in die Notwendigkeit des Kinderraubs und der Kindersklaverei für die Verwandlung des Manufakturbetriebs in den Fabrikbetrieb und die Herstellung des wahren Verhältnisses von Kapital und Arbeitskraft. Er sagt:

Es mag vielleicht der Erwägung des Publikums wert sein, ob irgendeine Manufaktur, die zu ihrer erfolgreichen Ausführung Cottages und Workhouses von armen Kindern ausplündern muß, damit sie, truppweis sich ablösend, den größten Teil der Nacht durch abgerackert und der Ruhe beraubt werden; eine Manufaktur, die außerdem Haufen beiderlei Geschlechts, von verschiednen Altersstufen und Neigungen, so zusammenhudelt, daß die Ansteckung des Beispiels zu Verworfenheit und Liederlichkeit führen muß –, ob solch eine Manufaktur die Summe des nationalen und individuellen Glücks vermehren kann?[1]

In Derbyshire, Nottinghamshire und besonders Lancashire, sagt Fielden,

wurde die jüngst erfundne Maschinerie angewandt in großen Fabriken, dicht bei Strömen, fähig, das Wasserrad zu drehn. Tausende von Händen waren plötzlich erheischt an diesen Plätzen, fern von den Städten; und Lancashire namentlich, bis zu jener Zeit vergleichungsweis dünn bevölkert und unfruchtbar, bedurfte jetzt vor allem einer Population. Die kleinen und flinken Finger waren vor allem in Requisition. Sofort sprang die Gewohnheit auf, Lehrlinge (!) aus den verschiednen Pfarrei-Workhouses von London, Birmingham und sonstwo zu beziehn. Viele, viele Tausende dieser kleinen hilflosen Kreaturen, vom 7. bis zum 13. oder 14. Jahr, wurden so nach dem Norden spediert. Es war die Gewohnheit für den Meister

(d. h. den Kinderdieb),

1 Eden, l. c., b. II, ch. I, p. 21.

seine Lehrlinge zu kleiden, nähren und logieren in einem Lehrlingshaus nah bei der Fabrik. Aufseher wurden bestellt, um ihre Arbeit zu überwachen. Es war das Interesse dieser Sklaventreiber, die Kinder aufs äußerste abzuarbeiten, denn ihre Zahlung stand im Verhältnis zum Produktenquantum, das aus dem Kind erpreßt werden konnte. Grausamkeit war natürliche Folge … In vielen Fabrikdistrikten, besonders Lancashires, wurden die herzzerreißendsten Torturen verübt an diesen harmlosen und freundlosen Kreaturen, die den Fabrikherrn konsigniert waren. Sie wurden zu Tod gehetzt durch Arbeitsexzesse … sie wurden gepeitscht, gekettet und gefoltert mit dem ausgesuchtesten Raffinement von Grausamkeit; sie wurden in vielen Fällen bis auf die Knochen ausgehungert, während die Peitsche sie an der Arbeit hielt … Ja, in einigen Fällen wurden sie zum Selbstmord getrieben! … Die schönen und romantischen Täler von Derbyshire, Nottinghamshire und Lancashire, abgeschlossen vom öffentlichen Auge, wurden grause Einöden von Tortur und – oft von Mord! … Die Profite der Fabrikanten waren enorm. Das wetzte nur ihren Werwolfsheißhunger. Sie begannen die Praxis der Nachtarbeit, d. h. nachdem sie eine Gruppe Hände durch das Tagwerk gelähmt, hielten sie eine andre Gruppe für das Nachtwerk bereit; die Tagesgruppe wanderte in die Betten, welche die Nachtgruppe grade verlassen hatte und vice versa. Es ist Volksüberlieferung in Lancashire, daß die Betten nie abkühlten.[1]

Mit der Entwicklung der kapitalistischen Produktion während der Manufakturperiode hatte die öffentliche Meinung von Europa den

1 John Fielden, l. c. p. 5, 6. Über die ursprünglichen Infamien des Fabrikwesens vgl. Dr. Aikin (1795), l. c. p. 219, und Gisborne, »Enquiry into the duties of men«, 1795, v. II. – Da die Dampfmaschine die Fabriken von den ländlichen Wasserfällen weg in die Mitte von Städten verpflanzte, fand der »entsagungslustige« Plusmacher das Kindermaterial nun zur Hand, ohne gewaltsame Sklavenzufuhr aus den Workhouses. – Als Sir R. Peel (Vater des »Ministers der Plausibilität«) seine Bill zum Schutz der Kinder 1815 einbrachte, erklärte F. Horner (lumen [Leuchte] des Bullion-Komitees und intimer Freund Ricardos) im Unterhaus: »Es ist notorisch, daß mit den Effekten eines Bankrotteurs eine Bande, wenn er solchen Ausdruck brauchen dürfe, von Fabrikkindern zur Auktion öffentlich, als Teil des Eigentums, annonciert und losgeschlagen wurde. Vor zwei Jahren« (1813) »kam ein abscheulicher Fall vor die King's Bench [das Oberhofgericht]. Es handelte sich um eine Anzahl Knaben. Eine Pfarrei von London hatte sie einem Fabrikanten übermacht, der übertrug sie wieder auf einen andren. Sie wurden schließlich von einigen Menschenfreunden in einem Zustand absoluter Verhungerung (absolute famine) entdeckt. Ein andrer Fall, noch abscheulicher, sei zu seiner Kenntnis als Mitglied des parlamentarischen Untersuchungskomitees gebracht worden. Vor nicht vielen Jahren schlossen eine Londoner Pfarrei und ein Fabrikant von Lancashire einen Vertrag, wodurch stipuliert wurde, daß er auf je 20 gesunde Kinder einen Idioten mit in den Kauf zu nehmen habe.«

letzten Rest von Schamgefühl und Gewissen eingebüßt. Die Nationen renommierten zynisch mit jeder Infamie, die ein Mittel zu Kapitalakkumulation. Man lese z.B. die naiven Handelsannalen des Biedermanns A. Anderson. Hier wird es als Triumph englischer Staatsweisheit ausposaunt, daß England im Frieden von Utrecht den Spaniern durch den Asientovertrag das Privilegium abzwang, den Negerhandel, den es bisher nur zwischen Afrika und dem englischen Westindien betrieb, nun auch zwischen Afrika und dem spanischen Amerika betreiben zu dürfen. England erhielt das Recht, das spanische Amerika bis 1743 jährlich mit 4800 Negern zu versorgen. Dies gewährte zugleich einen offiziellen Deckmantel für den britischen Schmuggel. Liverpool wuchs groß auf der Basis des Sklavenhandels. Er bildet seine Methode der ursprünglichen Akkumulation. Und bis heutzutag blieb die Liverpooler »Ehrbarkeit« Pindar des Sklavenhandels, welcher – vgl. die zitierte Schrift des Dr. Aikin von 1795 – »den kommerziellen Unternehmungsgeist bis zur Leidenschaft steigere, famose Seeleute bilde und enormes Geld einbringe«. Liverpool beschäftigte 1730 im Sklavenhandel 15 Schiffe, 1751: 53, 1760: 74, 1770: 96 und 1792: 132.

Während sie die Kindersklaverei in England einführte, gab die Baumwollindustrie zugleich den Anstoß zur Verwandlung der früher mehr oder minder patriarchalischen Sklavenwirtschaft der Vereinigten Staaten in ein kommerzielles Exploitationssystem. Überhaupt bedurfte die verhüllte Sklaverei der Lohnarbeiter in Europa zum Piedestal die Sklaverei sans phrase [ohne Hülle] in der neuen Welt.[1]

Tantae molis erat [Solcher Mühe bedurfte es], die »ewigen Naturgesetze« der kapitalistischen Produktionsweise zu entbinden, den Scheidungsprozeß zwischen Arbeitern und Arbeitsbedingungen zu vollziehn, auf dem einen Pol die gesellschaftlichen Produktions- und Lebensmittel in Kapital zu verwandeln, auf dem Gegenpol die Volksmasse in Lohnarbeiter, in freie »arbeitende Arme«, dies Kunstprodukt der modernen Geschichte.[2] Wenn das Geld,

1 1790 kamen im englischen Westindien 10 Sklaven auf 1 Freien, im französischen 14 auf 1, im holländischen 23 auf 1. (Henry Brougham, »An Inquiry into the Colonial Policy of the European Powers«, Edinb. 1803, v. II, p. 74.)

2 Der Ausdruck »labouring poor« findet sich in den englischen Gesetzen vom Augenblick, wo die Klasse der Lohnarbeiter bemerkenswert wird. Die »labouring poor« stehn im Gegensatz, einerseits zu den »idle poor« [müßigen Armen], Bettlern usw., andrerseits zu den Arbeitern, die noch keine gepflückten Hühner,

nach Augier, »mit natürlichen Blutflecken auf einer Backe zur Welt kommt«,[1] so das Kapital von Kopf bis Zeh, aus allen Poren, blut- und schmutztriefend.[2]

7. Geschichtliche Tendenz der kapitalistischen Akkumulation

Worauf kommt die ursprüngliche Akkumulation des Kapitals, d.h. seine historische Genesis, hinaus? Soweit sie nicht unmittelbare Verwandlung von Sklaven und Leibeignen in Lohnarbeiter, also bloßer Formwechsel ist, bedeutet sie nur die Expropriation der unmittelbaren Produzenten, d.h. die Auflösung des auf eigner Arbeit beruhenden Privateigentums.

Privateigentum, als Gegensatz zum gesellschaftlichen, kollektiven Eigentum, besteht nur da, wo die Arbeitsmittel und die äußeren Bedingungen der Arbeit Privatleuten gehören. Je nachdem aber diese Privatleute die Arbeiter oder die Nichtarbeiter sind, hat auch das Privateigentum einen andern Charakter. Die unendlichen Schattierungen, die es auf den ersten Blick darbietet, spiegeln nur die zwischen diesen beiden Extremen liegenden Zwischenzustände wider.

Das Privateigentum des Arbeiters an seinen Produktionsmitteln ist die Grundlage des Kleinbetriebs, der Kleinbetrieb eine notwendige Bedingung für die Entwicklung der gesellschaftlichen Produktion und der freien Individualität des Arbeiters selbst. Allerdings existiert diese Produktionsweise auch innerhalb der Sklave-

sondern Eigentümer ihrer Arbeitsmittel sind. Aus dem Gesetz ging der Ausdruck »labouring poor« in die politische Ökonomie über, von Culpeper, J. Child usw. bis A. Smith und Eden. [...]

1 Marie Augier, »Du Crédit Public«, [Paris 1842, p. 265].

2 »Kapital«, sagt der Quarterly Reviewer, »flieht Tumult und Streit und ist ängstlicher Natur. Das ist sehr wahr, aber doch nicht die ganze Wahrheit. Das Kapital hat einen horror vor Abwesenheit von Profit oder sehr kleinem Profit, wie die Natur vor der Leere. Mit entsprechendem Profit wird Kapital kühn. Zehn Prozent sicher, und man kann es überall anwenden; 20 Prozent, es wird lebhaft; 50 Prozent, positiv waghalsig; für 100 Prozent stampft es alle menschlichen Gesetze unter seinen Fuß; 300 Prozent, und es existiert kein Verbrechen, das es nicht riskiert, selbst auf Gefahr des Galgens. Wenn Tumult und Streit Profit bringen, wird es sie beide encouragieren. Beweis: Schmuggel und Sklavenhandel.« (T. J. Dunning, l.c. p. 35, 36.)

rei, Leibeigenschaft und andrer Abhängigkeitsverhältnisse. Aber sie blüht nur, schnellt nur ihre ganze Energie, erobert nur die adäquate klassische Form, wo der Arbeiter freier Privateigentümer seiner von ihm selbst gehandhabten Arbeitsbedingungen ist, der Bauer des Ackers, den er bestellt, der Handwerker des Instruments, worauf er als Virtuose spielt.

Diese Produktionsweise unterstellt Zersplitterung des Bodens und der übrigen Produktionsmittel. Wie die Konzentration der letztren, so schließt sie auch die Kooperation, Teilung der Arbeit innerhalb derselben Produktionsprozesse, gesellschaftliche Beherrschung und Reglung der Natur, freie Entwicklung der gesellschaftlichen Produktivkräfte aus. Sie ist nur verträglich mit engen naturwüchsigen Schranken der Produktion und der Gesellschaft. Sie verewigen wollen hieße, wie Pecqueur mit Recht sagt, »die allgemeine Mittelmäßigkeit dekretieren«. Auf einem gewissen Höhegrad bringt sie die materiellen Mittel ihrer eignen Vernichtung zur Welt. Von diesem Augenblick regen sich Kräfte und Leidenschaften im Gesellschaftsschoße, welche sich von ihr gefesselt fühlen. Sie muß vernichtet werden, sie wird vernichtet. Ihre Vernichtung, die Verwandlung der individuellen und zersplitterten Produktionsmittel in gesellschaftlich konzentrierte, daher des zwerghaften Eigentums vieler in das massenhafte Eigentum weniger, daher die Expropriation der großen Volksmasse von Grund und Boden und Lebensmitteln und Arbeitsinstrumenten, diese furchtbare und schwierige Expropriation der Volksmasse bildet die Vorgeschichte des Kapitals. Sie umfaßt eine Reihe gewaltsamer Methoden, wovon wir nur die epochemachenden als Methoden der ursprünglichen Akkumulation des Kapitals Revue passieren ließen. Die Expropriation der unmittelbaren Produzenten wird mit schonungslosestem Vandalismus und unter dem Trieb der infamsten, schmutzigsten, kleinlichst gehässigsten Leidenschaften vollbracht. Das selbsterarbeitete, sozusagen auf Verwachsung des einzelnen, unabhängigen Arbeitsindividuums mit seinen Arbeitsbedingungen beruhende Privateigentum wird verdrängt durch das kapitalistische Privateigentum, welches auf Exploitation fremder, aber formell freier Arbeit beruht.[1]

1 »Wir befinden uns in einer Lage, die für die Gesellschaft gänzlich neu ist … wir streben dahin, jede Art Eigentum von jeder Art Arbeit zu trennen.« (Sismondi, »Nouveaux Principes le l'Écon. Polit.«, t. II, p. 434.)

Sobald dieser Umwandlungsprozeß nach Tiefe und Umfang die alte Gesellschaft hinreichend zersetzt hat, sobald die Arbeiter in Proletarier, ihre Arbeitsbedingungen in Kapital verwandelt sind, sobald die kapitalistische Produktionsweise auf eignen Füßen steht, gewinnt die weitere Vergesellschaftung der Arbeit und weitere Verwandlung der Erde und andrer Produktionsmittel in gesellschaftlich ausgebeutete, also gemeinschaftliche Produktionsmittel, daher die weitere Expropriation der Privateigentümer, eine neue Form. Was jetzt zu expropriieren, ist nicht länger der selbstwirtschaftende Arbeiter, sondern der viele Arbeiter exploitierende Kapitalist.

Diese Expropriation vollzieht sich durch das Spiel der immanenten Gesetze der kapitalistischen Produktion selbst, durch die Zentralisation der Kapitale. Je ein Kapitalist schlägt viele tot. Hand in Hand mit dieser Zentralisation oder der Expropriation vieler Kapitalisten durch wenige entwickelt sich die kooperative Form des Arbeitsprozesses auf stets wachsender Stufenleiter, die bewußte technische Anwendung der Wissenschaft, die planmäßige Ausbeutung der Erde, die Verwandlung der Arbeitsmittel in nur gemeinsam verwendbare Arbeitsmittel, die Ökonomisierung aller Produktionsmittel durch ihren Gebrauch als Produktionsmittel kombinierter, gesellschaftlicher Arbeit, die Verschlingung aller Völker in das Netz des Weltmarkts und damit der internationale Charakter des kapitalistischen Regimes. Mit der beständig abnehmenden Zahl der Kapitalmagnaten, welche alle Vorteile dieses Umwandlungsprozesses usurpieren und monopolisieren, wächst die Masse des Elends, des Drucks, der Knechtschaft, der Entartung, der Ausbeutung, aber auch die Empörung der stets anschwellenden und durch den Mechanismus des kapitalistischen Produktionsprozesses selbst geschulten, vereinten und organisierten Arbeiterklasse. Das Kapitalmonopol wird zur Fessel der Produktionsweise, die mit und unter ihm aufgeblüht ist. Die Zentralisation der Produktionsmittel und die Vergesellschaftung der Arbeit erreichen einen Punkt, wo sie unverträglich werden mit ihrer kapitalistischen Hülle. Sie wird gesprengt. Die Stunde des kapitalistischen Privateigentums schlägt. Die Expropriateurs werden expropriiert.

Die aus der kapitalistischen Produktionsweise hervorgehende kapitalistische Aneignungsweise, daher das kapitalistische Privateigentum, ist die erste Negation des individuellen, auf eigne Arbeit gegründeten Privateigentums. Aber die kapitalistische Produktion erzeugt mit der Notwendigkeit eines Naturprozesses ihre eigne Negation. Es ist Negation der Negation. Diese stellt nicht das Privateigentum wieder her, wohl aber das individuelle Eigentum auf Grundlage der Errungenschaft der kapitalistischen Ära: der Kooperation und des Gemeinbesitzes der Erde und der durch die Arbeit selbst produzierten Produktionsmittel.

Die Verwandlung des auf eigner Arbeit der Individuen beruhenden, zersplitterten Privateigentums in kapitalistisches ist natürlich ein Prozeß, ungleich mehr langwierig, hart und schwierig als die Verwandlung des tatsächlich bereits auf gesellschaftlichem Produktionsbetrieb beruhenden kapitalistischen Eigentums in gesellschaftliches. Dort handelte es sich um die Expropriation der Volksmasse durch wenige Usurpatoren, hier handelt es sich um die Expropriation weniger Usurpatoren durch die Volksmasse.[1]

1 »Der Fortschritt der Industrie, dessen willenloser und widerstandloser Träger die Bourgeoisie ist, setzt an die Stelle der Isolierung der Arbeiter durch die Konkurrenz ihre revolutionäre Vereinigung durch die Assoziation. Mit der Entwicklung der großen Industrie wird also unter den Füßen der Bourgeoisie die Grundlage selbst weggezogen, worauf sie produziert und die Produkte sich aneignet. Sie produziert also vor allem ihre eignen Totengräber. Ihr Untergang und der Sieg des Proletariats sind gleich unvermeidlich ... Von allen Klassen, welche heutzutage der Bourgeoisie gegenüberstehn, ist nur das Proletariat eine wirklich revolutionäre Klasse. Die übrigen Klassen verkommen und gehn unter mit der großen Industrie, das Proletariat ist ihr eigenstes Produkt. Die Mittelstände, der kleine Industrielle, der kleine Kaufmann, der Handwerker, der Bauer, sie alle bekämpfen die Bourgeoisie, um ihre Existenz als Mittelstände vor dem Untergang zu sichern ... sie sind reaktionär, denn sie suchen das Rad der Geschichte zurückzudrehn.« (Karl Marx und F. Engels, »Manifest der kommunistischen Partei«, London 1848, p. 11, 9.)

[Schriften zur britischen Kolonialherrschaft in Indien]

Die britische Herrschaft in Indien

[...] Hindustan ist ein Italien von asiatischem Ausmaß, mit dem Himalaja an Stelle der Alpen, der Ebene von Bengalen an Stelle der lombardischen Ebene, dem Dekhan an Stelle der Apenninen und der Insel Ceylon an Stelle der Insel Sizilien. Dort wie hier dieselbe reiche Mannigfaltigkeit der Bodenerzeugnisse und dieselbe Zerrissenheit in der politischen Struktur. Wie Italien von Zeit zu Zeit nur durch das Schwert des Eroberers zu verschiedenen Staatsgebilden zusammengeschlagen wurde, genauso finden wir Hindustan, wenn es nicht das Joch des Mohammedaners, des Moguls oder des Briten trug, in ebensoviele voneinander unabhängige, sich gegenseitig befehdende Staaten zersplittert, wie es Städte, ja Dörfer zählte. Jedoch vom sozialen Gesichtspunkt aus betrachtet, ist Hindustan nicht das Italien, sondern das Irland des Ostens. Und diese seltsame Kombination von Italien und Irland, einer Welt der Lust und einer Welt des Leids, taucht schon in den alten Traditionen der Religion Hindustans auf. Diese Religion ist zu gleicher Zeit eine Religion sinnlicher Üppigkeit und selbstquälerischer Askese, eine Religion des Lingam und des Dschagannat, die Religion des Mönchs und der Bajadere.

Ich teile nicht die Auffassung derer, die an ein Goldnes Zeitalter Hindustans glauben, ohne mich jedoch, wie Sir Charles Wood, zur Bekräftigung meiner Ansicht auf die Autorität des Khuli-Khan zu berufen. Man nehme aber beispielsweise das Zeitalter des Aurangzeb; oder die Epoche, da die Moguln im Norden erschienen und die Portugiesen im Süden; oder die Zeit der mohammedanischen Invasion und der Heptarchie in Südindien; oder, wenn man noch weiter zurückgehn will – bis in die graue Vorzeit, die mythologische Zeitrechnung der Brahmanen, die den Beginn des indischen Elends in eine noch vor der christlichen Weltschöpfung liegende Epoche zurückverlegt.

Es kann jedoch keinem Zweifel unterliegen, daß das von den Briten über Hindustan gebrachte Elend wesentlich anders geartet und unendlich qualvoller ist als alles, was Hindustan vorher zu erdulden hatte. Ich denke dabei nicht an den europäischen Despotismus, den die britische Ostindische Kompanie dem asiatischen Despotismus aufgepfropft hat, eine Kombination, weit ungeheuerlicher als irgendeines der göttlichen Ungeheuer, deren Anblick uns im Tempel von Salsette mit Schaudern erfüllt. Dabei handelt es sich nicht um eine besondre Eigentümlichkeit der britischen Kolonialherrschaft, sondern nur um eine Nachahmung der holländischen, und dies so sehr, daß man, um das Wirken der britischen Ostindischen Kompanie zu charakterisieren, nur wörtlich zu wiederholen braucht, was Sir Stamford Raffles, der *englische* Gouverneur von Java, über die alte holländische Ostindische Kompanie sagte:

Die holländische Kompanie, deren einzige Triebfeder Gewinnsucht war und die ihre Untertanen weit gleichgültiger und rücksichtsloser behandelte als ehedem ein westindischer Pflanzer eine Rotte Sklaven auf seiner Plantage – denn dieser hatte das Kaufgeld für das menschliche Eigentum bezahlt, jene dagegen nicht –, bot den ganzen vorhandenen Apparat des Despotismus auf, um aus dem Volk das letzte Quentchen Tribut und die letzte Neige ihrer Arbeitsleistung herauszupressen, und verschlimmerte so die Übel einer unberechenbaren und halbbarbarischen Herrschaft noch dadurch, daß sie sie mit der ganzen Gerissenheit ausgepichter Politiker und mit der ganzen Selbstsucht monopolistischer Händler ausübte.

Alle die Bürgerkriege, Invasionen, Revolutionen, Eroberungen, Hungersnöte, so seltsam verwickelt, rapide und zerstörerisch ihre ununterbrochen aufeinanderfolgende Wirkung in Hindustan auch erscheinen mag, berührten doch nur die Oberfläche. England hat das ganze Gefüge der indischen Gesellschaft niedergerissen, ohne daß bisher auch nur die Spur eines Neuaufbaus sichtbar geworden wäre. Dieser Verlust seiner alten Welt, ohne daß eine neue gewonnen worden wäre, gibt dem heutigen Elend des Hindu eine besondere Note von Melancholie und zieht einen Trennungsstrich zwischen dem von England beherrschten Hindustan und den ehrwürdigen Überlieferungen seiner ganzen geschichtlichen Vergangenheit.

Seit undenklichen Zeiten gab es in Asien nur drei Regierungsdepartements: das der Finanzen oder für die Ausplünderung des eigenen Volkes; das des Krieges oder für die Ausplünderung anderer Völker; und schließlich das der öffentlichen Arbeiten. Klimatische und territoriale Verhältnisse, besonders die weiten Wüstenstriche, die sich von der Sahara quer durch Arabien, Persien, Indien und die Tatarei bis an das höchste asiatische Hochland ziehen, bedingten künstliche Berieselung durch Kanäle und Wasserwerke, die Grundlage der orientalischen Landwirtschaft. Wie in Ägypten und Indien, werden Überschwemmungen auch in Mesopotamien, Persien und anderen Ländern nutzbar gemacht, um die Fruchtbarkeit des Bodens zu steigern; hoher Wasserstand wird zur Speisung von Bewässerungskanälen ausgenutzt. Die unbedingte Notwendigkeit einer sparsamen und gemeinschaftlichen Verwendung des Wassers, die im Okzident, z. B. in Flandern und Italien, zu freiwilligem Zusammenschluß privater Unternehmungen führte, machte im Orient, wo die Zivilisation zu niedrig und die territoriale Ausdehnung zu groß war, um freiwillige Assoziationen ins Leben zu rufen, das Eingreifen einer zentralisierenden Staatsgewalt erforderlich. Hierdurch wurde allen asiatischen Regierungen eine ökonomische Funktion zugewiesen, die Funktion, für öffentliche Arbeiten zu sorgen. Diese künstliche Fruchtbarmachung des Bodens, die vom Eingreifen einer Zentralregierung abhängt und sofort in Verfall gerät, wenn diese Regierung Bewässerung und Dränierung vernachlässigt, erklärt die sonst verwunderliche Tatsache, daß wir heute ganz große Gebiete wüst und öde finden, die einstmals glänzend kultiviert waren, so Palmgyra und Petra, die Ruinen im Jemen und weite Landstriche in Ägypten, Persien und Hindustan; sie erklärt auch, wie ein einziger Verwüstungskrieg imstande war, ein Land auf Jahrhunderte zu entvölkern und es seiner ganzen Zivilisation zu berauben.

Die Briten übernahmen nun in Ostindien von ihren Vorgängern die Departements der Finanzen und des Krieges, vernachlässigten aber völlig das Departement der öffentlichen Arbeiten. Daher der Verfall einer Landwirtschaft, die nicht fähig ist, nach dem britischen Grundsatz der freien Konkurrenz, des laissez-faire und laissez-aller, betrieben zu werden. In asiatischen Reichen sind wir es jedoch durchaus gewohnt, zu sehen, daß die Landwirtschaft unter der einen Regierung in Verfall gerät und unter einer anderen wieder auflebt. Hier hängen die Ernten ebenso von guten oder schlechten Regierungen ab, wie sie in Europa mit guten oder schlechten Jahreszeiten wechseln. Daher brauchte die Bedrückung und Vernachlässigung der Landwirtschaft, so schlimm sie an sich auch sein mochte, noch nicht als Todesstoß des britischen Eindringlings gegen die indische Gesellschaftsordnung betrachtet zu werden, wäre sie nicht von einem Umstand begleitet gewesen, der von ganz anderer Bedeutung war, eine Neuheit in den Annalen der ganzen asiatischen Welt. Wie wechselvoll auch immer das politische Bild der Vergangenheit Indiens gewesen sein möge, seine sozialen Verhältnisse waren doch von den frühesten Zeiten bis ins erste Jahrzehnt des 19. Jahrhunderts unverändert geblieben. Der Handwebstuhl und das Spinnrad, die immer wieder ihre regelrechten Myriaden von Spinnern und Webern hervorbringen, waren die strukturellen Angelpunkte dieser Gesellschaft. Seit undenklichen Zeiten bezog Europa die wundervollen Gewebe indischer Arbeit, für die es im Austausch Edelmetalle lieferte, das Material für den Goldschmied, dieses unentbehrliche Mitglied der indischen Gesellschaft, deren Vorliebe für Schmuck so groß ist, daß selbst die Angehörigen der niedrigsten Klasse, die fast nackt herumlaufen, gewöhnlich ein Paar goldene Ohrringe und irgendein anderes goldenes Schmuckstück am Halse tragen. Auch Finger- und Zehenringe waren allgemein verbreitet. Frauen wie Kinder trugen häufig massive Arm- und Fußspangen aus Gold oder Silber, in den Häusern waren goldene oder silberne Statuetten von Gottheiten zu finden. Es war der britische Eindringling, der den indischen Handwebstuhl zerstörte und das Spinnrad zerbrach. England begann damit, daß es den indischen Kattun vom europäischen Markt verdrängte; dann führte es Maschinengarn nach Hindustan ein und überschwemmte schließlich das eigentliche Mutterland des Kattuns mit Kattunwaren. Von 1818 bis 1836 stieg die Garnausfuhr aus Großbritannien nach Indien im Verhältnis von 1 zu 5200. Während 1824 die Ausfuhr von englischem Musselin nach Indien kaum eine Million Yard erreichte, belief sie sich 1837 schon auf über 64 Millionen Yard. In dem gleichen Zeitraum jedoch sank die Bevölkerung Daccas von 150 000 auf 20 000 Einwohner. Dieser Niedergang der durch ihre Gewebe berühmten indischen Städte war indessen bei weitem noch nicht die schlimmste Folge der britischen Herrschaft. Englische Dampfkraft und englische Wissenschaft zerstörten in ganz Hindustan die Bande zwischen Ackerbau und Handwerk.

Die erwähnten beiden Umstände – einerseits, daß der Hindu, wie alle orientalischen Völker, es der Zentralregierung überließ, sich um die großen öffentlichen Arbeiten zu kümmern, die doch die erste Voraussetzung für seinen Ackerbau und Handel sind, andrerseits, daß die Bevölkerung über das ganze Land hin verstreut lebte und nur dadurch, daß Ackerbau und Handwerk häuslich vereinigt waren, kleine, dichter bevölkerte Zentren bildete –, diese beiden Umstände hatten seit den ältesten Zeiten ein gesellschaftliches System mit besonderen Charakterzügen hervorgebracht, das sogenannte *Dorfsystem*, das jeder dieser kleinen Einheiten ihre unabhängige Organisation und ihr Eigenleben gab.

[...]

Diese kleinen stereotypen Formen des gesellschaftlichen Organismus haben sich zum größten Teil aufgelöst und stehen im Begriff zu verschwinden, nicht so sehr infolge des brutalen Eingreifens des britischen Steuereintreibers und des britischen Soldaten als vermöge der Wirkung des englischen Dampfes und des englischen Freihandels. Jene auf der Familie beruhenden Gemeinwesen hatten ihre Grundlage im Hausgewerbe, in jener eigenartigen Verbindung von Handweberei, Handspinnerei und handbetriebenem Ackerbau, die sie in den Stand setzten, sich selbst zu versorgen. Das Eingreifen der Engländer, das den Spinner nach Lancashire, den Weber nach Bengalen verpflanzte oder beide, den indischen Spinner wie den indischen Weber, hinwegfegte, führte zur Auflösung dieser kleinen, halb barbarischen, halb zivilisierten Gemeinwesen, indem es ihre ökonomische Grundlage sprengte und so die größte und, die Wahrheit zu sagen, einzige *soziale* Revolution hervorrief, die Asien je gesehen.

Sosehr es nun auch dem menschlichen Empfinden widerstreben mag, Zeuge zu sein, wie Myriaden betriebsamer patriarchalischer und harmloser sozialer Organisationen zerrüttet und in ihre Einheiten aufgelöst werden, hineingeschleudert in ein Meer von Leiden, wie zu gleicher Zeit ihre einzelnen Mitglieder ihrer alten Kulturformen und ihrer ererbten Existenzmittel verlustig gehen, so dürfen wir doch darüber nicht vergessen, daß diese idyllischen Dorfgemeinschaften, so harmlos sie auch aussehen mögen, seit jeher die feste Grundlage des orientalischen Despotismus gebildet haben, daß sie den menschlichen Geist auf den denkbar engsten Gesichtskreis beschränkten, ihn zum gefügigen Werkzeug des Aberglaubens, zum unterwürfigen Sklaven traditioneller Regeln machten und ihn jeglicher Größe und geschichtlicher Energien beraubten. Wir dürfen nicht die barbarische Selbstsucht vergessen, die, an einem elenden Stückchen Land klebend, ruhig dem Untergang ganzer Reiche, der Verübung unsäglicher Grausamkeiten, der Niedermetzelung der Einwohnerschaft großer Städte zusah, ohne sich darüber mehr Gedanken zu machen als über Naturereignisse, dabei selbst jedem Angreifer, der sie auch nur eines Blickes zu würdigen geruhte, hilflos als Beute preisgegeben. Wir dürfen nicht vergessen, daß dieses menschenunwürdige, stagnierende Dahinvegetieren, diese passive Art zu leben, auf der andern Seite ihre Ergänzung fanden in der Beschwörung wilder, zielloser, hemmungsloser Kräfte der Zerstörung, und in Hindustan selbst aus dem Mord einen religiösen Ritus machten. Wir dürfen nicht vergessen, daß diese kleinen Gemeinwesen durch Kastenunterschiede und Sklaverei befleckt waren, daß sie den Menschen unter das Joch äußerer Umstände zwangen, statt den Menschen zum Beherrscher der Umstände zu erheben, daß sie einen sich naturwüchsig entwickelnden Gesellschaftszustand in ein unveränderliches, naturgegebnes Schicksal transformierten und so zu jener tierisch rohen Naturanbetung gelangten, deren Entartung zum Ausdruck kam in der Tatsache, daß der Mensch, der Beherrscher der Natur, vor Hanuman, dem Affen, und Sabbala, der Kuh, andächtig in die Knie sank.

Gewiß war schnödester Eigennutz die einzige Triebfeder Englands, als es eine soziale Revolution in Indien auslöste, und die Art, wie es seine Interessen durchsetzte, war stupid. Aber nicht das ist hier die Frage. Die Frage ist, ob die Menschheit ihre Bestimmung erfüllen kann ohne radikale Revolutionierung der sozialen Verhältnisse in Asien. Wenn nicht, so war England, welche Verbrechen es auch begangen haben mag, doch das unbewußte Werkzeug der Geschichte, indem es diese Revolution zuwege brachte.

Dann haben wir, so erschütternd das Schauspiel des Zerfalls einer alten Welt für unser persönliches Empfinden auch sein mag, vor der Geschichte das Recht, mit Goethe auszurufen:

Sollte diese Qual uns quälen,
Da sie unsre Lust vermehrt;
Hat nicht Myriaden Seelen
Timurs Herrschaft aufgezehrt?

Die künftigen Ergebnisse der britischen Herrschaft in Indien

Ich möchte in diesem Artikel meine Bemerkungen über Indien abschließen.

Wie ist es zur Errichtung der englischen Herrschaft in Indien gekommen? Die unumschränkte Gewalt des Großmoguls wurde durch des Moguls Vizekönige gebrochen. Die Macht der Vizekönige wurde durch die Marathen gebrochen. Die Macht der Marathen wurde durch die Afghanen gebrochen, und während ein Kampf aller gegen alle tobte, brach der Brite ins Land ein und wurde in die Lage versetzt, sie alle unter seine Gewalt zu bringen. Ein Land, das nicht nur zwischen Moslems und Hindus, sondern auch zwischen Stamm und Stamm, zwischen Kaste und Kaste geteilt war, eine Gesellschaft, deren Gefüge auf einer Art Gleichgewicht beruhte, die aus allgemeiner gegenseitiger Abstoßung und konstitutioneller Abgeschlossenheit aller ihrer Mitglieder herrührte – war es nicht einem solchen Land und einer solchen Gesellschaft vorherbestimmt, die Beute von Eroberern zu werden? Wenn wir nichts von der geschichtlichen Vergangenheit Hindustans wüßten, genügte nicht die eine große, unbestreitbare Tatsache, daß Indien auch heute noch durch eine auf Kosten Indiens unterhaltene indische Armee in englischer Knechtschaft gehalten wird? Indien konnte daher dem Schicksal, erobert zu werden, nicht entgehen, und seine ganze geschichtliche Vergangenheit, soweit es überhaupt eine solche hatte, ist die Geschichte der ununterbrochenen Reihe von Eroberungen, denen es ausgesetzt war. Die indische Gesellschaft hat überhaupt keine Geschichte, zum mindesten keine bekannte Geschichte. Was wir als ihre Geschichte bezeichnen, ist nichts andres als die Geschichte der aufeinanderfolgenden Eindringlinge, die ihre Reiche auf der passiven Grundlage dieser widerstandslosen, sich nicht verändernden Gesellschaft errichteten. Die Frage ist daher nicht, ob die Engländer ein Recht hatten, Indien zu erobern, sondern ob ein von den Türken, den Persern, den Russen erobertes Indien dem von den Briten eroberten vorzuziehen wäre.

England hat in Indien eine doppelte Mission zu erfüllen: eine zerstörende und eine erneuernde – die Zerstörung der alten asiatischen Gesellschaftsordnung und die Schaffung der materiellen Grundlagen einer westlichen Gesellschaftsordnung in Asien.

Die Araber, Türken, Tataren, Moguln, die Indien nacheinander überrannten, wurden rasch *hinduisiert*, denn einem unabänderlichen Gesetz der Geschichte zufolge werden barbarische Eroberer selbst stets durch die höhere Zivilisation der Völker erobert, die sie sich unterwarfen. Die britischen Eroberer waren die ersten, die auf einer höheren Entwicklungsstufe standen und daher der Hindu-Zivilisation unzugänglich waren. Sie zerstörten sie, indem sie die einheimischen Gemeinwesen zerschlugen, das einheimische Gewerbe entwurzelten und alles, was an der einheimischen Gesellschaftsordnung groß und erhaben war, nivellierten. Die Geschichte der britischen Herrschaft in Indien verzeichnet kaum etwas, was über dieses Werk der Zerstörung hinausginge. Spuren einer Erneuerung sind unter den Trümmern noch kaum bemerkbar. Dennoch hat sie bereits begonnen.

Die erste Voraussetzung für diese Erneuerung war die politische Einheit Indiens, fester gegründet und weiter ausgreifend als jemals unter der Herrschaft der Großmoguln. Diese Einheit, durch das britische Schwert aufgezwungen, wird jetzt Kraft und Dauer erhalten durch den elektrischen Telegraphen. Die von britischen Unteroffizieren aufgestellte und gedrillte Eingeborenenarmee war die *sine qua non* für Indiens Selbstbefreiung und dafür, daß Indien künftig nicht mehr dem ersten besten fremden Eindringling als Beute anheimfällt. Die freie Presse, die zum erstenmal in eine asiatische Gesellschaft Eingang gefunden hat und hauptsächlich von gemeinsamen Nachkommen der Hindus und der Europäer geleitet wird, ist ein neuer machtvoller Hebel der Erneuerung. Selbst so widerwärtige Erscheinungen wie das Samindari und das Raiatwairi verkörpern doch immerhin zwei ausgesprochene Formen von Privateigentum an Grund und Boden, nach dem die asiatische Gesellschaft so sehr verlangt. Aus den in Kalkutta widerwillig und in geringer Zahl unter englischer Aufsicht erzogenen indischen Eingeborenen wächst eine neue Klasse heran, welche die zum Regieren erforderlichen Eigenschaften besitzt und europäisches Wissen in sich aufgenommen hat. Die Dampfkraft hat Indien in regelmäßige und rasche Verbindung mit Europa gebracht, sie hat Indiens wichtigste Häfen mit denen des ganzen südöstlichen Ozeans verknüpft und es aus der isolierten Lage befreit, die der Hauptgrund seiner Stagnation war. Der Tag ist nicht mehr fern, an dem dank dem Zusammenwirken von Eisenbahnen und Dampfschiffen die Entfernung zwischen England und Indien auf ein Zeitmaß von acht Tagen verkürzt und so dies einstige Märchenland wirklich an die Welt des Westens angeschlossen sein wird.

Bisher hatten die herrschenden Klassen Großbritanniens nur ein gelegentliches, vorübergehendes und eine Ausnahme bildendes Interesse an einem Fortschritt Indiens. Die Aristokratie wollte es erobern, die Plutokratie ausplündern, die Millokratie verschleudern. Nun hat sich aber das Blatt gewendet. Die Millokratie hat entdeckt, daß die Verwandlung Indiens in ein reproduzierendes Land lebenswichtige Bedeutung für sie erlangt hat und daß zu diesem Zweck vor allem notwendig ist, ihm Bewässerungsanlagen und innere Verkehrswege zu verschaffen. Sie trägt sich jetzt mit der Absicht, Indien mit einem Netz von Eisenbahnen zu überziehen, und diese Absicht werden sie auch ausführen. Das wird unübersehbare Folgen haben.

Es ist eine allbekannte Tatsache, daß die Produktivkräfte Indiens durch den hochgradigen Mangel an Transportmitteln und Austauschmöglichkeiten für seine mannigfaltigen Erzeugnisse lahmgelegt sind. Nirgendwo ist schlimmeres soziales Elend inmitten einer üppigen Natur anzutreffen als in Indien, und das aus Mangel an Austauschmöglichkeiten. 1848 wurde vor einem Ausschuß des britischen Unterhauses der Nachweis geführt,

daß Getreide, während es in Kandesch 6 bis 8 sh. pro Quarter kostete, in Puna für 64 bis 70 sh. verkauft wurde; dort starb die Bevölkerung auf offener Straße Hungers, ohne daß es möglich gewesen wäre, Vorräte aus Kandesch heranzuschaffen, weil die Lehmwege unpassierbar waren.

Die Einführung von Eisenbahnen läßt sich leicht für die Zwecke der Landwirtschaft dienstbar machen, indem an Stellen, wo Erde für Bahndämme ausgehoben wird, Wasserbehälter angelegt und längs den verschiedenen Linien Wasserleitungen gebaut werden. Auf diese Weise könnte die künstliche Bewässerung, diese *sine qua non* für den Ackerbau im Orient, weitgehend entwickelt und den häufig auftretenden lokalen Hungersnöten, die dem Wassermangel entspringen, vorgebeugt werden. Unter diesem Gesichtspunkt betrachtet, muß die Bedeutung der Eisenbahnen für die Allgemeinheit einleuchtend werden, wenn wir uns vor Augen halten, daß bewässerter Boden sogar in der Gegend der Ghat-Gebirgsketten dreimal soviel Steuern einbringt, zehn- oder zwölfmal soviel Menschen Beschäftigung gibt und zwölf- oder fünfzehnmal soviel Profit abwirft als dieselbe Fläche ohne Bewässerung.

Eisenbahnen werden es auch ermöglichen, den Militäretat mengen- und kostenmäßig einzuschränken. Oberst Warren, der Kommandant von Fort St. William, erklärte vor einem Sonderausschuß des Unterhauses:

> Die Möglichkeit, Nachrichten aus entlegenen Teilen des Landes in ebensoviel Stunden zu erhalten, als gegenwärtig Tage und selbst Wochen dazu erforderlich sind, und Instruktionen samt Truppen und Proviant in kürzester Zeit zu befördern, ist eine Erwägung von nicht zu überschätzender Bedeutung. Die Truppen könnten an weiter entfernten und gesünderen Standorten stationiert werden als gegenwärtig, wodurch erhebliche Verluste an Menschenleben infolge Krankheit erspart werden würden. Proviant brauchte in den verschiedenen Depots nicht mehr in solchem Umfang wie bisher vorrätig gehalten werden, wodurch auch die Verluste vermieden würden, die durch verderbende Vorräte oder klimatisch bedingte Zerstörungen entstehen. Die Stärke der Truppen könnte im gleichen Verhältnis verringert werden, wie ihre Kampfkraft sich steigert.

Wir wissen, daß die Gemeindeorganisation und die ökonomische Grundlage der Dorfgemeinschaften gesprengt worden sind, ihr schlimmster Zug aber, die Zersplitterung der Gesellschaft in unveränderlich feststehende und zusammenhanglose Atome, hat sie überlebt. Die dörfliche Isoliertheit hatte zum Fehlen von Wegen in Indien geführt, und das Fehlen von Wegen verewigte die dörfliche Isoliertheit. So kam es, daß die Dorfgemeinde das einmal gegebene niedrige Lebensniveau beibehielt, fast keinen Verkehr mit andern Dörfern hatte und nichts von den Bedürfnissen und den Anstrengungen kannte, ohne die ein sozialer Fortschritt undenkbar ist. Nachdem die Briten dieses selbstgenügsame Beharrungsvermögen der Dörfer gebrochen, werden die Eisenbahnen dem neuerwachten Bedürfnis nach Verbindung und Verkehr Rechnung tragen.

> Eine weitere Folge der Entwicklung des Eisenbahnwesens wird darin bestehen, jedem Dorf, das von ihm berührt wird, eine derartige Kenntnis über die Erfindungen und Einrichtungen anderer Länder zu vermitteln und solche Möglichkeiten zu bieten, sie zu erlangen, so daß als erstes das erbliche und zu Dienstleistungen verpflichtete Dorfhandwerk Indiens seine Fähigkeiten voll unter Beweis stellen und dann seine Mängel beseitigen kann. (Chapman, »The Cotton and Commerce of India«.)

Ich weiß, daß die englische Millokratie ausschließlich deshalb beabsichtigt, Indien mit Eisenbahnen zu beglücken, um aus ihm mit verringerten Kosten Baumwolle und andere Rohstoffe für ihre Fabriken herauszuholen. Hat man aber erst einmal Maschinerie in das Verkehrswesen eines Landes eingeführt, das Eisen und Kohle besitzt, so ist man nicht mehr imstande, ihm die Fabrikation solcher Maschinen zu verwehren. Man kann nicht in einem riesigen Lande ein Eisenbahnnetz unterhalten, ohne alle die industriellen Verfahren einzuführen, die nötig sind, um die augenblicklichen wie die laufenden Bedürfnisse des Eisenbahnverkehrs zu befriedigen, woraus sich notwendig die Anwendung von Maschinerie auch in solchen Industriezweigen ergibt, die nicht unmittelbar mit der Eisenbahn zusammenhängen. Daher wird das Eisenbahnwesen in Indien ganz naturgemäß zum Vorläufer einer modernen Industrie werden. Dies kann um so weniger bezweifelt werden, als die britischen Behörden selbst den Hindus die besondre Fähigkeit zusprechen, sich völlig neuen Arbeitsmethoden anzupassen und die erforderliche Kenntnis der Maschinerie zu erwerben. Reichlich Beweise hierfür liefern die Fähigkeiten und die Tüchtigkeit der einheimischen Maschinisten in der Kalkuttaer Münze, wo sie jahrelang mit der Bedienung von Dampfmaschinen betraut waren, ferner die einheimischen Arbeiter, die an die verschiedenen Dampfmaschinen im Hardwar-Kohlenbezirk gestellt wurden, und ebenso andere Beispiele. Selbst Herr Campbell, der doch stark von den Vorurteilen der Ostindischen Kompanie beeinflußt ist, sieht sich zu dem Eingeständnis gezwungen, »daß die große Masse des indischen Volkes eine große *industrielle Energie* besitzt, wohl fähig ist zur Akkumulation von Kapital und sich durch mathematische Klarheit des Kopfes, Gewandtheit im Rechnen und Talent für exakte Wissenschaften auszeichnet«. »Ihr Intellekt«, sagt er, »ist hervorragend.«

Die im Gefolge des Eisenbahnsystems entstehende moderne Industrie wird die überkommene Arbeitsteilung und damit die Grundlage der indischen Kasten aufheben, die Indiens Fortschritt und Indiens Machtentfaltung so entscheidend behindert haben.

Alle Maßnahmen, zu denen die englische Bourgeoisie möglicherweise genötigt sein wird, werden der Masse des Volkes weder die Freiheit bringen noch seine soziale Lage wesentlich verbessern, denn das eine wie das andere hängt nicht nur von der Entwicklung der Produktivkräfte ab, sondern auch davon, daß das Volk sie selbst in Besitz nimmt. Auf alle Fälle aber wird die Bourgeoisie die materiellen Voraussetzungen für beides schaffen. Hat die Bourgeoisie jemals mehr geleistet? Hat sie je einen Fortschritt zuwege gebracht, ohne Individuen wie ganze Völker durch Blut und Schmutz, durch Elend und Erniedrigung zu schleifen?

Die Inder werden die Früchte der neuen Gesellschaftselemente, die die britische Bourgeoisie in ihrem Lande ausgestreut, nicht eher ernten, bis in Großbritannien selbst die heute herrschenden Klassen durch das Industrieproletariat verdrängt oder die Inder selbst stark genug geworden sind, um das englische Joch ein für allemal abzuwerfen. Auf jeden Fall aber können wir mit aller Bestimmtheit erwarten, in mehr oder weniger naher Zukunft Zeugen einer Erneuerung dieses großen und interessanten Landes zu sein, dessen edler Menschenschlag selbst in den unteren Klassen, um einen Ausdruck des Fürsten Saltykow zu gebrauchen, »plus fins et plus adroit que les Italiens« [»feiner und geschickter als die Italiener«], bei dem sogar noch die Unterwürfigkeit durch eine gewisse ruhige Vornehmheit aufgewogen wird, dessen unerschrockener Mut, ungeachtet seiner angeborenen Trägheit, die britischen Offiziere in Erstaunen gesetzt hat, dessen Land die Wiege unserer Sprachen, unserer Religionen gewesen und der im Dschat den Typus des alten Germanen und im Brahmanen den des alten Griechen verkörpert.

Ich kann die indische Frage nicht verlassen ohne einige abschließende Bemerkungen.

Die tiefe Heuchelei der bürgerlichen Zivilisation und die von ihr nicht zu trennende Barbarei liegen unverschleiert vor unseren Augen, sobald wir den Blick von ihrer Heimat, in der sie unter respektablen Formen auftreten, nach den Kolonien wenden, wo sie sich in ihrer ganzen Nacktheit zeigen. Die Bourgeoisie ist die Verfechterin des Eigentums; hat aber je eine revolutionäre Partei solche Agrarrevolutionen hervorgerufen wie die in Bengalen, in Madras und in Bombay? Hat nicht die Bourgeoisie in Indien, um einen Ausdruck des großen Räubers Lord Clive zu gebrauchen, zu grausamer Erpressung gegriffen, wenn einfache Korruption nicht genügte, um ihre Raubgier zu befriedigen? Hat sie nicht zur gleichen Zeit, wo sie in Europa über die unantastbare Heiligkeit der Staatsschuld schwätzte, in Indien die Dividenden der Radschas beschlagnahmt, die ihre Privatersparnisse in Obligationen der Ostindischen Kompanie angelegt hatten? Hat sie nicht zur gleichen

Zeit, wo sie unter dem Vorwand der Verteidigung »unserer heiligen Religion« die französische Revolution bekämpfte, die Verbreitung des Christentums in Indien verboten, und hat sie nicht, um aus den nach den Tempeln Orissas und Bengalens strömenden Pilgern Geld herauszuschlagen, den gewerbsmäßigen Betrieb von Mord und Prostitution im Tempel des Dschagannat fortgesetzt? So sehen die Männer »des Eigentums, der Ordnung, der Familie und der Religion« aus!

Die verheerenden Wirkungen der englischen Industrie auf Indien, ein Land von der Größe Europas, mit einer Fläche von 150 Millionen Acres, treten erschütternd zutage. Wir dürfen jedoch nicht vergessen, daß sie nur das organische Ergebnis des gesamten Produktionssystems sind, so wie es heute besteht. Grundlage dieser Produktion ist die absolute Herrschaft des Kapitals. Wesentlich für die Existenz des Kapitals als einer unabhängigen Macht ist die Zentralisation des Kapitals. Der zerstörende Einfluß dieser Zentralisation auf die Märkte der Welt enthüllt nur in gigantischem Ausmaß die immanenten organischen Gesetze der politischen Ökonomie, die heute in jedem zivilisierten Gemeinwesen wirksam sind. Die bürgerliche Periode der Geschichte hat die materielle Grundlage einer neuen Welt zu schaffen: einerseits den auf der gegenseitigen Abhängigkeit der Völker beruhenden Weltverkehr und die hierfür erforderlichen Verkehrsmittel, andererseits die Entwicklung der menschlichen Produktivkräfte und die Umwandlung der materiellen Produktion in wissenschaftliche Beherrschung der Naturkräfte.

Bürgerliche Industrie und bürgerlicher Handel schaffen diese materiellen Bedingungen einer neuen Welt in der gleichen Weise, wie geologische Revolutionen die Oberfläche der Erde geschaffen haben. Erst wenn eine große soziale Revolution die Ergebnisse der bürgerlichen Epoche, den Weltmarkt und die modernen Produktivkräfte, gemeistert und sie der gemeinsamen Kontrolle der am weitesten fortgeschrittenen Völker unterworfen hat, erst dann wird der menschliche Fortschritt nicht mehr jenem scheußlichen heidnischen Götzen gleichen, der den Nektar nur aus den Schädeln Erschlagener trinken wollte.

Reden über Polen

Die Vereinigung und Verbrüderung der Nationen ist eine Phrase, die alle Parteien heute im Mund führen, so namentlich die bürgerlichen Freihandelsmänner. Es existiert allerdings eine gewisse Art Verbrüderung unter den Bourgeoisklassen aller Nationen. Es ist dies die Verbrüderung der Unterdrücker gegen die Unterdrückten, der Exploiteurs gegen die Exploitierten. Wie die Bourgeoisklasse eines Landes gegen die Proletarier desselben Landes vereinigt und verbrüdert ist, trotz der Konkurrenz und des Kampfes der Mitglieder der Bourgeoisie unter sich selbst, so sind die Bourgeois aller Länder gegen die Proletarier aller Länder verbrüdert und vereinigt, trotz ihrer wechselseitigen Bekämpfung und Konkurrenz auf dem Weltmarkte. Damit die Völker sich wirklich vereinigen können, muß ihr Interesse ein gemeinschaftliches sein. Damit ihr Interesse gemeinschaftlich sein könne, müssen die jetzigen Eigentumsverhältnisse abgeschafft sein, denn die jetzigen Eigentumsverhältnisse bedingen die Exploitation der Völker unter sich: die jetzigen Eigentumsverhältnisse abzuschaffen, das ist nur das Interesse der arbeitenden Klasse. Sie allein hat auch die Mittel dazu. Der Sieg des Proletariats über die Bourgeoisie ist zugleich der Sieg über die nationalen und industriellen Konflikte, die heutzutage die verschiedenen Völker feindlich einander gegenüberstellen. Der Sieg des Proletariats über die Bourgeoisie ist darum zugleich das Befreiungssignal aller unterdrückten Nationen.

Das alte Polen ist allerdings verloren, und wir wären die letzten, seine Wiederherstellung zu wünschen. Aber nicht nur das alte Polen ist verloren. Das alte Deutschland, das alte Frankreich, das alte England, die ganze alte Gesellschaft ist verloren. Der Verlust der alten Gesellschaft ist aber kein Verlust für die, die nichts in der alten Gesellschaft zu verlieren haben, und in allen jetzigen Ländern ist dies der Fall für die große Mehrzahl. Sie haben vielmehr alles zu gewinnen durch den Untergang der alten Gesellschaft, welcher die Bildung einer neuen, nicht mehr auf Klassengegensätzen beruhenden Gesellschaft bedingt.

Von allen Ländern ist England dasjenige, worin der Gegensatz zwischen Proletariat und Bourgeoisie am entwickeltsten ist. Der

Sieg der englischen Proletarier über die englische Bourgeoisie ist daher entscheidend für den Sieg aller Unterdrückten gegen ihre Unterdrücker. Polen ist daher nicht in Polen, sondern in England zu befreien. Ihr Chartisten habt daher keine frommen Wünsche zur Befreiung der Nationen auszusprechen. Schlagt eure eigenen inländischen Feinde, und ihr dürft dann das stolze Bewußtsein haben, die ganze alte Gesellschaft geschlagen zu haben.

Entwürfe einer Antwort auf den Brief von V. I. Sassulitsch. Erster Entwurf[1]

1. Bei der Behandlung der Genesis der kapitalistischen Produktion habe ich gesagt, daß ihr »die radikale Trennung des Produzenten von den Produktionsmitteln zugrunde liegt« (p. 315, col. 1, éd. frçs. »Le Capital«) und: »die Grundlage dieser ganzen Entwicklung ist die Expropriation der Ackerbauern. Sie ist auf radikale Weise erst in England durchgeführt … Aber alle anderen Länder Westeuropas durchlaufen die gleiche Bewegung« (l. c. col. 2).

Ich habe also die »historische Unvermeidlichkeit« dieser Bewegung *ausdrücklich auf die Länder Westeuropas* beschränkt. Und warum? Vergleichen Sie, bitte, das Kapitel XXXII, wo zu lesen ist:

Der Vernichtungsprozeß, der die Verwandlung der individuellen und zersplitterten Produktionsmittel in gesellschaftlich konzentrierte bewirkt, der das zwerghafte Eigentum vieler zum riesigen Eigentum einiger weniger macht, … diese qualvolle und furchtbare Expropriation des arbeitenden Volkes – das ist der Ursprung, das ist die Genesis des Kapitals … *Das Privateigentum*, das auf persönlicher Arbeit gegründet ist … wird verdrängt durch *das kapitalistische Privateigentum*, das auf der Ausbeutung der Arbeit andrer, der Lohnarbeit gegründet ist (p. 341, col. 2).

Auf diese Weise erfolgt hier in letzter Instanz *die Verwandlung einer Form des Privateigentums in eine andere Form des Privateigentums.* Da aber das in den Händen der russischen Bauern befindliche Land niemals *ihr Privateigentum* gewesen ist, wie läßt sich diese Entwicklung auf sie anwenden?

2. Vom historischen Standpunkt aus gesehen ist das einzige ernsthafte Argument, das zugunsten der *unvermeidlichen Auflösung* der Gemeinde der *russischen Bauern* angeführt werden könnte, folgendes: Wenn man sehr weit zurückblickt, findet man überall in Westeuropa das Gemeineigentum eines mehr oder weniger archaischen Typus'; es ist mit dem gesellschaftlichen Fortschritt überall verschwunden. Warum sollte es demselben Schicksal allein in Rußland entgehen?

Ich antworte: Weil in Rußland, dank eines einzigartigen Zusammentreffens von Umständen, die noch in nationalem Maßstab vorhandene Dorfgemeinde sich nach und nach von ihren primitiven Wesenszügen befreien und sich unmittelbar als Element der kollektiven Produktion in nationalem Maßstab entwickeln kann. Gerade auf Grund ihrer Gleichzeitigkeit mit der kapitalistischen Produktion kann sie sich deren positive Errungenschaften aneignen, ohne ihre furchtbaren Wechselfälle durchzumachen. Rußland lebt nicht isoliert von der modernen Welt, noch weniger ist es die Beute eines fremden Eroberers wie Ostindien.

Wenn die russischen Verehrer des kapitalistischen Systems die *theoretische* Möglichkeit einer solchen Evolution verneinten, dann würde ich sie fragen: Ist Rußland wie der Westen gezwungen gewesen, eine lange *Inkubationsperiode* der Maschinenindustrie durchzumachen, um Maschinen, Dampfschiffe, Eisenbahnen etc. benutzen zu können? Mögen sie mir außerdem erklären, wie sie es zustande gebracht haben, im Handumdrehen den ganzen Tauschmechanismus (Banken, Kreditgesellschaften etc.) bei sich einzuführen, dessen Herausbildung dem Westen Jahrhunderte gekostet hat?

Wenn die Dorfgemeinde im Augenblick der Bauernemanzipation von vornherein in normale Umstände versetzt worden wäre; wenn ferner die ungeheure Staatsschuld, die zum größten Teil auf Kosten und zu Lasten der Bauern abgetragen wird, mit den anderen Riesensummen, die vom Staat (und immer auf Kosten und zu Lasten der Bauern) den »neuen Stützen der Gesellschaft« gewährt werden, die sich in Kapitalisten verwandelt haben; wenn alle diese Aufwendungen *der Weiterentwicklung* der Dorfgemeinde gedient hätten, dann würde heute niemand über die »historische Unvermeidlichkeit« der Vernichtung der Gemeinde grübeln: Alle würden in ihr das Element der Wiedergeburt der russischen Gesellschaft erkennen und ein Element der Überlegenheit über die Länder, die noch vom kapitalistischen Regime versklavt sind.

Ein weiterer für die Erhaltung der russischen Gemeinde (in ihrer Entwicklung) günstiger Umstand ist der, daß sie nicht nur Zeitgenossin der kapitalistischen Produktion ist und auch jene Periode überdauert hat, als sich dieses Gesellschaftssystem noch intakt zeigte, sondern daß sich dieses Gesellschaftssystem heute, in Westeuropa ebensogut wie in den Vereinigten Staaten, im Kampfe befindet gegen die Wissenschaft, gegen die Volksmassen und gegen die Produktivkräfte, die es erzeugt. Mit einem Wort, sie findet den Kapitalismus in einer Krise, die erst mit seiner Abschaffung, mit der Rückkehr der modernen Gesellschaften zum »archaischen« Typus des Gemeineigentums enden wird, oder, wie ein amerikanischer Autor,[1] der keineswegs revolutionärer Tendenzen verdächtig ist und in seinen Arbeiten durch die Regierung in Washington unterstützt wird, es sagt – das neue System, zu dem die moderne Gesellschaft tendiert, »wird eine Wiedergeburt (a revival) des archaischen Gesellschaftstypus in einer höheren Form (in a superior form) sein«. Man darf sich nur nicht allzusehr von dem Wort »archaisch« erschrecken lassen.

Aber es wäre dann mindestens notwendig, diese Wechselfälle zu kennen. Wir wissen jedoch nichts davon.

Die Geschichte des Verfalls der Urgemeinschaften (man würde einen Fehler begehen, wenn man sie alle über einen Leisten schlagen wollte; ebenso wie in den geologischen Formationen gibt es auch in den historischen Formationen eine ganze Reihe von primären, sekundären, tertiären etc. Typen) ist noch zu schreiben. Bisher hat man dazu nur magere Skizzen geliefert. Aber auf jeden Fall ist die Forschung weit genug vorgeschritten, um zu bestätigen: 1. daß die Lebensfähigkeit der Urgemeinschaften unvergleichlich größer war als die der semitischen, griechischen, römischen etc. Gesellschaften und a fortiori [weitaus stärker] als die der modernen kapitalistischen Gesellschaften; 2. daß die Ursachen ihres Verfalls von den ökonomischen Gegebenheiten herrühren, die sie hinderten, eine gewisse Stufe der Entwicklung zu überschreiten, von historischen Milieus herrühren, die mit dem historischen Milieu der russischen Dorfgemeinde von heute keineswegs übereinstimmen.

Beim Lesen der von Bourgeois geschriebenen Geschichten der Urgemeinschaften muß man auf der Hut sein. Sie schrecken nicht einmal vor Fälschungen zurück. Sir Henry Maine z. B., der ein eifriger Mitarbeiter der englischen Regierung bei ihrem Werk der gewaltsamen Zerstörung der indischen Gemeinden war, versichert uns heuchlerisch, daß alle edlen Bemühungen der Regierung, diese Gemeinden zu erhalten, an der spontanen Gewalt der ökonomischen Gesetze gescheitert seien!

Auf die eine oder andere Weise ist diese Gemeinde in den unaufhörlichen äußeren und inneren Kriegen zugrunde gegangen;

1 L. H. Morgan

sie starb wahrscheinlich eines gewaltsamen Todes. Als die germanischen Stämme Italien, Spanien, Gallien etc. eroberten, hat ihre Gemeinde von archaischem Typus nicht mehr existiert. Ihre *natürliche Lebensfähigkeit* ist jedoch durch zwei Tatsachen erwiesen. Es gibt einige verstreute Exemplare, die alle Wechselfälle des Mittelalters überlebt und sich bis auf unsere Tage erhalten haben, z. B. in meiner Heimat, der Gegend von Trier. Aber am wichtigsten ist, daß sie der Gemeinde, von der sie verdrängt wurde, einer Gemeinde, in der das Ackerland Privateigentum geworden ist, während Wälder, Weiden, Ödland etc. immer noch Gemeineigentum bleibt, ihre charakteristischen Wesenszüge so deutlich aufgeprägt hat, daß Maurer, als er diese Gemeinde sekundärer Formation entdeckte, den archaischen Prototyp rekonstruieren konnte. Dank der diesem Prototyp entlehnten charakteristischen Züge wurde die neue, von den Germanen in allen eroberten Ländern eingeführte Gemeinde während des ganzen Mittelalters zum einzigen Hort der Volksfreiheit und des Volkslebens.

Wenn wir nach der Epoche des Tacitus weder etwas vom Leben der *Gemeinde* noch von der Art und der Zeit ihres Verschwindens wissen, so kennen wir doch dank der Beschreibung Julius Cäsars wenigstens den Ausgangspunkt dieses Prozesses. Zu seiner Zeit wurde der Boden schon jährlich aufgeteilt, aber unter *die Gentes* und *Stämme* der germanischen Stammesverbände und noch nicht unter die einzelnen Mitglieder einer Gemeinde. Die *Dorfgemeinde* ist also in Germanien aus einem archaischeren Typus hervorgegangen, sie war hier das Produkt einer natürlichen Entwicklung, statt völlig fertig aus Asien eingeführt zu werden. Dort – in Ostindien – begegnen wir ihr auch und immer als der *letzten Stufe* oder letzten Periode der archaischen Formation.

Um die möglichen Schicksale der Dorfgemeinde von einem rein theoretischen Standpunkt zu beurteilen, d. h. immer unter der Voraussetzung normaler Lebensbedingungen, muß ich jetzt gewisse charakteristische Züge anführen, die die »Ackerbaugemeinde« von den archaischeren Typen unterscheidet.

Zunächst beruhen alle früheren Urgemeinschaften auf der Blutsverwandtschaft ihrer Mitglieder; indem sie dieses starke, aber enge Band zerreißt, kann die Ackerbaugemeinde sich besser anpassen, ausdehnen und dem Kontakt mit Fremden standhalten.

Dann sind in ihr das Haus und sein Zubehör, der Hof, schon

Privateigentum des Ackerbauern, während bereits lange vor dem Aufkommen des Ackerbaus das gemeinsame Haus eine der materiellen Grundlagen der vorangegangenen Gemeinschaften war.

Schließlich wird das Ackerland, obwohl es Gemeineigentum bleibt, periodisch zwischen den Mitgliedern der Ackerbaugemeinde derart aufgeteilt, daß jeder Ackerbauer die ihm zugewiesenen Felder auf eigene Rechnung bewirtschaftet und sich deren Früchte individuell aneignet, während in den archaischeren Gemeinschaften gemeinsam produziert und nur das Produkt aufgeteilt wurde. Dieser primitive Typus der genossenschaftlichen oder kollektiven Produktion war wohlbemerkt das Ergebnis der Schwäche des einzelnen isolierten Individuums und nicht der Vergesellschaftung der Produktionsmittel.

Es ist leicht zu verstehen, daß der der »Ackerbaugemeinde« innewohnende Dualismus sie mit großer Lebenskraft erfüllen kann, denn einerseits festigen das Gemeineigentum und alle sich daraus ergebenden sozialen Beziehungen ihre Grundlage, während gleichzeitig das private Haus, die parzellenweise Bewirtschaftung des Ackerlandes und die private Aneignung der Früchte eine Entwicklung der Persönlichkeit gestatten, die mit den Bedingungen der Urgemeinschaften unvereinbar war. Aber es ist nicht weniger offensichtlich, daß der gleiche Dualismus mit der Zeit zu einer Quelle der Zersetzung werden kann. Abgesehen von allen Einflüssen eines feindlichen Milieus, wirken schon die graduelle Akkumulation von beweglichem Reichtum, der mit dem Viehreichtum beginnt (und sogar den Reichtum an Leibeigenen zuläßt), die immer bedeutender werdende Rolle, die das bewegliche Element im Ackerbau selber spielt, und eine Menge anderer von dieser Akkumulation untrennbarer Umstände, deren Darlegung mich jedoch zu weit führen würde, als das zersetzende Element der ökonomischen und sozialen Gleichheit, und lassen innerhalb der Gemeinde selbst einen Interessenkonflikt entstehen, der zunächst die Umwandlung des Ackerlandes in Privateigentum nach sich zieht und mit der privaten Aneignung der bereits zu *Gemeindeanhängseln* des Privateigentums gewordenen Wälder, Weiden, des Brachlandes etc. endet. Deshalb stellt die »Ackerbaugemeinde« überall *den jüngsten Typus* der archaischen Gesellschaftsformation dar, und deshalb erscheint in der historischen Entwicklung des alten und des modernen Westeuropa die Periode der Ackerbaugemeinde als Übergangsperiode vom Gemeineigentum zum Privateigentum, als Übergangsperiode von der primären zur sekundären Formation. Aber heißt das, daß unter allen Umständen die Entwicklung der »Ackerbaugemeinde« diesen Weg nehmen muß? Keineswegs. Ihre Grundform läßt diese Alternative zu: entweder wird das in ihr enthaltene Element des Privateigentums über das kollektive Element, oder dieses über jenes siegen. Alles hängt von dem historischen Milieu ab, in dem sie sich befindet ... diese beiden Lösungen sind a priori möglich, aber für jede von ihnen ist offensichtlich ein völlig anderes historisches Milieu Voraussetzung.

3. Rußland ist das einzige europäische Land, in dem sich die »Akkerbaugemeinde« im nationalen Maßstabe bis auf den heutigen Tag behauptet hat. Sie ist nicht, wie Ostindien, die Beute eines fremden Eroberers, und sie lebt auch nicht isoliert von der modernen Welt. Einerseits gestattet ihr das Gemeineigentum am Boden, den parzellierten und individualistischen Ackerbau unmittelbar und allmählich in kollektive Bearbeitung umzuwandeln; und die russischen Bauern betreiben dies ja bereits auf den ungeteilten Wiesen. Die physische Beschaffenheit des russischen Bodens lädt zu einer maschinellen Bearbeitung in großem Maßstabe geradezu ein; das Vertrautsein des Bauern mit den Artelbeziehungen erleichtert ihm den Übergang von der Parzellen- zur genossenschaftlichen Arbeit, und schließlich schuldet ihm die russische Gesellschaft, die so lange auf seine Kosten gelebt hat, die notwendigen Vorschüsse für einen solchen Übergang. Andererseits wird es Rußland ermöglicht, durch die *Gleichzeitigkeit* mit der westlichen Produktion, die den Weltmarkt beherrscht, der Gemeinde alle positiven Errungenschaften, die durch das kapitalistische System geschaffen worden sind, einzuverleiben, ohne durch das Kaudinische Joch gehen zu müssen.

Falls die Wortführer der »neuen Stützen der Gesellschaft« die *theoretische* Möglichkeit der Evolution der heutigen Dorfgemeinde verneinen würden, dann könnte man sie fragen, ob Rußland wie der Westen gezwungen gewesen sei, eine lange Inkubationsperiode der Maschinenindustrie durchzumachen, um zu Maschinen, Dampfschiffen, Eisenbahnen etc. zu gelangen? Man könnte sie auch fragen, wie sie es fertiggebracht haben, bei sich im Handumdrehen den ganzen Tauschmechanismus (Banken, Aktiengesellschaften etc.) einzuführen, dessen Herausbildung dem Westen Jahrhunderte gekostet hat?

Es gibt eine Eigentümlichkeit der »Ackerbaugemeinde« in Rußland, die sie schwächt und ihr in jeder Hinsicht schädlich ist. Das ist ihre Isolierung, die fehlende Verbindung zwischen dem Leben der einen Gemeinde mit dem der anderen, dieser *lokal gebundene Mikrokosmos*, den man zwar nicht überall als einen immanenten Charakterzug dieses Typus antrifft, der aber überall, wo man ihn antrifft, einen mehr oder weniger zentralen Despotismus über die Gemeinden aufrichtet. Die Föderation der nordrussischen Republiken beweist, daß diese Isolierung, ursprünglich wahrscheinlich durch die unermeßliche Weite des Territoriums verursacht, zu einem großen Teil durch die politischen Schicksalsschläge gefestigt wurde, die Rußland seit der mongolischen Invasion zu erleiden hatte. Heute ist das ein Hindernis, das ganz leicht zu beseitigen wäre. Man müßte einfach die волость [den Amtsbezirk], eine Regierungsinstitution, durch eine Bauernversammlung ersetzen, die die Gemeinden selbst wählen und die als ökonomisches und administratives Organ ihren Interessen dienen würde.

Es ist ein vom historischen Gesichtspunkt aus äußerst günstiger Umstand für die Erhaltung der »Ackerbaugemeinde« auf dem Wege ihrer Weiterentwicklung, daß sie nicht nur Zeitgenossin der kapitalistischen Produktionsweise des Westens ist, und sich daher deren Ergebnisse aneignen kann, ohne sich ihrem modus operandi unterwerfen zu müssen, sondern daß sie auch die Periode überdauert hat, in der sich das kapitalistische System noch intakt zeigte. Jetzt dagegen befindet es sich, in Westeuropa wie in den Vereinigten Staaten, im Kampf sowohl mit den arbeitenden Massen, mit der Wissenschaft als auch mit den Produktivkräften, die es selbst erzeugt hat – mit einem Wort, es durchlebt eine Krise, die mit der Beseitigung des Kapitalismus und der Rückkehr der modernen Gesellschaft zu einer höheren Form des »archaischen« Typus des kollektiven Eigentums und der kollektiven Produktion enden wird.

Es versteht sich, daß die Evolution der Gemeinde allmählich vor sich geht und daß der erste Schritt sein müßte, sie *auf ihrer gegenwärtigen Basis* in normale Bedingungen zu versetzen.

Aber ihr gegenüber erhebt sich das Grundeigentum, das fast die Hälfte des Bodens, und zwar den besseren Teil, in seinen Händen hält, ganz zu schweigen von den Staatsdomänen. Eben deswegen stimmt die Erhaltung der »Dorfgemeinde« auf dem Wege ihrer Weiterentwicklung mit der allgemeinen Bewegung der russischen

Gesellschaft überein, deren Wiedergeburt nur zu diesem Preis erkauft werden kann.

Sogar vom rein ökonomischen Gesichtspunkt aus kann Rußland aus der Sackgasse, in der sich seine Landwirtschaft befindet, nur durch die Entwicklung seiner Dorfgemeinde herauskommen; es würde ein vergebliches Bemühen sein, ihr durch das englische kapitalistische Pachtverhältnis zu entkommen, alle landwirtschaftlichen Bedingungen des Landes widersprechen dem.

Wenn man von allem Elend, das die russische Dorfgemeinde gegenwärtig bedrückt, absieht und nur die Form ihres Aufbaus und ihr historisches Milieu betrachtet, so ist es auf den ersten Blick augenscheinlich, daß einer ihrer charakteristischen Grundzüge, das Gemeineigentum am Boden, die natürliche Grundlage für die kollektive Produktion und Aneignung ist. Außerdem würde das Vertrautsein des russischen Bauern mit dem *Artel*verhältnis ihm den Übergang von der Parzellen- zur kollektiven Wirtschaft erleichtern, die er schon in gewissem Maße auf den ungeteilten Wiesen, bei den Entwässerungs- und anderen Arbeiten von öffentlichem Interesse durchführt. Aber damit die kollektive Arbeit im eigentlichen Akkerbau die Parzellenwirtschaft, die Quelle der privaten Aneignung, ersetzen kann, sind zwei Dinge notwendig: das ökonomische Bedürfnis zu einer solchen Umwandlung und die materiellen Voraussetzungen für ihre Durchführung.

Was das ökonomische Bedürfnis anbelangt, so würde es sich bei der »Dorfgemeinde« bereits von dem Augenblick an fühlbar machen, da sie in normale Bedingungen versetzt werden würde, d. h., sobald die Lasten, die auf ihr liegen, beseitigt wären und das von ihr zu bebauende Land eine normale Ausdehnung erlangt hätte. Die Zeit ist vorbei, da die russische Landwirtschaft nur des Bodens und des mit mehr oder weniger primitiven Geräten ausgerüsteten Parzellenbauern bedurfte. Diese Zeit ist um so rascher vorbei, da die Unterdrückung des Ackerbauern sein Feld erschöpft und unfruchtbar macht. Er braucht jetzt die im großen Maßstab organisierte genossenschaftliche Arbeit. Und überdies, würde denn der Bauer, dem die notwendigsten Dinge für die Bebauung von 2 oder 3 Desjatinen fehlen, mit einer zehnfachen Anzahl Desjatinen besser dastehen?

Wo aber das Inventar, den Dung, die agronomischen Methoden etc., all die zur kollektiven Arbeit unerläßlichen Mittel hernehmen?

Darin beruht gerade die große Überlegenheit der russischen »Dorfgemeinde« über die archaischen Gemeinden vom gleichen Typus. Sie allein hat sich in Europa im großen, nationalen Maßstabe behauptet. Sie befindet sich daher in einem historischen Milieu, wo die Gleichzeitigkeit mit der kapitalistischen Produktion ihr alle Voraussetzungen für die kollektive Arbeit liefert. Sie kann sich alle positiven Errungenschaften aneignen, die von dem kapitalistischen System geschaffen worden sind, ohne dessen Kaudinisches Joch passieren zu müssen. Die physische Beschaffenheit des russischen Bodens lädt zu einer mit Hilfe von Maschinen betriebenen, in großem Maßstabe organisierten und auf genossenschaftlicher Arbeit beruhenden Landwirtschaft geradezu ein. Was die ersten Einrichtungskosten – intellektuelle und materielle Kosten – anbelangt, so schuldet die russische Gesellschaft diese der »Dorfgemeinde«, auf deren Kosten sie so lange gelebt hat und in der sie auch ihr »Element der Regeneration« suchen muß.

Der beste Beweis dafür, daß diese Entwicklung der »Dorfgemeinde« dem historischen Verlauf unserer Epoche entspricht, ist die verhängnisvolle Krise, die die kapitalistische Produktion in den europäischen und amerikanischen Ländern durchläuft, in denen sie den größten Aufschwung genommen hatte, eine Krise, die mit der Abschaffung des Kapitalismus und mit der Rückkehr der modernen Gesellschaft zu einer höheren Form des archaischsten Typus – der kollektiven Produktion und Aneignung – enden wird.

4. Um sich entwickeln zu können, muß man vor allem leben, und es ist für niemand ein Geheimnis, daß gegenwärtig das Leben der »Dorfgemeinde« gefährdet ist.

Um die Ackerbauern zu expropriieren, braucht man sie nicht von ihrem Land zu verjagen, wie das in England und anderweitig geschehen ist, man braucht auch nicht das Gemeineigentum durch einen Ukas abzuschaffen. Geht doch und nehmt den Bauern das Produkt ihrer landwirtschaftlichen Arbeit über ein gewisses Maß hinaus weg, und es wird euch trotz eurer Gendarmerie und eurer Armee nicht gelingen, sie an ihre Felder zu fesseln! In den letzten Jahren des Römischen Reichs flohen die Provinzdekurionen, keine Bauern, sondern Grundeigentümer, aus ihren Häusern, ließen ihre Ländereien im Stich, verkauften sich sogar in die Sklaverei, und das alles, um sich von einem Eigentum zu befreien, das nur noch ein offizieller Vorwand war, um sie ohne Gnade und Barmherzigkeit auszupressen.

Nach der sogenannten Bauernemanzipation wurde die russische Gemeinde durch den Staat in anormale ökonomische Bedingungen versetzt, und seit dieser Zeit hat er nicht aufgehört, sie mit Hilfe der in seinen Händen konzentrierten gesellschaftlichen Kräfte zu unterdrücken. Entkräftet durch die fiskalischen Erpressungen, wurde sie zu einem widerstandslosen Objekt der Ausbeutung durch Handel, Grundbesitz und Wucher. Diese von außen kommende Unterdrückung hat innerhalb der Gemeinde selbst den bereits vorhandenen Interessenkonflikt entfesselt und die Keime der Zersetzung in ihr rasch entwickelt. Aber das ist nicht alles. Auf Kosten und zu Lasten der Bauern hat der Staat jene Zweige des westlichen kapitalistischen Systems wie im Treibhaus großgezogen, die, ohne irgendwie die Produktivkräfte der Landwirtschaft zu entwickeln, am geeignetsten sind, den Diebstahl ihrer Früchte durch die unproduktiven Mittelsmänner zu erleichtern und zu beschleunigen. Er hat auf diese Weise zur Bereicherung eines neuen kapitalistischen Ungeziefers beigetragen, das der ohnehin geschwächten »Dorfgemeinde« die letzten Blutstropfen aussaugt.

… mit einem Wort, der Staat hat seinen Beistand zu einer voreiligen Entwicklung jener technischen und ökonomischen Mittel geliehen, die am geeignetsten waren, um die Ausbeutung des Ackerbauern, d.h. der größten Produktivkraft Rußlands, zu erleichtern und zu beschleunigen und die »neuen Stützen der Gesellschaft« zu bereichern.

5. Dieses Zusammenwirken zerstörender Einflüsse muß natürlich, wenn es nicht durch eine mächtige Gegenbewegung zerschlagen wird, zum Untergang der Dorfgemeinde führen.

Aber man fragt sich: Warum verschwören sich wissentlich alle diese Interessengruppen (einschließlich der unter der Vormundschaft des Staates stehenden großen Industrien), die bei dem jetzigen Zustand der Dorfgemeinde so gut auf ihre Kosten kommen, um die Henne zu töten, die ihnen goldene Eier legt? Eben darum, weil sie fühlen, daß »dieser jetzige Zustand« nicht mehr zu halten ist, daß infolgedessen die jetzige Methode, die Dorfgemeinde auszubeuten, nicht mehr zeitentsprechend ist. Schon hat sich das Elend des Ackerbauern auf die Erde übertragen, die unfruchtbar wird. Die guten Ernten werden durch Hungersnöte aufgewogen. Der Durchschnitt der letzten zehn Jahre offenbarte nicht nur eine stagnierende, sondern sogar rückläufige landwirtschaftliche Produktion. Schließlich muß Rußland zum erstenmal Getreide importieren, statt es zu exportieren. Es gilt also, keine Zeit mehr zu verlieren. Man muß dem ein Ende bereiten. Man muß die mehr oder weniger begüterte Minderheit der Bauern zu einer ländlichen Mittelklasse konstituieren und die Mehrheit der Bauern in gewöhnliche Proletarier verwandeln. Zu diesem Zweck bezeichnen die Wortführer der »neuen Stützen der Gesellschaft« die von ihnen selbst der Gemeinde geschlagenen Wunden als natürliche Symptome ihrer Altersschwäche.

Da so viel verschiedene Interessengruppen und besonders diejenigen der »neuen Stützen der Gesellschaft«, die unter der wohlwollenden Herrschaft Alexanders II. errichtet wurden, bei dem *jetzigen Zustand* der »Dorfgemeinde« auf ihre Kosten gekommen sind, warum verschwören sie sich wissentlich, um ihren Tod herbeizuführen? Warum bezeichnen ihre Wortführer die ihr geschlagenen Wunden als unwiderlegbare Beweise ihrer natürlichen Hinfälligkeit? Warum wollen sie ihre Henne mit den goldenen Eiern töten?

Einfach, weil die ökonomischen Tatsachen, deren Analyse mich zu weit führen würde, das Geheimnis enthüllt haben, *daß der jetzige Zustand der Gemeinde nicht mehr zu halten ist* und daß schon allein durch den notwendigen Gang der Dinge die augenblickliche Art, die Volksmassen auszubeuten, bald nicht mehr zeitentsprechend sein wird. Also ist etwas Neues notwendig, und dieses unter den verschiedensten Formen insinuierte Neue läuft immer auf folgendes hinaus: das Gemeineigentum abschaffen, die mehr oder weniger begüterte Minderheit der Bauern als ländliche Mittelklasse konstituieren und die große Mehrheit der Bauern in gewöhnliche Proletarier verwandeln.

Einerseits ist die »Dorfgemeinde« schon bis an den Rand des Untergangs gebracht, und andererseits liegt eine mächtige Verschwörergruppe auf der Lauer, um ihr den Todesstoß zu versetzen. Um die russische Gemeinde zu retten, ist eine russische Revolution nötig. Übrigens tun die politischen und gesellschaftlichen Machthaber ihr Bestes, um die Massen auf eine solche Katastrophe vorzubereiten.

Zur selben Zeit, da man die Gemeinde schröpft, sie martert, ihr

Land unfruchtbar macht und aussaugt, bezeichnen die literarischen Lakaien der »neuen Stützen der Gesellschaft« ironisch die Wunden, die man ihr geschlagen hat, als Symptome ihrer natürlich bedingten Altersschwäche. Man behauptet, daß sie eines natürlichen Todes sterbe und daß man gut daran täte, ihre Agonie abzukürzen. Hier handelt es sich nicht mehr um ein Problem, das es zu lösen gilt, hier handelt es sich einfach um einen Feind, der geschlagen werden muß. Um die russische Gemeinde zu retten, ist eine russische Revolution nötig. Übrigens tun die russische Regierung und die »neuen Stützen der Gesellschaft« ihr Bestes, um die Massen auf eine solche Katastrophe vorzubereiten. Wenn die Revolution zur rechten Zeit erfolgt, wenn sie alle ihre Kräfte konzentriert, um den freien Aufschwung der Dorfgemeinde zu sichern, wird diese sich bald als ein Element der Regeneration der russischen Gesellschaft und als ein Element der Überlegenheit über die vom kapitalistischen Regime versklavten Länder entwickeln.

[1] Vera Sassulitsch hatte sich am 16. Februar 1881 mit einem Brief an Marx gewandt und ihn gebeten, seine Ansicht über die Perspektiven der historischen Entwicklung Russlands und insbesondere über das Schicksal der russischen Dorfgemeinde zu äußern. Vera Sassulitsch schrieb, dass das »Kapital« in Russland große Popularität genieße, und dass es auch bei den Diskussionen der Revolutionäre über die Agrarfrage in Russland und über die Dorfgemeinde eine Rolle spiele. In ihrem Brief heißt es: »In letzter Zeit hörten wir oft sagen, daß die Dorfgemeinde eine archaische Form ist, die die Geschichte … zum Untergang verurteilt hat. Jene, die das prophezeien, nennen sich Ihre Schüler: ›Marxisten‹ … Sie verstehen also, Bürger, inwiefern uns Ihre Meinung zu dieser Frage interessiert und welchen großen Dienst Sie uns leisten würden, wenn Sie Ihre Ansichten über das mögliche Schicksal unserer Dorfgemeinde darlegten und über die Theorie der historischen Notwendigkeit, daß alle Länder der Welt alle Phasen der kapitalistischen Produktion durchlaufen.«

[Anmerkungen zur britischen Herrschaft in Irland][1]

[Brief an Ludwig Kugelmann vom 29. November 1869]

[...] Ich bin mehr und mehr zur Überzeugung gelangt – und es gilt nur, der englischen Arbeiterklasse diese Überzeugung einzubleuen –, daß sie niemals hier in England etwas Entscheidendes tun kann, bevor sie ihre Politik mit Bezug auf Irland nicht aufs bestimmteste von der Politik der herrschenden Klassen trennt, bis sie nicht nur gemeinschaftliche Sache mit den Irländern macht, sondern sogar die Initiative ergreift in der Auflösung der 1801 gestifteten Union[2] und ihrem Ersatz durch ein freies föderales Verhältnis. Und zwar muß dieses betrieben werden, nicht als Sache der Sympathie mit Irland, sondern als eine im Interesse des englischen Proletariats gegründete Forderung. Wenn nicht, so bleibt das englische Volk am Gängelband der herrschenden Klassen, weil *es* mit ihnen gemeinschaftlich Irland gegenüber Front machen muß. Jede seiner Bewegungen in England selbst bleibt gelähmt durch den Zwist mit den Irländern, die in England selbst einen sehr bedeutenden Teil der Arbeiterklasse bilden. Die *erste Bedingung* der Emanzipation hier – der Sturz der englischen Bodenoligarchie – bleibt unmöglich, denn der Posten hier kann nicht gestürmt werden, solange sie ihren stark verschanzten Vorposten in Irland behauptet. Dort aber, sobald die Sache in die Hände des irischen Volkes selbst gelegt, sobald es zu seinem eigenen Gesetzgeber und Regierer gemacht, sobald es autonom wird, ist die Vernichtung der Landaristokratie (zum großen Teil *dieselben Personen* wie die englischen landlords) unendlich leichter als hier, weil es in Irland nicht nur eine einfach ökonomische Frage, sondern zugleich eine *nationale* Frage, weil die landlords dort, nicht wie in England, die traditionellen Würdenträger und Vertreter, sondern die tödlich gehaßten Unterdrücker der Nationalität sind. Und nicht nur die innere soziale Entwicklung Englands bleibt gelähmt durch das jetzige Verhältnis zu Irland, auch seine auswärtige Politik, seine Politik namentlich mit Bezug auf Rußland und die Vereinigten Staaten Amerikas.

Da aber die englische Arbeiterklasse unbedingt das entscheidendste Gewicht in die Waagschale der sozialen Emanzipation überhaupt wirft, so gilt es hier den Hebel anzulegen. In der Tat, die englische Republik unter Cromwell scheiterte an – Irland.[3] Non bis in idem [Möge das nicht ein zweites Mal geschehen]! Die Irländer haben der englischen Regierung einen köstlichen Streich gespielt durch die Wahl des »convict felon« [»verurteilten Verbrechers«] O'Donovan Rossa zum Parlamentsglied. Bereits drohen die Regierungsblätter mit erneuter Aufhebung des Habeas Corpus Act, mit erneutem Schreckenssystem! In der Tat, England hat Irland nie anders regiert und *kann* es nie anders regieren, solang das jetzige Verhältnis fortdauert – außer durch die scheußlichste Schreckensherrschaft und durch die verwerflichste Korruption. [...]

[Brief an Friedrich Engels vom 10. Dezember 1869]

[...] Die Art, wie ich nächsten Dienstag die Sache vorbringen werde, ist die: daß, ganz abgesehn von aller »internationalen« und »humanen« *justice-for-Ireland*-Phrase – die sich im *international council* von selbst versteht –, es *das direkte, absolute Interesse der English Working Class ist*, **to get rid** *of their present connexion with Ireland.* Und dies ist meine vollste Überzeugung, und aus Gründen, die ich teilweis den englischen Arbeitern selbst *nicht* mitteilen kann. Ich habe lange geglaubt, es sei möglich, das irische Regime durch English Working Class ascendancy zu stürzen. Ich habe stets diese Ansicht in der *»New-York Tribune«* vertreten. Tieferes Studium hat mich nun vom Gegenteil überzeugt. Die englische working class wird *nie was ausrichten*, before it has got rid of Ireland. Der Hebel muß in Irland angelegt werden. Dadurch ist die irische question so wichtig für die soziale Bewegung überhaupt. [...]

[Brief an Sigfrid Meyer und August Vogt vom 9. April 1870]

[...] Ich bin nach jahrelanger Beschäftigung mit der irischen Frage zu dem Resultat gekommen, daß der entscheidende Schlag gegen die herrschenden Klassen in England (und er ist entscheidend für die Arbeiterbewegung all over the world) *nicht in England*, sondern *nur in Irland* geführt werden kann.

Am 1. Januar 1870 erließ der Generalrat ein geheimes, in französischer Sprache von mir verfaßtes Rundschreiben[1] – {für die Rückwirkung auf England sind nur die französischen, nicht die deutschen Blätter wichtig} – über das Verhältnis des irischen Nationalkampfs zur Emanzipation der Arbeiterklasse und daher über die Stellung, welche die Internationale Assoziation der irischen Frage gegenüber einzunehmen hat.

Ich gebe Euch hier nur ganz kurz die entscheidenden Punkte. Irland ist das bulwark [Bollwerk] der *englischen Grundaristokratie.* Die Ausbeutung dieses Landes ist nicht nur eine Hauptquelle ihres materiellen Reichtums. Es ist ihre größte *moralische* Macht. Sie repräsentieren in fact die *Herrschaft Englands über Irland.* Irland ist daher das grand moyen [große Mittel], wodurch die englische Aristokratie *ihre Herrschaft in England* selbst erhält.

Andrerseits: Zieht morgen die englische Armee und Polizei aus Irland fort, und Ihr habt sofort an agrarian revolution in Ireland. Der Sturz der englischen Aristokratie in Irland bedingt aber und hat notwendig zur Folge ihren Sturz in England. Damit wäre die Vorbedingung der proletarischen Revolution in England erfüllt. Weil in Irland die *Landfrage* bis jetzt die *ausschließliche Form* der sozialen Frage ist, weil sie eine Existenzfrage, eine *Frage von Leben oder Tod* für die immense Majorität des irischen Volks ist, weil sie zugleich unzertrennlich von der *nationalen* Frage ist, ist die Vernichtung der englischen Grundaristokratie in Irland eine unendlich leichtere Operation als in England selbst. Ganz abgesehn von dem leidenschaftlicheren und mehr revolutionären Charakter der Irländer als der Engländer.

Was die englische *Bourgeoisie* angeht, so hat sie d'abord [zunächst] mit der englischen Aristokratie das Interesse gemein, Irland in ein bloßes Weideland zu verwandeln, welches for the English market Fleisch und Wolle zu den möglichst billigen Preisen liefert. Sie hat dasselbe Interesse, die irische Bevölkrung auf eine so geringe Zahl durch eviction [Besitzwegnahme] und zwangsweise Emigration zu reduzieren, daß *englisches Kapital* (Pachtkapital) mit »security« in diesem Land funktionieren kann. Sie hat dasselbe Interesse in clearing the estate of Ireland [an der Lichtung der Güter in Irland], welches sie in the clearing of the agricultural districts of [an der Lichtung der landwirtschaftlichen Bezirke von] England und Scotland

1 »Der Generalrat an den Förderalrat der romanischen Schweiz«

hatte. Die 6000-10 000 £ Absentee- [englische Großgrundbesitzer, die nicht an ihren Gütern verweilten] und andrer irischen Revenuen, die jetzt jährlich nach London fließen, sind auch mitzunehmen.

Aber die englische Bourgeoisie hat noch viel wichtigere Interessen in der jetzigen irischen Wirtschaft. Irland liefert durch die beständig zunehmende Konzentration der Pachten beständig sein surplus für den englischen Labour market und drückt dadurch wages und materielle und moralische Position der English Working class herab.

Und das Wichtigste! Alle industriellen und kommerziellen Zentren Englands besitzen jetzt eine Arbeiterklasse, die in zwei *feindliche* Lager *gespalten* ist, englische proletarians und irische proletarians. Der gewöhnliche englische Arbeiter haßt den irischen Arbeiter als einen Konkurrenten, welcher den standard of life herabdrückt. Er fühlt sich ihm gegenüber als Glied der *herrschenden Nation* und macht sich eben deswegen zum Werkzeug seiner Aristokraten und Kapitalisten *gegen Irland*, befestigt damit deren Herrschaft *über sich selbst.* Er hegt religiöse, soziale und nationale Vorurteile gegen ihn. Er verhält sich ungefähr zu ihm wie die poor whites zu den niggers in den ehemaligen Sklavenstaaten der amerikanischen Union. Der Irländer pays him back with interest in his own money [zahlt ihm mit gleicher Münze zurück]. Er sieht zugleich in dem englischen Arbeiter den Mitschuldigen und das stupide Werkzeug der *englischen Herrschaft in Irland.*

Dieser Antagonismus wird künstlich wachgehalten und gesteigert durch die Presse, die Kanzel, die Witzblätter, kurz, alle den herrschenden Klassen zu Gebot stehenden Mittel. *Dieser Antagonismus* ist das *Geheimnis der Ohnmacht der englischen Arbeiterklasse*, trotz ihrer Organisation. Er ist das Geheimnis der Machterhaltung der Kapitalistenklasse. Letztre ist sich dessen völlig bewußt.

Das Übel hört hier nicht auf. Es wälzt sich über den Ozean fort. Der Antagonismus zwischen Engländern und Irländern ist die geheime Grundlage des Konflikts zwischen United States und England. Er macht jede ernste und aufrichtige Kooperation zwischen den Arbeiterklassen beider Länder unmöglich. Er erlaubt den Regierungen beider Länder, sooft sie es für gut halten, dem sozialen Konflikt die Pointe abzubrechen durch ihr mutual bullying [gegenseitiges Aufhetzen] und, in case of need [nötigenfalls], durch Krieg zwischen beiden Ländern.

England, als Metropole des Kapitals, als bis jetzt den Weltmarkt beherrschende Macht, ist einstweilen das wichtigste Land für die Arbeiterrevolution, dazu das *einzige* Land, wo die materiellen Bedingungen dieser Revolution bis zu einem gewissen Reifegrad entwickelt sind. Die soziale Revolution in England zu beschleunigen, daher der wichtigste Gegenstand der Internationalen Arbeiterassoziation. Das einzige Mittel sie zu beschleunigen, ist die Unabhängigkeitmachung Irlands. Daher Aufgabe der »International«, überall den Konflikt zwischen England und Irland in den Vordergrund zu stellen, überall für Irland offen Partei zu nehmen. Die spezielle Aufgabe des Zentralrats in London, das Bewußtsein in der englischen Arbeiterklasse wachzurufen, daß die *nationale Emanzipation Irlands für sie* keine question of abstract justice or humanitarian sentiment ist, sondern *the first condition of their own social emancipation.* [...]

[1] Irland wurde 1801 dem Königreich Großbritannien angeschlossen. Die spätere Republik Irland erlangte die Unabhängigkeit erst 1921.

[2] Die Anglo-Irische Union wurde von der englischen Regierung nach der Niederschlagung des irischen Aufstands von 1798 Irland aufgezwungen. Die Union, die am 1. Januar 1801 in Kraft trat, beseitigte die letzten Spuren der Autonomie Irlands und löste das irische Parlament auf. Die Forderung nach Aufhebung der Union wurde seit den 1820er Jahren zur populärsten Losung in Irland.

[3] Im Oktober 1641, am Vorabend der englischen bürgerlichen Revolution, brach in Irland ein nationaler Aufstand aus, der fast dazu geführt hätte, dass der größere Teil der Insel völlig von England abfiel. Dieser Aufstand wurde 1649-1652 von Oliver Cromwell unterdrückt. »Die Befriedung« Irlands erfolgte mit ungewöhnlicher Grausamkeit und endete mit einer massenweisen Expropriation zugunsten der neuen englischen Landlords. Das stärkte die Position der bourgeoisen Großgrundbesitzer in England und bereitete den Boden für die Wiedererrichtung der Monarchie 1660.

Teil 6: Politische Schriften

Politische Theorie und Soziologie im Handgemenge
(Einführung der Herausgeber)

Für Marx war die Abstraktion eine notwendige Bedingung des wissenschaftlichen Denkens, aber er konnte sich mit großer Leidenschaft ebenso in die konkreten Auseinandersetzungen und deren Analyse stürzen. Besonders spannend wird es dann, wenn Marx die Wucht politischer Konflikte mit dem Besteck seines theoretischen Grundverständnisses deutet. Dies führt ihn zu einer praxistauglichen Differenzierung und Operationalisierung seiner Begriffe, insbesondere wenn es um die Sozialstruktur und die Rolle von Ideologien geht. In den sogenannten Frankreichschriften, *Die Klassenkämpfe in Frankreich 1848-1850*, *Der achtzehnte Brumaire des Louis Bonaparte* und *Der Bürgerkrieg in Frankreich*, entwickelt er eine gleichermaßen konkrete wie geschichtstheoretische Analyse, die bis heute ihresgleichen sucht. Im Wesentlichen handelt es sich um Analysen der Prozesse von Revolution und Gegenrevolution sowie der Rolle des Staates. Marx hält sich in diesen Schriften mit dem zum Teil politischer Reduktion und analytischer Abstraktion geschuldeten Modell zweier antagonistischer Großklassen nicht länger auf. Seine materiale Analyse von Klassenkämpfen, (bürgerlichen) Revolutionen und Konterrevolutionen situiert das Geschehen vielmehr in einer Matrix von Klassenfraktionen, die jeweils eigene Interessen verfolgen und Ideen artikulieren; kurz: Marx entwickelt einen soziologischen Begriff von Politik.[1] In den Frankreichschriften unterscheidet er bis zu acht Klassen bzw. Klassenfraktionen: Finanzaristokratie, industrielle und kleine Bourgeosie,

1 Auch in seiner reiferen politischen Ökonomie verfolgt Marx kein Zweiklassenschema. Er ist sich völlig im Klaren darüber, das seine Klassengesellschaft zeitweilig auch eine Dynamik der Differenzierung erhält: »Was er [David Ricardo] vergißt hervorzuheben, [ist] die beständige Vermehrung der zwischen workmen auf der einen Seite, Kapitalist und landlord auf der andren Seite, in der Mitte stehenden und sich in stets größrem Umfang, großenteils von der Revenue direkt fed [ernährenden] Mittelklassen, die als eine Last auf der working [arbeitenden] Unterlage lasten und die soziale Sicherheit und Macht der upper ten thousand vermehren.« Karl Marx, »Ricardos Miscellanea«, in: *Theorien über den Mehrwert. Zweiter Teil. Marx-Engels-Werke* (MEW), Bd. 26.2, Berlin 1967, S. 548-588, hier S. 576.

Großgrundbesitzer, Bauer, Proletariat, Lumpenproletariat – und Intellektuelle.[2] Aber auch das – für heutige politische Verhältnisse nicht unbedeutende – Verhältnis von Stadt und Land fließt mit in die Analysen ein. Die Frankreichschriften, insbesondere der *Achtzehnte. Brumaire*, haben gerade durch ihre Multidisziplinarität – Marx argumentiert soziologisch, philosophisch, historisch und natürlich politisch – großen Einfluss auf die spätere Forschung ausgeübt. Die scharfsinnige und differenzierte klassenanalytische Deutung politischer Geschehnisse inspirierte später marxistische Historiker wie etwa Albert Soboul und Christopher Hill zu ihren viel beachteten Werken über die Englische bzw. Französische Revolution.[3]

Das Wechselspiel von systematischer begrifflicher Entschlüsselung der bürgerlichen Gesellschaft und konkreter Politikanalyse ist charakteristisch für Marx' gesamtes Werk, schließlich war er zeit seines Lebens auch ein politischer Akteur. Die kühle Distanz, die manche Sozialwissenschaftler sich auferlegen, um ihre vermeintliche Leidenschaftslosigkeit als Beobachter zu demonstrieren, wäre Marx' Sache nicht gewesen. Er analysierte und kommentierte mit großem Temparement – seine Kritik fand stets, wie er selbst formulierte, »im Handgemenge«[4] statt. Der teilnehmende Gehalt der Analyse wird kaum verhehlt; er ist auch nicht verwunderlich, wenn man einen Blick auf Marx' Biographie wirft: Die preußische Regierung hatte ihn 1845 ausgewiesen und ihm die Staatsbürgerschaft entzogen; auch aus Brüssel und Paris wurde er vertrieben, bis er sich 1849 als Staatenloser in London niederließ. Er war ein Aktivist der Revolution 1848 in der Rheinprovinz und gehörte sein Leben lang sozialistischen Bewegungen an.[5]

2 Karl Marx, »Die Klassenkämpfe in Frankreich 1848-1850«, in: MEW, Bd. 7, Berlin 1960, S. 12-107. Karl Marx, »Der achtzehnte Brumaire des Louis Bonaparte«, in: MEW, Bd. 8, Berlin 1960, S. 111-207; Karl, Marx, »Der Bürgerkrieg in Frankreich«, in: MEW, Bd. 17, Berlin 1962, S. 313-365.

3 Albert Soboul, *Französische Revolution und Volksbewegung: die Sansculotten: Die Sektionen von Paris im Jahre II*, herausgegeben von Walter Markov, Frankfurt/M. 1978; Christopher Hill, *The World Turned Upside Down: Radical Ideas During the English Revolution*, London 1984.

4 Karl Marx, »Zur Kritik der Hegelschen Rechtsphilosophie«, in: MEW, Bd. 1, Berlin 1981, S. 378-391, hier S. 381.

5 August H. Nimtz, *Marx and Engels. Their Contribrution to the Democratic Breakthrough*, New York 2000.

In *Die Klassenkämpfe in Frankreich* analysiert Marx die komplizierte Gemengelage nach der Revolution 1848, die schließlich in der Konterrevolution im Juni desselben Jahres gipfelte. Für die heutigen Leser ist dieser Text insofern aufschlussreich, als sich die Februarrevolution gegen die von Marx so genannte *Finanzaristrokratie* erhob, bestehend vor allem aus Bankern und Börsenspekulanten, die von der Staatsverschuldung profitierten. Die Finanzaristokratie, für Marx eine Unterfraktion der Bourgeoisie, stand in ihren Interessen und ihrer Verwobenheit mit dem Staat im Konflikt mit der industriellen Bourgeoisie. Dieser Konflikt trieb die Revolution voran. Marx beobachtet im Gesamtprozess der Revolution außerdem einen Verlauf, der viele Revolutionen und soziale Bewegungen seither kennzeichnete: Er nannte die Februarrevolution 1848 eine »*schöne* Revolution, die Revolution der allgemeinen Sympathie«,[6] da die sozialen Gegensätze, die schließlich in der »häßlichen«[7] Junirevolution aufeinanderprallen sollten, noch nicht voll entwickelt waren. Er analysiert dies jedoch nicht als eine Art ehernes Gesetz sozialer Bewegungen, sondern im Lichte der Entwicklung der Produktivkräfte, die ausschlaggebend für ein bestimmtes Kräfteverhältnis zwischen den Klassen gewesen sei. Schließlich sei der »Kampf des industriellen Lohnarbeiters gegen den industriellen Bourgeois« nur »ein partielles Faktum«,[8] das revolutionäre Potenzial also noch nicht ausreichend entwickelt gewesen.

Die Schrift *Der achtzehnte Brumaire des Louis Bonaparte* knüpft chronologisch unmittelbar daran an. Sie behandelt den Staatsstreich von Napoleons Neffen, der nach den Jahren der Klassenkämpfe die Macht an sich reißen und die Demokratie beseitigen konnte. *Der achtzehnte Brumaire* gehört zu den literarisch schwungvollsten Texten von Marx. Er untersucht darin Revolution und Konterrevolution in geschichts- und verfassungstheoretischer Perspektive.[9] Louis Bonaparte symbolisiert in Marx' Augen nicht unmittelbar das Klasseninteresse der Bourgeoisie, sondern den autoritär erzwungenen Klassenkompromiss. Die Schrift liest sich aus heutiger Sicht ein wenig wie ein Kommentar auf den rechten Populismus

6 Marx, »Die Klassenkämpfe in Frankreich«, S. 32.

7 Ebd.

8 Ebd., S. 20.

9 Hauke Brunkhorst, »Kommentar«, in: Karl Marx, *Der achtzehnte Brumaire des Louis Bonaparte*, Frankfurt/M. 2003, S. 133-328.

eines Donald Trump. Denn in der von Marx analysierten Farce des Weges zur Macht gelingt es einer »mittelmäßigen und grotesken Personage das Spiel der Heldenrolle« zu spielen.[10] Bonaparte konnte seine Macht auf der sozialen Basis der Parzellenbauern und ihrem gesellschaftlich fragmentierten Dasein aufbauen: Sie seien

> unfähig, ihr Klasseninteresse im eigenen Namen, sei es durch ein Parlament, sei es durch einen Konvent geltend zu machen. Sie können sich nicht vertreten, sie müssen vertreten werden. Ihr Vertreter muß zugleich als ihr Herr, als eine Autorität über ihnen erscheinen, als eine unumschränkte Regierungsgewalt, die sie vor den andern Klassen beschützt und ihnen von oben Regen und Sonnenschein schickt.[11]

Was für Bonaparte die Parzellenbauern, das waren für Trump die Bewohner der deindustrialisierten Landstriche.

Der Bürgerkrieg in Frankreich schließlich ist der Schlussakkord der Frankreichschriften. Die Ereignisse und die Betrachtung führen in das Jahr 1871, in die Zeit der Niederlage Frankreichs im Deutsch-Französischen Krieg. Dieser Moment der Schwäche und die damit verbundenen Konflikte bilden den Hintergrund eines Aufstandes der Arbeiterklasse von Paris, den Marx mit Begeisterung, aber nicht ohne analytische Tiefenbohrung kommentiert. Er zelebriert die demokratische Selbstverwaltung der Kommune als »Vorboten einer neuen Gesellschaft«.[12] Die Euphorie ist verständlich, wenn man bedenkt, dass der tatsächliche Akt einer proletarischen Revolution von Marx nur am Himmel der Imagination zu sehen war und sich diese Vorstellung in seinen Augen nun durch das Handeln der Arbeiterinnen (diese werden in ihrer aktiven Rolle besonders hervorgehoben) und Arbeiter von Paris konkretisierte – er spricht emphatisch von der »endlich entdeckte[n] politische[n] Form, unter der die ökonomische Befreiung der Arbeit sich vollziehen konnte«.[13] In dieser Hinsicht ist dieser Text folgenreich für die Theoriegeschichte des Marxismus und sogar den Verlauf der Weltgeschichte. Die Analyse von Macht, Staatsstruktur und Revolution durch Marx diente Lenin als Vorlage zur Ausarbeitung seiner Schrift *Staat und Revolution*, die als Syntax der russischen Oktoberrevolution gelten kann.

10 Karl Marx, »Vorwort zur 2. Ausgabe (1869) ›Der 18. Brumaire des Louis Bonaparte‹«, in: MEW, Bd. 16, Berlin 1962, S. 358-360, hier S. 359.

11 Marx, »Der achtzehnte Brumaire«, S. 198 f.

12 Marx, »Der Bürgerkrieg in Frankreich«, S. 362.

13 Ebd., S. 342.

Von ganz anderem Charakter sind die letzten vier in den vorliegenden Band aufgenommenen Texte. Handelt es sich bei den Frankreichschriften um eine Form der politischen Soziologie, gehören diese eher zur Gattung der normativen politischen Theorie. Vor allem *Zur Judenfrage* und *Kritik des Gothaer Parteiprogramms* behandeln Grundfragen der normativen Ordnungen moderner bürgerlicher Gesellschaften: Menschenrechte, Emanzipation und Gerechtigkeit. Marx war ein radikaler Humanist, dessen Ziel die Schaffung einer Welt freier Menschen war. Jegliche Hoffnung auf ein sentimentales Unterhaken mit dem Bürgertum und seinen Werten enttäuscht er aber mit größtmöglicher analytischer und rhetorischer Schärfe. Schließlich läßt er in diesen Schriften, mal mehr, mal weniger explizit, seine Vorstellungen der normativen Ordnung späterer kommunistischer Gesellschaften aufblitzen. Und an diesem Lot gemessen, liegt die bürgerliche Gesellschaft schlichtweg schief.

Vor allem *Zur Judenfrage* gehört zu den meistdiskutierten, wenngleich auch kontroversesten Texten von Marx und wird immer wieder auch in zeitgenössischen Analysen zustimmend aufgenommen.[14] Darin setzt sich Marx mit der Frage der allgemeinen Menschenrechte, den Formen der Staatsbürgerschaft und ihrer emanzipativen Funktion auseinander. Mit großer Unerbittlichkeit geht er gegen die beschränkte Emanzipation des vermeintlichen Universalismus von Menschen- und Bürgerrechten vor, in dessen Rahmen Citizenship im Sinne individueller Freiheitsrechte ausgelegt wird – und damit ein bloßes Element der bürgerlichen Gesellschaft bleibt: »Keines der sogenannten Menschenrechte geht also über den egoistischen Menschen hinaus, über den Menschen, wie er Mitglied der bürgerlichen Gesellschaft, nämlich auf sich, auf sein Privatinteresse und seine Privatwillkür zurückgezogenes und vom Gemeinwesen abgesondertes Individuum ist.«[15] Allerdings ist die Schonungslosigkeit der Polemik beträchtlich. Als Antwort auf einen Text von Bruno Bauer mit dem Titel *Die Judenfrage* verfasst, behandelt Marx, der einer jüdischen Familie entstammte (der Großvater war Rabbiner, der Vater war aus politischen Gründen

14 Z.B. von Stathis Kouvelakis, »The Marxian Critique of Citizenship. For a Rereading of On the Jewish Question«, in: *The South Antlantic Quarterly* 104/4 (2005), S. 707-721; Christoph Menke, *Kritik der Rechte*, Berlin 2015.

15 Karl Marx, »Zur Judenfrage«, in: MEW, Bd. 1, Berlin 1981, S. 347-377, hier S. 366.

zum protestantischen Christentum konvertiert), das Judentum mit solch polemischer Schärfe, dass der Text häufig auch als Beleg für einen linken Antisemitismus herangezogen wird.

Wie sehr Marx auch gegen Ende seines Lebens der praktischen Politik verbunden blieb, zeigt seine *Kritik des Gothaer Parteiprogramms* gleich in doppelter und paradoxer Weise. Anlässlich der Gründung der *Sozialistischen Arbeiterpartei Deutschlands* (SAPD) kritisierte Marx ihr Programmdokument äußerst scharf. Insbesondere die laxen Formulierungen, die aus der Feder seines Gegners Ferdinand Lasalle stammten, waren ihm ein Dorn im Auge. Er hielt sie für zu bürgerlich und reformistisch bezüglich der Staatsauffassung; vor allem waren sie ihm in der Regel analytisch zu ungenau. Die einfache Forderung nach gleichem Recht und sozialer Gerechtigkeit weist Marx als illusionär zurück. Denn das gleiche Recht sei »ungleiches Recht für ungleiche Arbeit [...]. Es ist daher ein Recht der Ungleichheit, seinem Inhalt nach, wie alles Recht.«[16] Stattdessen müsste das »Recht, statt gleich, vielmehr ungleich sein«.[17] Doch trotz der Härte und Grundsätzlichkeit lässt Marx das Dokument, wissend um seine Autorität in der sozialistischen Bewegung, unveröffentlicht. Er will die Entstehung einer gesamtdeutschen Arbeiterpartei nicht misslingen sehen.

Dieser Teil wird abgerundet durch den Text *Privateigentum und Kommunismus*, eine der seltenen Passagen, in denen Marx sich explizit mit der Vorstellung einer alternativen Gesellschaftsordnung auseinandersetzt und den Begriff »Kommunismus« als Antithese zu einer auf Privateigentum fußenden Gesellschaftsordnung entwickelt. Die *Inauguraladresse der Internationalen Arbeiter-Assoziation* ist ein kurzes Statement anlässlich der Gründung jener Vereinigung. Sie enthält interessante Aussagen zum Genossenschaftswesen. »Der Wert dieser großen Experimente kann nicht überschätzt werden«,[18] schreibt Marx. Er argumentiert dann aber doch, dass diese Versuche unfähig seien, die Monopolisierung zu bremsen und somit die Lebens- und Arbeitsbedingungen in der Breite zu verbessern.[19]

16 Karl Marx, »Kritik des Gothaer Programms«, in: MEW, Bd. 19, Berlin 1987, S. 15-32, hier S. 21.

17 Ebd.

18 Karl Marx, »Inauguraladresse der Internationalen Arbeiter-Assoziation«, in: MEW, Bd. 16, Berlin 1962, S. 1-13, hier S. 11.

19 Ebd., S. 12.

Die Primärtexte in diesem Teil

Bei dem Text *Zur Judenfrage* (MEW, Bd. 1, S. 347-377, gekürzt) handelt es sich um eine ausführliche Rezension des gleichnamigen Artikels des Theologen und Philosophen Bruno Bauer, verfasst 1843 und veröffentlicht 1844 in den *Deutsch-Französischen Jahrbüchern.*

Die Klassenkämpfe in Frankreich 1848 bis 1850 (Auszüge; MEW, Bd. 7, S. 9-107), verfasst 1850 und im selben Jahr in der *Neuen Rheinischen Zeitung* veröffentlicht.

Der achtzehnte Brumaire des Louis Bonaparte (Auszüge; MEW, Bd. 8, S. 111-207), verfasst 1851/52, erstmals veröffentlicht im Mai 1852 in der in New York erschienenen Zeitschrift *Die Revolution. Eine Zeitschrift in zwanglosen Heften.*

Der Bürgerkrieg in Frankreich (Auszüge; MEW, Bd. 17, S. 313-365), verfasst im Frühjahr 1871, erstmals veröffentlicht als englische Broschüre im Juni 1871 in London. Der Text ist untertitelt mit: *An die Mitglieder der Internationalen Arbeiterassoziation in Europa und den Vereinigten Staaten.*

Kritik des Gothaer Parteiprogramms (im Original *Randglossen zum Programm der deutschen Arbeiterpartei*, MEW, Bd. 19, S. 15-32), verfasst 1875 und zunächst nur unter ausgewählten führenden Vertreterinnen und Vertretern der *Sozialistischen Arbeiterpartei Deutschlands* (SAPD) gestreut; veröffentlicht 1891 durch Engels in der Zeitschrift *Die neue Zeit.*

Privateigentum und Kommunismus (MEW, Bd. 40, S. 533-546), Passage aus den sogenannten *Ökonomisch-philosophischen Manuskripten.* Verfasst 1844 und erst in der ersten Hälfte des 20. Jahrhunderts wiederentdeckt und veröffentlicht.

Inauguraladresse der Internationalen Arbeiter-Assoziation (MEW, Bd. 16, S. 5-13), von Marx anlässlich der Gründung jener Vereinigung 1864 verfasst und im selben Jahr u. a. in der Zeitschrift *Social-Demokrat* veröffentlicht.

Zur Judenfrage

I Bruno Bauer: »Die Judenfrage«. Braunschweig 1843

Die deutschen Juden begehren die Emanzipation. Welche Emanzipation begehren sie? Die *staatsbürgerliche*, die *politische* Emanzipation.

Bruno Bauer antwortet ihnen: Niemand in Deutschland ist politisch emanzipiert. Wir selbst sind unfrei. Wie sollen wir euch befreien? Ihr Juden seid *Egoisten*, wenn ihr eine besondere Emanzipation für euch als Juden verlangt. Ihr müßtet als Deutsche an der politischen Emanzipation Deutschlands, als Menschen an der menschlichen Emanzipation arbeiten und die besondere Art eures Drucks und eurer Schmach nicht als Ausnahme von der Regel, sondern vielmehr als Bestätigung der Regel empfinden.

Oder verlangen die Juden Gleichstellung mit den *christlichen Untertanen*? So erkennen sie den *christlichen Staat* als berechtigt an, so erkennen sie das Regiment der allgemeinen Unterjochung an. Warum mißfällt ihnen ihr spezielles Joch, wenn ihnen das allgemeine Joch gefällt! Warum soll der Deutsche sich für die Befreiung der Juden interessieren, wenn der Jude sich nicht für die Befreiung des Deutschen interessiert?

Der *christliche* Staat kennt nur *Privilegien.* Der Jude besitzt in ihm das Privilegium, Jude zu sein. Er hat als Jude Rechte, welche die Christen nicht haben. Warum begehrt er Rechte, welche er nicht hat und welche die Christen genießen!

Wenn der Jude vom christlichen Staat emanzipiert sein will, so verlangt er, daß der christliche Staat sein *religiöses* Vorurteil aufgebe. Gibt er, der Jude, *sein* religiöses Vorurteil auf? Hat er also das Recht, von einem andern diese Abdankung der Religion zu verlangen?

Der christliche Staat kann *seinem Wesen* nach den Juden nicht emanzipieren; aber, setzt Bauer hinzu, der Jude kann seinem Wesen nach nicht emanzipiert werden. Solange der Staat christlich und der Jude jüdisch ist, sind beide ebensowenig fähig, die Emanzipation zu verleihen als zu empfangen.

Der christliche Staat kann sich nur in der Weise des christlichen Staats zu dem Juden verhalten, das heißt auf privilegierende Weise, indem er die Absonderung des Juden von den übrigen Untertanen gestattet, ihn aber den Druck der andern abgesonderten Sphären empfinden und um so nachdrücklicher empfinden läßt, als der Jude im *religiösen* Gegensatz zu der herrschenden Religion steht. Aber auch der Jude kann sich nur jüdisch zum Staat verhalten, das heißt zu dem Staat als einem Fremdling, indem er der wirklichen Nationalität seine chimärische Nationalität, indem er dem wirklichen Gesetz sein illusorisches Gesetz gegenüberstellt, indem er zur Absonderung von der Menschheit sich berechtigt wähnt, indem er prinzipiell keinen Anteil an der geschichtlichen Bewegung nimmt, indem er einer Zukunft harrt, welche mit der allgemeinen Zukunft des Menschen nichts gemein hat, indem er sich für ein Glied des jüdischen Volkes und das jüdische Volk für das auserwählte Volk hält.

Auf welchen Titel hin begehrt ihr Juden also die Emanzipation? Eurer Religion wegen? Sie ist die Todfeindin der Staatsreligion. Als Staatsbürger? Es gibt in Deutschland keine Staatsbürger. Als Menschen? Ihr seid keine Menschen, sowenig als die, an welche ihr appelliert.

Bauer hat die Frage der Judenemanzipation neu gestellt, nachdem er eine Kritik der bisherigen Stellungen und Lösungen der Frage gegeben. Wie, fragt er, sind sie *beschaffen*, der Jude, der emanzipiert werden, der christliche Staat, der emanzipieren soll? Er antwortet durch eine Kritik der jüdischen Religion, er analysiert den *religiösen* Gegensatz zwischen Judentum und Christentum, er verständigt über das Wesen des christlichen Staates, alles dies mit Kühnheit, Schärfe, Geist, Gründlichkeit in einer ebenso präzisen als kernigen und energievollen Schreibweise.

Wie also löst Bauer die Judenfrage? Welches das Resultat? Die Formulierung einer Frage ist ihre Lösung. Die Kritik der Judenfrage ist die Antwort auf die Judenfrage. Das Resumé also folgendes:

Wir müssen uns selbst emanzipieren, ehe wir andere emanzipieren können.

Die starrste Form des Gegensatzes zwischen dem Juden und dem Christen ist der *religiöse* Gegensatz. Wie löst man einen Gegensatz? Dadurch, daß man ihn unmöglich macht. Wie macht man einen *religiösen* Gegensatz unmöglich? Dadurch, daß man die *Religion aufhebt.* Sobald Jude und Christ ihre gegenseitigen Religionen nur mehr als *verschiedene Entwicklungsstufen des menschlichen Geistes*, als verschiedene von der *Geschichte* abgelegte Schlangenhäute und den *Menschen* als die Schlange erkennen, die sich in ihnen gehäutet, stehn sie nicht mehr in einem religiösen, sondern nur noch in einem kritischen, *wissenschaftlichen*, in einem menschlichen Verhältnisse. Die *Wissenschaft* ist dann ihre Einheit. Gegensätze in der Wissenschaft lösen sich aber durch die Wissenschaft selbst.

Dem *deutschen* Juden namentlich stellt sich der Mangel der politischen Emanzipation überhaupt und die prononcierte Christlichkeit des Staats gegenüber. In Bauers Sinn hat jedoch die Judenfrage eine allgemeine, von den spezifisch deutschen Verhältnissen unabhängige Bedeutung. Sie ist die Frage von dem Verhältnis der Religion zum Staat, von dem *Widerspruch der religiösen Befangenheit und der politischen Emanzipation.* Die Emanzipation von der Religion wird als Bedingung gestellt, sowohl an den Juden, der politisch emanzipiert sein will, als an den Staat, der emanzipieren und selbst emanzipiert sein soll.

Gut, sagt man, und der Jude sagt es selbst, der Jude soll auch nicht als Jude, nicht weil er Jude ist, nicht weil er ein so treffliches allgemein menschliches Prinzip der Sittlichkeit hat, emanzipiert werden, der *Jude* wird vielmehr selbst hinter dem *Staatsbürger* zurücktreten und *Staatsbürger* sein, trotzdem daß er Jude ist und Jude bleiben soll; d. h., er ist und bleibt *Jude*, trotzdem daß er *Staatsbürger* ist und in allgemeinen menschlichen Verhältnissen lebt: Sein jüdisches und beschränktes Wesen trägt immer und zuletzt über seine menschlichen und politischen Verpflichtungen den Sieg davon. Das *Vorurteil* bleibt, trotzdem daß es von *allgemeinen* Grundsätzen überflügelt ist. Wenn es aber bleibt, so überflügelt es vielmehr alles andere.

Nur sophistisch, dem Scheine nach, würde der Jude im Staatsleben Jude bleiben können; der bloße Schein würde also, wenn er Jude bleiben wollte, das Wesentliche sein und den Sieg davontragen, d. h., sein *Leben im Staat* würde nur Schein oder nur momentane Ausnahme gegen das Wesen und die Regel sein. (»Die Fähigkeit der heutigen Juden und Christen, frei zu werden.« »Einundzwanzig Bogen«, p. 57.)

Hören wir andrerseits, wie Bauer die Aufgabe des Staats stellt.

Frankreich,

heißt es,

hat uns neuerlich [Verhandlungen der Deputiertenkammer vom 26. Dezember 1840] in bezug auf die Judenfrage – sowie in allen andern *politischen* Fragen beständig – den Anblick eines Lebens gegeben, welches frei ist, aber seine Freiheit im Gesetz revoziert, also auch für einen Schein erklärt und auf der andern Seite sein freies Gesetz durch die Tat widerlegt. (»Judenfrage«, p. 64.)

Die allgemeine Freiheit ist in Frankreich noch nicht Gesetz, die *Judenfrage auch* noch *nicht* gelöst, weil die gesetzliche Freiheit – daß alle Bürger gleich sind – im Leben, welches von den religiösen Privilegien noch beherrscht und zerteilt ist, beschränkt wird und diese Unfreiheit des Lebens auf das Gesetz zurückwirkt und dieses zwingt, die Unterscheidung der an sich freien Bürger in Unterdrückte und Unterdrücker zu sanktionieren. (p. 65.)

Wann also wäre die Judenfrage für Frankreich gelöst?

Der Jude z. B. müßte aufgehört haben, Jude zu sein, wenn er sich durch sein Gesetz nicht verhindern läßt, seine Pflichten gegen den Staat und seine Mitbürger zu erfüllen, also z. B. am Sabbat in die Deputiertenkammer geht und an den öffentlichen Verhandlungen teilnimmt. Jedes *religiöse Privilegium* überhaupt, also auch das Monopol einer bevorrechteten Kirche, müßte aufgehoben, und wenn einige oder mehrere oder *auch die überwiegende Mehrzahl noch religiöse Pflichten glaubten erfüllen zu müssen*, so müßte diese Erfüllung als eine *reine Privatsache ihnen selbst* überlassen sein. (p. 65.)

Es gibt keine Religion mehr, wenn es keine privilegierte Religion mehr gibt. Nehmt der Religion ihre ausschließende Kraft, und sie existiert nicht mehr. (p. 66.)

So gut, wie Herr Martin du Nord in dem Vorschlag, die Erwähnung des Sonntags im Gesetze zu unterlassen, den Antrag auf die Erklärung sah, daß das Christentum aufgehört habe, zu existieren, mit demselben Rechte (und dies Recht ist vollkommen begründet) würde die Erklärung, daß das Sabbatgesetz für den Juden keine Verbindlichkeit mehr habe, die Proklamation der Auflösung des Judentums sein. (p. 71.)

Bauer verlangt also einerseits, daß der Jude das Judentum, überhaupt der Mensch die Religion aufgebe, um *staatsbürgerlich* emanzipiert zu werden. Andrerseits gilt ihm konsequenterweise die *politische* Aufhebung der Religion für die Aufhebung der Religion schlechthin. Der Staat, welcher die Religion voraussetzt, ist noch kein wahrer, kein wirklicher Staat.

Allerdings gibt die religiöse Vorstellung dem Staat Garantien. Aber welchem Staat? *Welcher Art des Staates?* (p. 97.)

An diesem Punkt tritt die *einseitige* Fassung der Judenfrage hervor.

Es genügte keineswegs zu untersuchen: Wer soll emanzipieren? Wer soll emanzipiert werden? Die Kritik hatte ein Drittes zu tun. Sie mußte fragen: *Von welcher Art der Emanzipation* handelt es sich? Welche Bedingungen sind im Wesen der verlangten Emanzipation begründet? Die Kritik der *politischen Emanzipation* selbst war erst die schließliche Kritik der Judenfrage und ihre wahre Auflösung in die *»allgemeine Frage der Zeit«*.

Weil Bauer die Frage nicht auf diese Höhe erhebt, verfällt er in Widersprüche. Er stellt Bedingungen, die nicht im Wesen der *politischen* Emanzipation selbst begründet sind. Er wirft Fragen auf, welche seine Aufgabe nicht enthält, und er löst Aufgaben, welche seine Frage unerledigt lassen. Wenn Bauer von den Gegnern der Judenemanzipation sagt: »Ihr Fehler war nur der, daß sie den christlichen Staat als den einzig wahren voraussetzten und nicht derselben Kritik unterwarfen, mit der sie das Judentum betrachteten« (p. 3), so finden wir Bauers Fehler darin, daß er *nur* den »christlichen Staat«, nicht den »Staat schlechthin« der Kritik unterwirft, daß er *das Verhältnis der politischen Emanzipation zur menschlichen Emanzipation* nicht untersucht und daher Bedingungen stellt, welche nur aus einer unkritischen Verwechslung der politischen Emanzipation mit der allgemein menschlichen erklärlich sind. Wenn Bauer die Juden fragt: Habt ihr von eurem Standpunkt aus das Recht, die *politische Emanzipation* zu begehren? so fragen wir umgekehrt: Hat der Standpunkt der *politischen* Emanzipation das Recht, vom Juden die Aufhebung des Judentums, vom Menschen überhaupt die Aufhebung der Religion zu verlangen?

Die Judenfrage erhält eine veränderte Fassung, je nach dem Staate, in welchem der Jude sich befindet. In Deutschland, wo kein politischer Staat, kein Staat als Staat existiert, ist die Judenfrage eine rein *theologische* Frage. Der Jude befindet sich im *religiösen* Gegensatz zum Staat, der das Christentum als seine Grundlage bekennt. Dieser Staat ist Theologe *ex professo*. Die Kritik ist hier Kritik der Theologie, zweischneidige Kritik, Kritik der christlichen, Kritik der jüdischen Theologie. Aber so bewegen wir uns immer noch in der Theologie, sosehr wir uns auch *kritisch* in ihr bewegen mögen.

In Frankreich, in dem *konstitutionellen* Staat, ist die Judenfrage die Frage des Konstitutionalismus, die Frage von der *Halbheit der politischen Emanzipation*. Da hier der *Schein* einer Staatsreligion, wenn auch in einer nichtssagenden und sich selbst widersprechenden Formel, in der Formel einer *Religion der Mehrheit* beibehalten ist, so behält das Verhältnis der Juden zum Staat den *Schein* eines religiösen, theologischen Gegensatzes.

Erst in den nordamerikanischen Freistaaten – wenigstens in einem Teil derselben – verliert die Judenfrage ihre *theologische* Bedeutung und wird zu einer wirklich *weltlichen* Frage. Nur wo der politische Staat in seiner vollständigen Ausbildung existiert, kann das Verhältnis des Juden, überhaupt des religiösen Menschen, zum politischen Staat, also das Verhältnis der Religion zum Staat, in seiner Eigentümlichkeit, in seiner Reinheit heraustreten. Die Kritik dieses Verhältnisses hört auf, theologische Kritik zu sein, sobald der Staat aufhört, auf *theologische* Weise sich zur Religion zu verhalten, sobald er sich als Staat, d. h. *politisch*, zur Religion verhält. Die Kritik wird dann zur *Kritik des politischen Staats.* An diesem Punkt, wo die Frage aufhört, *theologisch* zu sein, hört Bauers Kritik auf, kritisch zu sein.

Il n'existe aux Etats-Unis ni religion de l'Etat, ni religion déclarée celle de la majorité ni prééminence d'un culte sur un autre. L'Etat est étranger à tous les cultes. [In den Vereinigten Staaten gibt es weder eine Staatsreligion noch eine offizielle Religion der Mehrheit, noch den Vorrang eines Kults über den anderen. Der Staat befaßt sich mit keinem der Kulte.] (Marie ou l'esclavage aux Etats-Unis etc., par G. de Beaumont. Paris 1835, p. 214.)

Ja es gibt einige nordamerikanische Staaten, wo

la constitution n'impose pas les croyances religieuses et la pratique d'un culte comme condition des privilèges politiques [die Verfassung keinerlei religiösen Glauben oder die Ausübung eines bestimmten Kults zur Bedingung politischer Privilegien macht] (l. c. p. 225).

Dennoch

on ne croit pas aux Etats-Unis qu'un homme sans religion puisse être un honnête homme [glaubt man in den Vereinigten Staaten nicht, daß ein Mensch ohne Religion ein anständiger Mensch sein könnte] (l. c. p. 224).

Dennoch ist Nordamerika vorzugsweise das Land der Religiosität, wie Beaumont, Tocqueville und der Engländer Hamilton aus einem Munde versichern. Die nordamerikanischen Staaten gelten uns indes nur als Beispiel. Die Frage ist: Wie verhält sich die *vollendete* politische Emanzipation zur Religion? Finden wir selbst im Lande der vollendeten politischen Emanzipation nicht nur die

Existenz, sondern die *lebensfrische*, die *lebenskräftige* Existenz der Religion, so ist der Beweis geführt, daß das Dasein der Religion der Vollendung des Staats nicht widerspricht. Da aber das Dasein der Religion das Dasein eines Mangels ist, so kann die Quelle dieses Mangels nur noch im *Wesen* des Staats selbst gesucht werden. Die Religion gilt uns nicht mehr als der *Grund*, sondern nur noch als das *Phänomen* der weltlichen Beschränktheit. Wir erklären daher die religiöse Befangenheit der freien Staatsbürger aus ihrer weltlichen Befangenheit. Wir behaupten nicht, daß sie ihre religiöse Beschränktheit aufheben müssen, um ihre weltlichen Schranken aufzuheben. Wir behaupten, daß sie ihre religiöse Beschränktheit aufheben, sobald sie ihre weltliche Schranke aufheben. Wir verwandeln nicht die weltlichen Fragen in theologische. Wir verwandeln die theologischen Fragen in weltliche. Nachdem die Geschichte lange genug in Aberglauben aufgelöst worden ist, lösen wir den Aberglauben in Geschichte auf. Die Frage von dem *Verhältnisse der politischen Emanzipation zur Religion* wird für uns die Frage von dem *Verhältnis der politischen Emanzipation zur menschlichen Emanzipation.* Wir kritisieren die religiöse Schwäche des politischen Staats, indem wir den politischen Staat, *abgesehen* von den religiösen Schwächen, in seiner *weltlichen* Konstruktion kritisieren. Den Widerspruch des Staats mit einer *bestimmten Religion*, etwa dem *Judentum*, vermenschlichen wir in den Widerspruch des Staats mit *bestimmten weltlichen* Elementen, den Widerspruch des Staats mit der *Religion überhaupt*, in den Widerspruch des Staats mit seinen *Voraussetzungen* überhaupt.

Die *politische* Emanzipation des Juden, des Christen, überhaupt des *religiösen* Menschen, ist die *Emanzipation des Staats* vom Judentum, vom Christentum, überhaupt von der *Religion.* In seiner Form, in der seinem Wesen eigentümlichen Weise, als *Staat* emanzipiert sich der Staat von der Religion, indem er sich von der *Staatsreligion* emanzipiert, d. h., indem der Staat als Staat keine Religion bekennt, indem der Staat sich vielmehr als Staat bekennt. Die *politische* Emanzipation von der Religion ist nicht die durchgeführte, die widerspruchslose Emanzipation von der Religion, weil die politische Emanzipation nicht die durchgeführte, die widerspruchslose Weise der *menschlichen* Emanzipation ist.

Die Grenze der politischen Emanzipation erscheint sogleich darin, daß der *Staat* sich von einer Schranke befreien kann, ohne daß der Mensch *wirklich* von ihr frei wäre, daß der Staat ein *Freistaat* sein kann, ohne daß der Mensch *ein freier Mensch* wäre. Bauer selbst gibt dies stillschweigend zu, wenn er folgende Bedingung der politischen Emanzipation setzt:

Jedes religiöse Privilegium überhaupt, also auch das Monopol einer bevorrechteten Kirche, müßte aufgehoben, und wenn einige oder mehrere oder auch die *überwiegende Mehrzahl noch religiöse Pflichten glaubten erfüllen zu müssen*, so müßte diese Erfüllung als eine *reine Privatsache* ihnen selbst überlassen sein.

Der *Staat* kann sich also von der Religion emanzipiert haben, sogar wenn die *überwiegende Mehrzahl* noch religiös ist. Und die überwiegende Mehrzahl hört dadurch nicht auf, religiös zu sein, daß sie *privatim* religiös ist.

Aber das Verhalten des Staats zur Religion, namentlich *des Freistaats*, ist doch nur das Verhalten der *Menschen*, die den Staat bilden, zur Religion. Es folgt hieraus, daß der Mensch durch das *Medium des Staats*, daß er *politisch* von einer Schranke sich befreit, indem er sich im Widerspruch mit sich selbst, indem er sich auf eine *abstrakte* und *beschränkte*, auf partielle Weise über diese Schranke erhebt. Es folgt ferner, daß der Mensch auf einem *Umweg*, durch ein *Medium*, wenn auch durch ein *notwendiges Medium* sich befreit, indem er sich *politisch* befreit. Es folgt endlich, daß der Mensch, selbst wenn er durch die Vermittlung des Staats sich als Atheisten proklamiert, d. h., wenn er den Staat zum Atheisten proklamiert, immer noch religiös befangen bleibt, eben weil er sich nur auf einem Umweg, weil er nur durch ein Medium sich selbst anerkennt. Die Religion ist eben die Anerkennung des Menschen auf einem Umweg. Durch einen *Mittler*. Der Staat ist der Mittler zwischen dem Menschen und der Freiheit des Menschen. Wie Christus der Mittler ist, dem der Mensch seine ganze Göttlichkeit, seine ganze *religiöse Befangenheit* aufbürdet, so ist der Staat der Mittler, in den er seine ganze Ungöttlichkeit, seine ganze *menschliche Unbefangenheit* verlegt.

Die *politische* Erhebung des Menschen über die Religion teilt alle Mängel und alle Vorzüge der politischen Erhebung überhaupt. Der Staat als Staat annulliert z. B. das *Privateigentum*, der Mensch erklärt auf *politische* Weise das Privateigentum für *aufgehoben*, sobald er den *Zensus* für aktive und passive Wählbarkeit aufhebt, wie dies in vielen nordamerikanischen Staaten geschehen ist. *Hamilton* interpretiert dies Faktum von politischem Standpunkte ganz richtig dahin: »*Der große Haufen hat den Sieg über die Eigentümer und den Geldreichtum davongetragen.*« Ist das Privateigentum nicht ideell aufgehoben, wenn der Nichtbesitzende zum Gesetzgeber des Besitzenden geworden ist? Der *Zensus* ist die letzte *politische* Form, das Privateigentum anzuerkennen.

Dennoch ist mit der politischen Annullation des Privateigentums das Privateigentum nicht nur nicht aufgehoben, sondern sogar vorausgesetzt. Der Staat hebt den Unterschied der *Geburt*, des *Standes*, der *Bildung*, der *Beschäftigung* in seiner Weise auf, wenn er Geburt, Stand, Bildung, Beschäftigung für *unpolitische* Unterschiede erklärt, wenn er ohne Rücksicht auf diese Unterschiede jedes Glied des Volkes zum *gleichmäßigen* Teilnehmer der Volkssouveränität ausruft, wenn er alle Elemente des wirklichen Volkslebens von dem Staatsgesichtspunkt aus behandelt. Nichtsdestoweniger läßt der Staat das Privateigentum, die Bildung, die Beschäftigung auf *ihre* Weise, d. h. als Privateigentum, als Bildung, als Beschäftigung *wirken* und ihr *besondres* Wesen geltend machen. Weit entfernt, diese *faktischen* Unterschiede aufzuheben, existiert er vielmehr nur unter ihrer Voraussetzung, empfindet er sich als *politischer Staat* und macht er seine *Allgemeinheit* geltend nur im Gegensatz zu diesen seinen Elementen. *Hegel* bestimmt das Verhältnis des *politischen Staats* zur Religion daher ganz richtig, wenn er sagt:

Damit der Staat als die *sich wissende* sittliche Wirklichkeit des Geistes zum Dasein komme, ist seine Unterscheidung von der Form der Autorität und des Glaubens notwendig; diese Unterscheidung tritt aber nur hervor, insofern die kirchliche Seite in sich selbst zur Trennung kommt; nur so über die *besondern* Kirchen hat der Staat die *Allgemeinheit* des Gedankens, das Prinzip seiner Form gewonnen und bringt sie zur Existenz. (Hegels Rechtsphilosophie, 1. Ausgabe, p. 346.)

Allerdings! Nur so *über* den *besondern* Elementen konstituiert sich der Staat als Allgemeinheit.

Der vollendete politische Staat ist seinem Wesen nach das *Gattungsleben* des Menschen im *Gegensatz* zu seinem materiellen Leben. Alle Voraussetzungen dieses egoistischen Lebens bleiben *außerhalb* der Staatssphäre in der *bürgerlichen Gesellschaft* bestehen, aber als Eigenschaften der bürgerlichen Gesellschaft. Wo der politische

Staat seine wahre Ausbildung erreicht hat, führt der Mensch nicht nur im Gedanken, im Bewußtsein, sondern in der *Wirklichkeit*, im *Leben* ein doppeltes, ein himmlisches und ein irdisches Leben, das Leben im *politischen Gemeinwesen*, worin er sich als *Gemeinwesen* gilt, und das Leben in der *bürgerlichen Gesellschaft*, worin er als *Privatmensch* tätig ist, die andern Menschen als Mittel betrachtet, sich selbst zum Mittel herabwürdigt und zum Spielball fremder Mächte wird. Der politische Staat verhält sich ebenso spiritualistisch zur bürgerlichen Gesellschaft wie der Himmel zur Erde. Er steht in demselben Gegensatz zu ihr, er überwindet sie in derselben Weise wie die Religion die Beschränktheit der profanen Welt, d. h., indem er sie ebenfalls wieder anerkennen, herstellen, sich selbst von ihr beherrschen lassen muß. Der Mensch in seiner *nächsten* Wirklichkeit, in der bürgerlichen Gesellschaft, ist ein profanes Wesen. Hier, wo er als wirkliches Individuum sich selbst und andern gilt, ist er eine *unwahre* Erscheinung. In dem Staat dagegen, wo der Mensch als Gattungswesen gilt, ist er das imaginäre Glied einer eingebildeten Souveränität, ist er seines wirklichen individuellen Lebens beraubt und mit einer unwirklichen Allgemeinheit erfüllt.

Der Konflikt, in welchem sich der Mensch als Bekenner einer *besondern* Religion mit seinem Staatsbürgertum, mit den andern Menschen als Gliedern des Gemeinwesens befindet, reduziert sich auf die *weltliche* Spaltung zwischen dem *politischen* Staat und der *bürgerlichen Gesellschaft*. Für den Menschen als *bourgeois* ist das »Leben im Staate nur Schein oder eine momentane Ausnahme gegen das Wesen und die Regel«. Allerdings bleibt der *bourgeois*, wie der Jude, nur sophistisch im Staatsleben, wie der *citoyen* nur sophistisch Jude oder *bourgeois* bleibt; aber diese Sophistik ist nicht persönlich. Sie ist die *Sophistik des politischen Staates* selbst. Die Differenz zwischen dem religiösen Menschen und dem Staatsbürger ist die Differenz zwischen dem Kaufmann und dem Staatsbürger, zwischen dem Taglöhner und dem Staatsbürger, zwischen dem Grundbesitzer und dem Staatsbürger, zwischen dem *lebendigen Individuum* und dem *Staatsbürger*. Der Widerspruch, in dem sich der religiöse Mensch mit dem politischen Menschen befindet, ist derselbe Widerspruch, in welchem sich der *bourgeois* mit dem *citoyen*, in welchem sich das Mitglied der bürgerlichen Gesellschaft mit seiner *politischen Löwenhaut* befindet.

Diesen weltlichen Widerstreit, auf welchen sich die Judenfrage schließlich reduziert, das Verhältnis des politischen Staates zu seinen Voraussetzungen, mögen dies nun materielle Elemente sein, wie das Privateigentum etc., oder geistige, wie Bildung, Religion, den Widerstreit zwischen dem *allgemeinen* Interesse und dem *Privatinteresse*, die Spaltung zwischen dem *politischen Staat* und der *bürgerlichen Gesellschaft*, diese weltlichen Gegensätze läßt Bauer bestehen, während er gegen ihren *religiösen* Ausdruck polemisiert.

Gerade ihre Grundlage, das Bedürfnis, welches der *bürgerlichen Gesellschaft* ihr Bestehen sichert und *ihre Notwendigkeit garantiert*, setzt ihr Bestehen beständigen Gefahren aus, unterhält in ihr ein unsicheres Element und bringt jene in beständigem Wechsel begriffene Mischung von Armut und Reichtum, Not und Gedeihen, überhaupt den Wechsel hervor. (p. 8.)

Man vergleiche den ganzen Abschnitt: »Die bürgerliche Gesellschaft« (p. 8-9), der nach den Grundzügen der Hegelschen Rechtsphilosophie entworfen ist. Die bürgerliche Gesellschaft in ihrem Gegensatz zum politischen Staat wird als notwendig anerkannt, weil der politische Staat als notwendig anerkannt wird.

Die *politische* Emanzipation ist allerdings ein großer Fortschritt, sie ist zwar nicht die letzte Form der menschlichen Emanzipation überhaupt, aber sie ist die letzte Form der menschlichen Emanzipation *innerhalb* der bisherigen Weltordnung. Es versteht sich: Wir sprechen hier von wirklicher, von praktischer Emanzipation.

Der Mensch emanzipiert sich *politisch* von der Religion, indem er sie aus dem öffentlichen Recht in das Privatrecht verbannt. Sie ist nicht mehr der Geist des *Staats*, wo der Mensch – wenn auch in beschränkter Weise, unter besonderer Form und in einer besondern Sphäre – sich als Gattungswesen verhält, in Gemeinschaft mit andern Menschen, sie ist zum Geist der *bürgerlichen Gesellschaft* geworden, der Sphäre des Egoismus, des *bellum omnium contra omnes [Krieges aller gegen alle]*. Sie ist nicht mehr das Wesen der *Gemeinschaft*, sondern das Wesen des *Unterschieds*. Sie ist zum Ausdruck der *Trennung* des Menschen von seinem *Gemeinwesen*, von sich und den andern Menschen geworden – was sie *ursprünglich* war. Sie ist nur noch das abstrakte Bekenntnis der besondern Verkehrtheit, der *Privatschrulle*, der Willkür. Die unendliche Zersplitterung der Religion in Nordamerika z. B. gibt ihr schon *äußerlich* die Form einer rein individuellen Angelegenheit. Sie ist unter die Zahl der Privatinteressen hinabgestoßen und aus dem Gemeinwesen als Gemeinwesen exiliert. Aber man täusche sich nicht über die Grenze der politischen Emanzipation. Die Spaltung des Menschen in den *öffentlichen* und in den *Privatmenschen*, die *Dislokation* der Religion aus dem Staate in die bürgerliche Gesellschaft, sie ist nicht eine Stufe, sie ist die *Vollendung* der politischen Emanzipation, die also die *wirkliche* Religiosität des Menschen ebensowenig aufhebt als aufzuheben strebt.

Die *Zersetzung* des Menschen in den Juden und in den Staatsbürger, in den Protestanten und in den Staatsbürger, in den religiösen Menschen und in den Staatsbürger, diese Zersetzung ist keine Lüge *gegen* das Staatsbürgertum, sie ist keine Umgehung der politischen Emanzipation, sie *ist die politische Emanzipation selbst*, sie ist die *politische* Weise, sich von der Religion zu emanzipieren. Allerdings: In Zeiten, wo der politische Staat als politischer Staat gewaltsam aus der bürgerlichen Gesellschaft heraus geboren wird, wo die menschliche Selbstbefreiung unter der Form der politischen Selbstbefreiung sich zu vollziehen strebt, kann und muß der Staat bis zur *Aufhebung der Religion*, bis zur *Vernichtung* der Religion fortgehen, aber nur so, wie er zur Aufhebung des Privateigentums, zum Maximum, zur Konfiskation, zur progressiven Steuer, wie er zur Aufhebung des Lebens, zur *Guillotine* fortgeht. In den Momenten seines besondern Selbstgefühls sucht das politische Leben seine Voraussetzung, die bürgerliche Gesellschaft und ihre Elemente, zu erdrücken und sich als das wirkliche, widerspruchslose Gattungsleben des Menschen zu konstituieren. Es vermag dies indes nur durch *gewaltsamen* Widerspruch gegen seine eigenen Lebensbedingungen, nur indem es die Revolution für *permanent* erklärt, und das politische Drama endet daher ebenso notwendig mit der Wiederherstellung der Religion, des Privateigentums, aller Elemente der bürgerlichen Gesellschaft, wie der Krieg mit dem Frieden endet.

Ja, nicht der sogenannte *christliche* Staat, der das Christentum als seine Grundlage, als Staatsreligion bekennt und sich daher ausschließend zu andern Religionen verhält, ist der vollendete christliche Staat, sondern vielmehr der *atheistische* Staat, der *demokratische* Staat, der Staat, der die Religion unter die übrigen Elemente der bürgerlichen Gesellschaft verweist. Dem Staat, der noch Theologe ist, der noch das Glaubensbekenntnis des Christentums auf offizielle Weise ablegt, der sich noch nicht *als Staat* zu proklamieren wagt, ihm ist es noch nicht gelungen, in *weltlicher, menschlicher* Form, in seiner *Wirklichkeit* als Staat die *menschliche* Grundlage auszudrücken, deren überschwenglicher Ausdruck das Christentum ist. Der sogenannte christliche Staat ist nur einfach der *Nichtstaat*, weil nicht das Christentum als Religion, sondern nur der *menschliche Hintergrund* der christlichen Religion in wirklich menschlichen Schöpfungen sich ausführen kann.

Der sogenannte christliche Staat ist die christliche Verneinung des Staats, aber keineswegs die staatliche Verwirklichung des Christentums. Der Staat, der das Christentum noch in der Form der Religion bekennt, bekennt es noch nicht in der Form des Staats, denn er verhält sich noch religiös zu der Religion, d. h., er ist nicht die *wirkliche Ausführung* des menschlichen Grundes der Religion, weil er noch auf die *Unwirklichkeit*, auf die *imaginäre* Gestalt dieses menschlichen Kernes provoziert. Der sogenannte christliche Staat ist der *unvollkommene* Staat, und die christliche Religion gilt ihm als *Ergänzung* und als *Heiligung* seiner Unvollkommenheit. Die Religion wird ihm daher notwendig zum *Mittel*, und er ist der Staat der *Heuchelei*. Es ist ein großer Unterschied, ob der *vollendete* Staat wegen des Mangels, der im allgemeinen *Wesen* des Staats liegt, die Religion unter seine *Voraussetzungen* zählt, oder ob der *unvollendete* Staat wegen des Mangels, der in seiner *besondern Existenz* liegt, als mangelhafter Staat, die Religion für seine *Grundlage* erklärt. Im letztern Fall wird die Religion zur *unvollkommenen Politik*. Im ersten Fall zeigt sich die Unvollkommenheit selbst der vollendeten *Politik* in der Religion. Der sogenannte christliche Staat bedarf der christlichen Religion, um sich *als Staat* zu vervollständigen. Der demokratische Staat, der wirkliche Staat, bedarf nicht der Religion zu seiner politischen Vervollständigung. Er kann vielmehr von der Religion abstrahieren, weil in ihm die menschliche Grundlage der Religion auf weltliche Weise ausgeführt ist. Der sogenannte christliche Staat verhält sich dagegen politisch zur Religion und religiös zur Politik. Wenn er die Staatsformen zum Schein herabsetzt, so setzt er ebensosehr die Religion zum Schein herab.

Um diesen Gegensatz zu verdeutlichen, betrachten wir Bauers Konstruktion des christlichen Staats, eine Konstruktion, welche aus der Anschauung des christlich-germanischen Staats hervorgegangen ist.

Man hat neuerlich,

sagt Bauer,

um die *Unmöglichkeit* oder *Nichtexistenz* eines christlichen Staates zu beweisen, öfter auf diejenigen Aussprüche in dem Evangelium hingewiesen, die der Staat *nicht nur nicht* befolgt, sondern *auch nicht einmal befolgen kann, wenn er sich nicht vollständig auflösen will.* So leicht aber ist die Sache nicht abgemacht. Was verlangen denn jene evangelischen Sprüche? Die übernatürliche Selbstverleugnung, die Unterwerfung unter die Autorität der Offenbarung, die Abwendung vom Staat, die Aufhebung der weltlichen Verhältnisse. Nun, alles das verlangt und leistet der christliche Staat. Er hat den *Geist des Evangeliums* sich angeeignet, und wenn er ihn nicht mit denselben Buchstaben wiedergibt, mit denen ihn das Evangelium ausdrückt, so kommt das nur daher, weil er diesen Geist in Staatsformen, d. h. in Formen ausdrückt, die zwar dem Staatswesen in dieser Welt entlehnt sind, aber in der religiösen Wiedergeburt, die sie erfahren müssen, zum Schein herabgesetzt werden. Es ist die Abwendung vom Staat, die sich zu ihrer Ausführung der Staatsformen bedient. (p. 55.)

Bauer entwickelt nun weiter, wie das Volk des christlichen Staats nur ein Nichtvolk ist, keinen eignen Willen mehr hat, sein wahres Dasein aber in dem Haupte besitzt, dem es untertan, welches ihm jedoch ursprünglich und seiner Natur nach fremd, d. h. von Gott gegeben und ohne sein eignes Zutun zu ihm gekommen ist, wie die Gesetze dieses Volkes nicht sein Werk, sondern positive Offenbarungen sind, wie sein Oberhaupt privilegierter Vermittler mit dem eigentlichen Volke, mit der Masse bedarf, wie diese Masse selbst in eine Menge besondrer Kreise zerfällt, welche der Zufall bildet und bestimmt, die sich durch ihre Interessen, besonderen Leidenschaften und Vorurteile unterscheiden und als Privilegium die Erlaubnis bekommen, sich gegenseitig voneinander abzuschließen, etc. (p.56.)

Allein Bauer sagt selbst:

Die Politik, wenn sie nichts als Religion sein soll, darf nicht Politik sein, sowenig, wie das Reinigen der Kochtöpfe, wenn es als Religionsangelegenheit gelten soll, als eine Wirtschaftssache betrachtet werden darf. (p. 108.)

Im christlich-germanischen Staat ist aber die Religion eine »Wirtschaftssache«, wie die »Wirtschaftssache« Religion ist. Im christlich-germanischen Staat ist die Herrschaft der Religion die Religion der Herrschaft.

Die Trennung des »Geistes des Evangeliums« von den »Buchstaben des Evangeliums« ist ein *irreligiöser* Akt. Der Staat, der das Evangelium in den Buchstaben der Politik sprechen läßt, in andern Buchstaben als den Buchstaben des heiligen Geistes, begeht ein Sakrilegium, wenn nicht vor menschlichen Augen, so doch vor seinen eigenen religiösen Augen. Dem Staat, der das Christentum als seine höchste Norm, der die *Bibel* als seine *Charte* bekennt, muß man die *Worte* der heiligen Schrift entgegenstellen, denn die Schrift ist heilig bis auf das Wort. Dieser Staat sowohl als das *Menschenkehricht*, worauf er basiert, gerät in einen schmerzlichen, vom Standpunkte des religiösen Bewußtseins aus unüberwindlichen Widerspruch, wenn man ihn auf diejenigen Aussprüche des Evangeliums verweist, die er »nicht nur nicht befolgt, sondern *auch nicht einmal befolgen kann, wenn er sich nicht als Staat vollständig auflösen will*«. Und warum will er sich nicht vollständig auflösen? Er selbst kann darauf weder sich noch andern antworten. Vor seinem *eignen Bewußtsein* ist der offizielle christliche Staat ein *Sollen*, dessen Verwirklichung unerreichbar ist, der die *Wirklichkeit* seiner Existenz nur durch Lügen vor sich selbst zu konstatieren weiß und sich selbst daher stets ein Gegenstand des Zweifels, ein unzuverlässiger, problematischer Gegenstand bleibt. Die Kritik befindet sich also in vollem Rechte, wenn sie den Staat, der auf die Bibel provoziert, zur Verrücktheit des Bewußtseins zwingt, wo er selbst nicht mehr weiß, ob er eine *Einbildung* oder eine *Realität* ist, wo die Infamie seiner *weltlichen* Zwecke, denen die Religion zum Deckmantel dient, mit der Ehrlichkeit seines *religiösen* Bewußtseins, dem die Religion als Zweck der Welt erscheint, in unauflöslichen Konflikt gerät. Dieser Staat kann sich nur aus seiner innern Qual erlösen, wenn er zum *Schergen* der katholischen Kirche wird. Ihr gegenüber, welche die weltliche Macht für ihren dienenden Körper erklärt, ist der Staat ohnmächtig, ohnmächtig die *weltliche* Macht, welche die Herrschaft des religiösen Geistes zu sein behauptet.

In dem sogenannten christlichen Staat gilt zwar die *Entfremdung*, aber nicht der *Mensch*. Der einzige Mensch, der gilt, der *König*, ist ein von den andern Menschen spezifisch unterschiedenes, dabei selbst noch religiöses, mit dem Himmel, mit Gott direkt zusammenhängendes Wesen. Die Beziehungen, die hier herrschen, sind noch *gläubige* Beziehungen. Der religiöse Geist ist also noch nicht wirklich verweltlicht.

Aber der religiöse Geist kann auch nicht *wirklich* verweltlicht werden, denn was ist er selbst, als die *unweltliche* Form einer Entwicklungsstufe des menschlichen Geistes? Der religiöse Geist kann nur verwirklicht werden, insofern die Entwicklungsstufe des menschlichen Geistes, deren religiöser Ausdruck er ist, in ihrer *weltlichen* Form heraustritt und sich konstituiert. Dies geschieht im *demokratischen* Staat. Nicht das Christentum, sondern der *menschliche Grund* des Christentums ist der Grund dieses Staates. Die Religion bleibt das ideale, unweltliche Bewußtsein seiner Glieder, weil sie die ideale Form der *menschlichen Entwicklungsstufe* ist, die in ihm durchgeführt wird.

Religiös sind die Glieder des politischen Staats durch den Dualismus zwischen dem individuellen und dem Gattungsleben, zwischen dem Leben der bürgerlichen Gesellschaft und dem politischen Leben, religiös, indem der Mensch sich zu dem seiner wirklichen Individualität jenseitigen Staatsleben als seinem wahren Leben verhält, religiös, insofern die Religion hier der Geist der bürgerlichen Gesellschaft, der Ausdruck der Trennung und der Entfernung des Menschen vom Menschen ist. Christlich ist die politische Demokratie, indem in ihr der Mensch, nicht nur ein Mensch, sondern jeder Mensch, als *souveränes*, als höchstes Wesen gilt, aber der Mensch in seiner unkultivierten, unsozialen Erscheinung, der Mensch in seiner zufälligen Existenz, der Mensch, wie er geht und steht, der Mensch, wie er durch die ganze Organisation unserer Gesellschaft verdorben, sich selbst verloren, veräußert, unter die Herrschaft unmenschlicher Verhältnisse und Elemente gegeben ist, mit einem Wort, der Mensch, der noch kein *wirkliches* Gattungswesen ist. Das Phantasiegebild, der Traum, das Postulat des Christentums, die Souveränität des Menschen, aber als eines fremden, von dem wirklichen Menschen unterschiedenen Wesens, ist in der Demokratie sinnliche Wirklichkeit, Gegenwart, weltliche Maxime.

Das religiöse und theologische Bewußtsein selbst gilt sich in der vollendeten Demokratie um so religiöser, um so theologischer, als es scheinbar ohne politische Bedeutung, ohne irdische Zwecke, Angelegenheit des weltscheuen Gemütes, Ausdruck der Verstandes-Borniertheit, Produkt der Willkür und der Phantasie, als es ein wirklich jenseitiges Leben ist. Das Christentum erreicht hier den *praktischen* Ausdruck seiner universalreligiösen Bedeutung, indem die verschiedenartigste Weltanschauung in der Form des Christentums sich nebeneinander gruppiert, noch mehr dadurch, daß es an andere nicht einmal die Forderung des Christentums, sondern nur noch der Religion überhaupt, irgendeiner Religion stellt (vergl. die angeführte Schrift von Beaumont). Das religiöse Bewußtsein schwelgt in dem Reichtum des religiösen Gegensatzes und der religiösen Mannigfaltigkeit.

Wir haben also gezeigt: Die politische Emanzipation von der Religion läßt die Religion bestehn, wenn auch keine privilegierte Religion. Der Widerspruch, in welchem sich der Anhänger einer besondern Religion mit seinem Staatsbürgertum befindet, ist nur *ein Teil* des allgemeinen *weltlichen Widerspruchs zwischen dem politischen Staat und der bürgerlichen Gesellschaft.* Die Vollendung des christlichen Staats ist der Staat, der sich als Staat bekennt und von der Religion seiner Glieder abstrahiert. Die Emanzipation des Staats von der Religion ist nicht die Emanzipation des wirklichen Menschen von der Religion.

Wir sagen also nicht mit Bauer den Juden: Ihr könnt nicht politisch emanzipiert werden, ohne euch radikal vom Judentum zu emanzipieren. Wir sagen ihnen vielmehr: Weil ihr politisch emanzipiert werden könnt, ohne euch vollständig und widerspruchslos vom Judentum loszusagen, darum ist die *politische Emanzipation* selbst nicht die *menschliche* Emanzipation. Wenn ihr Juden politisch emanzipiert werden wollt, ohne euch selbst menschlich zu emanzipieren, so liegt die Halbheit und der Widerspruch nicht nur in euch, sie liegt in dem *Wesen* und der *Kategorie* der politischen Emanzipation. Wenn ihr in dieser Kategorie befangen seid, so teilt ihr eine allgemeine Befangenheit. Wie der Staat *evangelisiert*, wenn er, obschon Staat, sich christlich zu dem Juden verhält, so *politisiert* der Jude, wenn er, obschon Jude, Staatsbürgerrechte verlangt.

Aber wenn der Mensch, obgleich Jude, politisch emanzipiert werden, Staatsbürgerrechte empfangen kann, kann er die sogenannten *Menschenrechte* in Anspruch nehmen und empfangen? Bauer *leugnet* es.

Die Frage ist, ob der Jude als solcher, d.h. der Jude, der selber eingesteht, daß er durch sein wahres Wesen gezwungen ist, in ewiger Absonderung von andren zu leben, fähig sei, die *allgemeinen Menschenrechte* zu empfangen und andern zuzugestehn.

Der Gedanke der Menschenrechte ist für die christliche Welt erst im vorigen Jahrhundert entdeckt worden. Er ist dem Menschen nicht angeboren, er wird vielmehr nur erobert im Kampfe gegen die geschichtlichen Traditionen, in denen der Mensch bisher erzogen wurde. So sind die Menschenrechte nicht ein Geschenk der Natur, keine Mitgift der bisherigen Geschichte, sondern der Preis des Kampfes gegen den Zufall der Geburt und gegen die Privilegien, welche die Geschichte von Generation auf Generation bis jetzt vererbt hat. Sie sind die Resultate der Bildung, und derjenige kann sie nur besitzen, der sie sich erworben und verdient hat.

Kann sie nun der Jude wirklich in Besitz nehmen? Solange er Jude ist, muß über das menschliche Wesen, welches ihn als Menschen mit Menschen verbinden sollte, das beschränkte Wesen, das ihn zum Juden macht, den Sieg davontragen und ihn von den Nichtjuden absondern. Er erklärt durch diese Absonderung, daß das besondere Wesen, das ihn zum Juden macht, sein wahres höchstes Wesen ist, vor welchem das Wesen des Menschen zurücktreten muß.

In derselben Weise kann der Christ als Christ keine Menschenrechte gewähren. (p. 19, 20.)

Der Mensch muß nach Bauer das »*Privilegium des Glaubens*« aufopfern, um die allgemeinen Menschenrechte empfangen zu können. Betrachten wir einen Augenblick die sogenannten Menschenrechte, und zwar die Menschenrechte unter ihrer authentischen Gestalt, unter der Gestalt, welche sie bei ihren *Entdeckern*, den Nordamerikanern und Franzosen, besitzen! Zum Teil sind diese Menschenrechte *politische* Rechte, Rechte, die nur in der Gemeinschaft mit andern ausgeübt werden. Die *Teilnahme* am *Gemeinwesen*, und zwar am *politischen* Gemeinwesen, am *Staatswesen*, bildet ihren Inhalt. Sie fallen unter die Kategorie der *politischen Freiheit*, unter die Kategorie der *Staatsbürgerrechte*, welche keineswegs, wie wir gesehn, die widerspruchslose und positive Aufhebung der Religion, also etwa auch des Judentums, voraussetzen. Es bleibt der andere Teil der Menschenrechte zu betrachten, die *droits de l'homme [Menschenrechte]*, insofern sie unterschieden sind von den *droits du citoyen [Staatsbürgerrechten]*.

In ihrer Reihe findet sich die Gewissensfreiheit, das Recht, einen beliebigen Kultus auszuüben. Das *Privilegium des Glaubens* wird ausdrücklich anerkannt, entweder als ein *Menschenrecht* oder als Konsequenz eines Menschenrechtes, der Freiheit.

»*Déclaration des droits de l'homme et du citoyen*, 1791«, article 10:

Nul ne doit être inquiété pour ses opinions même religieuses. [Niemand soll wegen seiner Überzeugungen, auch nicht der religiösen, behelligt werden.]

Im titre I der Konstitution von 1791 wird als Menschenrecht garantiert:

La liberté à tout homme d'exercer le *culte religieux* auquel il est attaché. [Die Freiheit für jedermann, den *religiösen Kult* auszuüben, dessen Anhänger er ist.]

»*Déclaration des droits de l'homme*, etc. 1793« zählt unter die Menschenrechte, Artikel 7:

Le libre exercice des cultes. [Die freie Ausübung der Kulte.]

Ja, in bezug auf das Recht, seine Gedanken und Meinungen zu veröffentlichen, sich zu versammeln, seinen Kultus auszuüben, heißt es sogar:

La nécessité d'énoncer ces *droits* suppose ou la présence ou le souvenir récent du despotisme. [Die Notwendigkeit, diese *Rechte* zu verkünden, setzt entweder das Vorhandensein oder die frische Erinnerung des Despotismus voraus.]

Man vergleiche die Konstitution von 1795, titre XIV, article 354.

Constitution de Pensylvanie, article 9. § 3:

Tous les hommes ont reçu de la nature le *droit* imprescriptible d'adorer le Tout-Puissant selon les inspirations de leur conscience, et nul ne peut légalement être contraint de suivre, instituer ou soutenir contre son gré aucun culte ou ministère religieux. Nulle autorité humaine ne peut, dans aucun cas, intervenir dans les questions de conscience et contrôler les pouvoirs de l'âme. [Alle Menschen haben von der Natur das unabdingbare *Recht* empfangen, den Eingebungen ihres Gewissens folgend zum Allmächtigen zu beten, und niemand kann von Gesetzes wegen gezwungen werden, sich gegen seinen Wunsch zu irgendeinem Kult oder Gottesdienst zu bekennen, sie einzuführen oder zu unterstützen. In keinem Falle darf irgendeine menschliche Macht sich in Gewissensfragen einmischen und die Kräfte der Seele kontrollieren.]

Constitution de New-Hampshire, article 5 et 6:

Au nombre des droits naturels, quelques-uns sont inaliénables de leur nature, parce que rien n'en peut être l'équivalent. De ce nombre sont les *droits* de conscience. [Unter den natürlichen Rechten gibt es einige, die ihrer Natur nach unveräußerlich sind, weil sie durch nichts Gleichwertiges ersetzt werden könnten. Zu diesen zählen die Gewissens*rechte*.] (Beaumont, l.c., p. 213, 214.)

Die Unvereinbarkeit der Religion mit den Menschenrechten liegt so wenig im Begriff der Menschenrechte, daß das *Recht, religiös zu sein*, auf beliebige Weise religiös zu sein, den Kultus seiner besonderen Religion auszuüben, vielmehr ausdrücklich unter die Menschenrechte gezählt wird. Das *Privilegium des Glaubens* ist ein *allgemeines Menschenrecht.*

Die *droits de l'homme*, die Menschenrechte, werden als *solche* unterschieden von den *droits du citoyen*, von den Staatsbürgerrechten. Wer ist der vom *citoyen* unterschiedene *homme*? Niemand anders als das *Mitglied der bürgerlichen Gesellschaft.* Warum wird das Mitglied der bürgerlichen Gesellschaft »Mensch«, Mensch schlechthin, warum werden seine Rechte *Menschenrechte* genannt? Woraus erklären wir dies Faktum? Aus dem Verhältnis des politischen Staats zur bürgerlichen Gesellschaft, aus dem Wesen der politischen Emanzipation.

Vor allem konstatieren wir die Tatsache, daß die sogenannten *Menschenrechte*, die *droits de l'homme* im Unterschied von den *droits du citoyen*, nichts anderes sind als die Rechte des *Mitglieds der bürgerlichen Gesellschaft*, d.h. des egoistischen Menschen, des vom Menschen und vom Gemeinwesen getrennten Menschen. Die radikalste Konstitution, die Konstitution von 1793, mag sprechen:

»Déclaration des droits de l'homme et du citoyen.«

Article 2

Ces droits etc. (les droits naturels et imprescriptibles) sont: *l'égalité*, la *liberté*, la *sûreté*, la *propriété.* [Diese Rechte usw. (die natürlichen und unabdingbaren Rechte) sind: die *Gleichheit*, die *Freiheit*, die *Sicherheit*, das *Eigentum*.]

Worin besteht die *liberté*?

Article 6

La liberté est le pouvoir qui appartient à l'homme de faire tout ce qui ne nuit pas aux droits d'autrui [Freiheit ist das Recht des Menschen, alles tun zu dürfen, was den Rechten eines anderen nicht schadet], oder nach der »Deklaration der Menschenrechte von 1791«:

La liberté consiste à pouvoir faire tout ce qui ne nuit pas à autrui. [Die Freiheit besteht darin, alles tun zu dürfen, was keinem anderen schadet.]

Die Freiheit ist also das Recht, alles zu tun und zu treiben, was keinem andern schadet. Die Grenze, in welcher sich jeder dem andern *unschädlich* bewegen kann, ist durch das Gesetz bestimmt, wie die Grenze zweier Felder durch den Zaunpfahl bestimmt ist. Es handelt sich um die Freiheit des Menschen als isolierter, auf sich zurückgezogener Monade. Warum ist der Jude nach Bauer unfähig, die Menschenrechte zu empfangen?

Solange er Jude ist, muß über das menschliche Wesen, welches ihn als Menschen mit Menschen verbinden sollte, das beschränkte Wesen, das ihn zum Juden macht, den Sieg davontragen und ihn von den Nichtjuden absondern.

Aber das Menschenrecht der Freiheit basiert nicht auf der Verbindung des Menschen mit dem Menschen, sondern vielmehr auf der Absonderung des Menschen von dem Menschen. Es ist das *Recht* dieser Absonderung, das Recht des *beschränkten*, auf sich beschränkten Individuums.

Die praktische Nutzanwendung des Menschenrechtes der Freiheit ist das Menschenrecht des *Privateigentums.*

Worin besteht das Menschenrecht des Privateigentums?

Article 16. (Constitution de 1793):

Le droit de *propriété* est celui qui appartient à tout citoyen de jouir et de dispos*er à son gré* de ses biens, de ses revenus, du fruit de son travail et de son industrie. [Das *Eigentums*recht ist das Recht jedes Bürgers, *willkürlich* seine Güter, seine Einkünfte, die Früchte seiner Arbeit und seines Fleißes zu genießen und darüber zu disponieren.]

Das Menschenrecht des Privateigentums ist also das Recht, willkürlich (à son gré), ohne Beziehung auf andre Menschen, unabhängig von der Gesellschaft, sein Vermögen zu genießen und über dasselbe zu disponieren, das Recht des Eigennutzes. Jene individuelle Freiheit, wie diese Nutzanwendung derselben, bilden die Grundlage der bürgerlichen Gesellschaft. Sie läßt jeden Menschen im andern Menschen nicht die *Verwirklichung*, sondern vielmehr die *Schran-*

ke seiner Freiheit finden. Sie proklamiert vor allem aber das Menschenrecht,

de jouir et de disposer *à son gré* de ses biens, de ses revenus, du fruit de son travai et de son industrie. [*willkürlich* seine Güter, seine Einkünfte, die Früchte seiner Arbeit und seines Fleißes zu genießen und darüber zu disponieren.]

Es bleiben noch die andern Menschenrechte, die égalité und die sûreté.

Die égalité, hier in ihrer nichtpolitischen Bedeutung, ist nichts als die Gleichheit der oben beschriebenen *liberté*, nämlich: daß jeder Mensch gleichmäßig als solche auf sich ruhende Monade betrachtet wird. Die Konstitution von 1795 bestimmt den Begriff dieser Gleichheit, ihrer Bedeutung angemessen, dahin:

Article 3. (Constitution de 1795):

L'égalité consiste en ce que la loi est la même pour tous, soit qu'elle protège, soit qu'elle punisse. [Die Gleichheit besteht darin, daß das gleiche Gesetz für alle gilt, ganz gleich, ob es beschützt oder bestraft.]

Und die sûreté?

Article 8. (Constitution de 1793):

La sûreté consiste dans la protection accordée par la société à chacun de ses membres pour la conservation de sa personne, de ses droits et de ses propriétés. [Die Sicherheit besteht in dem Schutz, den die Gesellschaft jedem ihrer Mitglieder gewährt für die Erhaltung seiner Person, seiner Rechte und seines Eigentums.]

Die *Sicherheit* ist der höchste soziale Begriff der bürgerlichen Gesellschaft, der Begriff der *Polizei*, daß die ganze Gesellschaft nur da ist, um jedem ihrer Glieder die Erhaltung seiner Person, seiner Rechte und seines Eigentums zu garantieren. Hegel nennt in diesem Sinn die bürgerliche Gesellschaft »den Not- und Verstandesstaat«.

Durch den Begriff der Sicherheit erhebt sich die bürgerliche Gesellschaft nicht über ihren Egoismus. Die Sicherheit ist vielmehr die *Versicherung* ihres Egoismus.

Keines der sogenannten Menschenrechte geht also über den egoistischen Menschen hinaus, über den Menschen, wie er Mitglied der bürgerlichen Gesellschaft, nämlich auf sich, auf sein Privatinteresse und seine Privatwillkür zurückgezogenes und vom Gemeinwesen abgesondertes Individuum ist. Weit entfernt, daß der Mensch in ihnen als Gattungswesen aufgefaßt wurde, erscheint vielmehr das Gattungsleben selbst, die Gesellschaft, als ein den Individuen äußerlicher Rahmen, als Beschränkung ihrer ursprünglichen Selbständigkeit. Das einzige Band, das sie zusammenhält, ist die Naturnotwendigkeit, das Bedürfnis und das Privatinteresse, die Konservation ihres Eigentums und ihrer egoistischen Person.

Es ist schon rätselhaft, daß ein Volk, welches eben beginnt, sich zu befreien, alle Barrieren zwischen den verschiedenen Volksgliedern niederzureißen, ein politisches Gemeinwesen zu gründen, daß ein solches Volk die Berechtigung des egoistischen, vom Mitmenschen und vom Gemeinwesen abgesonderten Menschen feierlich proklamiert (»Déclaration de 1791«), ja diese Proklamation in einem Augenblicke wiederholt, wo die heroischste Hingebung allein die Nation retten kann und daher gebieterisch verlangt wird, in einem Augenblicke, wo die Aufopferung aller Interessen der bürgerlichen Gesellschaft zur Tagesordnung erhoben und der Egoismus als ein Verbrechen bestraft werden muß. (»Déclaration des droits de l'homme etc. de 1793«.) Noch rätselhafter wird diese Tatsache, wenn wir sehen, daß das Staatsbürgertum, das *politische Gemeinwesen* von den politischen Emanzipatoren sogar zum bloßen *Mittel* für die Erhaltung dieser sogenannten Menschenrechte herabgesetzt, daß also der citoyen zum Diener des egoistischen homme erklärt, die Sphäre, in welcher der Mensch sich als Gemeinwesen verhält, unter die Sphäre, in welcher er sich als Teilwesen verhält, degradiert, endlich nicht der Mensch als citoyen, sondern der Mensch als bourgeois für den *eigentlichen* und *wahren* Menschen genommen wird.

Le *but* de toute *association politique* est la *conservation* des droits naturels et imprescriptibles de l'homme. [Das *Ziel* aller *politischen Vereinigung* ist die *Erhaltung* der natürlichen und unabdingbaren Menschenrechte.] (»Déclaration des droits etc. de 1791«, article 2.)

Le *gouvernement* est institué pour garantir à l'homme la jouissance de ses droits naturels et imprescriptibles. [Die *Regierung* ist eingesetzt, um dem Menschen den Genuß seiner natürlichen und unabdingbaren Rechte zu verbürgen.] (»Déclaration etc. de 1793«, article 1.)

Also selbst in den Momenten seines noch jugendfrischen und durch den Drang der Umstände auf die Spitze getriebenen Enthusiasmus erklärt sich das politische Leben für ein bloßes *Mittel*, dessen Zweck das Leben der bürgerlichen Gesellschaft ist. Zwar steht seine revolutionäre Praxis in flagrantem Widerspruch mit seiner Theorie. Während z. B. die Sicherheit als ein Menschenrecht erklärt wird, wird die Verletzung des Briefgeheimnisses öffentlich auf die Tagesordnung gesetzt. Während die »liberté *indéfinie* de la presse« [»*unbeschränkte* Pressefreiheit«] (Constitution de 1793, article 122) als Konsequenz des Menschenrechts, der individuellen Freiheit, garantiert wird, wird die Preßfreiheit vollständig vernichtet, denn »la liberté de la presse ne doit pas être permise lorsqu'elle compromet la liberté publique« [»die Pressefreiheit darf nicht zugelassen werden, wenn sie die allgemeine Freiheit verletzt«] (Robespierre jeune, »Histoire parlementaire de la révolution française« par Buchez et Roux, T. 28, p. 159), d. h. also: Das Menschenrecht der Freiheit hört auf, ein Recht zu sein, sobald es mit dem *politischen* Leben in Konflikt tritt, während der Theorie nach das politische Leben nur die Garantie der Menschenrechte, der Rechte des individuellen Menschen ist, also aufgegeben werden muß, sobald es seinem *Zwecke*, diesen Menschenrechten widerspricht. Aber die Praxis ist nur die Ausnahme, und die Theorie ist die Regel. Will man aber selbst die revolutionäre Praxis als die richtige Stellung des Verhältnisses betrachten, so bleibt immer noch das Rätsel zu lösen, warum im Bewußtsein der politischen Emanzipatoren das Verhältnis auf den Kopf gestellt ist und der Zweck als Mittel, das Mittel als Zweck erscheint. Diese optische Täuschung ihres Bewußtseins wäre immer noch dasselbe Rätsel, obgleich dann ein psychologisches, ein theoretisches Rätsel.

Das Rätsel löst sich einfach.

Die politische Emanzipation ist zugleich die *Auflösung* der alten Gesellschaft, auf welcher das dem Volk entfremdete Staatswesen, die Herrschermacht, ruht. Die politische Revolution ist die Revolution der bürgerlichen Gesellschaft. Welches war der Charakter der alten Gesellschaft? Ein Wort charakterisiert sie. Die *Feudalität.* Die alte bürgerliche Gesellschaft hatte *unmittelbar* einen *politischen* Charakter, d. h., die Elemente des bürgerlichen Lebens, wie z. B. der Besitz oder die Familie oder die Art und Weise der Arbeit, waren in der Form der Grundherrlichkeit, des Standes und der Korporation zu Elementen des Staatslebens erhoben. Sie bestimmten in dieser Form das Verhältnis des einzelnen Individuums zum *Staatsganzen*, d. h. sein *politisches* Verhältnis, d. h. sein Verhältnis der Trennung und Ausschließung von den andern Bestandteilen der Gesellschaft. Denn jene Organisation des Volkslebens erhob den Besitz oder die Arbeit nicht zu sozialen Elementen, sondern vollendete vielmehr ihre *Trennung* von dem Staatsganzen und konstituierte sie zu *besondern* Gesellschaften in der Gesellschaft. So waren indes immer noch die Lebensfunktionen und Lebensbedingungen der bürgerlichen Gesellschaft politisch, wenn auch politisch im Sinne der Feudalität, d. h., sie schlossen das Individuum vom Staatsganzen ab, sie verwandelten das *besondere* Verhältnis seiner Korporation zum Staatsganzen in sein eignes allgemeines Verhältnis zum Volksleben, wie seine bestimmte bürgerliche Tätigkeit und Situation in seine allgemeine Tätigkeit und Situation. Als Konsequenz dieser Organisation erscheint notwendig die Staatseinheit, wie das Bewußtsein, der Wille und die Tätigkeit der Staatseinheit, die allgemeine Staatsmacht, ebenfalls als *besondere* Angelegenheit eines von dem Volk abgeschiedenen Herrschers und seiner Diener.

Die politische Revolution, welche diese Herrschermacht stürzte und die Staatsangelegenheiten zu Volksangelegenheiten erhob, welche den politischen Staat als *allgemeine* Angelegenheit, d. h. als wirklichen Staat konstituierte, zerschlug notwendig alle Stände, Korporationen, Innungen, Privilegien, die ebenso viele Ausdrücke der Trennung des Volkes von seinem Gemeinwesen waren. Die politische Revolution *hob* damit den *politischen Charakter der bürgerlichen Gesellschaft auf.* Sie zerschlug die bürgerliche Gesellschaft in ihre einfachen Bestandteile, einerseits in die *Individuen*, andrerseits in die *materiellen* und *geistigen Elemente*, welche den Lebensinhalt, die bürgerliche Situation dieser Individuen bilden. Sie entfesselte den politischen Geist, der gleichsam in die verschiedenen Sackgassen der feudalen Gesellschaft zerteilt, zerlegt, zerlaufen war; sie sammelte ihn aus dieser Zerstreuung, sie befreite ihn von seiner Vermischung mit dem bürgerlichen Leben und konstituierte ihn als die Sphäre des Gemeinwesens, der *allgemeinen* Volksangelegenheit in idealer Unabhängigkeit von jenen *besondern* Elementen des bürgerlichen Lebens. Die *bestimmte* Lebenstätigkeit und die bestimmte Lebenssituation sanken zu einer nur individuellen Bedeutung herab. Sie bildeten nicht mehr das allgemeine Verhältnis des Individuums zum Staatsganzen. Die öffentliche Angelegenheit als solche ward vielmehr zur allgemeinen Angelegenheit jedes Individuums und die politische Funktion zu seiner allgemeinen Funktion.

Allein die Vollendung des Idealismus des Staats war zugleich die Vollendung des Materialismus der bürgerlichen Gesellschaft. Die Abschüttlung des politischen Jochs war zugleich die Abschüttlung der Bande, welche den egoistischen Geist der bürgerlichen Gesellschaft gefesselt hielten. Die politische Emanzipation war zugleich die Emanzipation der bürgerlichen Gesellschaft von der Politik, von dem *Schein* selbst eines allgemeinen Inhalts.

Die feudale Gesellschaft war aufgelöst in ihren Grund, in den *Menschen.* Aber in den Menschen, wie er wirklich ihr Grund war, in den *egoistischen* Menschen.

Dieser *Mensch*, das Mitglied der bürgerlichen Gesellschaft, ist nun die Basis, die Voraussetzung des *politischen* Staats. Er ist von ihm als solche anerkannt in den Menschenrechten.

Die Freiheit des egoistischen Menschen und die Anerkennung dieser Freiheit ist aber vielmehr die Anerkennung der *zügellosen* Bewegung der geistigen und materiellen Elemente, welche seinen Lebensinhalt bilden.

Der Mensch wurde daher nicht von der Religion befreit, er erhielt die Religionsfreiheit. Er wurde nicht vom Eigentum befreit. Er erhielt die Freiheit des Eigentums. Er wurde nicht von dem Egoismus des Gewerbes befreit, er erhielt die Gewerbefreiheit.

Die *Konstitution des politischen Staats* und die Auflösung der bürgerlichen Gesellschaft in die unabhängigen *Individuen* – deren Verhältnis das *Recht* ist, wie das Verhältnis der Standes- und Innungsmenschen das *Privilegium* war – vollzieht sich in *einem und demselben Akte.* Der Mensch, wie er Mitglied der bürgerlichen Gesellschaft ist, der *unpolitische* Mensch, erscheint aber notwendig als der *natürliche* Mensch. Die *droits de l'homme* erscheinen als *droits naturels [natürliche Rechte],* denn die *selbstbewußte Tätigkeit* konzentriert sich auf den *politischen Akt.* Der *egoistische* Mensch ist das *passive*, nur *vorgefundne* Resultat der aufgelösten Gesellschaft, Gegenstand der *unmittelbaren Gewißheit*, also *natürlicher* Gegenstand. Die *politische Revolution* löst das bürgerliche Leben in seine Bestandteile auf, ohne diese Bestandteile selbst zu *revolutionieren* und der Kritik zu unterwerfen. Sie verhält sich zur bürgerlichen

Gesellschaft, zur Welt der Bedürfnisse, der Arbeit, der Privatinteressen, des Privatrechts, als zur *Grundlage ihres Bestehns*, als zu einer nicht weiter begründeten *Voraussetzung*, daher als zu ihrer *Naturbasis.* Endlich gilt der Mensch, wie er Mitglied der bürgerlichen Gesellschaft ist, für den *eigentlichen* Menschen, für den *homme* im Unterschied von dem *citoyen*, weil er der Mensch in seiner sinnlichen individuellen *nächsten* Existenz ist, während der *politische* Mensch nur der abstrahierte, künstliche Mensch ist, der Mensch als eine *allegorische, moralische* Person. Der wirkliche Mensch ist erst in der Gestalt des *egoistischen* Individuums, der *wahre* Mensch erst in der Gestalt *des abstrakten citoyen* anerkannt.

Die Abstraktion des politischen Menschen schildert Rousseau richtig also:

Celui qui ose entreprendre d'instituer un peuple doit se sentir en état de *changer* pour ainsi dire la *nature humaine*, de *transformer* chaque individu, qui par lui-même est un tout parfait et solitaire, en *partie* d'un plus grand tout dont cet individu reçoive en quelque sorte sa vie et son être, de substituer une *existence partielle* et *morale* à l'existence physique et indépendante. Il faut qu'il ôte à *l'homme ses forces propres* pour lui en donner qui lui soient étrangères et dont il ne puisse faire usage sans le secours d'autrui. [Wer den Mut hat, einem Volke eine Rechtsordnung zu geben, muß sich fähig fühlen, sozusagen die *menschliche Natur* zu *ändern*, jedes Individuum, das in sich selbst und für sich allein ein vollkommenes Ganzes ist, in den *Teil* eines größeren Ganzen umzuwandeln, von dem dieses Individuum in gewisser Weise sein Leben und Sein empfängt, an die Stelle einer physischen und unabhängigen eine *moralische Teilexistenz* zu setzen. Er muß *dem Menschen seine eigenen Kräfte* nehmen, um ihm fremde dafür zu geben, die er nur mit Hilfe anderer gebrauchen kann.] (»Contrat Social«, livre II, Londres 1782, p. 67.)

Alle Emanzipation ist *Zurückführung* der menschlichen Welt, der Verhältnisse, auf den *Menschen selbst.*

Die politische Emanzipation ist die Reduktion des Menschen, einerseits auf das Mitglied der bürgerlichen Gesellschaft, auf das *egoistische unabhängige* Individuum, andrerseits auf den *Staatsbürger*, auf die moralische Person.

Erst wenn der wirkliche individuelle Mensch den abstrakten Staatsbürger in sich zurücknimmt und als individueller Mensch in seinem empirischen Leben, in seiner individuellen Arbeit, in seinen individuellen Verhältnissen, *Gattungswesen* geworden ist, erst wenn der Mensch seine »forces propres« [»eigenen Kräfte«] als *gesellschaftliche* Kräfte erkannt und organisiert hat und daher die gesellschaftliche Kraft nicht mehr in der Gestalt der *politischen* Kraft von sich trennt, erst dann ist die menschliche Emanzipation vollbracht.

Die Klassenkämpfe in Frankreich 1848 bis 1850

Mit Ausnahme einiger weniger Kapitel trägt jeder bedeutendere Abschnitt der Revolutionsannalen vom 1848 bis 1849 die Überschrift: *Niederlage der Revolution!*

Was in diesen Niederlagen erlag, war nicht die Revolution. Es waren die vorrevolutionären traditionellen Anhängsel, Resultate gesellschaftlicher Verhältnisse, die sich noch nicht zu scharfen Klassengegensätzen zugespitzt hatten – Personen, Illusionen, Vorstellungen, Projekte, wovon die revolutionäre Partei vor der Februarrevolution nicht frei war, wovon nicht der *Februarsieg*, sondern nur eine Reihe von *Niederlagen* sie befreien konnte.

Mit einem Worte: Nicht in seinen unmittelbaren tragikomischen Errungenschaften brach sich der revolutionäre Fortschritt Bahn, sondern umgekehrt in der Erzeugung einer geschlossenen, mächtigen Kontrerevolution, in der Erzeugung eines Gegners, durch dessen Bekämpfung erst die Umsturzpartei zu einer wirklich revolutionären Partei heranreifte.

Dies nachzuweisen, ist die Aufgabe der folgenden Blätter.

I Die Juniniederlage 1848

Vom Februar bis Juni 1848

Nach der Julirevolution, als der liberale Bankier Laffitte seinen compère [Gevatter; Helfershelfer], den Herzog von Orléans, im Triumph auf das Hôtel de Ville geleitete, ließ er das Wort fallen: *»Von nun an werden die Bankiers herrschen.«* Laffitte hatte das Geheimnis der Revolution verraten.

Nicht die französische Bourgeoisie herrschte unter Louis-Philippe, sondern *eine Fraktion* derselben, Bankiers, Börsenkönige, Eisenbahnkönige, Besitzer von Kohlen- und Eisenbergwerken und Waldungen, ein Teil des mit ihnen ralliierten Grundeigentums – die sogenannte *Finanzaristokratie.* Sie saß auf dem Throne, sie diktierte in den Kammern Gesetze, sie vergab die Staatsstellen vom Ministerium bis zum Tabaksbüro.

Die eigentlich *industrielle Bourgeoisie* bildete einen Teil der offiziellen Opposition, d. h., sie war in den Kammern nur als Minorität vertreten. Ihre Opposition trat um so entschiedener hervor, je reiner sich die Alleinherrschaft der Finanzaristokratie entwickelte und je mehr sie selbst nach den in Blut erstickten Emeuten [Revolten][1] 1832, 1834 und 1839 ihre Herrschaft über die Arbeiterklasse gesichert wähnte. *Grandin*, Fabrikant von Rouen, in der konstituierenden wie in der legislativen Nationalversammlung das fanatischste Organ der bürgerlichen Reaktion, war in der Deputiertenkammer der heftigste Widersacher Guizots. *Léon Faucher*, später durch seine ohnmächtigen Anstrengungen bekannt, sich zum Guizot der französischen Kontrerevolution aufzuschwingen, führte in den letzten Zeiten Louis-Philippes einen Federkrieg für die Industrie gegen die Spekulation und ihren Schleppträger, die Regierung. *Bastiat* agitierte im Namen von Bordeaux und des ganzen weinproduzierenden Frankreichs gegen das herrschende System.

Die *kleine Bourgeoisie* in allen ihren Abstufungen, ebenso die *Bauernklasse* waren vollständig von der politischen Macht ausgeschlossen. Es befanden sich endlich in der offiziellen Opposition oder gänzlich außerhalb des pays légal die *ideologischen* Vertreter und Wortführer der angeführten Klassen, ihre Gelehrten, Advokaten, Ärzte usw., mit einem Worte: ihre sogenannten *Kapazitäten.*

Durch ihre Finanznot war die Julimonarchie von vornherein abhängig von der hohen Bourgeoisie, und ihre Abhängigkeit von der hohen Bourgeoisie wurde die unerschöpfliche Quelle einer wachsenden Finanznot. Unmöglich, die Staatsverwaltung dem Interesse der nationalen Produktion unterzuordnen, ohne das Gleichgewicht im Budget herzustellen, das Gleichgewicht zwischen Staatsausgaben und Staatseinnahmen. Und wie dies Gleichgewicht herstellen ohne Beschränkung des Staatsaufwandes, d. h. ohne Interessen zu verletzen, die ebenso viele Stützen des herrschenden Systems waren, und ohne die Steuerverteilung neu zu regeln, d. h. ohne einen bedeutenden Teil der Steuerlast auf die Schultern der hohen Bourgeoisie selbst zu wälzen?

Die Verschuldung des Staats war vielmehr das *direkte Interesse* der durch die Kammern herrschenden und gesetzgebenden Bourgeoisfraktion. Das *Staatsdefizit*, es war eben der eigentliche Gegenstand ihrer Spekulation und die Hauptquelle ihrer Bereicherung. Nach jedem Jahre ein neues Defizit. Nach dem Verlaufe von vier bis fünf

Jahren eine neue Anleihe. Und jede neue Anleihe bot der Finanzaristokratie neue Gelegenheit, den künstlich in der Schwebe des Bankerotts gehaltenen Staat zu prellen – er mußte unter den ungünstigsten Bedingungen mit den Bankiers kontrahieren.

[...]

Die Julimonarchie war nichts als eine Aktienkompanie zur Exploitation des französischen Nationalreichtums, deren Dividenden sich verteilten unter Minister, Kammern, 240 000 Wähler und ihren Anhang. Louis-Philippe war der Direktor dieser Kompanie – Robert Macaire auf dem Throne.[2] Handel, Industrie, Ackerbau, Schiffahrt, die Interessen der industriellen Bourgeoisie mußten beständig unter diesem System gefährdet und beeinträchtigt werden. Wohlfeile Regierung, gouvernement à bon marché, hatte sie in den Julitagen auf ihre Fahne geschrieben.

Indem die Finanzaristokratie die Gesetze gab, die Staatsverwaltung leitete, über sämtliche organisierte öffentliche Gewalten verfügte, die öffentliche Meinung durch die Tatsachen und durch die Presse beherrschte, wiederholte sich in allen Sphären, vom Hofe bis zum Café Borgne [Bezeichnung für verrufene Kaffeehäuser und Kneipen in Paris] dieselbe Prostitution, derselbe schamlose Betrug, dieselbe Sucht, sich zu bereichern, nicht durch die Produktion, sondern durch die Eskamotage schon vorhandenen fremden Reichtums, brach namentlich an den Spitzen der bürgerlichen Gesellschaft die schrankenlose, mit den bürgerlichen Gesetzen selbst jeden Augenblick kollidierende Geltendmachung der ungesunden und liederlichen Gelüste aus, worin der aus dem Spiele entspringende Reichtum naturgemäß seine Befriedigung sucht, wo der Genuß crapuleux [ausschweifend] wird, wo Geld, Schmutz und Blut zusammenfließen. Die Finanzaristokratie, in ihrer Erwerbsweise wie in ihren Genüssen, ist nichts als die *Wiedergeburt des Lumpenproletariats auf den Höhen der bürgerlichen Gesellschaft.*

Und die nicht herrschenden Fraktionen der französischen Bourgeoisie schrien *Korruption!* Das Volk schrie: *À bas les grands voleurs! À bas les assassins! [Nieder mit den Dieben! Nieder mit den Mördern!]*, als im Jahre 1847 auf den erhabensten Bühnen der bürgerlichen Gesellschaft dieselben Szenen öffentlich aufgeführt wurden, welche das Lumpenproletariat regelmäßig in die Bordells, in die Armen- und Irrenhäuser, vor den Richter, in die Bagnos und auf das Schafott führen. Die industrielle Bourgeoisie sah ihre Interessen gefährdet, die kleine Bourgeoisie war moralisch entrüstet, die Volksphantasie war empört, Paris war von Pamphlets überflutet – »La dynastie Rothschild«, »Les juifs rois de l'époque« [»Die Juden – Könige unserer Zeit«] etc. –, worin die Herrschaft der Finanzaristokratie mit mehr oder weniger Geist denunziert und gebrandmarkt wurde.

[...]

Der Ausbruch des allgemeinen Mißbehagens wurde endlich beschleunigt, die Verstimmung zur Revolte gereift durch *zwei ökonomische Weltereignisse.*

Die *Kartoffelkrankheit* und *Mißernten* von 1845 und 1846 steigerten die allgemeine Gärung im Volke. Die Teuerung von 1847 rief in Frankreich wie auf dem übrigen Kontinente blutige Konflikte hervor. Gegenüber den schamlosen Orgien der Finanzaristokratie – der Kampf des Volkes um die ersten Lebensmittel! Zu Buzançais die Emeutiers des Hungers hingerichtet,[3] zu Paris übersättigte Escrocs [Gauner] den Gerichten durch die königliche Familie entrissen!

Das zweite große ökonomische Ereignis, welches den Ausbruch der Revolution beschleunigte, war eine *allgemeine Handels- und Industriekrise* in England; schon Herbst 1845 angekündigt durch die massenhafte Niederlage der Eisenbahnaktien-Spekulanten, hingehalten während des Jahres 1846 durch eine Reihe von Inzidenzpunkten wie die bevorstehende Abschaffung der Kornzölle, eklatierte sie endlich Herbst 1847 in den Bankerotten der großen Londoner Kolonialwarenhändler, denen die Falliten der Landbanken und das Schließen der Fabriken in den englischen Industriebezirken auf dem Fuße nachfolgten. Noch war die Nachwirkung dieser Krise auf dem Kontinent nicht erschöpft, als die Februarrevolution ausbrach.

Die Verwüstung des Handels und der Industrie durch die ökonomische Epidemie machte die Alleinherrschaft der Finanzaristokratie noch unerträglicher. In ganz Frankreich rief die oppositionelle Bourgeoisie die *Bankettagitation* für eine *Wahlreform* hervor, welche ihr die Majorität in den Kammern erobern und das Ministerium der Börse stürzen sollte. Zu Paris hatte die industrielle Krisis noch speziell die Folge, eine Masse Fabrikanten und Großhändler, die auf dem auswärtigen Markte unter den gegenwärtigen Umständen keine Geschäfte mehr machen konnten, auf den inneren Handel zu werfen. Sie errichteten große Etablissements, deren Konkurrenz Epiciers und Boutiquiers [Krämer und Kleinhändler] massenhaft ruinierte. Daher eine Unzahl Falliten in diesem Teile der Pariser Bourgeoisie, daher ihr revolutionäres Auftreten im Februar. Es ist bekannt, wie Guizot und die Kammern die Reformvorschläge mit einer unzweideutigen Herausforderung beantworteten, wie Louis-Philippe sich zu spät zu einem Ministerium Barrot entschloß, wie es zum Handgemenge zwischen dem Volke und der Armee kam, wie die Armee durch die passive Haltung der Nationalgarde entwaffnet wurde, wie die Julimonarchie einer provisorischen Regierung den Platz räumen mußte.

Die *provisorische Regierung*, die sich auf den Februarbarrikaden erhob, spiegelte in ihrer Zusammensetzung notwendig die verschiedenen Parteien ab, worunter sich der Sieg verteilte. Sie konnte nichts anderes sein als ein *Kompromiß der verschiedenen Klassen*, die gemeinsam den Julithron umgestürzt, deren Interessen sich aber feindlich gegenüberstanden. Ihre *große Majorität* bestand aus Vertretern der Bourgeoisie. Das republikanische Kleinbürgertum vertreten in Ledru-Rollin und Flocon, die republikanische Bourgeoisie in den Leuten vom »National«,[4] die dynastische Opposition in Crémieux, Dupont de l'Eure usw. Die Arbeiterklasse besaß nur zwei Repräsentanten, Louis Blanc und Albert. Lamartine endlich in der provisorischen Regierung, das war zunächst kein wirkliches Interesse, keine bestimmte Klasse, das war die Februarrevolution selbst, die gemeinsame Erhebung mit ihren Illusionen, ihrer Poesie, ihrem eingebildeten Inhalt und ihren Phrasen. Übrigens gehörte der Wortführer der Februarrevolution, seiner Stellung wie seinen Ansichten nach, der *Bourgeoisie* an.

Wenn Paris infolge der politischen Zentralisation Frankreich beherrscht, beherrschen die Arbeiter in Augenblicken revolutionärer Erdbeben Paris. Der erste Lebensakt der provisorischen Regierung war der Versuch, sich diesem überwältigenden Einflusse zu entziehen durch einen Appell von dem trunkenen Paris an das nüchterne Frankreich. Lamartine bestritt den Barrikadenkämpfern das Recht, die Republik auszurufen, dazu sei nur die Majorität der Franzosen befugt; ihre Stimmgebung sei abzuwarten, das Pariser Proletariat dürfe seinen Sieg nicht beflecken durch eine Usurpation. Die Bourgeoisie erlaubt dem Proletariat nur *eine* Usurpation – die des Kampfes.

Um die Mittagsstunde des 25. Februar war die Republik noch nicht ausgerufen, waren dagegen sämtliche Ministerien schon verteilt unter die bürgerlichen Elemente der provisorischen Regierung und unter die Generale, Bankiers und Advokaten des »National«. Aber die Arbeiter waren entschlossen, diesmal keine ähnliche Eskamotage zu dulden wie im Juli 1830. Sie waren bereit, von neuem den Kampf aufzunehmen und die Republik durch Waffengewalt zu erzwingen. Mit dieser Botschaft begab sich *Raspail* auf das Hôtel de Ville. Im Namen des Pariser Proletariats *befahl* er der provisorischen Regierung, die Republik auszurufen; sei dieser Befehl des Volkes im Laufe von zwei Stunden nicht vollstreckt, so werde er an der Spitze von 200 000 Mann zurückkehren. Noch waren die Leichen der Gefallenen kaum erkaltet, die Barrikaden nicht weggeräumt, die Arbeiter nicht entwaffnet, und die einzige Macht, die man ihnen entgegenstellen konnte, war die Nationalgarde. Unter diesen Umständen verschwanden plötzlich die staatsklugen Bedenken und juristischen Gewissensskrupel der provisorischen Regierung. Die Frist von zwei Stunden war nicht abgelaufen, und schon prangten an allen Mauern von Paris die historischen Riesenworte:

République française! Liberté, Égalité, Fraternité!

Mit der Proklamation der Republik auf der Grundlage des allgemeinen Wahlrechts war selbst die Erinnerung an die beschränkten Zwecke und Motive ausgelöscht, welche die Bourgeoisie in die Februarrevolution gejagt hatten. Statt einiger weniger Fraktionen des Bürgertums – sämtliche Klassen der französischen Gesellschaft plötzlich in den Kreis der politischen Macht hineingeschleudert, gezwungen, die Logen, das Parterre, die Galerie zu verlassen und in eigener Person auf der revolutionären Bühne mitzuspielen! Mit dem konstitutionellen Königtum auch der Schein einer eigenmächtig der bürgerlichen Gesellschaft gegenüberstehenden Staatsmacht verschwunden und die ganze Reihe von untergeordneten Kämpfen, welche diese Scheinmacht herausfordert!

Das Proletariat, indem es der provisorischen Regierung und durch die provisorische Regierung ganz Frankreich die Republik diktierte, trat sofort als selbständige Partei in den Vordergrund, aber es forderte zugleich das ganze bürgerliche Frankreich gegen sich in die Schranken. Was es eroberte, war das Terrain für den Kampf um seine revolutionäre Emanzipation, keineswegs diese Emanzipation selbst.

Die Februarrepublik mußte zunächst vielmehr die *Herrschaft der Bourgeoisie vervollständigen*, indem sie neben der Finanzaristokratie *sämtliche besitzenden Klassen* in den Kreis der politischen Macht eintreten ließ. Die Majorität der großen Grundbesitzer, die Legitimisten wurden von der politischen Nichtigkeit emanzipiert, wozu die Julimonarchie sie verurteilt hatte. Nicht umsonst hatte die »Gazette de France«[5] gemeinsam mit den Oppositionsblättern agitiert, nicht umsonst La Rochejaquelein in der Sitzung der Deputiertenkammer vom 24. Februar die Partei der Revolution ergriffen. Durch das allgemeine Wahlrecht wurden die nominellen Eigentümer, welche die große Majorität der Franzosen bilden, die *Bauern*, zu Schiedsrichtern über das Schicksal Frankreichs eingesetzt. Die Februarrepublik ließ endlich die Bourgeoisherrschaft rein hervortreten, indem sie die Krone abschlug, hinter der sich das Kapital versteckt hielt.

Wie die Arbeiter in den Julitagen die *bürgerliche Monarchie*, hatten sie in den Februartagen die *bürgerliche Republik* erkämpft. Wie die Julimonarchie gezwungen war, sich anzukündigen als eine *Monarchie, umgeben von republikanischen Institutionen*, so die Februarrepublik als eine *Republik, umgeben von sozialen Institutionen.* Das Pariser Proletariat *erzwang* auch diese Konzession.

Marche, ein Arbeiter, diktierte das Dekret, worin die eben erst gebildete provisorische Regierung sich verpflichtete, die Existenz der Arbeiter durch die Arbeit sicherzustellen, allen Bürgern Arbeit zu verschaffen usw. Und als sie wenige Tage später ihre Versprechungen vergaß und das Proletariat aus den Augen verloren zu haben schien, marschierte eine Masse von 20 000 Arbeitern auf das Hôtel de Ville mit dem Rufe: *Organisation der Arbeit! Bildung eines eigenen Ministeriums der Arbeit!* Widerstrebend und nach langen Debatten ernannte die provisorische Regierung eine permanente Spezialkommission, beauftragt, die Mittel zur Verbesserung der arbeitenden Klassen *auszufinden*! Diese Kommission wurde gebildet aus Delegierten der Pariser Handwerkskorporationen und präsidiert von Louis Blanc und Albert. Das Luxembourg wurde ihr als Sitzungssaal angewiesen. So waren die Vertreter der Arbeiterklasse von dem Sitze der provisorischen Regierung verbannt, der bürgerliche Teil derselben behielt die wirkliche Staatsmacht und die Zügel der Verwaltung ausschließlich in den Händen, und *neben* den Ministerien der Finanzen, des Handels, der öffentlichen Arbeiten, *neben* der Bank und der Börse erhob sich eine *sozialistische Synagoge*, deren Hohepriester, Louis Blanc und Albert, die Aufgabe hatten, das gelobte Land zu entdecken, das neue Evangelium zu verkünden und das Pariser Proletariat zu beschäftigen. Zum Unterschiede von jeder profanen Staatsmacht stand ihnen kein Budget, keine exekutive Gewalt zur Verfügung. Mit dem Kopfe sollten sie die Grundpfeiler der bürgerlichen Gesellschaft einrennen. Während das Luxembourg den Stein der Weisen suchte, schlug man im Hôtel de Ville die kurshabende Münze.

Und dennoch, die Ansprüche des Pariser Proletariats, soweit sie über die bürgerliche Republik hinausgingen, sie konnten keine andere Existenz gewinnen als die nebelhafte des Luxembourg.

Gemeinsam mit der Bourgeoisie hatten die Arbeiter die Februarrevolution gemacht, *neben* der Bourgeoisie suchten sie ihre Interessen durchzusetzen, wie sie in der provisorischen Regierung selbst neben die bürgerliche Majorität einen Arbeiter installiert hatten. *Organisation der Arbeit!* Aber die Lohnarbeit, das ist die vorhandene bürgerliche Organisation der Arbeit. Ohne sie kein Kapital, keine Bourgeoisie, keine bürgerliche Gesellschaft. Ein *eigenes Ministerium der Arbeit!* Aber die Ministerien der Finanzen, des Handels, der öffentlichen Arbeiten, sind sie nicht die *bürgerlichen* Ministerien der Arbeit? Und *neben* ihnen ein *proletarisches* Ministerium der Arbeit, es mußte ein Ministerium der Ohnmacht sein, ein Ministerium der frommen Wünsche, eine Kommission des Luxembourg. Wie die Arbeiter glaubten, neben der Bourgeoisie sich emanzipieren, so meinten sie, neben den übrigen Bourgeoisnationen innerhalb der nationalen Wände Frankreichs eine proletarische Revolution vollziehen zu können. Aber die französischen Produktionsverhältnisse sind bedingt durch den auswärtigen Handel Frankreichs, durch seine Stellung auf dem Weltmarkt und die Gesetze desselben; wie sollte Frankreich sie brechen ohne einen europäischen Revolutionskrieg, der auf den Despoten des Weltmarkts, England, zurückschlüge?

Eine Klasse, worin sich die revolutionären Interessen der Gesellschaft konzentrieren, sobald sie sich erhoben hat, findet unmittelbar in ihrer eigenen Lage den Inhalt und das Material ihrer revolutionären Tätigkeit: Feinde niederzuschlagen, durch das Bedürfnis des Kampfes gegebene Maßregeln zu ergreifen; die Konsequenzen ihrer eigenen Taten treiben sie weiter. Sie stellt keine theoretischen

Untersuchungen über ihre eigene Aufgabe an. Die französische Arbeiterklasse befand sich nicht auf diesem Standpunkte, sie war noch unfähig, ihre eigene Revolution durchzuführen.

Die Entwicklung des industriellen Proletariats ist überhaupt bedingt durch die Entwicklung der industriellen Bourgeoisie. Unter ihrer Herrschaft gewinnt es erst die ausgedehnte nationale Existenz, die seine Revolution zu einer nationalen erheben kann, schafft es selbst erst die modernen Produktionsmittel, welche ebenso viele Mittel seiner revolutionären Befreiung werden. Ihre Herrschaft reißt erst die materiellen Wurzeln der feudalen Gesellschaft aus und ebnet das Terrain, worauf allein eine proletarische Revolution möglich ist. Die französische Industrie ist ausgebildeter und die französische Bourgeoisie revolutionärer entwickelt als die des übrigen Kontinents. Aber die Februarrevolution, war sie nicht unmittelbar gegen die Finanzaristokratie gerichtet? Diese Tatsache bewies, daß die industrielle Bourgeoisie Frankreich nicht beherrschte. Die industrielle Bourgeoisie kann nur da herrschen, wo die moderne Industrie alle Eigentumsverhältnisse sich gemäß gestaltet, und nur da kann die Industrie diese Gewalt gewinnen, wo sie den Weltmarkt erobert hat, denn die nationalen Grenzen genügen ihrer Entwicklung nicht. Frankreichs Industrie aber, zum großen Teile, behauptet selbst den nationalen Markt nur durch ein mehr oder minder modifiziertes Prohibitivsystem. Wenn das französische Proletariat daher in dem Augenblicke einer Revolution zu Paris eine faktische Gewalt und einen Einfluß besitzt, die es zu einem Anlaufe über seine Mittel hinaus anspornen, so ist es in dem übrigen Frankreich an einzelnen zerstreuten industriellen Zentralpunkten zusammengedrängt, fast verschwindend unter einer Überzahl von Bauern und Kleinbürgern. Der Kampf gegen das Kapital in seiner entwickelten modernen Form, in seinem Springpunkt, der Kampf des industriellen Lohnarbeiters gegen den industriellen Bourgeois ist in Frankreich ein partielles Faktum, das nach den Februartagen um so weniger den nationalen Inhalt der Revolution abgeben konnte, als der Kampf gegen die untergeordneten Exploitationsweisen des Kapitals, des Bauern gegen den Wucher und die Hypotheke, des Kleinbürgers gegen den Großhändler, Bankier und Fabrikanten, mit einem Worte, gegen den Bankerott, noch eingehüllt war in die allgemeine Erhebung gegen die Finanzaristokratie. Nichts erklärlicher also, als daß das Pariser Proletariat sein Interesse *neben* dem bürgerlichen durchzusetzen suchte, statt es als das revolutionäre Interesse der Gesellschaft selbst zur Geltung zu bringen, daß es die *rote* Fahne vor der *trikoloren* fallen ließ. Die französischen Arbeiter konnten keinen Schritt vorwärts tun, kein Haar der bürgerlichen Ordnung krümmen, bevor der Gang der Revolution die zwischen dem Proletariat und der Bourgeoisie stehende Masse der Nation, Bauern und Kleinbürger, nicht gegen diese Ordnung, gegen die Herrschaft des Kapitals empört, sie gezwungen hatte, sich den Proletariern als ihren Vorkämpfern anzuschließen. Nur durch die ungeheure Niederlage im Juni konnten die Arbeiter diesen Sieg erkaufen.

Der Kommission des Luxembourg, diesem Geschöpfe der Pariser Arbeiter, bleibt das Verdienst, das Geheimnis der Revolution des neunzehnten Jahrhunderts von einer europäischen Tribüne herab verraten zu haben: *die Emanzipation des Proletariats.* Der »Moniteur« errötete,[6] als er die »wilden Schwärmereien« offiziell propagieren mußte, die bisher vergraben lagen in den apokryphischen Schriften der Sozialisten und nur von Zeit zu Zeit als ferne, halb fürchterliche, halb lächerliche Sagen an das Ohr der Bourgeoisie anschlugen. Europa fuhr überrascht aus seinem bürgerlichen Halbschlummer auf. In der Idee der Proletarier also, welche die Finanzaristokratie mit der Bourgeoisie überhaupt verwechselten; in der Einbildung republikanischer Biedermänner, welche die Existenz selbst der Klassen leugneten oder höchstens als Folge der konstitutionellen Monarchie zugaben; in den heuchlerischen Phrasen der bisher von der Herrschaft ausgeschlossenen bürgerlichen Fraktionen war die *Herrschaft der Bourgeoisie* abgeschafft mit der Einführung der Republik. Alle Royalisten verwandelten sich damals in Republikaner und alle Millionäre von Paris in Arbeiter. Die Phrase, welche dieser eingebildeten Aufhebung der Klassenverhältnisse entsprach, war die *fraternité*, die allgemeine Verbrüderung und Brüderschaft. Diese gemütliche Abstraktion von den Klassengegensätzen, diese sentimentale Ausgleichung der sich widersprechenden Klasseninteressen, diese schwärmerische Erhebung über den Klassenkampf, die fraternité, sie war das eigentliche Stichwort der Februarrevolution. Die Klassen waren durch ein bloßes *Mißverständnis* gespalten, und Lamartine taufte die provisorische Regierung am 24. Februar: »un gouvernement qui suspende *ce malentendu terrible qui existe entre les différentes classes*« [»eine Regierung, die *dieses fürchterliche Mißverständnis* aufhebt, *das zwischen den verschiedenen Klassen besteht«]*. Das Pariser Proletariat schwelgte in diesem großmütigen Fraternitätsrausche.

Die provisorische Regierung ihrerseits, einmal gezwungen, die Republik zu proklamieren, tat alles, um sie der Bourgeoisie und den Provinzen annehmbar zu machen. Die blutigen Schrecken der ersten französischen Republik wurden desavouiert durch die Abschaffung der Todesstrafe für politische Verbrechen, die Presse wurde allen Meinungen freigegeben, die Armee, die Gerichte, die Administration blieben mit wenigen Ausnahmen in den Händen ihrer alten Würdenträger, keiner der großen Schuldigen der Julimonarchie wurde zur Rechenschaft gezogen. Die bürgerlichen Republikaner des »National« amüsierten sich damit, monarchische Namen und Kostüme mit altrepublikanischen zu vertauschen. Für sie war die Republik nichts als ein neuer Ballanzug für die alte bürgerliche Gesellschaft. Ihr Hauptverdienst suchte die junge Republik darin, nicht abzuschrecken, vielmehr selbst beständig zu erschrecken und durch die weiche Nachgiebigkeit und Widerstandslosigkeit ihrer Existenz Existenz zu gewinnen und den Widerstand zu entwaffnen. Den privilegierten Klassen im Innern, den despotischen Mächten nach außen wurde laut verkündet, die Republik sei friedfertiger Natur. Leben und leben lassen sei ihr Motto. Es kam hinzu, daß kurz nach der Februarrevolution Deutsche, Polen, Österreicher, Ungarn, Italiener, jedes Volk seiner unmittelbaren Situation gemäß revoltierte. Rußland und England waren, letzteres selbst bewegt und das andere eingeschüchtert, nicht vorbereitet. Die Republik fand also vor sich keinen *nationalen* Feind. Also keine großartigen auswärtigen Verwickelungen, welche die Tatkraft entzünden, den revolutionären Prozeß beschleunigen, die provisorische Regierung vorwärtstreiben oder über Bord werfen konnten. Das Pariser Proletariat, das in der Republik seine eigene Schöpfung erblickte, akklamierte natürlich jedem Akt der provisorischen Regierung, der sie leichter in der bürgerlichen Gesellschaft Platz greifen ließ. Von Caussidière ließ es sich willig zu Polizeidiensten verwenden, um das Eigentum in Paris zu beschützen, wie es die Lohnzwiste zwischen Arbeitern und Meistern von Louis Blanc schlichten ließ. Es war sein Point d'honneur, vor den Augen von Europa die bürgerliche Ehre der Republik unangetastet zu erhalten.

Die Republik fand keinen Widerstand, weder von außen noch

von innen. Damit war sie entwaffnet. Ihre Aufgabe bestand nicht mehr darin, die Welt revolutionär umzugestalten, sie bestand nur noch darin, sich den Verhältnissen der bürgerlichen Gesellschaft anzupassen. Mit welchem Fanatismus sich die provisorische Regierung dieser Aufgabe unterzog, dafür gibt es keine sprechenderen Zeugnisse als ihre *finanziellen Maßregeln.*

Der *öffentliche Kredit* und der *Privatkredit* waren natürlich erschüttert. Der *öffentliche Kredit* beruht auf dem Vertrauen, daß sich der Staat durch die Juden der Finanz exploitieren läßt. Aber der alte Staat war verschwunden, und die Revolution war vor allem gegen die Finanzaristokratie gerichtet. Die Schwingungen der letzten europäischen Handelskrise hatten noch nicht ausgeschlagen. Noch folgten Bankerotte auf Bankerotte.

Der *Privatkredit* war also paralysiert, die Zirkulation gehemmt, die Produktion gestockt, ehe die Februarrevolution ausbrach. Die revolutionäre Krise steigerte die kommerzielle. Und wenn der Privatkredit auf dem Vertrauen beruht, daß die bürgerliche Produktion in dem ganzen Umfange ihrer Verhältnisse, daß die bürgerliche Ordnung unangetastet und unantastbar ist, wie mußte eine Revolution wirken, welche die Grundlage der bürgerlichen Produktion, die ökonomische Sklaverei des Proletariats in Frage stellte, welche der Börse gegenüber die Sphinx des Luxembourg aufrichtete? Die Erhebung des Proletariats, das ist die Abschaffung des bürgerlichen Kredits; denn es ist die Abschaffung der bürgerlichen Produktion und ihrer Ordnung. Der öffentliche Kredit und der Privatkredit sind der ökonomische Thermometer, woran man die Intensität einer Revolution messen kann. *In demselben Grade, worin sie fallen, steigt die Glut und die Zeugungskraft der Revolution. […]*

Die Emanzipation der Arbeiter – selbst als *Phrase* – wurde zu einer unerträglichen Gefahr für die neue Republik, denn sie war eine beständige Protestation gegen die Herstellung des Kredits, der auf der ungestörten und ungetrübten Anerkennung der bestehenden ökonomischen Klassenverhältnisse beruht. Es mußte also mit *den Arbeitern geendet werden.*

Die Februarrevolution hatte die Armee aus Paris hinausgeworfen. Die Nationalgarde, d. h. die Bourgeoisie in ihren verschiedenen Abstufungen, bildete die einzige Macht. Allein fühlte sie sich indes dem Proletariat nicht gewachsen. Überdem war sie gezwungen, wenngleich nach dem zähesten Widerstande, hundert verschiedene

Hindernisse entgegenhaltend, allmählich und bruchweise ihre Reihen zu öffnen und bewaffnete Proletarier in dieselben eintreten zu lassen. Es blieb also nur ein Ausweg übrig: *einen Teil der Proletarier dem anderen entgegenzustellen.*

Zu diesem Zwecke bildete die provisorische Regierung 24 Bataillone *Mobilgarden*, jedes zu tausend Mann, aus jungen Leuten von 15 bis 20 Jahren. Sie gehörten großenteils dem *Lumpenproletariat* an, das in allen großen Städten eine vom industriellen Proletariat genau unterschiedene Masse bildet, ein Rekrutierplatz für Diebe und Verbrecher aller Art, von den Abfällen der Gesellschaft lebend, Leute ohne bestimmten Arbeitszweig, Herumtreiber, gens sans feu et sans aveu [dunkle Existenzen (Menschen ohne Heim und ohne gesellschaftliche Anerkennung)], verschieden nach dem Bildungsgrade der Nation, der sie angehören, nie den Lazzaronicharakter verleugnend; in dem jugendlichen Alter, worin die provisorische Regierung sie rekrutierte, durchaus bestimmbar, der größten Heldentaten und der exaltiertesten Aufopferung fähig, wie der gemeinsten Banditenstreiche und der schmutzigsten Bestechlichkeit. Die provisorische Regierung zahlte ihnen pro Tag 1 fr. 50 cts., d.h., sie erkaufte sie. Sie gab ihnen eigene Uniform, d.h., sie unterschied sie äußerlich von der Bluse. Zu Führern wurden ihnen teils Offiziere aus dem stehenden Heere zugeordnet, teils wählten sie selbst junge Bourgeoissöhne, deren Rodomontaden [Aufschneidereien] vom Tode fürs Vaterland und Hingebung für die Republik sie bestachen.

So stand dem Pariser Proletariat eine aus seiner eigenen Mitte gezogene Armee von 24000 jugendlich kräftigen, tollkühnen Männern gegenüber. Es schrie der Mobilgarde auf ihren Zügen durch Paris *Vivats!* zu. Es erkannte in ihr seine Vorkämpfer auf den Barrikaden. Es betrachtete sie als die *proletarische* Garde im Gegensatze zur bürgerlichen Nationalgarde. Sein Irrtum war verzeihlich.

Neben der Mobilgarde beschloß die Regierung noch eine industrielle Arbeiterarmee um sich zu scharen. Hunderttausend durch die Krise und die Revolution auf das Pflaster geworfene Arbeiter einrollierte der Minister Marie in sogenannte Nationalateliers. Unter diesem prunkenden Namen versteckte sich nichts anderes als die Verwendung der Arbeiter zu langweiligen, eintönigen, unproduktiven *Erdarbeiten* für einen Arbeitslohn von 23 Sous. *Englische workhouses*[7] *im Freien* – weiter waren diese Nationalateliers nichts. In ihnen glaubte die provisorische Regierung eine *zweite proleta-*

rische Armee gegen die Arbeiter selbst gebildet zu haben. Diesmal irrte sich die Bourgeoisie in den Nationalateliers, wie sich die Arbeiter in der Mobilgarde irrten. Sie hatte eine *Armee für die Emeute* geschaffen.

Aber *ein* Zweck war erreicht.

Nationalateliers – das war der Name der Volkswerkstätten, die Louis Blanc im Luxembourg predigte. Die Ateliers Maries, im direkten *Gegensatze* zum Luxembourg entworfen, boten durch die gemeinsame Firma den Anlaß zu einer Intrige der Irrungen, würdig der spanischen Bedientenkomödie.[8] Die provisorische Regierung selbst verbreitete unter der Hand das Gerücht, diese Nationalateliers seien die Erfindung Louis Blancs, und es schien dies um so glaublicher, als Louis Blanc, der Prophet der Nationalateliers, Mitglied der provisorischen Regierung war. Und in der halb naiven, halb absichtlichen Verwechslung der Pariser Bourgeoisie, in der künstlich unterhaltenen Meinung Frankreichs, Europas waren jene workhouses die erste Verwirklichung des Sozialismus, der mit ihnen an den Pranger gestellt wurde.

Nicht durch ihren Inhalt, aber durch ihren Titel waren die *Nationalateliers* die verkörperte Protestation des Proletariats gegen die bürgerliche Industrie, den bürgerlichen Kredit und die bürgerliche Republik. Auf sie wälzte sich also der ganze Haß der Bourgeoisie. In ihnen hatte sie zugleich den Punkt gefunden, worauf sie den Angriff richten konnte, sobald sie genug erstarkt war, offen mit den Februarillusionen zu brechen. Alles Unbehagen, aller Mißmut der *Kleinbürger* richtete sich gleichzeitig auf diese Nationalateliers, die gemeinsame Zielscheibe. Mit wahrem Grimme berechneten sie die Summen, welche die proletarischen Tagediebe verschlangen, während ihre eigene Lage täglich unerträglicher wurde. Eine Staatspension für eine Scheinarbeit, das ist der Sozialismus! knurrten sie in sich hinein. Die Nationalateliers, die Deklamationen des Luxembourg, die Züge der Arbeiter durch Paris – in ihnen suchten sie den Grund ihrer Misere. Und niemand fanatisierte sich mehr gegen die angeblichen Machinationen der Kommunisten als der Kleinbürger, der rettungslos am Abgrunde des Bankerotts schwebte.

So waren im bevorstehenden Handgemenge zwischen Bourgeoisie und Proletariat alle Vorteile, alle entscheidenden Posten, alle Mittelschichten der Gesellschaft in den Händen der Bourgeoisie zur selben Zeit, als die Wellen der Februarrevolution über den ganzen Kontinent hoch zusammenschlugen und jede neue Post ein neues Revolutionsbulletin brachte, bald aus Italien, bald aus Deutschland, bald aus dem fernsten Südosten von Europa, und den allgemeinen Taumel des Volkes unterhielt, ihm beständige Zeugnisse eines Sieges bringend, den es schon verwirkt hatte.

Der *17. März* und der *16. April* waren die ersten Plänklergefechte in dem großen Klassenkampfe, den die bürgerliche Republik unter ihren Fittichen verbarg.

Der *17. März* offenbarte die zweideutige, keine entscheidende Tat zulassende Situation des Proletariats. Seine Demonstration bezweckte ursprünglich, die provisorische Regierung auf die Bahn der Revolution zurückzuwerfen, nach Umständen die Ausschließung ihrer bürgerlichen Glieder zu bewirken und die Aufschiebung der Wahltage für die Nationalversammlung und die Nationalgarde zu erzwingen. Aber am 16. März machte die in der Nationalgarde vertretene Bourgeoisie eine der provisorischen Regierung feindselige Demonstration. Unter dem Rufe: À bas Ledru-Rollin! [Nieder mit Ledru-Rollin!] drang sie zum Hôtel de Ville. Und das Volk war gezwungen, am 17. März zu rufen: Es lebe Ledru-Rollin! Es lebe die provisorische Regierung! Es war gezwungen, *gegen* das Bürgertum die Partei der bürgerlichen Republik zu ergreifen, die ihm in Frage gestellt schien. Es befestigte die provisorische Regierung, statt sie sich zu unterwerfen. Der 17. März verpuffte in eine melodramatische Szene, und wenn das Pariser Proletariat an diesem Tage noch einmal seinen Riesenleib zur Schau trug, war die Bourgeoisie innerhalb und außerhalb der provisorischen Regierung um so entschlossener, ihn zu brechen.

Der *16. April* war ein durch die provisorische Regierung mit der Bourgeoisie veranstaltetes *Mißverständnis.* Die Arbeiter hatten sich zahlreich auf dem Marsfelde versammelt und im Hippodrom, um ihre Wahlen für den Generalstab der Nationalgarde vorzubereiten. Plötzlich verbreitete sich in ganz Paris, von einem Ende bis zum anderen, mit Blitzesschnelle das Gerücht, die Arbeiter hätten sich im Marsfeld bewaffnet versammelt, unter der Anführung Louis Blancs, Blanquis, Cabets und Raspails, um von da auf das Hôtel de Ville zu ziehen, die provisorische Regierung zu stürzen und eine kommunistische Regierung zu proklamieren. Der Generalmarsch wird geschlagen – Ledru-Rollin, Marrast, Lamartine machten sich später die Ehre seiner Initiative streitig –, in einer Stunde stehen

100 000 Mann unter den Waffen, das Hôtel de Ville ist an allen Punkten von Nationalgarden besetzt, der Ruf: Nieder mit den Kommunisten! Nieder mit Louis Blanc, mit Blanqui, mit Raspail, mit Cabet! donnert durch ganz Paris, und der provisorischen Regierung wird von einer Unzahl Deputationen gehuldigt, alle bereit, das Vaterland und die Gesellschaft zu retten. Als die Arbeiter endlich vor dem Hôtel de Ville erscheinen, um der provisorischen Regierung eine patriotische Kollekte zu überreichen, die sie auf dem Marsfelde gesammelt hatten, erfahren sie zu ihrer Verwunderung, daß das bürgerliche Paris in einem höchst behutsam angelegten Scheinkampfe ihren Schatten geschlagen hat. Das furchtbare Attentat vom 16. April gab den Vorwand *zur Zurückberufung der Armee nach Paris* – der eigentliche Zweck der plump angelegten Komödie – und zu den reaktionären föderalistischen Demonstrationen der Provinzen.

Am 4. Mai trat die aus den *direkten allgemeinen Wahlen* hervorgegangene *Nationalversammlung* zusammen. Das allgemeine Stimmrecht besaß nicht die magische Kraft, welche ihm die Republikaner alten Schlags zugetraut hatten. In ganz Frankreich, wenigstens in der Majorität der Franzosen, erblickten sie *Citoyens* mit denselben Interessen, derselben Einsicht usw. Es war dies ihr *Volkskultus.* Statt ihres *eingebildeten* Volkes brachten die Wahlen das *wirkliche* Volk ans Tageslicht, d. h. Repräsentanten der verschiedenen Klassen, worin es zerfällt. Wir haben gesehen, warum Bauern und Kleinbürger unter der Leitung der kampflustigen Bourgeoisie und der restaurationswütigen großen Grundeigentümer wählen mußten. Aber wenn das allgemeine Stimmrecht nicht die wundertätige Wünschelrute war, wofür republikanische Biedermänner es angesehen hatten, besaß es das ungleich höhere Verdienst, den Klassenkampf zu entfesseln, die verschiedenen Mittelschichten der bürgerlichen Gesellschaft ihre Illusionen und Enttäuschungen rasch durchleben zu lassen, sämtliche Fraktionen der exploitierenden Klasse in einem Wurfe auf die Staatshöhe zu schleudern und ihnen so die trügerische Larve abzureißen, während die Monarchie mit ihrem Zensus nur bestimmte Fraktionen der Bourgeoisie sich kompromittieren und die anderen hinter den Kulissen im Versteck ließ und sie mit dem Heiligenschein einer gemeinsamen Opposition umgab.

In der konstituierenden Nationalversammlung, die am 4. Mai zusammentrat, besaßen die *Bourgeoisrepublikaner*, die Republikaner des »National« die Oberhand. Legitimisten und Orleanisten selbst wagten sich zunächst nur unter der Maske des bürgerlichen Republikanismus zu zeigen. Nur im Namen der Republik konnte der Kampf gegen das Proletariat aufgenommen werden.

Vom 4. Mai, nicht vom 25. Februar, datiert die Republik, d.h. die vom französischen Volke anerkannte Republik; es ist nicht die Republik, welche das Pariser Proletariat der provisorischen Regierung aufdrang, nicht die Republik mit sozialen Institutionen, nicht das Traumbild, das den Barrikadenkämpfern vorschwebte. Die von der Nationalversammlung proklamierte, die einzig legitime Republik, es ist die Republik, welche keine revolutionäre Waffe gegen die bürgerliche Ordnung, vielmehr ihre politische Rekonstitution, die politische Wiederbefestigung der bürgerlichen Gesellschaft ist, mit einem Worte: *die bürgerliche Republik.* Von der Tribüne der Nationalversammlung erscholl diese Behauptung, in der gesamten republikanischen und antirepublikanischen Bürgerpresse fand sie ihr Echo.

Und wir haben gesehen, wie die Februarrepublik wirklich nichts anderes war und sein konnte als eine *bürgerliche* Republik, wie aber die provisorische Regierung unter dem unmittelbaren Drucke des Proletariats gezwungen war, sie als eine *Republik mit sozialen Institutionen* anzukündigen, wie das Pariser Proletariat noch unfähig war, anders als in der *Vorstellung*, in der *Einbildung* über die bürgerliche Republik hinauszugehen, wie es überall in ihrem Dienste handelte, wo es wirklich zur Handlung kam, wie die ihm gemachten Verheißungen zur unerträglichen Gefahr für die neue Republik wurden, wie der ganze Lebensprozeß der provisorischen Regierung sich in einen fortdauernden Kampf gegen die Forderungen des Proletariats zusammenfaßte.

In der Nationalversammlung saß ganz Frankreich zu Gericht über das Pariser Proletariat. Sie brach sofort mit den sozialen Illusionen der Februarrevolution, sie proklamierte rundheraus die *bürgerliche Republik*, nichts als die bürgerliche Republik. Sofort schloß sie aus der von ihr ernannten Exekutivkommission die Vertreter des Proletariats aus: Louis Blanc und Albert; sie verwarf den Vorschlag eines besondern Arbeitsministeriums, sie empfing mit stürmischem Beifallsrufe die Erklärung des Ministers Trélat: »Es handle sich nur noch darum, *die Arbeit auf ihre alten Bedingungen zurückzuführen*«.

Aber das alles genügte nicht. Die Februarrepublik war von den

Arbeitern erkämpft unter dem passiven Beistande der Bourgeoisie. Die Proletarier betrachteten sich mit Recht als die Sieger des Februar, und sie machten die hochmütigen Ansprüche des Siegers. Sie mußten auf der Straße besiegt, es mußte ihnen gezeigt werden, daß sie unterlagen, sobald sie nicht *mit* der Bourgeoisie, sondern *gegen* die Bourgeoisie kämpften. Wie die Februarrepublik mit ihren sozialistischen Zugeständnissen einer Schlacht des mit der Bourgeoisie gegen das Königtum vereinten Proletariats bedurfte, so war eine zweite Schlacht nötig, um die Republik von den sozialistischen Zugeständnissen zu scheiden, um die *bürgerliche Republik* offiziell als die herrschende herauszuarbeiten. Mit den Waffen in der Hand mußte die Bourgeoisie die Forderungen des Proletariats widerlegen. Und die wirkliche Geburtsstätte der bürgerlichen Republik, es ist nicht der *Februarsieg*, es ist die *Juniniederlage.*

Das Proletariat beschleunigte die Entscheidung, als es den 15. Mai in die Nationalversammlung drang, seinen revolutionären Einfluß erfolglos wiederzuerobern suchte und nur seine energischen Führer den Kerkermeistern der Bourgeoisie ausgeliefert hatte.[9] *Il faut en finir!* Diese Situation muß endigen! In diesem Schrei machte die Nationalversammlung ihrem Entschlusse Luft, das Proletariat zum entscheidenden Kampfe zu zwingen. Die Exekutivkommission erließ eine Reihe herausfordernder Dekrete, wie das Verbot der Volkszusammenscharungen usw. Von der Tribüne der konstituierenden Nationalversammlung herab wurden die Arbeiter direkt provoziert, beschimpft, verhöhnt. Aber der eigentliche Angriffspunkt war, wie wir gesehen haben, in den *Nationalateliers* gegeben. Auf sie wies die konstituierende Versammlung gebieterisch die Exekutivkommission hin, die nur darauf harrte, ihren eigenen Plan als Gebot der Nationalversammlung ausgesprochen zu hören.

Die Exekutivkommission begann damit, den Zutritt in die Nationalateliers zu erschweren, den Taglohn in Stücklohn zu verwandeln, die nicht in Paris gebürtigen Arbeiter nach der Sologne, angeblich zur Ausführung von Erdarbeiten, zu verbannen. Diese Erdarbeiten waren nur eine rhetorische Formel, womit man ihre Verjagung beschönigte, wie die enttäuschten zurückkehrenden Arbeiter ihren Genossen verkündeten. Endlich am 21. Juni erschien ein Dekret im »Moniteur«, welches die gewaltsame Austreibung aller unverheirateten Arbeiter aus den Nationalateliers verordnete oder ihre Einrollierung in die Armee.

Es blieb den Arbeitern keine Wahl, sie mußten verhungern oder losschlagen. Sie antworteten am 22. Juni mit der ungeheuren Insurrektion, worin die erste große Schlacht geliefert wurde zwischen den beiden Klassen, welche die moderne Gesellschaft spalten. Es war ein Kampf um die Erhaltung oder Vernichtung der *bürgerlichen* Ordnung. Der Schleier, der die Republik verhüllte, zerriß.

Es ist bekannt, wie die Arbeiter mit beispielloser Tapferkeit und Genialität, ohne Chefs, ohne gemeinsamen Plan, ohne Mittel, zum größten Teil der Waffen entbehrend, die Armee, die Mobilgarde, die Pariser Nationalgarde und die aus der Provinz hinzugeströmte Nationalgarde während fünf Tagen im Schach hielten. Es ist bekannt, wie die Bourgeoisie für die ausgestandene Todesangst sich in unerhörter Brutalität entschädigte und über 3000 Gefangene massakrierte.

So sehr waren die offiziellen Vertreter der französischen Demokratie in der republikanischen Ideologie befangen, daß sie erst einige Wochen später den Sinn des Junikampfes zu ahnen begannen. Sie waren wie betäubt von dem Pulverdampfe, worin ihre phantastische Republik zerrann.

Der unmittelbare Eindruck, den die Nachricht von der Juniniederlage auf uns hervorbrachte, der Leser wird uns erlauben, ihn mit den Worten der »Neuen Rheinischen Zeitung« zu schildern:

Der letzte offizielle Rest der Februarrevolution, die Exekutivkommission, ist vor dem Ernst der Ereignisse wie ein Nebelbild zerflossen. Lamartines Leuchtkugeln haben sich verwandelt in die Brandraketen Cavaignacs. Die Fraternité, die Brüderlichkeit der entgegengesetzten Klassen, wovon die eine die andere exploitiert, diese Fraternité, im Februar proklamiert, mit großen Buchstaben auf die Stirne von Paris geschrieben, auf jedes Gefängnis, auf jede Kaserne – ihr wahrer, unverfälschter, ihr prosaischer Ausdruck, das ist der *Bürgerkrieg*, der Bürgerkrieg in seiner fürchterlichsten Gestalt, der Krieg der Arbeit und des Kapitals. Diese Brüderlichkeit flammte vor allen Fenstern von Paris am Abend des 25. Juni, als das Paris der Bourgeoisie illuminierte, während das Paris des Proletariats verbrannte, verblutete, verächzte. Die Brüderlichkeit währte gerade so lange, als das Interesse der Bourgeoisie mit dem Interesse des Proletariats verbrüdert war. – Pedanten der alten revolutionären Überlieferung von 1793, sozialistische Systematiker, die bei der Bourgeoisie für das Volk bettelten und denen erlaubt wurde, lange Predigten zu halten und sich so lange zu kompromittieren, als der proletarische Löwe in Schlaf gelullt werden mußte, Republikaner, welche die ganze alte bürgerliche Ordnung mit Abzug des gekrönten Kopfes verlangten, dynastische Oppositionelle, denen der Zufall an die Stelle eines Ministerwechsels den Sturz einer Dynastie unterschob, Legitimisten, welche die Livree nicht abwerfen, sondern ihren Schnitt verändern wollten, das waren die Bundesgenossen, womit das Volk seinen Februar machte … Die Februarrevolution war die *schöne* Revolution, die Revolution der allgemeinen Sympathie, weil die Gegensätze, die in ihr gegen das Königtum eklatierten, *unentwickelt*, einträchtig nebeneinander schlummerten, weil der soziale Kampf, der ihren Hintergrund bildete, nur eine luftige Existenz gewonnen hatte, die Existenz der Phrase, des Worts. Die *Junirevolution* ist die *häßliche* Revolution, die abstoßende Revolution, weil an die Stelle der Phrase die Sache getreten ist, weil die Republik das Haupt des Ungeheuers selbst entblößte, indem sie ihm die schirmende und versteckende Krone abschlug. – *Ordnung!* war der Schlachtruf Guizots. *Ordnung!* schrie Sébastiani, der Guizotin, als Warschau russisch wurde. *Ordnung!* schreit Cavaignac, das brutale Echo der französischen Nationalversammlung und der republikanischen Bourgeoisie. *Ordnung!* donnerten seine Kartätschen, als sie den Leib des Proletariats zerrissen. Keine der zahlreichen Revolutionen der französischen Bourgeoisie seit 1789 war ein Attentat auf die *Ordnung*, denn sie ließ die Herrschaft der Klasse, sie ließ die Sklaverei der Arbeiter, sie ließ die *bürgerliche* Ordnung bestehen, sooft auch die politische Form dieser Herrschaft und dieser Sklaverei wechselte. Der Juni hat diese Ordnung angetastet. Wehe über den Juni! (»N. Rh. Z.«, 29. Juni 1848.)

Wehe über den Juni! schallt das europäische Echo zurück.

Von der Bourgeoisie wurde das Pariser Proletariat zur Juniinsurrektion *gezwungen*. Schon darin lag sein Verdammungsurteil. Weder sein unmittelbares eingestandenes Bedürfnis trieb es dahin, den Sturz der Bourgeoisie gewaltsam erkämpfen zu wollen, noch war es dieser Aufgabe gewachsen. Der *»Moniteur«* mußte ihm offiziell eröffnen, daß die Zeit vorüber, wo die Republik vor seinen Illusionen die Honneurs zu machen sich veranlaßt sah, und erst seine Niederlage überzeugte es von der Wahrheit, daß die geringste Verbesserung seiner Lage eine *Utopie* bleibt *innerhalb* der bürgerlichen Republik, eine Utopie, die zum Verbrechen wird, sobald sie sich verwirklichen will. An die Stelle seiner, der Form nach überschwenglichen, dem Inhalte nach kleinlichen und selbst noch bürgerlichen Forderungen, deren Konzession es der Februarrepublik abdringen wollte, trat die kühne revolutionäre Kampfparole: *Sturz der Bourgeoisie! Diktatur der Arbeiterklasse!*

Indem das Proletariat seine Leichenstätte zur Geburtsstätte der *bürgerlichen Republik* machte, zwang es sie sogleich, in ihrer reinen

Gestalt herauszutreten als der Staat, dessen eingestandener Zweck ist, die Herrschaft des Kapitals, die Sklaverei der Arbeit zu verewigen. Im steten Hinblicke auf den narbenvollen, unversöhnbaren, unbesiegbaren Feind – unbesiegbar, weil seine Existenz die Bedingung ihres eigenen Lebens ist – mußte die von allen Fesseln befreite Bourgeoisherrschaft sofort in den *Bourgeoisterrorismus* umschlagen. Das Proletariat einstweilen von der Bühne beseitigt, die Bourgeoisdiktatur offiziell anerkannt, mußten die mittleren Schichten der bürgerlichen Gesellschaft, Kleinbürgertum und Bauernklasse, in dem Maße, als ihre Lage unerträglicher und ihr Gegensatz gegen die Bourgeoisie schroffer wurde, mehr und mehr sich an das Proletariat anschließen. Wie früher in seinem Aufschwunge, mußten sie jetzt in seiner Niederlage den Grund ihrer Misere finden.

Wenn die Juniinsurrektion überall auf dem Kontinent das Selbstgefühl der Bourgeoisie hob und sie offen in einen Bund mit dem feudalen Königtum gegen das Volk treten ließ, wer war das erste Opfer dieses Bundes? Die kontinentale Bourgeoisie selbst. Die Juniniederlage verhinderte sie, ihre Herrschaft zu befestigen und das Volk auf der untergeordnetsten Stufe der bürgerlichen Revolution halb befriedigt, halb verstimmt, stillstehen zu machen.

Endlich verriet die Juniniederlage den despotischen Mächten Europas das Geheimnis, daß Frankreich unter allen Bedingungen den Frieden nach außen aufrechterhalten müsse, um den Bürgerkrieg nach innen führen zu können. So wurden die Völker, die den Kampf um ihre nationale Unabhängigkeit begonnen hatten, der Übermacht Rußlands, Österreichs und Preußens preisgegeben, aber gleichzeitig wurde das Schicksal dieser nationalen Revolutionen dem Schicksal der proletarischen Revolution unterworfen, ihrer scheinbaren Selbständigkeit, ihrer Unabhängigkeit von der großen sozialen Umwälzung beraubt. Der Ungar soll nicht frei sein, nicht der Pole, nicht der Italiener, solange der Arbeiter Sklave bleibt!

Endlich nahm Europa durch die Siege der Heiligen Allianz eine Gestalt an, die jede neue proletarische Erhebung in Frankreich mit einem *Weltkriege* unmittelbar zusammenfallen läßt. Die neue französische Revolution ist gezwungen, sofort den nationalen Boden zu verlassen und das *europäische Terrain zu erobern*, auf dem allein die soziale Revolution des 19. Jahrhunderts sich durchführen kann.

Erst durch die Juniniederlage also wurden alle Bedingungen

geschaffen, innerhalb deren Frankreich die *Initiative* der europäischen Revolution ergreifen kann. Erst in das Blut der *Juniinsurgenten* getaucht, wurde die Trikolore zur Fahne der europäischen Revolution – zur *roten Fahne!*

Und wir rufen: *Die Revolution ist tot! – Es lebe die Revolution!* [10]

[1] Hierbei handelt es sich um drei Aufstände, in denen die Arbeiterschaft eine gewichtige Rolle spielte. Der Aufstand in Paris am 5. und 6. Juni 1832 war vom linken Flügel der republikanischen Partei sowie von den revolutionären Geheimgesellschaften, unter ihnen die Gesellschaft der Volksfreunde, vorbereitet worden. Der Anlass zum Aufstand war die Beerdigung des Generals Lamarque, der zur Regierung Louis-Philippes in Opposition stand. Die am Aufstand teilnehmenden Arbeiter errichteten mehrere Barrikaden und verteidigten sich mit großem Einsatz gegen die Regierungstruppen.
Der Aufstand der Arbeiter von Lyon im April 1834 unter der Führung der republikanischen geheimen Gesellschaft der Menschen- und Bürgerrechte war eine der ersten Massenerhebungen des französischen Proletariats. Der Aufstand, den die Republikaner in einigen anderen Städten, besonders aber in Paris, unterstützten, wurde gewaltsam niedergeschlagen.
Der Aufstand in Paris vom 12. Mai 1839, in dem ebenfalls Arbeiter die Hauptrolle spielten, wurde von der republikanisch-sozialistischen geheimen Gesellschaft der Jahreszeiten unter der Leitung von Auguste Blanqui und Armand Barbis vorbereitet; er wurde durch Militär und Nationalgarde niedergeschlagen.

[2] Robert Macaire ist ein fiktiver Charakter, der in Satiren auf die Finanzaristokratie dieser Zeit den Typus eines durchtriebenen Geschäftemachers verkörperte.

[3] In Buzançais überfielen im Januar 1847 hungernde Arbeiter und Einwohner der umliegenden Dörfer Getreidespeicher von Spekulanten, was grausame Repressalien seitens der Regierung hervorrief.

[4] Tageszeitung, die von 1830 bis 1851 in Paris erschien, Sammelpunkt einer republikanischen Strömung, insbesondere vom industriellen Bürgertum getragen.

[5] Tageszeitung, Organ der »Legitimisten«, der Anhänger einer Restaurierung der Bourbonen-Dynastie.

[6] Tageszeitung, zu dieser Zeit das offizielle Regierungsorgan.

[7] Nach dem 1834 in England angenommenen Armengesetz war nur eine Form der Hilfe für die Armen gestattet, ihre Unterbringung in Arbeitshäusern (*workhouses*) mit Zuchthausregime, die umgangssprachlich auch als »Bastillen für die Armen« bezeichnet wurden.

[8] In den spanischen Komödien des 16. und besonders des 17. Jahrhunderts tauschen oft Herren und Bediente ihre Rollen, sodass es zu verwirrenden Situationen und urkomischen Verwicklungen kommt.

[9] Der Aufstand vom 15. Mai 1848, bei dem die Pariser Arbeiter mit Blanqui und anderen an der Spitze die Hauptrolle spielten, verlief unter der Losung einer weiteren Vertiefung der Revolution und der Unterstützung der revolutionären Bewegung in Italien, Deutschland und Polen. Die Demonstranten, die in den Sitzungssaal der Nationalversammlung eingedrungen waren, forderten die Einlösung der Versprechen, die Arbeiter mit Brot und Arbeit zu versorgen und ein Arbeitsministerium zu gründen. Sie machten den Versuch, die konstituierende Nationalversammlung aufzulösen und eine neue provisorische Regierung zu bilden. Der Aufstand vom 15. Mai wurde niedergeschlagen, seine Führer – Blanqui, Barbes, Albert und Raspail – wurden verhaftet.

[10] Anspielung auf das bekannte Wortspiel, in das die feudale Monarchie Frankreichs ihre Unsterblichkeitsansprüche kleidete: »Le roi est mort! Vive le roi!« – »Der König ist tot! Es lebe der König!«

Der achtzehnte Brumaire des Louis Bonaparte

I

Hegel bemerkte irgendwo, daß alle großen weltgeschichtlichen Tatsachen und Personen sich sozusagen zweimal ereignen. Er hat vergessen hinzuzufügen: das eine Mal als Tragödie, das andere Mal als Farce. Caussidière für Danton, Louis Blanc für Robespierre, die Montagne[1] von 1848-1851 für die Montagne von 1793-1795, der Neffe für den Onkel. Und dieselbe Karikatur in den Umständen, unter denen die zweite Auflage des achtzehnten Brumaire herausgegeben wird!

Die Menschen machen ihre eigene Geschichte, aber sie machen sie nicht aus freien Stücken, nicht unter selbstgewählten, sondern unter unmittelbar vorgefundenen, gegebenen und überlieferten Umständen. Die Tradition aller toten Geschlechter lastet wie ein Alp auf dem Gehirne der Lebenden. Und wenn sie eben damit beschäftigt scheinen, sich und die Dinge umzuwälzen, noch nicht Dagewesenes zu schaffen, gerade in solchen Epochen revolutionärer Krise beschwören sie ängstlich die Geister der Vergangenheit zu ihrem Dienste herauf, entlehnen ihnen Namen, Schlachtparole, Kostüm, um in dieser altehrwürdigen Verkleidung und mit dieser erborgten Sprache die neue Weltgeschichtsszene aufzuführen. So maskierte sich Luther als Apostel Paulus, die Revolution von 1789-1814 drapierte sich abwechselnd als römische Republik und als römisches Kaisertum, und die Revolution von 1848 wußte nichts Besseres zu tun, als hier 1789, dort die revolutionäre Überlieferung von 1793-1795 zu parodieren. So übersetzt der Anfänger, der eine neue Sprache erlernt hat, sie immer zurück in seine Muttersprache, aber den Geist der neuen Sprache hat er sich nur angeeignet, und frei in ihr zu produzieren vermag er nur, sobald er sich ohne Rückerinnerung in ihr bewegt und die ihm angestammte Sprache in ihr vergißt.

Bei Betrachtung jener weltgeschichtlichen Totenbeschwörungen zeigt sich sofort ein springender Unterschied. Camille Desmoulins, Danton, Robespierre, St. Just, Napoleon, die Heroen, wie die Parteien und die Masse der alten französischen Revolution, vollbrachten in dem römischen Kostüme und mit römischen Phrasen die

Aufgabe ihrer Zeit, die Entfesselung und Herstellung der modernen *bürgerlichen* Gesellschaft. Die einen schlugen den feudalen Boden in Stücke und mähten die feudalen Köpfe ab, die darauf gewachsen waren. Der andere schuf im Innern von Frankreich die Bedingungen, worunter erst die freie Konkurrenz entwickelt, das parzellierte Grundeigentum ausgebeutet, die entfesselte industrielle Produktivkraft der Nation verwandt werden konnte, und jenseits der französischen Grenzen fegte er überall die feudalen Gestaltungen weg, soweit es nötig war, um der bürgerlichen Gesellschaft in Frankreich eine entsprechende, zeitgemäße Umgebung auf dem europäischen Kontinent zu verschaffen. Die neue Gesellschaftsformation einmal hergestellt, verschwanden die vorsündflutlichen Kolosse und mit ihnen das wieder auferstandene Römertum – die Brutusse, Gracchusse, Publicolas, die Tribunen, die Senatoren und Cäsar selbst. Die bürgerliche Gesellschaft in ihrer nüchternen Wirklichkeit hatte sich ihre wahren Dolmetscher und Sprachführer erzeugt in den Says, Cousins, Royer-Collards, Benjamin Constants und Guizots, ihre wirklichen Heerführer saßen hinter dem Kontortisch, und der Speckkopf Ludwigs XVIII. war ihr politisches Haupt. Ganz absorbiert in die Produktion des Reichtums und in den friedlichen Kampf der Konkurrenz begriff sie nicht mehr, daß die Gespenster der Römerzeit ihre Wiege gehütet hatten. Aber unheroisch, wie die bürgerliche Gesellschaft ist, hatte es jedoch des Heroismus bedurft, der Aufopferung, des Schreckens, des Bürgerkriegs und der Völkerschlachten, um sie auf die Welt zu setzen. Und ihre Gladiatoren fanden in den klassisch strengen Überlieferungen der römischen Republik die Ideale und die Kunstformen, die Selbsttäuschungen, deren sie bedurften, um den bürgerlich beschränkten Inhalt ihrer Kämpfe sich selbst zu verbergen und ihre Leidenschaft auf der Höhe der großen geschichtlichen Tragödie zu halten. So hatten auf einer andern Entwicklungsstufe, ein Jahrhundert früher, Cromwell und das englische Volk dem Alten Testament Sprache, Leidenschaften und Illusionen für ihre bürgerliche Revolution entlehnt. Als das wirkliche Ziel erreicht, als die bürgerliche Umgestaltung der englischen Gesellschaft vollbracht war, verdrängte Locke den Habakuk.

Die Totenerweckung in jenen Revolutionen diente also dazu, die neuen Kämpfe zu verherrlichen, nicht die alten zu parodieren, die gegebene Aufgabe in der Phantasie zu übertreiben, nicht vor ihrer Lösung in der Wirklichkeit zurückzuflüchten, den Geist der

Revolution wiederzufinden, nicht ihr Gespenst wieder umgehen zu machen.

1848-1851 ging nur das Gespenst der alten Revolution um, von Marrast, dem Républicain en gants jaunes [Republikaner in gelben Handschuhen], der sich in den alten Bailly verkleidete, bis auf den Abenteurer, der seine trivial-widrigen Züge unter der eisernen Totenlarve Napoleons versteckt. Ein ganzes Volk, das sich durch eine Revolution eine beschleunigte Bewegungskraft gegeben zu haben glaubt, findet sich plötzlich in eine verstorbene Epoche zurückversetzt, und damit keine Täuschung über den Rückfall möglich ist, stehn die alten Data wieder auf, die alte Zeitrechnung, die alten Namen, die alten Edikte, die längst der antiquarischen Gelehrsamkeit verfallen, und die alten Schergen, die längst verfault schienen. Die Nation kömmt sich vor wie jener närrische Engländer in Bedlam [psychiatrische Einrichtung in England], der zur Zeit der alten Pharaonen zu leben meint und täglich über die harten Dienste jammert, die er in den äthiopischen Bergwerken als Goldgräber verrichten muß, eingemauert in dies unterirdische Gefängnis, eine spärlich leuchtende Lampe auf dem eigenen Kopfe befestigt, hinter ihm der Sklavenaufseher mit langer Peitsche und an den Ausgängen ein Gewirr von barbarischen Kriegsknechten, die weder die Zwangsarbeiter in den Bergwerken, noch sich untereinander verstehn, weil sie keine gemeinsame Sprache reden. »Und dies alles wird mir« – seufzt der närrische Engländer – »mir, dem freigebornen Briten, zugemutet, um Gold für die alten Pharaonen zu machen.« »Um die Schulden der Familie Bonaparte zu zahlen« – seufzt die französische Nation. Der Engländer, solange er bei Verstand war, konnte die fixe Idee des Goldmachens nicht loswerden. Die Franzosen, solange sie revolutionierten, nicht die napoleonische Erinnerung, wie die Wahl vom 10. Dezember[2] bewies. Sie sehnten sich aus den Gefahren der Revolution zurück nach den Fleischtöpfen Ägyptens,[3] und der 2. Dezember 1851 war die Antwort. Sie haben nicht nur die Karikatur des alten Napoleon, sie haben den alten Napoleon selbst karikiert, wie er sich ausnehmen muß in der Mitte des neunzehnten Jahrhunderts.

Die soziale Revolution des neunzehnten Jahrhunderts kann ihre Poesie nicht aus der Vergangenheit schöpfen, sondern nur aus der Zukunft. Sie kann nicht mit sich selbst beginnen, bevor sie allen Aberglauben an die Vergangenheit abgestreift hat. Die früheren Revolutionen bedurften der weltgeschichtlichen Rückerinnerungen, um sich über ihren eigenen Inhalt zu betäuben. Die Revolution des neunzehnten Jahrhunderts muß die Toten ihre Toten begraben lassen, um bei ihrem eignen Inhalt anzukommen. Dort ging die Phrase über den Inhalt, hier geht der Inhalt über die Phrase hinaus.

Die Februarrevolution war eine Überrumpelung, eine *Überraschung* der alten Gesellschaft, und das Volk proklamierte diesen unverhofften *Handstreich* als eine weltgeschichtliche Tat, womit die neue Epoche eröffnet sei. Am 2. Dezember wird die Februarrevolution eskamotiert durch die Volte eines falschen Spielers, und was umgeworfen scheint, ist nicht mehr die Monarchie, es sind die liberalen Konzessionen, die ihr durch jahrhundertlange Kämpfe abgetrotzt waren. Statt daß die *Gesellschaft* selbst sich einen neuen Inhalt erobert hätte, scheint nur der *Staat* zu seiner ältesten Form zurückgekehrt, zur unverschämt einfachen Herrschaft von Säbel und von Kutte. So antwortet auf den coup de main [Handstreich] vom Februar 1848 der coup de tête [frech von oben geführter Streich] vom Dezember 1851. Wie gewonnen, so zerronnen. Unterdessen ist die Zwischenzeit nicht unbenutzt vorübergegangen. Die französische Gesellschaft hat während der Jahre 1848-1851 die Studien und Erfahrungen nachgeholt, und zwar in einer abkürzenden, weil revolutionären Methode, die bei regelmäßiger, sozusagen schulgerechter Entwickelung der Februarrevolution hätten vorhergehn müssen, sollte sie mehr als eine Erschütterung der Oberfläche sein. Die Gesellschaft scheint jetzt hinter ihren Ausgangspunkt zurückgetreten; in Wahrheit hat sie sich erst den revolutionären Ausgangspunkt zu schaffen, die Situation, die Verhältnisse, die Bedingungen, unter denen allein die moderne Revolution ernsthaft wird.

Bürgerliche Revolutionen, wie die des achtzehnten Jahrhunderts, stürmen rascher von Erfolg zu Erfolg, ihre dramatischen Effekte überbieten sich, Menschen und Dinge scheinen in Feuerbrillanten gefaßt, die Ekstase ist der Geist jedes Tages; aber sie sind kurzlebig, bald haben sie ihren Höhepunkt erreicht, und ein langer Katzenjammer erfaßt die Gesellschaft, ehe sie die Resultate ihrer Drang- und Sturmperiode nüchtern sich aneignen lernt. Proletarische Revolutionen dagegen, wie die des neunzehnten Jahrhunderts, kritisieren beständig sich selbst, unterbrechen sich fortwährend in ihrem eignen Lauf, kommen auf das scheinbar Vollbrachte zurück, um es wieder von neuem anzufangen, verhöhnen grausamgründlich die Halbheiten, Schwächen und Erbärmlichkeiten ihrer ersten Versuche, scheinen ihren Gegner nur niederzuwerfen, damit er neue Kräfte aus der Erde sauge und sich riesenhafter ihnen gegenüber wieder aufrichte, schrecken stets von neuem zurück vor der unbestimmten Ungeheuerlichkeit ihrer eignen Zwecke, bis die Situation geschaffen ist, die jede Umkehr unmöglich macht, und die Verhältnisse selbst rufen:

Hic Rhodus, hic salta!
Hier ist die Rose, hier tanze![4]

Jeder erträgliche Beobachter übrigens, selbst wenn er nicht Schritt vor Schritt dem Gang der französischen Entwicklung gefolgt war, mußte ahnen, daß der Revolution eine unerhörte Blamage bevorstehe. Es genügte, das selbstgefällige Siegsgekläffe zu hören, womit die Herren Demokraten sich wechselweis zu den Gnadenwirkungen des zweiten [Sonntags des Monats] Mai 1852[5] beglückwünschten. Der zweite [Sonntag des Monats] Mai 1852 war in ihren Köpfen zur fixen Idee geworden, zum Dogma, wie der Tag, an dem Christus wiedererscheinen und das Tausendjährige Reich beginnen sollte, in den Köpfen der Chiliasten. Die Schwäche hatte sich wie immer in den Wunderglauben gerettet, glaubte den Feind überwunden, wenn sie ihn in der Phantasie weghexte, und verlor alles Verständnis der Gegenwart über der tatlosen Verhimmelung der Zukunft, die ihr bevorstehe, und der Taten, die sie in petto habe, aber nur noch nicht an den Mann bringen wolle. Jene Helden, die ihre bewiesene Unfähigkeit dadurch zu widerlegen suchen, daß sie sich wechselseitig ihr Mitleiden schenken und sich zu einem Haufen zusammentun, hatten ihre Bündel geschnürt, strichen ihre Lorbeerkronen auf Vorschuß ein und waren eben damit beschäftigt, auf dem Wechselmarkt die Republiken in partibus diskontieren zu lassen, für die sie bereits in aller Stille ihres anspruchslosen Gemüts das Regierungspersonal vorsorglich organisiert hatten. Der 2. Dezember traf sie wie ein Blitzstrahl aus heiterm Himmel, und die Völker, die in Epochen kleinmütiger Verstimmung sich gern ihre innere Angst von den lautesten Schreiern übertäuben lassen, werden sich vielleicht überzeugt haben, daß die Zeiten vorüber sind, wo das Geschnatter von Gänsen das Kapitol retten konnte.[6]

Die Konstitution, die Nationalversammlung, die dynastischen Parteien, die blauen und die roten Republikaner, die Helden von

Afrika,[7] der Donner der Tribüne, das Wetterleuchten der Tagespresse, die gesamte Literatur, die politischen Namen und die geistigen Renommeen, das bürgerliche Gesetz und das peinliche Recht, die liberté, égalité, fraternité und der zweite [Sonntag des Monats] Mai 1852 – alles ist verschwunden wie eine Phantasmagorie vor der Bannformel eines Mannes, den seine Feinde selbst für keinen Hexenmeister ausgeben. Das allgemeine Wahlrecht scheint nur einen Augenblick überlebt zu haben, damit es eigenhändig vor den Augen aller Welt sein Testament mache und im Namen des Volkes selbst erkläre: »Alles, was besteht, ist wert, daß es zugrunde geht«.

Es genügt nicht zu sagen, wie die Franzosen tun, daß ihre Nation überrascht worden sei. Einer Nation und einer Frau wird die unbewachte Stunde nicht verziehen, worin der erste beste Abenteurer ihnen Gewalt antun konnte. Das Rätsel wird durch dergleichen Wendungen nicht gelöst, sondern nur anders formuliert. Es bliebe zu erklären, wie eine Nation von 36 Millionen durch drei Industrieritter überrascht und widerstandslos in die Gefangenschaft abgeführt werden kann.

Rekapitulieren wir in allgemeinen Zügen die Phasen, die die französische Revolution vom 24. Februar 1848 bis zum Dezember 1851 durchlaufen hat.

Drei Hauptperioden sind unverkennbar: *die Februarperiode*; 4. Mai 1848 bis zum 28. Mai 1849: *Periode der Konstituierung der Republik* oder *der konstituierenden Nationalversammlung*; 28. Mai 1849 bis zum 2. Dezember 1851: *Periode der konstitutionellen Republik* oder *der legislativen Nationalversammlung.*

Die *erste Periode* vom 24. Februar oder dem Sturze Louis-Philippes bis zum 4. Mai 1848, dem Zusammentritt der konstituierenden Versammlung, die eigentliche *Februarperiode*, kann als der *Prolog* der Revolution bezeichnet werden. Ihr Charakter sprach sich offiziell darin aus, daß die von ihr improvisierte Regierung sich selbst für *provisorisch* erklärte, und wie die Regierung gab alles, was in dieser Periode angeregt, versucht, ausgesprochen wurde, sich für nur *provisorisch* aus. Niemand und nichts wagte das Recht des Bestehens und der wirklichen Tat für sich in Anspruch zu nehmen. Alle Elemente, die die Revolution vorbereitet oder bestimmt hatten, dynastische Opposition,[8] republikanische Bourgeoisie, demokratisch-republikanisches Kleinbürgertum, sozial-demokratisches Arbeitertum, fanden provisorisch ihren Platz in der Februar-*Regierung.*

Es konnte nicht anders sein. Die Februartage bezweckten ursprünglich eine Wahlreform, wodurch der Kreis der politisch Privilegierten unter der besitzenden Klasse selbst erweitert und die ausschließliche Herrschaft der Finanzaristokratie gestürzt werden sollte. Als es aber zum wirklichen Konflikt kam, das Volk auf die Barrikaden stieg, die Nationalgarde sich passiv verhielt, die Armee keinen ernstlichen Widerstand leistete und das Königtum davonlief, schien sich die Republik von selbst zu verstehn. Jede Partei deutete sie in ihrem Sinn. Von dem Proletariat, die Waffen in der Hand, ertrotzt, prägte es ihr seinen Stempel auf und proklamierte sie als *soziale Republik.* So wurde der allgemeine Inhalt der modernen Revolution angedeutet, der in sonderbarstem Widerspruch stand zu allem, was mit dem vorliegenden Material, mit der erreichten Bildungsstufe der Masse, unter den gegebenen Umständen und Verhältnissen zunächst unmittelbar ins Werk gesetzt werden konnte. Andrerseits wurde der Anspruch aller übrigen Elemente, die zur Februarrevolution mitgewirkt hatten, anerkannt in dem Löwenanteil, den sie an der Regierung erhielten. In keiner Periode finden wir daher ein bunteres Gemisch von überfliegenden Phrasen und tatsächlicher Unsicherheit und Unbeholfenheit, von enthusiastischerem Neuerungsstreben und von gründlicherer Herrschaft der alten Routine, von mehr scheinbarer Harmonie der ganzen Gesellschaft und von tieferer Entfremdung ihrer Elemente. Während das Pariser Proletariat noch in dem Anblick der großen Perspektive, die sich ihm eröffnet hatte, schwelgte und sich in ernstgemeinten Diskussionen über die sozialen Probleme erging, hatten sich die alten Mächte der Gesellschaft gruppiert, gesammelt, besonnen und fanden eine unerwartete Stütze an der Masse der Nation, den Bauern und Kleinbürgern, die alle auf einmal auf die politische Bühne stürzten, nachdem die Barrieren der Julimonarchie gefallen waren.

Die *zweite Periode* vom 4. Mai 1848 bis Ende Mai 1849 ist die Periode der *Konstituierung, der Begründung der bürgerlichen Republik.* Unmittelbar nach den Februartagen war nicht nur die dynastische Opposition überrascht worden durch die Republikaner, die Republikaner durch die Sozialisten, sondern ganz Frankreich durch Paris. Die Nationalversammlung, die am 4. Mai 1848 zusammentrat, aus den Wahlen der Nation hervorgegangen, repräsentierte die Nation. Sie war ein lebendiger Protest gegen die Zumutungen der Februartage und sollte die Resultate der Revolution auf den bürgerlichen Maßstab zurückführen. Vergebens versuchte das Pariser Proletariat, das den Charakter dieser Nationalversammlung sofort begriff, wenige Tage nach ihrem Zusammentritt, am 15. Mai, ihre Existenz gewaltsam wegzuleugnen, sie aufzulösen, die organische Gestalt, worin der reagierende Geist der Nation es bedrohte, wieder in ihre einzelnen Bestandteile zu zerstreuen.[9] Der 15. Mai hatte bekanntlich kein anderes Resultat, als Blanqui und Genossen, d. h. die wirklichen Führer der proletarischen Partei, für die ganze Dauer des Zyklus, den wir betrachten, vom öffentlichen Schauplatz zu entfernen.

Auf die *bürgerliche Monarchie* Louis-Philippes kann nur die *bürgerliche Republik* folgen, d. h., wenn unter dem Namen des Königs ein beschränkter Teil der Bourgeoisie geherrscht hat, so wird jetzt im Namen des Volks die Gesamtheit der Bourgeoisie herrschen. Die Forderungen des Pariser Proletariats sind utopistische Flausen, womit geendet werden muß. Auf diese Erklärung der konstituierenden Nationalversammlung antwortete das Pariser Proletariat mit der *Juni-Insurrektion*, dem kolossalsten Ereignis in der Geschichte der europäischen Bürgerkriege. Die bürgerliche Republik siegte. Auf ihrer Seite stand die Finanzaristokratie, die industrielle Bourgeoisie, der Mittelstand, die Kleinbürger, die Armee, das als Mobilgarde[10] organisierte Lumpenproletariat, die geistigen Kapazitäten, die Pfaffen und die Landbevölkerung. Auf der Seite des Pariser Proletariats stand niemand als es selbst. Über 3000 Insurgenten wurden niedergemetzelt nach dem Siege, 15 000 ohne Urteil transportiert. Mit dieser Niederlage tritt das Proletariat in den *Hintergrund* der revolutionären Bühne. Es versucht sich jedesmal wieder vorzudrängen, sobald die Bewegung einen neuen Anlauf zu nehmen scheint, aber mit immer schwächerem Kraftaufwand und stets geringerem Resultat. Sobald eine der höher über ihm liegenden Gesellschaftsschichten in revolutionäre Gärung gerät, geht es eine Verbindung mit ihr ein und teilt so alle Niederlagen, die die verschiedenen Parteien nacheinander erleiden. Aber diese nachträglichen Schläge schwächen sich immer mehr ab, je mehr sie sich auf die ganze Oberfläche der Gesellschaft verteilen. Seine bedeutenderen Führer in der Versammlung und in der Presse fallen der Reihe nach den Gerichten als Opfer, und immer zweideutigere Figuren treten an seine Spitze. Zum Teil wirft es sich auf *doktrinäre Experimente, Tauschbanken und Arbeiterassoziationen, also in eine*

Bewegung, worin es darauf verzichtet, die alte Welt mit ihren eigenen großen Gesamtmitteln umzuwälzen, vielmehr hinter dem Rücken der Gesellschaft, auf Privatweise, innerhalb seiner beschränkten Existenzbedingungen, seine Erlösung zu vollbringen sucht, also notwendig scheitert. Es scheint weder in sich selbst die revolutionäre Größe wiederfinden noch aus den neu eingegangenen Verbindungen neue Energie gewinnen zu können, bis *alle Klassen*, womit es im Juni gekämpft, neben ihm selbst platt darniederliegen. Aber wenigstens erliegt es mit den Ehren des großen weltgeschichtlichen Kampfes; nicht nur Frankreich, ganz Europa zittert vor dem Juni-Erdbeben, während die nachfolgenden Niederlagen der höhern Klassen so wohlfeil erkauft werden, daß sie der frechen Übertreibung von seiten der siegenden Partei bedürfen, um überhaupt als Ereignisse passieren zu können, und um so schmachvoller werden, je weiter die unterliegende Partei von der proletarischen entfernt ist.

Die Niederlage der Juni-Insurgenten hatte nun allerdings das Terrain vorbereitet, geebnet, worauf die bürgerliche Republik begründet, aufgeführt werden konnte; aber sie hatte zugleich gezeigt, daß es sich in Europa um andre Fragen handelt als um »Republik oder Monarchie«. Sie hatte offenbart, daß *bürgerliche Republik* hier die uneingeschränkte Despotie einer Klasse über andre Klassen bedeute. Sie hatte bewiesen, daß in altzivilisierten Ländern mit entwickelter Klassenbildung, mit modernen Produktionsbedingungen und mit einem geistigen Bewußtsein, worin alle überlieferten Ideen durch jahrhundertlange Arbeit aufgelöst sind, *die Republik überhaupt nur die politische Umwälzungsform der bürgerlichen Gesellschaft* bedeutet und nicht ihre *konservative Lebensform*, wie z. B. in den Vereinigten Staaten von Nordamerika, wo zwar schon Klassen bestehn, aber sich noch nicht fixiert haben, sondern in beständigem Flusse fortwährend ihre Bestandteile wechseln und aneinander abtreten, wo die modernen Produktionsmittel, statt mit einer stagnanten Übervölkerung zusammenzufallen, vielmehr den relativen Mangel an Köpfen und Händen ersetzen, und wo endlich die fieberhaft jugendliche Bewegung der materiellen Produktion, die eine neue Welt sich anzueignen hat, weder Zeit noch Gelegenheit ließ, die alte Geisterwelt abzuschaffen.

Alle Klassen und Parteien hatten sich während der Junitage zur *Partei der Ordnung* vereint gegenüber der proletarischen Klasse, als der *Partei der Anarchie*, des Sozialismus, des Kommunismus.

Sie hatten die Gesellschaft »gerettet« gegen »*die Feinde der Gesellschaft*«. Sie hatten die Stichworte der alten Gesellschaft, »*Eigentum, Familie, Religion, Ordnung*«, als Parole unter ihr Heer ausgeteilt und der kontrerevolutionären Kreuzfahrt zugerufen: »Unter diesem Zeichen wirst du siegen!«[11] Von diesem Augenblick, sobald eine der zahlreichen Parteien, die sich unter diesem Zeichen gegen die Juni-Insurgenten geschart hatten, in ihrem eigenen Klasseninteresse den revolutionären Kampfplatz zu behaupten sucht, unterliegt sie vor dem Rufe: »Eigentum, Familie, Religion, Ordnung«. Die Gesellschaft wird ebensooft gerettet, als sich der Kreis ihrer Herrscher verengt, als ein exklusiveres Interesse dem weiteren gegenüber behauptet wird. Jede Forderung der einfachsten bürgerlichen Finanzreform, des ordinärsten Liberalismus, des formalsten Republikanertums, der plattesten Demokratie, wird gleichzeitig als »Attentat auf die Gesellschaft« bestraft und als »Sozialismus« gebrandmarkt. Und schließlich werden die Hohenpriester der »Religion und Ordnung« selbst mit Fußtritten von ihren Pythiastühlen verjagt, bei Nacht und Nebel aus ihren Betten geholt, in Zellenwagen gesteckt, in Kerker geworfen oder ins Exil geschickt, ihr Tempel wird der Erde gleichgemacht, ihr Mund wird versiegelt, ihre Feder zerbrochen, ihr Gesetz zerrissen, im Namen der Religion, des Eigentums, der Familie, der Ordnung. Ordnungsfanatische Bourgeois auf ihren Balkonen werden von besoffenen Soldatenhaufen zusammengeschossen, ihr Familienheiligtum wird entweiht, ihre Häuser werden zum Zeitvertreib bombardiert – im Namen des Eigentums, der Familie, der Religion und der Ordnung. Der Auswurf der bürgerlichen Gesellschaft bildet schließlich die *heilige Phalanx der Ordnung*, und Held Krapülinski[12] zieht in die Tuilerien ein als »*Retter der Gesellschaft*«.

II

Nehmen wir den Faden der Entwicklung wieder auf.

Die Geschichte der *konstituierenden Nationalversammlung* seit den Junitagen ist die *Geschichte der Herrschaft und der Auflösung der republikanischen Bourgeoisfraktion*, jener Fraktion, die man unter dem Namen trikolore Republikaner, reine Republikaner, politische Republikaner, formalistische Republikaner usw. kennt.

Sie hatte unter der bürgerlichen Monarchie Louis-Philippes die *offizielle* republikanische *Opposition* und daher einen anerkannten Bestandteil der damaligen politischen Welt gebildet. Sie besaß ihre Vertreter in den Kammern, und in der Presse einen bedeutenden Wirkungskreis. Ihr Pariser Organ, der »National«,[13] galt in seiner Weise für ebenso respektabel als das »Journal des Débats«.[14] Dieser Stellung unter der konstitutionellen Monarchie entsprach ihr Charakter. Es war dies keine durch große gemeinsame Interessen zusammengehaltene und durch eigentümliche Produktionsbedingungen abgegrenzte Fraktion der Bourgeoisie. Es war eine Koterie von republikanisch gesinnten Bourgeois, Schriftstellern, Advokaten, Offizieren und Beamten, deren Einfluß auf den persönlichen Antipathien des Landes gegen Louis-Philippe, auf Erinnerungen an die alte Republik, auf dem republikanischen Glauben einer Anzahl von Schwärmern, vor allem aber auf dem *französischen Nationalismus* beruhte, dessen Haß gegen die Wiener Verträge und gegen die Allianz mit England sie fortwährend wachhielt. Einen großen Teil des Anhangs, den der »National« unter Louis-Philippe besaß, schuldete er diesem versteckten Imperialismus, der ihm daher später unter der Republik als ein vernichtender Konkurrent in der Person Louis Bonapartes gegenübertreten konnte. Die Finanzaristokratie bekämpfte er, wie die ganze übrige bürgerliche Opposition es tat. Die Polemik gegen das Budget, die in Frankreich genau mit der Bekämpfung der Finanzaristokratie zusammenhing, verschaffte eine zu wohlfeile Popularität und zu reichhaltigen Stoff zu puritanischen leading articles, um nicht ausgebeutet zu werden. Die industrielle Bourgeoisie war ihm dankbar für seine sklavische Verteidigung des französischen Schutzzollsystems, das er indes auf mehr nationale als nationalökonomische Gründe hin aufnahm, die Gesamtbourgeoisie für seine gehässigen Denunziationen des Kommunismus und Sozialismus. Im übrigen war die Partei des »National« *rein republikanisch*, d. h., sie verlangte eine republikanische statt einer monarchischen Form der Bourgeoisherrschaft und vor allem ihren Löwenanteil an dieser Herrschaft. Über die Bedingungen dieser Umwandlung war sie sich durchaus nicht klar. Was ihr dagegen sonnenklar war und auf den Reformbanketten in der letzten Zeit Louis-Philippes öffentlich erklärt wurde, war ihre Unpopularität bei den demokratischen Kleinbürgern und insbesondere bei dem revolutionären Proletariat. Diese reinen Republikaner, wie reine Republikaner denn sind, standen auch schon auf dem Sprunge, sich zunächst mit einer Regentschaft der Herzogin von Orléans zu begnügen, als die Februarrevolution ausbrach und ihren bekanntesten Vertretern einen Platz in der provisorischen Regierung anwies. Sie besaßen natürlich von vornherein das Vertrauen der Bourgeoisie und die Majorität der konstituierenden Nationalversammlung. Aus der Exekutivkommission, welche die Nationalversammlung bei ihrem Zusammentritt bildete, wurden sofort die *sozialistischen* Elemente der provisorischen Regierung ausgeschlossen, und die Partei des »National« benutzte den Ausbruch der Juni-Insurrektion, um auch die *Exekutivkommission* abzudanken und damit ihre nächsten Rivalen, die *kleinbürgerlichen* oder *demokratischen Republikaner* (Ledru-Rollin usw.), loszuwerden. Cavaignac, der General der bourgeois-republikanischen Partei, der die Junischlacht kommandierte, trat an die Stelle der Exekutivkommission mit einer Art diktatorischer Gewalt. Marrast, ehemaliger Redakteur en chef des »National«, wurde der perpetuierliche Präsident der konstituierenden Nationalversammlung, und die Ministerien, wie sämtliche übrigen bedeutenden Posten, fielen den reinen Republikanern anheim.

Die republikanische Bourgeoisfraktion, die sich seit lange als legitime Erbin der Julimonarchie betrachtet hatte, fand sich so in ihrem Ideal übertroffen, aber sie gelangte zur Herrschaft, nicht, wie sie unter Louis-Philippe geträumt hatte, durch eine liberale Revolte der Bourgeoisie gegen den Thron, sondern durch eine niederkartätschte Emeute des Proletariats gegen das Kapital. Was sie als das *revolutionärste* Ereignis sich vorgestellt hatte, trug sich in Wirklichkeit zu als das *kontrerevolutionärste.* Die Frucht fiel ihr in den Schoß, aber sie fiel vom Baum der Erkenntnis, nicht vom Baum des Lebens.

Die ausschließliche *Herrschaft der Bourgeois-Republikaner* währte nur vom 24. Juni bis zum 10. Dezember 1848. Sie resümiert sich in der *Abfassung einer republikanischen Konstitution* und im *Belagerungszustand von Paris.*

Die neue *Konstitution* war im Grunde nur die republikanisierte Ausgabe der konstitutionellen Charte von 1830.[15] Der enge Wahlzensus der Julimonarchie, der selbst einen großen Teil der Bourgeoisie von der politischen Herrschaft ausschloß, war unvereinbar mit der Existenz der bürgerlichen Republik. Die Februarrevolution hatte sofort an der Stelle dieses Zensus das direkte allgemeine Wahlrecht proklamiert. Die Bourgeois-Republikaner konnten dieses Ereignis nicht ungeschehn machen. Sie mußten sich damit begnügen, die beschränkende Bestimmung eines sechsmonatlichen Domizils am Wahlorte hinzuzufügen. Die alte Organisation der Verwaltung, des Gemeindewesens, der Rechtspflege, der Armee usw. blieb unversehrt bestehen, oder wo die Konstitution sie änderte, betraf die Änderung das Inhaltsregister, nicht den Inhalt, den Namen, nicht die Sache.

Der unvermeidliche Generalstab der Freiheiten von 1848, persönliche Freiheit, Preß-, Rede-, Assoziations-, Versammlungs-, Lehr- und Religionsfreiheit usw., erhielt eine konstitutionelle Uniform, die sie unverwundbar machte. Jede dieser Freiheiten wird nämlich als das *unbedingte* Recht des französischen Citoyen proklamiert, aber mit der beständigen Randglosse, daß sie schrankenlos sei, soweit sie nicht durch die »*gleichen Rechte anderer* und die *öffentliche Sicherheit*« beschränkt werde, oder durch »Gesetze«, die eben diese Harmonie der individuellen Freiheiten untereinander und mit der öffentlichen Sicherheit vermitteln sollen. Z. B.: »Die Bürger haben das Recht, sich zu assoziieren, sich friedlich und unbewaffnet zu versammeln, zu petitionieren und ihre Meinungen durch die Presse oder wie sonst immer auszudrücken. *Der Genuß dieser Rechte hat keine andre Schranke als die gleichen Rechte andrer und die öffentliche Sicherheit.*« (Kap. II der französischen Konstitution, § 8.) – »Der Unterricht ist frei. Die Freiheit des Unterrichts soll *genossen* werden unter den vom Gesetze fixierten Bedingungen und unter der Oberaufsicht des Staats.« (A. a. O., § 9.) – »Die Wohnung jedes Bürgers ist unverletzlich *außer* in den vom Gesetz vorgeschriebenen Formen.« (Kap. II, § 3.) Usw. usw. – Die Konstitution weist daher beständig auf zukünftige *organische* Gesetze hin, die jene Randglossen ausführen und den Genuß dieser unbeschränkten Freiheiten so regulieren sollen, daß sie weder untereinander noch mit der öffentlichen Sicherheit anstoßen. Und später sind diese organischen Gesetze von den Ordnungsfreunden ins Leben gerufen und alle jene Freiheiten so reguliert worden, daß die Bourgeoisie in deren Genuß an den gleichen Rechten der andern Klassen keinen Anstoß findet. Wo sie »den andern« diese Freiheiten ganz untersagt oder ihren Genuß unter Bedingungen erlaubt, die ebenso viele Polizeifallstricke sind, geschah dies immer nur im Interesse der »*öffentlichen Sicher-*

heit«, d. h. der Sicherheit der Bourgeoisie, wie die Konstitution vorschreibt. Beide Seiten berufen sich daher in der Folge mit vollem Recht auf die Konstitution, sowohl die Ordnungsfreunde, die alle jene Freiheiten aufhoben, wie die Demokraten, die sie alle herausverlangten. Jeder Paragraph der Konstitution enthält nämlich seine eigene Antithese, sein eignes Ober- und Unterhaus in sich, nämlich in der allgemeinen Phrase die Freiheit, in der Randglosse die Aufhebung der Freiheit. Solange also der *Name* der Freiheit respektiert und nur die wirkliche Ausführung derselben verhindert wurde, auf gesetzlichem Wege versteht sich, blieb das konstitutionelle Dasein der Freiheit unversehrt, unangetastet, mochte ihr *gemeines* Dasein noch so sehr totgeschlagen sein. [...]

III

Am 28. Mai 1849 trat die gesetzgebende Nationalversammlung zusammen. Am 2. Dezember 1851 ward sie gesprengt. Diese Periode umfaßt die Lebensdauer der *konstitutionellen oder parlamentarischen Republik.*

[...]

Die Periode, die wir vor uns haben, umfaßt das bunteste Gemisch schreiender Widersprüche: Konstitutionelle, die offen gegen die Konstitution konspirieren, Revolutionäre, die eingestandenermaßen konstitutionell sind, eine Nationalversammlung, die allmächtig sein will und stets parlamentarisch bleibt; eine Montagne, die im Dulden ihren Beruf findet und durch die Prophezeiung künftiger Siege ihre gegenwärtigen Niederlagen pariert; Royalisten, die die patres conscripti [erwählten Väter (Ehrenname der altrömischen Senatoren)] der Republik bilden und durch die Situation gezwungen werden, die feindlichen Königshäuser, denen sie anhängen, im Auslande, und die Republik, die sie hassen, in Frankreich zu halten; eine Exekutivgewalt, die in ihrer Schwäche selbst ihre Kraft und in der Verachtung, die sie einflößt, ihre Respektabilität findet; eine Republik, die nichts anders ist als die zusammengesetzte Infamie zweier Monarchien, der Restauration und der Julimonarchie, mit einer imperialistischen Etikette – Verbindungen, deren erste Klausel die Trennung, Kämpfe, deren erstes Gesetz die Entscheidungslosigkeit ist, im Namen der Ruhe wüste, inhaltslose Agitation, im Namen der Revolution feierlichstes Predigen der Ruhe, Leidenschaften ohne Wahrheit, Wahrheiten ohne Leidenschaft, Helden ohne Heldentaten, Geschichte ohne Ereignisse; Entwickelung, deren einzige Triebkraft der Kalender scheint, durch beständige Wiederholung derselben Spannungen und Abspannungen ermüdend; Gegensätze, die sich selbst periodisch nur auf die Höhe zu treiben scheinen, um sich abzustumpfen und zusammenzufallen, ohne sich auflösen zu können; prätentiös zur Schau getragene Anstrengungen und bürgerliche Schrecken vor der Gefahr des Weltunterganges, und von den Weltrettern gleichzeitig die kleinlichsten Intrigen und Hofkomödien gespielt, die in ihrem laisser-aller [Unbekümmertheit] weniger an den Jüngsten Tag als an die Zeiten der Fronde[16] erinnern – das offizielle Gesamtgenie Frankreichs von der pfiffigen Dummheit eines einzelnen Individuums zuschanden gemacht; der Gesamtwille der Nation, sooft er im allgemeinen Wahlrecht spricht, in den verjährten Feinden der Masseninteressen seinen entsprechenden Ausdruck suchend, bis er ihn endlich in dem Eigenwillen eines Flibustiers findet. Wenn irgendein Geschichtsausschnitt grau in grau gemalt ist, so ist es dieser. Menschen und Ereignisse erscheinen als umgekehrte Schlemihle,[17] als Schatten, denen der Körper abhanden gekommen ist. Die Revolution selbst paralysiert ihre eigenen Träger und stattet nur ihre Gegner mit leidenschaftlicher Gewaltsamkeit aus. Wenn das »rote Gespenst«, von den Kontrerevolutionären beständig heraufbeschworen und gebannt, endlich erscheint, so erscheint es nicht mit anarchischer Phrygiermütze auf dem Kopfe, sondern in der Uniform der Ordnung, in *roten Plumphosen.*

[…]

Die schiffbrüchigen *reinen Republikaner* fanden sich in der gesetzgebenden Nationalversammlung auf eine Clique von ungefähr 50 Mann zusammengeschmolzen, an ihrer Spitze die afrikanischen Generale Cavaignac, Lamoricière, Bedeau. Die große Oppositionspartei aber wurde gebildet durch die *Montagne.* Diesen parlamentarischen Taufnamen hatte sich die *sozialdemokratische* Partei gegeben. Sie verfügte über mehr als 200 von den 750 Stimmen der Nationalversammlung und war daher wenigstens ebenso mächtig als irgendeine der drei Fraktionen der Ordnungspartei für sich genommen. Ihre relative Minorität gegen die gesamte royalistische Koalition schien durch besondere Umstände aufgewogen.

Nicht nur zeigten die Departementswahlen, daß sie einen bedeutenden Anhang unter der Landbevölkerung gewonnen hatte. Sie zählte beinahe alle Deputierten von Paris unter sich, die Armee hatte durch die Wahl von drei Unteroffizieren ein demokratisches Glaubensbekenntnis abgelegt, und der Chef der Montagne, Ledru-Rollin, war im Unterschiede von allen Repräsentanten der Ordnungspartei in den parlamentarischen Adelstand erhoben worden durch fünf Departements, die ihre Stimmen auf ihn vereinigt. Die Montagne schien also am 28. Mai 1849, bei den unvermeidlichen Kollisionen der Royalisten unter sich und der gesamten Ordnungspartei mit Bonaparte, alle Elemente des Erfolgs vor sich zu haben. Vierzehn Tage später hatte sie alles verloren, die Ehre eingerechnet.

Ehe wir der parlamentarischen Geschichte weiter folgen, sind einige Bemerkungen nötig, um gewöhnliche Täuschungen über den ganzen Charakter der Epoche, die uns vorliegt, zu vermeiden. In der demokratischen Manier zu sehn, handelt es sich während der Periode der gesetzgebenden Nationalversammlung, um was es sich in der Periode der konstituierenden handelte, um den einfachen Kampf zwischen Republikanern und Royalisten. Die Bewegung selbst aber fassen sie in *ein* Stichwort zusammen: »*Reaktion*«, Nacht, worin alle Katzen grau sind, und die ihnen erlaubt, ihre nachtwächterlichen Gemeinplätze abzuleiern. Und allerdings, auf den ersten Blick zeigt die Ordnungspartei einen Knäuel von verschiedenen royalistischen Fraktionen, die nicht nur gegeneinander intrigieren, um jede ihren eignen Prätendenten auf den Thron zu erheben und den Prätendenten der Gegenpartei auszuschließen, sondern sich auch alle vereinigen in gemeinschaftlichem Haß und gemeinschaftlichen Angriffen gegen die »Republik«. Die Montagne ihrerseits erscheint im Gegensatze zu dieser royalistischen Konspiration als Vertreterin der »Republik«. Die Ordnungspartei erscheint beständig beschäftigt mit einer »Reaktion«, die sich nicht mehr nicht minder wie in Preußen gegen Presse, Assoziation u. dgl. richtet und in brutalen Polizeieinmischungen der Bürokratie, der Gendarmerie und der Parkette [Gerichtshöfe] sich vollstreckt wie in Preußen. Die »Montagne« ihrerseits wieder ist ebenso fortwährend beschäftigt, diese Angriffe abzuwehren und so die »ewigen Menschenrechte« zu verteidigen, wie jede sogenannte Volkspartei mehr oder minder seit anderthalb Jahrhunderten getan hat. Vor einer nähern Betrachtung der Situation und der Parteien verschwindet indes dieser oberflächliche Schein, der den *Klassenkampf* und die eigentümliche Physiognomie dieser Periode verschleiert.

Legitimisten und Orleanisten bildeten, wie gesagt, die zwei großen Fraktionen der Ordnungspartei. Was diese Fraktionen an ihren Prätendenten festhielt und sie wechselseitig auseinanderhielt, war es nichts andres als Lilie und Trikolore, Haus Bourbon und Haus Orléans, verschiedene Schattierungen des Royalismus, war es überhaupt das Glaubensbekenntnis des Royalismus? Unter den Bourbonen hatte das *große Grundeigentum* regiert mit seinen Pfaffen und Lakaien, unter den Orléans die hohe Finanz, die große Industrie, der große Handel, d. h. *das Kapital* mit seinem Gefolge von Advokaten, Professoren und Schönrednern. Das legitime Königtum war bloß der politische Ausdruck für die angestammte Herrschaft der Herren von Grund und Boden, wie die Julimonarchie nur der politische Ausdruck für die usurpierte Herrschaft der bürgerlichen Parvenüs. Was also diese Fraktionen auseinanderhielt, es waren keine sogenannten Prinzipien, es waren ihre materiellen Existenzbedingungen, zwei verschiedene Arten des Eigentums, es war der alte Gegensatz von Stadt und Land, die Rivalität zwischen Kapital und Grundeigentum. Daß gleichzeitig alte Erinnerungen, persönliche Feindschaften, Befürchtungen und Hoffnungen, Vorurteile und Illusionen, Sympathien und Antipathien, Überzeugungen, Glaubensartikel und Prinzipien sie an das eine oder das andre Königshaus banden, wer leugnet es? Auf den verschiedenen Formen des Eigentums, auf den sozialen Existenzbedingungen erhebt sich ein ganzer Überbau verschiedener und eigentümlich gestalteter Empfindungen, Illusionen, Denkweisen und Lebensanschauungen. Die ganze Klasse schafft und gestaltet sie aus ihren materiellen Grundlagen heraus und aus den entsprechenden gesellschaftlichen Verhältnissen. Das einzelne Individuum, dem sie durch Tradition und Erziehung zufließen, kann sich einbilden, daß sie die eigentlichen Bestimmungsgründe und den Ausgangspunkt seines Handelns bilden. Wenn Orleanisten, Legitimisten, jede Fraktion sich selbst und der andern vorzureden suchte, daß die Anhänglichkeit an ihre zwei Königshäuser sie trenne, bewies später die Tatsache, daß vielmehr ihr gespaltenes Interesse die Vereinigung der zwei Königshäuser verbot. Und wie man im Privatleben unterscheidet zwischen dem, was ein Mensch von sich meint und sagt, und dem, was er wirklich ist und tut, so muß man noch mehr in geschichtlichen Kämpfen die Phrasen und Einbildungen der Parteien von ihrem wirklichen Organismus und ihren wirklichen Interessen, ihre Vorstellung von ihrer Realität unterscheiden. Orleanisten und Legitimisten fanden sich in der Republik nebeneinander mit gleichen Ansprüchen. Wenn jede Seite gegen die andre die *Restauration* ihres *eignen* Königshauses durchsetzen wollte, so hieß das nichts andres, als daß die *zwei großen Interessen*, worin die *Bourgeoisie* sich spaltet – Grundeigentum und Kapital –, jedes seine eigne Suprematie und die Unterordnung des andern zu restaurieren suchte. Wir sprechen von zwei Interessen der Bourgeoisie, denn das große Grundeigentum, trotz seiner feudalen Koketterie und seines Rassenstolzes, war durch die Entwicklung der modernen Gesellschaft vollständig verbürgerlicht. So haben die Tories in England sich lange eingebildet, daß sie für das Königtum, die Kirche und die Schönheiten der altenglischen Verfassung schwärmten, bis der Tag der Gefahr ihnen das Geständnis entriß, daß sie nur für die *Grundrente* schwärmen.

Die koalisierten Royalisten spielten ihre Intrige gegeneinander in der Presse, in Ems, in Claremont,[18] außerhalb des Parlaments. Hinter den Kulissen zogen sie ihre alten orleanistischen und legitimistischen Livreen wieder an und führten ihre alten Turniere wieder auf. Aber auf der öffentlichen Bühne, in ihren Haupt- und Staatsaktionen, als große parlamentarische Partei, fertigen sie ihre respektiven Königshäuser mit bloßen Reverenzen ab und vertagen die Restauration der Monarchie in infinitum. Sie verrichten ihr wirkliches Geschäft als *Partei der Ordnung*, d. h. unter einem *gesellschaftlichen*, nicht unter einem *politischen* Titel, als Vertreter der bürgerlichen Weltordnung, nicht als Ritter fahrender Prinzessinnen, als Bourgeoisklasse gegenüber andern Klassen, nicht als Royalisten gegenüber den Republikanern. Und als Partei der Ordnung haben sie eine unumschränktere und härtere Herrschaft über die andern Klassen der Gesellschaft ausgeübt als je zuvor unter der Restauration oder unter der Julimonarchie, wie sie überhaupt nur unter der Form der parlamentarischen Republik möglich war, denn nur unter dieser Form konnten die zwei großen Abteilungen der französischen Bourgeoisie sich vereinigen, also die Herrschaft ihrer Klasse statt des Regimes einer privilegierten Fraktion derselben auf die Tagesordnung setzen. Wenn sie trotzdem auch als Partei der Ordnung die Republik insultieren und ihren Widerwillen gegen sie aussprechen, so geschah das nicht nur aus royalistischer Erinnerung. Es lehrte sie der Instinkt, daß die Republik zwar ihre politische Herrschaft vollendet, aber zugleich deren gesellschaftliche Grundlage unterwühlt, indem sie nun ohne Vermittlung, ohne den Versteck der Krone, ohne das nationale Interesse durch ihre untergeordneten Kämpfe untereinander und mit dem Königtum ableiten zu können, den unterjochten Klassen gegenüberstehn und mit ihnen ringen müssen. Es war Gefühl der Schwäche, das sie vor den reinen Bedingungen ihrer eignen Klassenherrschaft zurückbeben und sich nach den unvollständigern, unentwickelteren und eben darum gefahrloseren Formen derselben zurücksehnen ließ. Sooft die koalisierten Royalisten dagegen in Konflikt mit dem Prätendenten geraten, der ihnen gegenübersteht, mit Bonaparte, sooft sie ihre parlamentarische Allmacht von der Exekutivgewalt gefährdet glauben, sooft sie also den politischen Titel ihrer Herrschaft herauskehren müssen, treten sie als *Republikaner* auf und nicht als *Royalisten*, von dem Orleanisten Thiers, der die Nationalversammlung warnt, daß die Republik sie am wenigsten trenne, bis auf den Legitimisten Berryer, der am 2. Dezember 1851, die dreifarbige Schärpe umgewunden, das vor dem Mairiegebäude des zehnten Arrondissements versammelte Volk als Tribun im Namen der Republik harangiert. Allerdings ruft ihm das Echo spottend zurück: Henri V.! Henri V.!

Der koalisierten Bourgeoisie gegenüber hatte sich eine Koalition zwischen Kleinbürgern und Arbeitern gebildet, die sogenannte *sozial-demokratische* Partei. Die Kleinbürger sahen sich nach den Junitagen 1848 schlecht belohnt, ihre materiellen Interessen gefährdet und die demokratischen Garantien, die ihnen die Geltendmachung dieser Interessen sichern sollten, von der Kontrerevolution in Frage gestellt. Sie näherten sich daher den Arbeitern. Ihre parlamentarische Repräsentation andrerseits, die *Montagne*, während der Diktatur der Bourgeois-Republikaner beiseite geschoben, hatte in der letzten Lebenshälfte der Konstituante durch den Kampf mit Bonaparte und den royalistischen Ministern ihre verlorene Popularität wiedererobert. Sie hatte mit den sozialistischen Führern eine Allianz geschlossen. Februar 1849 wurden Versöhnungsbankette gefeiert. Ein gemeinschaftliches Programm wurde entworfen, gemeinschaftliche Wahlkomitees wurden gestiftet und gemeinschaftliche Kandidaten aufgestellt. Den sozialen Forderungen des Proletariats ward die revolutionäre Pointe abgebrochen und eine demokratische Wendung gegeben, den demokratischen Ansprüchen des Kleinbürgertums die bloß politische Form abgestreift und ihre sozialistische Pointe herausgekehrt. So entstand die *Sozial-Demokratie.* Die neue *Montagne*, das Ergebnis dieser Kombination, enthielt, einige Figuranten aus der Arbeiterklasse und einige sozialistische Sektierer abgerechnet, dieselben Elemente wie die alte Montagne, nur numerisch stärker. Aber im Laufe der Entwicklung hatte sie sich verändert mit der Klasse, die sie vertrat. Der eigentümliche Charakter der Sozial-Demokratie faßt sich dahin zusammen, daß demokratisch-republikanische Institutionen als Mittel verlangt werden, nicht um zwei Extreme, Kapital und Lohnarbeit, beide aufzuheben, sondern um ihren Gegensatz abzuschwächen und in Harmonie zu verwandeln. Wie verschiedene Maßregeln zur Erreichung dieses Zweckes vorgeschlagen werden mögen, wie sehr er mit mehr oder minder revolutionären Vorstellungen sich verbrämen mag, der Inhalt bleibt derselbe. Dieser Inhalt ist die Umänderung der Gesellschaft auf demokratischem Wege, aber eine Umänderung innerhalb der Grenzen des Kleinbürgertums. Man muß sich nur nicht die bornierte Vorstellung machen, als wenn das Kleinbürgertum prinzipiell ein egoistisches Klasseninteresse durchsetzen wolle. Es glaubt vielmehr, daß die *besondern* Bedingungen seiner Befreiung die *allgemeinen* Bedingungen sind, innerhalb deren allein die moderne Gesellschaft gerettet und der Klassenkampf vermieden werden kann. Man muß sich ebensowenig vorstellen, daß die demokratischen Repräsentanten nun alle shopkeepers [Krämer] sind oder für dieselben schwärmen. Sie können ihrer Bildung und ihrer individuellen Lage nach himmelweit von ihnen getrennt sein. Was sie zu Vertretern des Kleinbürgers macht, ist, daß sie im Kopfe nicht über die Schranken hinauskommen, worüber jener nicht im Leben hinauskommt, daß sie daher zu denselben Aufgaben und Lösungen theoretisch getrieben werden, wohin jenen das materielle Interesse und die gesellschaftliche Lage praktisch treiben. Dies ist überhaupt das Verhältnis der *politischen* und *literarischen Vertreter* einer Klasse zu der Klasse, die sie vertreten. [...]

Aber der Demokrat, weil er das Kleinbürgertum vertritt, also eine *Übergangsklasse*, worin die Interessen zweier Klassen sich zugleich abstumpfen, dünkt sich über den Klassengegensatz überhaupt erhaben. Die Demokraten geben zu, daß eine privilegierte Klasse ihnen gegenübersteht, aber sie mit der ganzen übrigen Umgebung der Nation bilden das *Volk.* Was sie vertreten, ist das *Volksrecht*; was sie interessiert, ist das *Volksinteresse.* Sie brauchen daher bei einem bevorstehenden Kampfe die Interessen und Stellungen der verschiedenen Klassen nicht zu prüfen. Sie brauchen ihre eigenen Mittel nicht allzu bedenklich abzuwägen. Sie haben eben nur das Signal zu geben, damit das *Volk* mit allen seinen unerschöpflichen Ressourcen über die *Dränger* herfalle. Stellen sich nun in der Ausführung ihre Interessen als uninteressant und ihre Macht als Ohnmacht heraus, so liegt das entweder an verderblichen Sophisten, die das *unteilbare Volk* in verschiedene feindliche Lager spalten, oder die Armee war zu vertiert und zu verblendet, um die reinen Zwecke der Demokratie als ihr eignes Beste zu begreifen, oder an einem Detail der Ausführung ist das Ganze gescheitert, oder aber ein unvorhergesehener Zufall hat für diesmal die Partie vereitelt. Jedenfalls geht der Demokrat ebenso makellos aus der schmählichsten Niederlage heraus, wie er unschuldig in sie hineingegangen ist, mit der neugewonnenen Überzeugung, daß er siegen muß, nicht daß er selbst und seine Partei den alten Standpunkt aufzugeben, sondern umgekehrt, daß die Verhältnisse ihm entgegenzureifen haben. [...]

[D]as *materielle Interesse* der französischen Bourgeoisie ist gerade auf das innigste mit der Erhaltung jener breiten und vielverzweigten Staatsmaschine verwebt. Hier bringt sie ihre überschüssige Bevölkerung unter und ergänzt in der Form von Staatsgehalten, was sie nicht in der Form von Profiten, Zinsen, Renten und Honoraren einstecken kann. Andrerseits zwang ihr *politisches Interesse* sie, die Repression, also die Mittel und das Personal der Staatsgewalt, täglich zu vermehren, während sie gleichzeitig einen ununterbrochenen Krieg gegen die öffentliche Meinung führen und die selbständigen Bewegungsorgane der Gesellschaft mißtrauisch verstümmeln, lähmen mußte, wo es ihr nicht gelang, sie gänzlich zu amputieren. So war die französische Bourgeoisie durch ihre Klassenstellung gezwungen, einerseits die Lebensbedingungen einer jeden, also auch ihrer eignen parlamentarischen Gewalt zu vernichten, andrerseits die ihr feindliche Exekutivgewalt unwiderstehlich zu machen. [...]

Die Bourgeoisie hatte die richtige Einsicht, daß alle Waffen, die sie gegen den Feudalismus geschmiedet, ihre Spitze gegen sie selbst kehrten, daß alle Bildungsmittel, die sie erzeugt, gegen ihre eigne

Zivilisation rebellierten, daß alle Götter, die sie geschaffen, von ihr abgefallen waren. Sie begriff, daß alle sogenannten bürgerlichen Freiheiten und Fortschrittsorgane ihre *Klassenherrschaft* zugleich an der gesellschaftlichen Grundlage und an der politischen Spitze angriffen und bedrohten, also *»sozialistisch«* geworden waren. In dieser Drohung und in diesem Angriffe fand sie mit Recht das Geheimnis des Sozialismus, dessen Sinn und Tendenz sie richtiger beurteilt, als der sogenannte Sozialismus sich selbst zu beurteilen weiß, der daher nicht begreifen kann, wie die Bourgeoisie sich verstockt gegen ihn verschließt, mag er nun sentimental über die Leiden der Menschheit winseln oder christlich das Tausendjährige Reich und die allgemeine Bruderliebe verkünden oder humanistisch von Geist, Bildung, Freiheit faseln oder doktrinär ein System der Vermittlung und der Wohlfahrt aller Klassen aushecken. Was sie aber nicht begriff, war die Konsequenz, daß ihr *eignes parlamentarisches Regime*, daß ihre *politische Herrschaft* überhaupt nun auch als *sozialistisch* dem allgemeinen Verdammungsurteil verfallen mußte. Solange die Herrschaft der Bourgeoisklasse sich nicht vollständig organisiert, nicht ihren reinen politischen Ausdruck gewonnen hatte, konnte auch der Gegensatz der andern Klassen nicht rein hervortreten, und wo er hervortrat, nicht die gefährliche Wendung nehmen, die jeden Kampf gegen die Staatsgewalt in einen Kampf gegen das Kapital verwandelt. Wenn sie in jeder Lebensregung der Gesellschaft die »Ruhe« gefährdet sah, wie konnte sie an der Spitze der Gesellschaft das *Regime der Unruhe*, ihr eignes Regime, das *parlamentarische Regime* behaupten wollen, dieses Regime, das nach dem Ausdrucke eines ihrer Redner im Kampfe und durch den Kampf lebt? Das parlamentarische Regime lebt von der Diskussion, wie soll es die Diskussion verbieten? Jedes Interesse, jede gesellschaftliche Einrichtung wird hier in allgemeine Gedanken verwandelt, als Gedanken verhandelt, wie soll irgendein Interesse, eine Einrichtung sich über dem Denken behaupten und als Glaubensartikel imponieren? Der Rednerkampf auf der Tribüne ruft den Kampf der Preßbengel hervor, der debattierende Klub im Parlament ergänzt sich notwendig durch debattierende Klubs in den Salons und in den Kneipen, die Repräsentanten, die beständig an die Volksmeinung appellieren, berechtigen die Volksmeinung, in Petitionen ihre wirkliche Meinung zu sagen. Das parlamentarische Regime überläßt alles der

Entscheidung der Majoritäten, wie sollen die großen Majoritäten jenseits des Parlaments nicht entscheiden wollen? Wenn ihr auf dem Gipfel des Staates die Geige streicht, was andres erwarten, als daß die drunten tanzen?

Indem also die Bourgeoisie, was sie früher als »*liberal*« gefeiert, jetzt als »*sozialistisch*« verketzert, gesteht sie ein, daß ihr eignes Interesse gebietet, sie der Gefahr des *Selbstregierens* zu überheben, daß, um die Ruhe im Lande herzustellen, vor allem ihr Bourgeoisparlament zur Ruhe gebracht, um ihre gesellschaftliche Macht unversehrt zu erhalten, ihre politische Macht gebrochen werden müsse; daß die Privatbourgeois nur fortfahren können, die andern Klassen zu exploitieren und sich ungetrübt des Eigentums, der Familie, der Religion und der Ordnung zu erfreuen, unter der Bedingung, daß ihre Klasse neben den andern Klassen zu gleicher politischer Nichtigkeit verdammt werde; daß, um ihren Beutel zu retten, die Krone ihr abgeschlagen und das Schwert, das sie beschützen solle, zugleich als Damoklesschwert über ihr eignes Haupt gehängt werden müsse. [...]

Die parlamentarische Partei war nicht nur in ihre zwei großen Fraktionen, jede dieser Fraktionen war nicht nur innerhalb ihrer selbst aufgelöst, sondern die Ordnungspartei im Parlamente war mit der Ordnungspartei *außerhalb* des Parlaments zerfallen. Die Wortführer und die Schriftgelehrten der Bourgeoisie, ihre Tribüne und ihre Presse, kurz die Ideologen der Bourgeoisie und die Bourgeoisie selbst, die Repräsentanten und die Repräsentierten, standen sich entfremdet gegenüber und verstanden sich nicht mehr. [...]

Ungleich verhängnisvoller und entscheidender war der Bruch der kommerziellen Bourgeoisie mit ihren Politikern. Sie warf ihnen vor, nicht wie die Legitimisten den ihren, von dem Prinzip abgefallen zu sein, sondern umgekehrt, an unnütz gewordenen Prinzipien festzuhalten. [...]

VII

Die *soziale Republik* erschien als Phrase, als Prophezeiung an der Schwelle der Februarrevolution. In den Junitagen 1848 wurde sie im Blute *des Pariser Proletariats* erstickt, aber sie geht in den folgenden Akten des Dramas als Gespenst um. Die *demokratische Republik* kündigt sich an. Sie verpufft am 13. Juni 1849 mit ihren davongelaufenen *Kleinbürgern*, aber im Fliehen wirft sie doppelt renommierende Reklamen hinter sich. Die *parlamentarische Republik* mit der Bourgeoisie bemächtigt sich der ganzen Bühne, sie lebt sich aus in der vollen Breite ihrer Existenz, aber der 2. Dezember 1851 begräbt sie unter dem Angstgeschrei der koalisierten Royalisten: »Es lebe die Republik!«

Die französische Bourgeoisie bäumte sich gegen die Herrschaft des arbeitenden Proletariats, sie hat das Lumpenproletariat zur Herrschaft gebracht, an der Spitze den Chef der Gesellschaft vom 10. Dezember. Die Bourgeoisie hielt Frankreich in atemloser Furcht vor den zukünftigen Schrecken der roten Anarchie; Bonaparte eskomptierte ihr diese Zukunft, als er am 4. Dezember die vornehmen Bürger des Boulevard Montmartre und des Boulevard des Italiens durch die schnapsbegeisterte Armee der Ordnung von ihren Fenstern herabschießen ließ. Sie apotheosierte den Säbel; der Säbel beherrscht sie. Sie vernichtete die revolutionäre Presse; ihre eigne Presse ist vernichtet. Sie stellte die Volksversammlungen unter Polizeiaufsicht; ihre Salons stehn unter der Aufsicht der Polizei. Sie löste die demokratischen Nationalgarden auf; ihre eigne Nationalgarde ist aufgelöst. Sie verhing den Belagerungszustand; der Belagerungszustand ist über sie verhängt. Sie verdrängte die Jurys durch Militärkommissionen; ihre Jurys sind durch Militärkommissionen verdrängt. Sie unterwarf den Volksunterricht den Pfaffen; die Pfaffen unterwerfen sie ihrem eignen Unterricht. Sie transportierte ohne Urteil; sie wird ohne Urteil transportiert. Sie unterdrückte jede Regung der Gesellschaft durch die Staatsmacht; jede Regung ihrer Gesellschaft wird durch die Staatsmacht erdrückt. Sie rebellierte aus Begeisterung für ihren Geldbeutel gegen ihre eignen Politiker und Literaten; ihre Politiker und Literaten sind beseitigt, aber ihr Geldbeutel wird geplündert, nachdem sein Mund geknebelt und seine Feder zerbrochen ist. Die Bourgeoisie rief der Revolution unermüdlich zu wie der heilige Arsenius den Christen: »Fuge, tace, quiesce! Fliehe, schweige, ruhe!« Bonaparte ruft der Bourgeoisie zu: »Fuge, tace, quiesce! Fliehe, schweige, ruhe!« [...]

Jene Republik hat nichts verloren als den Schein der Respektabilität. Das jetzige Frankreich war fertig in der parlamentarischen

Republik enthalten. Es bedurfte nur eines Bajonettstichs, damit die Blase platze und das Ungeheuer in die Augen springe.

Warum hat sich das Pariser Proletariat nicht nach dem 2. Dezember erhoben?

Noch war der Sturz der Bourgeoisie erst dekretiert, das Dekret war nicht vollzogen. Jeder ernste Aufstand des Proletariats hätte sie sofort neu belebt, mit der Armee ausgesöhnt und den Arbeitern eine zweite Juniniederlage gesichert.

Am 4. Dezember wurde das Proletariat von Bourgeois und Épicier [Krämer] zum Kampfe aufgestachelt. Am Abende dieses Tages versprachen mehrere Legionen der Nationalgarde, bewaffnet und uniformiert auf dem Kampfplatze zu erscheinen. Bourgeois und Épicier waren nämlich dahintergekommen, daß Bonaparte in einem seiner Dekrete vom 2. Dezember das geheime Votum abschaffte und ihnen anbefahl, in den offiziellen Registern hinter ihre Namen ihr Ja oder Nein einzutragen. Der Widerstand vom 4. Dezember schüchterte Bonaparte ein. Während der Nacht ließ er an allen Straßenecken von Paris Plakate anschlagen, welche die Wiederherstellung des geheimen Votums verkündeten. Bourgeois und Épicier glaubten, ihren Zweck erreicht zu haben. Wer nicht am andern Morgen erschien, waren Épicier und Bourgeois.

Das Pariser Proletariat war durch einen Handstreich Bonapartes während der Nacht vom 1. auf den 2. Dezember seiner Führer, der Barrikadenchefs, beraubt worden. Eine Armee ohne Offiziere, durch die Erinnerungen vom Juni 1848 und 1849 und vom Mai 1850 abgeneigt, unter dem Banner der Montagnards zu kämpfen, überließ es seiner Avantgarde, den geheimen Gesellschaften, die Rettung der insurrektionellen Ehre von Paris, welche die Bourgeoisie so widerstandslos der Soldateska preisgab, daß Bonaparte später die Nationalgarde mit dem höhnischen Motive entwaffnen konnte: Er fürchte, daß ihre Waffen gegen sie selbst von den Anarchisten mißbraucht werden würden!

»C'est le triomphe complet et définitif du socialisme!« [*»Das ist der vollständige und endgültige Triumph des Sozialismus!«*] So charakterisierte Guizot den 2. Dezember. Aber wenn der Sturz der parlamentarischen Republik dem Keime nach den Triumph der proletarischen Revolution in sich enthält, so war ihr nächstes handgreifliches Resultat *der Sieg Bonapartes über das Parlament, der Exekutivgewalt über die Legislativgewalt, der Gewalt ohne Phrase über*

die Gewalt der Phrase. In dem Parlamente erhob die Nation ihren allgemeinen Willen zum Gesetze, d. h. das Gesetz der herrschenden Klasse zu ihrem allgemeinen Willen. Vor der Exekutivgewalt dankt sie jeden eignen Willen ab und unterwirft sich dem Machtgebot des fremden, der Autorität. Die Exekutivgewalt im Gegensatz zur Legislativen drückt die Heteronomie der Nation im Gegensatz zu ihrer Autonomie aus. Frankreich scheint also nur der Despotie einer Klasse entlaufen, um unter die Despotie eines Individuums zurückzufallen, und zwar unter die Autorität eines Individuums ohne Autorität. Der Kampf scheint so geschlichtet, daß alle Klassen gleich machtlos und gleich lautlos vor dem Kolben niederknien.

Aber die Revolution ist gründlich. Sie ist noch auf der Reise durch das Fegefeuer begriffen. Sie vollbringt ihr Geschäft mit Methode. Bis zum 2. Dezember 1851 hatte sie die eine Hälfte ihrer Vorbereitung absolviert, sie absolviert jetzt die andre. Sie vollendete erst die parlamentarische Gewalt, um sie stürzen zu können. Jetzt, wo sie dies erreicht, vollendet sie die *Exekutivgewalt*, reduziert sie auf ihren reinsten Ausdruck, isoliert sie, stellt sie sich als einzigen Vorwurf gegenüber, um alle ihre Kräfte der Zerstörung gegen sie zu konzentrieren. Und wenn sie diese zweite Hälfte ihrer Vorarbeit vollbracht hat, wird Europa von seinem Sitze aufspringen und jubeln: Brav gewühlt, alter Maulwurf!

Diese Exekutivgewalt mit ihrer ungeheuern bürokratischen und militärischen Organisation, mit ihrer weitschichtigen und künstlichen Staatsmaschinerie, ein Beamtenheer von einer halben Million neben einer Armee von einer andern halben Million, dieser fürchterliche Parasitenkörper, der sich wie eine Netzhaut um den Leib der französischen Gesellschaft schlingt und ihr alle Poren verstopft, entstand in der Zeit der absoluten Monarchie, beim Verfall des Feudalwesens, den er beschleunigen half. Die herrschaftlichen Privilegien der Grundeigentümer und Städte verwandelten sich in ebenso viele Attribute der Staatsgewalt, die feudalen Würdenträger in bezahlte Beamte und die bunte Mustercharte der widerstreitenden mittelalterlichen Machtvollkommenheiten in den geregelten Plan einer Staatsmacht, deren Arbeit fabrikmäßig geteilt und zentralisiert ist. Die erste französische Revolution mit ihrer Aufgabe, alle lokalen, territorialen, städtischen und provinziellen Sondergewalten zu brechen, um die bürgerliche Einheit der Nation zu schaffen, mußte entwickeln, was die absolute Monarchie begonnen hatte: die Zentralisation, aber zugleich den Umfang, die Attribute und die Handlanger der Regierungsgewalt. Napoleon vollendete diese Staatsmaschinerie. Die legitime Monarchie und die Julimonarchie fügten nichts hinzu als eine größere Teilung der Arbeit, in demselben Maße wachsend, als die Teilung der Arbeit innerhalb der bürgerlichen Gesellschaft neue Gruppen von Interessen schuf, also neues Material für die Staatsverwaltung. Jedes *gemeinsame* Interesse wurde sofort von der Gesellschaft losgelöst, als höheres, *allgemeines* Interesse ihr gegenübergestellt, der Selbsttätigkeit der Gesellschaftsglieder entrissen und zum Gegenstand der Regierungstätigkeit gemacht, von der Brücke, dem Schulhaus und dem Kommunalvermögen einer Dorfgemeinde bis zu den Eisenbahnen, dem Nationalvermögen und der Landesuniversität Frankreichs. Die parlamentarische Republik endlich sah sich in ihrem Kampfe wider die Revolution gezwungen, mit den Repressivmaßregeln die Mittel und die Zentralisation der Regierungsgewalt zu verstärken. Alle Umwälzungen vervollkommneten diese Maschine, statt sie zu brechen. Die Parteien, die abwechselnd um die Herrschaft rangen, betrachteten die Besitznahme dieses ungeheueren Staatsgebäudes als die Hauptbeute des Siegers.

Aber unter der absoluten Monarchie, während der ersten Revolution, unter Napoleon war die Bürokratie nur das Mittel, die Klassenherrschaft der Bourgeoisie vorzubereiten. Unter der Restauration, unter Louis-Philippe, unter der parlamentarischen Republik war sie das Instrument der herrschenden Klasse, sosehr sie auch nach Eigenmacht strebte.

Erst unter dem zweiten Bonaparte scheint sich der Staat völlig verselbständigt zu haben. Die Staatsmaschine hat sich der bürgerlichen Gesellschaft gegenüber so befestigt, daß an ihrer Spitze der Chef der Gesellschaft vom 10. Dezember genügt, ein aus der Fremde herbeigelaufener Glücksritter, auf den Schild gehoben von einer trunkenen Soldateska, die er durch Schnaps und Würste erkauft hat, nach der er stets von neuem mit der Wurst werfen muß. Daher die kleinlaute Verzweiflung, das Gefühl der ungeheuersten Demütigung, Herabwürdigung, das die Brust Frankreichs beklemmt und seinen Atem stocken macht. Es fühlt sich wie entehrt.

Und dennoch schwebt die Staatsgewalt nicht in der Luft. Bonaparte vertritt eine Klasse, und zwar die zahlreichste Klasse der französischen Gesellschaft, die *Parzellenbauern.*

Wie die Bourbons die Dynastie des großen Grundeigentums, wie die Orléans die Dynastie des Geldes, so sind die Bonapartes die Dynastie der Bauern, d. h. der französischen Volksmasse. Nicht der Bonaparte, der sich dem Bourgeoisparlamente unterwarf, sondern der Bonaparte, der das Bourgeoisparlament auseinanderjagte, ist der Auserwählte der Bauern. Drei Jahre war es den Städten gelungen, den Sinn der Wahl vom 10. Dezember zu verfälschen und die Bauern um die Wiederherstellung des Kaiserreichs zu prellen. Die Wahl vom 10. Dezember 1848 ist erst erfüllt worden durch den coup d'état vom 2. Dezember 1851.

Die Parzellenbauern bilden eine ungeheure Masse, deren Glieder in gleicher Situation leben, aber ohne in mannigfache Beziehung zueinander zu treten. Ihre Produktionsweise isoliert sie voneinander, statt sie in wechselseitigen Verkehr zu bringen. Die Isolierung wird gefördert durch die schlechten französischen Kommunikationsmittel und die Armut der Bauern. Ihr Produktionsfeld, die Parzelle, läßt in seiner Kultur keine Teilung der Arbeit zu, keine Anwendung der Wissenschaft, also keine Mannigfaltigkeit der Entwickelung, keine Verschiedenheit der Talente, keinen Reichtum der gesellschaftlichen Verhältnisse. Jede einzelne Bauernfamilie genügt beinahe sich selbst, produziert unmittelbar selbst den größten Teil ihres Konsums und gewinnt so ihr Lebensmaterial mehr im Austausche mit der Natur als im Verkehr mit der Gesellschaft. Die Parzelle, der Bauer und die Familie; daneben eine andre Parzelle, ein andrer Bauer und eine andre Familie. Ein Schock davon macht ein Dorf, und ein Schock von Dörfern macht ein Departement. So wird die große Masse der französischen Nation gebildet durch einfache Addition gleichnamiger Größen, wie etwa ein Sack von Kartoffeln einen Kartoffelsack bildet. Insofern Millionen von Familien unter ökonomischen Existenzbedingungen leben, die ihre Lebensweise, ihre Interessen und ihre Bildung von denen der andern Klassen trennen und ihnen feindlich gegenüberstellen, bilden sie eine Klasse. Insofern ein nur lokaler Zusammenhang unter den Parzellenbauern besteht, die Dieselbigkeit ihrer Interessen keine Gemeinsamkeit, keine nationale Verbindung und keine politische Organisation unter ihnen erzeugt, bilden sie keine Klasse. Sie sind daher unfähig, ihr Klasseninteresse im eigenen Namen, sei es durch ein Parlament, sei es durch einen Konvent geltend zu machen. Sie können sich nicht vertreten, sie müssen vertreten werden. Ihr Vertreter muß zugleich als ihr Herr, als eine Autorität über ihnen erscheinen, als eine unumschränkte Regierungsgewalt, die sie vor den andern Klassen beschützt und ihnen von oben Regen und Sonnenschein schickt. Der politische Einfluß der Parzellenbauern findet also darin seinen letzten Ausdruck, daß die Exekutivgewalt sich die Gesellschaft unterordnet.

Durch die geschichtliche Tradition ist der Wunderglaube der französischen Bauern entstanden, daß ein Mann namens Napoleon ihnen alle Herrlichkeit wiederbringen werde. Und es fand sich ein Individuum, das sich für diesen Mann ausgibt, weil es den Namen Napoleon trägt, infolge des Code Napoléon, der anbefiehlt: »La recherche de la paternité est interdite.« [»Die Nachforschung nach der Vaterschaft ist untersagt.«] Nach zwanzigjähriger Vagabundage und einer Reihe von grotesken Abenteuern erfüllt sich die Sage, und der Mann wird Kaiser der Franzosen. Die fixe Idee des Neffen verwirklichte sich, weil sie mit der fixen Idee der zahlreichsten Klasse der Franzosen zusammenfiel.

Aber, wird man mir einwerfen, die Bauernaufstände in halb Frankreich, die Treibjagden der Armee auf die Bauern, die massenhafte Einkerkerung und Transportation der Bauern?

Seit Ludwig XIV. hat Frankreich keine ähnliche Verfolgung der Bauern »wegen demagogischer Umtriebe« erlebt.

Aber man verstehe wohl. Die Dynastie Bonaparte repräsentiert nicht den revolutionären, sondern den konservativen Bauer, nicht den Bauer, der über seine soziale Existenzbedingung, die Parzelle hinausdrängt, sondern der sie vielmehr befestigen will, nicht das Landvolk, das durch eigne Energie im Anschluß an die Städte die alte Ordnung umstürzen, sondern umgekehrt dumpf verschlossen in dieser alten Ordnung sich mitsamt seiner Parzelle von dem Gespenste des Kaisertums gerettet und bevorzugt sehen will. Sie repräsentiert nicht die Aufklärung, sondern den Aberglauben des Bauern, nicht sein Urteil, sondern sein Vorurteil, nicht seine Zukunft, sondern seine Vergangenheit, nicht seine modernen Cevennen,[19] sondern seine moderne Vendée.[20]

Die dreijährige harte Herrschaft der parlamentarischen Republik hatte einen Teil der französischen Bauern von der napoleonischen Illusion befreit und, wenn auch nur noch oberflächlich, revolutioniert; aber die Bourgeoisie warf sie gewaltsam zurück, sooft sie sich in Bewegung setzten. Unter der parlamentarischen

Republik rang das moderne mit dem traditionellen Bewußtsein der französischen Bauern. Der Prozeß ging vor sich in der Form eines unaufhörlichen Kampfes zwischen den Schulmeistern und den Pfaffen. Die Bourgeoisie schlug die Schulmeister nieder. Die Bauern machten zum ersten Mal Anstrengungen, der Regierungstätigkeit gegenüber sich selbständig zu verhalten. Es erschien dies in dem fortgesetzten Konflikte der Maires mit den Präfekten. Die Bourgeoisie setzte die Maires ab. Endlich erhoben sich die Bauern verschiedener Orte während der Periode der parlamentarischen Republik gegen ihre eigne Ausgeburt, die Armee. Die Bourgeoisie bestrafte sie mit Belagerungszuständen und Exekutionen. Und dieselbe Bourgeoisie schreit jetzt über die Stupidität der Massen, der vile multitude [des gemeinen Pöbels], die sie an Bonaparte verraten habe. Sie selbst hat den Imperialismus der Bauernklasse gewaltsam befestigt, sie hielt die Zustände fest, die die Geburtsstätte dieser Bauernreligion bilden. Allerdings muß die Bourgeoisie die Dummheit der Massen fürchten, solange sie konservativ bleiben, und die Einsicht der Massen, sobald sie revolutionär werden. [...]

Nachdem die erste Revolution die halbhörigen Bauern in freie Grundeigentümer verwandelt hatte, befestigte und regelte Napoleon die Bedingungen, worin sie ungestört den eben erst ihnen anheimgefallenen Boden Frankreichs ausbeuten und die jugendliche Lust am Eigentum büßen konnten. Aber woran der französische Bauer jetzt untergeht, es ist seine Parzelle selbst, die Teilung des Grund und Bodens, die Eigentumsform, die Napoleon in Frankreich konsolidierte. Es sind eben die materiellen Bedingungen, die den französischen Feudalbauer zum Parzellenbauer und Napoleon zum Kaiser machten. Zwei Generationen haben hingereicht, um das unvermeidliche Resultat zu erzeugen: progressive Verschlechterung des Ackerbaues, progressive Verschuldung des Ackerbauers. Die »Napoleonische« Eigentumsform, die im Anfange des neunzehnten Jahrhunderts die Bedingung für die Befreiung und die Bereicherung des französischen Landvolkes war, hat sich im Laufe dieses Jahrhunderts als das Gesetz ihrer Sklaverei und ihres Pauperismus entwickelt. Und eben dies Gesetz ist die erste der »idées napoléoniennes«, die der zweite Bonaparte zu behaupten hat. Wenn er mit den Bauern noch die Illusion teilt, nicht im Parzelleneigentum selbst, sondern außerhalb, im Einflusse sekundärer Umstände die Ursache ihres Ruins zu suchen, so werden seine Experimente wie Seifenblasen an den Produktionsverhältnissen zerschellen.

Die ökonomische Entwickelung des Parzelleneigentums hat das Verhältnis der Bauern zu den übrigen Gesellschaftsklassen von Grund aus verkehrt. Unter Napoleon ergänzte die Parzellierung des Grund und Bodens auf dem Lande die freie Konkurrenz und die beginnende große Industrie in den Städten. Die Bauernklasse war der allgegenwärtige Protest gegen die eben erst gestürzte Grundaristokratie. Die Wurzeln, die das Parzelleneigentum in dem französischen Grund und Boden schlug, entzogen dem Feudalismus jeden Nahrungsstoff. Seine Grenzpfähle bildeten das natürliche Befestigungswerk der Bourgeoisie gegen jeden Handstreich ihrer alten Oberherren. Aber im Laufe des neunzehnten Jahrhunderts trat an die Stelle des Feudalen der städtische Wucherer, an die Stelle der Feudalpflichtigkeit des Bodens die Hypothek, an die Stelle des aristokratischen Grundeigentums das bürgerliche Kapital. Die Parzelle des Bauern ist nur noch der Vorwand, der dem Kapitalisten erlaubt, Profit, Zinsen und Rente von dem Acker zu ziehn und den Ackerbauer selbst zusehn zu lassen, wie er seinen Arbeitslohn herausschlägt. Die auf dem französischen Boden lastende Hypothekarschuld legt der französischen Bauernschaft einen Zins auf, so groß wie der Jahreszins der gesamten britischen Nationalschuld. Das Parzelleneigentum in dieser Sklaverei vom Kapital, wozu seine Entwicklung unvermeidlich hindrängt, hat die Masse der französischen Nation in Troglodyten verwandelt. Sechzehn Millionen Bauern (Frauen und Kinder eingerechnet) hausen in Höhlen, wovon ein großer Teil nur eine Öffnung, der andre nur zwei, und der bevorzugteste nur drei Öffnungen hat. Die Fenster sind an einem Haus, was die fünf Sinne für den Kopf sind. Die bürgerliche Ordnung, die im Anfange des Jahrhunderts den Staat als Schildwache vor die neuentstandene Parzelle stellte und sie mit Lorbeeren düngte, ist zum Vampyr geworden, der ihr Herzblut und Hirnmark aussaugt und sie in den Alchimistenkessel des Kapitals wirft. Der Code Napoléon ist nur noch der Kodex der Exekution, der Subhastation und der Zwangsversteigerung. Zu den vier Millionen (Kinder usw. eingerechnet) offizieller Paupers, Vagabunden, Verbrecher und Prostituierten, die Frankreich zählt, kommen fünf Millionen hinzu, die an dem Abgrunde der Existenz schweben und entweder auf dem Lande selbst hausen oder beständig mit ihren Lumpen und ihren Kindern von dem Lande in die Städte und von den Städten auf das Land desertieren. Das Interesse der Bauern befindet sich also nicht mehr, wie unter Napoleon, im Einklange, sondern im Gegensatze mit den Interessen der Bourgeoisie, mit dem Kapital. Sie finden also ihren natürlichen Verbündeten und Führer in dem *städtischen Proletariat*, dessen Aufgabe der Umsturz der bürgerlichen Ordnung ist. Aber die *starke und unumschränkte Regierung* – und dies ist die zweite »idée napoléonienne«, die der zweite Napoleon auszuführen hat – ist zur gewaltsamen Verteidigung dieser »materiellen« Ordnung berufen. Auch gibt dieser »ordre matériel« [diese »materielle Ordnung«] in allen Proklamationen Bonapartes gegen die aufrührischen Bauern das Stichwort ab.

Neben der Hypothek, die das Kapital ihr auferlegt, lastet auf der Parzelle die *Steuer*. Die Steuer ist die Lebensquelle der Bürokratie, der Armee, der Pfaffen und des Hofes, kurz, des ganzen Apparats der Exekutivgewalt. Starke Regierung und starke Steuer sind identisch. Das Parzelleneigentum eignet sich seiner Natur nach zur Grundlage einer allgewaltigen und zahllosen Bürokratie. Es schafft ein gleichmäßiges Niveau der Verhältnisse und der Personen über der ganzen Oberfläche des Landes. Es erlaubt also auch die gleichmäßige Einwirkung nach allen Punkten dieser gleichmäßigen Masse von einem obersten Zentrum aus. Es vernichtet die aristokratischen Mittelstufen zwischen der Volksmasse und der Staatsgewalt. Es ruft also von allen Seiten das direkte Eingreifen dieser Staatsgewalt und das Zwischenschieben ihrer unmittelbaren Organe hervor. Es erzeugt endlich eine unbeschäftigte Überbevölkerung, die weder auf dem Lande noch in den Städten Platz findet und daher nach den Staatsämtern als einer Art von respektablem Almosen greift und die Schöpfung von Staatsämtern provoziert. Napoleon gab in den neuen Märkten, die er mit dem Bajonette eröffnete, in der Plünderung des Kontinents, die Zwangssteuer mit Zinsen zurück. Sie war ein Stachel für die Industrie des Bauern, während sie jetzt seine Industrie der letzten Hülfsquellen beraubt, seine Widerstandslosigkeit gegen den Pauperismus vollendet. Und eine enorme Bürokratie, wohlgaloniert und wohlgenährt, ist die »idée napoléonienne«, die dem zweiten Bonaparte von allen am meisten zusagt. Wie sollte sie nicht, da er gezwungen ist, neben den wirklichen Klassen der Gesellschaft eine künstliche Kaste zu schaffen, für welche die Erhaltung seines Regimes zur Messer- und Gabelfrage wird. Eine seiner ersten Finanzoperationen war daher auch die Wiedererhöhung der Beamtengehalte auf ihren alten Betrag und Schöpfung neuer Sinekuren.

Eine andre »idée napoléonienne« ist die Herrschaft der *Pfaffen* als Regierungsmittel. Aber wenn die neuentstandene Parzelle in ihrem Einklang mit der Gesellschaft, in ihrer Abhängigkeit von den Naturgewalten und ihrer Unterwerfung unter die Autorität, die sie von oben beschützte, natürlich religiös war, wird die schuldzerrüttete, mit der Gesellschaft und der Autorität zerfallene, über ihre eigne Beschränktheit hinausgetriebene Parzelle natürlich irreligiös. Der Himmel war eine ganz schöne Zugabe zu dem eben gewonnenen schmalen Erdstrich, zumal da er das Wetter macht; er wird zum Insult, sobald er als Ersatz für die Parzelle aufgedrängt wird. Der Pfaffe erscheint dann nur noch als der gesalbte Spürhund der irdischen Polizei – eine andre »idée napoléonienne«. Die Expedition gegen Rom wird das nächste Mal in Frankreich selbst stattfinden, aber im umgekehrten Sinne des Herrn von Montalembert.

Der Kulminierpunkt der »idées napoléoniennes« endlich ist das Übergewicht der *Armee.* Die Armee war der point d'honneur [Ehrenpunkt] der Parzellenbauern, sie selbst in Heroen verwandelt, nach außen hin den neuen Besitz verteidigend, ihre eben erst errungene Nationalität verherrlichend, die Welt plündernd und revolutionierend. Die Uniform war ihr eignes Staatskostüm, der Krieg ihre Poesie, die in der Phantasie verlängerte und abgerundete Parzelle das Vaterland und der Patriotismus die ideale Form des Eigentumssinnes. Aber die Feinde, wogegen der französische Bauer jetzt sein Eigentum zu verteidigen hat, es sind nicht die Kosaken, es sind die Huissiers [Gerichtsvollzieher] und Steuerexekutoren. Die Parzelle liegt nicht mehr im sogenannten Vaterland, sondern im Hypothekenbuch. Die Armee selbst ist nicht mehr die Blüte der Bauernjugend, sie ist die Sumpfblume des bäuerlichen Lumpenproletariats. Sie besteht großenteils aus Remplaçants, aus Ersatzmännern, wie der zweite Bonaparte selbst nur Remplaçant, der Ersatzmann für Napoleon ist. Ihre Heldentaten verrichtet sie jetzt in den Gems- und Treibjagden auf die Bauern, im Gendarmendienst, und wenn die innern Widersprüche seines Systems den Chef der Gesellschaft des 10. Dezember über die französische Grenze jagen, wird sie nach einigen Banditenstreichen keine Lorbeeren, sondern Prügel ernten.

Man sieht: *Alle »idées napoléoniennes« sind Ideen der unentwik-*

kelten, jugendfrischen Parzelle, sie sind ein Widersinn für die überlebte Parzelle. Sie sind nur die Halluzinationen ihres Todeskampfes, Worte, die in Phrasen, Geister, die in Gespenster verwandelt. Aber die Parodie des Imperialismus war notwendig, um die Masse der französischen Nation von der Wucht der Tradition zu befreien und den Gegensatz der Staatsgewalt zur Gesellschaft rein herauszuarbeiten. Mit der fortschreitenden Zerrüttung des Parzelleneigentums bricht das auf ihm aufgeführte Staatsgebäude zusammen. Die staatliche Zentralisation, deren die moderne Gesellschaft bedarf, erhebt sich nur auf den Trümmern der militärisch-bürokratischen Regierungsmaschinerie, die im Gegensatz zum Feudalismus geschmiedet ward.[1]

Die französischen Bauernverhältnisse enthüllen uns das Rätsel der *allgemeinen Wahlen vom 20. und 21. Dezember*, die den zweiten Bonaparte auf den Berg Sinai führten, nicht um Gesetze zu erhalten, sondern um sie zu geben.

Die Bourgeoisie hatte jetzt offenbar keine andere Wahl, als Bonaparte zu wählen. Als die Puritaner auf dem Konzile von Konstanz[21] über das lasterhafte Leben der Päpste klagten und über die Notwendigkeit der Sittenreform jammerten, donnerte der Kardinal Pierre d'Ailly ihnen zu: »Nur noch der Teufel in eigner Person kann die katholische Kirche retten, und ihr verlangt Engel.« So rief die französische Bourgeoisie nach dem coup d'état: Nur noch der Chef der Gesellschaft vom 10. Dezember kann die bürgerliche Gesellschaft retten! Nur noch der Diebstahl das Eigentum, der Meineid die Religion, das Bastardtum die Familie, die Unordnung die Ordnung!

Bonaparte als die verselbständigte Macht der Exekutivgewalt fühlt seinen Beruf, die »bürgerliche Ordnung« sicherzustellen. Aber die Stärke dieser bürgerlichen Ordnung ist die Mittelklasse.

1 In der Erstausgabe, New York 1852, endet dieser Absatz mit folgenden Zeilen, die 1869 von Marx weggelassen wurden: »Die Zertrümmerung der Staatsmaschine wird die Zentralisation nicht gefährden. Die Bürokratie ist nur die niedrige und brutale Form einer Zentralisation, die noch mit ihrem Gegensatze, dem Feudalismus, behaftet ist. Mit der Verzweiflung an der napoleonischen Restauration scheidet der französische Bauer von dem Glauben an seine Parzelle, stürzt das ganze auf diese Parzelle aufgeführte Staatsgebäude zusammen und erhält die proletarische Revolution das Chor, ohne das ihr Sologesang in allen Bauernnationen zum Sterbelied wird.«

Er weiß sich daher als Repräsentant der Mittelklasse und erläßt Dekrete in diesem Sinne. Er ist jedoch nur dadurch etwas, daß er die politische Macht dieser Mittelklasse gebrochen hat und täglich von neuem bricht. Er weiß sich daher als Gegner der politischen und literatischen Macht der Mittelklasse. Aber indem er ihre materielle Macht beschützt, erzeugt er von neuem ihre politische Macht. Die Ursache muß daher am Leben erhalten, aber die Wirkung, wo sie sich zeigt, aus der Welt geschafft werden. [...]

[...]

Industrie und Handel, also die Geschäfte der Mittelklasse, sollen unter der starken Regierung treibhausmäßig aufblühn. Verleihen einer Unzahl von Eisenbahnkonzessionen. Aber das bonapartistische Lumpenproletariat soll sich bereichern. Tripotage mit den Eisenbahnkonzessionen auf der Börse von den vorher Eingeweihten. Aber es zeigt sich kein Kapital für die Eisenbahnen. Verpflichtung der Bank, auf Eisenbahnaktien vorzuschießen. Aber die Bank soll zugleich persönlich exploitiert und daher kajoliert werden. Entbindung der Bank von der Pflicht, ihren Bericht wöchentlich zu veröffentlichen. Leoninischer Vertrag der Bank[22] mit der Regierung. Das Volk soll beschäftigt werden. Anordnungen von Staatsbauten. Aber die Staatsbauten erhöhen die Steuerpflichten des Volkes. Also Herabsetzung der Steuern durch Angriff auf die Rentiers, durch Konvertierung der fünfprozentigen Renten in viereinhalbprozentige. Aber der Mittelstand muß wieder ein douceur [Zuckerbrot] erhalten. Also Verdoppelung der Weinsteuer für das Volk, das ihn en détail kauft, und Herabsetzung um die Hälfte für den Mittelstand, der ihn en gros trinkt. Auflösung der wirklichen Arbeiterassoziationen, aber Verheißung von künftigen Assoziationswundern. Den Bauern soll geholfen werden. Hypothekenbanken, die ihre Verschuldung und die Konzentration des Eigentums beschleunigen. Aber diese Banken sollen benutzt werden, um Geld aus den konfiszierten Gütern des Hauses Orléans herauszuschlagen. Kein Kapitalist will sich zu dieser Bedingung verstehn, die nicht in dem Dekrete steht, und die Hypothekenbank bleibt ein bloßes Dekret usw. usw.

Bonaparte möchte als der patriarchalische Wohltäter aller Klassen erscheinen. Aber er kann keiner geben, ohne der andern zu nehmen. [...]

Er möchte ganz Frankreich stehlen, um es an Frankreich verschenken, oder vielmehr um Frankreich mit französischem Gelde wiederkaufen zu können, denn als Chef der Gesellschaft vom 10. Dezember muß er kaufen, was ihm gehören soll. [...]

Von den widersprechenden Forderungen seiner Situation gejagt, zugleich wie ein Taschenspieler in der Notwendigkeit, durch beständige Überraschung die Augen des Publikums auf sich als den Ersatzmann Napoleons gerichtet zu halten, also jeden Tag einen Staatsstreich en miniature zu verrichten, bringt Bonaparte die ganze bürgerliche Wirtschaft in Wirrwarr, tastet alles an, was der Revolution von 1848 unantastbar schien, macht die einen revolutionsgeduldig, die andern revolutionslustig und erzeugt die Anarchie selbst im Namen der Ordnung, während er zugleich der ganzen Staatsmaschine den Heiligenschein abstreift, sie profaniert, sie zugleich ekelhaft und lächerlich macht. Den Kultus des heiligen Rocks zu Trier wiederholt er zu Paris im Kultus des napoleonischen Kaisermantels. Aber wenn der Kaisermantel endlich auf die Schultern des Louis Bonaparte fällt, wird das eherne Standbild Napoleons von der Höhe der Vendôme-Säule[23] herabstürzen.

[1] Bezeichnung für den radikalen Flügel der Jakobiner in der Nationalversammlung der Französischen Revolution. Der Name Montagne (Berg) bezieht sich auf die Sitzordnung in der Nationalversammlung, in der diese Gruppierung die am höchsten gelegenen Sitze innehatte.

[2] Am 10. Dezember 1848 wurde Louis Bonaparte in einer allgemeinen Wahl zum Präsidenten der Französischen Republik gewählt.

[3] In der biblischen Legende von der Flucht der Juden aus der ägyptischen Gefangenschaft geht es darum, dass die Kleinmütigen unter ihnen wegen der Beschwernisse des Weges und des Hungers »sich nach den Fleischtöpfen Ägyptens zurücksehnten«, das heißt in die weniger gefahrvolle Knechtschaft.

[4] Abwandlung eines Zitates aus einer Fabel Äsops, in der ein Prahler behauptet, er habe einst in Rhodos einen gewaltigen Sprung getan. Ihm wurde erwidert: Hier ist Rhodos, hier springe!

[5] An diesem Tag hätte in Frankreich nach der Verfassung vom 4. November 1848 der Präsident der Republik neu gewählt werden müssen. In den Kreisen der kleinbürgerlichen Demokraten, insbesondere in den Emigrantenkreisen, hoffte man, dass daraufhin die demokratischen Parteien an die Macht kämen.

[6] Anspielung auf den Angriff der Gallier auf die Stadt Rom um 390 v. Chr. Ein Überraschungsangriff auf das Kapitol wurde der Überlieferung nach vereitelt, weil das Geschnatter der Gänse im Tempel der Juno die Verteidiger rechtzeitig geweckt hatte.

[7] Als »dynastische Parteien« werden hier die Legitimisten und Orleanisten bezeichnet. Die Orleanisten – Anhänger der Dynastie Orléans – vertraten die Interessen der Finanzaristokratie und des industriellen Großbürgertums. Als »blaue und rote Republikaner« gelten hier die Bourgeois-Republikaner (Partei des »National«) und die Sozialisten. Mit den »Helden von Afrika« sind die Generäle Cavaignac, Lamoricière und Bedeau gemeint, die an den Kolonialkriegen in Algerien teilgenommen hatten.

[8] Die »dynastische Opposition« war eine von Odilon Barrot geführte Gruppe in der französischen Deputiertenkammer während der Julimonarchie. Ihre Mitglieder brachten die politischen Auffassungen liberaler Kreise des Industrie- und Handelskapitals zum Ausdruck und traten für die Durchführung einer gemäßigten Wahlreform ein.

[9] Am 16. April 1848 wurde in Paris eine friedliche Demonstration der Arbeiter, die der provisorischen Regierung eine auf dem Marsfeld beschlossene Adresse und eine patriotische Kollekte überreichen wollte, von der bürgerlichen Nationalgarde auseinandergejagt. Am 15. Mai 1848 drangen Pariser Arbeiter und Handwerker anlässlich einer Volksdemonstration in den Sitzungssaal der konstituierenden Nationalversammlung ein, erklärten sie für aufgelöst und machten den Versuch, eine revolutionäre Regierung zu bilden. Die Demonstranten wurden jedoch bald durch Nationalgarde und reguläre Truppen verjagt, ihre Anführer (u. a. Blanqui) verhaftet.

[10] Die »Mobilgarde« wurde durch ein Dekret der provisorischen Regierung vom 25. Februar 1848 geschaffen. Diese Truppe bestand hauptsächlich aus städtischen Armen und wurde zur Unterdrückung des Pariser Juni-Aufstandes eingesetzt.

[11] Anspielung auf die Legende, der zufolge dem römischen Kaiser Konstantin (274-337) vor der Schlacht gegen Maxentius im Jahre 312 ein Bild des Kreuzes am Himmel erschienen sei, daneben die Worte: »In diesem Zeichen wirst du siegen.«

[12] Held aus dem Gedicht »Zwei Ritter« von Heinrich Heine. Hier ist Louis Bonaparte gemeint.

[13] Tageszeitung, die von 1830 bis 1851 in Paris erschien, Sammelpunkt einer republikanischen Strömung, vor allem vom industriellen Bürgertum getragen.

[14] Während der Julimonarchie war das »Journal des Débats« als Regierungszeitung das Organ der orleanistischen Strömung. In der Revolution von 1848 vertrat sie die Auffassungen des konterrevolutionären Lagers, der sogenannten Partei der Ordnung.

[15] Das 1830 beschlossene Grundgesetz der Julimonarchie beschnitt die Macht des Königs nur geringfügig. Sowohl der Polizeiapparat als auch die strengen Gesetze gegen die Arbeiterbewegung und die demokratische Bewegung blieben zudem intakt.

[16] Die »Fronde« (wörtlich: die Schleuder) war eine schwächliche, in sich zersplitterte und unentschiedene Oppositionsbewegung gegen den Absolutismus zur Zeit der Minderjährigkeit Ludwigs XIV. und der Regentschaft der Königin Anna (1648-1653).

[17] Held der Erzählung »Die seltsame Geschichte Peter Schlemihls« von Adelbert von Chamisso. Peter Schlemihl tauschte seinen Schatten gegen einen Zauberbeutel ein.

[18] Residenz des französischen legitimistischen Kronprätendenten. In Claremont, in der Nähe von London, lebte Louis-Philippe, der nach der Februarrevolution nach England geflohen war.

[19] Gebirge in Südfrankreich, in dem 1702-1705 ein Bauernaufstand stattfand. Der Aufstand, der ursprünglich wegen Protestantenverfolgungen begann, nahm einen scharf ausgeprägten antifeudalen Charakter an. An einzelnen Stellen flammte er bis 1715 immer wieder auf.

[20] Französische Provinz, in der im Frühjahr 1793 während der Französischen Revolution ein konterrevolutionärer Aufstand unter der Führung des Adels ausbrach, der sich auf die Bauernschaft stützte.

[21] Das »Konzil von Konstanz« (1414-1418) wurde einberufen, um die erschütterte Stellung der katholischen Kirche unter den Bedingungen der beginnenden Reformation zu festigen.

[22] Ein nach Äsops Fabel vom Löwen (lat. Leo) benannter Vertrag, wonach der eine Partner allen Nutzen zieht, der andere allen Nachteil trägt.

[23] Eine aus erbeuteten Kanonen gegossene Säule mit dem Denkmal Napoleons I. auf dem Vendôme-Platz in Paris, die 1806 bis 1810 zur Erinnerung an die Siege der »großen Armee« des Jahres 1805 errichtet worden war. Die hier geäußerte Prophezeiung wurde schon wenige Jahre später (1863 bzw. 1871) Wirklichkeit.

Der Bürgerkrieg in Frankreich

I

Am 4. September 1870, als die Pariser Arbeiter die Republik proklamierten, der fast in demselben Augenblick ganz Frankreich ohne eine einzige Stimme des Widerspruchs zujubelte – da nahm eine Kabale stellenjagender Advokaten, mit Thiers als Staatsmann und Trochu als General, Besitz vom Hôtel de Ville (Stadthaus). Diese Leute waren damals durchdrungen von einem so fanatischen Glauben an den Beruf von Paris, in allen Epochen geschichtlicher Krisis Frankreich zu vertreten, daß, um ihre usurpierten Titel als Regenten Frankreichs zu rechtfertigen, es ihnen genügend schien, ihre verfallenen Mandate als Abgeordnete für Paris vorzuzeigen. In unsrer zweiten Adresse über den letzten Krieg, fünf Tage nach dem Emporkommen dieser Leute, sagten wir euch, wer sie waren. Und dennoch, im Sturm der Überrumplung, mit den wirklichen Führern der Arbeiter noch in Bonapartes Gefängnissen und mit den Preußen schon im vollen Marsch auf Paris, duldete Paris ihre Ergreifung der Staatsmacht; aber nur auf die ausdrückliche Bedingung hin, daß diese Staatsmacht dienen sollte einzig und allein zum Zweck der nationalen Verteidigung. Paris aber war nicht zu verteidigen, ohne seine Arbeiterklasse zu bewaffnen, sie in eine brauchbare Kriegsmacht zu verwandeln und ihre Reihen durch den Krieg selbst einzuschulen. Aber Paris in Waffen, das war die Revolution in Waffen. Ein Sieg von Paris über den preußischen Angreifer wäre ein Sieg gewesen des französischen Arbeiters über den französischen Kapitalisten und seine Staatsparasiten. In diesem Zwiespalt zwischen nationaler Pflicht und Klasseninteresse zauderte die Regierung der nationalen Verteidigung keinen Augenblick – sie verwandelte sich in eine Regierung des nationalen Verrats.

Das erste, was sie tat, war, Thiers auf die Wanderung zu schikken, zu allen Höfen Europas, um dort Vermittlung zu erbetteln mit dem Angebot, die Republik gegen einen König auszutauschen. [...]

II

Am Morgen des 18. März 1871 wurde Paris geweckt durch den Donnerruf: »Es lebe die Kommune!« Was ist die Kommune, diese Sphinx, die den Bourgeoisverstand auf so harte Proben setzt?

Die Proletarier von Paris,

sagte das Zentralkomitee in seinem Manifest vom 18. März,

inmitten der Niederlagen und des Verrats der herrschenden Klassen, haben begriffen, daß die Stunde geschlagen hat, wo sie die Lage retten müssen, dadurch, daß sie die Leitung der öffentlichen Angelegenheiten in ihre eignen Hände nehmen ... Sie haben begriffen, daß es ihre höchste Pflicht und ihr absolutes Recht ist, sich zu Herren ihrer eignen Geschicke zu machen und die Regierungsgewalt zu ergreifen.

Aber die Arbeiterklasse kann nicht die fertige Staatsmaschinerie einfach in Besitz nehmen und diese für ihre eignen Zwecke in Bewegung setzen.[1] Die zentralisierte Staatsmacht, mit ihren allgegenwärtigen Organen – stehende Armee, Polizei, Bürokratie, Geistlichkeit, Richterstand, Organe, geschaffen nach dem Plan einer systematischen und hierarchischen Teilung der Arbeit – stammt her aus den Zeiten der absoluten Monarchie, wo sie der entstehenden Bourgeoisgesellschaft als eine mächtige Waffe in ihren Kämpfen gegen den Feudalismus diente. Dennoch blieb ihre Entwicklung gehemmt durch allerhand mittelalterlichen Schutt, grundherrliche und Adelsvorrechte, Lokalprivilegien, städtische und Zunftmonopole und Provinzialverfassungen. Der riesige Besen der französischen Revolution des 18. Jahrhunderts fegte alle diese Trümmer vergangner Zeiten weg und reinigte so gleichzeitig den gesellschaftlichen Boden von den letzten Hindernissen, die dem Überbau des modernen Staatsgebäudes im Wege gestanden. Dies moderne Staatsgebäude erhob sich unter dem ersten Kaisertum, das selbst wieder erzeugt worden war durch die Koalitionskriege des alten halbfeudalen Europas gegen das moderne Frankreich. Während der nachfolgenden Herrschaftsformen wurde die Regierung unter parlamentarische Kontrolle gestellt, d. h. unter die direkte Kontrolle der besitzenden Klassen. Einerseits entwickelte sie sich jetzt zu einem Treibhaus für kolossale Staatsschulden und erdrückende Steuern und wurde vermöge der unwiderstehlichen Anziehungskraft ihrer Amtsgewalt, ihrer Einkünfte und ihrer Stellenvergebung der Zankapfel für die konkurrierenden Fraktionen und Abenteurer der herrschenden Klassen – andrerseits änderte sich ihr politischer Charakter gleichzeitig mit den ökonomischen Veränderungen der Gesellschaft. In dem Maß, wie der Fortschritt der modernen Industrie den Klassengegensatz zwischen Kapital und Arbeit entwickelte, erweiterte, vertiefte, in demselben Maß erhielt die Staatsmacht mehr und mehr den Charakter einer öffentlichen Gewalt zur Unterdrückung der Arbeiterklasse, einer Maschine der Klassenherrschaft. Nach jeder Revolution, die einen Fortschritt des Klassenkampfs bezeichnet, tritt der rein unterdrückende Charakter der Staatsmacht offner und offner hervor. Die Revolution von 1830 übertrug die Regierung von den Grundbesitzern auf die Kapitalisten und damit von den entfernteren auf die direkteren Gegner der Arbeiter. Die Bourgeoisrepublikaner, die im Namen der Februarrevolution das Staatsruder ergriffen, gebrauchten es zur Herbeiführung der Junischlächtereien, um der Arbeiterklasse zu beweisen, daß die »soziale« Republik weiter nichts bedeute, als ihre soziale Unterdrükkung durch die Republik; und um der königlich gesinnten Masse der Bourgeois und Grundbesitzer zu beweisen, daß sie die Sorgen und die Geldvorteile der Regierung ruhig den Bourgeoisrepublikanern überlassen könnten. Nach dieser ihrer einzigen Heldentat vom Juni blieb den Bourgeoisrepublikanern jedoch nur übrig, zurückzutreten aus dem ersten Glied ins letzte Glied der »Ordnungspartei« – einer Koalition, gebildet aus allen konkurrierenden Fraktionen und Faktionen der aneignenden Klassen in ihrem jetzt offen erklärten Gegensatz zu den hervorbringenden Klassen. Die angemessene Form ihrer Gesamtregierung war die parlamentarische Republik mit Louis Bonaparte als Präsidenten; eine Regierung des unverhohlnen Klassenterrorismus und der absichtlichen Beleidigung der »vile multitude« (der schoflen Menge). Wenn, wie Thiers sagte, die parlamentarische Republik die Staatsform war, die die Fraktionen der herrschenden Klasse am wenigsten trennte, so eröffnete sie dagegen einen Abgrund zwischen dieser Klasse und dem ganzen, außerhalb ihrer dünngesäten Reihen lebenden Gesellschaftskörper. Die Schranken, die, unter frühern Regierungen, die innern Spaltungen jener Klasse der Staatsmacht noch auferlegt hatten, waren durch ihre Vereinigung jetzt gefallen. Angesichts der drohenden Erhebung des Proletariats benutzte die vereinigte besitzende Klasse jetzt die Staatsmacht rücksichtslos und frech als das nationale Kriegswerkzeug des Kapitals gegen die Arbeit. Aber ihr ununterbrochner Kreuzzug gegen die produzierenden Massen zwang sie nicht nur, die vollziehende Gewalt mit stets wachsender Unterdrückungsmacht auszustatten; er zwang sie auch, ihre eigne parlamentarische Zwingburg – die Nationalversammlung – nach und nach aller Verteidigungsmittel gegen die vollziehende Gewalt zu entblößen. Die vollziehende Gewalt, in der Person des Louis Bonaparte, setzte sie vor die Tür. Der leibliche Nachkomme der Republik der »Ordnungspartei« war das zweite Kaisertum.

Das Kaisertum, mit dem Staatsstreich als Geburtsschein, dem allgemeinen Stimmrecht als Beglaubigung und dem Säbel als Zepter, gab vor, sich auf die Bauern zu stützen, auf jene große Masse der Produzenten, die nicht unmittelbar in den Kampf zwischen Kapital und Arbeit verwickelt waren. Es gab vor, die Arbeiterklasse zu retten, indem es den Parlamentarismus brach und mit ihm die unverhüllte Unterwürfigkeit der Regierung unter die besitzenden Klassen. Es gab vor, die besitzenden Klassen zu retten durch Aufrechterhaltung ihrer ökonomischen Hoheit über die Arbeiterklasse; und schließlich gab es vor, alle Klassen zu vereinigen durch die Wiederbelebung des Trugbilds des nationalen Ruhms. In Wirklichkeit war es die einzige mögliche Regierungsform zu einer Zeit, wo die Bourgeoisie die Fähigkeit, die Nation zu beherrschen, schon verloren und wo die Arbeiterklasse diese Fähigkeit noch nicht erworben hatte. Die ganze Welt jauchzte ihm zu als dem Retter der Gesellschaft. Unter seiner Herrschaft erreichte die Bourgeoisgesellschaft, aller politischen Sorgen enthoben, eine von ihr selbst nie geahnte Entwicklung. Ihre Industrie, ihr Handel dehnten sich zu unermeßlichen Verhältnissen aus; der Finanzschwindel feierte kosmopolitische Orgien; das Elend der Massen hob sich grell ab gegenüber dem schamlosen Prunk eines gleißenden, überladnen und schuftigriechenden Luxus. Die Staatsmacht, scheinbar hoch über der Gesellschaft schwebend, war dennoch selbst der skandalöseste Skandal dieser Gesellschaft und gleichzeitig die Brutstätte aller ihrer Fäulnis. Ihre eigne Verrottung und die Verrottung der von ihr geretteten Gesellschaft wurde bloßgelegt durch die Bajonette Preußens, das selbst vor Begierde brannte, den Schwerpunkt dieses Regimes von Paris nach Berlin zu verlegen. Der Imperialismus ist die prostituierteste und zugleich die schließliche Form jener

Staatsmacht, die von der entstehenden bürgerlichen Gesellschaft ins Leben gerufen war als das Werkzeug ihrer eignen Befreiung vom Feudalismus und die die vollentwickelte Bourgeoisgesellschaft verwandelt hatte in ein Werkzeug zur Knechtung der Arbeit durch das Kapital.

Der gerade Gegensatz des Kaisertums war die Kommune. Der Ruf nach der »sozialen Republik«, womit das Pariser Proletariat die Februarrevolution einführte, drückte nur das unbestimmte Verlangen aus nach einer Republik, die nicht nur die monarchische Form der Klassenherrschaft beseitigen sollte, sondern die Klassenherrschaft selbst. Die Kommune war die bestimmte Form dieser Republik.

Paris, der Mittelpunkt und Sitz der alten Regierungsmacht und gleichzeitig der gesellschaftliche Schwerpunkt der französischen Arbeiterklasse, Paris hatte sich in Waffen erhoben gegen den Versuch des Thiers und seiner Krautjunker, diese ihnen vom Kaisertum überkommne alte Regierungsmacht wiederherzustellen und zu verewigen. Paris konnte nur Widerstand leisten, weil es infolge der Belagerung die Armee losgeworden war, an deren Stelle es eine hauptsächlich aus Arbeitern bestehende Nationalgarde gesetzt hatte. Diese Tatsache galt es jetzt in eine bleibende Einrichtung zu verwandeln. Das erste Dekret der Kommune war daher die Unterdrückung des stehenden Heeres und seine Ersetzung durch das bewaffnete Volk.

Die Kommune bildete sich aus den durch allgemeines Stimmrecht in den verschiedenen Bezirken von Paris gewählten Stadträten. Sie waren verantwortlich und jederzeit absetzbar. Ihre Mehrzahl bestand selbstredend aus Arbeitern oder anerkannten Vertretern der Arbeiterklasse. Die Kommune sollte nicht eine parlamentarische, sondern eine arbeitende Körperschaft sein, vollziehend und gesetzgebend zu gleicher Zeit. Die Polizei, bisher das Werkzeug der Staatsregierung, wurde sofort aller ihrer politischen Eigenschaften entkleidet und in das verantwortliche und jederzeit absetzbare Werkzeug der Kommune verwandelt. Ebenso die Beamten aller andern Verwaltungszweige. Von den Mitgliedern der Kommune an abwärts, mußte der öffentliche Dienst für *Arbeiterlohn* besorgt werden. Die erworbnen Anrechte und die Repräsentationsgelder der hohen Staatswürdenträger verschwanden mit diesen Würdenträgern selbst. Die öffentlichen Ämter hörten auf, das Privateigentum der Handlanger der Zentralregierung zu sein. Nicht nur die städtische Verwaltung, sondern auch die ganze, bisher durch den Staat ausgeübte Initiative wurde in die Hände der Kommune gelegt.

Das stehende Heer und die Polizei, die Werkzeuge der materiellen Macht der alten Regierung einmal beseitigt, ging die Kommune sofort darauf aus, das geistliche Unterdrückungswerkzeug, die Pfaffenmacht, zu brechen; sie dekretierte die Auflösung und Enteignung aller Kirchen, soweit sie besitzende Körperschaften waren. Die Pfaffen wurden in die Stille des Privatlebens zurückgesandt, um dort, nach dem Bilde ihrer Vorgänger, der Apostel, sich von dem Almosen der Gläubigen zu nähren. Sämtliche Unterrichtsanstalten wurden dem Volk unentgeltlich geöffnet und gleichzeitig von aller Einmischung des Staats und der Kirche gereinigt. Damit war nicht nur die Schulbildung für jedermann zugänglich gemacht, sondern auch die Wissenschaft selbst von den ihr durch das Klassenvorurteil und die Regierungsgewalt auferlegten Fesseln befreit.

Die richterlichen Beamten verloren jene scheinbare Unabhängigkeit, die nur dazu gedient hatte, ihre Unterwürfigkeit unter alle aufeinanderfolgenden Regierungen zu verdecken, deren jeder sie, der Reihe nach, den Eid der Treue geschworen und gebrochen hatten. Wie alle übrigen öffentlichen Diener, sollten sie fernerhin gewählt, verantwortlich und absetzbar sein.

Die Pariser Kommune sollte selbstverständlich allen großen gewerblichen Mittelpunkten Frankreichs zum Muster dienen. Sobald die kommunale Ordnung der Dinge einmal in Paris und den Mittelpunkten zweiten Ranges eingeführt war, hätte die alte zentralisierte Regierung auch in den Provinzen der Selbstregierung der Produzenten weichen müssen. In einer kurzen Skizze der nationalen Organisation, die die Kommune nicht die Zeit hatte weiter auszuarbeiten, heißt es ausdrücklich, daß die Kommune die politische Form selbst des kleinsten Dorfs sein, und daß das stehende Heer auf dem Lande durch eine Volksmiliz mit äußerst kurzer Dienstzeit ersetzt werden sollte. Die Landgemeinden eines jeden Bezirks sollten ihre gemeinsamen Angelegenheiten durch eine Versammlung von Abgeordneten in der Bezirkshauptstadt verwalten, und diese Bezirksversammlungen dann wieder Abgeordnete zur Nationaldelegation in Paris schicken; die Abgeordneten sollten jederzeit absetzbar und an die bestimmten Instruktionen ihrer Wähler gebunden sein. Die wenigen, aber wichtigen Funktionen, welche dann noch für eine Zentralregierung übrigblieben, sollten nicht, wie dies absichtlich gefälscht worden, abgeschafft, sondern an kommunale, d.h. streng verantwortliche Beamte übertragen werden. Die Einheit der Nation sollte nicht gebrochen, sondern im Gegenteil organisiert werden durch die Kommunalverfassung; sie sollte eine Wirklichkeit werden durch die Vernichtung jener Staatsmacht, welche sich für die Verkörperung dieser Einheit ausgab, aber unabhängig und überlegen sein wollte gegenüber der Nation, an deren Körper sie doch nur ein Schmarotzerauswuchs war. Während es galt, die bloß unterdrückenden Organe der alten Regierungsmacht abzuschneiden, sollten ihre berechtigten Funktionen einer Gewalt, die über der Gesellschaft zu stehn beanspruchte, entrissen und den verantwortlichen Dienern der Gesellschaft zurückgegeben werden. Statt einmal in drei oder sechs Jahren zu entscheiden, welches Mitglied der herrschenden Klasse das Volk im Parlament ver- und zertreten soll, sollte das allgemeine Stimmrecht dem in Kommunen konstituierten Volk dienen, wie das individuelle Stimmrecht jedem andern Arbeitgeber dazu dient, Arbeiter, Aufseher und Buchhalter in seinem Geschäft auszusuchen. Und es ist bekannt genug, daß Gesellschaften ebensogut wie einzelne, in wirklichen Geschäftssachen gewöhnlich den rechten Mann zu finden und, falls sie sich einmal täuschen, dies bald wieder gutzumachen wissen. Andrerseits aber konnte nichts dem Geist der Kommune fremder sein, als das allgemeine Stimmrecht durch hierarchische Investitur zu ersetzen.

Es ist das gewöhnliche Schicksal neuer geschichtlicher Schöpfungen, für das Seitenstück älterer und selbst verlebter Formen des gesellschaftlichen Lebens versehn zu werden, denen sie einigermaßen ähnlich sehn. So ist diese neue Kommune, die die moderne Staatsmacht bricht, angesehn worden für eine Wiederbelebung der mittelalterlichen Kommunen, welche jener Staatsmacht erst vorausgingen und dann ihre Grundlage bildeten. – Die Kommunalverfassung ist versehn worden für einen Versuch, einen Bund kleiner Staaten, wie Montesquieu und die Girondins[2] ihn träumten, an die Stelle jener Einheit großer Völker zu setzen, die, wenn ursprünglich durch Gewalt zustande gebracht, doch jetzt ein mächtiger Faktor der gesellschaftlichen Produktion geworden ist. – Der Gegensatz der Kommune gegen die Staatsmacht ist versehn worden für eine übertriebne Form des alten Kampfes gegen Überzentralisation. Besondre geschichtliche Umstände mögen die klassische Entwicklung der Bourgeoisregierungsform, wie sie in Frankreich vor sich gegangen, in andren Ländern verhindert, und mögen gestattet haben, daß, wie in England, die großen zentralen Staatsorgane sich ergänzen durch korrupte Pfarreiversammlungen (vestries), geldschachernde Stadträte und wutschnaubende Armenverwalter in den Städten und durch tatsächlich erbliche Friedensrichter auf dem Lande. Die Kommunalverfassung würde im Gegenteil dem gesellschaftlichen Körper alle die Kräfte zurückgegeben haben, die bisher der Schmarotzerauswuchs »Staat«, der von der Gesellschaft sich nährt und ihre freie Bewegung hemmt, aufgezehrt hat. Durch diese Tat allein würde sie die Wiedergeburt Frankreichs in Gang gesetzt haben. – Die Mittelklasse der Provinzialstädte sah in der Kommune einen Versuch zur Wiederherstellung der Herrschaft, die sie unter Louis-Philippe über das Land ausgeübt hatte und die unter Louis Bonaparte verdrängt wurde durch die angebliche Herrschaft des Landes über die Städte. In Wirklichkeit aber hätte die Kommunalverfassung die ländlichen Produzenten unter die geistige Führung der Bezirkshauptstädte gebracht und ihnen dort, in den städtischen Arbeitern, die natürlichen Vertreter ihrer Interessen gesichert. – Das bloße Bestehn der Kommune führte, als etwas Selbstverständliches, die lokale Selbstregierung mit sich, aber nun nicht mehr als Gegengewicht gegen die, jetzt überflüssig gemachte, Staatsmacht. Es konnte nur einem Bismarck einfallen, der, wenn nicht von seinen Blut- und Eisenintrigen in Anspruch genommen, gern zu seinem alten, seinem geistigen Kaliber so sehr zusagenden Handwerk als Mitarbeiter am »Kladderadatsch« zurückkehrt – nur einem solchen Kopf konnte es einfallen, der Pariser Kommune eine Sehnsucht unterzuschieben nach jener Karikatur der alten französischen Städteverfassung von 1791, der preußischen Städteordnung, die die städtischen Verwaltungen zu bloßen untergeordneten Rädern in der preußischen Staatsmaschinerie erniedrigt. – Die Kommune machte das Stichwort aller Bourgeoisrevolutionen – wohlfeile Regierung – zur Wahrheit, indem sie die beiden größten Ausgabequellen, die Armee und das Beamtentum, aufhob. Ihr bloßes Bestehn setzte das Nichtbestehn der Monarchie voraus, die, wenigstens in Europa, der regelrechte Ballast und der unentbehrliche Deckmantel der Klassenherrschaft ist. Sie verschaffte der Republik die Grundlage wirklich demokratischer Einrichtungen.

Aber weder »wohlfeile Regierung« noch die »wahre Republik« war ihr Endziel; beide ergaben sich nebenbei und von selbst.

Die Mannigfaltigkeit der Deutungen, denen die Kommune unterlag, und die Mannigfaltigkeit der Interessen, die sich in ihr ausgedrückt fanden, beweisen, daß sie eine durch und durch ausdehnungsfähige politische Form war, während alle früheren Regierungsformen wesentlich unterdrückend gewesen waren. Ihr wahres Geheimnis war dies: Sie war wesentlich eine *Regierung der Arbeiterklasse*, das Resultat des Kampfs der hervorbringenden gegen die aneignende Klasse, die endlich entdeckte politische Form, unter der die ökonomische Befreiung der Arbeit sich vollziehen konnte.

Ohne diese letzte Bedingung war die Kommunalverfassung eine Unmöglichkeit und eine Täuschung. Die politische Herrschaft des Produzenten kann nicht bestehn neben der Verewigung seiner gesellschaftlichen Knechtschaft. Die Kommune sollte daher als Hebel dienen, um die ökonomischen Grundlagen umzustürzen, auf denen der Bestand der Klassen und damit der Klassenherrschaft ruht. Einmal die Arbeit emanzipiert, so wird jeder Mensch ein Arbeiter, und produktive Arbeit hört auf, eine Klasseneigenschaft zu sein.

Es ist eine eigentümliche Tatsache: Trotz all des großen Geredes und der unermeßlichen Literatur der letzten sechzig Jahre über Emanzipation der Arbeiter – kaum nehmen die Arbeiter irgendwo die Sache in ihre eignen Hände, so ertönen auch sofort wieder die apologetischen Redensarten der Fürsprecher der jetzigen Gesellschaft mit ihren beiden Polen: Kapital und Lohnsklaverei (der Grundbesitzer ist jetzt nur noch der stille Gesellschafter des Kapitalisten), als lebte die kapitalistische Gesellschaft noch im Stande reinster jungfräulicher Unschuld, alle ihre Grundsätze noch unentwickelt, alle ihre Selbsttäuschungen noch unenthüllt, alle ihre prostituierte Wirklichkeit noch nicht bloßgelegt! Die Kommune, rufen sie aus, will das Eigentum, die Grundlage aller Zivilisation, abschaffen! Jawohl, meine Herren, die Kommune wollte jenes Klasseneigentum abschaffen, das die Arbeit der vielen in den Reichtum der wenigen verwandelt. Sie beabsichtigte die Enteignung der Enteigner. Sie wollte das individuelle Eigentum zu einer Wahrheit machen, indem sie die Produktionsmittel, den Erdboden und das Kapital, jetzt vor allem die Mittel zur Knechtung und Ausbeutung der Arbeit, in bloße Werkzeuge der freien und assoziierten Arbeit verwandelt. – Aber dies ist der Kommunismus, der »unmögliche« Kommunismus! Nun, diejenigen Leute aus den herrschenden Klassen, die verständig genug sind, die Unmöglichkeit der Fortdauer des jetzigen Systems einzusehn – und deren gibt es viele –, haben sich zu zudringlichen und großmäuligen Aposteln der genossenschaftlichen Produktion aufgeworfen. Wenn aber die genossenschaftliche Produktion nicht eitel Schein und Schwindel bleiben, wenn sie das kapitalistische System verdrängen, wenn die Gesamtheit der Genossenschaften die nationale Produktion nach einem gemeinsamen Plan regeln, sie damit unter ihre eigne Leitung nehmen und der beständigen Anarchie und den periodisch wiederkehrenden Konvulsionen, welche das unvermeidliche Schicksal der kapitalistischen Produktion sind, ein Ende machen soll – was wäre das andres, meine Herren, als der Kommunismus, der »mögliche« Kommunismus?

Die Arbeiterklasse verlangte keine Wunder von der Kommune. Sie hat keine fix und fertigen Utopien durch Volksbeschluß einzuführen. Sie weiß, daß, um ihre eigne Befreiung und mit ihr jene höhre Lebensform hervorzuarbeiten, der die gegenwärtige Gesellschaft durch ihre eigne ökonomische Entwicklung unwiderstehlich entgegenstrebt, daß sie, die Arbeiterklasse, lange Kämpfe, eine ganze Reihe geschichtlicher Prozesse durchzumachen hat, durch welche die Menschen wie die Umstände gänzlich umgewandelt werden. Sie hat keine Ideale zu verwirklichen; sie hat nur die Elemente der neuen Gesellschaft in Freiheit zu setzen, die sich bereits im Schoß der zusammenbrechenden Bourgeoisgesellschaft entwikkelt haben. Im vollen Bewußtsein ihrer geschichtlichen Sendung und mit dem Heldenentschluß, ihrer würdig zu handeln, kann die Arbeiterklasse sich begnügen, zu lächeln gegenüber den plumpen Schimpfereien der Lakaien von der Presse wie gegenüber der lehrhaften Protektion wohlmeinender Bourgeoisdoktrinäre, die ihre unwissenden Gemeinplätze und Sektierermarotten im Orakelton wissenschaftlicher Unfehlbarkeit abpredigen.

Als die Pariser Kommune die Leitung der Revolution in ihre eigne Hand nahm; als einfache Arbeiter zum erstenmal es wagten, das Regierungsprivilegium ihrer »natürlichen Obern«, der Besitzenden, anzutasten, und, unter Umständen von beispielloser Schwierigkeit, ihre Arbeit bescheiden, gewissenhaft und wirksam verrichteten – sie verrichteten für Gehalte, deren höchstes kaum ein Fünftel von dem war, was nach einem hohen wissenschaftlichen Gewährsmann

(Professor Huxley) das geringste ist für einen Sekretär des Londoner Schulrats –, da wand sich die alte Welt in Wutkrämpfen beim Anblick der roten Fahne, die, das Symbol der Republik der Arbeit, über dem Stadthause wehte.

Und doch war dies die erste Revolution, in der die Arbeiterklasse offen anerkannt wurde als die einzige Klasse, die noch einer gesellschaftlichen Initiative fähig war; anerkannt selbst durch die große Masse der Pariser Mittelklasse – Kleinhändler, Handwerker, Kaufleute –, die reichen Kapitalisten allein ausgenommen. Die Kommune hatte sie gerettet durch eine weise Erledigung jener immer wiederkehrenden Ursache des Streits unter der Mittelklasse selbst, der Frage zwischen Schuldnern und Gläubigern.[3] Derselbe Teil der Mittelklasse hatte sich 1848 bei der Unterdrückung des Arbeiteraufstandes vom Juni beteiligt; und unmittelbar darauf war er durch die konstituierende Versammlung ohne alle Umstände seinen Gläubigern zum Opfer gebracht worden. Aber dies war nicht der einzige Grund, weswegen er sich jetzt an die Arbeiter anschloß. Er fühlte, daß es nur noch eine Wahl gab: die Kommune oder das Kaisertum, gleichviel unter welchem Namen. Das Kaisertum hatte diese Mittelklasse ökonomisch ruiniert durch seine Verschleuderung des öffentlichen Reichtums, durch den von ihm großgezognen Finanzschwindel, durch seine Beihülfe zur künstlich beschleunigten Zentralisation des Kapitals und die dadurch bedingte Enteignung eines großen Teils dieser Mittelklasse. Es hatte sie politisch unterdrückt, sie sittlich entrüstet durch seine Orgien, es hatte ihren Voltairianismus beleidigt durch Überlieferung der Erziehung ihrer Kinder an die »unwissenden Brüderlein«,[4] es hatte ihr Nationalgefühl als Franzosen empört, indem es sie kopfüber in einen Krieg stürzte, der für alle die Verwüstung, die er anrichtete, nur einen Ersatz ließ – die Vernichtung des Kaisertums. In der Tat, nach der Auswanderung der hohen bonapartistischen und kapitalistischen Zigeunerbande aus Paris trat die wahre Ordnungspartei der Mittelklasse hervor als die »Union républicaine«,[5] stellte sich unter die Fahne der Kommune und verteidigte sie gegen Thiers' absichtliche Entstellungen. Ob die Dankbarkeit dieser großen Masse der Mittelklasse die jetzigen schweren Prüfungen bestehn wird, bleibt abzuwarten.

Die Kommune hatte vollständig recht, als sie den Bauern zurief: »Unser Sieg ist eure Hoffnung!« Von allen den Lügen, die in

Versailles ausgeheckt und von den ruhmvollen europäischen Preßzuaven[6] weiterposaunt wurden, war eine der ungeheuerlichsten die, daß die Krautjunker der Nationalversammlung die Vertreter der französischen Bauern seien. Man denke sich nur die Liebe des französischen Bauern für die Leute, denen er, nach 1815, eine Milliarde Entschädigung[7] zahlen mußte! In den Augen des französischen Bauern ist ja schon die bloße Existenz eines großen Grundbesitzers ein Eingriff in seine Eroberungen von 1789. Der Bourgeois hatte 1848 die Bodenparzelle des Bauern mit der Zuschlagssteuer von 45 Centimen auf den Franken belastet, aber er tat es im Namen der Revolution; jetzt hatte er einen Bürgerkrieg gegen die Revolution entzündet, um die Hauptlast der den Preußen bewilligten fünf Milliarden Kriegsentschädigung den Bauern aufzubürden. Die Kommune dagegen erklärte gleich in einer ihrer ersten Proklamationen, daß die wirklichen Urheber des Krieges auch dessen Kosten tragen müßten. Die Kommune würde dem Bauer die Blutsteuer abgenommen, ihm eine wohlfeile Regierung gegeben und seine Blutsauger, den Notar, den Advokaten, den Gerichtsvollzieher und andre gerichtliche Vampire, in besoldete Kommunalbeamte, von ihm selbst gewählt und ihm verantwortlich, verwandelt haben. Sie würde ihn befreit haben von der Willkürherrschaft des Flurschützen, des Gendarmen und des Präfekten; sie würde an Stelle der Verdummung durch den Pfaffen die Aufklärung durch den Schullehrer gesetzt haben. Und der französische Bauer ist vor allem ein Mann, der rechnet. Er würde es äußerst vernünftig gefunden haben, daß die Bezahlung des Pfaffen, statt von dem Steuereinnehmer eingetrieben zu werden, nur von der freiwilligen Betätigung des Frömmigkeitstriebs seiner Gemeinde abhängen solle. Dies waren die großen unmittelbaren Wohltaten, die die Herrschaft der Kommune – und sie nur – den französischen Bauern in Aussicht stellte. Es ist daher ganz überflüssig, hier näher einzugehn auf die verwickelteren wirklichen Lebensfragen, die die Kommune allein fähig und gleichzeitig gezwungen war, zugunsten des Bauern zu lösen – die Hypothekenschuld, die wie ein Alp auf seiner Parzelle lastete, das ländliche Proletariat, das täglich auf ihr heranwuchs, und seine eigne Enteignung von dieser Parzelle, die mit stets wachsender Geschwindigkeit durch die Entwicklung der modernen Ackerbauwirtschaft und die Konkurrenz des kapitalistischen Bodenbaus sich durchsetzte.

Der französische Bauer hatte Louis Bonaparte zum Präsidenten der Republik gewählt, aber die Ordnungspartei[8] schuf das zweite Kaisertum. Was der französische Bauer wirklich bedarf, fing er an, 1849 und 50 zu zeigen, indem er überall seinen Maire dem Regierungspräfekten, seinen Schullehrer dem Regierungspfaffen und sich selbst dem Regierungsgendarmen entgegenstellte. Alle von der Ordnungspartei im Januar und Februar 1850 erlassenen Gesetze waren eingestandene Zwangsmaßregeln gegen die Bauern. Der Bauer war Bonapartist, weil die große Revolution, mit all ihren Vorteilen für ihn, in seinen Augen in Napoleon verkörpert war. Diese Täuschung, die unter dem zweiten Kaisertum rasch am Zusammenbrechen war (und sie war ihrer ganzen Natur nach den Krautjunkern feindlich), dies Vorurteil der Vergangenheit, wie hätte es bestehn können gegenüber dem Appell der Kommune an die lebendigen Interessen und dringenden Bedürfnisse der Bauern?

Die Krautjunker – dies war in der Tat ihre Hauptbefürchtung – wußten, daß drei Monate freien Verkehrs zwischen dem kommunalen Paris und den Provinzen einen allgemeinen Bauernaufstand zuwege bringen würden. Daher ihre ängstliche Eile, Paris mit einer Polizeiblockade zu umgeben und die Verbreitung der Rinderpest zu hemmen.

Wenn sonach die Kommune die wahre Vertreterin aller gesunden Elemente der französischen Gesellschaft war, und daher die wahrhaft nationale Regierung, so war sie gleichzeitig, als eine Arbeiterregierung, als der kühne Vorkämpfer der Befreiung der Arbeit, im vollen Sinn des Worts international. Unter den Augen der preußischen Armee, die zwei französische Provinzen an Deutschland annexiert hatte, annexierte die Kommune die Arbeiter der ganzen Welt an Frankreich.

Das zweite Kaisertum war das Jubelfest der kosmopolitischen Prellerei gewesen, die Hochstapler aller Länder waren auf seinen Ruf herzugestürzt, teilzunehmen an seinen Orgien und an der Ausplünderung des französischen Volks. Selbst in diesem Augenblick noch ist Thiers' rechte Hand Ganesco, der walachische Lump, und seine linke Hand Markowski, der russische Spion. Die Kommune ließ alle Fremden zu zu der Ehre, für eine unsterbliche Sache zu fallen. – Zwischen dem durch ihren Verrat verlornen auswärtigen Krieg und dem durch ihre Verschwörung mit dem fremden Eroberer entzündeten Bürgerkrieg hatte die Bourgeoisie Zeit gefunden, ihren Patriotismus durch die Organisation von Polizeijagden auf die Deutschen in Frankreich zu betätigen. Die Kommune machte einen Deutschen zu ihrem Arbeitsminister. – Thiers, die Bourgeoisie, das zweite Kaisertum hatten Polen immerfort durch laute Verheißungen der Teilnahme getäuscht, während sie in Wirklichkeit es an Rußland verrieten und Rußlands schmutzige Arbeit verrichteten. Die Kommune ehrte die Heldensöhne Polens, indem sie sie an die Spitze der Verteidigung von Paris stellte. Und, um ganz unverkennbar die neue geschichtliche Ära zu bezeichnen, die sie einzuleiten sich bewußt war, warf die Kommune, unter den Augen, hier der siegreichen Preußen, dort der von bonapartistischen Generalen geführten bonapartistischen Armee, das kolossale Symbol des Kriegsruhms nieder, die Vendôme-Säule.[9] Die große soziale Maßregel der Kommune war ihr eignes arbeitendes Dasein. Ihre besondern Maßregeln konnten nur die Richtung andeuten, in der eine Regierung des Volks durch das Volk sich bewegt. Dahin gehören die Abschaffung der Nachtarbeit der Bäckergesellen; das Verbot, bei Strafe, der bei Arbeitgebern üblichen Praxis, den Lohn herabzudrücken durch Auferlegung von Geldstrafen auf die Arbeiter unter allerlei Vorwänden – ein Verfahren, wobei der Arbeitgeber in einer Person Gesetzgeber, Richter und Vollstrecker ist und obendrein das Geld einsteckt. Eine andre Maßregel dieser Art war die Auslieferung von allen geschlossenen Werkstätten und Fabriken an Arbeitergenossenschaften, unter Vorbehalt der Entschädigung, gleichviel, ob der betreffende Kapitalist geflüchtet war oder aber vorzog, die Arbeit einzustellen.

Die finanziellen Maßregeln der Kommune, ausgezeichnet durch ihre Einsicht und Mäßigung, konnten sich nur auf solche beschränken, die mit der Lage einer belagerten Stadt verträglich waren. In Anbetracht der ungeheuren Diebstähle, begangen an der Stadt Paris durch die großen Finanzkompanien und Bauunternehmer unter Haussmanns[10] Herrschaft, hätte die Kommune ein weit größeres Recht gehabt, ihr Eigentum zu konfiszieren, als Louis Bonaparte das der Familie Orléans. Die Hohenzollern und die englischen Oligarchen, die beide ein gutes Stück ihrer Besitzungen von geraubtem Kircheneigentum herleiten, waren natürlich höchst entrüstet über die Kommune, die aus der Säkularisation nur 8000 Franken profitierte.

Während die Versailler Regierung, sobald sie wieder zu etwas

Mut und Stärke gekommen, die gewaltsamsten Mittel gegen die Kommune anwandte; während sie die freie Meinungsäußerung über ganz Frankreich unterdrückte und sogar Versammlungen von Delegierten der großen Städte verbot; während sie Versailles und das übrige Frankreich einer Spionage, weit schlimmer als die des zweiten Kaisertums, unterwarf; während sie durch ihre Gendarmen-Inquisitoren alle in Paris gedruckten Zeitungen verbrannte und alle Briefe von und nach Paris erbrach; während in der Nationalversammlung die furchtsamsten Versuche, ein Wort für Paris zu verlautbaren, niedergeheult wurden in einer, selbst in der Junkerkammer von 1816 unerhörten Weise; während der blutdürstigen Kriegführung der Versailler außerhalb und ihrer Versuche der Bestechung und Verschwörung innerhalb Paris – hätte da die Kommune nicht ihre Stellung schmählich verraten, wenn sie alle Anstandsformen des Liberalismus, wie im tiefsten Frieden, beobachtet hätte? Wäre die Regierung der Kommune der des Herrn Thiers verwandt gewesen, es wäre ebensowenig Veranlassung dagewesen, Ordnungsparteiblätter in Paris wie Kommunalblätter in Versailles zu unterdrücken.

Es war in der Tat ärgerlich für die Krautjunker, daß gerade um die Zeit, wo sie die Rückkehr zur Kirche als einziges Mittel zur Rettung Frankreichs erklärten, die ungläubige Kommune die eigentümlichen Geheimnisse des Nonnenklosters Picpus und der Kirche St. Laurent[11] aufdeckte. Es war eine Satire auf Thiers, daß, während er Großkreuze auf die bonapartistischen Generale regnen ließ für ihre Meisterschaft im Schlachtenverlieren, Kapitulationsunterzeichnen und Wilhelmshöher Zigarettendrehen,[12] die Kommune ihre Generale absetzte und verhaftete, sobald sie der Vernachlässigung ihres Dienstes verdächtig waren. Die Ausstoßung und Verhaftung eines Mitgliedes, das sich unter falschem Namen eingeschlichen und früher in Lyon sechs Tage Gefängnis wegen einfachen Bankerotts erlitten hatte – war sie nicht eine vorbedachte Beleidigung, ins Gesicht geschleudert dem Fälscher Jules Favre, damals noch immer auswärtiger Minister Frankreichs, noch immer Frankreich verkaufend an Bismarck, noch immer Befehle diktierend jener unvergleichlichen belgischen Regierung? Aber in der Tat, die Kommune machte keinen Anspruch auf Unfehlbarkeit, wie dies alle die alten Regierungen ohne Ausnahme tun. Sie veröffentlichte alle Reden und Handlungen, sie weihte das Publikum ein in alle ihre Unvollkommenheiten.

In jeder Revolution drängen sich, neben ihren wirklichen Vertretern, Leute andern Gepräges vor. Einige sind die Überlebenden früherer Revolutionen, mit denen sie verwachsen sind; ohne Einsicht in die gegenwärtige Bewegung, aber noch im Besitz großen Einflusses auf das Volk durch ihren bekannten Mut und Charakter oder auch durch bloße Tradition. Andre sind bloße Schreier, die, jahrelang dieselben ständigen Deklamationen gegen die Regierung des Tages wiederholend, sich in den Ruf von Revolutionären des reinsten Wassers eingeschlichen haben. Auch nach dem 18. März kamen solche Leute zum Vorschein und spielten sogar in einigen Fällen eine hervorragende Rolle. So weit ihre Macht ging, hemmten sie die wirkliche Aktion der Arbeiterklasse, wie sie die volle Entwicklung jeder frühern Revolution gehemmt haben. Sie sind ein unvermeidliches Übel; mit der Zeit schüttelt man sie ab; aber gerade diese Zeit wurde der Kommune nicht gelassen.

Wunderbar in der Tat war die Verwandlung, die die Kommune an Paris vollzogen hatte! Keine Spur mehr von dem buhlerischen Paris des zweiten Kaisertums. Paris war nicht länger der Sammelplatz von britischen Grundbesitzern, irischen Absentees,[13] amerikanischen Ex-Sklavenhaltern und Emporkömmlingen, russischen Ex-Leibeignenbesitzern und walachischen Bojaren. Keine Leichen mehr in der Morgue, keine nächtlichen Einbrüche und fast keine Diebstähle mehr; seit den Februartagen von 1848 waren die Straßen von Paris wirklich einmal wieder sicher, und das ohne irgendwelche Polizei.

Wir,

sagte ein Mitglied der Kommune,

> wir hören jetzt nichts mehr von Mord, Raub und Tätlichkeiten gegen Personen: es scheint in der Tat, als ob die Polizei alle ihre konservativen Freunde mit nach Versailles geschleppt habe.

Die Kokotten hatten die Fährte ihrer Beschützer wiedergefunden – der flüchtigen Männer der Familie, der Religion und vor allem des Eigentums. An ihrer Stelle kamen die wirklichen Weiber von Paris wieder an die Oberfläche – heroisch, hochherzig und aufopfernd wie die Weiber des Altertums. Paris, arbeitend, denkend, kämpfend, blutend, über seiner Vorbereitung einer neuen Gesellschaft fast vergessend der Kannibalen vor seinen Toren, strahlend in der Begeisterung seiner geschichtlichen Initiative!

Und nun, gegenüber dieser neuen Welt in Paris, siehe da die alte Welt in Versailles – diese Versammlung der Ghuls aller verstorbnen Regimes, Legitimisten und Orleanisten, gierig, vom Leichnam der Nation zu zehren – mit einem Schwanz vorsintflutlicher Republikaner, die durch ihre Gegenwart in der Versammlung der Sklavenhalter-Rebellion zustimmten, die die Erhaltung ihrer parlamentarischen Republik von der Eitelkeit des bejahrten Pickelhärings an der Spitze der Regierung erhofften und 1789 karikierten durch Abhaltung ihrer gespensterhaften Versammlungen im Jeu de Paume (Ballspielhaus, wo die Nationalversammlung von 1789 ihre berühmten Beschlüsse faßte). Da war sie, diese Versammlung, die Vertreterin von allem, was abgestorben war in Frankreich, aufgestützt zur Positur scheinbaren Lebens durch nichts als die Säbel der Generale von Louis Bonaparte. Paris ganz Wahrheit, Versailles ganz Lüge, und diese Lüge losgelassen durch den Mund Thiers'.

Thiers sagt einer Deputation der Bürgermeister des Seine- und Oise-Departements:

Sie können sich auf mein Wort verlassen, das ich *nie* gebrochen habe!

Der Versammlung selbst sagte er, sie sei »die freiestgewählte und liberalste Versammlung, die Frankreich je besessen«; seiner buntgemischten Soldateska, sie sei »die Bewunderung der Welt und die schönste Armee, die Frankreich je gehabt«; den Provinzen, das Bombardement von Paris sei ein Märchen:

Wenn einige Kanonenschüsse gefallen sind, so geschah das nicht durch die Versailler Armee, sondern durch einige Insurgenten, die glauben machen wollen, sie schlügen sich, wo sie sich doch nirgends zu zeigen wagen.

Dann wieder sagt er den Provinzen:

Die Artillerie von Versailles bombardiert Paris nicht, sie kanoniert es bloß.

Dem Erzbischof von Paris sagt er, die den Versailler Truppen nacherzählten Erschießungen und Repressalien (!) seien lauter Lügen. Er verkündet an Paris, er beabsichtigte nur, »es von den scheußlichen Tyrannen zu befreien, die es bedrücken«, und das Paris der Kommune sei in der Tat »nur eine Handvoll Verbrecher«.

Das Paris des Thiers war nicht das wirkliche Paris der »schoflen Menge«, sondern ein Phantasie-Paris, das Paris der Francs-fileurs,[14] das Paris der Boulevards, männlich wie weiblich, das reiche, das kapitalistische, das vergoldete, das faulenzende Paris, das sich jetzt mit seinen Lakaien, seinen Hochstaplern, seiner literarischen Zigeunerbande und seinen Kokotten in Versailles, Saint-Denis, Rueil und Saint-Germain drängte; für das der Bürgerkrieg nur ein angenehmes Zwischenspiel war; das den Kampf durchs Fernglas betrachtete, die Kanonenschüsse zählte und bei seiner eignen Ehre und der seiner Huren schwor, das Schauspiel sei unendlich besser arrangiert, als es im Theater der Porte Saint-Martin je gewesen. Die Gefallnen waren wirklich tot, das Geschrei der Verwundeten war kein bloßer Schein; und dann, wie welthistorisch war nicht die ganze Sache!

[...]

IV

[...]

Endlich, als am 21. Mai der Verrat dem General Douay die Tore von Paris geöffnet hatte, enthüllte Thiers, am 22., seinen Krautjunkern das »Ziel« seiner Versöhnlichkeitskomödie, die sie so hartnäkkig mißverstanden hatten.

Ich habe Ihnen vor einigen Tagen gesagt, wir näherten uns dem Ziele; heute komme ich Ihnen zu sagen – das Ziel ist erreicht. Der Sieg der Ordnung, Gerechtigkeit und Zivilisation ist endlich gewonnen.

Und das war er. Die Zivilisation und Gerechtigkeit der Bourgeoisordnung tritt hervor in ihrem wahren, gewitterschwangern Licht, sobald die Sklaven in dieser Ordnung sich gegen ihre Herren empören. Dann stellt sich diese Zivilisation und Gerechtigkeit dar als unverhüllte Wildheit und gesetzlose Rache. Jede neue Krisis im Klassenkampf zwischen dem Aneigner und dem Hervorbringer des Reichtums bringt diese Tatsache greller zum Vorschein. Selbst die Scheußlichkeiten der Bourgeois vom Juni 1848 verschwinden vor der unsagbaren Niedertracht von 1871. Der selbstopfernde Heldenmut, womit das Pariser Volk – Männer, Weiber und Kinder – acht Tage lang nach dem Einrücken der Versailler fortkämpften, strahlt ebensosehr zurück die Größe ihrer Sache, wie die höllischen Taten der Soldateska zurückstrahlen den eingebornen Geist jener Zivilisation, deren gemietete Vorkämpfer und Rächer sie sind. Eine ruhmvolle Zivilisation in der Tat, deren Lebensfrage darin besteht: wie die Haufen von Leichen loswerden, die sie mordete, nachdem der Kampf vorüber war!

Um ein Seitenstück zu finden für das Benehmen des Thiers und seiner Bluthunde, müssen wir zurückgehn zu den Zeiten des Sulla und der beiden römischen Triumvirate.[15] Dieselbe massenweise Schlächterei bei kaltem Blut; dieselbe Mißachtung, beim Morden, von Alter und Geschlecht; dasselbe System, Gefangne zu martern; dieselben Ächtungen, aber diesmal gegen eine ganze Klasse; dieselbe wilde Jagd nach den versteckten Führern, damit auch nicht einer entkomme; dieselbe Angeberei gegen politische und Privatfeinde; dieselbe Gleichgültigkeit bei der Niedermetzlung von dem Kampf ganz fremden Leuten. Nur der eine Unterschied ist da, daß die Römer noch keine Mitrailleusen hatten, um die Geächteten schockweise abzutun, und daß sie nicht »in ihren Händen das Gesetz« trugen, noch auf ihren Lippen den Ruf der »Zivilisation«.

[...]

Herr Hervé vergißt nur, daß die »Pariser Bevölkerung«, von der er spricht, nur die Bevölkerung des Paris von Thiers ist, die Francs-fileurs, die haufenweise von Versailles, Saint-Denis, Rueil und Saint-Germain zurückkehren, in der Tat das »Paris des Verfalls«.

In jedem ihrer blutigen Triumphe über die selbstopfernden Vorkämpfer einer neuen und bessern Gesellschaft übertäubt diese, auf die Knechtung der Arbeit gegründete, schmähliche Zivilisation das Geschrei ihrer Schlachtopfer durch einen Hetzruf der Verleumdung, den ein weltweites Echo widerhallt. Das heitere Arbeiter-Paris der Kommune verwandelt sich plötzlich, unter den Händen der Bluthunde der »Ordnung«, in ein Pandämonium. Und was beweist diese ungeheure Verwandlung dem Bourgeoisverstand aller Länder? Nichts, als daß die Kommune sich gegen die Zivilisation verschworen hat! Das Pariser Volk opfert sich begeistert für die Kommune; die Zahl seiner Toten ist unerreicht in irgendeiner früheren Schlacht. Was beweist das? Nichts, als daß die Kommune nicht des Volks eigne Regierung, sondern die Gewalthandlung einer Handvoll Verbrecher war! Die Weiber von Paris geben freudig ihr Leben hin, an den Barrikaden wie auf dem Richtplatz. Was beweist das? Nichts, als daß der Dämon der Kommune sie in Megären und Hekaten verwandelt hat! Die Mäßigung der Kommune, während zweimonatlicher unbestrittner Herrschaft, findet ihresgleichen nur in dem Heldenmut ihrer Verteidigung. Was beweist das? Nichts, als daß die Kommune zwei Monate lang, unter der Maske der Mäßigung und Menschlichkeit, den Blutdurst ihrer teuflischen Gelüste sorgfältig verbarg, um sie in der Stunde ihres Todeskampfs loszulassen!

Das Paris der Arbeiter hat im Akt seiner heroischen Selbstopferung Gebäude und Monumente mit in die Flammen gezogen. Wenn die Beherrscher des Proletariats seinen lebendigen Leib in Stücke reißen, dürfen sie nicht länger darauf rechnen, triumphierend in die unangetasteten Mauern ihrer Wohnsitze wieder einzuziehn. Die Versailler Regierung schreit: Brandstiftung! und flüstert dies Stichwort allen ihren Handlangern zu bis ins entfernteste Dorf, auf ihre Gegner überall Jagd zu machen als der gewerbsmäßigen Brandstiftung verdächtig. Die Bourgeoisie der ganzen Welt sieht der Massenschlächterei *nach* der Schlacht wohlgefällig zu, aber sie entsetzt sich über die Entweihung von Dach und Fach!

[...]

Dieser ganze Verleumdungschor, den die Ordnungspartei in ihren Blutfesten nie verfehlt gegen ihre Schlachtopfer anzustimmen, beweist bloß, daß der heutige Bourgeois sich für den rechtmäßigen Nachfolger des ehemaligen Feudalherrn ansieht, der jede Waffe, in seiner eignen Hand, für gerechtfertigt hielt gegenüber dem Plebejer, während irgendwelche Waffe in der Hand des Plebejers von vornherein ein Verbrechen ausmachte.

Die Verschwörung der herrschenden Klasse zum Umsturz der Revolution durch einen unter dem Schutz des fremden Eroberers geführten Bürgerkrieg – eine Verschwörung, deren Spuren wir gefolgt sind vom September bis herab zum Einmarsch der MacMahonschen Prätorianer durch das St. Clouder Tor – gipfelte in dem Blutbade von Paris. Bismarck schaut mit vergnügten Sinnen auf die Trümmer von Paris, in denen er vielleicht die »erste Rate« jener allgemeinen Zerstörung der großen Städte sah, die er bereits erfleht hatte, als er noch ein einfacher Rural in der preußischen Chambre introuvable [Parlament] von 1849 war. Er schaut zufrieden auf die Leichen des Pariser Proletariats. Für ihn ist dies nicht nur die Austilgung der Revolution, sondern zugleich die Austilgung Frankreichs, das jetzt in Wirklichkeit enthauptet ist, und durch die französische Regierung obendrein. Mit der allen erfolgreichen Staatsmännern eignen Seichtigkeit sieht er nur die Oberfläche dieses ungeheuren geschichtlichen Ereignisses. Wo hat je vorher die Geschichte das Schauspiel vorgeführt eines Siegers, der seinen Sieg damit krönt, daß er sich nicht nur zum Gendarmen, sondern auch zum gemieteten Bravo der besiegten Regierung hergibt? Zwischen Preußen und der Kommune von Paris war kein Krieg. Im Gegenteil, die Kommune hatte die Friedenspräliminarien angenommen, und Preußen hatte seine Neutralität erklärt. Preußen war also keine kriegführende Partei. Es handelte als Bravo; als feiger Bravo, weil es keinerlei Gefahr auf sich lud; als gemieteter Bravo, weil es im voraus die Zahlung seines Blutgelds von 500 Millionen von dem Fall von Paris abhängig machte. Und so kam denn endlich an den Tag der wahre Charakter jenes Kriegs, den die Vorsehung angeordnet hatte zur Züchtigung des gottlosen und liederlichen Frankreichs durch das fromme und sittliche Deutschland! Und dieser unerhörte Bruch des Völkerrechts, selbst wie es von den Juristen der alten Welt verstanden, statt die »zivilisierten« Regierungen Europas aufzurütteln, daß sie dies rechtsbrüchige Preußen, das bloße Werkzeug des Petersburger Kabinetts, in die Acht der Völker erklären – treibt sie nur zu der Erwägung, ob die wenigen Schlachtopfer, die der doppelten Postenkette um Paris entgehen, nicht auch noch dem Versailler Henker auszuliefern sind!

Daß nach dem gewaltigsten Krieg der neuern Zeit die siegreiche und die besiegte Armee sich verbünden zum gemeinsamen Abschlachten des Proletariats – ein so unerhörtes Ereignis beweist, nicht wie Bismarck glaubt, die endliche Niederdrückung der sich emporarbeitenden neuen Gesellschaft, sondern die vollständige Zerbröcklung der alten Bourgeoisgesellschaft. Der höchste heroische Aufschwung, dessen die alte Gesellschaft noch fähig war, ist der Nationalkrieg, und dieser erweist sich jetzt als reiner Regierungsschwindel, der keinen andern Zweck mehr hat, als den Klassenkampf hinauszuschieben, und der beiseite fliegt, sobald der Klassenkampf im Bürgerkrieg auflodert. Die Klassenherrschaft ist nicht länger imstande, sich unter einer nationalen Uniform zu verstecken; die nationalen Regierungen sind eins gegenüber dem Proletariat!

Nach Pfingstsonntag 1871 kann es keinen Frieden und keine Waffenruhe mehr geben zwischen den Arbeitern Frankreichs und den Aneignern ihrer Arbeitserzeugnisse. Die eiserne Hand einer gemieteten Soldateska mag beide Klassen, für eine Zeitlang, in gemeinsamer Unterdrückung niederhalten. Aber der Kampf muß aber und abermals ausbrechen, in stets wachsender Ausbreitung, und es kann kein Zweifel sein, wer der endliche Sieger sein wird – die wenigen Aneigner oder die ungeheure arbeitende Majorität. Und die französischen Arbeiter bilden nur die Vorhut des ganzen modernen Proletariats.

Während die europäischen Regierungen so, vor Paris, den internationalen Charakter der Klassenherrschaft betätigen, schreien sie Zeter über die Internationale Arbeiterassoziation – die internationale Gegenorganisation der Arbeit gegen die weltbürgerliche Verschwörung des Kapitals – als Hauptquelle alles dieses Unheils. Thiers klagte sie an als den Despoten der Arbeit, der sich als ihren Befreier ausgebe. Picard befahl alle Verbindung der französischen Internationalen mit denen des Auslandes abzuschneiden; Graf Jaubert, der alte, zur Mumie gewordene Mitschuldige des Thiers von 1835, erklärte es für die Hauptaufgabe aller Regierungen, sie auszurotten. Die Krautjunker der Nationalversammlung heulen gegen sie, und die gesamte europäische Presse stimmt ein in den Chor. Ein ehrenwerter französischer Schriftsteller, der unsrer Assoziation durchaus fremd ist, spricht sich aus wie folgt:

> Die Mitglieder des Zentralkomitees der Nationalgarde, wie auch der größre Teil der Mitglieder der Kommune, sind die tätigsten, einsichtigsten und energischsten Köpfe der Internationalen Arbeiterassoziation ... Leute, durchaus ehrlich, aufrichtig, einsichtig, voll Hingebung, rein und fanatisch im *guten* Sinn des Wortes.

Der polizeigefärbte Bourgeoisverstand stellt sich natürlich die Internationale Arbeiterassoziation vor als eine Art geheimer Verschwörung, deren Zentralbehörde von Zeit zu Zeit Ausbrüche in verschiedenen Ländern befiehlt. Unsere Assoziation ist aber in der Tat nur das internationale Band, das die fortgeschrittensten Arbeiter in den verschiedenen Ländern der zivilisierten Welt vereinigt. Wo immer, und in welcher Gestalt immer, und unter welchen Bedingungen immer der Klassenkampf irgendwelchen Bestand erhält, da ist es auch natürlich, daß Mitglieder unsrer Assoziation im Vordergrund stehen. Der Boden, aus dem sie emporwächst, ist die moderne Gesellschaft selbst. Sie kann nicht niedergestampft werden durch noch soviel Blutvergießen. Um sie niederzustampfen, müßten die Regierungen vor allem die Zwingherrschaft des Kapitals über die Arbeit niederstampfen – also die Bedingung ihres eigenen Schmarotzerdaseins.

Das Paris der Arbeiter, mit seiner Kommune, wird ewig gefeiert werden als der ruhmvolle Vorbote einer neuen Gesellschaft. Seine Märtyrer sind eingeschreint in dem großen Herzen der Arbeiterklasse. Seine Vertilger hat die Geschichte schon jetzt an jenen Schandpfahl genagelt, von dem sie zu erlösen alle Gebete ihrer Pfaffen ohnmächtig sind.

[...]

[1] Am 12. April 1871 schrieb Marx an Kugelmann: »Wenn Du das letzte Kapitel meines ›Achtzehnten Brumaire‹ nachsiehst, wirst Du finden, daß ich als nächsten Versuch der französischen Revolution ausspreche, nicht mehr wie bisher die bürokratisch-militärische Maschinerie aus einer Hand in die andre zu übertragen, sondern sie *zu zerbrechen*, und dies ist die Vorbedingung jeder wirklichen Volksrevolution auf dem Kontinent. Dies ist auch der Versuch unsrer heroischen Pariser Parteigenossen.«

[2] Anhänger der Partei der Gironde, die die Interessen des Handels- und Industriekapitals sowie der in den Jahren der Französischen Revolution erstarkten Grundbesitzer vertrat. Sie wurde nach dem gleichnamigen Departement benannt, dessen Deputierte in der gesetzgebenden Nationalversammlung und im Konvent zum großen Teil Führer dieser Partei waren.

[3] Das Dekret der Pariser Kommune vom 16. April 1871 legte fest, dass alle Schuldverpflichtungen ratenweise in drei Jahren und ohne Zinszahlungen zu tilgen seien. Das Dekret erleichterte besonders die Lage des Kleinbürgertums und war für die großkapitalistischen Gläubiger unvorteilhaft.

[4] Spitzname einer religiösen Bruderschaft, die 1680 in Reims entstanden war und deren Mitglieder sich dem Unterricht der Armenkinder widmeten. Marx spielt mit diesem Ausdruck auf das niedrige Niveau und den klerikalen Charakter der Grundschule im bürgerlichen Frankreich an.

[5] Politische Organisation, welcher Vertreter der kleinbürgerlichen Schichten angehörten, die aus den verschiedenen Departements gebürtig waren und in Paris lebten. Diese Organisation unterstützte die Kommune, rief zum Kampf gegen die Versailler Regierung und die monarchistische Nationalversammlung auf und trat für die Errichtung der Kommune in allen Departements ein.

[6] Französische Kolonialtruppen, die 1830 aus Algeriern und französischen Kolonisten in Algerien gebildet wurden. Die Zuaven waren wegen ihres blinden Gehorsams bekannt. Marx wendet diesen Begriff auf die regimetreue Presse an.

[7] Am 27. April 1825 erließ die Regierung Karls X. ein Gesetz über die Zahlung

von Entschädigungen an die ehemaligen Emigranten für ihre in den Jahren der Französischen Revolution beschlagnahmten Güter. Den größten Teil dieser Entschädigung, die eine Milliarde Francs ausmachte und als dreiprozentige Staatsrente ausgezahlt wurde, erhielten die Spitzen der Hofaristokratie und die Großgrundbesitzer.

[8] Die Ordnungspartei war eine Koalition der zwei monarchistischen Fraktionen, der Legitimisten und der Orleanisten. Diese 1848 als Koalition gegen das Proletariat gebildete Partei des konservativen Großbürgertums spielte von 1849 bis zum Staatsstreich vom 2. Dezember 1851 die führende Rolle in der gesetzgebenden Versammlung der Zweiten Republik. Der Bankrott ihrer Politik wurde von den Anhängern Louis Bonapartes für ihre Zwecke ausgenutzt.

[9] Eine aus erbeuteten Kanonen gegossene, 1806 bis 1810 auf dem Vendôme-Platz in Paris errichtete Siegessäule und Denkmal Napoleons I. zur Erinnerung an seine Siege von 1805.

[10] In den 1850er und 1860er Jahren ließ der Präfekt des Departements Seine, Haussmann, umfangreiche Arbeiten zur Umgestaltung von Paris durchführen. Neben der Verschönerung der Aristokratenviertel wurden u. a. Straßen verbreitert und neue gerade Straßen angelegt, was den Regierungstruppen die Aufstellung von Artillerie für die Aufstandsbekämpfung erleichtern sollte. Aus den dafür bereitgestellten staatlichen Mitteln veruntreuten Haussmann und seine Untergebenen hohe Beträge.

[11] Im Picpus-Kloster in der Pariser Vorstadt St. Antoine wurde bei Durchsuchungen festgestellt, dass Nonnen viele Jahre lang in Klosterzellen gefangen gehalten worden waren. Außerdem wurden Folterwerkzeuge gefunden. In der Kirche Saint-Laurent wurde ein geheimes Mauergewölbe mit Skeletten entdeckt, ein Beweis für begangene Morde.

[12] In Wilhelmshöhe bei Kassel, einem Lustschloss der preußischen Könige, hielt sich vom 5. September 1870 bis 19. März 1871 der von den Preußen gefangen genommene Kaiser Napoleon III. mit seiner Suite auf. Das Zigarettendrehen (für den eigenen Bedarf) war eine der Hauptbeschäftigungen der Gefangenen.

[13] Als »Absentees« wurden irische Großgrundbesitzer bezeichnet, die ihr müheloses Einkommen außerhalb des Landes verprassten und meist von ihren Gütern abwesend waren.

[14] Frz. für »Drückeberger«; Spottname für die Pariser Bourgeois, die während der Belagerung feige aus der Stadt flohen.

[15] Zeiten des Terrors und der blutigen Verfolgungen, zu denen es im Alten Rom während der Zuspitzung der sozialen und politischen Kämpfe im 1. Jahrhundert v. Chr. gekommen war.

Kritik des Gothaer Parteiprogramms

Randglossen zum Programm der deutschen Arbeiterpartei

I

1. Die Arbeit ist die Quelle alles Reichtums und aller Kultur, *und da* nutzbringende Arbeit nur in der Gesellschaft und durch die Gesellschaft möglich ist, gehört der Ertrag der Arbeit unverkürzt, nach gleichem Rechte, allen Gesellschaftsgliedern.

Erster Teil des Paragraphen: »Die Arbeit ist die Quelle alles Reichtums und aller Kultur.«

Die Arbeit ist *nicht die Quelle* alles Reichtums. Die *Natur* ist ebensosehr die Quelle der Gebrauchswerte (und aus solchen besteht doch wohl der sachliche Reichtum!) als die Arbeit, die selbst nur die Äußerung einer Naturkraft ist, der menschlichen Arbeitskraft. Jene Phrase findet sich in allen Kinderfibeln und ist insofern richtig, als *unterstellt* wird, daß die Arbeit mit den dazugehörigen Gegenständen und Mitteln vorgeht. Ein sozialistisches Programm darf aber solchen bürgerlichen Redensarten nicht erlauben, die *Bedingungen* zu verschweigen, die ihnen allein einen Sinn geben. Nur soweit der Mensch sich von vornherein als Eigentümer zur Natur, der ersten Quelle aller Arbeitsmittel und -gegenstände, verhält, sie als ihm gehörig behandelt, wird seine Arbeit Quelle von Gebrauchswerten, also auch von Reichtum. Die Bürger haben sehr gute Gründe, der Arbeit *übernatürliche Schöpfungskraft* anzudichten; denn grade aus der Naturbedingtheit der Arbeit folgt, daß der Mensch, der kein andres Eigentum besitzt als seine Arbeitskraft, in allen Gesellschafts- und Kulturzuständen der Sklave der andern Menschen sein muß, die sich zu Eigentümern der gegenständlichen Arbeitsbedingungen gemacht haben. Er kann nur mit ihrer Erlaubnis arbeiten, also nur mit ihrer Erlaubnis leben.

Lassen wir jetzt den Satz, wie er geht und steht, oder vielmehr hinkt. Was hätte man als Schlußfolgerung erwartet? Offenbar dies:

»Da die Arbeit die Quelle alles Reichtums ist, kann auch in der Gesellschaft sich niemand Reichtum aneignen, außer als Produkt der Arbeit. Wenn er also nicht selber arbeitet, lebt er von fremder Arbeit und eignet sich auch seine Kultur auf Kosten fremder Arbeit an.«

Statt dessen wird durch die Wortschraube »*und da*« ein zweiter Satz angefügt, um aus ihm, nicht aus dem ersten, eine Schlußfolgerung zu ziehn.

Zweiter Teil des Paragraphen: »Nutzbringende Arbeit ist nur in der Gesellschaft und durch die Gesellschaft möglich.«

Nach dem ersten Satz war die Arbeit die Quelle alles Reichtums und aller Kultur, also auch keine Gesellschaft ohne Arbeit möglich. Jetzt erfahren wir umgekehrt, daß keine »nutzbringende« Arbeit ohne Gesellschaft möglich ist.

Man hätte ebensogut sagen können, daß nur in der Gesellschaft nutzlose und selbst gemeinschädliche Arbeit ein Erwerbszweig werden kann, daß man nur in der Gesellschaft vom Müßiggang leben kann etc. etc. – kurz, den ganzen Rousseau abschreiben können.

Und was ist »nutzbringende« Arbeit? Doch nur die Arbeit, die den bezweckten Nutzeffekt hervorbringt. Ein Wilder – und der Mensch ist Wilder, nachdem er aufgehört hat, Affe zu sein –, der ein Tier mit einem Stein erlegt, der Früchte sammelt etc., verrichtet »nutzbringende« Arbeit.

Drittens: *Die Schlußfolgerung*: »Und da nutzbringende Arbeit nur in der Gesellschaft und durch die Gesellschaft möglich ist – gehört der Ertrag der Arbeit unverkürzt, nach gleichem Rechte, allen Gesellschaftsgliedern.«

Schöner Schluß! Wenn die nutzbringende Arbeit nur in der Gesellschaft und durch die Gesellschaft möglich ist, gehört der Arbeitsertrag der Gesellschaft – und kommt dem einzelnen Arbeiter davon nur soviel zu, als nicht nötig ist, um die »Bedingung« der Arbeit, die Gesellschaft, zu erhalten.

In der Tat ist dieser Satz auch zu allen Zeiten *von den Vorfechtern des jedesmaligen Gesellschaftszustands* geltend gemacht worden. Erst kommen die Ansprüche der Regierung mit allem, was daran klebt, denn sie ist das gesellschaftliche Organ zur Erhaltung der gesellschaftlichen Ordnung; dann kommen die Ansprüche der verschiednen Sorten von Privateigentümern, denn die verschiednen Sorten Privateigentum sind die Grundlagen der Gesellschaft etc. Man sieht, man kann solche hohlen Phrasen drehn und wenden, wie man will.

Irgendwelchen verständigen Zusammenhang haben der erste und zweite Teil des Paragraphen nur in dieser Fassung:

»Quelle des Reichtums und der Kultur wird die Arbeit nur als gesellschaftliche Arbeit« oder, was dasselbe ist, »in und durch die Gesellschaft«.

Dieser Satz ist unstreitig richtig, denn wenn die vereinzelte Arbeit (ihre sachlichen Bedingungen vorausgesetzt) auch Gebrauchswerte schaffen kann, kann sie weder Reichtum noch Kultur schaffen.

Aber ebenso unstreitig ist der andre Satz:

»Im Maße, wie die Arbeit sich gesellschaftlich entwickelt und dadurch Quelle von Reichtum und Kultur wird, entwickeln sich Armut und Verwahrlosung auf seiten des Arbeiters, Reichtum und Kultur auf seiten des Nichtarbeiters.«

Dies ist das Gesetz der ganzen bisherigen Geschichte. Es war also, statt allgemeine Redensarten über *»die* Arbeit« und *»die* Gesellschaft« zu machen, hier bestimmt nachzuweisen, wie in der jetzigen kapitalistischen Gesellschaft endlich die materiellen etc. Bedingungen geschaffen sind, welche die Arbeiter befähigen und zwingen, jenen geschichtlichen Fluch zu brechen.

In der Tat aber ist der ganze, stilistisch und inhaltlich verfehlte Paragraph nur da, um das Lassallesche Stichwort vom »unverkürzten Arbeitsertrag« als Losungswort auf die Spitze der Parteifahne zu schreiben. Ich komme später zurück auf den »Arbeitsertrag«, »das gleiche Recht« etc., da dieselbe Sache in etwas andrer Form wiederkehrt.

2. In der heutigen Gesellschaft sind die Arbeitsmittel Monopol der Kapitalistenklasse; die hierdurch bedingte Abhängigkeit der Arbeiterklasse ist die Ursache des Elends und der Knechtschaft in allen Formen.

Der dem internationalen Statut[1] entlehnte Satz ist in dieser »verbesserten« Ausgabe falsch.

In der heutigen Gesellschaft sind die Arbeitsmittel Monopol der Grundeigentümer (das Monopol des Grundeigentums ist sogar Basis des Kapitalmonopols) *und* der Kapitalisten. Das internationale Statut nennt im betreffenden Passus weder die eine noch die andere Klasse der Monopolisten. Es spricht vom *»Monopol der Arbeitsmittel,* d. h. *der Lebensquellen«*; der Zusatz »Lebensquellen« zeigt hinreichend, daß der Grund und Boden in den Arbeitsmitteln einbegriffen ist.

Die Verbesserung wurde angebracht, weil Lassalle, aus jetzt allgemein bekannten Gründen, *nur* die Kapitalistenklasse angriff, nicht die Grundeigentümer. In England ist der Kapitalist meistens nicht einmal der Eigentümer des Grund und Bodens, auf dem seine Fabrik steht.

3. Die Befreiung der Arbeit erfordert die Erhebung der Arbeitsmittel zu Gemeingut der Gesellschaft und die genossenschaftliche Regelung der Gesamtarbeit mit gerechter Verteilung des Arbeitsertrags.

»Erhebung der Arbeitsmittel zu Gemeingut«! Soll wohl heißen ihre »Verwandlung in Gemeingut«. Doch dies nur nebenbei.

Was ist »*Arbeitsertrag*«? Das Produkt der Arbeit oder sein Wert? Und im letzteren Fall, der Gesamtwert des Produkts oder nur der Wertteil, den die Arbeit dem Wert der aufgezehrten Produktionsmittel neu zugesetzt hat?

»Arbeitsertrag« ist eine lose Vorstellung, die Lassalle an die Stelle bestimmter ökonomischer Begriffe gesetzt hat.

Was ist »gerechte« Verteilung?

Behaupten die Bourgeois nicht, daß die heutige Verteilung »gerecht« ist? Und ist sie in der Tat nicht die einzige »gerechte« Verteilung auf Grundlage der heutigen Produktionsweise? Werden die ökonomischen Verhältnisse durch Rechtsbegriffe geregelt, oder entspringen nicht umgekehrt die Rechtsverhältnisse aus den ökonomischen? Haben nicht auch die sozialistischen Sektierer die verschiedensten Vorstellungen über »gerechte« Verteilung?

Um zu wissen, was man sich bei dieser Gelegenheit unter der Phrase »gerechte Verteilung« vorzustellen hat, müssen wir den ersten Paragraphen mit diesem zusammenhalten. Letzterer unterstellt eine Gesellschaft, worin »die Arbeitsmittel Gemeingut sind und die Gesamtarbeit genossenschaftlich geregelt ist«, und aus dem ersten Paragraphen ersehn wir, daß »der Ertrag der Arbeit unverkürzt, nach gleichem Rechte, allen Gesellschaftsgliedern gehört«.

»Allen Gesellschaftsgliedern«? Auch den nicht arbeitenden? Wo bleibt da »der unverkürzte Arbeitsertrag«? Nur den arbeitenden Gesellschaftsgliedern? Wo bleibt da »das gleiche Recht« aller Gesellschaftsglieder?

Doch »alle Gesellschaftsglieder« und »das gleiche Recht« sind offenbar nur Redensarten. Der Kern besteht darin, daß in dieser kommunistischen Gesellschaft jeder Arbeiter seinen »unverkürzten« Lassalleschen »Arbeitsertrag« erhalten muß.

Nehmen wir zunächst das Wort »Arbeitsertrag« im Sinne des Produkts der Arbeit, so ist der genossenschaftliche Arbeitsertrag das *gesellschaftliche Gesamtprodukt.*

Davon ist nun abzuziehen:

Erstens: Deckung zum Ersatz der verbrauchten Produktionsmittel.

Zweitens: zusätzlicher Teil für Ausdehnung der Produktion.

Drittens: Reserve- oder Assekuranzfonds gegen Mißfälle, Störungen durch Naturereignisse etc.

Diese Abzüge vom »unverkürzten Arbeitsertrag« sind eine ökonomische Notwendigkeit, und ihre Größe ist zu bestimmen nach vorhandenen Mitteln und Kräften, zum Teil durch Wahrscheinlichkeitsrechnung, aber sie sind in keiner Weise aus der Gerechtigkeit kalkulierbar.

Bleibt der andere Teil des Gesamtprodukts, bestimmt, als Konsumtionsmittel zu dienen.

Bevor es zur individuellen Teilung kommt, geht hiervon wieder ab:

Erstens: die allgemeinen, nicht direkt zur Produktion gehörigen Verwaltungskosten.

Dieser Teil wird von vornherein aufs bedeutendste beschränkt im Vergleich zur jetzigen Gesellschaft und vermindert sich im selben Maß, als die neue Gesellschaft sich entwickelt.

Zweitens: was zur gemeinschaftlichen Befriedigung von Bedürfnissen bestimmt ist, wie Schulen, Gesundheitsvorrichtungen etc.

Dieser Teil wächst von vornherein bedeutend im Vergleich zur jetzigen Gesellschaft und nimmt im selben Maß zu, wie die neue Gesellschaft sich entwickelt.

Drittens: Fonds für Arbeitsunfähige etc., kurz, für, was heute zur sog. offiziellen Armenpflege gehört.

Erst jetzt kommen wir zu der »Verteilung«, die das Programm, unter Lassalleschem Einfluß, bornierterweise allein ins Auge faßt, nämlich an den Teil der Konsumtionsmittel, der unter die individuellen Produzenten der Genossenschaft verteilt wird.

Der »unverkürzte Arbeitsertrag« hat sich unterderhand bereits in den »verkürzten« verwandelt, obgleich, was dem Produzenten in seiner Eigenschaft als Privatindividuum entgeht, ihm direkt oder indirekt in seiner Eigenschaft als Gesellschaftsglied zugut kommt.

Wie die Phrase des »unverkürzten Arbeitsertrags« verschwunden ist, verschwindet jetzt die Phrase des »Arbeitsertrags« überhaupt.

Innerhalb der genossenschaftlichen, auf Gemeingut an den Produktionsmitteln gegründeten Gesellschaft tauschen die Produzenten ihre Produkte nicht aus; ebensowenig erscheint hier die auf Produkte verwandte Arbeit *als Wert* dieser Produkte, als eine von ihnen besessene sachliche Eigenschaft, da jetzt, im Gegensatz zur kapitalistischen Gesellschaft, die individuellen Arbeiten nicht mehr auf einem Umweg, sondern unmittelbar als Bestandteile der Gesamtarbeit existieren. Das Wort »Arbeitsertrag«, auch heutzutage wegen seiner Zweideutigkeit verwerflich, verliert so allen Sinn.

Womit wir es hier zu tun haben, ist eine kommunistische Gesellschaft, nicht wie sie sich auf ihrer eignen Grundlage *entwickelt* hat, sondern umgekehrt, wie sie eben aus der kapitalistischen Gesellschaft *hervorgeht*, also in jeder Beziehung, ökonomisch, sittlich, geistig, noch behaftet ist mit den Muttermalen der alten Gesellschaft, aus deren Schoß sie herkommt. Demgemäß erhält der einzelne Produzent – nach den Abzügen – exakt zurück, was er ihr gibt. Was er ihr gegeben hat, ist sein individuelles Arbeitsquantum. Z. B. der gesellschaftliche Arbeitstag besteht aus der Summe der individuellen Arbeitsstunden. Die individuelle Arbeitszeit des einzelnen Produzenten ist der von ihm gelieferte Teil des gesellschaftlichen Arbeitstags, sein Anteil daran. Er erhält von der Gesellschaft einen Schein, daß er soundso viel Arbeit geliefert (nach Abzug seiner Arbeit für die gemeinschaftlichen Fonds), und zieht mit diesem Schein aus dem gesellschaftlichen Vorrat von Konsumtionsmitteln so viel heraus, als gleich viel Arbeit kostet. Dasselbe Quantum Arbeit, das er der Gesellschaft in einer Form gegeben hat, erhält er in der andern zurück.

Es herrscht hier offenbar dasselbe Prinzip, das den Warenaustausch regelt, soweit er Austausch Gleichwertiger ist. Inhalt und Form sind verändert, weil unter den veränderten Umständen niemand etwas geben kann außer seiner Arbeit und weil andrerseits nichts in das Eigentum der einzelnen übergehn kann außer individuellen Konsumtionsmitteln. Was aber die Verteilung der letzteren unter die einzelnen Produzenten betrifft, herrscht dasselbe Prinzip wie beim Austausch von Warenäquivalenten, es wird gleich viel Arbeit in einer Form gegen gleich viel Arbeit in einer andern ausgetauscht.

Das *gleiche Recht* ist hier daher immer noch – dem Prinzip nach – das *bürgerliche Recht*, obgleich Prinzip und Praxis sich nicht mehr in den Haaren liegen, während der Austausch von Äquivalenten beim Warenaustausch nur *im Durchschnitt*, nicht für den einzelnen Fall existiert.

Trotz dieses Fortschritts ist dieses *gleiche Recht* stets noch mit einer bürgerlichen Schranke behaftet. Das Recht der Produzenten ist ihren Arbeitslieferungen *proportionell*; die Gleichheit besteht darin, daß an *gleichem Maßstab*, der Arbeit, gemessen wird. Der eine ist aber physisch oder geistig dem andern überlegen, liefert also in derselben Zeit mehr Arbeit oder kann während mehr Zeit arbeiten; und die Arbeit, um als Maß zu dienen, muß der Ausdehnung oder der Intensität nach bestimmt werden, sonst hörte sie auf Maßstab zu sein. Dies *gleiche* Recht ist ungleiches Recht für ungleiche Arbeit. Es erkennt keine Klassenunterschiede an, weil jeder nur Arbeiter ist wie der andre; aber es erkennt stillschweigend die ungleiche individuelle Begabung und daher Leistungsfähigkeit der Arbeiter als natürliche Privilegien an. *Es ist daher ein Recht der Ungleichheit, seinem Inhalt nach, wie alles Recht.* Das Recht kann seiner Natur nach nur in Anwendung von gleichem Maßstab bestehn; aber die ungleichen Individuen (und sie wären nicht verschiedne Individuen, wenn sie nicht ungleiche wären) sind nur an gleichem Maßstab meßbar, soweit man sie unter einen gleichen Gesichtspunkt bringt, sie nur von einer *bestimmten* Seite faßt, z. B. im gegebnen Fall sie *nur als Arbeiter* betrachtet und weiter nichts in ihnen sieht, von allem andern absieht. Ferner: Ein Arbeiter ist verheiratet, der andre nicht; einer hat mehr Kinder als der andre etc. etc. Bei gleicher Arbeitsleistung und daher gleichem Anteil an dem gesellschaftlichen Konsumtionsfonds erhält also der eine faktisch mehr als der andre, ist der eine reicher als der andre etc. Um alle diese Mißstände zu vermeiden, müßte das Recht, statt gleich, vielmehr ungleich sein.

Aber diese Mißstände sind unvermeidbar in der ersten Phase der kommunistischen Gesellschaft, wie sie eben aus der kapitalistischen Gesellschaft nach langen Geburtswehen hervorgegangen ist. Das Recht kann nie höher sein als die ökonomische Gestaltung und dadurch bedingte Kulturentwicklung der Gesellschaft.

In einer höheren Phase der kommunistischen Gesellschaft, nachdem die knechtende Unterordnung der Individuen unter die Teilung der Arbeit, damit auch der Gegensatz geistiger und körperlicher Arbeit verschwunden ist; nachdem die Arbeit nicht nur Mittel zum Leben, sondern selbst das erste Lebensbedürfnis geworden; nachdem mit der allseitigen Entwicklung der Individuen auch ihre Produktivkräfte gewachsen und alle Springquellen des genossenschaftlichen Reichtums voller fließen – erst dann kann der enge bürgerliche Rechtshorizont ganz überschritten werden und die Gesellschaft auf ihre Fahne schreiben: Jeder nach seinen Fähigkeiten, jedem nach seinen Bedürfnissen!

Ich bin weitläufiger auf den »unverkürzten Arbeitsertrag« einerseits, »das gleiche Recht«, »die gerechte Verteilung« andrerseits eingegangen, um zu zeigen, wie sehr man frevelt, wenn man einerseits Vorstellungen, die zu einer gewissen Zeit einen Sinn hatten, jetzt aber zu veraltetem Phrasenkram geworden, unsrer Partei wieder als Dogmen aufdrängen will, andrerseits aber die realistische Auffassung, die der Partei so mühvoll beigebracht worden, aber Wurzeln in ihr geschlagen, wieder durch ideologische Rechts- und andre, den Demokraten und französischen Sozialisten so geläufige Flausen verdreht.

Abgesehn von dem bisher Entwickelten war es überhaupt fehlerhaft, von der sog. *Verteilung* Wesens zu machen und den Hauptakzent auf sie zu legen.

Die jedesmalige Verteilung der Konsumtionsmittel ist nur Folge der Verteilung der Produktionsbedingungen selbst; letztere Verteilung aber ist ein Charakter der Produktionsweise selbst. Die kapitalistische Produktionsweise z. B. beruht darauf, daß die sachlichen Produktionsbedingungen Nichtarbeitern zugeteilt sind unter der Form von Kapitaleigentum und Grundeigentum, während die Masse nur Eigentümer der persönlichen Produktionsbedingung, der Arbeitskraft, ist. Sind die Elemente der Produktion derart verteilt, so ergibt sich von selbst die heutige Verteilung der Konsumtionsmittel. Sind die sachlichen Produktionsbedingungen genossenschaftliches Eigentum der Arbeiter selbst, so ergibt sich ebenso eine von der heutigen verschiedne Verteilung der Konsumtionsmittel. Der Vulgärsozialismus (und von ihm wieder ein Teil der Demokratie) hat es von den bürgerlichen Ökonomen übernommen, die Distribution als von der Produktionsweise unabhängig zu betrachten und zu behandeln, daher den Sozialismus hauptsächlich als um die Distribution sich drehend darzustellen. Nachdem das wirkliche Verhältnis längst klargelegt, warum wieder rückwärtsgehn?

4. Die Befreiung der Arbeit muß das Werk der Arbeiterklasse sein, der gegenüber alle andren Klassen *nur eine reaktionäre Masse* sind.

Die erste Strophe ist aus den Eingangsworten der internationalen Statuten, aber »verbessert«. Dort heißt es: »Die Befreiung der Arbeiterklasse muß die Tat der Arbeiter selbst sein«; hier hat dagegen »die Arbeiterklasse« zu befreien – was? »die Arbeit«. Begreife, wer kann.

Zum Schadenersatz ist dagegen die Gegenstrophe Lassallesches Zitat vom reinsten Wasser: »der (der Arbeiterklasse) gegenüber alle andern Klassen *nur eine reaktionäre Masse* bilden«.

Im »Kommunistischen Manifest« heißt es: »Von allen Klassen, welche heutzutage der Bourgeoisie gegenüberstehn, ist nur das Proletariat eine *wirklich revolutionäre Klasse.* Die übrigen Klassen verkommen und gehn unter mit der großen Industrie, das Proletariat ist ihr eigenstes Produkt.«

Die Bourgeoisie ist hier als revolutionäre Klasse aufgefaßt – als Trägerin der großen Industrie – gegenüber Feudalen und Mittelständen, welche alle gesellschaftlichen Positionen behaupten wollen, die das Gebilde veralteter Produktionsweisen. Sie bilden also nicht *zusammen mit der Bourgeoisie* nur eine reaktionäre Masse.

Andrerseits ist das Proletariat der Bourgeoisie gegenüber revolutionär, weil es, selbst erwachsen auf dem Boden der großen Industrie, der Produktion den kapitalistischen Charakter abzustreifen strebt, den die Bourgeoisie zu verewigen sucht. Aber das Manifest setzt hinzu: daß die »Mittelstände … revolutionär (werden) … im Hinblick auf ihren bevorstehenden Übergang ins Proletariat«.

Von diesem Gesichtspunkt ist es also wieder Unsinn, daß sie, »zusammen mit der Bourgeoisie« und obendrein den Feudalen, gegenüber der Arbeiterklasse »nur eine reaktionäre Masse bilden«.

Hat man bei den letzten Wahlen Handwerkern, kleinen Industriellen etc. und *Bauern* zugerufen: Uns gegenüber bildet ihr mit Bourgeois und Feudalen nur eine reaktionäre Masse?

Lassalle wußte das »Kommunistische Manifest« auswendig wie seine Gläubigen die von ihm verfaßten Heilsschriften. Wenn er es also so grob verfälschte, geschah es nur, um seine Allianz mit den absolutistischen und feudalen Gegnern wider die Bourgeoisie zu beschönigen.

Im obigen Paragraph wird nun zudem sein Weisheitsspruch an den Haaren herbeigezogen, ohne allen Zusammenhang mit dem verballhornten Zitat aus dem Statut der Internationalen. Es ist also hier einfach eine Impertinenz, und zwar keineswegs Herrn Bismarck mißfällige, eine jener wohlfeilen Flegeleien, worin der Berliner Marat[2] macht.

5. Die Arbeiterklasse wirkt für ihre Befreiung zunächst *im Rahmen des heutigen nationalen Staats*, sich bewußt, daß das notwendige Ergebnis ihres Strebens, welches den Arbeitern aller Kulturländer gemeinsam ist, die internationale Völkerverbrüderung sein wird.

Lassalle hatte, im Gegensatz zum »Kommunistischen Manifest« und zu allem früheren Sozialismus, die Arbeiterbewegung vom engsten nationalen Standpunkt gefaßt. Man folgt ihm darin – und dies nach dem Wirken der Internationalen!

Es versteht sich ganz von selbst, daß, um überhaupt kämpfen zu können, die Arbeiterklasse sich bei sich zu Haus organisieren muß *als Klasse*, und daß das Inland der unmittelbare Schauplatz ihres Kampfs. Insofern ist ihr Klassenkampf, nicht dem Inhalt, sondern, wie das »Kommunistische Manifest« sagt, »der Form nach« national. Aber der »Rahmen des heutigen nationalen Staats«, z.B. des Deutschen Reichs, steht selbst wieder ökonomisch »im Rahmen des Weltmarkts«, politisch »im Rahmen des Staatensystems«. Der erste beste Kaufmann weiß, daß der deutsche Handel zugleich ausländischer Handel ist, und die Größe des Herrn Bismarck besteht ja eben in seiner Art *internationaler* Politik.

Und worauf reduziert die deutsche Arbeiterpartei ihren Internationalismus? Auf das Bewußtsein, daß das Ergebnis ihres Strebens »die *internationale Völkerverbrüderung* sein wird« – eine dem bürgerlichen Freiheits- und Friedensbund[3] entlehnte Phrase, die als Äquivalent passieren soll für die internationale Verbrüderung der Arbeiterklassen im gemeinschaftlichen Kampf gegen die herrschenden Klassen und ihre Regierungen. *Von internationalen Funktionen* der deutschen Arbeiterklasse also kein Wort! Und so soll sie ihrer eignen, mit den Bourgeois aller andern Länder bereits gegen sie verbrüderten Bourgeoisie und Herrn Bismarcks internationaler Verschwörungspolitik das Paroli bieten!

In der Tat steht das internationale Bekenntnis des Programms *noch unendlich tief* unter dem der Freihandelspartei. Auch sie behauptet, das Ergebnis ihres Strebens sei »die internationale Völkerverbrüderung«. Sie *tut* aber auch etwas, um den Handel international zu machen, und begnügt sich keineswegs bei dem Bewußtsein – daß alle Völker bei sich zu Haus Handel treiben.

Die internationale Tätigkeit der Arbeiterklassen hängt in keiner Art von der Existenz der »*Internationalen Arbeiterassoziation*« ab. Diese war nur der erste Versuch, jener Tätigkeit ein Zentralorgan zu schaffen; ein Versuch, der durch den Anstoß, welchen er gab, von bleibendem Erfolg, aber in *seiner ersten historischen Form* nach dem Fall der Pariser Kommune nicht länger durchführbar war.

Bismarcks »Norddeutsche« [Tageszeitung] war vollständig im Recht, wenn sie zur Zufriedenheit ihres Meisters verkündete, die deutsche Arbeiterpartei habe in dem neuen Programm dem Internationalismus abgeschworen.

II

Von diesen Grundsätzen ausgehend, erstrebt die deutsche Arbeiterpartei mit allen gesetzlichen Mitteln den *freien Staat – und –* die sozialistische Gesellschaft; die Aufhebung des Lohnsystems *mit* dem *ehernen Lohngesetz* – und – der Ausbeutung in jeder Gestalt; die Beseitigung aller sozialen und politischen Ungleichheit.

Auf den »freien« Staat komme ich später zurück.

Also in Zukunft hat die deutsche Arbeiterpartei an Lassalles »ehernes Lohngesetz« zu glauben! Damit es nicht verlorengeht, begeht man den Unsinn, von »Aufhebung des Lohnsystems« (sollte heißen: System der Lohnarbeit) »*mit* dem ehernen Lohngesetz« zu sprechen. Hebe ich die Lohnarbeit auf, so hebe ich natürlich auch ihre Gesetze auf, seien sie »ehern« oder schwammig. Aber Lassalles Bekämpfung der Lohnarbeit dreht sich fast nur um dies sog. Gesetz. Um daher zu beweisen, daß die Lassallesche Sekte gesiegt hat, muß das »Lohnsystem *mit* dem ehernen Lohngesetz« aufgehoben werden und nicht ohne dasselbe.

Von dem »ehernen Lohngesetz« gehört Lassalle bekanntlich nichts als das den Goetheschen »ewigen, ehernen, großen Gesetzen« entlehnte Wort »ehern«. Das Wort *ehern* ist eine Signatur, woran sich die Rechtgläubigen erkennen. Nehme ich aber das Gesetz mit Lassalles Stempel und daher in seinem Sinn, so muß ich es auch mit seiner Begründung nehmen. Und was ist sie? Wie Lange schon kurz nach Lassalles Tod zeigte: die (von Lange selbst gepredigte) Malthussche Bevölkerungstheorie. Ist diese aber richtig, so kann ich wieder das Gesetz *nicht* aufheben, und wenn ich hundertmal die Lohnarbeit aufhebe, weil das Gesetz dann nicht nur das System der Lohnarbeit, sondern *jedes* gesellschaftliche System beherrscht. Grade hierauf fußend, haben seit fünfzig Jahren und länger die Ökonomisten bewiesen, daß der Sozialismus das *naturbegründete* Elend nicht aufheben, sondern nur *verallgemeinern*, gleichzeitig über die ganze Oberfläche der Gesellschaft verteilen könne!

Aber all das ist nicht die Hauptsache. *Ganz abgesehn* von der *falschen* Lassalleschen Fassung des Gesetzes, besteht der wahrhaft empörende Rückschritt darin:

Seit Lassalles Tode hat sich die wissenschaftliche Einsicht in *unsrer* Partei Bahn gebrochen, daß der *Arbeitslohn* nicht das ist, was er zu sein *scheint*, nämlich der *Wert* respektive *Preis der Arbeit*, sondern nur eine maskierte Form für den *Wert resp. Preis der Arbeitskraft.* Damit war die ganze bisherige bürgerliche Auffassung des Arbeitslohns sowie die ganze bisher gegen selbe gerichtete Kritik ein für allemal über den Haufen geworfen und klargestellt, daß der Lohnarbeiter nur die Erlaubnis hat, für sein eignes Leben zu arbeiten, d. h. *zu leben*, soweit er gewisse Zeit umsonst für den Kapitalisten (daher auch für dessen Mitzehrer am Mehrwert) arbeitet; daß das ganze kapitalistische Produktionssystem sich darum dreht, diese Gratisarbeit zu verlängern durch Ausdehnung des Arbeitstags oder durch Entwicklung der Produktivität, größere Spannung der Arbeitskraft etc.; daß also das System der Lohnarbeit ein System der Sklaverei, und zwar einer Sklaverei ist, die im selben Maß härter wird, wie sich die gesellschaftlichen Produktivkräfte der Arbeit entwickeln, ob nun der Arbeiter bessere oder schlechtere Zahlung empfange. Und nachdem diese Einsicht unter unsrer Partei sich mehr und mehr Bahn gebrochen, kehrt man zu Lassalles Dogmen zurück, obgleich man nun wissen mußte, daß Lassalle *nicht wußte*, was der Arbeitslohn war, sondern, im Gefolg der bürgerlichen Ökonomen, den Schein für das Wesen der Sache nahm.

Es ist, als ob unter Sklaven, die endlich hinter das Geheimnis der Sklaverei gekommen und in Rebellion ausgebrochen, ein in veralteten Vorstellungen befangener Sklave auf das Programm der Rebellion schriebe: Die Sklaverei muß abgeschafft werden, weil die Beköstigung der Sklaven im System der Sklaverei ein gewisses niedriges Maximum nicht überschreiten kann!

Die bloße Tatsache, daß die Vertreter unsrer Partei fähig waren, ein so ungeheuerliches Attentat auf die in der Parteimasse verbreitete Einsicht zu begehn – beweist sie nicht allein, mit welchem frevelhaften Leichtsinn, mit welcher Gewissenlosigkeit sie bei Abfassung des Kompromißprogramms zu Werke gingen!

Anstatt der unbestimmten Schlußphrase des Paragraphen, »die Beseitigung aller sozialen und politischen Ungleichheit«, war zu sagen, daß mit der Abschaffung der Klassenunterschiede von selbst alle aus ihnen entspringende soziale und politische Ungleichheit verschwindet.

III

Die deutsche Arbeiterpartei verlangt, um *die Lösung der sozialen Frage anzubahnen*, die Errichtung von Produktivgenossenschaften mit *Staatshilfe unter der demokratischen Kontrolle des arbeitenden Volks.* Die Produktivgenossenschaften *sind* für Industrie und Akkerbau in solchem Umfang ins *Leben zu rufen, daß aus ihnen die sozialistische Organisation der Gesamtarbeit entsteht.*

Nach dem Lassalleschen »ehernen Lohngesetz« das Heilsmittel des Propheten! Es wird in würdiger Weise »angebahnt«! An die Stelle des existierenden Klassenkampfs tritt eine Zeitungsschreiberphrase – »*die* soziale *Frage*«, deren »*Lösung*« man »anbahnt«. Statt aus dem revolutionären Umwandlungsprozesse der Gesellschaft »entsteht« die »sozialistische Organisation der Gesamtarbeit« aus der »Staatshilfe«, die der Staat Produktivgenossenschaften gibt, die *er*, nicht der Arbeiter, »*ins Leben ruft*«. Es ist dies würdig der Einbildung Lassalles, daß man mit Staatsanlehn ebensogut eine neue Gesellschaft bauen kann wie eine neue Eisenbahn!

Aus einem Rest von Scham stellt man »die Staatshilfe« – »unter die demokratische Kontrolle des arbeitenden Volks«.

Erstens besteht »das arbeitende Volk« in Deutschland zur Majorität aus Bauern und nicht aus Proletariern.

Zweitens heißt »demokratisch« zu deutsch »volksherrschaftlich«. Was heißt aber »die volksherrschaftliche Kontrolle des arbeitenden Volkes«? Und nun gar bei einem Arbeitervolk, das durch diese Forderungen, die es an den Staat stellt, sein volles Bewußtsein ausspricht, daß es weder an der Herrschaft ist, noch zur Herrschaft reif ist!

Auf die Kritik des von Buchez unter Louis-Philippe im *Gegensatz* gegen die französischen Sozialisten verschriebnen und von den reaktionären Arbeitern des »Atelier«[4] angenommenen Rezepts ist es überflüssig, hier einzugehn. Es liegt auch der Hauptanstoß nicht darin, daß man diese spezifische Wunderkur ins Programm geschrieben, sondern daß man überhaupt vom Standpunkt der Klassenbewegung zu dem der Sektenbewegung zurückgeht.

Daß die Arbeiter die Bedingungen der genossenschaftlichen Produktion auf sozialem und zunächst bei sich, also [in] nationalem Maßstab herstellen wollen, heißt nur, daß sie an der Umwälzung der jetzigen Produktionsbedingungen arbeiten, und hat nichts gemein mit der Stiftung von Kooperativgesellschaften mit Staatshilfe! Was aber die jetzigen Kooperativgesellschaften betrifft, so haben sie *nur* Wert, soweit sie unabhängige, weder von den Regierungen noch von den Bourgeois protegierte Arbeiterschöpfungen sind.

[IV]

Ich komme jetzt zum demokratischen Abschnitt.

A. »*Freiheitliche Grundlage des Staats.*«

Zunächst nach II erstrebt die deutsche Arbeiterpartei »den freien Staat«.

Freier Staat – was ist das?

Es ist keineswegs Zweck der Arbeiter, die den beschränkten Untertanenverstand losgeworden, den Staat »frei« zu machen. Im Deutschen Reich ist der »Staat« fast so »frei« als in Rußland. Die Freiheit besteht darin, den Staat aus einem der Gesellschaft übergeordneten in ein ihr durchaus untergeordnetes Organ zu verwandeln, und auch heutig sind die Staatsformen freier oder unfreier im Maß, worin sie die »Freiheit des Staats« beschränken.

Die deutsche Arbeiterpartei – wenigstens, wenn sie das Programm zu dem ihrigen macht – zeigt, wie ihr die sozialistischen Ideen nicht einmal hauttief sitzen, indem sie, statt die bestehende Gesellschaft (und das gilt von jeder künftigen) als *Grundlage* des bestehenden *Staats* (oder künftigen, für künftige Gesellschaft) zu behandeln, den Staat vielmehr als ein selbständiges Wesen behandelt, das seine eignen *»geistigen, sittlichen, freiheitlichen Grundlagen«* besitzt.

Und nun gar der wüste Mißbrauch, den das Programm mit den Worten *»heutiger Staat«*, *»heutige Gesellschaft«* treibt, und den noch wüsteren Mißverstand, den es über den Staat anrichtet, an den es seine Forderungen richtet!

Die »heutige Gesellschaft« ist die kapitalistische Gesellschaft, die in allen Kulturländern existiert, mehr oder weniger frei von mittelaltrigem Beisatz, mehr oder weniger durch die besondre geschichtliche Entwicklung jedes Landes modifiziert, mehr oder weniger entwickelt. Dagegen der »heutige Staat« wechselt mit der Landesgrenze. Er ist ein andrer im preußisch-deutschen Reich als in der Schweiz, ein andrer in England als in den Vereinigten Staaten. »*Der* heutige Staat« ist also eine Fiktion.

Jedoch haben die verschiednen Staaten der verschiednen Kulturländer, trotz ihrer bunten Formverschiedenheit, alle das gemein, daß sie auf dem Boden der modernen bürgerlichen Gesellschaft stehn, nur einer mehr oder minder kapitalistisch entwickelten. Sie haben daher auch gewisse wesentliche Charaktere gemein. In diesem Sinn kann man von »heutigem Staatswesen« sprechen, im Gegensatz zur Zukunft, worin seine jetzige Wurzel, die bürgerliche Gesellschaft, abgestorben ist.

Es fragt sich dann: Welche Umwandlung wird das Staatswesen in einer kommunistischen Gesellschaft untergehn? In andern Worten, welche gesellschaftliche Funktionen bleiben dort übrig, die jetzigen Staatsfunktionen analog sind? Diese Frage ist nur wissenschaftlich zu beantworten, und man kommt dem Problem durch tausendfache Zusammensetzung des Worts Volk mit dem Wort Staat auch nicht um einen Flohsprung näher.

Zwischen der kapitalistischen und der kommunistischen Gesellschaft liegt die Periode der revolutionären Umwandlung der einen in die andre. Der entspricht auch eine politische Übergangsperiode, deren Staat nichts andres sein kann als *die revolutionäre Diktatur des Proletariats.*

Das Programm nun hat es weder mit letzterer zu tun, noch mit dem zukünftigen Staatswesen der kommunistischen Gesellschaft.

Seine politischen Forderungen enthalten nichts außer der aller Welt bekannten demokratischen Litanei: allgemeines Wahlrecht, direkte Gesetzgebung, Volksrecht, Volkswehr etc. Sie sind bloßes Echo der bürgerlichen Volkspartei, des Friedens- und Freiheitsbundes. Es sind lauter Forderungen, die, soweit nicht in phantastischer Vorstellung übertrieben, bereits *realisiert* sind. Nur liegt der Staat, dem sie angehören, nicht innerhalb der deutschen Reichsgrenze, sondern in der Schweiz, den Vereinigten Staaten etc. Diese Sorte »Zukunftsstaat« ist *heutiger Staat*, obgleich außerhalb »des Rahmens« des Deutschen Reichs existierend.

Aber man hat eins vergessen. Da die deutsche Arbeiterpartei ausdrücklich erklärt, sich innerhalb »des heutigen nationalen Staats«, also ihres Staats, des preußisch-deutschen Reichs, zu bewegen – ihre Forderungen wären ja sonst auch großenteils sinnlos, da man nur fordert, was man noch nicht hat –, so durfte sie die Hauptsache nicht vergessen, nämlich daß alle jene schönen Sächelchen auf der Anerkennung der sog. Volkssouveränität beruhn, daß sie daher nur in einer *demokratischen Republik* am Platze sind.

Da man nicht den Mut hat – und weislich, denn die Verhältnisse gebieten Vorsicht –, die demokratische Republik zu verlangen, wie es die französischen Arbeiterprogramme unter Louis-Philippe und unter Louis-Napoleon taten –, so hätte man auch nicht zu der weder »ehrlichen« noch würdigen Finte flüchten sollen, Dinge, die nur in einer demokratischen Republik Sinn haben, von einem Staat zu verlangen, der nichts andres als ein mit parlamentarischen Formen verbrämter, mit feudalem Beisatz vermischter und zugleich schon von der Bourgeoisie beeinflußter, bürokratisch gezimmerter, polizeilich gehüteter Militärdespotismus ist, und diesem Staat obendrein noch zu beteuern, daß man ihm dergleichen »mit gesetzlichen Mitteln« aufdringen zu können wähnt!

Selbst die vulgäre Demokratie, die in der demokratischen Republik das Tausendjährige Reich sieht und keine Ahnung davon hat, daß grade in dieser letzten Staatsform der bürgerlichen Gesellschaft der Klassenkampf definitiv auszufechten ist – selbst sie steht noch berghoch über solcherart Demokratentum innerhalb der Grenzen des polizeilich Erlaubten und logisch Unerlaubten.

Daß man in der Tat unter »Staat« die Regierungsmaschine versteht oder den Staat, soweit er einen durch Teilung der Arbeit von der Gesellschaft besonderten, eignen Organismus bildet, zeigen schon die Worte: »Die deutsche Arbeiterpartei verlangt *als wirtschaftliche Grundlage des Staats*: eine einzige progressive Einkommensteuer etc.« Die Steuern sind die wirtschaftliche Grundlage der Regierungsmaschinerie und von sonst nichts. In dem in der Schweiz existierenden Zukunftsstaat ist diese Forderung ziemlich erfüllt. Einkommensteuer setzt die verschiednen Einkommenquellen der verschiednen gesellschaftlichen Klassen voraus, also die kapitalistische Gesellschaft. Es ist also nichts Auffälliges, daß die Financial Reformers von Liverpool – Bourgeois mit Gladstones Bruder an der Spitze – dieselbe Forderung stellen wie das Programm.

B. »Die deutsche Arbeiterpartei verlangt als geistige und sittliche Grundlage des Staats:

1. Allgemeine und *gleiche Volkserziehung* durch den Staat. Allgemeine Schulpflicht. Unentgeltlichen Unterricht.«

Gleiche Volkserziehung? Was bildet man sich unter diesen Worten ein? Glaubt man, daß in der heutigen Gesellschaft (und man hat nur mit der zu tun) die Erziehung für alle Klassen *gleich* sein kann? Oder verlangt man, daß auch die höheren Klassen zwangsweise auf das Modikum Erziehung – der Volksschule – reduziert werden sollen, das allein mit den ökonomischen Verhältnissen nicht nur der Lohnarbeiter, sondern auch der Bauern verträglich ist?

»Allgemeine Schulpflicht. Unentgeltlicher Unterricht.« Die erste existiert selbst in Deutschland, das zweite in der Schweiz [und] den Vereinigten Staaten für Volksschulen. Wenn in einigen Staaten der letzteren auch »höhere« Unterrichtsanstalten »unentgeltlich« sind, so heißt das faktisch nur, den höheren Klassen ihre Erziehungskosten aus dem allgemeinen Steuersäckel bestreiten. Nebenbei gilt dasselbe von der unter A.5 verlangten »unentgeltlichen Rechtspflege«. Die Kriminaljustiz ist überall unentgeltlich zu haben; die Ziviljustiz dreht sich fast nur um Eigentumskonflikte, berührt also fast nur die besitzenden Klassen. Sollen sie auf Kosten des Volkssäckels ihre Prozesse führen?

Der Paragraph über die Schulen hätte wenigstens technische

Schulen (theoretische und praktische) in Verbindung mit der Volksschule verlangen sollen.

Ganz verwerflich ist eine »*Volkserziehung durch den Staat*«. Durch ein allgemeines Gesetz die Mittel der Volksschulen bestimmen, die Qualifizierung des Lehrerpersonals, die Unterrichtszweige etc., und, wie es in den Vereinigten Staaten geschieht, durch Staatsinspektoren die Erfüllung dieser gesetzlichen Vorschriften überwachen, ist etwas ganz andres, als den Staat zum Volkserzieher zu ernennen! Vielmehr sind Regierung und Kirche gleichmäßig von jedem Einfluß auf die Schule auszuschließen. Im preußisch-deutschen Reich nun gar (und man helfe sich nicht mit der faulen Ausflucht, daß man von einem »Zukunftsstaat« spricht; wir haben gesehn, welche Bewandtnis es damit hat) bedarf umgekehrt der Staat einer sehr rauhen Erziehung durch das Volk.

Doch das ganze Programm, trotz alles demokratischen Geklingels, ist durch und durch vom Untertanenglauben der Lassalleschen Sekte an den Staat verpestet oder, was nicht besser, vom demokratischen Wunderglauben, oder vielmehr ist es ein Kompromiß zwischen diesen zwei Sorten, dem Sozialismus gleich fernen, Wunderglauben.

»*Freiheit der Wissenschaft*« lautet ein Paragraph der preußischen Verfassung. Warum also hier?

»*Gewissensfreiheit*«! Wollte man zu dieser Zeit des Kulturkampfes[5] dem Liberalismus seine alten Stichworte zu Gemüt führen, so konnte es doch nur in dieser Form geschehen: Jeder muß seine religiöse wie seine leibliche Notdurft verrichten können, ohne daß die Polizei ihre Nase hineinsteckt. Aber die Arbeiterpartei mußte doch bei dieser Gelegenheit ihr Bewußtsein darüber aussprechen, daß die bürgerliche »Gewissensfreiheit« nichts ist außer der Duldung aller möglichen Sorten *religiöser Gewissensfreiheit*, und daß sie vielmehr die Gewissen vom religiösen Spuk zu befreien strebt. Man beliebt aber das »bürgerliche« Niveau nicht zu überschreiten.

Ich bin jetzt zu Ende gelangt, denn der nun im Programm folgende Anhang bildet keinen *charakteristischen* Bestandteil desselben. Ich habe mich daher hier ganz kurz zu fassen.

»2. *Normalarbeitstag.*«

Die Arbeiterpartei keines andern Landes hat sich auf solch unbestimmte Forderung beschränkt, sondern stets die Länge des Arbeitstags fixiert, die sie unter den gegebnen Umständen für normal hält.

»3. Beschränkung der Frauen- und Verbot der Kinderarbeit.«

Die Normierung des Arbeitstags muß die Beschränkung der Frauenarbeit schon einschließen, soweit sie sich auf Dauer, Pausen etc. des Arbeitstags bezieht; sonst kann sie nur Ausschluß der Frauenarbeit aus Arbeitszweigen bedeuten, die speziell gesundheitswidrig für den weiblichen Körper oder die für das weibliche Geschlecht sittenwidrig sind. Meinte man das, so mußte es gesagt werden.

»*Verbot der Kinderarbeit*«! Hier war absolut nötig, die *Altersgrenze* anzugeben.

Allgemeines Verbot der Kinderarbeit ist unverträglich mit der Existenz der großen Industrie und daher leerer frommer Wunsch.

Durchführung desselben – wenn möglich – wäre reaktionär, da, bei strenger Reglung der Arbeitszeit nach den verschiednen Altersstufen und sonstigen Vorsichtsmaßregeln zum Schutz der Kinder, frühzeitige Verbindung produktiver Arbeit mit Unterricht eines der mächtigsten Umwandlungsmittel der heutigen Gesellschaft ist.

»4. Staatliche Überwachung der Fabrik-, Werkstatt- und Hausindustrie.«

Gegenüber dem preußisch-deutschen Staat war bestimmt zu verlangen, daß die Inspektoren nur gerichtlich absetzbar sind; daß jeder Arbeiter sie wegen Pflichtverletzung den Gerichten denunzieren kann; daß sie dem ärztlichen Stand angehören müssen.

»5. Regelung der Gefängnisarbeit.«

Kleinliche Forderung in einem allgemeinen Arbeiterprogramm. Jedenfalls mußte man klar aussprechen, daß man aus Konkurrenzneid die gemeinen Verbrecher nicht wie Vieh behandelt wissen und ihnen namentlich ihr einziges Besserungsmittel, produktive Arbeit, nicht abschneiden will. Das war doch das Geringste, was man von Sozialisten erwarten durfte.

»6. Ein wirksames Haftgesetz.«

Es war zu sagen, was man unter »wirksamem« Haftgesetz versteht.

Nebenbei bemerkt, hat man beim Normalarbeitstag den Teil der Fabrikgesetzgebung übersehn, der Gesundheitsmaßregeln und Schutzmittel gegen Gefahr etc. betrifft. Das Haftgesetz tritt erst in Wirkung, sobald diese Vorschriften verletzt werden.

⟨Kurz, auch dieser Anhang zeichnet sich durch schlottrige Redaktion aus.⟩

Dixi et salvavi animam meam [Ich habe gesprochen und meine Seele gerettet].

[1] Bezeichnung für die »Allgemeinen Statuten und Verwaltungs-Verordnungen der Internationalen Arbeiter-Assoziation«, die 1866 auf dem Genfer Kongress der Internationale angenommen und später von Marx und Engels modifiziert wurden.

[2] Offenbar ironisierend für Wilhelm Hasselmann, der damals in Berlin Chefredakteur des Organs des lassalleanischen Allgemeinen Deutschen Arbeitervereins *Neuer Social-Demokrat* und neben Wilhelm Liebknecht Mitverfasser des Programmentwurfs war.

[3] Bürgerlich-pazifistische Organisation (eigentlich: »Friedens- und Freiheitsliga«). Sie wurde 1867 in der Schweiz von kleinbürgerlichen und bürgerlichen Republikanern sowie Liberalen unter maßgeblicher Beteiligung von Victor Hugo, Guiseppe Garibaldi u.a. gegründet. 1867/68 nahm Bakunin an der Arbeit der Liga teil.

[4] Monatsschrift, die von 1840 bis 1850 in Paris erschien. *L'Atelier* war ein Organ von Handwerkern und Arbeitern, die unter dem Einfluss der Ideen des christlichen Sozialismus standen.

[5] Polizeiliche Verfolgung der katholischen Zentrumspartei durch Bismarck im Zusammenhang mit dem Konflikt um die Neuordnung des Verhältnisses von Staat und Kirche.

[Privateigentum und Kommunismus]

[…] Aber der Gegensatz von *Eigentumslosigkeit* und *Eigentum* ist ein noch indifferenter, nicht in seiner *tätigen Beziehung*, seinem *innern* Verhältnis, noch nicht als *Widerspruch* gefaßter Gegensatz, solange er nicht als der Gegensatz der *Arbeit* und des *Kapitals* begriffen wird. Auch ohne die fortgeschrittne Bewegung des Privateigentums, im alten Rom, in der Türkei etc., kann dieser Gegensatz in der *ersten* Gestalt sich aussprechen. So *erscheint* er noch nicht als durch das Privateigentum selbst gesetzt. Aber die Arbeit, das subjektive Wesen des Privateigentums als Ausschließung des Eigentums, und das Kapital, die objektive Arbeit als Ausschließung der Arbeit, ist das *Privateigentum* als sein entwickeltes Verhältnis des Widerspruchs, darum ein energisches, zur Auflösung treibendes Verhältnis.

[…] Die Aufhebung der Selbstentfremdung macht denselben Weg wie die Selbstentfremdung. Erst wird das *Privateigentum* nur in seiner objektiven Seite – aber doch die Arbeit als sein Wesen – betrachtet. Seine Daseinsform ist daher das *Kapital*, das »als solches« aufzuheben ist (Proudhon). Oder die *besondre Weise* der Arbeit – als nivellierte, parzellierte und darum unfreie Arbeit – wird als die Quelle der *Schädlichkeit* des Privateigentums und seines menschenentfremdeten Daseins gefaßt – *Fourier*, der den Physiokraten entsprechend auch wieder die *Landbauarbeit* wenigstens als die *ausgezeichnete* faßt, während *St. Simon* im Gegensatz die *Industriearbeit* als solche für das Wesen erklärt und nun auch die *alleinige* Herrschaft der Industriellen und die Verbesserung der Lage der Arbeiter begehrt. Der *Kommunismus* endlich ist der *positive* Ausdruck des aufgehobnen Privateigentums, zunächst das *allgemeine* Privateigentum. Indem er dies Verhältnis in seiner *Allgemeinheit* faßt, ist er

1. in seiner ersten Gestalt nur eine *Verallgemeinerung* und *Vollendung* desselben; als solche zeigt er sich in doppelter Gestalt: einmal ist die Herrschaft des *sachlichen* Eigentums so groß ihm gegenüber, daß er *alles* vernichten will, was nicht fähig ist, als *Privateigentum* von allen besessen zu werden; er will auf *gewaltsame* Weise von Talent etc. abstrahieren. Der physische, unmittelbare *Besitz* gilt ihm als einziger Zweck des Lebens und Daseins; die Bestimmung des

Arbeiters wird nicht aufgehoben, sondern auf alle Menschen ausgedehnt; das Verhältnis des Privateigentums bleibt das Verhältnis der Gemeinschaft zur Sachenwelt; endlich spricht sich diese Bewegung, dem Privateigentum das allgemeine Privateigentum entgegenzustellen, in der tierischen Form aus, daß der *Ehe* (welche allerdings eine *Form* des *exklusiven Privateigentums* ist) die *Weibergemeinschaft*, wo also das Weib zu einem *gemeinschaftlichen* und *gemeinen* Eigentum wird, entgegengestellt wird. Man darf sagen, daß dieser Gedanke der *Weibergemeinschaft* das *ausgesprochne Geheimnis* dieses noch ganz rohen und gedankenlosen Kommunismus ist. Wie das Weib aus der Ehe in die allgemeine Prostitution, so tritt die ganze Welt des Reichtums, d. h. des gegenständlichen Wesens des Menschen, aus dem Verhältnis der exklusiven Ehe mit dem Privateigentümer in das Verhältnis der universellen Prostitution mit der Gemeinschaft. Dieser Kommunismus – indem er die *Persönlichkeit* des Menschen überall negiert – ist eben nur der konsequente Ausdruck des Privateigentums, welches diese Negation ist. Der allgemeine und als Macht sich konstituierende *Neid* ist die versteckte Form, in welcher die *Habsucht* sich herstellt und nur auf eine *andre* Weise sich befriedigt. Der Gedanke jedes Privateigentums als eines solchen ist *wenigstens* gegen das *reichere* Privateigentum als Neid und Nivellierungssucht gekehrt, so daß diese sogar das Wesen der Konkurrenz ausmachen. Der rohe Kommunist ist nur die Vollendung dieses Neides und dieser Nivellierung von dem *vorgestellten* Minimum aus. Er hat ein *bestimmtes begrenztes* Maß. Wie wenig diese Aufhebung des Privateigentums eine wirkliche Aneignung ist, beweist eben die abstrakte Negation der ganzen Welt der Bildung und der Zivilisation, die Rückkehr zur *unnatürlichen* Einfachheit des *armen* und bedürfnislosen Menschen, der nicht über das Privateigentum hinaus, sondern noch nicht einmal bei demselben angelangt ist.

Die Gemeinschaft ist nur eine Gemeinschaft der *Arbeit* und die Gleichheit des *Salairs*, den das gemeinschaftliche Kapital, die *Gemeinschaft* als der allgemeine Kapitalist, auszahlt. Beide Seiten des Verhältnisses sind in eine *vorgestellte* Allgemeinheit erhoben, die *Arbeit* als die Bestimmung, in welcher jeder gesetzt ist, das *Kapital* als die anerkannte Allgemeinheit und Macht der Gemeinschaft.

In dem Verhältnis zum *Weib*, als dem *Raub* und der Magd der gemeinschaftlichen Wollust, ist die unendliche Degradation ausgesprochen, in welcher der Mensch für sich selbst existiert, denn das Geheimnis dieses Verhältnisses hat seinen *unzweideutigen*, entschiednen, *offenbaren*, enthüllten Ausdruck in dem Verhältnisse des *Mannes* zum *Weibe* und in der Weise, wie das *unmittelbare, natürliche* Gattungsverhältnis gefaßt wird. Das unmittelbare, natürliche, notwendige Verhältnis des Menschen zum Menschen ist das *Verhältnis* des *Mannes* zum *Weibe.* In diesem *natürlichen* Gattungsverhältnis ist das Verhältnis des Menschen zur Natur unmittelbar sein Verhältnis zum Menschen, wie das Verhältnis zum Menschen unmittelbar sein Verhältnis zur Natur, seine eigne *natürliche* Bestimmung ist. In diesem Verhältnis *erscheint* also *sinnlich*, auf ein anschaubares *Faktum* reduziert, inwieweit dem Menschen das menschliche Wesen zur Natur oder die Natur zum menschlichen Wesen des Menschen geworden ist. Aus diesem Verhältnis kann man also die ganze Bildungsstufe des Menschen beurteilen. Aus dem Charakter dieses Verhältnisses folgt, inwieweit der *Mensch* als *Gattungswesen*, als *Mensch* sich geworden ist und erfaßt hat; das Verhältnis des Mannes zum Weib ist das *natürlichste* Verhältnis des Menschen zum Menschen. In ihm zeigt sich also, inwieweit das *natürliche* Verhalten des Menschen *menschlich* oder inwieweit das *menschliche* Wesen ihm zum *natürlichen* Wesen, inwieweit seine *menschliche Natur* ihm zur *Natur* geworden ist. In diesem Verhältnis zeigt sich auch, inwieweit das *Bedürfnis* des Menschen zum *menschlichen* Bedürfnis, inwieweit ihm also der *andre* Mensch als Mensch zum Bedürfnis geworden ist, inwieweit er in seinem individuellsten Dasein zugleich Gemeinwesen ist.

Die erste positive Aufhebung des Privateigentums, der *rohe* Kommunismus, ist also nur eine *Erscheinungsform* von der Niedertracht des Privateigentums, das sich als das *positive Gemeinwesen* setzen will.

2. Der Kommunismus α) nach politischer Natur demokratisch oder despotisch; β) mit Aufhebung des Staats, aber zugleich noch unvollendetem und immer noch mit dem Privateigentum, d. h. der Entfremdung des Menschen, affiziertem Wesen. In beiden Formen weiß sich der Kommunismus schon als Reintegration oder Rückkehr des Menschen in sich, als Aufhebung der menschlichen Selbstentfremdung, aber indem er das positive Wesen des Privateigentums noch nicht erfaßt hat und ebensowenig die *menschliche* Natur des Bedürfnisses verstanden hat, ist er auch noch von dem-

selben befangen und infiziert. Er hat zwar seinen Begriff erfaßt, aber noch nicht sein Wesen.

3. Der *Kommunismus* als *positive* Aufhebung des *Privateigentums* als *menschlicher Selbstentfremdung* und darum als wirkliche *Aneignung* des *menschlichen* Wesens durch und für den Menschen; darum als vollständige, bewußt und innerhalb des ganzen Reichtums der bisherigen Entwicklung gewordne Rückkehr des Menschen für sich als eines *gesellschaftlichen*, d.h. menschlichen Menschen. Dieser Kommunismus ist als vollendeter Naturalismus = Humanismus, als vollendeter Humanismus = Naturalismus, er ist die *wahrhafte* Auflösung des Widerstreites zwischen dem Menschen mit der Natur und mit dem Menschen, die wahre Auflösung des Streits zwischen Existenz und Wesen, zwischen Vergegenständlichung und Selbstbestätigung, zwischen Freiheit und Notwendigkeit, zwischen Individuum und Gattung. Er ist das aufgelöste Rätsel der Geschichte und weiß sich als diese Lösung.

Die ganze Bewegung der Geschichte ist daher, wie sein *wirklicher* Zeugungsakt – der Geburtsakt seines empirischen Daseins – so auch für sein denkendes Bewußtsein die *begriffne* und *gewußte* Bewegung seines *Werdens*, während jener noch unvollendete Kommunismus aus einzelnen dem Privateigentum entgegenstehenden Geschichtsgestalten einen *historischen* Beweis, einen Beweis in dem Bestehenden für sich sucht, indem er einzelne Momente aus der Bewegung (Cabet, Villegardelle etc. reiten besonders auf diesem Roß) herausreißt und als Beweise seiner historischen Vollblütigkeit fixiert, womit er eben dartut, daß die unverhältnismäßig größre Partie dieser Bewegung seinen Behauptungen widerspricht und daß, wenn er einmal gewesen ist, eben sein *vergangnes* Sein die Prätention des *Wesens* widerlegt.

Daß in der Bewegung des *Privateigentums*, eben der Ökonomie, die ganze revolutionäre Bewegung sowohl ihre empirische als theoretische Basis findet, davon ist die Notwendigkeit leicht einzusehn.

Dies *materielle*, unmittelbar *sinnliche* Privateigentum ist der materielle sinnliche Ausdruck des *entfremdeten menschlichen* Lebens. Seine Bewegung – die Produktion und Konsumtion – ist die *sinnliche* Offenbarung von der Bewegung aller bisherigen Produktion, d.h. Verwirklichung oder Wirklichkeit des Menschen. Religion, Familie, Staat, Recht, Moral, Wissenschaft, Kunst etc. sind nur *besondre* Weisen der Produktion und fallen unter ihr allgemeines

Gesetz. Die positive Aufhebung des *Privateigentums*, als die Aneignung des *menschlichen* Lebens, ist daher die positive Aufhebung aller Entfremdung, also die Rückkehr des Menschen aus Religion, Familie, Staat etc. in sein *menschliches*, d. h. *gesellschaftliches* Dasein. Die religiöse Entfremdung als solche geht nur in dem Gebiet *des Bewußtseins* des menschlichen Innern vor, aber die ökonomische Entfremdung ist die des *wirklichen Lebens* – ihre Aufhebung umfaßt daher beide Seiten. Es versteht sich, daß die Bewegung bei den verschiednen Völkern ihren *ersten* Beginn danach nimmt, ob das wahre *anerkannte* Leben des Volks mehr im Bewußtsein oder in der äußren Welt vor sich geht, mehr das ideelle oder reelle Leben ist. Der Kommunismus beginnt sogleich (*Owen*) mit dem Atheismus, der Atheismus ist zunächst noch weit entfernt, *Kommunismus* zu sein, wie jener Atheismus mehr noch eine Abstraktion ist. – Die Philanthropie des Atheismus ist daher zuerst nur eine *philosophische* abstrakte Philanthropie, die des Kommunismus sogleich *reell* und unmittelbar zur *Wirkung* gespannt. –

Wir haben gesehn, wie unter Voraussetzung des positiv aufgehobnen Privateigentums der Mensch den Menschen produziert, sich selbst und den andren Menschen; wie der Gegenstand, welcher die unmittelbare Betätigung seiner Individualität, zugleich sein eignes Dasein für den andern Menschen, dessen Dasein, und dessen Dasein für ihn ist. Ebenso sind aber sowohl das Material der Arbeit, als der Mensch als Subjekt, wie Resultat so Ausgangspunkt der Bewegung (und daß sie dieser *Ausgangspunkt* sein müssen, eben darin liegt die geschichtliche *Notwendigkeit* des Privateigentums). Also ist der *gesellschaftliche* Charakter der allgemeine Charakter der ganzen Bewegung; *wie* die Gesellschaft selbst den *Menschen* als *Menschen* produziert, so ist sie durch ihn *produziert*. Die Tätigkeit und der Genuß, wie ihrem Inhalt, sind auch der *Existenzweise* nach *gesellschaftlich, gesellschaftliche* Tätigkeit und *gesellschaftlicher* Genuß. Das *menschliche* Wesen der Natur ist erst da für den *gesellschaftlichen* Menschen; denn erst hier ist sie für ihn da als *Band* mit dem *Menschen*, als Dasein seiner für den andren und des andren für ihn, wie als Lebenselement der menschlichen Wirklichkeit, erst hier ist sie da als *Grundlage* seines eignen *menschlichen* Daseins. Erst hier ist ihm sein *natürliches* Dasein sein *menschliches* Dasein und die Natur für ihn zum Menschen geworden. Also die *Gesellschaft* ist die vollendete Wesenseinheit des Menschen mit der Natur, die wahre Resurrektion der Natur, der durchgeführte Naturalismus des Menschen und der durchgeführte Humanismus der Natur.

Die gesellschaftliche Tätigkeit und der gesellschaftliche Genuß existieren keineswegs *allein* in der Form einer *unmittelbar* gemeinschaftlichen Tätigkeit und unmittelbar *gemeinschaftlichen* Genusses, obgleich die *gemeinschaftliche* Tätigkeit und der *gemeinschaftliche* Genuß, d.h. die Tätigkeit und der Genuß, die unmittelbar in *wirklicher Gesellschaft* mit andren Menschen sich äußert und bestätigt, überall da stattfinden werden, wo jener *unmittelbare* Ausdruck der Gesellschaftlichkeit im Wesen ihres Inhalts begründet und seiner Natur angemessen ist.

Allein auch wenn ich *wissenschaftlich* etc. tätig bin, eine Tätigkeit, die ich selten in unmittelbarer Gemeinschaft mit andern ausführen kann, so bin ich *gesellschaftlich*, weil als *Mensch* tätig. Nicht nur das Material meiner Tätigkeit ist mir – wie selbst die Sprache, in der der Denker tätig ist – als gesellschaftliches Produkt gegeben, mein *eignes* Dasein *ist* gesellschaftliche Tätigkeit; darum das, was ich aus mir mache, ich aus mir für die Gesellschaft mache und mit dem Bewußtsein meiner als eines gesellschaftlichen Wesens.

Mein *allgemeines* Bewußtsein ist nur die *theoretische* Gestalt dessen, wovon das *reelle* Gemeinwesen, gesellschaftliche Wesen, die *lebendige* Gestalt ist, während heutzutag das *allgemeine* Bewußtsein eine Abstraktion vom wirklichen Leben ist und als solche ihm feindlich gegenübertritt. Daher ist auch die *Tätigkeit* meines allgemeinen Bewußtseins – als eine solche – mein *theoretisches* Dasein als gesellschaftliches Wesen.

Es ist vor allem zu vermeiden, die »Gesellschaft« wieder als Abstraktion dem Individuum gegenüber zu fixieren. Das Individuum *ist* das *gesellschaftliche Wesen.* Seine Lebensäußerung – erscheine sie auch nicht in der unmittelbaren Form einer *gemeinschaftlichen*, mit andern zugleich vollbrachten Lebensäußerung – *ist* daher eine Äußerung und Bestätigung des *gesellschaftlichen Lebens.* Das individuelle und das Gattungsleben des Menschen sind nicht *verschieden*, sosehr auch – und dies notwendig – die Daseinsweise des individuellen Lebens eine mehr *besondre* oder mehr *allgemeine* Weise des Gattungslebens ist, oder je mehr das Gattungsleben ein mehr *besondres* oder *allgemeines* individuelles Leben ist.

Als *Gattungsbewußtsein* bestätigt der Mensch sein reelles *Gesellschaftsleben* und wiederholt nur sein wirkliches Dasein im Denken, wie umgekehrt das Gattungssein sich im Gattungsbewußtsein bestätigt und in seiner Allgemeinheit, als denkendes Wesen, für sich ist.

Der Mensch – sosehr er daher ein *besondres* Individuum ist, und grade seine Besonderheit macht ihn zu einem Individuum und zum wirklichen *individuellen* Gemeinwesen – ebensosehr ist er die *Totalität*, die ideale Totalität, das subjektive Dasein der gedachten und empfundnen Gesellschaft für sich, wie er auch in der Wirklichkeit sowohl als Anschauung und wirklicher Genuß des gesellschaftlichen Daseins wie als eine Totalität menschlicher Lebensäußerung da ist.

Denken und Sein sind also zwar *unterschieden*, aber zugleich in *Einheit* miteinander.

Der *Tod* scheint als ein harter Sieg der Gattung über das bestimmte Individuum und ihrer Einheit zu widersprechen; aber das bestimmte Individuum ist nur ein *bestimmtes Gattungswesen*, als solches sterblich.

Wie das *Privateigentum* nur der sinnliche Ausdruck davon ist, daß der Mensch zugleich *gegenständlich* für sich wird und zugleich vielmehr sich als ein fremder und unmenschlicher Gegenstand wird, daß seine Lebensäußerung seine Lebensentäußerung ist, seine Verwirklichung seine Entwirklichung, eine *fremde* Wirklichkeit ist, so ist die positive Aufhebung des Privateigentums, d.h. die *sinnliche* Aneignung des menschlichen Wesens und Lebens, des gegenständlichen Menschen, der menschlichen *Werke* für und durch den Menschen, nicht nur im Sinne des *unmittelbaren*, einseitigen *Genusses* zu fassen, nicht nur im Sinne des *Besitzens*, im Sinne des *Habens.* Der Mensch eignet sich sein allseitiges Wesen auf eine allseitige Art an, also als ein totaler Mensch. Jedes seiner *menschlichen* Verhältnisse zur Welt, Sehn, Hören, Riechen, Schmecken, Fühlen, Denken, Anschauen, Empfinden, Wollen, Tätigsein, Lieben, kurz, alle Organe seiner Individualität, wie die Organe, welche unmittelbar in ihrer Form als gemeinschaftliche Organe sind, sind in ihrem *gegenständlichen* Verhalten oder in ihrem *Verhalten zum Gegenstand* die Aneignung desselben. Die Aneignung der *menschlichen* Wirklichkeit, ihr Verhalten zum Gegenstand ist die *Betätigung der menschlichen Wirklichkeit*;[1] menschliche *Wirksamkeit* und mensch-

1 Sie ist daher ebenso vielfach, wie die menschlichen Wesensbestimmungen und Tätigkeiten vielfach sind.

liches *Leiden*, denn das Leiden, menschlich gefaßt, ist ein Selbstgenuß des Menschen.

Das Privateigentum hat uns so dumm und einseitig gemacht, daß ein Gegenstand erst der *unsrige* ist, wenn wir ihn haben, also als Kapital für uns existiert oder von uns unmittelbar besessen, gegessen, getrunken, an unsrem Leib getragen, von uns bewohnt etc., kurz, *gebraucht* wird. Obgleich das Privateigentum alle diese unmittelbaren Verwirklichungen des Besitzes selbst wieder nur als *Lebensmittel* faßt, und das Leben, zu dessen Mittel sie dienen, ist das *Leben* des *Privateigentums* Arbeit und Kapitalisierung.

An die Stelle *aller* physischen und geistigen Sinne ist daher die einfache Entfremdung *aller* dieser Sinne, der Sinn des *Habens* getreten. Auf diese absolute Armut mußte das menschliche Wesen reduziert werden, damit es seinen innern Reichtum aus sich herausgebäre. [...]

Die Aufhebung des Privateigentums ist daher die vollständige *Emanzipation* aller menschlichen Sinne und Eigenschaften; aber sie ist diese Emanzipation grade dadurch, daß diese Sinne und Eigenschaften *menschlich*, sowohl subjektiv als objektiv, geworden sind. Das Auge ist zum *menschlichen* Auge geworden, wie sein *Gegenstand* zu einem gesellschaftlichen, *menschlichen*, vom Menschen für den Menschen herrührenden Gegenstand geworden ist. Die *Sinne* sind daher unmittelbar in ihrer Praxis *Theoretiker* geworden. Sie verhalten sich zu der *Sache* um der Sache willen, aber die Sache selbst ist ein *gegenständliches menschliches* Verhalten zu sich selbst und zum Menschen[1] und umgekehrt. Das Bedürfnis oder der Genuß haben darum ihre *egoistische* Natur und die Natur ihre bloße *Nützlichkeit* verloren, indem der Nutzen zum *menschlichen* Nutzen geworden ist.

Ebenso sind die Sinne und der Genuß der andren Menschen meine *eigne* Aneignung geworden. Außer diesen unmittelbaren Organen bilden sich daher *gesellschaftliche* Organe, in der *Form* der Gesellschaft, also z. B. die Tätigkeit unmittelbar in Gesellschaft mit andren etc. ist ein Organ meiner *Lebensäußerung* geworden und eine Weise der Aneignung des *menschlichen* Lebens.

Es versteht sich, daß das *menschliche* Auge anders genießt als

1 Ich kann mich praktisch nur menschlich zu der Sache verhalten, wenn die Sache sich zum Menschen menschlich verhält.

das rohe, unmenschliche Auge, das menschliche *Ohr* anders als das rohe Ohr etc.

Wir haben gesehn. Der Mensch verliert sich nur dann nicht in seinem Gegenstand, wenn dieser ihm als *menschlicher* Gegenstand oder gegenständlicher Mensch wird. Dies ist nur möglich, indem er ihm als *gesellschaftlicher* Gegenstand und er selbst sich als gesellschaftliches Wesen, wie die Gesellschaft als Wesen für ihn in diesem Gegenstand wird.

Indem daher überall einerseits dem Menschen in der Gesellschaft die gegenständliche Wirklichkeit als Wirklichkeit der menschlichen Wesenskräfte, als menschliche Wirklichkeit und darum als Wirklichkeit seiner *eignen* Wesenskräfte wird, werden ihm alle *Gegenstände* als die *Vergegenständlichung* seiner selbst, als die seine Individualität bestätigenden und verwirklichenden Gegenstände, als *seine* Gegenstände, d. h. Gegenstand wird *er selbst. Wie* sie ihm als seine werden, das hängt von der *Natur* des *Gegenstandes* und der Natur der *ihr* entsprechenden *Wesenskraft* ab; denn eben die *Bestimmtheit* dieses Verhältnisses bildet die besondre, *wirkliche* Weise der Bejahung. Dem *Auge* wird ein Gegenstand anders als dem *Ohr*, und der Gegenstand des Auges *ist* ein andrer als der des *Ohrs.* Die Eigentümlichkeit jeder Wesenskraft ist grade ihr *eigentümliches Wesen*, also auch die eigentümliche Weise ihrer Vergegenständlichung, ihres *gegenständlich-wirklichen*, lebendigen *Seins.* Nicht nur im Denken, sondern mit *allen* Sinnen wird daher der Mensch in der gegenständlichen Welt bejaht.

Andrerseits: Subjektiv gefaßt: Wie erst die Musik den musikalischen Sinn des Menschen erweckt, wie für das unmusikalische Ohr die schönste Musik *keinen* Sinn hat, kein Gegenstand ist, weil mein Gegenstand nur die Bestätigung einer meiner Wesenskräfte sein kann, also nur so für mich sein kann, wie meine Wesenskraft als subjektive Fähigkeit für sich ist, weil der Sinn eines Gegenstandes für mich (nur Sinn für einen ihm entsprechenden Sinn hat) grade so weit geht, als *mein* Sinn geht, darum sind die *Sinne* des gesellschaftlichen Menschen *andre* Sinne wie die des ungesellschaftlichen; erst durch den gegenständlich entfalteten Reichtum des menschlichen Wesens wird der Reichtum der subjektiven *menschlichen* Sinnlichkeit, wird ein musikalisches Ohr, ein Auge für die Schönheit der Form, kurz, werden erst menschlicher Genüsse fähige *Sinne*, Sinne, welche als *menschliche* Wesenskräfte sich bestätigen, teils erst ausgebildet, teils erst erzeugt. Denn nicht nur die 5 Sinne, sondern auch die sogenannten geistigen Sinne, die praktischen Sinne (Wille, Liebe etc.), mit einem Wort der *menschliche* Sinn, die Menschlichkeit der Sinne wird erst durch das Dasein *seines* Gegenstandes, durch die *vermenschlichte* Natur. Die *Bildung* der 5 Sinne ist eine Arbeit der ganzen bisherigen Weltgeschichte. Der unter dem rohen praktischen Bedürfnis befangene *Sinn* hat auch nur einen *bornierten* Sinn. Für den ausgehungerten Menschen existiert nicht die menschliche Form der Speise, sondern nur ihr abstraktes Dasein als Speise; ebensogut könnte sie in rohster Form vorliegen, und es ist nicht zu sagen, wodurch sich diese Nahrungstätigkeit von der *tierischen* Nahrungstätigkeit unterscheide. Der sorgenvolle, bedürftige Mensch hat keinen *Sinn* für das schönste Schauspiel; der Mineralienkrämer sieht nur den merkantilischen Wert, aber nicht die Schönheit und eigentümliche Natur des Minerals; er hat keinen mineralogischen Sinn; also die Vergegenständlichung des menschlichen Wesens, sowohl in theoretischer als praktischer Hinsicht, gehört dazu, sowohl um die *Sinne* des Menschen *menschlich* zu machen als um für den ganzen Reichtum des menschlichen und natürlichen Wesens entsprechenden *menschlichen Sinn* zu schaffen.

Wie durch die Bewegung des *Privateigentums* und seines Reichtums wie Elends – des materiellen und geistigen Reichtums und Elends – die werdende Gesellschaft zu dieser *Bildung* alles Material vorfindet, *so* produziert die *gewordne* Gesellschaft den Menschen in diesem ganzen Reichtum seines Wesens, den *reichen all- und tiefsinnigen* Menschen als ihre stete Wirklichkeit. Man sieht, wie Subjektivismus und Objektivismus, Spiritualismus und Materialismus, Tätigkeit und Leiden erst im gesellschaftlichen Zustand ihren Gegensatz und damit ihr Dasein als solche Gegensätze verlieren; man sieht, wie die Lösung der *theoretischen* Gegensätze selbst *nur* auf eine *praktische* Art, nur durch die praktische Energie des Menschen möglich ist und ihre Lösung daher keineswegs nur eine Aufgabe der Erkenntnis, sondern eine *wirkliche* Lebensaufgabe ist, welche die *Philosophie* nicht lösen konnte, eben weil sie dieselbe als *nur* theoretische Aufgabe faßte. –

Man sieht, wie die Geschichte der *Industrie* und das gewordne *gegenständliche* Dasein der Industrie das *aufgeschlagne* Buch der *menschlichen Wesenskräfte*, die sinnlich vorliegende menschliche *Psychologie* ist, die bisher nicht in ihrem Zusammenhang mit dem *Wesen* des Menschen, sondern immer nur in einer äußern Nützlichkeitsbeziehung gefaßt wurde, weil man – innerhalb der Entfremdung sich bewegend – nur das allgemeine Dasein des Menschen, die Religion, oder die Geschichte in ihrem abstrakt-allgemeinen Wesen, als Politik, Kunst, Literatur etc., als Wirklichkeit der menschlichen Wesenskräfte und als *menschliche Gattungsakte* zu fassen wußte. In der *gewöhnlichen, materiellen Industrie* (– die man ebensowohl als einen Teil jener allgemeinen Bewegung fassen, wie man sie selbst als einen *besondern* Teil der Industrie fassen kann, da alle menschliche Tätigkeit bisher Arbeit, also Industrie, sich selbst entfremdete Tätigkeit war –) haben wir unter der Form *sinnlicher, fremder, nützlicher Gegenstände*, unter der Form der Entfremdung, die *vergegenständlichten Wesenskräfte* des Menschen vor uns. Eine *Psychologie*, für welche dies Buch, also grade der sinnlich gegenwärtigste, zugänglichste Teil der Geschichte zugeschlagen ist, kann nicht zur wirklichen inhaltvollen und *reellen* Wissenschaft werden. Was soll man überhaupt von einer Wissenschaft denken, die von diesem großen Teil der menschlichen Arbeit *vornehm* abstrahiert und nicht in sich selbst ihre Unvollständigkeit fühlt, solange ein so ausgebreiteter Reichtum des menschlichen Wirkens ihr nichts sagt, als etwa, was man in einem Wort sagen kann: *»Bedürfnis«, »gemeines Bedürfnis!«?* – Die *Naturwissenschaften* haben eine enorme Tätigkeit entwickelt und sich ein stets wachsendes Material angeeignet. Die Philosophie ist ihnen indessen ebenso fremd geblieben, wie sie der Philosophie fremd blieben. Die momentane Vereinigung war nur eine *phantastische Illusion.* Der Wille war da, aber das Vermögen fehlte. Die Geschichtschreibung selbst nimmt auf die Naturwissenschaft nur beiläufig Rücksicht, als Moment der Aufklärung, Nützlichkeit, einzelner großer Entdeckungen. Aber desto *praktischer* hat die Naturwissenschaft vermittelst der Industrie in das menschliche Leben eingegriffen und es umgestaltet und die menschliche Emanzipation vorbereitet, sosehr sie unmittelbar die Entmenschung vervollständigen mußte. Die *Industrie* ist das *wirkliche* geschichtliche Verhältnis der Natur und daher der Naturwissenschaft zum Menschen; wird sie daher als *exoterische* Enthüllung der menschlichen *Wesenskräfte* gefaßt, so wird auch das *menschliche* Wesen der Natur oder das *natürliche* Wesen des Menschen verstanden, daher [muß] die Naturwissenschaft ihre abstrakt materielle oder vielmehr idealistische Richtung verlieren und die Basis der *menschlichen* Wissenschaft werden, wie sie jetzt schon – obgleich in entfremdeter Gestalt – zur Basis des wirklich menschlichen Lebens geworden ist, und eine *andre* Basis für das Leben, eine andre für die *Wissenschaft* ist von vornherein eine Lüge. Die in der menschlichen Geschichte – dem Entstehungsakt der menschlichen Gesellschaft – werdende Natur ist die *wirkliche* Natur des Menschen, darum die Natur, wie sie durch die Industrie, wenn auch in *entfremdeter* Gestalt wird, die wahre *anthropologische* Natur ist. – Die *Sinnlichkeit* (siehe Feuerbach) muß die Basis aller Wissenschaft sein. Nur, wenn sie von ihr, in der doppelten Gestalt sowohl des *sinnlichen* Bewußtseins als des *sinnlichen* Bedürfnisses, ausgeht – also nur wenn die Wissenschaft von der Natur ausgeht –, ist sie *wirkliche* Wissenschaft. Damit der »*Mensch*« zum Gegenstand des *sinnlichen* Bewußtseins und das Bedürfnis des »Menschen als Menschen« zum Bedürfnis werde, dazu ist die ganze Geschichte die Vorbereitungs- Entwicklungsgeschichte. Die Geschichte selbst ist ein *wirklicher* Teil der *Naturgeschichte*, des Werdens der Natur zum Menschen. Die Naturwissenschaft wird später ebensowohl die Wissenschaft von dem Menschen wie die Wissenschaft von dem Menschen die Naturwissenschaft unter sich subsumieren: es wird *eine* Wissenschaft sein.

Der *Mensch* ist der unmittelbare Gegenstand der Naturwissenschaft; denn die unmittelbare *sinnliche Natur* für den Menschen ist unmittelbar die menschliche Sinnlichkeit (ein identischer Ausdruck), unmittelbar als der *andere* sinnlich für ihn vorhandene Mensch; denn seine eigne Sinnlichkeit ist erst durch den *andren* Menschen als menschliche Sinnlichkeit für ihn selbst. Aber die *Natur* ist der unmittelbare Gegenstand der *Wissenschaft vom Menschen*. Der erste Gegenstand des Menschen – der Mensch – ist Natur, Sinnlichkeit, und die besondren menschlichen sinnlichen Wesenskräfte, wie sie nur in *natürlichen* Gegenständen ihre gegenständliche Verwirklichung [haben], können nur in der Wissenschaft des Naturwesens überhaupt ihre Selbsterkenntnis finden. Das Element des Denkens selbst, das Element der Lebensäußerung des Gedankens, die *Sprache* ist sinnlicher Natur. Die *gesellschaftliche* Wirklichkeit der Natur und die *menschliche* Naturwissenschaft oder die *natürliche Wissenschaft vom Menschen* sind identische Ausdrücke. – Man sieht, wie an die Stelle des nationalökonomischen *Reichtums* und *Elendes* der *reiche Mensch* und das reiche *menschliche* Bedürfnis tritt. Der *reiche* Mensch ist zugleich der einer Totalität der menschlichen Lebensäußerung *bedürftige* Mensch. Der Mensch, in dem seine eigne Verwirklichung, als innere Notwendigkeit, als *Not* existiert. Nicht nur der *Reichtum*, auch die *Armut* des Menschen erhält gleichmäßig – unter Voraussetzung des Sozialismus – eine *menschliche* und daher gesellschaftliche Bedeutung. Sie ist das passive Band, welches den Menschen den größten Reichtum, den *andren* Menschen, als Bedürfnis empfinden läßt. Die Herrschaft des gegenständlichen Wesens in mir, der sinnliche Ausbruch meiner Wesenstätigkeit ist die *Leidenschaft*, welche hier damit die *Tätigkeit* meines Wesens wird.

5. Ein *Wesen* gilt sich erst als selbständiges, sobald es auf eignen Füßen steht, und es steht erst auf eignen Füßen, sobald es sein *Dasein* sich selbst verdankt. Ein Mensch, der von der Gnade eines andern lebt, betrachtet sich als ein abhängiges Wesen. Ich lebe aber vollständig von der Gnade eines andern, wenn ich ihm nicht nur die Unterhaltung meines Lebens verdanke, sondern wenn er noch außerdem mein *Leben geschaffen* hat, wenn er der *Quell* meines Lebens ist, und mein Leben hat notwendig einen solchen Grund außer sich, wenn es nicht meine eigne Schöpfung ist. Die *Schöpfung* ist daher eine sehr schwer aus dem Volksbewußtsein zu verdrängende Vorstellung. Das Durchsichselbstsein der Natur und des Menschen ist ihm *unbegreiflich*, weil es allen *Handgreiflichkeiten* des praktischen Lebens widerspricht.

Die *Erd*schöpfung hat einen gewaltigen Stoß erhalten durch die *Geognosie*, d. h. durch die Wissenschaft, welche die Erdbildung, das Werden der Erde, als einen Prozeß, als Selbsterzeugung darstellte. Die generatio aequivoca ist die einzige praktische Widerlegung der Schöpfungstheorie.

Nun ist es zwar leicht, dem einzelnen Individuum zu sagen, was Aristoteles schon sagt: Du bist gezeugt von deinem Vater und deiner Mutter, also hat in dir die Begattung zweier Menschen, also ein Gattungsakt der Menschen den Menschen produziert. Du siehst also, daß der Mensch auch physisch sein Dasein dem Menschen verdankt. Du mußt also nicht nur die *eine* Seite im Auge behalten, den *unendlichen* Progreß, wonach du weiter fragst: Wer hat meinen Vater, wer seinen Großvater etc. gezeugt? Du mußt auch die *Kreisbewegung*, welche in jenem Progreß sinnlich anschaubar ist, festhalten, wonach der Mensch in der Zeugung sich selbst wiederholt, also der *Mensch* immer Subjekt bleibt. Allein du wirst antworten: Diese Kreisbewegung dir zugestanden, so gestehe du mir den Progreß zu, der mich immer weitertreibt, bis ich frage, wer hat den ersten Menschen und die Natur überhaupt gezeugt? Ich kann dir nur antworten: Deine Frage ist selbst ein Produkt der Abstraktion. Frage dich, wie du auf jene Frage kömmst; frage dich, ob deine Frage nicht von einem Gesichtspunkt aus geschieht, den ich nicht beantworten kann, weil er ein verkehrter ist? Frage dich, ob jener Progreß als solcher für ein vernünftiges Denken existiert? Wenn du nach der Schöpfung der Natur und des Menschen fragst, so abstrahierst du also vom Menschen und der Natur. Du setzest sie als *nichtseiend* und willst doch, daß sie ich als *seiend* dir beweise. Ich sage dir nun: Gib deine Abstraktion auf, so gibst du auch deine Frage auf, oder willst du an deiner Abstraktion festhalten, so sei konsequent, und wenn du den Menschen und die Natur als *nichtseiend* denkend denkst, so denke dich selbst als nichtseiend, der du doch auch Natur und Mensch bist. Denke nicht, frage mich nicht, denn sobald du denkst und fragst, hat deine *Abstraktion* von dem Sein der Natur und des Menschen keinen Sinn. Oder bist du ein solcher Egoist, daß du alles als Nichts setzt und selbst sein willst?

Du kannst mir erwidern: Ich will nicht das Nichts der Natur etc. setzen; ich frage dich nach ihrem *Entstehungsakt*, wie ich den Anatom nach den Knochenbildungen frage, etc.

Indem aber für den sozialistischen Menschen die *ganze sogenannte Weltgeschichte* nichts anders ist als die Erzeugung des Menschen durch die menschliche Arbeit, als das Werden der Natur für den Menschen, so hat er also den anschaulichen, unwiderstehlichen Beweis von seiner *Geburt* durch sich selbst, von seinem *Entstehungsprozeß*. Indem die *Wesenhaftigkeit* des Menschen und der Natur, indem der Mensch für den Menschen als Dasein der Natur und die Natur für den Menschen als Dasein des Menschen praktisch, sinnlich anschaubar geworden ist, ist die Frage nach einem *fremden* Wesen, nach einem Wesen über der Natur und dem Menschen – eine Frage, welche das Geständnis von der Unwesentlichkeit der Natur und des Menschen einschließt – praktisch unmöglich geworden. Der *Atheismus*, als Leugnung dieser Unwesentlichkeit, hat keinen Sinn mehr, denn der Atheismus ist eine *Negation des Gottes* und setzt durch diese Negation das *Dasein des Menschen*; aber der Sozialismus als Sozialismus bedarf einer solchen Vermittlung nicht mehr; er beginnt von dem *theoretisch und praktisch sinnlichen Be-*

wußtsein des Menschen und der Natur als des *Wesens.* Er ist *positives*, nicht mehr durch die Aufhebung der Religion vermitteltes *Selbstbewußtsein* des Menschen, wie das *wirkliche Leben* positive, nicht mehr durch die Aufhebung des Privateigentums, den *Kommunismus*, vermittelte Wirklichkeit des Menschen ist. Der Kommunismus ist die Position als Negation der Negation, darum das *wirkliche*, für die nächste geschichtliche Entwicklung notwendige Moment der menschlichen Emanzipation und Wiedergewinnung. Der *Kommunismus* ist die notwendige Gestalt und das energische Prinzip der nächsten Zukunft, aber der Kommunismus ist nicht als solcher das Ziel der menschlichen Entwicklung – die Gestalt der menschlichen Gesellschaft. [...]

Inauguraladresse der Internationalen Arbeiter-Assoziation

Arbeiter!

Es ist Tatsache, daß das Elend der arbeitenden Massen nicht abgenommen hat während der Periode 1848-1864, und dennoch steht diese Periode mit ihrem Fortschritt von Industrie und Handel beispiellos da in den Annalen der Geschichte. Im Jahre 1850 weissagte eins der bestunterrichteten Organe der englischen Mittelklasse: Steigt Englands Ein- und Ausfuhr um 50%, so fällt der englische Pauperismus auf null. Nun wohl! Am 7. April 1864 hat der Schatzkanzler Gladstone seine parlamentarische Audienz durch den Nachweis entzückt, daß Großbritanniens Gesamtaus- und -einfuhr 1863 nicht weniger als 443955 000 Pfd. St. betrug! »Eine erstaunliche Summe, ungefähr dreimal so groß als die Summe des britischen Gesamthandels in der kaum verschwundenen Epoche von 1843!« Trotz alledem war er beredt über »Armut«. »Denkt«, rief er, »an die, welche am Abgrund des Elends schweben!«, an »nicht gestiegene Löhne«, an »das Menschenleben, in neun Fällen von zehn ein bloßer Kampf um die Existenz!«[1] Er sprach nicht von dem Volk von Irland, mehr und mehr ersetzt durch Maschinerie im Norden und durch Schafweiden im Süden, obgleich selbst die Schafe in jenem unglücklichen Lande abnehmen – es ist wahr, nicht ganz so rasch als die Menschen. Er wiederholte nicht, was die Repräsentanten der 10000 Vornehmen soeben verraten hatten in einem plötzlichen Schreckanfall. Während der Höhe der Garrot-Panik[2] ernannte nämlich das Haus der Lords eine Untersuchungskommission über Deportation und Strafarbeit. Ihr Bericht steht in dem umfangreichen Blaubuch von 1863[3] und beweist durch offizielle Zahlen und Tatsachen, daß der Auswurf des Verbrechens, daß die Galeerensklaven Englands und Schottlands viel weniger abgeplackt und viel besser genährt werden als die Ackerbauer Englands und Schottlands. Aber das war nicht alles. Als der Amerikanische Bürgerkrieg die Fabrikarbeiter von Lancashire und Cheshire auf das Pflaster warf, entsandte dasselbe Haus der Lords einen Arzt in jene Manufakturdistrikte mit dem Auftrag, zu untersuchen, welcher kleinste

Betrag von Kohlen- und Stickstoff, eingegeben in der wohlfeilsten und ordinärsten Form, durchschnittlich grade ausreiche, um »*Hungerkrankheiten abzuwehren*« (»to avert starvation diseases«). Dr. Smith, der ärztliche Bevollmächtigte, fand aus, daß eine wöchentliche Portion von 28000 Gran Kohlen- und 1330 Gran Stickstoff einen Durchschnittserwachsenen genau über dem Niveau der Hungerkrankheiten halten werde und daß dieser Dosis ungefähr die spärliche Nahrung entsprach, wozu der Druck äußerster Not die Baumwollenarbeiter heruntergebracht hatte.[1] Aber nun merkt auf! Derselbe gelehrte Doktor wurde später wieder durch den Medizinalbeamten des Geheimen Rats (Privy Council) beauftragt mit der Untersuchung über den Ernährungsstand des ärmeren Teils der Arbeiterklasse. Die Ergebnisse seiner Forschung sind einverleibt in den »*Sechsten Bericht über den Zustand der öffentlichen Gesundheit*«, veröffentlicht im Lauf des gegenwärtigen Jahres auf Befehl des Parlaments. Was entdeckte der Doktor? Daß Seidenweber, Näherinnen, Handschuhmacher, Strumpfwirker und andre Arbeiter jahraus, jahrein im Durchschnitt nicht einmal jene Notration der unbeschäftigten Baumwollarbeiter erhalten, nicht einmal jenen Betrag von Kohle und Stickstoff, der »*grade hinreicht zur Abwehr von Hungerkrankheiten*«.

Außerdem,

wir zitieren den offiziellen Bericht,

außerdem zeigte sich in bezug auf die untersuchten Familien der Ackerbaubevölkerung, daß mehr als ⅕ *weniger* als das veranschlagte Minimum von kohlenhaltiger Nahrung, mehr als ⅓ weniger als das veranschlagte Minimum von stickstoffhaltiger Nahrung erhält und daß in die durchschnittliche Lokalnahrung der drei Grafschaften Berkshire, Oxfordshire und Somersetshire ein unzureichendes Maß stickstoffhaltiger Lebensmittel eingeht. Man muß erwägen,

1 Wir brauchen den Leser wohl kaum darauf hinzuweisen, daß, abgesehen von den Elementen des Wassers und gewissen anorganischen Stoffen, Kohle und Stickstoff den Rohstoff der menschlichen Nahrung bilden. Um allerdings den menschlichen Organismus zu ernähren, müssen ihm diese einfachen chemischen Bestandteile in Form von pflanzlichen oder tierischen Stoffen zugeführt werden. Kartoffeln z. B. enthalten in der Hauptsache Kohlenstoff, während Weizenbrot kohlen- und stickstoffhaltige Substanzen in der geeigneten Proportion enthält. [Anmerkung von Marx zur englischen Ausgabe von 1864.]

fügt der offizielle Bericht hinzu,

daß Mangel an Nahrung nur sehr widerstrebend ertragen wird und daß große Dürftigkeit der Diät in der Regel nur kommt, nachdem Entbehrungen aller Art vorhergingen. Reinlichkeit selbst wird vorher kostspielig und mühevoll, und werden aus Selbstachtung noch Versuche gemacht, um sie aufrechtzuhalten, so stellt jeder solcher Versuch eine zusätzliche Hungerqual vor … Das sind peinliche Betrachtungen, namentlich wenn man sich erinnert, daß die Armut, wovon hier die Rede, nicht die verdiente Armut des Müßiggangs ist; es ist in allen Fällen die Armut von Arbeiterbevölkerungen. Ja die Arbeit, die die armselige Nahrungsration erhält, ist tatsächlich meist über alles Maß verlängert.

Der »*Bericht*« enthüllt die sonderbare und sicher unerwartete Tatsache, daß »von den vier Abteilungen des Vereinigten Königreichs« – England, Wales, Schottland und Irland – »die Ackerbaubevölkerung Englands«, der reichsten Abteilung, »*bei weitem die schlechtgenährteste ist*«; daß aber selbst die elenden Ackerbautaglöhner von Berkshire, Oxfordshire und Somersetshire besser genährt sind als große Massen der geschickten Handwerker von London.

Dies sind offizielle Aufstellungen, auf Parlamentsbefehl veröffentlicht im Jahre 1864, während des Tausendjährigen Reichs des Freihandels, zu einer Zeit, wo der britische Schatzkanzler das Haus der Gemeinen belehrt, daß

die Durchschnittslage des britischen Arbeiters sich in einem Maß verbessert hat, wovon wir wissen, daß es außerordentlich und beispiellos in der Geschichte aller Länder und aller Epochen dasteht.

Mißtönend knarrt zwischen diese offiziellen Glückwünschungen das dürre Wort des offiziellen Gesundheitsberichtes:

Die öffentliche Gesundheit eines Landes bedeutet die Gesundheit seiner Masse, und wie können die Massen gesund sein, wenn sie bis auf ihre untersten Schichten herab nicht wenigstens erträglich gedeihen?

Geblendet von der Fortschrittsstatistik des Nationalreichtums, die vor seinen Augen tanzt, ruft der Schatzkanzler in wilder Ekstase:

Von 1842 bis 1852 wuchs das steuerbare Landeseinkommen um 6 Prozent; in den acht Jahren von 1853 bis 1861 ist es, ausgehend von der Basis von 1853, um 20 Prozent gewachsen. *Die Tatsache ist bis zum Unglaublichen erstaunlich! Dieser berauschende Zuwachs von Reichtum und Macht,* fügt Herr Gladstone hinzu,

ist ganz und gar auf die besitzenden Klassen beschränkt.

Wenn ihr wissen wollt, unter welchen Bedingungen gebrochener Gesundheit, befleckter Moral und geistigen Ruins jener »*berauschende Zuwachs von Reichtum und Macht, ganz und gar beschränkt auf die besitzenden Klassen*«, produziert wurde und produziert wird durch *die arbeitenden Klassen*, betrachtet die Schilderung der Arbeitslokale von Druckern, Schneidern und Kleidermacherinnen in dem letzten »*Bericht über den öffentlichen Gesundheitszustand*«! Vergleicht den »*Bericht der Kommission von 1863 über die Beschäftigung von Kindern*«, wo ihr unter anderm lest:

Die Töpfer als eine Klasse, Männer und Weiber, repräsentieren eine entartete Bevölkerung, physisch und geistig entartet;

die ungesunden Kinder werden ihrerseits ungesunde Eltern, eine fortschreitende Verschlechterung der Race ist unvermeidlich,

und dennoch

ist die Entartung (degenerescence) der Bevölkerung der Töpferdistrikte verlangsamt durch die beständige Rekrutierung aus den benachbarten Landdistrikten und die Zwischenheiraten mit gesundern Racen!

Werft einen Blick auf das von Herrn Tremenheere redigierte Blaubuch über die »*Beschwerden der Bäckergesellen*«! Und wer schaudert nicht vor dem Paradoxon, eingetragen in die Berichte der Fabrikinspektoren und beleuchtet durch die Tabellen der General-Registratur, dem Paradoxon, daß zur Zeit, wo ihre Nahrungsration sie kaum über dem Niveau der Hungerkrankheit hielt, die Gesundheit der Arbeiter von Lancashire sich verbesserte infolge ihres zeitweiligen Ausschlusses aus der Baumwollfabrik durch die Baumwollnot und daß die Sterblichkeit der Fabrikkinder abnahm, weil es ihren Müttern jetzt endlich freistand, ihnen statt der Opiummixtur die Brust zu reichen.

Kehrt die Medaille wieder um! Die *Einkommen- und Eigentumssteuerlisten*, am 20. Juli 1864 dem Hause der Gemeinen vorgelegt, zeigen, daß die Personen mit *jährlichen* Einkommen von *50 000 Pfd. St.* und *über 50 000 Pfd. St.* sich vom 5. April 1862 bis zum 5. April 1863 durch ein Dutzend und eins rekrutiert hatten, indem ihre Anzahl in diesem einen Jahr von 67 auf 80 stieg.

Dieselben Listen enthüllen die Tatsache, daß ungefähr *dreitausend* Personen ein jährliches Einkommen von ungefähr *25 Millionen Pfd. St.* unter sich teilen, mehr als das Gesamteinkommen, welches der Gesamtmasse der Ackerbauarbeiter von England und Wales jährlich zugemessen wird!

Öffnet den Zensus von 1861 und ihr findet, daß die Zahl der männlichen Grundeigentümer von England und Wales von 16934 im Jahr 1851 herabgesunken war zu 15066 im Jahre 1861, so daß die Konzentration des Grundeigentums in 10 Jahren um 11 Prozent wuchs. Wenn die Konzentration des Landes in wenigen Händen gleichmäßig fortschreitet, wird sich die Grund- und Bodenfrage (the land question) ganz merkwürdig vereinfachen, wie zur Zeit des Römischen Kaiserreichs, als Nero grinste über die Entdeckung, daß die halbe Provinz von Afrika 6 Gentlemen angehörte.

Wir haben so lange verweilt bei diesen »bis zum Unglaublichen erstaunlichen Tatsachen«, weil England das Europa der Industrie und des Handels anführt und in der Tat auf dem Weltmarkt repräsentiert. Vor wenigen Monaten beglückwünschte einer der verbannten Söhne Louis-Philippes den *englischen* Ackerbauarbeiter öffentlich wegen des Vorzugs seiner Lage über die seiner minder blühenden Genossen jenseits des Kanals. In der Tat, mit veränderten Lokalfarben und in verjüngtem Maßstab wiederholen sich die englischen Tatsachen in allen industriellen und fortgeschrittenen Ländern des Kontinents. Seit 1848 in ihnen allen unerhörte Entwicklung der Industrie und ungeahnte Ausdehnung der Aus- und Einfuhr. In ihnen allen ein wahrhaft »berauschender Zuwachs von Reichtum und Macht«, »ganz und gar beschränkt auf die besitzenden Klassen«. In allen, wie in England, Steigen des *Reallohns*, d. h. der mit dem Geldlohn beschaffbaren Lebensmittel, für eine Minderheit der Arbeiterklasse, während in den meisten Fällen das Steigen des *Geldlohns* keinen wirklichen Zuwachs von Komfort anzeigte, so wenig, als etwa der Insasse eines Londoner Armenoder Waisenhauses im geringsten besser daran war, weil seine ersten Lebensmittel im Jahre 1861 der Verwaltung 9 Pfd. St. 15 sh. 8 d. kosteten anstatt der 7 Pfd. St. 7 sh. 4 d. des Jahres 1852. Überall die Massen der Arbeiterklasse tiefer sinkend in demselben Verhältnisse wenigstens, als die Klassen über ihnen in der gesellschaftlichen Waagschale aufschnellten. Und so ist es jetzt in allen Ländern Europas eine Wahrheit, erwiesen für jeden vorurteilsfreien Geist und nur geleugnet durch die interessiert klugen Prediger eines Narrenparadieses, daß keine Entwicklung der Maschinerie, keine chemische Entdeckung, keine Anwendung der Wissenschaft auf die Produktion, keine Verbesserung der Kommunikationsmittel, keine neuen Kolonien, keine Auswanderung, keine Eröffnung von Märkten, kein Freihandel, noch alle diese Dinge zusammengenommen das Elend der arbeitenden Massen beseitigen können, sondern daß vielmehr umgekehrt, auf der gegenwärtigen falschen Grundlage, jede frische Entwicklung der Produktivkräfte der Arbeit dahin streben muß, die sozialen Kontraste zu vertiefen und den sozialen Gegensatz zuzuspitzen. Während dieser »berauschenden Epoche« ökonomischen Fortschritts hob sich der *Hungertod* beinahe zum Range einer Institution in der Hauptstadt des Britischen Reichs. In den Annalen des Weltmarkts ist dieselbe Epoche gekennzeichnet durch die raschere Wiederkehr, den erweiterten Umfang und die tödlichere Wirkung der gesellschaftlichen Pest, die man *industrielle und kommerzielle Krise* heißt.

Nach dem Fehlschlag der Revolutionen von 1848 wurden auf dem Kontinent alle Parteiorganisationen und Parteijournale der arbeitenden Klasse von der eisernen Hand der Gewalt unterdrückt, die fortgeschrittensten Söhne der Arbeit flohen in Verzweiflung nach der transatlantischen Republik, und der kurzlebige Traum der Emanzipation zerrann vor einer Epoche von fieberhaftem Industrialismus, moralischem Marasmus und politischer Reaktion. Die Niederlagen der kontinentalen Arbeiterklassen, wozu die diplomatische Einmischung des britischen Kabinetts, damals wie jetzt im brüderlichen Bund mit dem Kabinett von St. Petersburg, nicht wenig beitrug, verbreitete ihre ansteckende Wirkung bald diesseits des Kanals. Während der Untergang der kontinentalen Arbeiterbewegung die britische Arbeiterklasse entmannte und ihren Glauben in ihrer eignen Sache brach, stellte er das bereits etwas erschütterte Vertrauen der Landlords und der Geldlords wieder her. Bereits öffentlich angekündigte Konzessionen wurden mit absichtlicher Insolenz zurückgezogen. Die Entdeckung neuer Goldlande führte kurz darauf zu einem ungeheuren Exodus, der unersetzliche Lücken in den Reihen des britischen Proletariats hinter sich ließ. Andre seiner früher tätigsten Glieder, durch den Köder größerer Beschäftigung und augenblicklicher Lohnerhöhung bestochen, »trugen den bestehenden Verhältnissen Rechnung«. Alle Versuche, die Chartistenbewegung aufrechtzuerhalten oder neu zu gestalten, scheiterten vollständig, alle Preßorgane der Arbeiterklasse starben, eins nach dem andern, an der Apathie der Masse, und in der Tat, nie zuvor schien die englische Arbeiterklasse so ausgesöhnt mit einem Zustand politischer Nichtigkeit. Hatte daher zwischen den britischen und den kontinentalen Arbeiterklassen keine Gemeinsamkeit der Aktion existiert, so existierte jetzt jedenfalls eine Gemeinsamkeit der Niederlage.

Und dennoch war die Periode von 1848 bis 1864 nicht ohne ihre Lichtseite. Hier seien nur zwei große Ereignisse erwähnt.

Nach einem dreißigjährigen Kampf, der mit bewundrungswürdiger Ausdauer geführt ward, gelang es der englischen Arbeiterklasse durch Benutzung eines augenblicklichen Zwiespalts zwischen Landlords und Geldlords, die *Zehnstundenbill* durchzusetzen. Die großen physischen, moralischen und geistigen Vorteile, die den Fabrikarbeitern aus dieser Maßregel erwuchsen und die man in den Berichten der Fabrikinspektoren halbjährig verzeichnet findet, sind jetzt von allen Seiten anerkannt. Die meisten kontinentalen Regierungen nehmen das englische Fabrikgesetz in mehr oder minder veränderter Form an, und in England selbst wird seine Wirkungssphäre jährlich vom Parlament ausgedehnt. Aber von der praktischen Wichtigkeit abgesehen, hatte der Erfolg dieser Arbeitermaßregel eine andre große Bedeutung. Die Mittelklasse hatte durch die notorischsten Organe ihrer Wissenschaft, durch Dr. Ure, Professor Senior und andre Weisen von diesem Schlag, vorhergesagt und nach Herzenslust demonstriert, daß jede gesetzliche Beschränkung der Arbeitszeit die Totenglocke der englischen Industrie läuten müsse, einer Industrie, die vampirmäßig Menschenblut saugen müsse, vor allem Kinderblut. In alten Zeiten war der Kindermord ein mysteriöser Ritus der Religion des Moloch, aber er ward nur bei besonders feierlichen Gelegenheiten praktiziert, vielleicht einmal im Jahr, und zudem hatte Moloch keine besondere Liebhaberei für die Kinder der Armen.

Der Kampf über die gesetzliche Beschränkung der Arbeitszeit wütete um so heftiger, je mehr er, abgesehen von aufgeschreckter Habsucht, in der Tat die große Streitfrage traf, die Streitfrage zwischen der blinden Herrschaft der Gesetze von Nachfrage und Zufuhr, welche die politische Ökonomie der Mittelklasse bildet, und der Kontrolle sozialer Produktion durch soziale Ein- und Vorsicht, welche die politische Ökonomie der Arbeiterklasse bildet. Die Zehnstundenbill war daher nicht bloß eine große praktische Errungenschaft, sie war der Sieg eines Prinzips. Zum erstenmal erlag die politische Ökonomie der Mittelklasse in hellem Tageslicht vor der politischen Ökonomie der Arbeiterklasse.

Ein noch größerer Sieg der politischen Ökonomie der Arbeit über die politische Ökonomie des Kapitals stand bevor.

Wir sprechen von der *Kooperativbewegung*, namentlich den Kooperativfabriken, diesem Werk weniger kühnen »*Hände*« (hands). Der Wert dieser großen Experimente kann nicht überschätzt werden. Durch die Tat, statt durch Argumente, bewiesen sie, daß Produktion auf großer Stufenleiter und im Einklang mit dem Fortschritt moderner Wissenschaft vorgehen kann ohne die Existenz einer Klasse von *Meistern* (masters), die eine Klasse von »*Händen*« anwendet; daß, um Früchte zu tragen, die Mittel der Arbeit nicht monopolisiert zu werden brauchen als Mittel der Herrschaft über und Mittel der Ausbeutung gegen den Arbeiter selbst, und daß wie Sklavenarbeit, wie Leibeigenenarbeit so *Lohnarbeit* nur eine vorübergehende und untergeordnete gesellschaftliche Form ist, bestimmt, zu verschwinden vor der *assoziierten Arbeit*, die ihr Werk mit williger Hand, rüstigem Geist und fröhlichen Herzens verrichtet. In England wurde der Samen des Kooperativsystems von *Robert Owen* ausgestreut; die auf dem Kontinent versuchten Arbeiterexperimente waren in der Tat der nächste praktische Ausgang der Theorien, die 1848 nicht erfunden, wohl aber laut proklamiert wurden.

Zur selben Zeit bewies die Erfahrung der Periode von 1848 bis 1864 unzweifelhaft, was die intelligentesten Führer der Arbeiterklasse in den Jahren 1851 und 1852 gegenüber der Kooperativbewegung in England bereits geltend machten, daß, wie ausgezeichnet im Prinzip und wie nützlich in der Praxis, kooperative Arbeit, wenn beschränkt auf den engen Kreis gelegentlicher Versuche vereinzelter Arbeiter, unfähig ist, das Wachstum des Monopols in geometrischer Progression aufzuhalten, die Massen zu befreien, ja die Wucht ihres Elends auch nur merklich zu erleichtern. Es ist vielleicht gerade dies der Grund, warum plausible Lords, bürgerlich-philanthropische Salbader und ein paar trockne politische Ökonomen jetzt mit demselben Kooperativsystem schöntun, das sie früher in seinem Keim zu ersticken versucht hatten, das sie verhöhnt hatten als die Utopie des Träumers und verdammt hatten als die Ketzerei des Sozialisten. Um die arbeitenden Massen zu befreien, bedarf das Kooperativsystem der Entwicklung auf nationaler Stufenleiter und der Förderung durch nationale Mittel. Aber die Herren von Grund und Boden und die Herren vom Kapital werden ihre politischen Privilegien stets gebrauchen zur Verteidigung und zur Verewigung ihrer ökonomischen Monopole. Statt die Emanzipation der Arbeit zu fördern, werden sie fortfahren, ihr jedes mögliche Hindernis in den Weg zu legen. Lord Palmerston sprach aus ihrer Seele, als er in der letzten Parlamentssitzung den Verteidigern der Rechte der irischen Pächter höhnend zuschrie: »Das Haus der Gemeinen ist ein Haus von Grundeigentümern!«

Politische Macht zu erobern ist daher jetzt die große Pflicht der Arbeiterklassen. Sie scheinen dies begriffen zu haben, denn in England, Frankreich, Deutschland und Italien zeigt sich ein gleichzeitiges Wiederaufleben und finden gleichzeitige Versuche zur Reorganisation der Arbeiterpartei statt. Ein Element des Erfolges besitzt sie, die *Zahl.* Aber Zahlen fallen nur in die Waagschale, wenn Kombination sie vereint und Kenntnis sie leitet. Die vergangene Erfahrung hat gezeigt, wie Mißachtung des Bandes der Brüderlichkeit, welches die Arbeiter der verschiedenen Länder verbinden und sie anfeuern sollte, in allen ihren Kämpfen für Emanzipation fest beieinanderzustehen, stets gezüchtigt wird durch die gemeinschaftliche Vereitlung ihrer zusammenhangslosen Versuche. Es war dies Bewußtsein, das die Arbeiter verschiedener Länder, versammelt am 28. September 1864 in dem öffentlichen *Meeting* zu St. Martin's Hall, London, anspornte zur Stiftung der *Internationalen Assoziation.*

Eine andere Überzeugung beseelte jenes Meeting.

Wenn die Emanzipation der Arbeiterklassen das Zusammenwirken verschiedener Nationen erheischt, wie jenes große Ziel erreichen mit einer auswärtigen Politik, die frevelhafte Zwecke verfolgt, mit Nationalvorurteilen ihr Spiel treibt und in piratischen Kriegen des Volkes Blut und Gut vergeudet? Nicht die Weisheit der herrschenden Klassen, sondern der heroische Widerstand der englischen Arbeiterklasse gegen ihre verbrecherische Torheit bewahrte den Westen Europas vor einer transatlantischen Kreuzfahrt für die Verewigung und Propaganda der Sklaverei.[4] Der schamlose Beifall, die Scheinsympathie oder idiotische Gleichgültigkeit, womit die höheren Klassen Europas dem Meuchelmord des heroischen Polen und der Erbeutung der Bergveste des Kaukasus durch Rußland zusahen; die ungeheueren und ohne Widerstand erlaubten Übergriffe dieser barbarischen Macht, deren Kopf zu St. Petersburg und deren Hand in jedem Kabinett von Europa, haben den Arbeiterklassen die Pflicht gelehrt, in die Geheimnisse der internationalen Politik einzudringen, die diplomatischen Akte ihrer respektiven Regierungen zu überwachen, ihnen wenn nötig entgegenzuwirken; wenn unfähig zuvorzukommen, sich zu vereinen in gleichzeitigen Denunziationen und die einfachen Gesetze der Moral und des Rechts, welche die Beziehungen von Privatpersonen regeln sollten, als die obersten Gesetze des Verkehrs von Nationen geltend zu machen.

Der Kampf für solch eine auswärtige Politik ist eingeschlossen im allgemeinen Kampf für die *Emanzipation der Arbeiterklasse.*

Proletarier aller Länder, vereinigt euch!

[1] Marx zitiert die Rede des Schatzkanzlers Gladstone im Unterhaus vom 7. April 1864 nach der *Times* vom 8. April 1864.

[2] In England, namentlich in London, häuften sich Anfang der 1860er Jahre die Fälle von Straßenraub durch Garroters (Würger) derart, daß sogar im Parlament darüber debattiert wurde.

[3] Eine Publikation von Materialien des englischen Parlaments und diplomatischen Dokumenten des Außenministeriums.

[4] Die englischen Arbeiter protestierten Ende 1861 und Anfang 1862 während des Amerikanischen Bürgerkriegs erfolgreich gegen eine Einmischung der englischen Regierung in den Krieg zugunsten der sklavenhaltenden Südstaaten. Dieser Massenprotest trug wesentlich zur Festigung des Gedankens der internationalen proletarischen Solidarität bei.